MANDADO DE SEGURANÇA E MANDADO DE INJUNÇÃO NO SUPREMO TRIBUNAL FEDERAL

Organização
WILLIAM AKERMAN
BRUNO BODART

Apresentação
Luiz Fux

Colaboração
Priscila Pereira Machado

MANDADO DE SEGURANÇA E MANDADO DE INJUNÇÃO NO SUPREMO TRIBUNAL FEDERAL

2020

EDITORA JusPODIVM
www.editorajuspodivm.com.br

EDITORA *Jus*PODIVM
www.editorajuspodivm.com.br

Rua Território Rio Branco, 87 – Pituba – CEP: 41830-530 – Salvador – Bahia
Tel: (71) 3045.9051
• Contato: https://www.editorajuspodivm.com.br/sac

Capa: Maitê Coelho *(maitescoelho@yahoo.com.br)*

M271 Mandado de Segurança e Mandado de Injunção no Supremo Tribunal Federal / organizadores William Akerman, Bruno Bodart – Salvador: Editora JusPodivm, 2020.
528 p.

Vários autores
Inclui bibliografia
ISBN 978-65-5680-100-1

1. Mandado de segurança. 2. Mandado de injução. 3. Tribunais Superiores. I. Akerman, William. II. Bodart, Bruno. III. Título.

CDD 341.2742

AGRADECIMENTOS

Aprendi, ainda nos bancos da faculdade, com as lições do Ministro Luís Roberto Barroso sobre a vida e o direito, que é preciso agradecer.

Como anotou Ana Paula de Barcelos, na maior parte das vezes a questão é ter olhos de ver o que se tem recebido e humildade para reconhecer que, sozinhos, somos pouco mais que nada.

Agradeço a cada um dos autores pela confiança ao se lançarem à elaboração desta obra e pela fortuna de podermos trabalhar juntos, revisitando a disciplina dos mandados de segurança e de injunção, tendo como pano de fundo atos e omissões das mais elevadas autoridades da República e as grandes questões postas à apreciação do Supremo Tribunal Federal. Árdua e venturosa tarefa, desempenhada com brilhantismo e competência.

Ao Ministro Marco Aurélio Mello, por ter confiado a mim a honra de ser seu assessor no Supremo, compartilhando, com a fidalguia dos tempos de outrora, experiência de mais 30 anos de judicatura suprema, ao longo dos quais cultivou, presentes as virtudes judiciais aristotélicas, a integridade judicial, com irrefutável fidelidade ao arcabouço jurídico encimado pela Lei das Leis.

Ao Ministro Luiz Fux, referência teórica de gerações de processualistas, pela generosidade nas palavras a mim dirigidas na apresentação deste livro. Guardo a desiderata de Max Ehrmann – no que recomendava, sem sacrifício aos princípios, conviver bem com todas as pessoas –, tantas vezes lembrada por Sua Excelência, cuja trajetória, da primeira instância à Presidência do Órgão de cúpula do Judiciário brasileiro, traduz, sem hiato, a mensagem imortalizada pelo pároco de Baltimore e o compromisso com dias melhores.

A todos os amigos da Defensoria Pública do Estado do Rio de Janeiro e da Procuradoria do Estado do Paraná, pela interlocução estimulante.

Aos professores da nossa UERJ, em especial à Maria Celina Bodin de Moraes, Carlos Edison do Rêgo Monteiro, Flávio Galdino, Patrícia Baptista, Paulo Braga Galvão, Marcelo Leonardo Tavares, Marcus Abraham, Ricardo Lodi, Patrícia Glioche e Carlos Eduardo Japiassú, pelas sólidas bases lançadas na graduação, conectadas com princípios que determinaram o que viria a seguir.

Ao Colégio Militar do Rio de Janeiro, pela felicidade de ter sido seu coronel-aluno e pelos sete cintilantes anos em que pude – mais do que disciplina – apreender valores como resiliência e determinação. Zum Zaravalho!

E, por último, mas em primeiro lugar, a Deus, por tudo; aos meus pais, por cada ensinamento sobre a vida, sem o que o impossível não teria se tornado realidade; e à minha Priscila, como se em lugar do seu nome dissesse ar.

William Akerman

APRESENTAÇÃO DA OBRA

Atualmente, o Mandado de Segurança e o Mandado de Injunção estão regulados pelas disposições contidas na Lei 12.016/2009 e na Lei 13.300/2016. Tratam-se de garantias fundamentais imprescindíveis para a defesa do cidadão diante de eventuais ilegalidades, omissões, abusos de poder e teratologias capazes de obstar o exercício de seus direitos e liberdades.

Entretanto, essas garantias devem ser avaliadas à luz de sua potencialidade na resolução e na pacificação de conflitos reais, fortalecendo relações jurídicas outrora estremecidas, maximizando a normatividade do ordenamento jurídico e promovendo o bem-estar social, sem que o Poder Judiciário se olvide dos limites de sua própria função e de sua capacidade institucional para enfrentar os problemas que lhe aparecem. Afinal, o Direito não é um fim em si mesmo, mas decerto um processo dinâmico envolto em fenômenos políticos, sociais, econômicos, culturais etc.

Por meio de distintos pontos de vista, a presente obra avalia os *writs* justamente a partir de uma abordagem que conjuga teoria e prática. De um lado, os autores magistralmente expõem os conhecimentos teóricos, processuais e materiais, adquiridos durante sua sólida formação acadêmica. De outro lado, apresentam, com excelência, os dilemas e os desafios observados a partir de experiência profissional como Assessores e Juízes no Supremo Tribunal Federal.

Em assim fazendo, perpassam por temas complexos e atuais de ordem ora mais procedimental (*v.g.*, competência, legitimidade, objeto, atos de autoridade, prazo para impetração, efeitos da sentença e da liminar, os contornos da coisa julgada no âmbito individual e coletivo, das condições para desistência, dos recursos cabíveis), porém sempre antenadas com reflexões críticas acerca de tópicos como: a síndrome de inefetividade das normas constitucionais; o pacto federativo e a autonomia financeira dos Poderes envolvidos; as especificidades dos *writs* no âmbito criminal; os usos político-estratégicos do mandado de segurança ao lado do controle judicial preventivo de constitucionalidade; os aspectos quantitativos envolvidos etc.

Em suma, as complexidades e problemáticas existentes são enfrentadas por meio da construção de um arcabouço teórico-normativo sólido e robusto que pretende fornecer conceitos, pressupostos e parâmetros relevantes para a compreensão dos remédios constitucionais, muito além do que a letra fria da lei pode expressar.

O resultado do esforço conjunto de William Akerman e Bruno Bodart é claro: um livro esclarecedor, disruptivo e inovador. Nem poderia ser diferente. Tem-se um comprometido Defensor Público do Estado do Rio de Janeiro e um genial magistrado vinculado ao Tribunal de Justiça do Estado do Rio de Janeiro. Com manifesto brilhantismo, ambos têm construído profícua produção acadêmica advinda desde os bancos da nossa querida Universidade do Estado do Rio de Janeiro (UERJ). Posso afirmar, com absoluta certeza, que a obra reflete as qualidades de seus autores e organizadores, acadêmicos de escol e profissionais diligentes.

Honra-me sobremaneira o ensejo de apresentar esta obra.

Desejo a todos e a todas uma proveitosa leitura!

Brasília, 9 de junho de 2020.

Luiz Fux

Presidente do Supremo Tribunal Federal.
Ex-Presidente do Tribunal Superior Eleitoral.
Professor Livre-Docente em Processo Civil da Faculdade de Direito da Universidade do Estado do Rio de Janeiro (UERJ). Doutor em Direito Processual Civil pela Universidade do Estado do Rio de Janeiro (UERJ).
Membro da Academia Brasileira de Letras Jurídicas.
Membro da Academia Brasileira de Filosofia.

SUMÁRIO

AGRADECIMENTOS 5

APRESENTAÇÃO DA OBRA 7

PARTE I
MANDADO DE SEGURANÇA

1. CONFORMAÇÃO HISTÓRICO-JURISPRUDENCIAL DO MANDADO DE SEGURANÇA PELO SUPREMO TRIBUNAL FEDERAL 15
Beatriz Bastide Horbach

2. A EXTENSÃO E OS LIMITES DA COMPETÊNCIA DO SUPREMO TRIBUNAL FEDERAL PARA APRECIAÇÃO DE MANDADO DE SEGURANÇA 37
Giuliano Koth Ribas

3. SUJEITOS PROCESSUAIS NO MANDADO DE SEGURANÇA 77
Abhner Youssif Mota Arabi

4. PRAZO PARA IMPETRAÇÃO 93
Abhner Youssif Mota Arabi

5. MANDADO DE SEGURANÇA E ATO DE AUTORIDADE 101
Paulo José Leonesi Maluf | Vinicius José Poli

6. MANDADO DE SEGURANÇA E FISCALIZAÇÃO DE CONSTITUCIONALIDADE 123
William Akerman

7. A POLÍTICA CONSTITUCIONAL E O MANDADO DE SEGURANÇA NO SUPREMO TRIBUNAL FEDERAL 143
Hazenclever Lopes Cançado Júnior

8. **MANDADO DE SEGURANÇA, PACTO FEDERATIVO E TRIBUNAL DE CONTAS DA UNIÃO** 165
Lucas Bevilacqua | Rafael Campos Soares da Fonseca

9. **MANDADO DE SEGURANÇA E AUTONOMIA FINANCEIRA DOS PODERES** 193
Lucas Bevilacqua | Rafael Campos Soares da Fonseca

10. **LIMINAR E SUSPENSÃO DE LIMINAR E SENTENÇA EM MANDADO DE SEGURANÇA** 217
Dennys Albuquerque Rodrigues

11. **DESISTÊNCIA DO MANDADO DE SEGURANÇA** 235
Antônio Claret de Souza Júnior

12. **SENTENÇA E COISA JULGADA NO MANDADO DE SEGURANÇA INDIVIDUAL E COLETIVO** 253
Andréa Magalhães

13. **RECURSOS EM MANDADO DE SEGURANÇA** 277
Paulo Ronaldo Ceo de Carvalho

14. **MANDADO DE SEGURANÇA EM MATÉRIA CRIMINAL** 301
Davi Reis Pirajá

15. **MANDADO DE SEGURANÇA NO SUPREMO EM NÚMEROS** 323
William Akerman

PARTE II
MANDADO DE INJUNÇÃO

16. **REAÇÃO À SÍNDROME DE INEFETIVIDADE DAS NORMAS CONSTITUCIONAIS** 361
Paula Pessoa Pereira | Rodrigo Lobo Canalli

17. **LEGITIMIDADE ATIVA E PASSIVA DO MANDADO DE INJUNÇÃO** 387
Eduardo Ubaldo Barbosa

18. **OBJETO DO MANDADO DE INJUNÇÃO** 405
Rafaela Coutinho Canetti

19. MANDADO DE INJUNÇÃO E MANDADO CONSTITUCIONAL DE CRIMINALIZAÇÃO 427

Leonardo Augusto de Almeida Aguiar

20. LIMINAR, SENTENÇA, COISA JULGADA E RECURSOS EM MANDADO DE INJUNÇÃO 475

Leonardo de Menezes Curty

21. MANDADO DE INJUNÇÃO NO SUPREMO EM NÚMEROS 493

William Akerman

BIBLIOGRAFIA 513

PARTE I

MANDADO DE SEGURANÇA

1

CONFORMAÇÃO HISTÓRICO-JURISPRUDENCIAL DO MANDADO DE SEGURANÇA PELO SUPREMO TRIBUNAL FEDERAL

Beatriz Bastide Horbach[1]

Muito já se escreveu sobre a evolução histórica do mandado de segurança, sobre suas origens e sobre sua conformação legislativa. Sobre isso, há diversos textos que cumprem com excelência tal tarefa[2]. Para não cair no erro de reproduzir conteúdo diversas vezes estudado por grandes autores, o que se objetiva no presente artigo – inclusive considerando a temática proposta para a obra –, é dar ênfase na análise de casos relevantes, verificando-se como, na prática, o Supremo Tribunal Federal (STF) deu vida ao instituto.

Trata-se, obviamente, de tarefa obrigatória quando se planeja analisar o mandado de segurança desde seus primórdios, uma vez que possui direta relação com a chamada doutrina brasileira do *habeas corpus* e com julgados da Corte que procuravam, dentro do quadro legislativo então vigente, conformar o *writ* de modo a conceder proteção judicial efetiva a situações que, muito além do direito de ir e vir, não estariam abarcadas em seu âmbito de proteção.

---

1. Assessora do Ministro Gilmar Mendes no Supremo Tribunal Federal. Doutoranda em Direito Constitucional pela Faculdade de Direito da Universidade de São Paulo (USP). Mestre em Direito pela Eberhard Karls Universität Tübingen, Alemanha.

2. Nesse sentido, por exemplo, MEIRELLES, Hely Lopes; WALD, Arnoldo; MENDES, Gilmar Ferreira. *Mandado de segurança e ações constitucionais*. São Paulo: Malheiros, 2019. WALD, Arnoldo. A evolução legislativa do mandado de segurança. *Revista de direito da Procuradoria Geral*. Governo do Estado da Guanabara, n. 14, p. 85-101, 1965. DIREITO, Carlos Alberto Menezes. *Manual do Mandado de Segurança*. Rio de Janeiro: Renovar, 1999.

A fim de atingir tal propósito, o texto será dividido em duas partes. Primeiro, apresentará as principais questões relacionadas à doutrina brasileira do *habeas corpus*, em especial os aspectos que acabaram por moldar o mandado de segurança desde suas origens. Indicará, aí, a previsão constitucional e legal do instituto, além de suas alterações ao longo dos anos. Na segunda metade, o artigo relatará quatro julgamentos de mandado de segurança, pelo Supremo Tribunal Federal, considerados históricos – seja em razão da importância política ou procedimental da matéria discutida.

Adotou-se, para tanto, seleção jurisprudencial realizada pela Coordenadoria de Gestão Documental e Memória Institucional do Supremo Tribunal Federal[3]. Delimitou-se a escolha a decisões anteriores à Constituição de 1988, utilizando-se a data de promulgação do atual texto constitucional como linha de corte cronológica do estudo, por entender-se que a jurisprudência e a conformação hodiernamente conferidas ao mandado de segurança já estarão presentes nos demais artigos desta obra. Procura-se, com isso, evitar repetições e focar, aqui, apenas na evolução histórica e em como, no passado, esse instituto já se mostrava relevante e de grande importância ao direito nacional.

1.1. DOUTRINA BRASILEIRA DO *HABEAS CORPUS* E ORIGENS DIRETAS DO MANDADO DE SEGURANÇA

O estudo do surgimento do mandado de segurança passa, necessariamente, pelo desenvolvimento da chamada doutrina brasileira do *habeas corpus*, pela qual se procurou dar ampla conformação a esse *writ*, de forma a abranger mais direitos que apenas o seu clássico âmbito de proteção, pautado no direito de ir e vir.

A Constituição de 1891, primeiro texto constitucional a prevê-lo entre nós, indicava que seria concedido *habeas corpus* sempre que o indivíduo sofresse violência, ou coação, por ilegalidade, ou abuso de poder (art. 72, § 22). Vê-se que, ao contrário da atual formatação constitucional conferida ao instituto, esse dispositivo não fazia menção expressa à proteção do direito de ir e vir. Trata-se, aí, da influência direta da doutrina de Rui Barbosa, que defendia que o *writ* deveria ter um escopo maior.[4]

---

3. STF. Coordenadoria de Gestão Documental e Memória Institucional. Julgamentos históricos. Disponível em: http://www.stf.jus.br/portal/cms/verTexto.asp?servico=sobreStfConhecaStfJulgamentoHistorico&pagina=STFlista1. Acesso em: 10.1.2020.

4. BARBOSA, Rui. *Discursos parlamentares*. Obras completas de Rui Barbosa, XVIII. Rio de Janeiro: Fundação Casa de Rui Barbosa, 1981, p. 94.

Esse entendimento, aliado ao conturbado contexto histórico do país, bem como à crescente atuação do Supremo Tribunal Federal, que se consolidava, então, como importante instituição republicana, foi a base para o desenvolvimento da doutrina brasileira do *habeas corpus*. Especialmente nos primeiros anos da República, marcada por eventos como a Revolta da Armada e a Revolução Federalista, e o estado de sítio consequentemente decretado, a Suprema Corte foi o berço da impetração de uma série de pedidos de Rui Barbosa, que utilizava esse *writ* para proteção de diversas espécies de direitos.

Mencione-se, nesse sentido, a utilização do *habeas corpus* para defesa da liberdade de profissão, em demanda proposta por motorista profissional cuja carteira de habilitação fora apreendida por autoridade policial incompetente[5]; para assegurar liberdade de manifestação, em *writ* apresentado por Rui Barbosa em 1914, na qualidade de senador e de paciente, contra decisão do jornal baiano "Imparcial", que recusara publicar discurso por ele proferido contra o governo federal[6]; e para defesa do direito de reunião e da livre manifestação de pensamento, em seu formato preventivo, para que Rui Barbosa e seus correligionários pudessem se reunir em comícios[7].

A compreensão de que seria possível o uso do *habeas corpus* para proteger uma série de direitos outros que não apenas a liberdade de ir e vir não era amplamente aceita no cenário jurídico nacional. Inclusive dentro do próprio Supremo Tribunal tal conformação encontrava resistência. Mesmo assim, acabou por prevalecer na jurisprudência a visão do Ministro Pedro Lessa[8], que tinha entendimento semelhante ao de Rui Barbosa, em votos que igualmente semearam as bases do que viria a ser o mandado de segurança.

Em suas manifestações na Corte, Lessa deixou claro que "a liberdade de locomoção constitui uma condição, um meio, um caminho, para o

---

5. HORBACH, Carlos Bastide. *Memória jurisprudencial. Ministro Pedro Lessa.* Supremo Tribunal Federal: Brasília, 2007.
6. STF. HC 3.536, Pleno, rel. Min. Oliveira Ribeiro, j. 5.6.1914.
7. STF. HC 4.781, Pleno, rel. Min. Evandro Lins, j. 5.4.1919. O Ministro Celso de Mello enfatiza que as bases para formação da doutrina do *habeas corpus* residiriam, em verdade, no histórico "Caso do Conselho Municipal do Distrito Federal" (STF. HC 111.074, Pleno, rel. Min. Celso de Mello, 2ª Turma, j. em 13.12.2011).
8. Leda Boechat, por sua vez, atribui ao Ministro Enéas Galvão a base jurisprudencial da doutrina brasileira do *habeas corpus*. (RODRIGUES, Lêda Boechat. *História do Supremo Tribunal Federal.* Rio de Janeiro: Civilização Brasileira, 1979, v. 3, p. 33).

exercício, não só de outros direitos individuais, como de direitos secundários, direitos meramente civis, políticos ou administrativos"[9]. Assim, a "liberdade individual é um direito fundamental, condição do exercício de um sem número de direitos: para trabalhar, para cuidar de seus negócios, para tratar de sua saúde, para praticar os atos de seu culto religioso, para cultivar seu espírito, aprendendo qualquer ciência, para se distrair, para desenvolver seu sentimento, para tudo, em suma, precisa o homem de liberdade de locomoção, do direito *de ir vir*."[10]. Foi essa, em síntese, a base para que o Supremo Tribunal Federal autorizasse maior amplitude protetiva do *habeas corpus*.

Em 1926, entretanto, uma reforma constitucional restringiu o âmbito de proteção do *habeas corpus*, enfraquecendo diretamente a doutrina brasileira até então desenvolvida e deixando diversos direitos sem remédio constitucional cabível, na hipótese de sua eventual violação.[11] Essa limitação foi resultado de ampla movimentação política. Já na campanha eleitoral, Arthur Bernardes indicava que um de seus objetivos era a contenção do instituto a suas origens clássicas. Eleito Presidente da República, dirigiu-se ao Congresso Nacional para enfatizar a importância de tal alteração, criticando que sua ampla utilização era motivo de excesso de trabalho da Corte e que seriam necessários instrumentos alternativos[12].

Na verdade, a mudança tinha como principal objetivo restringir a atuação do Supremo Tribunal Federal que, por meio da doutrina brasileira do *habeas corpus*, acabou por ampliar sua competência e julgar situações polêmicas. Os próprios congressistas admitiam que o retorno à concepção histórica do instituto deveria se dar em razão dos supostos abusos que estariam sendo perpetrados pelo STF. A Corte estaria se desviando de sua função precípua ao resolver, por procedimento sumário, matérias que deveriam ser tratadas por ação regular.

---

9. LESSA, Pedro. *Do Poder Judiciário*. Livraria Francisco Alves: Rio de Janeiro, 1915, p. 287.

10. LESSA, Pedro. *Do Poder Judiciário*. Livraria Francisco Alves: Rio de Janeiro, 1915, p. 284.

11. Cf. art. 72, § 22, em redação conferida pela Emenda Constitucional de 3 de setembro de 1926: "Dar-se-há o habeas-corpus sempre que alguem soffrer ou se achar em imminente perido de soffer violencia por meio de prisão ou constrangimento illegal em sua liberdade de locomoção."

12. Mensagem apresentada pelo Presidente da República Arthur Bernardes ao Congresso Nacional na abertura da Primeira Sessão da Décima Segunda Legislatura. Rio de Janeiro, 1924. Disponível em: http://www.biblioteca.presidencia.gov.br/presidencia/ex-presidentes/arthur-bernardes/mensagens-ao-congresso/mensagem-ao-congresso-nacional-na-abertura-da-primeira-sessao-da-decima-segunda-legislatura-1924. Acesso em: 13.1.2020.

Esse contexto conduziu necessariamente à discussão acerca da criação de novos remédios constitucionais que focassem na preservação de outras liberdades e direitos, que não apenas o de locomoção.

As primeiras luzes sobre a matéria haviam sido lançadas pelos Ministros do Supremo Tribunal Federal, Alberto Tôrres e Edmundo Muniz Barreto. Aquele, em 1914 sugerira um "mandado de garantia" para a proteção de direitos "lesados por atos do Poder Público, ou de particulares, para os quais não haja outro remédio especial[13]". Muniz Barreto, por sua vez, defendera a adoção de remédio que complementasse o *writ* do *habeas corpus*, propondo algo parecido ao recurso de amparo mexicano, em Congresso Jurídico ocorrido em 1922. Enfatizava que o Poder Judiciário deveria possuir meios coercitivos prontos para dar resposta a quem estivesse na "iminência ou efetividade de ato agressivo ao direito", mas que assegurasse, ao mesmo tempo, o direito de defesa contra quem é impetrada a ação[14].

Oito anos se passaram entre a reforma de 1926 até a inserção do mandado de segurança na Constituição de 1934, pondo fim a verdadeiro vácuo protetivo. Assim, nos termos do art. 113, 33, da Constituição de 1934, restou consagrado, ao lado do *habeas corpus* e com o mesmo processo deste, a previsão do mandado de segurança para proteção de "direito certo e incontestável, ameaçado ou violado por ato manifestamente inconstitucional ou ilegal de qualquer autoridade". O processo seria o mesmo do *habeas corpus*, devendo ser sempre ouvida a pessoa de direito público interessada, e sua impetração não prejudicaria as ações petitórias competentes.

Ressalte-se que a menção à exigência de "direito certo e incontestável" já era citada em decisões do Supremo Tribunal Federal durante a doutrina brasileira do *habeas corpus*[15]. O Ministro Pedro Lessa indicava a necessidade de comprovação da liquidez do direito para a concessão do writ, anotando que ao juiz "incumbe verificar se o direito que o paciente quer exercer, é incontestável, líquido, não é objeto de controvérsia, não está sujeito a um litígio[16]". Além disso, da doutrina brasileira do *habeas corpus* também adveio outro aspecto procedimental do mandado de segurança,

---

13. BALEEIRO, Aliomar. *O Supremo Tribunal Federal, esse outro desconhecido.* Rio de Janeiro: Forense, 1968, p. 78.

14. BARRETO, Edmundo Muniz. Mandado de segurança. *Archivo Judiciario*, suplemento, v. 31, p. 35-40, jul./set., 1934.

15. HORBACH, Carlos Bastide. *Memória jurisprudencial. Ministro Pedro Lessa.* Supremo Tribunal Federal: Brasília, 2007.

16. LESSA, Pedro. *Do Poder Judiciário.* Livraria Francisco Alves: Rio de Janeiro, 1915, p. 285.

que é a impossibilidade de ser impetrado contra lei em tese. Dois anos depois da promulgação da Constituição de 1934, o mandado de segurança foi regulamentado pela Lei 191, de 16 de janeiro de 1936.

Já a Carta de 1937 não trouxe, em sua redação, a previsão do mandado de segurança. Por meio do Decreto-lei 6, de 16 de novembro de 1937, porém, restou determinado que o mandado de segurança continuava em vigor, nos termos da Lei 191/36 – exceto a partir de 10 de novembro de 1937, em relação aos atos do Presidente da República e dos Ministros de Estado, Governadores e Interventores.

O Código de Processo Civil promulgado em 1939 previu o mandado de segurança em moldes semelhantes ao estabelecido na Lei 191/36, por meio de dispositivos que acabaram sofrendo alterações pela Lei 1.533, de 31 de dezembro de 1951.

Nesse período, Aliomar Baleeiro relatou que os abusos dos Tribunais ao conceder mandados de segurança acabaram por gerar a limitação do instituto. A Lei 1.533 foi reformada com objetivo de restringir a concessão de liminares. O Ministro narrou situação em que um juiz da Fazenda Pública chegou a conceder cerca de 700 mandados de segurança para liberação de veículos importados que dependiam de licença prévia, todos concedidos em decisões idênticas e previamente preparadas. Também, enfatizou a quantidade de ações em que o impetrante nitidamente objetivava apenas a concessão de medida cautelar em processos que, após apreciada a liminar, ficavam anos a espera de julgamento. Assim, advertiu:

> "Num país, como o nosso, em que de ânimo leve, se passa vertiginosamente de zero ao infinito, esquece-se a lição da História: o exagero, às vezes, pode fazer o retrocesso do infinito a zero. O golpe de morte vibrado pelo presidente Bernardes, em tempos relativamente normais e por emenda constitucional, à doutrina brasileira do *habeas corpus* deve servir de advertência a quantos, sobretudo os juízes, possam concorrer para a desvirtuação do instrumento judicial magnífico, que é o nosso mandado de segurança[17]".

Em resposta ao quadro de aparentes abusos na concessão de mandados de segurança, Baleeiro defendeu sua limitação às hipóteses em que fundado em violação da Constituição ou de lei federal[18].

Ainda sobre a importância do estudo da evolução histórica desses institutos, Gilmar Ferreira Mendes ressalta que a doutrina brasileira do *ha-*

---

17. BALEEIRO, Aliomar. *O Supremo Tribunal Federal, esse outro desconhecido.* Rio de Janeiro: Forense, 1968, p. 82.

18. BALEEIRO, Aliomar. *O Supremo Tribunal Federal, esse outro desconhecido.* Rio de Janeiro: Forense, 1968, p. 82.

beas corpus e o mandado de segurança tiveram influência direta no rito da representação interventiva. Isso porque a Constituição de 1934 também criou a "declaração de inconstitucionalidade para evitar a intervenção federal", que nada mais seria do que a antecessora da representação interventiva, a ser confiada ao Procurador-Geral da República, nas hipóteses de ofensa aos princípios consagrados no art. 7º, I, *a* a *h*, deste texto constitucional[19].

Após curta duração do diploma de 1934 e do texto de 1937, a Constituição de 1946 previu a representação interventiva em seu art. 8º, parágrafo único. O instituto restou regulamentado pela Lei 2.271, de 1954, na qual foi estabelecido: "Aplica-se ao Supremo Tribunal Federal o rito do processo do mandado de segurança, de cuja decisão caberão embargos caso não haja unanimidade" (art. 4º). Isso permitiu que o Supremo Tribunal Federal pudesse dar maior amplitude à representação interventiva, utilizando-se, inclusive, por exemplo, da possibilidade de concessão de medida cautelar para suspensão de ato impugnado[20].

1.2. JULGAMENTOS HISTÓRICOS DE MANDADO DE SEGURANÇA NO PERÍODO PRÉ-1988

O estudo do desenvolvimento do mandado de segurança não deve se ater, necessariamente, à fria análise de sua conformação pelo texto constitucional e legislativo. Mais interessante do que isso é a verificação prática, por meio de julgados históricos do Supremo Tribunal Federal, de peculiares episódios da história político-constitucional do país. Essa segunda parte do artigo apresentará quatro momentos em que o STF foi provocado por meio de mandado de segurança a apreciar questões relevantes ao cenário nacional.

---

19. MENDES, Gilmar Ferreira. Ações constitucionais: O habeas corpus como pedra fundamental do processo constitucional brasileiro. In: MARINONI, Luiz Guilherme; SARLET, Ingo Wolfgang. *Processo constitucional*. São Paulo: Revista dos Tribunais, 2019.

20. Daí foi iniciada uma série de discussões sobre a pertinência de concessão de medida cautelar, com base no rito do mandado de segurança, em sede de representação interventiva. Acabou sendo adotada, apesar de alguma resistência, a possibilidade de concessão de medida liminar em representação interventiva para suspensão da eficácia do ato normativo impugnado, em consonância com a orientação consagrada na lei do mandado de segurança. Após muitas polêmicas e discussões políticas, a Lei 4.337/64, que regulou a declaração de inconstitucionalidade, não fez menção à aplicação subsidiária do rito da lei de mandado de segurança, muito menos previu a concessão de medida cautelar. (Cf. MENDES, Gilmar Ferreira. Ações constitucionais: O habeas corpus como pedra fundamental do processo constitucional brasileiro. In: MARINONI, Luiz Guilherme; SARLET, Ingo Wolfgang. *Processo constitucional*. São Paulo: Revista dos Tribunais, 2019).

a) Declaração de ilegalidade da Aliança Nacional Libertadora (STF. MS 111, Pleno, rel. min. Arthur Ribeiro, j. 21.8.1935).

Em março de 1934 foi fundada a Aliança Nacional Libertadora (ANL), em meio a um cenário político mundial conturbado, aliado a um contexto interno tenso, com crescente radicalização política e marcado por uma série de greves pelo Brasil. De clara vinculação aos ideais comunistas, a Aliança possuía programa inspirado nas frentes populares que já vinham sendo formadas em outros países para o combate ao fascismo. O movimento defendia, por exemplo, a nacionalização de empresas estrangeiras, o cancelamento da dívida externa e a reforma agrária. Não era surpresa, portanto, que a atuação da ANL fosse desde o início monitorada pelo Governo de Getúlio Vargas.

A Lei de Segurança Nacional, que definia crimes contra a ordem política e social, foi promulgada em 4 de abril de 1935, praticamente um ano após a formação da ANL. De acordo com o seu art. 29, "sociedades que houverem adquirido personalidade jurídica mediante falsa declaração de seus fins, ou que, depois de registradas, passarem a exercer atividade subversiva da ordem política ou social, serão fechadas pelo Governo, por tempo de até seis meses, devendo, sem demora, ser proposta ação judicial de dissolução (Constituição, Art. 113 num. 12)".

Esse dispositivo da Lei de Segurança Nacional foi a base do Decreto 229, de 11 de julho de 1945, pelo qual o Poder Executivo determinou o fechamento dos núcleos da Aliança Nacional Libertadora em todo território nacional. O principal fundamento foi a alegação de que a organização, constituída sob forma de sociedade civil, estaria desenvolvendo atividade subversiva da ordem política e nacional. A comprovação de tal atuação subversiva teria sido coletada pelo chefe de polícia da capital.

Em mandado de segurança impetrado perante o Supremo Tribunal Federal por seu presidente, a ANL invocou liberdade de associação, prevista no art. 113, n. 12, da Constituição da República. Apontou, então, que, nos termos desse dispositivo, não poderia ser compulsoriamente dissolvida, ou seja, não poderia ser extinta sem sentença judiciária que assim determinasse. A Aliança Nacional Libertadora teria, portanto, direito líquido e certo ao funcionamento, que só poderia ser interrompido mediante sentença judicial.

Além disso, argumentou que a determinação do encerramento de suas atividades ocorreu sem o devido processo legal, inclusive em relação às provas coletadas que deram fundamento ao decreto em questão. Reclamou, nesse aspecto, da ausência da apresentação das provas, não mencionadas pelo Governo, enfatizando, ademais, que todas suas reuniões e comícios tinham sido previamente informados às autoridades policiais, que sempre as autorizaram.

O procedimento de encerramento das atividades da ANL foi especificado no art. 2º do Decreto 229, de 11 de julho de 1945, segundo o qual o Ministro de Estado da Justiça e Negócios Interiores baixaria instruções para a promoção, por via judicial, do cancelamento do registro civil da associação. A frente entendeu que o decreto seria inconstitucional por mandar fechar a associação por seis meses, o que, na prática, equivaleria ao encerramento de suas atividades sem sentença judicial.

Em informações, o Ministro de Justiça advertiu que a ANL seria, em verdade, um disfarce do Partido Comunista, e que suas finalidades subversivas estariam evidentes no manifesto de seu líder, Luiz Carlos Prestes, adotado e divulgado pela Aliança. Sobre a inconstitucionalidade da medida, argumentou que o requerente "confunde o fechamento dos núcleos e sedes, por motivo de ordem pública, com a dissolução ou cancelamento de registro, matéria da qual, nos termos do próprio decreto em questão, o Poder Judiciário vai tomar conhecimento".

Em longa manifestação, o então Procurador-Geral da República, Carlos Maximiliano, defendeu que até que se provasse o contrário, "é princípio estabelecido por jurisprudência constante e pacífica que adquirem o valor de verdade as informações oficiais das autoridades". No caso, o impetrante não lograra comprovar que as provas de subversão apresentadas estariam equivocadas. Logo, a Corte deveria tomar como fonte de convicção o apurado pelo Executivo. Para ele, era claro que a Aliança passara a "ostensivamente considerar seu chefe e Messias um sincero apologista do credo de Moscou, o capitão Luiz Carlos Prestes[21]".

Sobre a suposta extinção de associação sem a devida sentença judicial, Carlos Maximiliano ressaltou que o Poder Executivo apenas suspendera "o funcionamento dos seus núcleos, durante o tempo em que dali deveria sair o rastilho da anarquia", já que "a Polícia tem o direito de empregar todos os meios para descobrir os fins ocultos das associações".

Ao manifestar-se contrário à concessão do mandado de segurança, ironizou que "os inimigos da Constituição liberal vêm ao pretório excelso impetrar um remédio democrático". Teriam olvidado, assim, o papel da

21. Parecer do Procurador-Geral da República, Carlos Maximiliano. STF. MS 111, Pleno, rel. Min. Arthur Ribeiro, j. 21.8.1935.

Suprema Corte, "uma corporação política, não no sentido partidário, mas na acepção elevada do termo: altamente conservadora, guarda excelsa da lei, zeladora da pureza das instituições, olhando largo para o futuro, para as consequências próximas e remotas dos seus arestos, intérprete iluminada dos textos, garantia serena e vigilante da família e da ordem jurídica e social."

Por entender que a pretensão seria absurda, o Procurador-Geral da República criticou que o pedido da ANL não fora indeferido de pronto pela Corte. Ao iniciar seu voto, o Ministro Arthur Ribeiro, relator, enfatizou desconhecer lei que permitisse tal procedimento. Apontou que a Constituição equiparava o rito do mandado de segurança ao do *habeas corpus* (art. 133, §33) e que, pelo disposto no Decreto 19.656, art. 11, § 1, que tratava dos julgamentos pelo STF, o relator poderia indeferir, desde logo, o pedido, apenas quando este fosse realizado sem a devida instrução, salvo se o paciente fosse pobre. A única restrição ao mandado de segurança seria, portanto, a ausência de requisitos legais em sua petição inicial, o que não se aplicava ao caso então apreciado.

No mérito, o relator asseverou que as informações prestadas pelo governo formam presunção *juris tantum*, e que em nenhum momento o impetrante logrou dissuadi-las. Além de prova da atividade subversiva, o ato de fechamento dos núcleos da Aliança estaria fundado em expresso dispositivo de lei, o que conferia legitimidade ao feito. De fato, a Constituição previa a plena liberdade de associação, não permitindo que esta fosse dissolvida, senão por sentença judiciária; ressaltou, porém, que a liberdade de associação caberia apenas a entidades que se dedicassem a fins lícitos e que, portanto, o ato que determinou o fechamento dos núcleos na ANL não seria inconstitucional. Concluiu indicando entender que a determinação seria severa, mas que "a sua severidade, porém, é uma exigência das circunstâncias difíceis com que, atualmente, lutam os dirigentes de todas as nações cultas".

Já o Ministro Octavio Kelly, em voto curto, mencionou que a garantia do "mandado de segurança depende da natureza certa e incontestável do direito à existência das associações civis, o que faz presumir a regularidade da sua organização e a sua finalidade lícita". Essa análise pressupõe a apreciação de provas outras, incabível no rito pronto e sumário do mandado. Apenas por isso não concedeu a ordem.

O Ministro Costa Manso, por sua vez, fundamentou seu voto a partir da análise do ato administrativo, em si. Nesse sentido, "o Poder Judiciário, quando chamado a apreciar um ato administrativo, deve, em regra, limitar o exame à parte extrínseca do ato", sendo que "o ato é nulo quando a autoridade que o expediu seja incompetente; quando não tenham sido observadas as formalidades externas substanciais; e quando a medida não seja, em tese, autorizada pela lei". Com base nisso, concluiu que o ato fora emanado por autoridade competente, autorizado em lei, e que obedecera a forma prescrita.

Argumentou – assim como outros – que o fato de a Constituição não permitir a dissolução de associação por ato administrativo, não proíbe, por outro lado, a suspensão temporária de suas atividades. Na verdade, a possibilidade de suspensão temporária poderia ser vista como uma espécie de medida cautelar, a assegurar que, enquanto a decisão de seu encerramento não fosse efetivada por sentença judicial, sua atividade ilícita restaria paralisada durante o processo.

Por fim, o mandado de segurança restou negado por unanimidade. A Corte lembrou que a liberdade de associação se prestaria apenas para fins lícitos e que, portanto, seria constitucional lei ordinária que a vetasse por seu caráter subversivo.

b) *Proibição de cultos da Igreja Católica Apostólica Brasileira em locais públicos* (STF. MS 1114, Pleno, rel. min. Lafayette de Andrada, j. em 17.11.1949).

Na década de 1940, Dom Carlos Duarte da Costa, Bispo emérito que, com a renúncia, recebeu o título honorífico de Bispo de Maura, passou a receber certa atenção da mídia ao enviar telegrama a Getúlio Vargas pelo qual denunciou a infiltração de agentes nazistas e fascistas entre os clérigos estrangeiros em atuação no Brasil, recomendando a imediata expulsão destes do país. Nesse mesmo período, manifestou-se contrário às encíclicas papais *Rerum Novarum* e *Quadragesimo Anno*, que, para ele, não seriam compatíveis com a doutrina do cristianismo.

Excomungado pela Santa Sé, no mesmo dia em que recebeu a notícia, em 6 de julho de 1945, reuniu-se com apoiadores e fundou a Igreja Católica Brasileira[22]. Esta, que adotava liturgia praticamente idêntica à da Igreja Católica – mantendo, inclusive, hierarquia e vestes semelhantes –, possuía, por outro lado, abordagem mais branda de diversos assuntos àquela tradicionalmente polêmicos. Admitia, por exemplo, o sacramento do casamento

---

22. Cf. SILVA, Wagner Pires da. Um outro catolicismo: o Bispo de Maura e a Igreja Católica Apostólica Brasileira. *Revista de História Bilros*. Fortaleza, v. 5, n. 8, p. 106-125, jan-abr 2017.

a divorciados e posicionava-se contrária à autoridade papal, à confissão e ao celibato.

Não tardou para que a nova Igreja fosse alvo do Governo. O Presidente da República, aprovando parecer emitido pelo Consultor Geral, Prof. Haroldo Valladão, sobre a forma de se assegurar o livre exercício de culto da Igreja Católica Apostólica Brasileira, encaminhou-o ao Ministro da Justiça e Negócios Interiores, para que lhe desse cumprimento. O parecer indicava que o ex-Bispo de Maura colocava-se deliberadamente "fora da verdadeira Igreja de Cristo e da comunhão dos fiéis" e que a liberdade religiosa dos católicos autorizava-os a protestar contra a propaganda da nova Igreja, uma vez que essa, por meio de divulgações enganosas, acabava estabelecendo confusão entre os fiéis ao seguir os mesmos atos externos de culto e de ritos da Igreja Católica.

O despacho da Presidência da República, de 30 de junho de 1948, restou assim resumido:

> "Liberdade religiosa: de crença, de exercício do culto, de formação e funcionamento de igrejas ou associações religiosas; a primeira, absoluta, e as outras duas, relativas, subordinadas à ordem pública, aos bons costumes, ao respeito à liberdade dos outros cultos ou igrejas, às disposições do direito comum, às leis civis, penais, etc. – A Igreja Católica Apostólica Brasileira, afirmando que adota os cultos das outras Igrejas e seguindo, declaradamente, o culto romano, não está exercendo livremente o seu culto e está usurpando, desrespeitando e perturbando o livre exercício do culto da Igreja Católica Apostólica Romana – O poder de polícia, no assunto, compreende a faculdade de assegurar o livre exercício do culto de uma religião e de obstar que esse culto seja perturbado por quem não pertence à mesma religião."

Contra esse ato do Presidente da República foi impetrado mandado de segurança por Carlos Duarte da Costa, com a finalidade de lhe ser garantido, bem como aos Ministros de sua Igreja, o direito líquido, certo e incontestável ao livre exercício do culto religioso da Igreja Católica Apostólica Brasileira. Fazia parte do pedido, ainda, o requerimento para que seus templos fossem reabertos ao público, bem como para o retorno ao funcionamento da Escola N.S. Menina, mantida pela Igreja. Em suas razões, indicou, em síntese, que não haveria confusão entre sua Igreja e a de Roma, já que esta pretende ser universal, enquanto a brasileira atuaria apenas em âmbito nacional.

O Procurador-Geral da República manifestou-se no sentido de que o próprio autor reconhecera que ele e seus sacerdotes usam as mesmas vestes da Igreja Católica Apostólica Romana. Considerou tal prática inadmissível e apta a trazer perturbações à ordem pública. Nesse ponto, estaria correto o ato do Governo que se utilizou de seu poder de polícia para proibir os cultos externos da Igreja brasileira.

No julgamento pelo Supremo Tribunal Federal, o relator da ação apontou que o Governo não teria criado impedimento à existência da Igreja, mas apenas proibido seu culto público, em locais públicos, por entender que aí poderia haver manifesta confusão com os costumes e com as solenidades da Igreja Católica. O livre exercício dos cultos religiosos não seria absoluto, mas estaria sujeito, por exemplo, à ordem pública.

O Ministro Hahnemann Guimarães, ao divergir, teceu considerações sobre o conceito de culto e de rito litúrgico, averiguando se seria lícito a uma igreja exercer o mesmo culto da Igreja Católica Apostólica Romana. Concluiu que delitos contra a fé podem ser classificados em apostasia, heresia e cisma e que, no caso, teria ocorrido cisma, movimento que há muito existe na história mundial. O delito em questão seria, em verdade, um delito espiritual, contra o qual não caberia intervenção do poder civil. Para ele, conflitos espirituais deveriam ser resolvidos pelas próprias Igrejas, não sendo lícito que estas recorressem ao prestígio do poder temporal para dar cabo a cismas e dominar suas dissidências, motivo pelo qual concedeu o mandado de segurança.

Por outro lado, para o Ministro Orozimbo Nonato, a intervenção do Supremo Tribunal Federal para dirimir atrito originado da religião se fazia necessário justamente por vir de crenças mais profundas, que despertam paixões que podem levar a intolerâncias. O Estado deve intervir, no caso, "não para desconhecer o fenômeno da religião, que informa a vida espiritual da humanidade, mas para proclamar o seu laicismo, assegurando a todos idêntica liberdade de culto".

A principal discussão do mandado de segurança não deveria ser a fundação de Igreja que nega o primado de Roma; imitando, porém, seus cultos. Isso porque o culto seria indispensável aos crentes, o que autorizaria a Igreja Católica Brasileira a ser livre para escolher o que professar, liberdade esta, assegurada pela Constituição. Admitiu que há evidências de que seu rito exterior se confunde, de fato, com o da Igreja de Roma, e que também esta encontra o mesmo respaldo constitucional à sua liberdade religiosa. Para dirimir a confusão seria preciso analisar fatos, providência inviável em mandado de segurança, motivo pelo qual denegou o mandado.

Por fim, o pedido restou negado pelo Supremo Tribunal Federal. Prevaleceu o entendimento segundo o qual a liberdade de culto não é absoluta e que, no caso, encontraria limites na ordem pública.

c) *Supostas atividades subversivas de João Cabral de Melo Neto* (STF. MS 2264, Pleno, rel. min. Luiz Gallotti, j. 1.9.1954).

Ainda na lista de julgamentos históricos encontra-se um mandado de segurança impetrado por João Cabral de Melo Neto. O autor de "Morte e Vida Severina" e posterior membro da Academia Brasileira de Letras buscou o amparo do Supremo Tribunal Federal no ano de 1954 para anular punição que recebera ao exercer cargo de Cônsul de 1ª Classe do Ministério das Relações Exteriores. Ele foi acusado de atividade subversiva e de auxílio ao extinto Partido Comunista, principal fundamento da abertura de inquérito administrativo que resultou na aplicação de pena de disponibilidade inativa, sem remuneração.

A base da denúncia que levou à abertura de inquérito administrativo a investigar a conduta do impetrante foi uma carta escrita por ele a outro colega, Cônsul Paulo Augusto Cotrim Rodrigues Pereira, em linguagem considerada conspiratória. O Governo interpretou, pela redação do texto, "o esboço de um plano diabólico de ajuda ao extinto Partido Comunista do Brasil, para tentar submeter o território da Nação à soberania de Estado estrangeiro, plano esse que consistiria em publicações relativas ao Brasil e a determinados brasileiros" que revelariam segredos que apenas o cargo e a função diplomática permitiriam fornecer[23].

Ao recorrer ao Supremo Tribunal Federal, João Cabral de Melo Neto apontou ter direito líquido e certo a não ser dispensado, alegando ter sido perseguido injustamente. Procurou demonstrar que as acusações não teriam sido comprovadas. O impetrante analisou com detalhes o Parecer que concluíra que ele tinha relações com núcleos comunistas, argumentando que, ao menos em tese, "(...) professar ideologia, mesmo contrária ao regime democrático, sabemos todos que não importa crime, pois corresponde ao gozo da liberdade de pensamento e de consciência (Constituição, art. 141, § 5º e § 7º); apenas se proíbe a propaganda de processos violentos para subverter a ordem política e social (id., ibi., § 5º). Não se veda, contudo, filiar-se a 'partido político fora da legalidade', fora da legalidade não existe partido político; a filiação é, pois, impraticável.[24]".

23. Relatório. STF. MS 2264, Pleno, rel. Min. Luiz Gallotti, j. 1.9.1954.
24. STF. MS 2264, Pleno, rel. Min. Luiz Gallotti, j 1.9.1954.

Ainda que o texto constitucional permitisse visão política contrária à do Governo, enfatizou que não seria essa sua situação e que, assim como quatro colegas igualmente acusados, estaria exercendo sua função diplomática em local distante do país, fato que o deixava sem meios aptos a executar as ações subversivas a ele atribuídas.[25]

Ao apreciar o caso, o relator, Ministro Luiz Gallotti, entendeu que o Governo, ao não identificar uma conduta apta a gerar a demissão do impetrante, aplicou-lhe pena de disponibilidade não remunerada, prevista em legislação não mais vigente. No caso, a lei utilizada era anterior à Constituição de 1934 (Decreto 2411, de 12 de abril de 1934), e o Estatuto vigente deveria ser a Lei 1.711, de 28 de outubro de 1952. Com esse fundamento, votou pela concessão da segurança para anular a disponibilidade imposta ao impetrante, no que foi acompanhado pelos demais colegas da Corte.

d) ***Impedimento de Café Filho para retornar ao cargo de Presidente da República*** **(STF. MS 3557, Pleno, rel. min. Hahnemann Guimarães, red. acórdão min. convocado Afrânio Costa, Pleno, j. 14.12.1955; 11.1.1956; 7.11.1956)**

João Fernandes Campos Café Filho, eleito vice-presidente da República nas eleições de 1950, assumiu o comando do país após a morte de Getúlio Vargas, em 1954. Nesse período de grande conturbação política, acabou afastando-se do cargo por motivos médicos, o que fez com que o Presidente da Câmara, Carlos Luz, passasse a ocupar seu posto, em 8 de novembro de 1955. Este, deposto, deu lugar a Nereu Ramos, vice-presidente do Senado.

Ao apresentar melhora médica e tentar retomar sua antiga posição, Café Filho foi vetado pelo General Henrique Lott e por outros militares, que nele viam possível interesse em conspirar contra a posse de Juscelino Kubitschek e de João Goulart, a ocorrer em janeiro de 1956. Em meio às incertezas, o impedimento de Café Filho é aprovado pelo Congresso Nacional, em 22 de novembro, e Nereu Ramos declara estado de sítio dias depois.

Em grande síntese, esse é o quadro político que ilusta o mandado de segurança impetrado por Café Filho perante o Supremo Tribunal Federal, pelo qual requereu que lhe fosse assegurado o pleno exercício de suas fun-

25. GODOY, Arnaldo Sampaio de Moraes. João Cabral de Melo Neto no Supremo – MS 2.264. *Revista Consultor Jurídico*. Disponível em: https://www.conjur.com.br/2012-dez-23/embargos-culturais--poeta-joao-cabral-melo-neto-stf-ms-2264. Acesso em: 10.1.2020.

ções e atribuições constitucionais de Presidente da República[26]. Apontou como atos coatores as resoluções da Câmara dos Deputados e do Senado Federal que determinaram seu impedimento. Indicou não ser possível que alguns membros rebelados das Forças Armadas pudessem, por meio de resolução – que faria as vezes de emenda constitucional –, criar afastamento não previsto nas hipóteses do art. 79, § 1º e 88, § único, da Constituição[27].

Em resposta ao pedido, dois pontos deveriam necessariamente ser avaliados pela Corte: se seria possível ao Tribunal apreciar mandado de segurança contra resolução legislativa de caráter político, e, caso positivo, se a resolução realmente causara lesão a direito subjetivo do impetrante.

O ato impugnado foi anterior à decretação de estado de sítio, declarado pelo período de trinta dias por meio da Lei 2.654, de 25 de novembro de 1955. Nos termos do parágrafo único do art. 2º, "a suspensão do *habeas-corpus* restringe-se aos atos praticados por autoridades federais, e a do mandado de segurança aos emanados do Presidente da República, dos Ministros de Estado, do Congresso Nacional e do Executor do estado de sítio".

Para julgar o caso, o Plenário do Supremo Tribunal Federal reuniu-se em sessão plenária no dia 14 de dezembro de 1955.

Ao apreciar o pedido, o relator indicou que a Constituição não definia a forma como seria verificado o impedimento previsto no art. 79, § 1º, do texto constitucional. No processo em análise, Senado Federal e Câmara dos Deputados entenderam que o impetrante estaria impedido de reassumir o pleno exercício do cargo, ao fundamento de que estariam, com isso, assegurando a sobrevivência do regime democrático e a tranquilidade da Nação. Assim, como a maioria absoluta do Congresso entendera que o impedimento era oportuno, não caberia ao STF rever tal posição, incabível em sede de mandado de segurança. O procedimento adotado seria válido, já que teve por fim regular matéria de caráter político. Com base nesses fundamentos, afastou a inconstitucionalidade do ato do Congresso Nacional e negou o mandado de segurança[28].

---

26. FUCK, Luciano Felício. *Memória jurisprudencial. Ministro Nelson Hungria.* Supremo Tribunal Federal: Brasília, 2012, p. 96.
27. Voto Min. Ribeiro da Costa. STF. MS 3557, Pleno, rel. Min. Hahnemann Guimarães, p. 415.
28. Voto Min. Hahnemann Guimarães. STF. MS 3557, Pleno, rel. Min. Hahnemann Guimarães, p. 397.

Já o Ministro Ribeiro da Costa, pela delicadeza da questão em análise, tratou de fundamentar sua conclusão de forma mais objetiva e técnica[29]. Elencou as atribuições do Congresso Nacional listadas nos arts. 65 e 66 do texto constitucional, ressaltando que nesses dispositivos não havia nenhuma menção à possibilidade de decidir sobre impedimento do Presidente da República. Por consequência, qualquer ato praticado fora do ali descrito seria abuso de poder e, portanto, nulo.

Classificou como "fato sobrenatural, estranho a todas as previsões" a oposição, por violência, do então Ministro da Guerra, General Teixeira Lott, que declarara, em nome do Exército Nacional, que Café Filho não poderia reassumir o exercício do cargo – o que acabou sendo confirmado pelo Congresso. Em sua manifestação, o Ministro enfatizou ter esperança de que o mandado de segurança fosse concedido e que o Ministro da Guerra, ao cumpri-lo, pudesse refletir no ato que praticara, mostrando ser um homem superior e curvando-se diante da Lei, da Ordem e da Justiça.

Em discurso que conclamava o respeito entre os Poderes democráticos, Ribeiro da Costa continuou e ponderou que, caso cumprida sua profecia, o país seguiria com a Justiça ao seu lado, sem que ninguém ousasse atingir, retalhar ou mutilar a Constituição. Afinal, destacou o Ministro, ao Supremo Tribunal Federal cabe guardar o texto constitucional "não como páginas frias, que ali estão, mas como letras de fogo, que queimam a quem se aproximar delas, para violá-las. Esta é a Constituição, regra e caminho de grandeza traçado pelo povo e para o povo[30]".

Termina por lembrar que, em matéria de crime comum ou de responsabilidade, cabe à Câmara apenas declarar procedente ou não a acusação processada na forma da lei. O julgamento, nos crimes comuns, caberia ao STF e, nos de responsabilidade, ao Senado. Apenas quando declarada a procedência da acusação é que o Presidente poderia ficar impedido de suas funções. Procedimento outro seria abuso de poder. Concluiu que o direito de o impetrante retornar e exercer seu mandato era líquido e certo, concedendo-lhe, nesses termos, o mandado de segurança.

Em tom igualmente crítico, o Ministro Nelson Hungria ponderou que o Congresso, ao declarar o impedimento, apenas reconheceu "situação de fato irremovível dentro dos quadros constitucionais ou legais", situação

---

29. KAUFMANN, Rodrigo de Oliveira. *Memória jurisprudencial. Ministro Ribeiro da Costa.* Supremo Tribunal Federal: Brasília, 2012, p. 34.

30. Voto Min. Ribeiro da Costa. STF. MS 3557, Pleno, rel. Min. Hahnemann Guimarães, p. 415.

"criada pelo imperativo dos canhões e metralhadoras insurrecionais que barravam" o caminho de Café Filho ao Catete[31]. Não haveria, para ele, impedimento mais evidente e insuperável que o determinado por vitoriosa insurreição armada.

A resolução que determinou o impedimento teria sido apenas a constatação da situação fática, imposta pelos tanques e baionetas do Exército, "que estão acima das leis, da Constituição e, portanto, do Supremo Tribunal Federal". Ainda que eventualmente com bom propósito, ressaltou que "a santidade dos fins não expunge a ilicitude dos meios", afastando a possibilidade de a situação ser resolvida *de jure* e apreciada pela Corte.

Sabiamente, indicou que se tratava de "situação de fato criada e mantida pela força das armas, contra a qual seria, obviamente, inexequível qualquer decisão do Supremo Tribunal", concluindo que "a insurreição é um crime político, mas, quando vitoriosa, passa a ser um título de glória, e os insurretos estarão a cavaleiro do regime legal que infligiram; sua vontade a que conta, e nada mais[32]." Com isso, "contra uma insurreição pelas armas, coroada de êxito, somente valerá uma contra insurreição com maior força. E esta, positivamente, não pode ser feita pelo Supremo Tribunal, posto que este não iria cometer a ingenuidade de, numa inócua declaração de princípio, expedir mandado para cessar a insurreição[33]."

E, sobre os limites da atuação da Corte, o Ministro Nelson Hungria continuou a ponderar:

> "O ilustre impetrante, ao que me parece, bateu em porta errada. Um insigne professor de Direito Constitucional, *doubie* do exaltado político partidário, afirmou, em entrevista não contestada, que o julgamento deste mandado de segurança ensejaria ocasião para se verificar se os Ministros desta Corte 'eram leões de verdade ou leões de pé de trono'.
>
> Jamais nos encalcamos leões. Jamais vestimos, nem podíamos vestir, a pele do rei dos animais. A nossa espada é um mero símbolo. É uma simples pintura decorativa no teto ou na parede das salas de Justiça. Não pode ser oposta a uma rebelião armada. Conceder mandado de segurança contra esta seria o mesmo que pretender afugentar os leões autênticos, sacudindo-lhes o pano preto de nossas togas[34]".

---

31. Voto Min. Ribeiro da Costa. STF. MS 3557, Pleno, rel. Min. Hahnemann Guimarães, p. 440.
32. Voto Min. Nelson Hungria. STF. MS 3557, Pleno, rel. Min. Hahnemann Guimarães, p. 441.
33. Voto Min. Nelson Hungria. STF. MS 3557, Pleno, rel. Min. Hahnemann Guimarães, p. 442.
34. Voto Min. Nelson Hungria. STF. MS 3557, Pleno, rel. Min. Hahnemann Guimarães, 443.

Diante desse quadro fático, entendeu que o estado de sítio seria constitucional e que o impedimento fora imposição das forças insurrecionais do Exército, contra a qual não havia remédio. Nesses termos, não conheceu do mandado de segurança. Luciano Felício Fuck assim conclui sobre esse histórico voto: "Dessa forma, com sua verve peculiar, o Ministro Nelson Hungria apresentou o problema pelo nome, de forma clara e direta, sem tergiversações ou soluções sub-reptícias. Não se tratou tampouco de acovardamento ou rebaixamento do Tribunal, mas de reconhecimento de situação de fato que independia da situação jurídica. Em suma, a legitimidade para o Supremo Tribunal Federal deliberar ia até onde a força de suas decisões poderia alcançar"[35].

Já o Ministro Sampaio Costa, do Tribunal Federal de Recursos, convocado para substituir o Ministro Edgard Costa, ressaltou que, nos termos previstos na Constituição Federal, o conhecimento e a concessão do mandado de segurança e do *habeas corpus* estava vinculada, durante o estado de sítio, às hipóteses dos art. 206 a 214, do texto constitucional[36]. Por não identificar hipótese que autorizasse o julgamento do pedido, votou para conhecer do mandado de segurança, sobrestando sua apreciação até o final do estado de sítio.

Também questionando a posição que deveria ser adotada pelo STF em face de um governo de fato, o Ministro Mario Guimarães ponderou que caberia apenas o absoluto respeito e o acatamento às suas deliberações. Isso porque "a magistratura, no Brasil ou alhures, não entra na apreciação da origem do governo. Do contrário, teríamos o Poder Judiciário a ordenar a contra revolução, o que jamais se viu em qualquer país do mundo[37]."

Daí, refletiu que ninguém se lembrou de procurar resposta da Justiça quando Deodoro da Fonseca derrubou D. Pedro II, imperador vitalício do Brasil, de seu trono, em 1889. Também, o próprio governo do Marechal Floriano, para ele, "não resistiria a uma análise constitucional, pois que a Carta de 91 prescrevia novas eleições quando a vaga de Presidente ocorresse no primeiro biênio. E se mergulharmos mais para o passado, veremos que até o reinado de D. Pedro II se instalou com infringência da Constituição do Império, que estatuía a maioridade aos 18 anos. A regra, pois, é

35. FUCK, Luciano Felício. *Memória jurisprudencial. Ministro Nelson Hungria.* Supremo Tribunal Federal: Brasília, 2012, p. 101.

36. Voto Min. Sampaio Costa. STF. MS 3557, Pleno, rel. Min. Hahnemann Guimarães.

37. Voto Min. Mario Guimarães. STF. MS 3557, Pleno, rel. Min. Hahnemann Guimarães, p. 452.

que a magistratura não examine a origem dos Governos de fato. A ascensão ao Poder máximo é assunto de natureza estritamente política[38]."

Por estes motivos, não conheceu do pedido e, caso fosse conhecido, entendeu que seria o caso de conceder a segurança, já que, apesar de entender que o *impeachment* era uma instituição obsoleta, não caberia ao Congresso, nos termos em que realizado, declará-lo.

Para o Ministro Orozimbo Nonato, não caberia ao STF avaliar o ato de impedimento, já que "o Supremo só é Supremo nas questões de sua competência". Com base nessa premissa, "deve, não vulnerar, senão guardar, a todo poder que tenha, o princípio supremo da divisão e harmonia de poderes. Princípio supremo que às vezes de difícil prevalência". Refletiu que "as democracias vivem belamente, mas perigosamente. Seu equilíbrio depende da harmonia e da expansão normal dos poderes, tantas vezes irresistentes às tentações de abusos e hipertrofias. O jogo delicado dos freios e contrapesos só nas democracias de alto nível se mantém em equilíbrio e primor.". E concluiu que ao "juiz não deve haver julgamentos históricos que o levem a quebrar o molde de seus julgamentos e a alterar o critério de suas determinações[39]."

No caso concreto, sopesou que havia um dilema na questão. Caso a investidura fosse legítima, esse fato, por si só, já eliminaria o argumento. Caso ilegítima, o país estaria sendo liderado por um governo de fato, contra o qual perderia o sentido impetrar mandado de segurança, inclusive porque sua execução precisaria ser garantida pela própria autoridade de fato. Todavia, como se estava sob estado de sítio, entendeu ser provisoriamente impossível analisar o pedido.

A maioria do Supremo Tribunal Federal entendeu que seria o caso de suspender-se o julgamento para esperar o final do estado de sítio para sua continuidade. Este, acabou sendo prorrogado, o que fez com que em 11 de janeiro de 1956 os ministros novamente analisassem a questão, agora para julgar pedido de continuação de julgamento – o que foi indeferido.

Nessa segunda análise, o Ministro Nelson Hungria contestou os que esperavam uma resposta mais dura da Corte:

> "Estava sendo afirmado que oi STF estaria "falhando à sua missão dentro do nosso regime democrático. Protesto veementemente contra essa assacadilha. Jamais o Supremo Tribunal desertou a sua função constitucional, que não é, positiva-

---

38. Voto Min. Mario Guimarães. STF. MS 3557, Pleno, rel. Min. Hahnemann Guimarães, p. 452.

39. Voto Min. Orozimbo Nonato. STF. MS 3557, Pleno, rel. Min. Hahnemann Guimarães, p. 468.

mente, a de debelar insurreições vitoriosas. O que ocorre é que o Brasil, com a implantação da República, entrou no ciclo da América Latina, em que as mudanças de regime e a queda dos governos se operam, frequentemente, mediante pronunciamentos militares, contra os quais não há opor-se a força do direito. Bem ou mal intencionados, tais pronunciamentos fazem calar a voz das leis e os ditames jurídicos. Contra o fatalismo histórico dos pronunciamentos militares não vale o Poder Judiciário, como não vale o Poder Legislativo. Esta é que é a verdade, que não pode ser obscurecida por aqueles que parecem supor que o Supremo Tribunal, ao invés de um arsenal de livros de direito, disponha de um arsenal de *schrapnels* e de torpedos[40]."

Se o impetrante quisesse, portanto, que o STF formalmente declarasse que que se trata um governo de fato, Hungria rebateu que não teria dúvidas em fazer tal declaração, mas nada mais a Corte poderia fazer. Nesses termos, reiterou não conhecer do mandado.

Por fim, o mandado de segurança impetrado por Café Filho foi julgado prejudicado em 7 de novembro de 1956 em razão da posse de Juscelino Kubitschek, ocorrida em 31 de janeiro deste ano. Chegava ao fim um dos mais tensos julgamentos do Supremo Tribunal Federal.

1.3. CONSIDERAÇÕES FINAIS

A Constituição de 1934 foi o primeiro texto constitucional a prever o mandado de segurança e, desde então, todos os textos seguintes, a exceção da Carta de 1937, trouxeram a previsão desse instituto. Trata-se de criação brasileira, diretamente derivada e conformada pela jurisprudência do Supremo Tribunal Federal, notadamente por seus julgados do período em que praticada a chamada doutrina brasileira do *habeas corpus*.

A importância do mandado de segurança pode ser demonstrada por diversas perspectivas. No presente artigo, procurou-se evidenciar episódios marcantes da história político constitucional brasileira cujos rumos foram traçados por meio de julgados de mandado de segurança.

Pelas passagens dos casos selecionados, verifica-se a atuação do Supremo Tribunal Federal em momentos decisivos do país, nos quais precisou ponderar os limites de sua jurisdição e optar por se conter ou não perante circunstâncias pautadas pela tensão entre Poderes e pela atenção da sociedade.

40. Voto Min. Nelson Hungria. STF. MS 3557, Pleno, rel. Min. Hahnemann Guimarães, p. 529.

2

A EXTENSÃO E OS LIMITES DA COMPETÊNCIA DO SUPREMO TRIBUNAL FEDERAL PARA APRECIAÇÃO DE MANDADO DE SEGURANÇA

Giuliano Koth Ribas[1]

2.1. UMA CORTE EM CONSTANTE BUSCA POR SUA IDENTIDADE

A definição do papel que incumbe aos Tribunais Constitucionais no direito contemporâneo constitui desafio revestido de inequívoca complexidade, especialmente em face da influência recíproca exercida pelos diversos modelos institucionais adotados pelos Estados democráticos no contexto do processo histórico por meio do qual se desenvolve o constitucionalismo[2].

O constituinte de 1988, ao estipular as atribuições jurisdicionais da Suprema Corte brasileira, definiu, em dispositivo situado em posição vestibular (Art. 102, I, *caput*), o elemento essencial que identifica o papel do Supremo Tribunal Federal e dá sentido à sua existência: a função precípua da Suprema Corte brasileira é guardar a intangibilidade da Constituição Federal.

É certo que, no Brasil, o exercício da jurisdição constitucional (defesa da supremacia da Constituição, controle dos excessos dos Poderes da República e proteção dos direitos e garantias fundamentais) compete a todos Juízes e Tribunais, de maneira difusa, no desempenho da prestação

1. Assessor de Ministro do Supremo Tribunal Federal. Bacharel em Direito pela Universidade Federal de Pelotas/RS.

2. FUX, Luiz; SILVEIRA MELLO, Fernando Pessôa da. *O Papel Contemporâneo do Supremo Tribunal Federal*: a Segurança Jurídica, a Uniformização da Jurisprudência e o Sistema de Precedentes Obrigatórios. In: FUX, Luiz; BODART, Bruno; MELLO, Fernando Pessôa da Silveira (org.). *A Constituição da República segundo Ministros, Juízes e Assessores do STF*. Salvador: Juspodivm, 2019. p. 35-50.

estatal da Justiça[3]. Ao contrário, no entanto, dos demais órgãos do Poder Judiciário brasileiro, cuja atuação é orientada pela inafastabilidade da defesa contra toda e qualquer ameaça ou lesão a direitos (CF, art. 5º, XXXV), o Supremo Tribunal Federal, na condição de órgão de cúpula e guardião da Constituição, exerce uma jurisdição de caráter extraordinário, que somente se justifica na medida em que realiza a sua função precípua de instância suprema das questões constitucionais.

Essa elevada atribuição jurisdicional do Supremo Tribunal Federal efetiva-se através do desempenho de funções primordiais que dão sentido a sua existência e conformam a sua atuação: (a) realizar a tutela objetiva da ordem constitucional (controle de constitucionalidade); (b) exercer a defesa dos direitos e liberdades fundamentais (jurisdição constitucional das liberdades); (c) assegurar a higidez do regime democrático; (d) promover o controle judicial dos excessos praticados pelos Poderes Públicos; e (e) preservar a harmonia da Federação[4].

Embora o constituinte brasileiro tenha erigido o Supremo Tribunal Federal à posição de guarda da Constituição e seu intérprete final, as diversas vias de acesso à Suprema Corte disponíveis no próprio texto constitucional foram responsáveis pela instauração da "calamidade judicial"[5] (PEDRO LESSA) e da "crise do Supremo Tribunal Federal"6 (ALFREDO BUZAID), já anunciada há décadas por inúmeros juristas[7], instaurando um quadro de disfuncionalidade crônica no que se refere ao desempenho das tarefas precípuas da Corte, especialmente a notória incapacidade institucional de absorção das demandas que lhe são submetidas, inviabilizando a possibilidade de observância da celeridade e da razoável duração dos processos.

---

3. CANOTILHO, J.J. GOMES; MENDES, Gilmar Ferreira; SARLET, Ingo Wolfgang; STRECK, Lenio Luiz (org.). *Comentários à Constituição do Brasil*. São Paulo: Saraiva, 2018. p. 1.490.
4. "A missão da Justiça Constitucional em garantir a perpetuidade do Estado de Direito e dos direitos fundamentais possui, nos diversos ordenamentos jurídicos, basicamente, cinco grandes ramos de competências: controle de constitucionalidade das leis e atos normativos do poder público; proteção aos direitos fundamentais; controle das regras da Democracia representativa (eleições) e participativa (referendos e plebiscitos); controle do bom funcionamento dos poderes públicos e da regularidade no exercício de suas competências constitucionais; e equilíbrio da federação". MORAES, Alexandre de. *Jurisdição Constitucional e Tribunais Constitucionais*: garantia suprema da Constituição. São Paulo: Atlas, 2013. p. 311.
5. LESSA, Pedro. *Do Poder Judiciário*. Rio de Janeiro: Livraria Francisco Alves, 1915. p. 23.
6. BUZAID, Alfredo. A Crise do Supremo Tribunal Federal. *Revista da Faculdade de Direito da USP*. Vol. 55, p. 327-372, 1960.
7. VELLOSO, Carlos Mário. O Supremo Tribunal Federal, Corte Constitucional: uma proposta para tornar efetiva a sua missão precípua de guarda da Constituição. *Revista de Informação Legislativa do Senado Federal*. vol. 120, p. 5-30, 1993.

Isso se dá porque o legislador constituinte de 1988, objetivando, ao mesmo tempo, construir uma corte inspirada no *judicial review* norte-americano (controle de constitucionalidade difuso exercido pela via recursal extraordinária) e aparelhada com os instrumentos de fiscalização normativa abstrata do modelo europeu (controle concentrado de constitucionalidade), não conseguiu romper, no entanto, com a tradição jurisdicional brasileira, fundada em uma cultura pouco republicana de concessão de foro especial a autoridades públicas diversas e na heterodoxa atuação de Cortes superiores como meros órgãos de revisão.

Essa convergência de tendências diversas deu ensejo à criação de uma Suprema Corte de perfil híbrido, que atua como Tribunal constitucional, Corte de cassação (competência recursal) e instância ordinária (competência originária). A complexa condição da Suprema Corte brasileira, criada a partir de modelos extraídos de culturas diversas e fundados em visões antagônicas, dificulta a compreensão de seu papel institucional. Em estado de permanente conflito interno de personalidades, o Supremo Tribunal Federal revela, em seus julgamentos, a alteração constante de papéis, ora agindo como uma tradicional "corte de casos concretos", ora assumindo o papel contemporâneo de "tribunal de teses", ora julgando no varejo, ora decidindo no atacado[8].

Investida de um extenso e analítico conjunto de competências jurisdicionais e acessível por inúmeras vias de provocação, a Suprema Corte brasileira, expandindo sua atuação sobre os mais variados temas, decide todas as controvérsias possíveis, ainda que a questão constitucional subjacente se mostre remota ou ausente, muitas vezes invadindo território constitucionalmente reservado aos Tribunais Superiores da União, fazendo instaurar discussões em torno dos limites de sua competência e da legitimidade constitucional de seus papéis contemporâneos.

O presente trabalho trata da jurisdição originária do Supremo Tribunal Federal em tema de mandado de segurança. Embora a controvérsia em torno do congestionamento processual na Suprema Corte encontre-se, essencialmente, perante o público em geral, associada aos recursos extraordinários e à questão do foro por prerrogativa de função das autoridades públicas, a realidade é que os processos originários, como os mandados de segurança,

8. RODRIGUES FILHO, José Marcos Vieira. *Tribunal de Teses versus Tribunal de Casos Concretos:* qual é o perfil decisório do STF no julgamento de recursos extraordinários?. In: *Crise dos Poderes da República:* Judiciário, Legislativo e Executivo. LEITE, George Salomão; STRECK, Lenio; NERY JR, Nelson (org.). São Paulo: RT, 2017. p. 169-193.

as reclamações e as ações de *habeas corpus*, ainda que representem um número significativamente menor de processos, ocupam uma parcela substancialmente maior do tempo dos Ministros e das sessões da Corte.

Tratamos das competências da Suprema Corte no âmbito da ação de mandado de segurança através de uma pesquisa exploratória de sua jurisprudência, investigando a atuação daquela Corte na construção de sua identidade e na definição de sua missão constitucional.

2.2. O PRINCÍPIO DA TAXATIVIDADE DAS COMPETÊNCIAS DO SUPREMO TRIBUNAL FEDERAL

Foi por meio de um mandado de segurança (*writ of mandamus*), no julgamento do caso Marbury v. Madison[9], em 1803, que o *Chief Justice* John Marshal, além de haver fundado as bases teóricas do controle de constitucionalidade dos atos estatais (*judicial review*), também veio a construir a própria identidade da Suprema Corte norte-americana, descobrindo a vocação constitucional daquele órgão máximo do Poder Judiciário: assegurar o primado da Constituição, na condição de seu intérprete final.

Um dos resultados daquele julgamento foi a formulação do princípio da taxatividade[10], estabelecendo-se que todas as atribuições Jurisdicionais

9. O caso Marbury v. Madison consistiu em uma ação mandamental (*writ of mandamus*) ajuizada, originariamente, perante a Suprema Corte americana, pelo senhor Willian Marbury e demais litisconsortes ativos que, havendo todos sido nomeados pelo Presidente John Adams, em seu último dia de Governo, para ocuparem 42 cargos vagos de *justice of the peace* (juiz de paz), jamais vieram, no entanto, a entrar em exercício, pois, como o ato de nomeação ocorreu no último dia do mandato presidencial, o Secretário de Estado de John Adams não teve tempo suficiente para dar posse e investir todos os nomeados, que vieram a se insurgir contra essa omissão.

   A competência originária da Suprema Corte americana para julgar o *writ of mandamus* impetrado contra o *Secretary of State* James Madison apoiava-se na Seção 13 do *Judiciary Act* de 1789, de conteúdo extremamente vago, que outorgava a Corte, em casos de violação "a princípios jurídicos ou a comandos legais", o poder de conceder, em favor do ofendido, uma ordem mandamental "dirigida a qualquer tribunal judiciário ou autoridade estatal do país". O julgamento foi permeado de muita tensão política, pois a controvérsia colocava em polos antagônicos o partido federalista do ex-Presidente John Adams e o partido republicano do recém empossado Thomas Jefferson.

   Segundo o entendimento do *Chief Justice* John Marshal, que foi acolhido pela Suprema Corte, se a Constituição da República limitava a competência originária daquele Tribunal apenas ao conhecimento de litígios envolvendo "embaixadores, cônsules e chefes de missões diplomáticas" ou àqueles em que um Estado-membro for parte (*Article* III, *Section* 2), então uma lei ordinária (o *Judiciary Act*, no caso), não poderia expandir aquele rol taxativo para fazer incluir outras autoridades que não haviam sido contempladas pelo dispositivo constitucional em questão, nem demandas que nele não estavam previstas.

10. SWISHER, Carl Brent. *American Constitutional Development*. Boston: Houghton Mifflin, 1943.

da Suprema Corte possuem extração essencialmente constitucional, ou seja, que apenas a lei fundamental pode estabelecer os limites e o alcance de sua competência jurisdicional, tornando-se vedada a ampliação ou a modificação indevida das funções constitucionalmente outorgadas a esse órgão jurisdicional por meio de atos legislativos de menor positividade[11].

Esse postulado constitucional, além de dirigir-se ao legislador ordinário, também define a extensão e os limites da competência atribuída ao órgão máximo do Poder Judiciário, instituindo uma cláusula obstativa de interpretações expansivas, especialmente da hermenêutica casuística que busca fazer caber, no domínio de atuação da Suprema Corte, demandas estranhas à sua função precípua, sobretudo litígios envolvendo interesses meramente pessoais ou disputas judiciais desprovidas de relevância jurídico-constitucional, cuja resolução pressupõe a mera subsunção da lei ordinária ao caso concreto.

O entendimento firmado naquele precedente ensejou a adoção, no Brasil, do princípio da taxatividade da competência originária e recursal do Supremo Tribunal Federal[12], orientando a jurisprudência daquele Tribunal no sentido de interpretar restritivamente as normas constitucionais que definem a competência da Suprema Corte brasileira[13].

2.3. A RELAÇÃO DE CAUSAS SUJEITAS À COMPETÊNCIA ORIGINÁRIA DO STF EM SEDE DE MANDADO DE SEGURANÇA

A jurisdição originária da Suprema Corte abrange um rol taxativo de causas ou lides que o constituinte estipulou com base em critérios fundados na qualidade das partes envolvidas (competência *ratione personae*) ou em razão da natureza dos direitos envolvidos (competência *ratione materiae*).

Em tema de mandado de segurança, a competência originária do Supremo Tribunal Federal acha-se prevista no art. 102, inciso I, **mais especificamente na alínea "d"** ("mandado de segurança (...) contra atos do Presidente da República, das Mesas da Câmara dos Deputados e do Senado

---

11. FREDERICO MARQUES, José. *Observações e Apontamentos sobre a Competência Originária do Supremo Tribunal Federal.* São Paulo: Edusp, 1961. p. 34/35; CRETELLA JÚNIOR, José. *Comentários à Constituição Brasileira de 1988.* vol. IV. Rio de Janeiro: Forense, 1992. p. 3.076; MARCO AURÉLIO MELLO. Considerações Acerca da Competência Originária e Recursal do Supremo Tribunal Federal. In: *Estudos de Direito Constitucional em Homenagem a Cesar Asfor Rocha.* São Paulo: Renovar, 2009. p. 453, 2009.
12. FALCÃO, Alcino Pinto. *Constituição Anotada.* vol. I. Rio de Janeiro: J. Konfino, 1956. p. 240.
13. STF, MS 33.017-AgR, Pleno, rel. Min. Celso de Mello, j. 19/11/2018.

Federal, do Tribunal de Contas da União, do Procurador-Geral da República e do próprio Supremo Tribunal Federal"), **na alínea "e"** ("litígios entre Estado estrangeiro ou organismo internacional e a União, o Estado, o Distrito Federal ou o Território"), **na alínea "f"** ("causas e os conflitos entre a União e os Estados, a União e o Distrito Federal, ou entre uns e outros, inclusive as respectivas entidades da administração indireta"), **na alínea "n"** ("ação em que todos os membros da magistratura sejam direta ou indiretamente interessados, e aquela em que mais da metade dos membros do tribunal de origem estejam impedidos ou sejam direta ou indiretamente interessados") **e na alínea "r"** ("ações contra o Conselho Nacional de Justiça e contra o Conselho Nacional do Ministério Público").

2.4. COMPETÊNCIAS IMPLÍCITAS: ROL TAXATIVO EM CONSTANTE EXPANSÃO

Embora as atribuições jurisdicionais da Suprema Corte constituam um rol estrito de competências taxativas, há muito sua jurisprudência vem reconhecendo a existência de situações excepcionais, reveladas pela interpretação sistemática e teleológica do ordenamento constitucional brasileiro, que impõem o reconhecimento de competências tacitamente atribuídas ao Tribunal pelo constituinte, ainda que não previstas, de modo expresso, na letra e no texto da Constituição.

Vale rememorar algumas situações em que o Supremo Tribunal Federal veio a identificar, ainda que excepcionalmente, hipóteses de sua competência implícita.

Em face da Constituição republicana de 1891, tal como enfatizado pelo eminente Ministro Luiz Gallotti[14], o Supremo Tribunal Federal veio a reconhecer, em situações não previstas pelo texto constitucional então vigente, por meio de interpretação sistemática, competência (a) para a homologação de sentença estrangeira (após a EC nº 45/2004, essa competência passou a ser do STJ), (b) para o *habeas corpus* impetrado contra o Presidente da República e contra Ministros de Estado (à época não havia, tal como hoje existe, previsão constitucional expressa em relação a essas autoridades), assim como também (c) para o *habeas corpus* impetrado contra ato emanado de Tribunal de Justiça estadual ou Juiz Federal (competências do STJ e do TRF, atualmente).

14. STF, MS 1.959, Pleno, rel. Min. Luiz Gallotti, j. 23/01/1953.

Também resultou de interpretação construtiva, firmada sob a égide da Constituição de 1946, o reconhecimento da competência implícita do Supremo Tribunal Federal para julgar a exceção de verdade *(exceptio veritatis)* em relação ao crime de calúnia, quando o querelante fosse pessoa detentora de foro por prerrogativa de função perante a Suprema Corte[15].

Outro importante precedente, também firmado na vigência da Carta Política de 1946, diz respeito ao mandado de segurança impetrado contra ato do TCU. O Supremo Tribunal Federal, em julgamento plenário[16], acolhendo o dissenso iniciado pelo Ministro Nelson Hungria, acolheu a tese de que, estando os Ministros do Tribunal de Contas da União sujeitos ao foro por prerrogativa de função perante o STF em matéria penal (art. 101, I, "c"), também os mandados de segurança impetrados contra deliberações do TCU, por derivação lógica do sistema normativo constitucional, estariam sujeitos à competência originária do STF, ainda que não existisse, à época, previsão expressa nesse sentido.

Essa diretriz, posteriormente, restou consubstanciada na Súmula nº 248/STF[17] e, finalmente, foi positivada no texto da Carta outorgada de 1967 (art. 114, I, "i"). Desde então, todas as Constituições posteriores passaram a prever a competência originária do STF para julgar mandado de segurança impetrado contra deliberação do TCU.

Mais recentemente, sob a égide da Constituição de 1988, o Supremo Tribunal Federal firmou interpretação extensiva em tema de conflito de competências (CF, art. 102, I, "o"), reconhecendo sua competência para julgar conflito instaurado entre tribunal superior da União e juiz de primeira instância a ele não vinculado[18].

A interpretação sistemática do art. 102, I, "f", do ordenamento constitucional vigente, levou a Suprema Corte a reconhecer sua competência para dirimir conflito de atribuições entre o Ministério Público Federal e o

15. STF, Denúncia nº 103, Pleno, rel. Min. Luiz Gallotti, j. 23/07/1951.

16. MS 2.278, Pleno, rel. Min. Barros Barreto, j. 30/12/1953.

17. Súmula nº 248/STF. É competente, originariamente, o Supremo Tribunal Federal, para mandado de segurança contra ato do Tribunal de Contas da União.

18. STF, CJ 6.902, Pleno, rel. Min. Sydney Sanches, j. 14/09/1989; STF, CC 7.027, Pleno, rel. Min. Celso de Mello, j. 16/08/1995.

Ministério Público estadual[19]. Essa última orientação veio a ser afastada, em momento posterior, restaurando-se o primado da taxatividade[20].

Como veremos adiante, o Supremo Tribunal Federal, sob os auspícios do novo ordenamento constitucional democrático de 1988, em tema de mandado de segurança, adotou a interpretação extensiva ou compreensiva do texto constitucional, para reconhecer a competência originária da Suprema Corte para processar e julgar o *writ* mandamental nas seguintes situações:

(a) atos dos Presidentes da Câmara dos Deputados e do Senado Federal;

(b) deliberações das comissões parlamentares de inquérito;

(c) atos do Ministro de Estado da Justiça que repercutam em processos de extradição.

Cabe analisar, agora, de forma mais específica, cada uma das hipóteses em que o mandado de segurança será apreciado, em sede originária, pelo Supremo Tribunal Federal.

2.5. ATOS DO PRESIDENTE DA REPÚBLICA (E DO VICE-PRESIDENTE?)

No sistema presidencialista, como se sabe, as funções referentes à Chefia de Governo e à Chefia de Estado reúnem-se na figura unipessoal do Presidente da República. Como Chefe de Governo, o Presidente da República, auxiliado por seus Ministros de Estado, exerce a direção superior da Administração pública da União Federal e das Forças Armadas. Na condição de Chefe de Estado, representa a República Federativa do Brasil no plano das relações internacionais. Todas essas atribuições presidenciais acham-se descritas, ainda que em caráter meramente exemplificativo, na relação prevista no art. 84 da Constituição Federal, cabendo analisar, em face da competência originária da Suprema Corte para processar e julgar as ações de mandado de segurança impetradas contra o Presidente da República

19. STF, Pet 3.528, Pleno, rel. Min. Marco Aurélio, j. 28/09/2005.

20. ACO 924, Pleno, rel. Min. Luiz Fux, j. 19/05/2016; ACO 1.394, red. p/o acórdão Min. Teori Zavascki, j. 19/05/2016; Pet 4.706, red. p/o acórdão Min. Teori Zavascki, j. 19/05/2016, Pet 4.863, red. p/o acórdão Min. Teori Zavascki, j. 19/05/2016. Essa orientação veio a ser alterada no exame da ACO 843/SP, Pleno, red. p/o acórdão Min. Alexandre de Moraes, j. 10/06/2020, cabendo, agora, ao CNMP dirimir tal conflito.

(CF, art. 102, I, "d"), algumas hipóteses mais relevantes em que o *writ* é ajuizado perante a Suprema Corte brasileira.

Nomear e exonerar os Ministros de Estado (CF, art. 84, I). O exercício livre e independente da Chefia do Poder Executivo, como corolário do princípio da separação dos poderes, pressupõe o reconhecimento da liberdade do Presidente da República para nomear e exonerar livremente os Ministros de Estado, que atuam como auxiliares diretos e de estrita confiança do Presidente da República no desempenho de suas atribuições constitucionais.

É por isso que a decisão política do Presidente da República de escolher os Ministros que o auxiliam na condução do Governo ou de exonerá-los livremente, independentemente de referendo congressual, constitui prerrogativa exclusiva do Chefe do Poder Executivo e qualifica-se como ato de natureza discricionária, fundado em critérios de conveniência e oportunidade, observando-se, ainda, as restrições previstas no art. 87, *caput*, da Constituição (ser maior de 21 anos e gozar dos seus direitos políticos) e, em relação ao Ministro de Estado da Defesa, o atendimento da condição de ser brasileiro nato (CF, art. 14, §3º, VII).

É certo, no entanto, que o exercício legítimo da prerrogativa presidencial de escolher os Ministros de Estado expõe-se, como todos os demais atos estatais (inclusive os atos do Poder Legislativo e as políticas governamentais), ao controle dos seus requisitos de validade pelo Poder Judiciário.

A polêmica em torno da intervenção realizada pelo Supremo Tribunal Federal sobre a nomeação de Ministros de Estado pelo Presidente da República recebeu especial atenção no julgamento de mandado se segurança impetrado com o propósito de obstar a nomeação do ex-Presidente Luiz Inácio Lula da Silva ao cargo de Chefe da Casa Civil (autoridade que possuía, à época, o *status* de Ministro de Estado)[21]. Alegava-se que a nomeação teria sido efetivada com o propósito de atribuir prerrogativa de foro ao ex-Presidente Lula, ocasionando o deslocamento, para o Supremo Tribunal Federal, da competência penal da Justiça Federal de primeira instância.

O Ministro Gilmar Mendes, Relator, entendeu cabível a ação mandamental, por revelar-se possível, no caso, o *judicial review*, tendo em vista que, "Apesar de ser atribuição privativa do Presidente da República a nomeação de Ministro de Estado (art. 84, inciso I, da CF), o ato que visa

---

21. MS 34.070, decisão monocrática, rel. Min. Gilmar Mendes, j. 18/03/2016.

o preenchimento de tal cargo deve passar pelo crivo dos princípios constitucionais, mais notadamente os da moralidade e da impessoalidade". O Ministro Relator deferiu a medida liminar então requerida, suspendendo a eficácia da nomeação, por constatar a possível ocorrência de desvio de finalidade na nomeação.

Após referido episódio, houve a nomeação de Moreira Franco (ex-Governador do Rio de Janeiro) pelo ex-Presidente Michel Temer para ocupar o cargo de Ministro de Estado Chefe da Secretaria-Geral da Presidência da República. Essa indicação também foi questionada perante o Supremo Tribunal Federal[22]. O Min. Celso de Mello, Relator, conheceu da impetração – embora vindo a indeferir a pretensão cautelar requerida –, enfatizando que atos políticos não se acham imunes ao *judicial review*, devendo esse controle judicial efetivar-se apenas em relação aos requisitos constitucionais do ato de nomeação, sem que a intervenção judicial signifique a possibilidade de proceder-se à substituição da vontade legitimamente exercida pelo Chefe do Poder Executivo.

Esse mesmo entendimento foi reafirmado pelo Min. Alexandre de Moraes em julgamento recente envolvendo a nomeação pelo Presidente Jair Bolsonaro do Diretor-Geral da Polícia Federal[23].

A escolha do Chefe do Departamento da Polícia Federal, como se sabe, incumbe ao Presidente da República – art. 2º-C da Lei nº 9.266/96. No entanto, já havia sido instaurado, perante o STF, inquérito policial destinado à investigação de suposta *"interferência política"* na esfera de atuação da Polícia Federal.

A nomeação do Diretor-Geral da Polícia Federal em questão consubstanciaria, segundo a agremiação partidária autora do *writ* mandamental, novo episódio de intervenção presidencial na atividade da Polícia Federal de exercer, com exclusividade, a função de polícia judiciária da União (CF, art. 144, § 1º, IV).

Ao conceder o provimento cautelar, suspendendo o ato de nomeação, o Min. Alexandre de Moraes enfatizou que, embora o presidencialismo seja caracterizado pela centralização do Poder Executivo na figura do Presidente da República, que age com ampla margem de discricionariedade quanto à conveniência e oportunidade na definição da Chefia da Polícia Federal,

22. MS 34.609, decisão monocrática, rel. Min. Celso de Mello, j. 14/02/2017.
23. MS 37.097, decisão monocrática, rel. Min. Alexandre de Moraes, j. 29/04/2020.

nenhuma autoridade da República acha-se investida de poderes absolutos, devendo o exercício das prerrogativas constitucionalmente atribuídas ao Chefe do Poder Executivo da União atender aos ditames da moralidade, da impessoalidade e do interesse público.

Exercer, com auxílio dos Ministros de Estado, a direção superior da Administração Pública (CF, art. 84, II). A direção superior da administração pública da União Federal compreende o poder de regular a estruturação, as atribuições e o funcionamento dos órgãos da Administração Pública federal (Decreto nº 200/1967, art. 3º), assim como planejar e coordenar as ações e programas governamentais (Decreto nº 200/1967, art. 7º e 8º).

Exercer a administração superior significa definir as diretrizes políticas que orientam os órgãos governamentais, fixar metas e destinar recursos para atender a esses propósitos. Trata-se de atuação política superior que não se confunde com a mera prática de atos administrativos de simples gestão. A execução material das ações e programas definidos pelo Chefe do Poder Executivo incumbe diretamente aos órgãos da administração pública federal, sob a supervisão dos Ministros de Estado nas áreas de sua competência (CF, art. 87, I, c/c o Decreto nº 200/1967, art. 13)[24].

Os programas públicos e ações governamentais do Governo Federal, por consubstanciarem escolhas de natureza política fundadas em opções discricionárias do Chefe do Poder Executivo, sujeitam-se a um controle judicial de racionalidade estreita (*thin rationality review*[25]), não cabendo ao Judiciário substituir por seus próprios critérios as decisões políticas dos demais órgãos de Poder.

Embora tais projetos públicos possam ser objeto de fiscalização normativa abstrata, para efeito de controle de constitucionalidade formal ou material, o instrumento do mandado de segurança não pode ser utilizado para tal propósito, pois sua função processual restringe-se à proteção de direitos individuais ou coletivos lesados ou ameaçados de lesão por atos concretos. Não cabe mandado de segurança, por isso mesmo, para questionar atos normativos, de perfil abstrato, genérico e impessoal (Súmula nº 266/STF).

As atribuições do Presidente da República, previstas no analítico texto da Constituição de 1988, contemplam, ainda, uma série de funções que

24. CRETELLA JR., José. *Comentários à Constituição de 1988*. v. 5. Rio de Janeiro: Forense, 1997. p. 2.882-2.892.

25. STF, ADC 42/DF, Pleno, rel. Min. Luiz Fux, j. 28/02/2018.

não podem ser enquadradas, sob qualquer perspectiva, no domínio das escolhas políticas ou da direção superior da máquina administrativa. Um exemplo é a competência para prover e extinguir cargos públicos federais (CF, art. 84, XXV), que compreende também o exercício do poder disciplinar consubstanciado na aplicação de sanções de demissão e cassação de aposentadoria dos agentes públicos da União (Lei nº 8.112/, art. 141, I). Os atos administrativos praticados pelo Presidente da República, no exercício de referidas atribuições, são objeto de frequente contestação perante a Suprema Corte, por meio do mandado de segurança[26].

Em nosso entendimento, os litígios envolvendo direitos subjetivos de servidores públicos federais jamais poderiam ser apreciados, em sede originária, pelo Supremo Tribunal Federal, pelo simples fato de o Presidente da República figurar como autoridade coatora. A participação meramente formal do Chefe do Poder Executivo em tais atos administrativos não justifica a instauração imediata da jurisdição da Suprema Corte. Nesses casos, apenas a AGU envolve-se no litígio, defendendo a União, figurando o Presidente da República na condição de mero espectador formal, sem qualquer participação efetiva, como um "convidado de pedra".

Ações de natureza civil, como as ações populares, quando ajuizadas em face do Presidente da República, ainda que deduzidas com o objetivo de questionar atos de elevado coeficiente político praticados no exercício das atribuições constitucionais do Chefe do Poder Executivo, são todas instauradas em primeira instância[27].

A necessidade de interpretar restritivamente as normas de competência *ratione personae* do Supremo Tribunal Federal, para adequá-las às finalidades institucionais da Corte e evitar a "manifesta disfuncionalidade" ocasionada pelo excesso de processos em tramitação naquele Tribunal, levou o Plenário do Supremo Tribunal Federal, no âmbito dos processos de índole penal de competência originária[28], a adotar entendimento semelhante ao que ora é sugerido, limitando as regras que estabelecem o foro por prerrogativa de função, em matéria penal, apenas às causas onde o fato delituoso mantenha relação com as atividades funcionais desempenhadas no exercício do mandato eletivo pelo Congressista acusado.

---

26. STF, MS 23.262, Pleno, rel. Min. Dias Toffoli, j. 23/04/2014.
27. STF, ADI 2.797, Pleno, rel. Min. Sepúlveda Pertence, j. 15/09/2005; STF, Pet 5.859, Pleno, rel. Min. Celso de Mello, j. 25/11/2015.
28. AP 937-QO, Pleno, rel. Min. Roberto Barroso, j. 03/05/2018.

Entendemos que se impõe adotar solução semelhante em relação ao mandado de segurança, em ordem a restringir a utilização desse instrumento constitucional, perante o Supremo Tribunal Federal, apenas às hipóteses em que a instauração dessa competência excepcional justifique-se em razão de a pretensão formulada pelo impetrante, caso eventualmente concedida, resulte em intervenção judicial no âmbito de matérias intimamente relacionadas à Direção Superior da Administração Pública Federal, ao planejamento e coordenação de ações e programas governamentais e à Chefia de Estado, não se justificando a instauração imediata da competência do Supremo Tribunal Federal quando a impetração objetivar, exclusivamente, a tutela de direitos individuais de servidores públicos federais, devendo a análise de tais demandas ficar no plano das instâncias inferiores.

Iniciar o processo legislativo (inciso III), **sancionar, promulgar e fazer publicar as leis** (inciso IV) **e vetar projetos de lei** (inciso V). O processo de formação das leis, em nosso sistema constitucional, é composto por três etapas: fase introdutória (proposição), fase constitutiva (discussão e votação) e fase complementar (sanção ou veto, promulgação e publicação). O ato que desencadeia o processo de produção normativa é a proposição legislativa, que pode ser de iniciativa concorrente (Deputados Federais, Senadores da República ou popular) ou reservada, como ocorre em relação ao Presidente da República nas hipóteses previstas no §1º do art. 61 da Constituição Federal.

A mera instauração do processo de formação de lei pelo Presidente da República, por meio do encaminhamento de proposição legislativa, além de caracterizar exercício de prerrogativa institucional do Chefe do Poder Executivo da União, não se revela capaz de consubstanciar, por si só, medida capaz de atingir direito subjetivo (líquido e certo) de qualquer pessoa, até porque se trata do momento inaugural do processo legislativo, não havendo ainda, nessa fase preliminar, cogitar-se sobre a existência de possível prejuízo ou lesão a interesses individuais ou coletivos decorrente de normas ou regras que, por sequer existirem ainda no ordenamento positivo, mostram-se incapazes de produzir quaisquer efeitos jurídicos.

Também o veto presidencial, ato político sujeito ao controle do Congresso Nacional, não pode ser objeto de questionamento por meio de mandado de segurança[29].

---

29. STF, MS 33.694-AgR, Pleno, rel. Min. Cármen Lúcia, j. 07/10/2015.

Conceder indulto e comutar penas. O poder de perdoar outorgado ao Presidente da República pela Constituição Federal (CF, art. 84, XII) constitui manifestação da clemência soberana do Estado (*indulgentia principis*). Essa prerrogativa, também conhecida como direito de graça *em sentido amplo*, abrange os institutos do indulto, da comutação de pena, da graça *em sentido estrito* e da anistia. Ao Presidente da República compete, privativamente, por meio de decreto, conceder indulto e comutar penas (CF, art. 84, XII). A anistia é concedida pelo Congresso Nacional, com a sanção do Presidente da República (CF, art. 48, VIII), por meio de lei de caráter nacional (CF, art. 21, XVII).

O indulto presidencial pode ser coletivo ou individual. Tratando-se de indulto coletivo, todos os condenados por crimes que venham a ser contemplados entre as hipóteses indulgentes previstas no Decreto Presidencial serão beneficiados. O poder de conceder perdão individual, também conhecido como graça em sentido estrito, acha-se compreendido na prerrogativa presidencial de indultar e ocorre por meio do acolhimento, pelo Presidente da República, de postulação formulada pelo próprio condenado, fundada em questões humanitárias, em razões de justiça ou por motivos de equidade.

O indulto (coletivo) e a graça (individual) consistem no perdão integral do condenado, resultando na extinção da punibilidade (CP, art. 107, II). A comutação da pena equivale a uma espécie de perdão parcial, caracterizando-se pela transformação da sanção penal, através da redução da quantidade da pena restante a ser cumprida (transformação quantitativa) ou da alteração do regime de cumprimento de pena imposta ao condenado (transformação qualitativa). A anistia, por sua vez, "opera efeitos radicais"[30], fazendo recair o esquecimento sobre os próprios fatos delituosos atribuídos ao condenado, tornando sem nenhum efeito a condenação penal, sem prejuízo, no entanto, das repercussões civis e administrativas do ilícito, tal como o dever de indenizar.

O indulto coletivo, por tratar-se de ato de conteúdo abstrato, genérico e impessoal, não pode ser questionado por meio de mandado de segurança, por não se qualificar como instrumento hábil para a impugnação de atos de caráter normativo (Súmula nº 266/STF).

Tampouco cabe a impetração mandamental para discutir o mérito do decreto presidencial, postulando-se a inclusão ou a exclusão de hipóteses

---

30. STF, HC 82.554, 2ª Turma, rel. Min. Celso de Mello, j. 11/03/2003.

indulgentes, pois, tratando-se de poder privativo do Presidente da República, que decide com base em critérios de conveniência e oportunidade, não cabe à Suprema Corte sub-rogar-se no papel constitucionalmente reservado, com exclusividade, ao Chefe do Poder Executivo da União, para, substituindo a vontade presidencial, fazer valer seus próprios critérios fundados no entendimento jurídico prevalecente na Corte[31].

A Suprema Corte, no entanto, já teve o ensejo de apreciar, em sede mandamental, questão concernente à subsistência, ou não, dos efeitos secundários da condenação penal atingida por indulto presidencial. Ao conhecer da ação mandamental ajuizada, por servidor público federal, contra ato punitivo de demissão aplicado pelo Presidente da República, resultante de pena acessória de perda do cargo decorrente da prática do crime de peculato, o Plenário do Supremo Tribunal Federal firmou o entendimento no sentido de que o indulto não importa a abolição das penas acessórias do crime, o que somente poderia resultar de reabilitação[32] (CP, art. 93).

Mais recentemente, o Plenário do Supremo Tribunal Federal, em sede de controle concentrado de constitucionalidade[33], apreciou amplamente a questão dos limites do controle exercido pelo Poder Judiciário sobre o decreto presidencial de indulto. A Procuradoria-Geral da República ajuizou ação direta de inconstitucionalidade impugnando dispositivos do decreto presidencial editado pelo ex-Presidente da República Michel Temer que veiculou o indulto natalino no ano de 2017. Alegava-se que o indulto teria ampliado benefícios de maneira desproporcional, criando um cenário de impunidade no País, além de objetivar o favorecimento de réus condenados por crimes do colarinho branco no contexto da operação "Lava-jato". Entre os benefícios concedidos no indulto em questão, constava a extinção da punibilidade de quem houvesse cumprido apenas 1/5 (um quinto) da pena, se não reincidente, desde que o crime não houvesse sido praticado com violência ou grave ameaça a pessoa (circunstância característica dos crimes de lavagem de dinheiro e dos delitos contra a Administração Pública), alcançando até mesmo as penas de multa e de prestação pecuniária (elementos imprescindíveis para efeito de reparação integral do dano causado ao Erário em tais delitos). O Plenário do Supremo Tribunal Federal, acolhendo a divergência inaugurada pelo Min. Alexandre de Moraes,

31. STF, MS 1.428, Pleno, rel. Min. Nelson Hungria, j. 13/09/1951.

32. STF, MS 16.780, Pleno, rel. Min. Themístocles Cavalcanti, j. 26/03/1969; STF, MS 9.218, Pleno, rel. Min. Raphael de Barros Monteiro, j. 31/08/1967.

33. STF, ADI 5.874, Pleno, rel. p/ o acórdão Min. Alexandre de Moraes, j. 09/05/2019.

julgou improcedente a ação direta, vencido o Min. Roberto Barroso, Relator, enfatizando a natureza discricionária do ato concessivo de indulto e o caráter privativo da competência outorgada ao Presidente da República, a quem foi deferido, com absoluta exclusividade, o poder de definir, dentro dos limites que conformam tal atribuição, os critérios de conveniência e de oportunidade que orientam o exercício dessa modalidade do poder de clemência soberana do Estado.

Mandado de segurança contra o Vice-Presidente da República. As atribuições constitucionais do Vice-Presidente da República consistem em substituir o Chefe do Poder Executivo da União, em hipótese de ausência ou em situações de impedimento, e de suceder-lhe, em caso de vacância (CF, art. 79). Suas principais tarefas são orientar e assessorar o Presidente da República, desempenhando função auxiliar em missões especiais (CF, art. 79, parágrafo único), sempre que convocado para esse propósito, e exercer função consultiva, prestando aconselhamentos, especialmente na condição de integrante do Conselho da República (CF, art. 89, I) e na qualidade de membro nato do Conselho de Defesa Nacional (CF, art. 91, I).

É possível que, por meio de lei complementar (CF, art. 79, parágrafo único), outras atribuições venham a ser conferidas ao Vice-Presidente, embora até o presente momento, após mais de 30 anos de vigência da Constituição de 1988, esse diploma legislativo jamais tenha sido editado.

No Senado Federal, tramita o PLP nº 21/2019, já aprovado pela CCJ, que objetiva colmatar a lacuna normativa, dispondo sobre as competências e atribuições do Vice-Presidente da República. Essa proposta legislativa busca definir os contornos do papel reservado ao Vice-Presidente, enfatizando a função consistente em dar assistência direta e imediata ao Presidente da República no desempenho de suas atribuições, especialmente através da supervisão dos Ministros de Estado, da coordenação das ações de governo e da gestão dos órgãos e entidades da administração pública federal.

Embora a Constituição tenha conferido ao Vice-Presidente da República foro especial por prerrogativa de função em relação aos crimes comuns (CF, art. 102, I, "b") e aos de responsabilidade (CF, art. 52, I), o texto constitucional não contemplou a figura do Vice-Presidente da República entre aquelas autoridades públicas sujeitas, em sede de mandado de segurança, à jurisdição originária da Suprema Corte (CF, 102, I, "d").

Desse modo, o Supremo Tribunal Federal só tem apreciado mandados de segurança impetrados contra o Vice-Presidente da República em relação a atos por ele praticados no exercício da Presidência, em substituição temporária ao Chefe do Poder Executivo da União[34] (CF, art. 79, *caput*).

2.6. ATO DO MINISTRO DE ESTADO DA JUSTIÇA VINCULADO A PROCESSOS DE EXTRADIÇÃO

A ação de mandado de segurança impetrada contra Ministros de Estado sujeita-se, em regra, à competência originária do Superior Tribunal de Justiça (CF, art. 105, I, "c") [35]. O Supremo Tribunal Federal, no entanto, adotando interpretação compreensiva do texto constitucional, reconheceu inserir-se na competência da própria Suprema Corte o julgamento de mandado de segurança (ou *habeas corpus*) quando impetrado contra o Ministro de Estado da Justiça em função de ato praticado no contexto do processo de extradição[36].

O Ministro de Estado da Justiça, é importante destacar, exerce a posição de autoridade central brasileira na atividade de cooperação internacional em sede de extradição. O processo extradicional no Brasil divide-se em três fases. A primeira, de índole administrativa, inicia-se com a solicitação de entrega formulada pelo Estrado estrangeiro ao Ministro de Estado da Justiça, diretamente (se existir tratado) ou por via diplomática (em sua ausência), cabendo àquela autoridade estatal brasileira, após análise dos requisitos formais de admissibilidade do pedido, encaminhar o pleito ao Supremo Tribunal Federal, instaurando-se a segunda fase procedimental, de índole jurisdicional (CF, art. 102, I, "g"). Caso o pleito extradicional venha a ser deferido, inicia-se a terceira fase, na qual ocorre a entrega do extraditando ao Estado requerente.

A Primeira Turma do Supremo Tribunal Federal, em 2016, julgou mandado de segurança[37] impetrado contra ato do Ministro de Estado da Justiça, que havia declarado a perda da nacionalidade originária de uma brasileira nata, por efeito da aquisição por ela da nacionalidade secundária americana (CF, art. 12, §4º, II). A ação mandamental foi ajuizada, inicialmente, perante o Superior Tribunal de Justiça, mas aquela Alta Corte de Justiça determinou a remessa dos autos ao Supremo Tribunal Federal, tendo em

34. STF, MS 34.196, monocrática, rel. Min. Roberto Barroso, j. 11/05/2016.

35. STF, HC 43.910, Pleno, rel. Min. Victor Nunes Leal, j. 12/04/1967.

36. HC 83.113-QO, Pleno, rel. Min. Celso de Mello, j. 26/06/2003; HC 174.563-MC, rel. Min. Celso de Mello, j. 19/08/2019.

37. STF, MS 33.864, Primeira Turma, rel. Min. Roberto Barroso, j. 19/04/2016.

vista que o Governo americano havia formulado, perante a Suprema Corte brasileira, a solicitação de entrega extradicional da impetrante. A segurança foi denegada, por entender-se que a aquisição pela autora do *writ* da nacionalidade americana resultou na perda de sua condição de brasileira nata. Posteriormente, deferiu-se o pleito extradicional formulado pelos Estados Unidos da América[38].

A República Italiana, em 2009, impugnou a deliberação emanada do ex-Ministro da Justiça Tarso Genro que resultou na concessão do *status* de refugiado ao nacional italiano Cesare Battisti[39], em sede de recurso contra decisão do CONARE[40] que havia negado o pedido do estrangeiro. Após o Supremo Tribunal Federal haver reconhecido a ilicitude do ato emanado do Ministro da Justiça[41], tornando sem efeitos o refúgio concedido ao nacional italiano, a ação mandamental ajuizada pela República Italiana foi julgada extinta, sem resolução de mérito, em face da perda do seu objeto.

2.7. ATOS DA MESA DA CÂMARA DOS DEPUTADOS OU DO SENADO FEDERAL

O legislador constituinte de 1988, ao definir as hipóteses de cabimento de mandado de segurança contra órgãos do Poder Legislativo da União (CF, art. 102, I, "d"), utilizou a expressão "Mesas da Câmara dos Deputados e do Senado Federal", adotando a mesma fórmula positivada na Constituição de 1946 (art. 101, I, "i"), na Carta Política de 1967 (art. 114, I, "i") e na EC nº 1/1969 (art. 119, I, "i").

As Mesas da Câmara dos Deputados e do Senado Federal são órgãos de direção das Casas Legislativas da União (RICDF, art. 15, *caput*). As atribuições das Mesas, por isso mesmo, possuem natureza eminentemente administrativa[42]. A condução dos procedimentos legislativos incumbe, exclusivamente, aos Presidentes da Câmara dos Deputados e do Senado Federal, com recurso, não à Mesa, mas ao Plenário do respectivo órgão parlamentar. O papel das Mesas congressuais, desse modo, consiste essencialmente

38. STF, Ext 1.462, Primeira Turma, rel. Min. Roberto Barroso, j. 28/03/2017.

39. STF, MS 27.875, Pleno, rel. Min. Cezar Peluso, j. 16/12/2009.

40. O Comitê Nacional para os Refugiados é o órgão competente para declarar o reconhecimento da condição de refugiado (Lei nº 9.474/97, art. 12, I), com recurso para o Ministro de Estado da Justiça em caso de decisão negativa (art. 29).

41. Ext 1.085, Pleno, rel. Min. Cezar Peluso, j. 16/12/2009.

42. CARNEIRO, André Corrêa de Sá; SANTOS, Luiz Claudio Alves dos; NETTO, Miguel Gerônimo da Nóbrega. *Curso de Regimento Interno*. Brasília: Câmara dos Deputados, 2011. p. 133-135.

em dirigir e coordenar os serviços administrativos das Casas, provendo cargos, empregos e funções, requisitando servidores, promovendo licitações, praticando atos de gestão financeira e exercendo outras competências regimentais desprovidas de conteúdo político. As competências constitucionais das Mesas legislativas limitam-se à promulgação de Emendas Constitucionais (CF, art. 60, § 3º), à instauração do processo de controle concentrado (CF, art. 103, III), à convocação de Ministros de Estado para prestarem informações (CF, art. 50, § 2º) e à declaração da perda do mandato parlamentar nas hipóteses do art. 55, I, II, e IV da Constituição (CF, art. 55, § 3º).

A interpretação literal do art. 102, I, "d", da Constituição Federal de 1988, sugere que o legislador constituinte, ao referir-se apenas às Mesas da Câmara dos Deputados e do Senado Federal, teria objetivado restringir a utilização do mandado de segurança, limitando sua utilização apenas aos atos de caráter administrativo emanados das Casas Legislativas da União, em ordem a excluir da apreciação do Poder Judiciário as deliberações proferidas no curso do processo de formação das leis e os atos de natureza política da competência dos Presidentes da Câmara e do Senado, das comissões permanentes e temporárias, das comissões parlamentares de inquérito, do Plenário e demais órgãos parlamentares.

Essa ideia põe em perspectiva a chamada *doutrina dos atos políticos*, que, através do critério construído pela Suprema Corte norte-americana (*merely, purely, exclusively political questions*) e em atenção ao dogma da separação dos poderes, afastava da esfera de apreciação do Poder Judiciário os atos de natureza eminentemente política praticados pelos demais órgãos de Poder da República (Executivo e Legislativo).

A teoria das *questões políticas* encontrou sua máxima expressão, no constitucionalismo brasileiro, no texto das Cartas outorgadas de 1934 (art. 68) e de 1937 (art. 98), que positivaram a seguinte cláusula: "É vedado ao Poder Judiciário conhecer de questões exclusivamente políticas".

A doutrina americana, no entanto, não obteve ressonância plena na jurisprudência da Suprema Corte brasileira, que, desde o início do período republicano[43], tem admitido a sindicabilidade judicial dos atos políticos dos Poderes republicanos (Legislativo e Executivo). A discricionariedade legislativa ou administrativa, segundo essa linha de entendimento[44], não

---

43. STF, HC 1.073, Pleno, rel. p/o acórdão Min. Lúcio de Mendonça, j. 16/08/1898.

44. STF, MS 1.425, Pleno, rel. Min. Luiz Galloti, j. 22/02/1951.

pode ser exercida com exorbitância dos pressupostos legais e dos limites constitucionais que condicionam o seu exercício.

Ao longo de sua história, o Supremo Tribunal Federal, exercendo a jurisdição constitucional das liberdades, tem admitido a utilização do mandado de segurança para promover o controle judicial dos pressupostos legitimadores dos atos dos poderes políticos, desde que a intervenção judicial se mostre necessária para fazer cessar a violação aos direitos e garantias de índole constitucional. Essa posição jurisprudencial da Suprema Corte, que reflete o pensamento manifestado por Ruy Barbosa na condição de Advogado[45], levou o legislador constituinte de 1946 a abolir do ordenamento constitucional brasileiro a vedação à análise dos atos de natureza política pelo Judiciário (Constituições de 1934 e 1937), consagrando o princípio da inafastabilidade do controle jurisdicional (CF46, art. 141, § 4º), hoje consubstanciado na cláusula assecuratória de que "a lei não excluirá da apreciação do Poder Judiciário lesão ou ameaça a direito" (CF88, art. 5º, XXXV).

Superada a teoria que veda a sindicabilidade judicial dos atos políticos, mostrava-se insustentável a ideia de que somente os atos de caráter meramente administrativo das Mesas da Câmara dos Deputados e do Senado Federal poderiam ser objeto de controle judicial. Desse modo, o Supremo Tribunal Federal, adotando interpretação compreensiva do texto constitucional, firmou o entendimento de que também o mandado de segurança impetrado contra os demais órgãos das Casas Legislativas da União (Presidência, comissões e Plenário) estão sujeitos, por derivação implícita do sistema constitucional, à jurisdição originária daquela Corte Suprema.

A atuação do Supremo Tribunal Federal no controle judicial dos atos e deliberações dos diversos órgãos parlamentares da Câmara dos Deputados e do Senado Federal ensejou a construção da jurisprudência constitucional da Suprema Corte em tema de fiscalização jurisdicional dos excessos praticados pelo Poder Legislativo, cabendo destacar os mandados de segurança em que se discutiram as seguintes matérias:

(a) Comissões parlamentares de inquérito de ambas as Casas legislativas da União: limites dos poderes investigatórios dos órgãos de investigação parlamentar[46] (quebra de sigilo bancário, fiscal

45. STF, HC 300, Pleno, rel. Min. Costas Barradas, j. 27/04/1892.

46. STF, MS 23.452, Pleno, rel. Min. Celso de Mello, j. 16/09/1999.

e telefônico); garantia do direito das minorias parlamentares de instaurar a CPI[47];

(b) Garantia do direito dos parlamentares à observância, pelas respectivas Casas legislativas, da observância do devido processo de formação das leis e de reforma da Constituição[48];

(c) Observância do devido processo legal no âmbito do processo de cassação de mandato parlamentar[49];

(d) Perda do mandato eletivo por infidelidade partidária do congressista[50];

(e) Processo de *impeachment* do Presidente da República[51].

2.8. DELIBERAÇÕES EMANADAS DO CONSELHO NACIONAL DE JUSTIÇA E DO CONSELHO NACIONAL DO MINISTÉRIO PÚBLICO

O Conselho Nacional de Justiça foi criado pela EC nº 45/04 com a atribuição de controlar a atuação administrativa e financeira do Poder Judiciário e o cumprimento dos deveres funcionais dos Juízes (art. 103-B, §4º).

Após muita controvérsia e oposição – manifestada, especialmente, por entidades de classe da magistratura – em relação ao novo órgão de supervisão do Poder Judiciário, o Supremo Tribunal Federal reconheceu a plena compatibilidade do Conselho Nacional de Justiça com o modelo constitucional brasileiro e a inequívoca legitimidade e importância das atribuições que lhe foram conferidas pelo constituinte reformador, rejeitando as alegações de ofensa ao princípio da separação de poderes, uma vez que, além de integrar o próprio Poder Judiciário, qualifica-se como órgão administrativo de controle interno, não havendo razão para acolher a tese de que a EC nº 45/04 teria instituído modalidade anômala de controle externo da Justiça[52].

Em momento posterior, a Suprema Corte afirmou a legitimidade jurídico-constitucional do exercício pelo Conselho Nacional de Justiça do seu poder normativo para expedir regulamentos administrativos, no âmbito

47. STF, MS 24.849, Pleno, rel. Min. Celso de Mello, j. 22/06/2005.

48. STF, MS 32.033, Pleno, rel. p/o acórdão Min. Teori Zavascki, j. 20/06/2013.

49. STF, MS 25.917, Pleno, rel. Min. Gilmar Mendes, j. 01/06/2006.

50. STF, MS 26.603, Pleno, rel. Min. Celso de Mello, j. 04/10/2007.

51. STF, MS 21.564, Pleno, rel. p/o acórdão Min. Carlos Velloso, j. 23/09/1992.

52. ADI 3.367, Pleno, rel. Min. Cezar Peluso, j. 13/04/2005.

de suas competências, reconhecendo-se, até mesmo, a possibilidade de tais atos normativos revestirem-se de caráter primário, desde que mantenham vínculo de adequação e pertinência com as funções constitucionalmente atribuídas àquele órgão administrativo do Poder Judiciário[53].

Desde a sua primeira reunião, em 14/06/2005, o Conselho Nacional de Justiça sempre teve plena consciência do papel que lhe foi destinado pela Constituição, agindo em conformidade com sua missão de aumentar a eficiência e a produtividade do Poder Judiciário, racionalizar os trabalhos das varas e Tribunais de Justiça e instituir metas a serem atingidas pelos órgãos do Poder Judiciário, definindo, ainda, indicadores de desempenho e avaliação institucional. Já naquela primeira sessão o CNJ editou a Resolução nº 07/2005, que pôs fim às férias coletivas nas instâncias ordinárias.

O sucesso da atuação do Conselho Nacional de Justiça deve-se muito ao fato do Conselho haver compreendido, desde logo, que seu perfil institucional e atribuições constitucionais jamais poderiam confundir-se com os de mera instância revisora de processos disciplinares e administrativos do Judiciário. O CNJ deixou isso bem claro ao estabelecer, em seu regimento interno, a cláusula que obsta o conhecimento de processos envolvendo interesses estritamente individuais dos magistrados submetidos à sua jurisdição quando tais situações se acharem desprovidas de interesse de caráter geral (RICNJ, art. 25, X). Essa orientação refletiu-se na jurisprudência do Conselho[54].

---

53. ADC 12-MC, Pleno, rel. Min. Ayres Britto, j. 16/02/2006.

54. "(...) I. Não se insere entre as competências constitucionalmente conferidas ao Conselho Nacional de Justiça a apreciação de matéria relacionada a pagamentos de eventuais diferenças salariais, adimplemento tardio de créditos ou implementação de benefícios pessoais, cuja repercussão não atinja o Poder Judiciário como um todo. II. Não se insere, entre as relevantes competências constitucionais do Conselho Nacional de Justiça, servir como um supedâneo de órgão de cobrança de valores devidos a servidores (CNJ, RA nº 0001302-16.2008.2.00.0000, Pleno, rel. Jorge Antonio Maurique, j. 09/09/2008).

"(...) PEDIDO DE RECONHECIMENTO DE DIREITO A EQUIPARAÇÃO REMUNERATÓRIA DE OCUPANTES DE CARGOS DE OFICIAL DE JUSTIÇA. INVIABILIDADE DA ANÁLISE DO PEDIDO PELO CONSELHO NACIONAL DE JUSTIÇA. (...) II – A questão individual de uma gama restrita e identificável de servidores não tem o condão de demonstrar o interesse geral, que deve estar presente para a análise da matéria pelo Conselho Nacional de Justiça. III – Recurso a que se nega provimento" (CNJ, RA nº 0003755-13.2010.2.00.0000, Pleno, rel. Felipe Locke Cavalcanti, j. 17/08/2010).

"(...) 1. Pedido de equiparação de remuneração de oficiais de justiça do interior e da capital, que ingressaram no serviço público em cargos e remunerações diferentes. 2. Matéria de natureza individual, sem repercussão geral para o Poder judiciário Nacional. 3. Não cabe ao CNJ interferir na autonomia individual dos tribunais, em especial manifestando-se sobre a melhor exegese da legislação que disciplina a carreira de servidores estaduais, bem como a reclassificação legal de cargos" (CNJ, RA nº 0001359-29.2011.2.00.0000, Pleno, rel. Ney José De Freitas, j. 21/08/2012).

De outro lado, o Conselho Nacional do Ministério Público também foi instituído em decorrência da reforma promovida pela EC nº 45/2004, instituindo modelo de supervisão administrativa, financeira e disciplinar do Ministério Público brasileiro idêntico ao adotado pelo Poder Judiciário.

O CNMP, assim como o CNJ, compreendeu que a sua atuação deveria voltar-se, essencialmente, ao planejamento estratégico e à coordenação do Ministério Público em âmbito nacional, promovendo o desenvolvimento progressivo da eficiência na gestão administrativa e funcional da Instituição ministerial.

Essa compreensão em torno da função constitucional do Conselho Nacional do Ministério Público evidencia-se no teor do Enunciado nº 8/2014, por meio do qual o Plenário do CNMP, estabelecendo o instituto da repercussão geral no âmbito daquele Conselho, afirmou que "Não cabe ao Conselho Nacional do Ministério Público o exame de pretensões que ostentem natureza meramente individual, que não ultrapassem o interesse subjetivo das partes envolvidas, mostrando-se desprovidas de repercussão geral para a sociedade ou para o Ministério Público. Pressupõe-se a repercussão geral da demanda que esteja relacionada a função eminentemente institucional do Ministério Público ou que tenha natureza disciplinar dos seus membros".

A impugnação judicial dos atos praticados pelo CNJ e pelo CNMP poderá ser realizada tanto perante o Supremo Tribunal Federal quanto em face dos órgãos de primeira instância da Justiça Federal, dependendo do instrumento processual utilizado pelo autor.

A capacidade processual, como se sabe, consiste na aptidão para figurar na relação jurídico-processual, em nome próprio ou em substituição de outrem. Somente as pessoas naturais ou jurídicas possuem capacidade processual em nosso sistema jurídico (CPC, art. 70).

O CNJ e o CNMP, por sua vez, constituem órgãos administrativos da União Federal e, por isso, não possuem personalidade jurídica própria. Apenas a União Federal, como pessoa jurídica de direito público interno (CC, art. 41, I), possui capacidade para ser parte em defesa dos atos praticados por seus órgãos estatais e agentes públicos.

Há muito tempo, no entanto, a doutrina e a jurisprudência nacional têm reconhecido a certos órgãos estatais, em decorrência do seu perfil institucional, capacidade processual para defender em juízo suas prerrogativas funcionais (também chamada de "personalidade judiciária"), tal como ocorre em relação aos Tribunais de Justiça, às Câmaras Legislativas e Assembleias estaduais ou ao Tribunal de Contas da União, entre outros.

A Constituição Federal atribuiu ao Supremo Tribunal Federal a competência para processar e julgar as ações ajuizadas contra o CNJ ou o CNMP (CF, art. 102, I, "r"). No entanto, como anteriormente enfatizado, apenas a União Federal possui legitimidade processual para figurar no polo passivo das ações ajuizadas contra órgãos estatais que integram sua estrutura administrativa. Isso significa que em ações judiciais ordinárias formuladas contra atos e deliberações emanados do CNJ ou do CNMP apenas a União Federal figura no polo passivo (pessoa jurídica de direito público titular de capacidade processual), devendo tais ações serem ajuizadas perante a Justiça Federal de primeira instância.

Por outro lado, quando se tratar de ação mandamental, a impetração é formulada diretamente contra a autoridade ou órgão estatal que praticou o ato questionado, de modo que o próprio CNJ ou CNMP figurarão como órgãos estatais coatores, configurando-se, em tais situações, a hipótese a que se refere o art. 102, I, "r", da Constituição Federal. Desse modo, a Competência do STF para processar e julgar ações contra o CNJ ou o CNMP restringe-se, tão somente, às ações de caráter mandamental (mandado de segurança, mandado de injunção, *habeas corpus*, *habeas data* e reclamação) nas quais o próprio CNJ ou o CNMP figuram como órgãos estatais coatores integrando a relação processual[55].

Essa orientação restritiva da Suprema Corte, firmada desde o início da atuação dos Conselhos, tem sido mitigada, mesmo em sede de ações ordinárias, quando a questão controvertida versar sobre regulamentos normativos editados por tais Instituições, pois "A competência do STF prescrita no artigo 102, I, "r", da Constituição espelha um mecanismo assecuratório das funções do CNJ e da imperatividade de suas decisões, concebido no afã de que provimentos jurisdicionais dispersos não paralisem a eficácia dos atos do Conselho".

Por isso mesmo, o Plenário do Supremo Tribunal Federal veio a reconhecer, em ação ordinária ajuizada contra o CNJ, que, relativamente aos atos de abrangência e repercussão nacional do Conselho Nacional de Justiça, "A dispersão das ações ordinárias contra atos do CNJ nos juízos fe-

55. STF, AO 1.706-AgR, Pleno, rel. Min. Celso de Mello, j. 18/12/2013; STF, Pet 3.986-AgR, Pleno, rel. Min. Ricardo Lewandowski, j. 25/06/2008; STF, ACO 1.680-AgR, Pleno, rel. Min. Teori Zavascki, j. 01/12/2014.

derais de primeira instância tem o condão de subverter a posição que foi constitucionalmente outorgada ao Conselho, fragilizando sua autoridade institucional e a própria efetividade de sua missão"[56].

É importante destacar que a jurisprudência do Supremo Tribunal Federal orienta-se no sentido de que somente as deliberações positivas, ou seja, aquelas que efetivamente apreciam o fundo da controvérsia submetida ao exame de tais Conselhos (reformando ou modificando o teor do ato apreciado ou determinando medidas impositivas), podem ser objeto de questionamento perante o STF, não cabendo questionar, por meio do mandado de segurança, deliberações de caráter negativo, assim compreendidas aquelas que apenas mantém ou confirmam o ato questionado perante aqueles Conselhos ou, ainda, limitam-se a extinguir ou julgar improcedentes as reclamações e demais pedidos a eles dirigidos[57]. Essa orientação, por aplicar-se igualmente aos mandados de segurança contra o TCU, será melhor desenvolvida a frente.

2.9. DELIBERAÇÕES EMANADAS DO TRIBUNAL DE CONTAS DA UNIÃO

O Congresso Nacional, além de legislar sobre matérias de competência da União Federal, também exerce outra função típica do Poder Legislativo, consistente em fiscalizar (CF, art. 70, *caput*) e controlar (art. 49, V, e art. 71, § 1º) os atos do Poder Executivo Federal.

Essa atividade de controle externo dos atos da administração pública federal, constitucionalmente outorgada ao Poder Legislativo da União, é exercida pelo Congresso Nacional com o auxílio do Tribunal de Contas da União (CF, art. 71, *caput*).

O caráter privativo da jurisdição exercida pelo TCU (Lei nº 8.443/92, art. 4º, *caput*) não afasta a possibilidade de impugnação de suas decisões perante o Poder Judiciário (CF, art. 5º, XXXV), seja por meio de mandado de segurança, hipótese em que o órgão jurisdicional competente para processar e julgar o *writ* será o Supremo Tribunal Federal (CF, art. 102, I, "d"), seja

56. STF, Rcl 15.564-AgR, 1ª Turma, rel. p/o acórdão Min. Luiz Fux, j. 10/09/2019.

57. STF, MS 35.792-AgR, Pleno, rel. Min. Ricardo Lewandowski, j. 12/03/2019. "(...) II - A jurisprudência desta Casa firmou-se no sentido de que as deliberações negativas do Conselho Nacional de Justiça e do Conselho Nacional do Ministério Público, haja vista não substituírem o ato originalmente questionado, não estão sujeitas à apreciação por mandado de segurança impetrado diretamente no Supremo Tribunal Federal, na linha da interpretação conferida pelo Ministro Sepúlveda Pertence à alínea r do inciso I do art. 102 da Constituição Federal no julgamento do MS 26.710-MC/DF".

por meio das vias processuais ordinárias, perante os juízos de primeira instância.

As deliberações emanadas do Tribunal de Contas da União assumem as formas de (a) instruções normativas; (b) resoluções; (c) decisões normativas; (d) pareceres; ou (e) acórdãos[58].

Podemos constatar, desde logo, que as instruções normativas, resoluções e decisões normativas editadas pelo TCU – por qualificarem-se como atos de conteúdo normativo e abstrato (destinados a disciplinar a atuação da própria Corte de Contas no exercício de suas competências) – constituem atos em tese, de conteúdo abstrato, genérico e impessoal, insuscetíveis, por isso mesmo, de impugnação pela via do mandado de segurança[59] (Súmula 266/STF).

Também os pareceres formulados pelo TCU (CF, art. 71, I) e os acórdãos proferidos em resposta a consulta sobre matéria de sua competência (RITCU, art. 264) acham-se igualmente fora do âmbito de atuação do mandado de segurança, pois, qualificando-se como atos de natureza meramente opinativa, tampouco possuem, por si só, o efeito de criar, extinguir ou modificar direitos.

Eventual lesão a direito subjetivo resultante da aplicação do entendimento veiculado em tais atos de conteúdo meramente enunciativo não poderão ser atribuídos ao TCU, mas apenas às autoridades e órgãos estatais que, exercendo seu poder deliberativo autônomo, acolhem, ou não, as conclusões manifestadas pelo TCU, vindo a praticar os atos concretos capazes de atingir a esfera jurídica do interessado[60].

58. Regimento Interno do Tribunal de Contas da União. "Art. 67. As deliberações do Plenário e, no que couber, das câmaras, terão a forma de: I – instrução normativa, quando se tratar de disciplinamento de matéria que envolva pessoa física, órgão ou entidade sujeita à jurisdição do Tribunal; II – resolução, quando se tratar de: a) aprovação do Regimento Interno, de ato definidor da estrutura, atribuições e funcionamento do Tribunal, das unidades de sua Secretaria e demais serviços auxiliares; b) outras matérias de natureza administrativa interna que, a critério do Tribunal, devam revestir-se dessa forma; III – decisão normativa, quando se tratar de fixação de critério ou orientação, e não se justificar a expedição de instrução normativa ou resolução; IV – parecer, quando se tratar de: a) Contas do Presidente da República; b) outros casos em que, por lei, deva o Tribunal assim se manifestar; V – acordão, quando se tratar de deliberação em matéria da competência do Tribunal de Contas da União, não enquadrada nos incisos anteriores".

59. STF, MS 21.615, Pleno, rel. p/ o acórdão Min. Celso de Mello, j. 10/02/1994.

60. STF, MS 21.519, Pleno, rel. p/ o acórdão Min. Sepúlveda Pertence, j. 06/09/1995; STF, MS 30.866, Pleno, rel. Min. Celso de Mello, j. 15/03/2016.

Já no que se refere aos acórdãos emanados do Tribunal de Contas da União, o Supremo Tribunal Federal estabelece distinção entre (a) as decisões de caráter impositivo e (b) as deliberações de conteúdo negativo.

As decisões negativas do Tribunal de Contas da União, segundo esse entendimento (assim como já esclarecemos em relação ao CNJ e ao CNMP), são aquelas que extinguem o processo sem apreciar o fundo da controvérsia[61] ou, ainda, as deliberações que, mesmo apreciando o mérito, apenas confirmam o ato proferido por outro órgão, sem agravar a situação jurídica dos interessados[62].

O Supremo Tribunal Federal entende que, nessas situações, não se justifica que o TCU venha a ser considerado órgão coator, tendo em vista que o ato apreciado pela Corte de Contas da União não sofreu qualquer adição, supressão ou modificação em seu conteúdo decisório. Nesse caso, o interessado deverá impetrar o mandado de segurança contra a autoridade ou o órgão estatal diretamente responsável pela ação ou omissão questionada, ajuizando a ação mandamental perante o foro competente.

Apenas os acórdãos emanados do TCU que veiculem comandos de caráter impositivo poderão ser questionados, perante o Supremo Tribunal Federal, pela via do mandado de segurança. O conteúdo decisório de tais deliberações torna inequívoco que a lesão ao direito reivindicado pelo impetrante decorre, diretamente, da ordem coercitiva emanada da Corte de Contas, tal como ocorre quando o Tribunal de Contas aplica sanções administrativas aos responsáveis (multas ou inabilitação para o exercício de cargo em comissão ou função de confiança)[63]; reconhece a ilegalidade de concessões de aposentadorias, reformas ou pensões, vindo a recusar o registro a tais atos[64]; determina que o órgão ou entidade estatal ajuste o

---

61. "- O pronunciamento do Conselho Nacional de Justiça que consubstancie recusa de intervir em determinado procedimento ou, então, que envolva mero reconhecimento de sua incompetência ou, ainda, que nada determine, que nada imponha, que nada avoque, que nada aplique, que nada ordene, que nada invalide, que nada desconstitua não faz instaurar, para efeito de controle jurisdicional, a competência originária do Supremo Tribunal Federal.

    - O Conselho Nacional de Justiça, em tais hipóteses, considerado o próprio conteúdo negativo de suas resoluções (que nada provêm), não supre, não substitui, nem revê atos ou omissões eventualmente imputáveis a órgãos judiciários em geral, inviabilizando, desse modo, o acesso ao Supremo Tribunal Federal, que não pode converter-se em instância revisional ordinária dos atos e pronunciamentos administrativos emanados desse órgão de controle do Poder Judiciário. Precedentes." (STF, MS 27.712-AgR, Pleno, Rel. Min. Celso de Mello, j. 09/06/2011).

62. STF, MS 33.691, rel. p/ o acórdão Min. Roberto Barroso, j. 26/06/2018.

63. STF, MS 30.323, rel. Min. Dias Toffoli, j. 30/10/2012.

64. STF, MS 25.116, rel. Min. Ayres Britto, j. 08/09/2010.

padrão remuneratório de seus servidores à disciplina normativa prevista na legislação federal[65], entre outras situações.

2.10. ATOS DO PROCURADOR-GERAL DA REPÚBLICA

O Ministério Público, no ordenamento constitucional brasileiro de 1988, adquiriu conformação institucional sem paralelo no direito comparado[66]. Identifica-se como órgão estatal orientado à defesa da ordem jurídica, do regime democrático e dos interesses sociais e individuais indisponíveis (CF, art. 127).

Embora se trate de instituição essencial à função jurisdicional do Estado, especialmente na condição de titular exclusivo da ação penal pública (CP, art. 129, I), sua atuação alcança também a adoção de medidas de natureza administrativa voltadas a promoção da defesa dos direitos sociais e liberdades individuais.

O Chefe do Ministério Público da União é o Procurador-Geral da República, a quem incumbe, entre outras funções institucionais, a representação da Instituição ministerial perante o Supremo Tribunal Federal (LC nº 75/93, art. 46).

Ao Supremo Tribunal Federal compete julgar mandado de segurança impetrado contra o Procurador-Geral da República (CF, art. 102, I, "d").

Esse instrumento processual, no entanto, não pode ser utilizado como sucedâneo da ação de *habeas corpus*. É que a finalidade constitucional do mandado de segurança vincula-se à proteção de direito líquido e certo "não amparado por *habeas corpus*" (CF, art. 5º, LXIX).

Desse modo, diligências e atos praticados no âmbito de procedimentos de investigação criminal instaurados pelo Procurador-Geral da República ou decisões proferidas em sede de ação penal ajuizada pelo Chefe do Ministério Público da União não podem ser impugnados por meio de mandado de segurança.

Para o propósito de impugnar eventual lesão ou ameaça à liberdade de locomoção, no contexto dos procedimentos de índole penal, além das vias

65. STF, MS 33.853, rel. Min. Dias Toffoli, j. 13/06/2017.

66. MENDES, Gilmar Ferreira; BRANCO, Paulo Gustavo Gonet. *Curso de Direito Constitucional*. São Paulo: Saraiva, 2018. p. 1.039.

ordinárias, o único instrumento constitucional disponível, como já mencionado, é a ação de *habeas corpus*.

Muito embora a função precípua do Ministério Público realize-se por meio da promoção do *jus puniendi* do Estado, é certo que a atuação do Ministério Público se projeta para além da esfera penal, abrangendo, ainda, o complexo de funções relacionadas à defesa da ordem jurídica e à tutela de direitos sociais, coletivos e individuais indisponíveis.

Mostra-se difícil conceber hipótese em que o Procurador-Geral da República venha a figurar como autoridade coatora no contexto da tutela coletiva de tais direitos e interesses. É que o Supremo Tribunal Federal não dispõe de competência originária para julgar ações civis públicas, mesmo que se trate de direitos indígenas, da criança e do adolescente, dos idosos, das pessoas com deficiência ou de outros grupos vulneráveis.

Ainda que o próprio Procurador-Geral da República, em tais litígios, venha a celebrar termo de ajustamento de conduta com os responsáveis por danos coletivos, mesmo assim, a eventual impugnação das cláusulas pactuadas naquele instrumento não poderá ser veiculada em sede de mandado de segurança, por ser instrumento de todo inadequado para esse propósito, na linha do entendimento consolidado pelo E. Superior Tribunal de Justiça[67].

Tampouco a Suprema Corte aprecia, em sede originária, ações de improbidade administrativa, mesmo quando figuram no polo passivo autoridades detentoras de foro por prerrogativa de função perante o Tribunal.

Na verdade, as diversas ações mandamentais impetradas contra o Procurador-Geral da República, no âmbito do Supremo Tribunal Federal, limitam-se, em sua abrangência temática, essencialmente, à discussão em torno de questões relativas a interesses funcionais dos membros do Ministério Público da União e dos servidores auxiliares daquela instituição, envolvendo, especialmente, concursos públicos, posse e provimento de cargos públicos, promoções e respectivos critérios, procedimentos disciplinares e sanções punitivas, remuneração e parcelas indenizatórias, férias, licenças, aposentadorias e demais assuntos de natureza estatutária.

---

67. STF, RMS 56.828-AgR, 2ª Turma, Rel. Min. Francisco Falcão, j. 14/08/2008; STF, RMS 51.940, 2ª Turma, Rel. Min. Francisco Falcão, j. 01/03/2018; RMS 54.350, 1ª Turma, Rel. Min. Sérgio Kukina, j. 28/11/2017; RMS 53.879, 2ª Turma, Rel. Min. Assusete Magalhães, j. 22/08/2017.

Eventualmente, a impetração é formulada por pessoas jurídicas de direito privado no contexto da prestação de serviços contratados por licitação.

Esse quadro revela que o Supremo Tribunal Federal, ao processar e julgar, em sede originária, referidos litígios mandamentais, exerce jurisdição meramente ordinária, circunscrita à análise de direitos e interesses funcionais de agentes públicos que, mesmo sem ostentar prerrogativa de foro perante o STF, possuem o privilégio de instaurar a jurisdição imediata da Suprema Corte em defesa de seus direitos e vantagens funcionais, sem que tal atribuição jurisdicional guarde qualquer relação com as prerrogativas constitucionais do Procurador-Geral da República ou com as funções institucionais essenciais do Ministério Público da União.

É preciso destacar, quanto a esse aspecto, que nem mesmo o próprio Procurador-Geral da República, caso postulasse em face da União a satisfação de alguma vantagem remuneratória ou benefício funcional, teria acesso imediato à Suprema Corte, devendo formular sua pretensão jurídica perante a Justiça Federal de primeira instância. A mesma solução também se aplicaria ao Presidente da República a aos Ministros do Supremo Tribunal Federal.

Vale mencionar, como representação apoteótica dessa anomalia do sistema, o mandado de segurança[68] impetrado, perante o Supremo Tribunal Federal, contra a ex-Procuradora-Geral da República, Raquel Dodge, no qual o autor, que era Subprocurador-Geral da República, insurgia-se contra a negativa manifestada pela Chefe do Ministério Público da União em permitir que o impetrante cedesse vaga de garagem no edifício-sede da Instituição a outro servidor dos quadros daquele órgão estatal.

Ao não conhecer, julgando extinta, liminarmente, aquela impetração mandamental, cujo conteúdo se restringia a mera disputa funcional em torno de uma vaga de garagem, a Ministra Cármen Lúcia formulou a seguinte advertência:

> "6. Não se há deixar de considerar, inicialmente, a miudeza da questão trazida a este Supremo Tribunal Federal neste processo.
>
> ....
>
> Estranha a pequeneza da discussão trazida a este Supremo Tribunal, em País angustiado por problemas essenciais da vida pessoal e social dos cidadãos. A

68. STF, MS 36.667, monocrática, Rel. Min. Cármen Lúcia, j. 10/09/2019.

questão posta nos autos não tem, na forma nem na matéria, substância ou importância significativa a permitir que se acione o órgão de cúpula do Poder Judiciário, assoberbado por questões de gravidade nacional, com questiúncula que não precisaria sequer se apresentar em sede judicial.

Não é por estar permanentemente aberto ao cidadão – como tem de estar – o Poder Judiciário, que se há de considerar formalmente regular ou juridicamente aceitável, possa alguém banalizar a via judicial para promover questionamentos sem fundamento jurídico e sem embasamento que não os humores pessoais do autor".

2.11. ATOS DO PRÓPRIO SUPREMO TRIBUNAL FEDERAL

Há muito tempo a jurisprudência da Suprema Corte firmou-se no sentido de não admitir mandado de segurança impetrado contra atos de natureza jurisdicional proferidos pelo próprio Supremo Tribunal Federal, seja contra as decisões monocráticas dos Ministros, seja contra julgamentos colegiados das Turmas ou do Pleno[69]. Somente por meio dos recursos previstos na legislação processual ou através da ação rescisória podem ser impugnadas as decisões judiciais emanadas dos juízes e dos órgãos colegiados da Corte Suprema. Inviável, desse modo, a utilização do *writ* mandamental como mero sucedâneo recursal (Súmula nº 267/STF) ou o seu emprego com a finalidade de promover a revisão de decisões transitadas em julgado (Súmula nº 268/STF).

A própria Lei do Mandado de Segurança veda a utilização da ação mandamental quando o ato decisório puder ser impugnado por recurso com efeito suspensivo (lei nº 12.016/2015, art. 5º, II). A inadmissibilidade do mandado de segurança, nesse caso, independe da circunstância de o recurso possuir efeito suspensivo por força de lei (*ope legis*) ou em razão da mera possibilidade do Juiz ou do Tribunal concederem esse efeito com fundamento no seu poder geral de cautela (*ope judicis*)[70]. Havendo acesso a qualquer alternativa que viabilize a suspensão judicial dos efeitos do ato judicial impugnado, afasta-se a viabilidade do emprego do mandado de segurança, considerada sua natureza excepcional.

A conclusão é que a regra constitucional que atribui competência ao Supremo Tribunal Federal para julgar mandado de segurança impetrado contra seus próprios atos (CF, art. 102, I, "d") só pode ter um único sentido,

---

69. MS 36.152-Agr, Pleno, rel. Min. Celso de Mello, j. 06/08/2019.

70. CÂMARA, Alexandre Freitas. *Manual do Mandado de Segurança*. São Paulo: Atlas, 2013. p. 334.

que é o de submeter à Suprema Corte o controle jurisdicional dos atos e deliberações de caráter administrativo do Tribunal[71].

Isso significa que a única forma de impugnar as decisões singulares proferidas pelos Ministros do Supremo Tribunal Federal – cuide-se de mera apreciação de pedido de tutela provisória ou trata-se do próprio julgamento monocrático do mérito – consiste na interposição de agravo interno ou na oposição de embargos de declaração[72]. Nem sequer para arguir a suspeição ou o impedimento do Relator caberá mandado de segurança contra o Ministro arguido, devendo tais alegações serem deduzidas perante o Presidente da Corte, por meio de procedimento autônomo denominado Arguição de Suspeição (RISTF, art. 55, VII e arts. 277 a 287)[73]. A Corte faz a ressalva de entender cabível tal impetração quando a decisão monocrática veicular erro grave, manifesta ilegalidade ou caracterizar ato teratológico, não havendo registros, contudo, de julgamento no qual tenha sido concedida a segurança por tais razões[74].

Vale destacar, ainda, que o Supremo Tribunal Federal não julga mandados de segurança impetrados contra atos de outros Tribunais, inclusive contra decisões dos Tribunais Superiores da União[75], devendo a impetração mandamental, em tais situações, ser dirigida ao próprio Tribunal que houver proferido a decisão impugnada, em conformidade com o que dispõe o art. 24, inciso VI, da LOMAN, pois "Não compete ao Supremo Tribunal Federal conhecer originariamente de mandado de segurança contra atos de outros tribunais" (Súmula nº 624/STF).

2.12. CONFLITOS FEDERATIVOS

Os desafios da forma federalista de Estado, notadamente a necessidade de compatibilizar a autonomia regional com a unidade nacional, delimitar as esferas de atuação de cada ente político e fortalecer os laços de cooperação federativa, demandam a existência de um órgão independente e imparcial que, por meio de uma atuação equidistante e independente, assuma a posição institucional de árbitro constitucional das disputas federativas.

---

71. STF, MS 24.874, Pleno, rel. Min. Sepúlveda Pertence, j. 09/03/2006.
72. MS 28.635-AgR, Pleno, rel. Min. Teori Zavascki, j. 19/08/2014.
73. MS 36.816-AgR, Pleno, rel. Min. Luiz Fux, j. 29/05/2020.
74. MS 33.392-AgR, Pleno, rel. Min. Teori Zavascki, j. 03/03/2016.
75. MS 30.193-AgR, Pleno, rel. Min. Celso de Mello, j. 11/05/2011.

A norma inscrita no art. 102, I, "f", da Constituição atribui à Suprema Corte brasileira o papel de "Tribunal da Federação" (nas palavras de Ruy Barbosa), ao conferir ao Supremo Tribunal Federal a função de dirimir os conflitos instaurados entre a União, os Estados e o Distrito Federal.

A situação de conflito federativo pode instaurar-se desde logo, no momento da impetração, ou surgir incidentalmente no curso do processo ou em instância recursal, impondo a remessa imediata dos autos ao Supremo Tribunal Federal.

A disputa entre Estados-membros quanto aos limites dos seus respectivos territórios pode instaurar situação de conflito federativo. Essa questão foi suscitada no âmbito de mandado de segurança no qual os Governadores do Estado de Rondônia e do Estado do Acre figuraram em polos antagônicos, em litígio envolvendo a titularidade sobre a região denominada Ponta do Abunã, que faz a divisa entre as duas unidades da Federação[76]. A Suprema Corte reconheceu, naquele julgamento, a existência de conflito federativo, tendo em vista a circunstância, ressaltada pelo Ministro Relator Celso de Mello, de que, se "não fosse assim – e não se tivesse o Supremo Tribunal Federal como juiz natural desse conflito de interesses –, impor-se-ia a submissão de um certo Estado-membro à jurisdição de outro".

Para configurar a existência de conflito federativo, no entanto, não basta figurarem em polos antagônicos da relação processual a União Federal, os Estados-membros, ou Distrito Federal. É preciso, ainda, que o conflito de interesses seja capaz de comprometer as relações institucionais mantidas entre aquelas entidades da Federação, evidenciando a ocorrência de indevida intervenção de algum ente político na esfera de autonomia político-administrativa de outro.

É por isso que o Supremo Tribunal Federal não tem conhecido de ações envolvendo disputas de caráter meramente pecuniário, como as execuções fiscais[77] e as execuções de títulos extrajudiciais[78]. Até mesmo em relação a litígios fundados no preceito constitucional que estabelece a imunidade tributária recíproca[79] o Supremo Tribunal Federal, por entender inexisten-

76. STF, MS 21.041, Pleno, Rel. Min. Celso de Mello, j. 12/06/1991.

77. STF, ACO 3.186, Pleno, Rel. Min. Ricardo Lewandowski, j. 22/02/2019, Pleno; STF, ACO 1.427-AgR, Pleno, Rel. Min. Luiz Fux, j. 24/03/2015.

78. STF, ACO 1.834-AgR, Pleno, Rel. Min. Alexandre de Moraes, j. 25/05/2018, Pleno; STF, ACO 2.430-AgR, Pleno, Rel. Min. Luiz Fux, j. 19/05/2015.

79. STF, ACO 1.579-AgRsegundo, Pleno, Rel. Min. Edson Fachin, 06/11/2018, Pleno; STF, RE 690.202-AgR, 2ª Turma, Rel. Min. Ricardo Lewandowski, j. 09/09/2014.

te qualquer ameaça à integridade do pacto federativo, tem entendido, assim como em outros conflitos tributárias sem relevo político-constitucional[80], que a ação deve ser instaurada perante a justiça ordinária de primeira instância, considerada a natureza excepcional da norma de competência inscrita no art. 102, I, "f", da Constituição.

É importante destacar que o texto constitucional não contemplou qualquer hipótese de conflito federativo envolvendo municípios entre si[81] ou entre municípios e os demais entes da Federação.

Por fim, não obstante o art. 102, I, "f", da Constituição mencione as entidades da administração pública indireta da União, dos Estados e do Distrito Federal, a jurisprudência do Supremo Tribunal Federal, no entanto, só tem admitido a possibilidade de restar configurado conflito federativo em situações excepcionais[82], quando tais entidades administrativas (autarquias, fundações públicas, sociedades de economia mista e empresas públicas) exercerem "serviços públicos por definição constitucional"[83], tal como o serviço postal e o correio aéreo nacional (CF, art. 21, X).

2.13. LITÍGIOS INTERESTATAIS

As hipóteses previstas no art. 102, I, "e", da Constituição contemplam contencioso no qual figuram, em algum dos polos da relação processual (ativo ou passivo), Estados soberanos ou organismos internacionais (pessoas de direito público internacional) e, no polo antagônico, a União, os Estados, o Distrito Federal ou Territórios (pessoas de direito público interno). Tais conflitos, segundo Pontes de Miranda, constituem "litígios interestatais"[84].

A presença de pessoas naturais[85], como os agentes diplomáticos ou consulares ou de empresas estrangeiras[86] na qualidade de parte não justifica a instauração da competência do Supremo Tribunal Federal.

---

80. STF, ACO 2.016-AgR, Pleno, Rel. Min. Roberto Barroso, j. 01/12/2017.
81. STF, ACO 3.272, Pleno, Rel. Min. Ricardo Lewandowski, j. 18/10/2019.
82. STF, ACO 597-AgR, Pleno, rel. Min. Celso de Mello, j. 03/10/2002.
83. STF, ACO 765-QO, Pleno, red. p/o acórdão Min. Eros Grau, j. 01/06/2005.
84. PONTES DE MIRANDA. *Comentários à Constituição de 1946*. Vol. III. São Paulo: RT, 1967. p. 235.
85. STF, ACO 3.194, monocrática, rel. Min. Gilmar Mendes, j. 28/11/2018.
86. STF, MS 36.725, monocrática, rel. Min. Cármen Lúcia, j. 02/10/2019.

A mera leitura da norma inscrita no art. 102, I, "e", permite constatar, desde logo, que o Supremo Tribunal Federal não dispõe de competência para apreciar, originariamente, litígios envolvendo municípios e pessoas de direito público internacional. Na verdade, causas envolvendo estados estrangeiros ou organismos internacionais, de um lado, e Municípios ou pessoas residentes ou domiciliadas no Brasil, de outro, constituem competência da Justiça Federal de primeira instância (CF, art. 109, II)[87].

Os conflitos envolvendo as entidades mencionadas no dispositivo em questão (CF, art. 102, I, "e") são veiculados, perante o Supremo Tribunal Federal, normalmente, por meio de ação civil originária ou surgem no contexto de reclamação ajuizada com o objetivo de preservar a competência da Corte.

É possível, no entanto, que os litígios interestatais venham a configurar-se também em sede de mandado de segurança, pois, não obstante a controvérsia doutrinária em torno da possibilidade, ou não, de entidades de direito público figurarem como autoridade coatora, será sempre possível (e as vezes até necessário) que a pessoa jurídica interessada no litígio postule o seu ingresso no feito (Lei nº 12.016/2009, art. 7º, II), vindo a integrar a relação processual, surgindo, daí, a situação de antagonismo que faz instaurar a competência originária do Supremo Tribunal Federal.

Algumas entidades de direito público internacional gozam da prerrogativa de imunidade de jurisdição, a significar que, nesse caso, o Supremo Tribunal Federal não poderá apreciar o litígio, exceto se o próprio Estado estrangeiro ou o organismo internacional renunciar à sua imunidade[88].

A prerrogativa da imunidade jurisdicional dos Estados soberanos, perante órgãos jurisdicionais de outros países estrangeiros, tem origem na prática consuetudinária internacional, fundada no princípio da igualdade que rege as relações entre soberanias estatais (CF, art. 4º, V).

No Brasil, o reconhecimento da imunidade jurisdicional ostentada pelos demais Estados estrangeiros apoia-se, exclusivamente, no reconhecimento da força normativa do costume internacional, pois não existe nenhuma norma no ordenamento positivo brasileiro que institua esse benefício, cabendo destacar que o nosso País, até o presente momento, ainda não subscreveu a Convenção das Nações Unidas sobre as Imunidades Jurisdi-

87. STF, Rcl 10.920/PR, monocrática, rel. Min. Celso de Mello, j. 01/09/2011.

88. STF, ACi 9.690, Pleno, rel. Min. Néri da Silveira, j. 13/03/1992; STF, ACi 9.707, Pleno, rel. Min. Aldir Passarinho, j. 01/02/1988.

cionais dos Estados e de seus Bens (2004) ou qualquer outro tratado que regule a matéria.

Em relação às organizações internacionais, no entanto, não se pode invocar suposta igualdade com nações soberanas, por não possuírem os elementos que constituem um Estado, como povo e território. Trata-se de entidades de direito público internacional de natureza diversa.

A imunidade jurisdicional não constitui, desse modo, atributo inerente às organizações internacionais em geral, que não se qualificam como entes soberanos. O único meio das organizações internacionais adquirirem esse privilégio, no Brasil, consiste na celebração de tratado que lhes outorgue imunidade jurisdicional perante a Justiça brasileira (como ocorre em relação à ONU, à UNESCO e à PNUD, por exemplo), na linha do entendimento firmado pelo Supremo Tribunal Federal em sede de repercussão geral[89].

2.14. INTERESSE PECULIAR DA MAGISTRATURA NACIONAL E IMPEDIMENTO OU SUSPEIÇÃO DA MAIORIA DOS MEMBROS DO TRIBUNAL DE ORIGEM

Tendo em vista o possível conflito de interesses resultante do julgamento, por magistrado de primeiro grau, de causas envolvendo direitos e interesses que afetam a sua própria esfera pessoal e considerando, ainda, a possível falta de representatividade de um Tribunal de Justiça local, para efeito de dirimir conflitos que atinjam, direta ou indiretamente, toda a magistratura nacional, o constituinte entendeu prudente outorgar competência exclusiva ao Supremo Tribunal Federal para apreciar os conflitos envolvendo interesse peculiar da magistratura brasileira (CF, art. 102, I "n"). O mesmo dispositivo constitucional também prevê a competência da Suprema Corte para apreciar litígios quando constatada a configuração de impedimento ou suspeição da maioria dos juízes de Tribunal Regional Federal ou desembargadores de Tribunal de Justiça estadual.

Ambas as hipóteses previstas no art. 102, I, "n", da Constituição qualificam-se como normas de exceção, que, objetivando resguardar a imparcialidade na prestação jurisdicional e a igualdade entre as partes, importam supressão da competência do juiz ordinário, devendo restringir-se apenas

89. STF, RE 1.034.840, Pleno, Rel. Min. Luiz Fux, j. 01/06/2017, tese de repercussão geral firmada: "O organismo internacional que tenha garantida a imunidade de jurisdição em tratado firmado pelo Brasil e internalizado na ordem jurídica brasileira não pode ser demandado em juízo, salvo em caso de renúncia expressa a essa imunidade".

às hipóteses que justificam a sua invocação, não cabendo aos litigantes optar, por mero capricho, pela submissão da causa à Suprema Corte.

Em relação à primeira hipótese, concernente a interesse peculiar de toda a magistratura, a jurisprudência do Supremo Tribunal Federal firmou-se no sentido de que a norma prevista no art. 102, I, "n", da Constituição impõe, para efeito de configuração da competência originária da Suprema Corte, que o litígio envolva interesse de toda a magistratura, ou seja, não basta que se trate de pretensão concernente apenas a fração dos membros do Poder Judiciário.

De outro lado, o litígio tem que envolver interesse peculiar da magistratura, isto é, interesse próprio e exclusivo da magistratura nacional, descaracterizando tal situação a circunstância de o conflito cuidar de prerrogativas, direito e vantagens comuns a outras categorias de servidores públicos, como, por exemplo, os benefícios funcionais correspondentes ao auxílio-moradia[90], às diárias de viagem[91], à ajuda de custo[92], à indenização por despesas de transporte e mudança[93], à licença-prêmio[94], à conversão de férias em pecúnia[95] ou, até mesmo, à situação de perda do cargo por efeito de condenação penal[96], entre outros.

A análise é sempre casuística e, frequentemente, o Supremo Tribunal Federal conhece da ação mesmo tratando-se de prerrogativa não exclusiva da magistratura, como, em nossa opinião, ocorreu no caso do mandado de segurança coletivo impetrado por entidade associativa de magistrados, objetivando tutelar a prerrogativa da magistratura de obter o acesso ao porte de arma de fogo (LOMAN, art. 33, V)[97].

Quanto à segunda hipótese prevista no art. 102, I, "n", cabe destacar que, para restar configurada situação de impedimento ou de suspeição da maioria dos membros do Tribunal de origem, mostra-se imprescindível a manifestação expressa dos membros do Tribunal em questão ou o acolhi-

---

90. STF, AO 587-QO, Pleno, rel. Min. Ellen Gracie, j. 06/04/2006; STF, RE 984.249-AgR, 2ª Turma, rel. Min. Edson Fachin, j. 11/09/2018.
91. STF, Rcl 19.184-AgR, 1ª Turma, rel. Min. Roberto Barroso, j. 12/12/2017.
92. STF, ARE 721.087-AgR, 2ª Turma, rel. Min. Luiz Fux, j. 21/08/2014.
93. STF, AO 1.953-AgR, 2ª Turma, rel. Min. Gilmar Mendes, j. 22/09/2017.
94. STF, AO 2.099-AgR, 2ª Turma, rel. Min. Edson Fachin, j. 02/06/2017.
95. STF, Rcl 21.138-AgR, 1ª Turma, rel. Min. Roberto Barroso, j. 21/10/2016.
96. STF, AO 1.464-QO, rel. Min. Ayres Britto, j. 28/11/2008, Pleno.
97. STF, Rcl 11.323-AgR, Rel. p/o acórdão Min. Edson Fachin, j. 22/04/2015, Pleno.

mento da arguição de suspeição ou impedimento pelo órgão competente do Tribunal, mostrando-se ineficaz, para efeito de atração da competência da Suprema Corte, a mera alegação de que tais autoridades estariam suspeitas ou impedidas com apoio em fundamentos que sequer foram apreciados pelo órgão de origem[98].

Também não gera a competência do Supremo Tribunal Federal o simples fato de o ato questionado ter sido proferido por órgão colegiado do Tribunal de origem (Súmula nº 623/STF).

2.15. CONCLUSÃO E ALGUMAS CONSTATAÇÕES

O presente trabalho, muito embora longe de se mostrar exaustivo, oferece um convite à reflexão em torno das competências originárias do Supremo Tribunal Federal, em tema de mandado de segurança. As situações aqui referidas permitem a formulação, em nosso entendimento, de algumas constatações.

Nada justifica a competência do STF para julgar, originariamente, mandado de segurança contra ato do TCU. Essa atribuição jurisdicional resultou da positivação no ordenamento constitucional do conteúdo da Súmula 248/STF, editada sob a égide da CF46, cujo teor, respeitosamente, não faz muito sentido. Se a circunstância de os Ministros do TCU possuírem foro por prerrogativa de função perante o STF justificasse que os mandados de segurança contra eles impetrados fossem julgados perante aquela Corte, então por que o legislador constituinte de 1988 elegeu o STJ para julgar o *writ* mandamental impetrado contra os Ministros de Estado e os Comandantes das Forças Armadas (CF, art. 105, I, "b")? Caberia, então, sendo esse o caso, também submeter ao STF o mandado de segurança contra ato de Chefe de Missão Diplomática de caráter permanente (CF, art. 102, I, "c")? Certamente essa dilatada interpretação traduz o espírito de um tempo em que a "crise" do STF era representada por uma distribuição média de 6.000 novos processos por ano (década de 50). Jamais se imaginou, àquela época, que o STF, em 2018, segundo balanço da Presidência da Corte, estaria recebendo 100 mil novos processos e proferindo 125 mil decisões anuais. Se o fundamento de tal competência do STF, por outro lado, tem por razão de ser o caráter nacional do TCU, nada impediria, nesse caso, que o STJ viesse

98. STF, AO 633-QO, rel. Min. Ilmar Galvão; STF, MS 29.342-AgR, Pleno, rel. Min. Cármen Lúcia, j. 15/09/2011; Rcl 2.942-MC, monocrática, rel. Min. Celso de Mello, j. 09/12/2004.

a assumir essa competência, devendo tal mudança, no entanto, ser veiculada, necessariamente, por meio de reforma constitucional.

No âmbito dos mandados de segurança impetrados contra o Presidente da República, o PGR, o CNJ, o CNMP e o TCU, frequentemente a impetração envolve questões que não guardam qualquer relação com a garantia da independência e com o desempenho das atribuições funcionais precípuas de tais autoridades e órgãos estatais. Muitos desses casos envolvem apenas a tutela de direitos e interesses de índole meramente pessoal de servidores públicos atingidos por sanções administrativas ou privados de determinada parcela remuneratória. Nesses casos, a instauração imediata da jurisdição da Suprema Corte se dá em favor dos próprios agentes públicos e não em razão das prerrogativas institucionais das autoridades ou dos órgãos estatais apontados como coatores, transformando o Supremo Tribunal Federal em verdadeiro "tribunal do funcionalismo público federal". Não foi por outro motivo que o II Relatório FGV Supremo em Dia, chamando a atenção para a enorme pauta temática ocupada pelos servidores públicos no âmbito do STF, referiu-se àquele Tribunal como "o Supremo a serviço dos servidores públicos".

A competência da Suprema Corte fundada na existência de interesse peculiar da magistratura nacional e no impedimento ou suspeição da maioria dos membros do Tribunal de origem não parece guardar pertinência alguma com o papel constitucional do STF de proteger a integridade e a supremacia da Constituição. Teria sido muito mais feliz o legislador constituinte se houvesse conferido essa atribuição ao STJ que, assim como o STF, também possui jurisdição nacional, também se qualifica como órgão independente e imparcial, além de figurar, assim como o STF, em posição hierarquicamente superior às Cortes de segunda instância.

3

SUJEITOS PROCESSUAIS NO MANDADO DE SEGURANÇA

Abhner Youssif Mota Arabi[1]

Para a devida compreensão do mandado de segurança, notadamente sob sua ótica processual, tema de relevo se consubstancia nos sujeitos processuais que atuam nessa ação, isto é, as pessoas que, nos mais diferentes papéis, atuam durante a sua tramitação. Para os fins do presente capítulo, dar-se-á especial destaque aos sujeitos parciais que atuam na relação jurídica processual mandamental, a partir da análise da legitimidade ativa (ordinária e extraordinária), passiva, situações de litisconsórcio, além dos limites e possibilidades da intervenção de terceiros no curso do mandado de segurança.

3.1. LEGITIMIDADE ATIVA

Sob o prisma da legitimidade ativa, poderá requerer a concessão da segurança qualquer pessoa física ou jurídica que busque a proteção de um direito líquido e certo, que não possa ser tutelado pelas vias do *habeas corpus* ou *habeas data*, quando contra ele se vislumbre violação ou ameaça de violação, a partir de uma atuação ilegal ou abusiva da autoridade coatora. Essa é a disposição inaugural da Lei nº 12.016/2009, que regulamenta a ação de mandado de segurança, cuja legitimidade ativa pode ser exercida tanto ordinariamente, quanto extraordinariamente.

3.1.1. Legitimidade ordinária

A legitimidade ativa ordinária se dá quando o impetrante postule, em nome próprio, a defesa de direito líquido e certo por ele mesmo titulari-

1. Juiz instrutor no Supremo Tribunal Federal. Juiz de Direito. Mestrando em *Direito, Estado e Constituição (linha: Constituição e Democracia)* pela Universidade de Brasília (UnB).

zado, ainda que não seja seu titular único ou exclusivo (art. 1º, § 3º, da Lei nº 12.016/2009). Dessa forma, a pessoa física ou jurídica que entenda possuir direito líquido e certo que esteja sendo violado ou sob ameaça de violação poderá postular sua proteção na via do mandado de segurança, sendo possível que, quando esse direito caiba a várias pessoas, qualquer destas aja de maneira isolada. Essa possibilidade, todavia, não impede a atuação conjunta dos interessados, que poderão ajuizar a ação mediante a formação de um litisconsórcio ativo facultativo, na linha do que mais adiante se analisará.

A amplitude do tratamento legislativo quanto à legitimidade ativa – que alcança pessoas físicas ou jurídicas, nacionais ou estrangeiras – é ainda maximizado por interpretação jurisprudencial. Com efeito, em algumas situações, admite-se a impetração por entidades despersonalizadas, quando atuem em defesa de interesses institucionais ou prerrogativas daquela entidade, por exemplo. Nesses casos, ainda que tais agentes não possuam personalidade jurídica, afirma-se a existência de *personalidade judiciária*, de modo a possibilitar a defesa autônoma em juízo desses interesses narrados.[2]

Na maioria dos casos, a afirmação dessa personalidade judiciária se dá em situações em que os interesses que a instituição demanda que sejam tutelados são inicialmente resistidos pela pessoa jurídica que integram. Isso porque uma das formas de organização da Administração Pública é a desconcentração administrativa, em que novos órgãos são criados como unidades desprovidas de personalidade jurídica própria, as quais continuam integrantes da estrutura orgânica da pessoa jurídica que o criou. Nessa segunda hipótese enquadram-se, por exemplo, as situações dos órgãos do Judiciário (Supremo Tribunal Federal, Superior Tribunal de Justiça e demais Tribunais Superiores, Tribunais Regionais Federais, Tribunais de Justiça, etc.), do Legislativo (Senado Federal, Câmara dos Deputados, Assembleias Legislativas estaduais, Câmaras Municipais), além de órgãos como os Ministérios Públicos, Tribunais de Contas, entre outros. Em regra, a atuação desses órgãos em juízo se dá mediante a atuação da pessoa jurídica a que

2. Alguns exemplos podem ser colhidos da jurisprudência do Supremo Tribunal Federal: MS 21.239, Tribunal Pleno, Rel. Ministro Sepúlveda Pertence, j. 05.06.1991; ADI 1.557, Tribunal Pleno, Rel. Ministro Ellen Gracie, j. 31.03.2004). Em consonância com esse entendimento, o Superior Tribunal de Justiça possui enunciado de súmula que afirma: "A Câmara de Vereadores não possui personalidade jurídica, apenas personalidade judiciária, somente podendo demandar em juízo para defender os seus direitos institucionais" (Súmula 525/STJ). Em caso de aplicação dessa posição, são os seguintes precedentes do STJ: REsp 1.164.017, Primeira Seção, rel. Ministro Castro Meira j. 24.03.2010; RMS 52.741, Segunda Turma, rel. Ministro Herman Benjamin, j. 08.08.2017.

pertencem, o que, em geral, nos casos exemplificadamente citados, corresponde aos entes federativos: União, Estados, Distrito Federal e Municípios.

Entretanto, podem surgir situações em que os interesses institucionais desses órgãos administrativos se contraponham a condutas ou posições sustentadas pelas pessoas jurídicas das quais integrantes. Exemplificativamente, pode-se imaginar, por exemplo, a situação de um Tribunal de Justiça estadual que não recebe do Poder Executivo os duodécimos relativos ao orçamento anual que lhe é destinado, em violação à determinação do art. 168 da CRFB/88. Nesse caso, ou em outros semelhantes ao exemplo dado, a impetração de mandado de segurança torna-se uma medida judicial cabível, mesmo que os Tribunais de Justiça não possuam personalidade jurídica própria, sendo possível o exercício de sua personalidade judiciária, em defesa do seu interesse institucional relativo ao recebimento mensal dos duodécimos das dotações orçamentárias que lhe foram reservadas, em proteção à autonomia financeira que o texto constitucional assegura ao Poder Judiciário.

De outro lado, porém, também há casos em que o Supremo Tribunal Federal já reconheceu a ausência de personalidade judiciária de determinadas instituições para a impetração de mandado de segurança. Nesse sentido, já se reconheceu a ilegitimidade do Ministério Público de Contas para formalizar mandado de segurança contra acórdão proferido pelo Tribunal de Contas perante o qual atua.[3]

O fundamento essencial dessa distinção é que o Ministério Público especial junto aos Tribunais de Contas possui formatação distinta dos outros ramos do Ministério Público comum da União e dos Estados-membros. Nessa estrutura, falta-lhe o atributo da autonomia institucional, já que o Ministério Público especial junto aos Tribunais de Contas não dispõe de fisionomia institucional própria e tem sua atuação restrita ao âmbito da Corte perante a qual atua.

---

3. STF, RE 1.178.617-RG, Tribunal Pleno, rel. Min. Alexandre de Moraes, j. 25.04.2019, em que se fixou como tese de repercussão geral: "O Ministério Público de Contas não tem legitimidade para impetrar mandado de segurança em face de acórdão do Tribunal de Contas perante o qual atua". No mesmo sentido: STF, Rcl 24.162-AgR, Segunda Turma, Rel. Min. Dias Toffoli, j. 22.11.2016; STF, Rcl 24.159-AgR, Primeira Turma, rel. Min. Roberto Barroso, j. 08.11.2016. STF, Rcl 24.454-AgR, Primeira Turma, rel. Min. Edson Fachin, j. 18.10.2016. Desse último julgado, constou da ementa de seu acórdão: "A jurisprudência do STF tem entendimento firmado segundo o qual a atuação do Procurador do Ministério Público Especial é restrita ao âmbito do Tribunal de Contas ao qual faz parte".

Esse entendimento reformou a conclusão que havia afirmado o Superior Tribunal de Justiça nesse mesmo caso.[4] Na ocasião, admitiu-se a legitimidade do Ministério Público de Contas do Estado de Goiás contra acórdão proferido pelo Tribunal de Contas daquele esmo Estado, que determinou a extinção e arquivamento de representação promovida para apurar irregularidades em procedimento licitatório, relativo a contrato da nova sede administrativa do citado Tribunal.

Ademais, como tema conexo à legitimidade ativa ordinária, destaca-se que a firmação doutrinária e jurisprudencial da natureza personalíssima do Mandado de Segurança, em razão do vínculo estritamente pessoal que se estabelece entre o impetrante e o direito líquido e certo a que visa proteger. Nesse sentido, há julgados do STF e do STJ que consolidam a posição de que a morte do impetrante, no mandado de segurança, induz à necessária extinção do processo sem o julgamento de mérito, sendo inadmissível a habilitação de eventuais herdeiros, sem que seja possível a sucessão processual na via do *mandamus*.[5] Entretanto, se o processo já estiver em fase de execução, há precedentes que admitem a habilitação de herdeiros, eis que aqui já se teria trânsito em julgado sobre a pretensão personalíssima deduzida no mandado de segurança.[6]

Como decorrência dessa natureza personalíssima, no mandado de segurança, admite-se a desistência unilateral a qualquer tempo por iniciativa do impetrante, isto é, independentemente da concordância da autoridade impetrada e mesmo que depois de proferida a sentença. É que "não se confundindo com as outras ações em que há direitos das partes em confronto, o impetrante pode desistir da impetração ou porque se convenceu da legitimidade do ato impugnado, ou por qualquer conveniência pessoal, que não precisa ser indicada nem depende de aquiescência do impetrado".[7] Nesse sentido, excepciona-se a regra geral prevista pelo Código de Processo Civil, no âmbito do qual não é possível que o autor, depois de oferecida

---

4. STJ, RMS 52.741, Segunda Turma, Rel. Min. Herman Benjamin, j. 08/08/2017.
5. Nesse sentido: STF, MS 27.279-AgR, Primeira Turma, rel. Ministro Luiz Fux, j. 06.02.2017; STF, RE 221.452 ED-ED-EDv-AgR-AgR-ED, Tribunal Pleno, rel. Ministro Edson Fachin, j. 01.07.2016; STJ, EDcl no AgRg no RE nos EDcl no MS 16.597, Corte Especial, rel. Ministro Humberto Martins, j. 07.12.2016; STJ, EDcl no MS 11.5181, Terceira Seção, rel. Ministro Og Fernandes, j. 26.03.2013.
6. Nesse sentido: STJ, AgRg no AgRg no REsp 1.415.781, Segunda Turma, rel. Ministro Humberto Martins, j. 22.05.2014; STJ, AgRg no REsp 1.422.568, Segunda Turma, rel. Ministro Herman Benjamin, j. 10.06.2014.
7. MEIRELLES, Hely Lopes; WALD, Arnoldo; MENDES, Gilmar Ferreira. *Mandado de segurança e ações constitucionais*. São Paulo: Editora Malheiros, 2013, p. 144.

a contestação, desista da ação sem o consentimento do réu, sendo que a desistência da ação somente pode ser apresentada até a sentença (art. 485, §§ 4º e 5º, da Lei nº 13.105/2015).

O tema já foi, inclusive, apreciado pelo Supremo Tribunal Federal sob a sistemática da repercussão geral (Tema 530: "Desistência em mandado de segurança, sem aquiescência da parte contrária, após prolação de sentença de mérito, ainda que favorável ao impetrante"), em que se assentou a seguinte tese: "É lícito ao impetrante desistir da ação de mandado de segurança, independentemente de aquiescência da autoridade apontada como coatora ou da entidade estatal interessada ou, ainda, quando for o caso, dos litisconsortes passivos necessários, a qualquer momento antes do término do julgamento, mesmo após eventual sentença concessiva do 'writ' constitucional, não se aplicando, em tal hipótese, a norma inscrita no art. 267, § 4º, do CPC/1973".[8]

3.1.2. Legitimidade extraordinária

Além das situações ordinárias, há situações em que também se admite a impetração do mandado de segurança no exercício de legitimação extraordinária (ou substituição processual), quando haja autorização no ordenamento jurídico para que o autor de uma ação atue em nome próprio na defesa de direito alheio. Nesse sentido é que se coloca o art. 3º da Lei nº 12.016/2009, que consagra hipótese legal expressa de substituição processual em Mandado de Segurança, em que se possibilita que o titular do direito líquido e certo decorrente de direito, em condições idênticas, de terceiro impetre mandado de segurança em proteção a esse direito originário do qual decorre o seu interesse, quando o seu titular se quedar inerte.

Para tanto, exige-se a notificação judicial do titular inerte, após o que terá o prazo de 30 (trinta dias)[9] para agir em defesa de seu direito.[10] Transcorrido esse prazo sob nova inércia, possibilitar-se-á a substituição processual daquele que possui direito líquido e certo decorrente de direito de terceiro titularizado por pessoa inerte em proteção a esse direito origi-

8. STF, RE 669.367, Tribunal Pleno, redatora do acórdão Min. Rosa Weber, j. 02.05.2013. No mesmo sentido: STJ, AgInt no REsp 1.475.948/SC, Primeira Turma, rel. Ministra Regina Helena Costa, j. 02.08.2016; STJ, AgRg no REsp 1.212.141, Primeira Turma, rel. Ministro Napoleão Nunes Maia Filho, j. 16.02.2016; STJ, AgRg nos EDcl nos EDcl na DESIS no RE nos EDcl no AgRg no REsp 999.447/DF, Corte Especial, rel. Ministra Laurita Vaz, j. 03.06.2015.

9. A estipulação de um prazo específico é novidade da Lei nº 12.016/2009, tendo em vista que a regulamentação anterior falava apenas em *prazo razoável* (art. 3º da Lei nº 1.533/1951).

10. Nesse sentido: STJ, AgRg no MS 16.400/DF, Corte Especial, rel. Ministro Felix Fischer, j. 12.05.2011.

nário. A doutrina aponta o exemplo do segundo colocado em um concurso público que, diante da convocação única do terceiro colocado em preterição à ordem de classificação, atua em nome do primeiro classificado, titular do direito violado, do qual decore um interesse subjetivo próprio e diverso titularizado pelo impetrante.[11]

Ademais, há importante autorização para legitimação extraordinária no âmbito do mandado de segurança coletivo, que decorre de expressa previsão constitucional (art. 5º, LXX, da CRFB/88) e possui normatização específica na Lei do Mandado de Segurança (arts. 21 e 22 da Lei nº 12.016/2009). Com efeito, o texto constitucional dispõe possuir legitimidade ativa para tal impetração coletiva: o partido político com representação no Congresso Nacional e a organização sindical, a entidade de classe ou a associação legalmente constituída e em funcionamento há pelo menos um ano, em defesa dos interesses de seus membros ou associados, disposições regulamentadas no plano infraconstitucional.

Em relação às entidades de classe ou associações, há exigência do requisito temporal de existência mínima de um ano, cuja *ratio* é evitar a formação de entes coletivos sob encomenda ou estritamente com o objetivo de propositura de determinada ação coletiva. Ademais, exige-se que haja pertinência temática entre os seus objetivos institucionais, os interesses de seus membros ou associados e o direito líquido e certo que se busca tutelar na impetração do mandado de segurança coletivo.

De outro lado, em relação aos partidos políticos, exige-se que possua representação no congresso nacional, bastando a presença de um membro como deputado federal ou senador da República. Não obstante inexista previsão legal específica, o requisito deve ser comprovado no momento da propositura, de modo que a perda superveniente dessa representação não impedirá o prosseguimento do *mandamus*.[12]

Quanto a esses entes legitimados, entretanto, o art. 21 da Lei nº 12.016 também exigiu que haja pertinência temática, eis que exige que se trate de

11. NEVES, Daniel Amorim Assumpção. *Ações constitucionais*. Salvador: Juspodivm 2017, p. 174.

12. No ponto, é possível aplicar, analogicamente, o entendimento já há muito afirmado pelo Supremo Tribunal Federal para a aferição da legitimidade ativa para as ações do controle concentrado de constitucionalidade, em que também se exige que o partido político possua representação no Congresso Nacional (art. 103, VIII, da CRFB/88). Nesses casos, a Corte afirma que a perda superveniente da representação parlamentar não desqualifica o partido político a prosseguir como parte autor da ação, cujo mérito poderá ser analisado (*v.g.*: STF, ADI 2.618-AgR-AgR, Tribunal Pleno, redator para o acórdão Min. Gilmar Mendes, j. 12.08.2004).

atuação "na defesa de seus interesses legítimos relativos a seus integrantes ou à finalidade partidária". Esse requisito não encontra previsão constitucional, mas não se vislumbra aqui qualquer inconstitucionalidade, eis que se trata da regulamentação legal dos requisitos específicos de uma previsão constitucional genérica de legitimidade ativa e que não representa limitação irrazoável de acesso à jurisdição, tendo em vista que se trata de elemento lógico: que o partido político atue no âmbito de suas atribuições e interesses.[13]

Sobre o ponto, destaca-se que alguns entendimentos jurisprudenciais que o Supremo Tribunal Federal já anteriormente afirmava foram incorporados pela Lei nº 12.016/2009. Com efeito, passou-se a prever que atuação da organização sindical, entidade de classe ou associação não precisa abranger a totalidade de seus membros ou associados, bastando, para a caracterização de sua legitimidade ativa extraordinária e coletiva, que se trata de interesse de apenas parte do grupo substituído ("da totalidade, ou de parte, dos seus membros ou associados", conforme redação do *caput* do art. 21 da Lei).[14]

Destaque-se que a atuação desse ente coletivo se dá a partir de substituição processual, pelo que não se exige prévia ou específica autorização de seus membros ou associados ("dispensada, para tanto, autorização especial", conforme redação do *caput* do art. 21 da Lei). A hipótese é diferente das hipóteses de representação processual, quando a própria Constituição prevê a necessidade de autorização pelos filiados da entidade associativa (art. 5º, XXI, da CRFB/88). A redação legislativa também reflete prévio posicionamento jurisprudencial do STF.[15]

---

13. Nesse sentido, o Supremo Tribunal Federal já afirmou que "O partido político não está, pois, autorizado a valer-se do mandado de segurança coletivo para, substituindo todos os cidadãos na defesa de interesses individuais, impugnar majoração de tributo" (STF, RE 96.184, Tribunal Pleno, rel. Min. Ellen Gracie, j. 27.10.2004). Na análise das razões de decidir, o ponto foi objeto de controvérsia entre os Ministros, havendo os que defendiam a possibilidade universal de atuação dos partidos políticos em sede de mandado de segurança coletivo (como os Ministros Ayres Britto e Ellen Gracie), bem como os que entendiam necessária a demonstração de interesse jurídico correlato entre o direito defendido e o partido político autor (Ministros Gilmar Mendes, Cezar Peluso, Carlos Velloso, Sepúlveda Pertence e Nelson Jobim). Destaca-se, a propósito, excerto do voto então proferido pelo Min. Gilmar Mendes, que afirmou: "Não imagino que o partido político possa fazer a defesa de interesses outros que não os de seus eventuais filiados".

14. Nesse sentido é o enunciado nº 630 da súmula do Supremo Tribunal Federal, editada em 24/09/2003 e que afirma: "A entidade de classe tem legitimação para o mandado de segurança ainda quando a pretensão veiculada interesse apenas a uma parte da respectiva categoria".

15. Nesse sentido é o enunciado nº 629 da súmula do Supremo Tribunal Federal, editada em 24/09/2003 e que afirma: "A impetração de mandado de segurança coletivo por entidade de classe em favor dos associados independe da autorização destes".

Ademais, dois pontos omissos na regulamentação infraconstitucional geram debates doutrinários interessantes. Em primeiro lugar, controverte-se sobre a possibilidade, ou não, de dispensa judicial e concreta do requisito temporal (existência mínima de um ano) para a atuação de associação, sindicato ou entidade de classe.

Com efeito, a representatividade adequada é um dos elementos exigidos para a atuação desses entes coletivos, que pode ser aferida *ope legis* (segundo critérios legais previstos em abstrato, quais sejam a existência mínima de um ano e demonstração de pertinência temática) ou *ope judicis* (mediante análise do órgão julgado no caso concreto, diante da relevância do interesse social manifestado na causa, ainda que a entidade não possua existência mínima de um ano). Dessa forma, é possível a aplicação subsidiária e supletiva de outros dispositivos integrantes do microssistema normativo do processo coletivo – formado essencialmente pelos arts. 21 e 22 da Lei do Mandado de Segurança (12.016/2009), pela Lei da Ação Civil Pública (7.347/1985), pelo Título III do Código de Defesa do Consumidor (8.078/1990), pela Lei da Ação Popular (4.717/1965) e pelo Mandado de Injunção Coletivo (artigos 12 e 13 da Lei nº 13.300/2016) –, que permitem a dispensa judicial em concreto do requisito da pré-constituição, mediante a fundamentação em manifesto interesse social evidenciado pela dimensão ou característica do dano, ou pela relevância do bem jurídico a ser protegido. Nesse sentido é a previsão do art. 5º, § 4º, da Lei da Ação Civil Pública (Lei nº 7.347/1985), bem como do art. 82, § 1º, do Código de Defesa do Consumidor (Lei nº 8.078/1990).

Em segundo lugar, não há previsão específica quanto à legitimidade do Ministério Público para a proposição de mandado de segurança coletivo, destinado a tutelar direitos difusos, coletivos *stricto sensu* ou individuais homogêneos. A questão também se resolve pela aplicação supletiva das normas integrantes do microssistema processual coletivo, afirmando-se a possibilidade de impetração de mandado de segurança coletivo pelo Ministério Público.

3.2. LEGITIMIDADE PASSIVA

3.2.1. Autoridade coatora

A princípio, como decorre de sua própria origem histórica, o mandado de segurança direciona-se à impugnação de atos estatais, proferidos no exercício de funções públicas e administrativas. Com efeito, relativamente à legitimidade passiva da impetração, destaca-se que já na petição inicial deve-se apontar a autoridade coatora, bem como a pessoa jurídica que integra (art. 6º da Lei nº 12.016/2009), de onde se extrai grande controvérsia doutrinária quanto a quem efetivamente ocupa o polo passivo da demanda: se a autoridade coatora ou a pessoa jurídica que integra.

Em todo caso, a indicação errônea da autoridade coatora não deverá ensejar, de pronto, a rejeição liminar do Mandado de Segurança, oportunizando-se a possibilidade de emenda à inicial para que se corrija eventual vício ou falha nesse ponto, sempre que possível a correção. Trata-se de medida acolhida jurisprudencialmente[16] e que se coloca em consonância com os princípios da instrumentalidade das formas e da primazia da decisão de mérito, aos quais o Código de Processo Civil atribui especial relevância.

Na linha, o mero erro na indicação da autoridade coatora em mandado de segurança não implica necessariamente em decisão que reconheça ilegitimidade passiva, nos casos em que o equívoco seja facilmente perceptível e que a autoridade erroneamente indicada pertença à mesma pessoa jurídica de direito público que a de fato coatora. Ademais, conforme esse entendimento, essas correções podem se dar até mesmo mediante iniciativa do próprio magistrado, *ex officio*.[17]

Ademais, nos casos de exercício de competência administrativa delegada, o Mandado de Segurança será cabível ante à autoridade que de fato praticou o ato e não contra a autoridade delegante. Essa é o entendimento jurisprudencial afirmado pelo Supremo Tribunal Federal,[18] que se reproduz também no âmbito do Superior Tribunal de Justiça.[19]

De outro lado, além das autoridades coatoras e pessoas jurídicas eminentemente públicas, haverá casos em que a autoridade emanadora do ato impugnado será integrante de pessoa jurídica de direito privado (como as empresas públicas e sociedades de economia mista, por exemplo), quando desempenhem funções públicas ou exerçam atribuições típicas do poder público, situações em que somente em relação a essas será possível a impetração do mandado de segurança. Com efeito, as empresas estatais

16. STJ, AgInt no REsp 1.505.709, Primeira Turma, rel. Ministro Gurgel de Faria, j. 23.06.2016; STJ, RMS 51.524, Segunda Turma, rel. Ministro Herman Benjamin, j. 13.09.2016.

17. STJ, AgRg no AREsp 188.414, Primeira Turma, rel. Ministro Napoleão Nunes Maia Filho, j. 17.03.2015; STJ, RMS 45.495, Quarta Turma, rel. Ministro Raul Araújo, j. 26.08.2014; STJ, REsp 1.001.910, Quinta Turma, rel. Ministra Laurita Vaz, j. 29.06.2009.

18. Nesse sentido é o enunciado nº 510 da súmula do STF: "Praticado o ato por autoridade, no exercício de competência delegada, contra ela cabe o mandado de segurança ou a medida judicial".

19. STJ, AgRg no MS 15.997, Primeira Seção, rel. Ministro Hamilton Carvalhido, j. 27.04.2011.

são submetidas a regime jurídico misto (art. 173, § 1º, da CRFB/88, regulamentado pela Lei nº 13.303/2016), que abrange aspectos típicos do regime jurídico público-administrativo (tal como o dever de promover licitação em suas atividades-meio, o dever de realização de concursos públicos, o dever de prestação de contas dos recursos públicos recebidos, etc.) e também disposições próprias do regime privado.

É em relação ao primeiro grupo de atuações que se admite a interposição de mandado de segurança,[20] possibilidade que não abrange os atos de gestão comercial (art. 1º, § 2º, da Lei nº 12.016/2009), nas quais competem e concorrem com outras entidades privadas no mercado. A partir dessa mesma razão, também é possível admitir, excepcionalmente, a impetração em relação a atos de particulares, quando estejam no exercício de funções públicas, como é o caso de concessionárias de serviço público, por exemplo.

Exemplo ilustrativo advém da jurisprudência do Superior Tribunal de Justiça[21], em que se reformou acórdão do Tribunal de Justiça do Estado de São Paulo para afirmar o não cabimento de mandado de segurança impetrado por entidade particular contra ato imputado ao presidente de concessionária de serviço público (Telecomunicações de São Paulo S/A – Telesp), pelo qual se impunha condições para que o impetrante pudesse exercer direitos decorrentes de sua condição de beneficiária de uma cessão de ações da companhia. O caso, portanto, veiculava litígio entre uma sociedade empresária e um de seus acionistas, comportando aplicação exclusiva de normas do direito privado e empresarial, sem conexão com a atividade-fim de prestação de serviço de telecomunicação exercido pela concessionária. Dessa forma, se considerou tratar-se de ato de gestão comercial – um ato da administração e não um ato administrativo, praticado pela Administração Pública em nível de igualdade com o particular –, o qual não comportaria impugnação judicial pela via do mandado de segurança.

A propósito, o §1º do art. 1º da Lei nº 12.016/2009 equipara às autoridades públicas, ensejando a possibilidade de impetração de Mandado de Segurança, os representantes ou órgãos de partidos políticos (pessoas jurídicas de direito privado) e os administradores de entidades autárquicas (pessoas jurídicas de direito público), bem como os dirigentes de pessoas

20. Nesse sentido é o enunciado nº 333 da súmula do STJ: "Cabe Mandado de Segurança contra ato praticado em licitação promovida por sociedade de economia mista ou empresa pública."

21. STJ, REsp 1.778.579, Quarta Turma, rel. Min. Antonio Carlos Ferreira, j. 20.08.2019.

jurídicas ou as pessoas naturais no exercício de atribuições do poder público, somente no que disser respeito a essas atribuições.

Nos casos em que se admitir a impetração de Mandado de Segurança em face de ato de dirigente de sociedade de economia mista no exercício de função pública, há diversos precedentes do STJ que firmam a definição da competência conforme o ente federativo a cuja administração indireta pertence a pessoa jurídica e conforme a natureza do serviço público. Assim, no caso de uma sociedade de economia mista federal, por exemplo, a competência será da justiça federal.

3.2.2. Teoria da Encampação

Tratando de legitimidade passiva e a possibilidade de correção da autoridade coatora inicialmente indicada, é importante destacar a chamada *teoria da encampação*. Trata-se de formulação teórica cuja aplicação permite o ingresso da autoridade coatora correta ou da pessoa jurídica a que ela pertença no feito, sanando o vício inicial e permitindo, em consequência, a apreciação e o julgamento do Mandado de Segurança, evitando sua extinção liminar ou sem apreciação do mérito.

Nesse sentido, na linha de construção jurisprudencial,[22] para que se possa falar na aplicação da teoria da encampação, três requisitos principais precisam estar cumulativamente presentes: *(i)* a existência de vínculo hierárquico entre a autoridade encampante (isto é, a verdadeira autoridade coatora) e a encampada (a autoridade inicialmente apontada de forma equivocada na petição inicial); *(ii)* que a assunção da posição de autoridade coatora pela encampante não enseje a modificação de competência para o processamento e julgamento do Mandado de Segurança; e *(iii)* que as informações prestadas pela autoridade encampada (quando já tenham sido apresentadas) tenham enfrentado o mérito da impetração, isto é, não pode a autoridade inicialmente apontada ter se limitado a tão somente alegar a sua ilegitimidade passiva.

---

22. STJ, RMS 39.158, Primeira Turma, rel. Ministra Regina Helena Costa, j. 04.05.2017; STJ, MS 15.114, Terceira Seção, rel. Ministro Nefi Cordeiro, j. 26.08.2015; STJ, AgRg no AREsp 477.852/TO, Primeira Turma, rel. Ministro Napoleão Nunes Maia Filho, j. 25.11.2014; STJ, AgRg no REsp 1.270.307, Primeira Turma, rel. Ministro Benedito Gonçalves, j. 27.03.2014.

3.3. LITISCONSÓRCIO NO MANDADO DE SEGURANÇA

A possibilidade de litisconsórcio – pluralidade de sujeitos em no polo ativo e/ou passivo da demanda – no mandado de segurança é pacífica e decorre, de expressa disposição legal. Isso porque o art. 24 de sua Lei dispõe que se aplicam ao mandado de segurança os arts. 46 a 49 do CPC/1973 (Lei nº 5.869/1973), os quais dispunham sobre o litisconsórcio. Apesar de tal Código ter sido revogado, a disposição não deixa de viger, devendo-se apenas fazer as adaptações interpretativas aos dispositivos correspondentes do CPC/2015 (arts. 113 a 118), na linha do que afirma seu art. 1.046, § 4º ("As remissões a disposições do Código de Processo Civil revogado, existentes em outras leis, passam a referir-se às que lhes são correspondentes neste Código").

Apesar dessa possibilidade, a Lei do Mandado de Segurança estabelece algumas restrições próprias e específicas relativas a essa via processual, notadamente com a finalidade precípua de impossibilitar qualquer tentativa de burla ao princípio do juiz natural ou da livre distribuição. Assim é que o § 2º do art. 10 afirma a impossibilidade de ingresso de litisconsorte ativo após o despacho da petição inicial. É que, na linha do que determina o art. 7º, é desde o despacho da inicial que já se oportuniza ao juiz natural da causa, determinado mediante regras de livre distribuição, o deferimento da medida liminar ou, nos termos legais, a suspensão do "ato que deu motivo ao pedido, quando houver fundamento relevante e do ato impugnado puder resultar a ineficácia da medida, caso seja finalmente deferida, sendo facultado exigir do impetrante caução, fiança ou depósito, com o objetivo de assegurar o ressarcimento à pessoa jurídica" (art. 7º, III).

Rememora-se que a garantia do juízo natural tem previsão de constituição expressa e *status* de direito fundamental, conforme estabelecido no art. 5º, XXXVII ("não haverá juízo ou tribunal de exceção") e LIII ("ninguém será processado nem sentenciado senão pela autoridade competente"), da CRFB/88. Dessa forma, a limitação surge como meio de reafirmação dessa garantia, vedando-se o litisconsórcio ativo facultativo ulterior, isto é, formado supervenientemente ao ajuizamento da ação e ao despacho da petição inicial pelo juiz natural da causa.[23]

---

23. Nesse sentido: STF, MS 26.860, Tribunal Pleno, rel. Ministro Luiz Fux, j. 02.04.2014; MS 24.569-AgR, Tribunal Pleno, rel. Ministro Sepúlveda Pertence, j. 03.08.2005; STJ, AgInt no REsp 1.335.594, Primeira Turma, rel. Ministro Benedito Gonçalves, j. 18.05.2017; RMS 30.982, Segunda Turma, rel. Ministro Humberto Martins, j. 26.08.2010.

3.4. INTERVENÇÃO DE TERCEIROS NO MANDADO DE SEGURANÇA

A Lei do Mandado de Segurança é silente quanto à possibilidade, ou não, de intervenção de terceiros em seu procedimento especial. Diante de tal silêncio, já que em relação ao litisconsórcio o legislador teve a preocupação de fazer referência expressa aos dispositivos do CPC, a doutrina e a jurisprudência mais tradicionais se orientam no sentido da sua impossibilidade, inclusive em relação à assistência. Especialmente quanto a esse último instituto, era maior a sua aceitação, sob o argumento de que seria decorrência da admissão expressa do litisconsórcio no *mandamus*, tendo em vista que à luz do CPC/1973 essa modalidade de intervenção de terceiros recebesse tratamento em capítulo conjunto com o litisconsórcio.

Em todo caso, segundo essa interpretação mais tradicional, a adoção dos institutos como a denunciação à lide, chamamento ao processo e outras modalidades de intervenção de terceiros seria incompatível com as necessárias sumariedade e celeridade dessa via processual específica.[24] Não obstante, nos casos em que haja substituição processual, entende-se possível que o terceiro substituído, como titular do direito líquido e certo discutido, intervenha no feito como assistente litisconsorcial, assumindo o processo no estado em que se encontra, na forma da interpretação conjunta entre os arts. 18, parágrafo único, e 119, parágrafo único do CPC/2015.

Por fim, especialmente em relação à figura do *amicus curiae*, a que o CPC/2015 deu tratamento mais amplo dentro do Título de intervenção de terceiros (art. 138), é mais tranquila sua aceitação no procedimento do Mandado de Segurança. Ainda sob a vigência do CPC/1973, já se assentava em doutrina que "as formas tradicionais de intervenção, cujo cabimento é aferido com base no interesse jurídico do terceiro em face do resultado da ação diferem quanto à admissibilidade do ingresso do *amicus curiae*, que é definido a partir da aptidão que este sujeito auxiliar do juízo tenha para contribuir para a solução da causa", pelo que "ele é, portanto, admitido no processo, para fornecer subsídios ao desate da lide sem, contudo, adquirir qualidade de parte, razão pela qual não compromete a celeridade do rito processual do *mandamus*, tampouco altera a competência".[25] Assim é que

24. Nesse sentido: STF, MS 32.074, Primeira Turma, Rel. Ministro Luiz Fux, j. 02.09.2014; STF, MS 24.414, Tribunal Pleno, rel. Ministro Cezar Peluso, j. 03.09.2003; STJ, AgRg no MS 21.472, Corte Especial, Rel. Ministro Humberto Martins, j. 05.10.2016; STJ, AgRg no MS 16.702, Primeira Seção, Rel. Ministro Humberto Martins, j. 14.10.2015. Destaca-se, porém, haver julgados isolados em que esse entendimento majoritário foi relativizado, afirmando-se a possibilidade da assistência em Mandado de Segurança. (STJ, REsp 616.485, Segunda Turma, Rel. Ministra Eliana Calmon, j. 11.04.2016).

25. FUX, Luiz. *Mandado de segurança*. Rio de Janeiro: Forense, 2010, p. 35.

a partir do tratamento mais amplo que o CPC/2015 lhe conferiu, imagina-se que ganhe ainda mais força a aceitabilidade da intervenção do *amicus curiae* no processo de Mandado de Segurança.[26]

3.5. INTERVENÇÃO DO MINISTÉRIO PÚBLICO

Outro sujeito processual de relevo a atuar no procedimento do mandado de segurança é o Ministério Público, cuja oportunidade de intervenção é obrigatória, na forma e nos prazos estabelecidos pelo art. 12 da Lei nº 12.016/2009. Destaque-se que ao *parquet* caberá atuar como fiscal da ordem jurídica (*custos iuris*), nos casos em que não tiver sido o impetrante, atuando de forma independente e funcionalmente autônoma, cumprindo-lhe manifestar sobre o cabimento ou descabimento da ação, a procedência ou não do pedido formulado, sobre a regularidade ou irregularidade do processo, bem como sobre outras questões que julgue relevantes a partir dos interesses que lhe cabe defender. Não se obriga, portanto, o Ministério Público à necessidade de defesa do ato coator impugnado ou das pessoas jurídicas de direito público envolvidas, até mesmo porque já desde a Constituição de 1988 veda-se a tal instituição "a representação judicial e a consultoria jurídica de entidades públicas" (art. 129, IX, da CRFB/88).

Diz-se que é obrigatória a necessidade de se oportunizar ao Ministério Público a possibilidade de se manifestar no feito porque não parece restar ao juiz a opção de decidir intimar ou não o membro do *parquet*, salvo quando se esteja diante de matéria que enseja o julgamento liminar da questão, como quando se estiver a aplicar enunciado de súmula do Supremo Tribunal Federal ou do Superior Tribunal de Justiça, acórdão proferido pelo Supremo Tribunal Federal ou pelo Superior Tribunal de Justiça em julgamento de recursos repetitivos; entendimento firmado em incidente de resolução de demandas repetitivas ou de assunção de competência; ou mesmo enunciado de súmula de tribunal de justiça sobre direito local, por exemplo. Nesses casos, a fundamentação na vinculatividade dos precedentes impõe a resolução mais célere e segura da questão, a ensejar a possibilidade de julgamento sem manifestação do Ministério Público.

26. Nesse sentido, destaca-se relevante decisão monocrática proferida pelo Ministro Luiz Fux em 17.03.2017 no RMS 34.594, em que se admitiu o ingresso da Defensoria Pública da União como *amicus curiae* no feito, quando se afirmou que "Com o Novo Código de Processo Civil, os argumentos tradicionalmente invocados contra a participação de *amici curiae* em sede de mandado de segurança – a natureza subjetiva, a suposta falta de previsão legal e a celeridade processual – já não se mostram suficientes para rechaçar aprioristicamente essa participação".

A propósito, o Supremo Tribunal Federal já teve a oportunidade de assentar que a regra legal de indispensabilidade de intimação do Ministério Público para manifestação em processos de mandado de segurança pode ser afastada quanto se trate de questão certa da qual já haja jurisprudência firmada pela Corte.[27] Nessas situações, afirmou-se que a ausência de remessa dos autos à referida instituição não ensejaria nulidade processual, sendo possível seu julgamento pelo relator sem que tenha sido oportunizada a manifestação ministerial.

Entretanto, quando haja a necessidade de sua intervenção, é possível que o processo de Mandado de Segurança prossiga sem a efetiva manifestação do Ministério Público desde que devidamente realizada sua intimação, nas hipóteses em que este não apresentar seu parecer no prazo de 10 (dez) dias, que o *caput* do art. 12 diz ser improrrogável. Assim é que o parágrafo único do dispositivo possibilita que o processo siga para a fase de sentença "com ou sem o parecer". Por isso é que se afirmou que é obrigatória a oportunidade de intervenção do Ministério Público e não a manifestação em si. A não manifestação do órgão dentro do período legal não pode ser causa ao não prosseguimento do *writ*, para o qual a celeridade e a garantia constitucional de razoável duração dos processos possuem especial relevância. Destaca-se que essa mesma ideia é agora também adotada, ainda que com menos rigor, pelo CPC/2015 para o procedimento comum. Nesse sentido, o art. 180, § 1º, daquele diploma legal dispõe que "Findo o prazo para manifestação do Ministério Público sem o oferecimento de parecer, o juiz requisitará os autos e dará andamento ao processo".

Apesar de sua obrigatoriedade, eventual descumprimento do dever de intimação do *parquet* é caso de nulidade relativa, em que se requer a demonstração da existência de prejuízo para que seja ela configurada. Trata-se de aplicação da máxima "pas de nullité sans grief", isto é, de que não há nulidade sem prejuízo. Além disso, há casos jurisprudenciais em que se reconheceu que a intervenção do Ministério Público em instância superior sana a ausência de sua intimação para manifestação no feito em primeira instância.[28] A propósito, sobre a eventual nulidade advinda da não inter-

---

27. STF, RMS 32.482, Segunda Turma, rel. Min. Teori Zavaski, redator para o acórdão Min. Edson Fachin, j. 21.08.2018. Na ementa do acórdão, consta o seguinte excerto: "A ausência de oitiva do Ministério Público Federal no caso em apreço não implica nulidade do feito, eis que, é desnecessária a remessa dos autos ao órgão ministerial quando se tratar de controvérsia iterativa acerca da qual o plenário já tenha firmado jurisprudência".

28. STJ, AgRg na Pet no REsp 1.066.996, Sexta Turma, rel. Ministro Nefi Cordeiro, j. 28.04.2015; STJ, AgRg no Ag 1.048.766, Sexta Turma, rel. Ministro Og Fernandes, j. 16.02.2012; STJ, REsp 1.199.244, Segunda Turma, rel. Ministro Mauro Campbell Marques, j. 27.09.2011.

venção do Ministério Público nos casos em que essa for obrigatória, destaca-se haver previsão específica também no Código de Processo Civil (art. 279).

Atuando como fiscal da ordem jurídica, assegura-se ao Ministério Público os poderes de ter vista dos autos depois das partes, de intimação de todos os atos do processo e de recorrer. Feitas as devidas adequações (como a inaplicabilidade do poder de produzir provas, já que está é incompatível com o procedimento do *mandamus* e a necessidade de existência de direito líquido e certo demonstrado pela existência de prova pré-constituída), é de se aplicar aqui o art. 179 do Código de Processo Civil.

4

PRAZO PARA IMPETRAÇÃO

Abhner Youssif Mota Arabi[1]

O art. 23 da Lei nº 12.016/2009 – em disposição que reproduz o que anteriormente já constava do art. 18 da Lei nº 1.533/1951 – estabelece o prazo decadencial de 120 (cento e vinte) dias para o exercício do direito de requerer o Mandado de Segurança. Seu termo inicial de contagem é, em regra, a data em que o interessado toma conhecimento do ato impugnado, pois é nesse momento que surge seu interesse de agir para impugnar o ato que entende ilegal ou abusivo e que representa violação a direito líquido e certo que alega possuir.

Trata-se, com efeito, de prazo de natureza decadencial, visto que seu implemento fulmina o próprio direito de impetração do mandado de segurança, de modo que, não exercido no prazo legal, o direito a esta via processual especial para impugnação daquele ato deixa de existir. A hipótese representa exemplo de uma limitação legal ao exercício do direito à impetração do mandado de segurança, sem que isso constitua violação ou limitação desproporcional ao princípio da inafastabilidade de jurisdição (art. 5º, XXXV, da CRFB/88). Isso porque seu transcurso impede a utilização dessa via processual, mas não representa negativa a que o interessado busque outras portas de acesso ao Poder Judiciário, visto que ainda restará possível o ajuizamento de outras ações ordinárias, que poderão ser igualmente úteis (apesar de possuírem procedimento diverso e, em geral, mais complexo) à tutela da pretensão processual que se formula. A constitucionalidade desse prazo já foi, por vezes, reiteradamente afirmada pelo Supremo Tribunal Federal, segundo entendimento que já é pacífico.[2]

---

1. Juiz instrutor no Supremo Tribunal Federal. Juiz de Direito. Mestrando em *Direito, Estado e Constituição (linha: Constituição e Democracia)* pela Universidade de Brasília (UnB).

2. Nesse sentido é o enunciado nº 632 da súmula do Supremo Tribunal Federal: "É constitucional lei que fixa o prazo de decadência para a impetração de mandado de segurança". Note-se que o art. 23 da Lei nº 12.016/2009 é um dos dispositivos impugnados na Ação Direta de Inconstitucionalidade 4.296, de relatoria do Min. Marco Aurélio. A Ação foi ajuizada pelo Conselho Federal da Ordem dos

Por se tratar de prazo de natureza decadencial, afirma-se que esse interstício de 120 (cento e vinte) dias não se suspende, nem é interrompido. Destaca-se, porém, entendimento jurisprudencial no sentido de que se o termo final do prazo decadencial coincidir com dia não útil (sábado, domingo ou feriado), considerá-lo-á prorrogado para o primeiro dia útil seguinte.[3]

Ademais, por se tratar de prazo de natureza material e não eminentemente processual, deve ser contado em dias corridos e não em dias úteis, regra estabelecida pelo art. 219 do CPC/2015 aos prazos processuais ("Art. 219 Na contagem de prazo em dias, estabelecido por lei ou pelo juiz, computar-se-ão somente os dias úteis. Parágrafo único. O disposto neste artigo aplica-se somente aos prazos processuais.").[4]

4.1. CONSEQUÊNCIAS JURÍDICAS

Como consequência de sua natureza decadencial, o descumprimento desse prazo representará como consequência processual a impossibilidade de conhecimento do mandado de segurança. Entretanto, persistirão abertas outras vias processuais ordinárias, em cujo procedimento se poderá, inclusive, agir de forma processualmente mais ampla.

Entretanto, colhe-se na jurisprudência do Supremo Tribunal Federal um caso excepcional, recentemente julgado pela Segunda Turma da Corte, em que se flexibilizou a rigidez do prazo legal. Isso porque, na hipótese, havia a peculiaridade de que se tinha inicialmente concedido da questão durante a apreciação da medida liminar postulada no mandado de segurança, sem que naquele momento inicial se atentasse ao fato de que a impetração era extemporânea. Após mais de doze anos desde a vigência da medida liminar, passou-se ao julgamento do mérito, ocasião em que se percebeu que a impetração ultrapassava o prazo decadencial de 120 dias. Não obstante, diante dessa moldura fática excepcional, optou-se por privilegiar a

---

Advogados do Brasil em 14.09.2009, mas ainda não foi julgada pela Corte. Em seu teor, há manifestação da Advocacia-Geral da União e parecer da Procuradoria-Geral da República pela improcedência do pedido, ratificando o entendimento de constitucionalidade da previsão legal.

3. STJ, MS 14.828, Primeira Seção, rel. Ministro Benedito Gonçalves, j. 08.08.2010. A partir de *ratio* semelhante, destaca-se, ainda, o enunciado nº 430 da Súmula do Supremo Tribunal Federal, que dispõe: "Pedido de reconsideração na via administrativa não interrompe o prazo para o mandado de segurança". Também há julgados nesse mesmo sentido no âmbito do Superior Tribunal de Justiça: STJ, AgInt no RMS 51.319, Primeira Turma, rel. Ministra Regina Helena Costa, j. 25.10.2016.

4. Já é possível identificar julgado do Supremo Tribunal Federal nesse sentido: STF, MS 34.941-AgR, Segunda Turma, rel. Min. Edson Fachin, j. 07.11.2017.

segurança jurídica daquela situação que por tanto tempo subsistia, apesar de formalmente não se ter obedecido o prazo decadencial. Trata-se, porém, de um caso bastante excepcional e isolado que não afasta a regra geral, mas cujo conhecimento é fundamental.[5]

Em todo caso, nos termos da disposição do art. 6º, § 6º, da Lei, dentro do prazo decadencial de 120 (cento e vinte) dias, assegura-se a possibilidade de nova impetração quando a denegação do Mandado de Segurança anteriormente impetrado e que verse a mesma matéria tenha se dado sem a apreciação de seu mérito. É que sem que se decida sobre o seu mérito, não se forma coisa julgada material, mas apenas formal ou endoprocessual. Assim, não se impede nova impetração dentro do indicado prazo (desde que corrigidos os vícios que levaram à extinção, sem resolução de mérito, do primeiro) ou mesmo a busca das vias judiciais ordinárias.

---

5. STF, MS 25.097, Segunda Turma, rel. Ministro Gilmar Mendes, j. 28.03.2017. Pela relevância e excepcionalidade do caso, destaca-se o seguinte excerto do voto relator na parte em que apreciada a questão preliminar da decadência: "[...] a legislação infraconstitucional (art. 18 da Lei 1.533/1951 e art. 23 da Lei 12.016/2009) estabeleceu prazo decadencial para impetração do *mandamus*. Ademais, esta Corte já consolidou entendimento segundo o qual é constitucional lei que fixa prazo de decadência para impetração de mandado de segurança. Nesse sentido, a Súmula 632 desta Corte. No caso dos autos, verifico que a preliminar de decadência suscitada é procedente. De fato, o acórdão do TCU impugnado foi publicado em 3.3.2004, enquanto o presente *mandamus* apenas foi protocolado em 13.10.2004, portanto mais de 120 dias após a ciência do ato impugnado, o que faria incidir a decadência estabelecida no art. 18 da Lei 1.533/1951 (atual art. 23 da Lei 12.016/2009). Contudo, o processo não é um fim em si mesmo. No presente caso, há razões peculiares que justificam avançar na análise do pedido autoral, notadamente porque a impetrante é favorecida por decisão liminar concedida pelo então relator, min. Cezar Peluso, desde 10.11.2004. Assim, transcorridos mais de doze anos, é de questionar atualmente a pertinência de eventual reconhecimento puro e simples de decadência do direito de impetração do mandado de segurança. Consigno que a referida decadência não diz respeito ao pedido formulado, isto é, à cumulação de pensões pela impetrante, mas, unicamente, ao direito de ajuizar a ação mandamental. Em outros termos, é preciso ponderar que a discussão poderia ter sido igualmente suscitada por via de ação ordinária. Com efeito, a impetrante, ainda, poder-se-ia ter valido de ação ordinária, no caso haver obtido, em tempo razoável, provimento jurisdicional desfavorável, em que se reconhecesse a decadência do direito de impetrar este *writ*. Nesse contexto, é oportuno considerar que a presente ação mandamental, protocolada em outubro de 2004 nesta Corte, apenas está sendo, definitivamente, julgada em fevereiro de 2017. Diante de tal fato, soluções dogmáticas clássicas, como acolhimento da preliminar de decadência, não vão ao encontro da estabilização das situações de fato objetivada pelo princípio da segurança jurídica. Assim, atento ao decurso de mais de doze anos desde o deferimento de medida cautelar em benefício da impetrante, não julgo oportuno declarar pura e simplesmente a decadência do direito de impetrar a presente ação mandamental. É preciso encontrar solução alternativa que leve em consideração a eficiência processual e a primazia da decisão de mérito, normas fundamentais já inclusive incorporadas à estrutura novo processo civil brasileiro pela Lei 13.105, de 16 de março de 2015. [...] Feitas essas considerações, entendo que este caso enquadra-se em situação excepcional que legitima a flexibilização do formalismo em favor do enfrentamento da questão constitucional debatida nos autos."

4.2. TERMO INICIAL

Como já afirmado, a regra geral é que o termo inicial de contagem do prazo decadencial de 120 (cento e vinte) dias se dá quando o interessado toma conhecimento do ato coator que se quer impugnar ou quando se presume sua publicidade geral (*v.g.*: publicação em Diário Oficial)[6]. Entretanto, sem afastar essa regra geral, há desdobramentos em algumas situações fáticas que devem ser conhecidos, em análise de contornos concretos delineados a partir de julgamentos de determinados casos.

De início, destaca-se que essa contagem se volta para o mandado de segurança repressivo, isto é, que se volta contra um ato já praticado, que se revela violador a direito líquido e certo do impetrante. Com efeito, o direito líquido e certo a ser protegido contra ilegalidade ou abuso de poder pode ser objeto de impetração quando sofrer violação ou quando já existir justo receio de sua ocorrência. Dessa forma, para que seja possível o ajuizamento da ação de mandado de segurança, não se exige que já tenha ocorrido a lesão a direito líquido e certo, de modo que se revela possível seu ajuizamento com base apenas na probabilidade ou ameaça de lesão.

Trata-se de decorrência lógica do princípio da inafastabilidade da jurisdição (art. Art. 5º, XXXV, da CRFB/88), segundo o qual "a lei não excluirá da apreciação do Poder Judiciário lesão ou ameaça a direito". Assim é que a ameaça de lesão a direito líquido e certo comprovado mediante prova pré-constituída, quando demonstrada, já enseja fundamento jurídico suficiente à impetração do *mandamus*.

No primeiro caso, quando já houver a lesão ao direito alegado, dir-se-á o mandado de segurança repressivo, já que busca reprimir ou desconstituir situação de ilegalidade ou de abuso de poder já concretizada. Na segunda hipótese, quando a lesão a direito líquido e certo ainda não tiver ocorrido, mas este estiver ameaçado, o mandado de segurança será dito preventivo, já que busca prevenir uma situação de ilegalidade ou de abuso de poder ainda não concretizada.

Em relação às situações do *mandamus* preventivo, considerando que o ato que se aponta como coator ainda não foi sequer expedido ou praticado, não faz sentido falar-se na contagem do prazo decadencial, uma vez que, não existindo o ato, não há como dele ter-se ciência, não se inaugurando o transcurso do prazo de 120 (cento e vinte) dias.

Situações peculiares podem advir também da impetração contra atos omissivos da administração, isto é, quando se aponta abuso ou ilegalida-

6. STJ, AgInt no RMS 51.319, Primeira Turma, rel. Ministra Regina Helena Costa, j. 25.10.2016.

de de um não agir administrativo quando se devia agir. Nesses casos, considerada a omissão administrativa ilegal, o termo inicial da contagem do prazo se renova periodicamente, conforme a relação jurídica subjacente, enquanto durar o estado de inação, a menos que haja um prazo predeterminado para a prática do ato que se deixou de praticar. Assim, em uma relação de trato sucessivo, diz-se que para os atos omissivos o prazo decadencial para impetração de mandado de segurança contra ato omissivo da Administração renova-se periodicamente. Nesses casos, porém, poderá ocorrer fenômeno diverso: a prescrição incidente sobre a pretensão de exigência do direito ou de parcelas a ele relativas.

Entretanto, nem todo mandado de segurança impetrado contra omissão administrativa ilegal ou abusiva mostrar-se-á excluído da incidência do prazo prescricional, mas apenas aqueles que impugnem atos cuja ausência de edição se renove mês a mês (ou em outra periodicidade). Dessa forma, no caso de omissão administrativa para a prática de um ato específico, poderá haver a incidência do prazo decadencial de 120 dias, cujo termo inicial repousará no momento em que o ato deveria ter sido praticado ou quando se implemente o vencimento do prazo normativamente estabelecido para a sua edição.

Nesse sentido, há precedente do Supremo Tribunal Federal[7] em que o impetrante postulava a satisfação de direito líquido e certo ao recebimento de quantia única e não de trato sucessivo, cujo pagamento continha prazo determinado legalmente estabelecido, a partir de cujo vencimento se afirmou iniciada a contagem dos 120 dias decadenciais. Ali, no voto relator, fez-se a diferenciação no sentido de que não se estava a dispor de prestações de tratos sucessivo, eis que a impetração não se voltava "contra atos omissivos de execução autônoma e sucessiva, casos em que o prazo decadencial se renova a cada ato omissivo de lesão de direito subjetivo alheio". Não se trata, portanto, de afastamento da premissa geral acima assentada, mas sim de um *distinguishing* feito a partir de um caso concreto.[8]

7. STF, RMS 26.881, Primeira Turma, Rel. Min. Carlos Ayres Britto, j. 20.05.2008. Consta da ementa do acórdão do julgado o seguinte excerto: "Considerando que a lei fixou prazo para a autoridade efetuar o pagamento da indenização -- no caso, sessenta dias --, o término desse prazo, sem a aludida providência, implica o início da contagem do lapso decadencial previsto no art. 18 da Lei nº 1.533/51". A referência se dá ao dispositivo da legislação anterior, tendo em vista que o julgamento ocorreu em 2008, mas trata-se do dispositivo correspondente ao art. 23 da Lei nº 12.016/2009.

8. Na ocasião, o voto do Ministro relator, Carlos Ayres Britto, citou lição doutrinária do Min. Carlos Alberto Menezes Direito, em que se afirmava: "Assim, marcando a lei prazo para a prática do ato, após o decurso desse prazo começa a omissão a violar o direito do impetrante, com o que a contar do fim daquele prazo começou a ilegalidade por omissão, devendo-se daí iniciar a contagem do

Esse mesmo raciocínio é aplicado à situação em que a redução de remuneração de agente público se dá em virtude de compatibilização com o teto remuneratório constitucional (art. 37, XI, da CRFB/88), que permite a visualização prática de ocorrência da renovação do prazo da impetração contra atos omissivos. Nesses casos, o início da contagem do prazo decadencial é renovado mensalmente, por se tratar de relação de trato sucessivo.[9]

Ainda nesse sentido, alguns desdobramentos decorrem de exemplos jurisprudenciais interessantes, relativamente às diferenças quanto ao prazo decadencial para os atos comissivos ou omissivos da Administração. Inicialmente, veja-se a distinção de contagem do prazo para impetração de mandado de segurança por servidor público contra redução de vantagens a ele pagas, conforme se trate de ato que suprime ou que reduza os valores percebidos.

Quando se tratar de ato que suprime vantagem paga a servidor, entende-se se tratar de ato único (isto é, o ato de supressão), a partir do conhecimento do qual se iniciará a contagem do prazo decadencial de 120 (cento e vinte) dias para o ajuizamento do Mandado de Segurança. Diferentemente, se se tratar de ato que apenas reduz o pagamento de determinada parcela (isto é, que continua a ser paga, mas em valor reduzido), entende-se ser ato que se restaura mensalmente, renovando-se, igualmente, o início da contagem do prazo decadencial à impetração.[10]

---

prazo de 120 dias para ingresso em juízo" (DIREITO, Carlos Alberto Menezes. *Manual do Mandado de Segurança*, 3ª edição. Rio de Janeiro: Editora Renovar, 1999, p. 77).

9. A propósito, destaca-se excerto da ementa do seguinte julgado do Supremo Tribunal Federal: "A jurisprudência desta Corte é firme no sentido de que, em se tratando de relação jurídica de caráter continuado, o prazo para impetrar mandado de segurança renova-se a cada omissão da Administração Pública" e "Tratando-se de ato comissivo, o prazo de 120 dias para a impetração conta-se a partir do momento em que consumado" (STF, MS 26.733-AgR, Tribunal Pleno, rel. Ministro Eros Grau, j. 05.11.2007. No mesmo sentido: STF, RMS 34.487, Primeira Turma, rel. Ministro Marco Aurélio, j. 07.11.2017; STJ, AgRg no AREsp 593.738, Segunda Turma, rel. Ministra Assusete Magalhães, j. 20.08.2015; STJ, AgInt no REsp 1.454.009, Primeira Turma, rel. Ministro Sérgio Kukina, j. 13.06.2017; STJ, MS 21.082, Primeira Seção, rel. Ministro Og Fernandes, j. 10.06.2015. Desse último, destaca-se o seguinte excerto exemplificativo: "A impetração de mandamus contra ato omissivo de natureza continuada, como ocorre no descumprimento de determinação de pagamento de reparação econômica em prestação mensal, permanente e continuada, com efeitos retroativos (Lei n. 10.559/02), não se subsome aos efeitos da decadência".

10. Essa distinção é bastante frequente e consolidada na jurisprudência do STJ, que afirma que: "[...] quando houver redução, e não supressão do valor de vantagem, configura-se a prestação de trato sucessivo, que se renova mês a mês, pois não equivale à negação do próprio fundo de direito. Mutatis mutandis, a exclusão do pagamento da verba é ato comissivo que atinge o fundo de direito e, portanto, está sujeito ao prazo decadencial do art. 23 da Lei 12.016/2009." (STJ, RMS 34.363, Segun-

Outro exemplo decorre dos casos relativos à exclusão de candidato de concurso público. Nessas situações, a jurisprudência do Superior Tribunal de Justiça se afirma no sentido de que o termo inicial do prazo decadencial para a impetração de mandado de segurança, na hipótese de exclusão do candidato, é a data de conhecimento do ato administrativo de efeitos concretos pelo qual se operou a exclusão, e não a publicação do edital, mesmo nos casos em que o fundamento do *mandamus* envolva questionamento de critério do edital. Isso porque é a partir do ato de exclusão concreta e efetiva que surge o interesse para a impetração do mandado de segurança que busque a tutela jurisdicional contra alegada ilegalidade ou abuso da autoridade administrativa.[11]

---

da Turma, rel. Ministro Herman Benjamin, j. 06.12.2012). No mesmo sentido: STJ, EREsp 1.164.514, Corte Especial, rel. Ministro Napoleão Nunes Maia Filho, j. 16.12.2015.

11. Nesse sentido, veja-se o seguinte excerto de ementa de acórdão proferido pelo Superior Tribunal de Justiça: "[...] Embora as normas de concurso público possam ser impugnadas por meio de Mandado de Segurança desde a publicação do edital, ocasião em que o impetrante deverá demonstrar a existência de direito que foi violado ou poderá sê-lo, não há como ignorar o fato de que o direito de ação é potestativo e direito a ser protegido pelo Mandado de Segurança deve ser, comprovadamente, líquido e certo. [...] é a partir do ato que não reconheceu o certificado de pós-graduação para fins de pontuação na fase da prova de títulos que deve ser observado o prazo de 120 dias para a impetração do Mandado de Segurança." (STJ, RMS 51.883, Segunda Turma, Rel. Ministro Herman Benjamin, j. 21.02.2017). No mesmo sentido: STJ, AgRg no REsp 1.405.402, Primeira Turma, Rel. Ministro Napoleão Nunes Maia Filho, j. 16.06.2015; STJ, AgRg no REsp 1.478.469, Segunda Turma, rel. Ministro Mauro Campbell Marques, j. 14.04.2015.

5

MANDADO DE SEGURANÇA E ATO DE AUTORIDADE

Paulo José Leonesi Maluf[1] |
Vinicius José Poli[2]

5.1. CONSIDERAÇÕES INICIAIS

Compreendido como ação de natureza cível[3] e procedimento jurisdicional constitucionalmente diferenciado, apto a evitar lesão a direitos já praticada ou na iminência de ocorrer[4], o mandado de segurança – individual[5] – foi cogitado, pela primeira vez na experiência jurídica brasileira, no Congresso Jurídico de 1922, em tese relatada pelo Ministro do Supremo Tribunal Federal, Muniz Barreto, de teor declaradamente inspirado no *amparo* mexicano. Apenas em 1926, todavia, tal proposta fora efetivamente

1. Doutor (2017) e Mestre (2013) em Direito do Estado e Bacharel em Direito (2006) pela Universidade de São Paulo – Faculdade de Direito do Largo São Francisco. Procurador da Fazenda Nacional (cedido ao Supremo Tribunal Federal). Foi Assessor Especial do Ministro de Estado da Justiça, e Assessor de Ministro no STF. Atualmente é Chefe de Gabinete de Ministro do STF.

2. Doutor (2017) e Mestre (2012) em Direito do Estado pela Universidade de São Paulo – Faculdade de Direito do Largo São Francisco. Bacharel em Direito pela Faculdade de Direito da Universidade de Araraquara – UNIARA (2007). Foi professor e advogado. Atualmente é Assessor de Ministro do STF.

3. O cabimento de mandado de segurança no âmbito penal, contudo, é inconteste. Cf., apenas exemplificativamente, o procedente firmado no julgamento do HC 70.392/DF, Rel. Min. Celso de Mello, Primeira Turma, DJ de 1º/10/1993, em cuja ementa lê-se: "a natureza eminentemente civil da ação de mandado de segurança não impede a sua utilização em sede processual penal, uma vez configurados os pressupostos de impetrabilidade do *writ* constitucional". Assentando-a, ainda que indiretamente, também a Súmula 701, do Supremo Tribunal Federal: "No mandado de segurança impetrado pelo Ministério Público contra decisão proferida em processo penal, é obrigatória a citação do réu como litisconsorte passivo".

4. SCARPINELLA BUENO, Cássio. *Curso Sistematizado de Direito Processual Civil, 5: recursos, processos e incidentes nos Tribunais. Sucedâneos recursais: técnicas de controle das decisões jurisdicionais*. São Paulo: Saraiva, 2011, p. 478.

5. Tratando do mandado de segurança coletivo como inovação da Constituição da República de 1988, cf. FUX, Luiz. *Mandado de Segurança*. 2ª ed. Rio de Janeiro: Forense, 2019, p. 18.

apresentada como projeto de lei (Projeto de Lei n. 148), cujo conteúdo veio a ser posteriormente encampado pelo art. 113, § 33, da Constituição da República de 1934[6], que assim dispunha:

> Art. 113, § 33. Dar-se-á mandado de segurança para a defesa de direito, certo e incontestável, ameaçado ou violado por ato manifestamente inconstitucional ou ilegal de qualquer autoridade. O processo será o mesmo de *habeas corpus*, devendo ser sempre ouvida a pessoa jurídica de direito público interessada. O mandado de segurança não prejudica as ações petitórias competentes.

Contemplado em todas as constituições brasileiras desde então, com exceção da Carta outorgada em 1937[7], foi assegurado pela Constituição da República de 1988 como garantia especial de caráter judicial intimamente relacionado com o conceito de Estado de Direito[8], e, pois, com o de direitos e garantias fundamentais, em cujo rol se insere no artigo 5º, inciso LXX.

Atualmente, a disciplina infraconstitucional da ação vem traçada pela Lei 12.016, de 7 de agosto de 2009, em cujo art. 1º, quase textualmente, reproduz-se a previsão constitucional acima transcrita.

---

6. CANOTILHO, J.J. GOMES; MENDES, Gilmar Ferreira; SARLET, Ingo Wolfgang; STRECK, Lenio Luiz (coord. científicos). Outros autores. *Comentários à Constituição do Brasil*. 2ª ed. São Paulo: Saraiva, 2018, p. 508.

7. MENDES, Gilmar; GONET BRANCO; Paulo Gustavo. *Curso de Direito Constitucional*. 14ª ed. São Paulo: Saraiva, 2019, p. 466. O que não significou a extinção, em absoluto, do instituto, que permaneceria em vigor como garantia infraconstitucional, embora parcialmente descaracterizado. Nesse sentido, FUX: "A Constituição de 1937, de cunho eminentemente autoritário, excluiu o mandado de segurança de seu texto. Todavia, o referido instituto continuou a vigorar como remédio infraconstitucional, regido, precipuamente, pelo Decreto-lei n. 6, de 16 de novembro de 1937, que impossibilitou sua utilização contra atos praticados em face do Presidente da República, de Ministros de Estado, Governadores e Interventores (art. 16). Por sua vez, o Decreto-lei n. 96, de 22 de novembro de 1937, excluiu a possibilidade de concessão de mandado de segurança contra a figura do Prefeito do Distrito Federal (art. 21). No âmbito infraconstitucional, a edição do Código de Processo Civil de 1939 manteve a previsão do *remedium juris*, restringindo, contudo, ainda mais o seu campo de atuação [...]. Nada obstante, a supressão ocorrida em 1937 não impediu que o instrumento garantista retornasse reforçado na Constituição da República de 1946, sob a previsão expressa em seu art. 141, § 24, no rol dos direitos individuais [...]. Nesse contexto de redemocratização, o mandado de segurança voltou a fazer parte da Constituição, de onde não mais se ausentou, uma vez que presente em todas as Constituições que a sucederam" (*Mandado de Segurança*. 2ª ed. Rio de Janeiro: Forense, 2019, p. 14).

8. "O mandado de segurança está intimamente ligado à ideia de Estado de Direito. No Estado de Direito, a atividade do Poder Público deve pautar-se estritamente pelas balizas da legalidade. Se é possível conceber-se o Estado de Direito sem a garantia do mandado de segurança, a recíproca não é verdadeira. Isto é, apenas em um legítimo Estado de Direito é possível conceber-se a garantia como a do mandado de segurança" (ALVIM, Eduardo Arruda. *Mandado de Segurança*. 2ª ed. Rio de Janeiro: GZ Editora, 2010, p. 27).

Entre as categorias conceituais mediante as quais o mandado de segurança se concretiza, merece destaque, para os propósitos deste capítulo, a noção de ato comissivo ou ato omissivo de autoridade pública ou de outro agente no exercício de atribuições públicas, que, enquanto pressuposto ao exercício do *mandamus*, mostra-se indispensável à precisa delimitação da ampliada legitimidade passiva da ação constitucional em referência[9].

Sobre o ponto, bem ressalta Luiz Fux, a atual regulamentação legal do mandado de segurança é bastante clara ao estabelecer o seu cabimento contra ato de autoridade, independentemente de quem o tenha praticado (seja o Poder Público, seja o particular) e a que título o tenha feito (em nome próprio ou de outrem, mediante delegação[10]), sendo de se concluir, nesse contexto, que *ato de autoridade* é "toda conduta comissiva ou omissiva do Poder Público ou de seus delegados, no desempenho de suas funções, ou a pretexto de exercê-las", e *autoridade*, "a pessoa física investida de poder de decisão dentro da esfera de competência que lhe é atribuída pela norma legal"[11].

Nada obstante a clareza da ampliação do espectro passivo do mandado de segurança, ela não prescinde de alguns aprofundamentos pontuais.

É que, como toda espécie de ação, também o mandado de segurança encontra-se subordinado a determinadas condições de procedibilidade decorrentes da sua proveniência constitucional, das suas conformações infraconstitucionais e, em grande medida, das especificações jurisprudenciais deduzidas do próprio sistema processual em que essa especial medida de proteção contra ilegalidade e abuso de poder se insere[12].

---

9. "O art. 5º, LXIX, da CF amplia o espectro passivo do mandado de segurança, compreendido em dois grupos: (a) autoridades públicas; (b) agentes de pessoas jurídicas no exercício de atribuições do Poder Público. No primeiro grupo, entram todos os *agentes públicos*, expressão que abrange todas as pessoas físicas que exercem alguma função estatal, como os *agentes políticos*, os *agentes administrativos* e os *agentes delegados*, entrando neste último grupo os exercentes de funções delegadas (concessionários e permissionários de obras ou serviços, os serventuários, os notários e oficiais de registros públicos – para estes, art. 236 – e exercentes de atividades sujeitas à autorização do Poder Público). Logo, no segundo grupo entram todos os agentes de pessoas jurídicas privadas que executem, a qualquer título, atividades, serviços e obras públicas" (SILVA. José Afonso. *Curso de Direito Constitucional Positivo*. 33ª ed. São Paulo: Malheiros, 2010, p. 446-7).

10. Dispõe, a propósito, a Súmula 510 do Supremo Tribunal Federal: "Praticado o ato por autoridade, no exercício de competência delegada, contra ela cabe o mandado de segurança ou a medida judicial".

11. FUX, Luiz. *Mandado de Segurança*. 2ª ed. Rio de Janeiro: Forense, 2019, p. 29.

12. THEODORO JÚNIOR, Humberto. *Lei do Mandado de Segurança Comentada*. Rio de Janeiro: Forense, 2014, p. 154.

Neste capítulo, objetivamos expor dois desses aprofundamentos. Para tanto, pretendemos evidenciar parte do entendimento consolidado no âmbito do Supremo Tribunal Federal, que, mais diretamente, relaciona-se ao cabimento do remédio constitucional do mandado de segurança contra atos judiciais e contra atos do Conselho Nacional de Justiça e do Conselho Nacional do Ministério Público, destacando, quanto a este último ponto, a compreensão do Supremo Tribunal Federal sobre o alcance do art. 102, inciso I, alínea "r", da Constituição da República Federativa do Brasil e sobre a Recomendação n. 38, de 19 de julho de 2019, do Conselho Nacional de Justiça.

5.2. ATOS JUDICIAIS

A possibilidade de veiculação do mandado de segurança contra ato judicial representa tema complexo, sobretudo porque, analisada em perspectiva, o (ab)uso desse instrumento processual de proteção de direitos fundamentais, com vistas à colmatação de lacunas[13] e falhas potencialmente imputáveis ao sistema de impugnação de decisões judiciais, pode contribuir para o esfacelamento de sua função residual, e, consequentemente, para a ordinarização de remédio constitucional urgente e extraordinário.

Bem percebido por Luiz Guilherme Marinoni, Sérgio Cruz Arenhart e Daniel Mitidiero, esses riscos foram descritos pelos autores da seguinte maneira:

> [...] tem-se usado e abusado desse instrumento para preencher lacunas (desejadas ou não) no campo dos instrumentos de impugnação de decisões judiciais. Isso tem levado a excessos no emprego desse mecanismo e ao desvirtuamento de sua função, muitas vezes desfigurando as linhas diretrizes do sistema recursal nacional. Por exemplo, tem-se visto que qualquer tentativa de eliminar de algum recurso o efeito suspensivo – ou mesmo de eliminar o cabimento de recurso em certa situação – é prontamente respondida pela prática forense com o emprego do mandado de segurança em substituição ao recurso inexistente ou para confe-

13. Sobre o ponto, destaque-se que "o mandado de segurança, salvo situações excepcionais, não se afeiçoa à figura de uma ação de impugnação autônoma de atos judiciais, mantendo-se como colmatador das lacunas do sistema recursal. Assim, sua função é permitir que os recursos propiciem resultado eficaz, se e quando providos. Ou seja, o *writ* assume, em regra, respeitados os posicionamentos em contrário, um papel nitidamente cautelar, assegurando, assim, o resultado útil de recurso interposto, motivo pelo qual se investiga para a sua concessão a presença do *periculum in mora*, consistente na presença de risco de dano irreparável ou de difícil ou incerta reparação, e do *fumus boni iuris*, que ressuma da teratologia da decisão atacada pelo *mandamus*" (1º TAC-SP, 4ª Câmara, MS 523.724, Rel. Juiz Donaldo Armelin, julgado em 29/10/1992). Ainda sobre a função cautelar do mandado de segurança contra ato judicial, cf. ZAVASCKI, Teori Albino. "A função cautelar do mandado de segurança contra ato judicial". Ajuris, v. 17, n. 50, p. 82-87, nov. 1990.

> rir efeito suspensivo ao recurso que não o ostenta mais. Se, por vezes, essa função residual é importante para evitar abusos judiciais em casos determinados, por outras ordinariza o mandado de segurança e o transforma em pouco mais do que um pedido de reconsideração.
>
> É preciso, portanto, ter muita cautela com o emprego do mandado de segurança contra ato judicial, exatamente para que não torne letra morta as previsões recursais contidas no sistema processual brasileiro, nem se choque com as linhas de efetivação das decisões judiciais desejadas pelo legislador[14].

Em termos gerais, contudo, inexistem dúvidas relevantes acerca da viabilidade de impetração de mandado de segurança com vistas ao questionamento de atos judiciais praticados no exercício de funções administrativas atípicas constitucionalmente atribuídas ao Poder Judiciário.

Assim, exemplifica Cássio Scarpinella Bueno, é plenamente manejável o *writ* quando um Presidente de Tribunal "pratica atos administrativos relativos aos servidores do Tribunal, na abertura e condução de concursos públicos", ou, de igual forma, com relação aos atos praticados "no processamento e pagamento de precatórios que, consoante Súmula 311 do STJ, não têm caráter jurisdicional"[15].

Uma conclusão tão diretamente afirmativa, porém, ao menos nos anos imediatamente posteriores à instituição da garantia pela Constituição de 1934, não pareceu facilmente disponível para a questão relativa à viabilidade – e, sobretudo, suas condições e seus limites – de impetração de mandado de segurança para a impugnação de atos judiciais praticados no exercício de função tipicamente jurisdicional.

Representativa da controvérsia inicial então vigente, vale como referência o seguinte trecho do voto proferido pelo Ministro Xavier de Albuquerque no paradigmático Recurso Extraordinário 76.909/RS[16]:

---

14. MARINONI, Luiz Guilherme; ARENHART, Sérgio Cruz; MITIDIERO, Daniel. *Novo Curso de Processo Civil – Volume 3: Tutela dos Direitos Mediante Procedimentos Diferenciados.* 2ª ed. São Paulo: Revista dos Tribunais, 2016, p. 364-5.

15. SCARPINELLA BUENO, Cássio. *Curso Sistematizado de Direito Processual Civil, 5: recursos, processos e incidentes nos Tribunais. Sucedâneos recursais: técnicas de controle das decisões jurisdicionais.* São Paulo: Saraiva, 2011, p. 478.

16. Trata-se do *leading case* sobre o assunto, julgado em 5/12/1973, Relator para Acórdão o Min. Antonio Neder. Nesse julgamento, concluiu-se pelo cabimento do mandado de segurança contra ato judicial quando este só for impugnável por recurso sem efeito suspensivo e desde que demonstrada a teratologia da decisão causadora de dano irreparável.

> A questão é velha de quarenta anos e ainda não encontrou solução satisfatória. Desde quando a Constituição de 1934, acudindo aos reclamos da realidade e aos conselhos dos doutos, extraiu do *habeas corpus*, nos termos em que o Supremo Tribunal o havia aclimatado às condições e necessidades brasileiras, uma das costelas, e com ela deu corpo e vida à nova criatura que se constituiu no mandado de segurança, angustiam-se juristas e juízes com o problema de seu cabimento contra atos judiciais.

Transcendendo a discussão cuja origem remonta à Lei n. 191, de 16 de janeiro de 1936, coube ao art. 5º da Lei n. 12.016/2009 – em grande medida, compilador do entendimento jurisprudencial sobre o tema –, especificar as hipóteses de vedações específicas ao cabimento de mandado de segurança contra atos judiciais tipicamente jurisdicionais, todas relacionadas à inadequação da medida processual à pretensão do impetrante, e, portanto, à falta de interesse de agir[17].

Segundo os incisos II e III do referido dispositivo, não se concederá mandado de segurança quando se tratar de "decisão judicial da qual caiba recurso com efeito suspensivo" ou de "decisão judicial transitada em julgado".

A lógica fundamental que compatibiliza constitucionalmente tais negativas se faz compreensível diante da reconhecida impossibilidade de utilização da via mandamental "como sucedâneo de ação rescisória ou de qualquer outro recurso contra decisão judicial"[18].

De fato, existindo algum recurso tipificado no sistema processual, e sendo a ilegalidade ou abuso de poder que lhe fundamentariam a interposição incapazes de produzir qualquer efeito imediatamente prejudicial ao eventual interessado, descabida a adoção da via residual do mandado de segurança em razão da sua desnecessidade.

Nesse sentido, aduz Humberto Theodoro Júnior:

---

17. THEODORO JÚNIOR, Humberto. *Lei do Mandado de Segurança Comentada.* Rio de Janeiro: Forense, 2014, p. 155.

18. MS 26193 AgR, Rel. Min. Eros Grau, Pleno, DJe de 2/2/2007. Daí por que, também, não se admite, mediante mandado de segurança, que se busquem efeitos patrimoniais pretéritos à impetração, de modo que o *mandamus* "não substitui a ação popular" (Súmula 101, STF) e "não é substitutivo de ação de cobrança" (Súmula 269, STF). Evidentemente, como advertem Marinoni, Arenhart e Mitidiero, "o entendimento mencionado não se aplica à reclamação por valores eventualmente pagos ou devidos *no curso do mandado de segurança*, que poderão ser pleiteados na via desta ação" (*Novo Curso de Processo Civil – Volume 3: Tutela dos Direitos Mediante Procedimentos Diferenciados.* 2ª ed. São Paulo: Revista dos Tribunais, 2016, p. 364).

> [...] não cabe mandado de segurança contra decisão judicial, porque o modo de impugná-la já consta do próprio procedimento observado em juízo. É, pois, pelo recurso que se sana o erro ou o abuso cometido pela autoridade judiciária, no bojo dos processos. Mas, se o ato do juiz é insuscetível de recurso, ou se o recurso interponível não é dotado de efeito suspensivo, capaz de evitar a consumação do ato abusivo, não há como excluí-lo da área garantida pelo mandado de segurança (Lei n 12.016, art. 5º, II)[19].

Por outro lado, tanto mais evidente a inexistência de interesse de agir na impetração de mandado de segurança contra decisão judicial transitada em julgado, dado que o meio adequado à impugnação da decisão judicial, nessa condição, é a ação rescisória[20]. Assim, esclarece Luiz Fux:

> Em regra, não há direito líquido e certo contra situação coberta pelo manto da coisa julgada. [...] A via adequada para a contestação de *autorictas rei iudicatae* (coisa julgada material) é a ação rescisória. No caso de coisa julgada formal, não cabe a interpretação do *writ*, pois este se tornaria um sucedâneo do recurso próprio cabível[21].

Nesse sentido se apresentam as Súmulas 267 e 268[22] do Supremo Tribunal Federal, segundo as quais, respectivamente, não cabe mandado de segurança "contra ato judicial passível de recurso ou correição" e "contra decisão judicial com trânsito em julgado", reafirmadas à exaustão em inúmeros julgados da Corte[23].

---

19. THEODORO JÚNIOR, Humberto. *Curso de Direito Processual Civil – Volume II*. Rio de Janeiro: Forense, 2019, p. 685. Assim, também: "Inadmissível é o mandado de segurança como substitutivo do recurso próprio, pois por ele não se reforma a decisão impugnada, mas apenas se obtém a sustação de seus efeitos lesivos ao direito líquido e certo do impetrante, até a revisão do julgado no recurso cabível" (MEIRELLES, Hely Lopes; WALD, Arnold; MENDES, Gilmar Ferreira. *Mandado de segurança e ações constitucionais*. 32ª ed. São Paulo: Malheiros, 2009, p. 41).

20. SCARPINELLA BUENO, Cássio. *Curso Sistematizado de Direito Processual Civil, 5: recursos, processos e incidentes nos Tribunais. Sucedâneos recursais: técnicas de controle das decisões jurisdicionais*. São Paulo: Saraiva, 2011, p. 483.

21. FUX, Luiz. *Mandado de Segurança*. 2ª ed. Rio de Janeiro: Forense, 2019, p. 65.

22. Destacam-se também os seguintes Enunciados da Súmula de Jurisprudência dominante do STF: ***330***: "O STF não é competente para conhecer de mandado de segurança contra atos dos Tribunais de Justiça dos Estados"; ***623***: "Não gera por si só a competência originária do Supremo Tribunal Federal para conhecer do mandado de segurança com base no art. 102, I, n, da Constituição, dirigir-se o pedido contra deliberação administrativa do tribunal de origem, da qual haja participado a maioria ou a totalidade de seus membros". ***624:*** "Não compete ao Supremo Tribunal Federal conhecer originariamente de mandado de segurança contra atos de outros tribunais."

23. MS 35.364 AgR/SC, Rel. Min. Luiz Fux, Primeira Turma, DJe de 12/04/2018; MS 31.831 AgR/PA, Rel. Min. Dias Toffoli, Pleno, DJe de 28/11/2013; RMS 27.241/MT, Rel. Min. Cármen Lúcia, Primeira Turma, DJe de 13/8/2010; MS 27.216/RJ, Rel. Min. Celso de Mello, Pleno, DJe de 22/10/2009; e MS 26.767 AgR/DF, Rel. Min. Ricardo Lewandowski, Pleno, DJe de 30/11/2007.

Tais restrições, contudo, não devem ser interpretadas como negadoras, em absoluto, do cabimento de mandado de segurança contra ato judicial, servindo, antes, como indicadores da ausência de interesse de agir "todas as vezes que a decisão puder ser contrastada mediante recurso que tenha efeito suspensivo e porque o veículo adequado para controle de decisões transitadas (materialmente) em julgado é a ação rescisória"[24].

Daí porque, desde pelo menos o julgamento do referido Recurso Extraordinário 76.909, ocorrido em dezembro de 1973, a jurisprudência do Supremo Tribunal Federal tem cuidado de mitigar o teor da Súmula 267, de modo a, nada obstante a diretriz hoje estampada no art. 5º, inciso II, da Lei 12.016/2009, admitir a excepcional impetração de mandado de segurança contra atos judiciais tipicamente jurisdicionais revestidos de "teratologia, ilegalidade ou abuso flagrante"[25], ou, ainda, quando eivados de potencial risco de dano irreparável[26].

Como se nota, a questão decisiva, nessas hipóteses de abrandamento referidas, reside na averiguação da (in)idoneidade dos meios alternativos dispostos à utilização do jurisdicionado. Nesse sentido:

---

24. SCARPINELLA BUENO, Cássio. *Curso Sistematizado de Direito Processual Civil, 5: recursos, processos e incidentes nos Tribunais. Sucedâneos recursais: técnicas de controle das decisões jurisdicionais.* São Paulo: Saraiva, 2011, p. 480.

25. MS 31.831 AgR/PA, Rel. Min. Dias Toffoli, Pleno, DJe de 28/11/2013. Contra a relevância do critério relacionado à teratologia do ato judicial, manifestou-se Cássio Scarpinella Bueno: "[...] é indiferente que a decisão a ser questionada seja 'teratológica' ou não. Não há espaço para subsistência da ressalva que a evolução jurisprudencial do Supremo Tribunal Federal deu à Súmula 267. Quaisquer *errores in procedendo* e *in judicando*, independentemente de sua gravidade, são contrastáveis por *recursos* ou por quaisquer outras medidas jurisdicionais, típicas ou atípicas, e na exata medida em que as técnicas adotadas tenham aptidão de evitar lesões ou ameaças ao interessado, não deixando qualquer situação carente de tutela jurisdicional adequada, não há por que fazer uso do mandado de segurança contra ato judicial" (*Curso Sistematizado de Direito Processual Civil, 5: recursos, processos e incidentes nos Tribunais. Sucedâneos recursais: técnicas de controle das decisões jurisdicionais.* São Paulo: Saraiva, 2011, p. 482).

26. Em sentido contrário, Daniel Amorim Assumpção Neves: "Como ensinam parcelas da doutrina, o cabimento do mandado de segurança contra decisão judicial só será admitido quando o recurso cabível contra ela não tiver e não puder ter efeito suspensivo [...]. Justamente por concordar com esse entendimento, tenho extrema dificuldade na admissão do mandado de segurança contra decisão que possa ser atacada por recurso, independentemente da previsão de efeito suspensivo, porque nos termos do art. 955, parágrafo único, do CPC para qualquer recurso que não tenha previsão expressa em lei do efeito suspensivo, o requerente poderá obtê-lo, desde que preenchidos os requisitos [...]. Em razão do posicionamento ora defendido, mesmo diante de decisão teratológica, aptas a gerar um grave dano de difícil ou incerta reparação à parte, entendo que o caminho correto é a interposição do recurso cabível e, quando ausente da lei, o requerimento expresso de concessão de efeito suspensivo, com o que sempre se permitirá ao recorrente evitar danos" (*Ações Constitucionais*. 5ª ed. Salvador: Juspodivm, 2020, p. 168-9). Cf., ainda, NERY JUNIOR, Nelson; NERY, Rosa Maria de Andrade. *Leis constitucionais comentadas e anotadas*. São Paulo: Thomson Reuters Brasil, 2019, *passim*.

> [...] tem-se admitido o emprego do mandado de segurança contra ato judicial que se mostre teratológico ou absurdo. Nesses casos, é possível que a interposição de recurso para atacar o ato não seja idônea, por expor o sujeito a um período em que deveria sujeitar-se ao ato abusivo, seja porque não há previsão de recurso específico para o caso, seja porque o recurso previsto não se reveste das necessárias características para pôr a salvo os interesses do requerente. Assim, para contornar essa situação, admite-se o manejo do mandado de segurança para combater o ato. Também se admite a utilização de mandado de segurança para evitar lesão irreparável, causado por ato judicial. Novamente, a questão se situa em saber se os recursos eventualmente previstos são ou não hábeis para evitar que o ato judicial guerreado gere danos irreversíveis ao interessado. Não havendo, portanto, idoneidade no meio previsto, tem-se admitido a utilização do mandado de segurança como sucedâneo de recurso[27].

Exemplificativas do entendimento, citem -se as decisões no RMS 29.209 AgR (Rel. Min. Alexandre de Moraes, Primeira Turma, DJe de 21/8/2018) e no MS 34.877 AgR (Rel. Min. Gilmar Mendes, Pleno, DJe de 26/11/2019).

Do primeiro caso, destaca-se, pela compilação jurisprudencial nela contida, a decisão recorrida da lavra do saudoso Ministro Teori Zavascki, que foi mantida em sede de Agravo Regimental:

> "Esta Corte coíbe o uso do mandado de segurança contra ato judicial suscetível de recurso próprio, ante o óbice contido na Súmula 267, segundo a qual 'não cabe mandado de segurança contra ato judicial passível de recurso ou correição'. Sobre a questão, citem-se, por exemplo, as seguintes ementas:
>
> 1. 'O mandado de segurança não se presta a substituir recurso previsto no ordenamento jurídico, tampouco pode ser utilizado como sucedâneo de ação rescisória (Súmulas 267 e 268 do Supremo Tribunal Federal). Precedentes. 2. Recurso ordinário em mandado de segurança ao qual se nega provimento' (RMS 29.222/MT, Pleno, Rel. Min. Cármen Lúcia, j. 15/09/2011, DJe de 4/10/2011).
>
> 2. 'Não cabe mandado de segurança contra ato judicial passível de recurso ou correição (Súmula 267/STF). 2. Enunciado que permanece válido mesmo depois do advento da Lei nº 12.016/09. 3. Agravo regimental a que se nega provimento.' (RMS 32.479-AgR, Rel. Min. ROBERTO BARROSO, Primeira Turma, DJe de 11/12/2013).
>
> 3. 'Agravo regimental em recurso ordinário em mandado de segurança. 2. Mandado de segurança contra ato judicial. Ausência de teratologia ou abuso de poder. Não cabimento. Precedentes. 3. Agravo regimental ao qual se nega provimento.' (RMS 32.017-AgR, Rel. Min. GILMAR MENDES, Segunda Turma, DJe de 14/10/2013)

27. MARINONI, Luiz Guilherme; ARENHART, Sérgio Cruz; MITIDIERO, Daniel. *Novo Curso de Processo Civil – Volume 3: Tutela dos Direitos Mediante Procedimentos Diferenciados*. 2ª ed. São Paulo: Revista dos Tribunais, 2016, p. 365.

> Em suma, o mandado de segurança não é sucedâneo de recurso, sendo imprópria a sua impetração contra decisão judicial que (a) não apresenta teratologia, ilegalidade ou abuso de poder e (b) está sujeita a meio de impugnação previsto em lei."

Do voto do Relator do segundo caso, Ministro Gilmar Mendes, destaca-se:

> Com efeito, a decisão agravada não divergiu da *jurisprudência desta Corte, no sentido de que não cabe mandado de segurança contra ato jurisdicional, salvo casos de decisões abusivas ou teratológicas.* Esse entendimento está sedimentado na Súmula 267 desta Corte, segundo a qual, "*Não cabe mandado de segurança contra ato judicial passível de recurso ou correição*". [...] Nesse contexto, *não obstante a possibilidade de impetração do mandado de segurança em situações excepcionais, em que a decisão impugnada seja teratológica ou quando haja abuso de poder, entendo não ser o caso destes autos.*

Assim também diversos julgados do Tribunal[28].

5.3. ATOS DOS CONSELHOS NACIONAL DE JUSTIÇA E DO MINISTÉRIO PÚBLICO: O CASO ESPECÍFICO DO CONTROLE ADMINISTRATIVO-FINANCEIRO E A COMPREENSÃO DO STF SOBRE O ALCANCE DO ARTIGO 102, INCISO I, ALÍNEA "R" DA CRFB/88 E SOBRE A RECOMENDAÇÃO N. 38/2019, DO CONSELHO NACIONAL DE JUSTIÇA.

Incluída pela Emenda Constitucional n. 45, de 30 de dezembro de 2004, a alínea "r" do inciso I do art. 102 da Constituição da República Federativa do Brasil dispõe que compete ao Supremo Tribunal Federal, precipuamente, a guarda da Constituição, cabendo-lhe, ainda, processar e julgar, originariamente, "as ações contra o Conselho Nacional de Justiça e contra o Conselho Nacional do Ministério Público".

Em diversas oportunidades, a jurisprudência da Corte cuidou de restringir o alcance aparentemente ilimitado da atribuição de competência

28. RMS 21.713/BA, Rel. Min. Moreira Alves, Pleno, DJ de 1º/9/1995; MS 22.623 AgR/SP, Rel. Min. Sydney Sanches, DJ de 9/12/1996; MS 36.647, Rel. Min. Celso de Mello, decisão monocrática, DJe de 11/9/2019; MS 36.715, Rel. Min. Marco Aurélio, decisão monocrática, DJe de 7/10/2019; RMS-AgR 32.932, Rel. Min. Gilmar Mendes, Segunda Turma, DJe de 25/2/2016; MS 36.916, Min. Ricardo Lewandowski, decisão monocrática, DJe de 14/2/2020; MS 36.502, Rel. Min. Cármen Lúcia, Pleno, DJe de 14/5/2020; RMS 31.214 AgR/DF, Rel. Min. Dias Toffoli, Primeira Turma, DJe de 14/12/2012; RMS 32.043, Rel. Min. Luiz Fux, Primeira Turma, DJe de 10/5/2016; MS 28.473 AgR, Rel. Min. Rosa Weber, Primeira Turma, DJe de 17/9/2014; MS 36.066, Rel. Min. Roberto Barroso, decisão monocrática, DJe de 6/11/2018; MS 36.387, Rel. Min. Edson Fachin, decisão monocrática, DJe de 8/4/2019; RMS 37.182, Rel. Min. Alexandre de Moraes, decisão monocrática, DJe de 22/6/2020.

veiculada por esse dispositivo constitucional. De fato, como ressalta Alexandre de Moraes, mediante nova e sistemática interpretação, o Supremo Tribunal Federal pacificou que apenas os processos e julgamentos "das ações '*tipicamente constitucionais*' (mandado de segurança, de injunção, *habeas corpus* e *habeas data*) contra atos do Conselho Nacional de Justiça e do Conselho Nacional do Ministério Público são de sua competência originária", de modo que, "em relação às demais ações ordinárias, a competência para o ajuizamento seguirá as normas processuais comuns"[29].

Entre os casos paradigmáticos para a pacificação do entendimento, merece referência o julgamento da AO 1.706 AgR/DF, de relatoria do Ministro Celso de Mello, ocorrido em 18/12/2013 (DJe de 18/2/2014).

Na oportunidade, como se constata do relatório integrante do inteiro teor do acórdão, analisava-se um agravo interposto contra decisão que não conheceu de ação originária ajuizada pela União, com fundamento no referido art. 102, I, "r", da Constituição Federal.

Em seu voto, acompanhado pela unanimidade pelos demais integrantes da Suprema Corte, o Ministro relator destacou o regime de direito estrito a que se acha submetida a competência originária do Supremo Tribunal Federal, o que fundamenta que seja afastado, do âmbito de suas atribuições judiciais, "o processo e o julgamento de causas de natureza cível que não se achem inscritas no texto constitucional", a exemplo das "ações populares (RTJ 121/17, Rel. Min. MOREIRA ALVES - RTJ 141/344, Rel. Min. CELSO DE MELLO - PET 352/DF, Rel. Min. SYDNEY SANCHES - Pet 431/SP. Rel. Min. NÉRI DA SILVEIRA [...]", das "ações civis públicas (RTJ 159/28, Rel. Min. ILMAR GALVÃO - Pet 240/DF, Rel. Min. NÉRI DA SILVEIRA)" ou das "ações cautelares, ações ordinárias, ações declaratórias e medidas cautelares (RTJ 94/471, Rel. Min. DJACI FALCÃO - Pet 240/DF, Rel. Min. NÉRI DA SILVEIRA - Pet 1.738-AgR/MG, Rel. Min. CELSO DE MELLO)", ainda que instauradas contra o Presidente da República, o Presidente da Câmara dos Deputados ou quaisquer "das autoridades que, em matéria penal (CF, art. 102, I, 'b' e 'c'), dispõem de prerrogativa de foro perante esta Corte ou que, em sede de mandado de segurança, estão sujeitas à jurisdição imediata deste Tribunal". Do seu voto, destaca-se a seguinte passagem:

> É certo que a Constituição da República, em regra especial de competência, conferiu a esta Suprema Corte, atribuição para apreciar, em sede originária, "as ações

29. MORAES, Alexandre de. *Direito Constitucional*. 35ª ed. São Paulo: Atlas, 2019, p. 578.

> contra o Conselho Nacional de Justiça e contra o Conselho Nacional do Ministério Público" (CF, art. 102, I, "r", na redação dada pela EC n. 45/2004).
>
> Ocorre que a competência originária do Supremo Tribunal Federal, cuidando-se de impugnação a deliberações emanadas do Conselho Nacional de Justiça, tem sido reconhecida apenas na hipótese de impetração, contra referido órgão do Poder Judiciário (CNJ), de mandado de segurança, de *habeas data*, de *habeas corpus* (quando for o caso) ou de mandado de injunção, pois, em tal situação, o CNJ qualificar-se-á como órgão coator impregnado de legitimação passiva *ad causam* para figurar na relação processual instaurada com a impetração originária, perante esta Suprema Corte, daquele *writs* constitucional. Em referido contexto, o Conselho Nacional de Justiça, por ser órgão não personificado, define-se como simples "parte formal" [...], circunstância essa que plenamente legitima a sua participação em mencionadas causas mandamentais.
>
> Tratando-se, porém, de demanda diversa (uma ação ordinária, p. ex.), como sucede no caso, não se configura a competência originária desta Suprema Corte, considerando o entendimento prevalecente na jurisprudência do Supremo Tribunal Federal, manifestado em julgamentos monocráticos e colegiados [...], eis que, nas hipóteses não compreendidas no art. 102, I, alíneas "d" e "q" da Constituição, a legitimação passiva *ad causam* referir-se-á, exclusivamente, à União Federal, pelo fato de as deliberações do Conselho Nacional de Justiça serem juridicamente imputáveis à própria União federal, que é o ente de direito público em cuja estrutura institucional se acha integrado o CNJ.

Em sede doutrinária, cabe registrar que a controvérsia foi abordada por José Afonso da Silva, nos seguintes termos:

> Ações contra os Conselhos de Justiça e do Ministério Público. Matéria inserida pela Emenda Constitucional 45/2004 com o acréscimo da alínea "r" ao inciso I do artigo em comentário, pela qual se dá competência originária ao STF para processar e julgar as ações contra o Conselho Nacional de Justiça e o Conselho Nacional do Ministério Público. Essa competência assim estendida às ações em geral (civis, comerciais, administrativas) cria algumas dificuldades porque esses Conselhos não têm personalidade jurídica para serem sujeitos de direitos e obrigações, para serem partes em relação jurídica processual. Quem responde por órgãos federais, como é o caso, perante a jurisdição, é a União: portanto, as ações, em tais casos, são contra ela, e não contra os órgãos, e a competência para o processo é da Justiça Federal, nos termos do art. 109, I. O que esses Conselhos têm é personalidade judiciária, porque seus atos podem dar ensejo ao mandado de segurança, *"habeas corpus"* e, possivelmente, *"habeas data"*. O certo, pois, teria sido incluí-los no contexto da alínea "d" do inciso I do artigo[30].

Referido entendimento foi reafirmado, mais recentemente, no julgamento conjunto, por unanimidade, da AO 1.814 QO, de relatoria do Minis-

30. SILVA, José Afonso da. *Comentário Contextual à Constituição*. 7ª ed. São Paulo: 2010, p. 563-4.

tro Marco Aurélio, e da ACO 1.680 AgR, de relatoria do saudoso Ministro Teori Zavascki.

Do voto proferido pelo Relator, Ministro Marco Aurélio, na AO 1.814 QO, destacamos a seguinte passagem:

> Submeto ao Plenário a matéria alusiva à competência, visando fixar o alcance do previsto na alínea "r" do inciso I do artigo 102 da Constituição Federal. Realmente, o preceito alude ao gênero ações, formalizadas contra o Conselho Nacional de Justiça e o Conselho Nacional do Ministério Público. Ocorre que a interpretação do dispositivo há de ser sistemática.
>
> **A referência a ações alcança tão somente mandado de segurança. É impróprio interpretar-se o que se contém na citada alínea "r" a ponto de proclamar que toda e qualquer ação a envolver o Conselho Nacional de Justiça ou o Conselho Nacional do Ministério Público – e, portanto, ajuizada contra a União – seja da competência do Supremo, enquanto, relativamente a atos do Presidente da República, das Mesas da Câmara dos Deputados e do Senado Federal, do Tribunal de Contas da União, do Procurador Geral da República e do próprio Supremo Tribunal Federal, apenas cabe ao Tribunal apreciar mandado de segurança. Impõe-se proceder à interpretação sistemática.**
>
> Resolvo a questão de ordem, assentando que, proposta ação contra a União, embora tenha como pano de fundo ato do Conselho Nacional de Justiça, cumpre ao Juízo Federal processá-la e julgá-la, a teor do disposto no artigo 109, inciso I, da Carta da República [...]. ***[sem destaques no original]***

No mesmo sentido, transcrevemos o seguinte excerto do voto proferido pelo Ministro Teori Zavascki na ACO 1.680 AgR:

> Portanto, segundo orientação adotada pelo Plenário, as "ações" a que se refere o art. 102, I, "r" da Constituição Federal são apenas as ações constitucionais de mandado de segurança, mandado de injunção, *habeas data* e *habeas corpus*. As demais ações em que se questionam atos do Conselho nacional de Justiça – CNJ e do Conselho nacional do Ministério Público – CNMP submetem-se, consequentemente, ao regime de competência estabelecido pelas normas comuns de direito processual.
>
> Poder-se-ia argumentar, contra essa orientação, que não faz sentido submeter a juízo de primeiro grau a possibilidade de anular ou suspender, até liminarmente, ato emanado daqueles Conselhos. Essa preocupação, na verdade, se estende a atos administrativos de outras autoridades e órgãos, como os do Presidente da República, do próprio Supremo Tribunal Federal, dos demais Tribunais Superiores, do Conselho da Justiça Federal, e assim por diante, cujo ataque, por mandado de segurança, é submetido a órgão jurisdicional superior. Ocorre, todavia, que a própria Constituição estabeleceu distintos regimes de competência em casos tais, que é definido segundo o critério da natureza do procedimento adotado. **Assim, quando contestados por mandado de segurança – ação de procedimento especialíssimo, dirigido contra a própria autoridade que editou o ato atacado, que nela comparecerá diretamente, a competência é**

> **atribuída a um órgão jurisdicional de nível superior. Assim, por exemplo, mandados de segurança contra atos do Presidente da República e do STF, serão da competência do STF (CF, art. 102, I, *d*); contra atos de Ministros de Estado ou do STJ, serão da competência do STJ (CF, art. 105, I, *b*) e assim por diante. Todavia, quando esses mesmos atos são contestados por outra via procedimental, a demanda será de competência do juízo de primeiro grau, nela figurando como parte demandada, não a autoridade que editou o ato atacado, mas a pessoa jurídica de direito público a que integra. *[sem destaques no original]***

Especificamente com relação ao Conselho Nacional do Ministério Público, a Suprema Corte teve a oportunidade de tangenciar a questão sob análise quando excluiu, da inteligência do art. 102, I, "r", da Constituição Federal, a ação popular, "ainda quando nela se vise à declaração de nulidade do ato de qualquer dos conselhos nela referidos" (Pet 3.674 QO, Rel. Min. Sepúlveda Pertence, Pleno, DJ de 19/12/2006). Do voto proferido pelo Ministro Relator, a propósito, consta uma oportuna síntese acerca das opções disponíveis para o enfrentamento da controvérsia:

> A EC 45/04 inseriu no rol de competências originárias do Supremo Tribunal, enumeradas no art. 102 da Constituição, a alínea "r) as ações contra o Conselho Nacional de Justiça e contra o Conselho Nacional do Ministério Público".
>
> Dado que ditos conselhos não constituem pessoas jurídicas, mas sim, órgãos do Poder Judiciário e do Ministério Público da União, duas leituras se oferecem à demarcação do alcance da nova cláusula da competência originária do Supremo:
>
> a) a primeira, restritiva, nela compreenderia apenas as ações nas quais – segundo o entendimento dominante, submisso à doutrina dos *writs* do direito anglo-americano – o órgão e não a pessoa jurídica seria a parte legitimada a figurar no polo passivo da relação processual: assim, o mandado de segurança, o de injunção, o *habeas corpus* e o *habeas data*;
>
> b) a outra, mais ampla, atrairia para o Supremo qualquer processo no qual esteja em causa a revisão jurisdicional de atos dos referidos colegiados do chamado "controle externo" do Poder Judiciário e do Ministério Público.

Pacificada então a jurisprudência do Supremo Tribunal Federal acerca de sua competência para julgar mandados de segurança contra atos do CNJ e do CNMP, tem-se que, em inúmeros julgados, a Suprema Corte vem dando contornos à atuação de ambos os Conselhos, reafirmando, com isso, sua competência nas diversas áreas contempladas no texto constitucional, exemplificativamente:

(i) *controle administrativo e financeiro exercido pelo CNJ e pelo CNMP*[31]*;*

(ii) *controle orçamentário exercido pelo CNJ e pelo CNMP*[32]*;*

(iii) *controle disciplinar exercido pelo CNJ e pelo CNMP, inclusive em face da atividade extrajudicial*[33]*;*

(iv) *concursos públicos*[34].

É no contexto desse entendimento firmado no âmbito do Supremo Tribunal Federal que se insere a Recomendação n. 38, de 19 de junho de 2019, do Corregedor Nacional de Justiça[35], e, por consequência, ganham relevo a controvérsia instaurada com o ajuizamento da Ação Direta de Inconsti-

---

31. MS 28.966 AgR, Rel. Min. Celso de Mello, Segunda Turma, DJe de 12/2/2020; MS 36.412 AgR, Rel. Min. Ricardo Lewandowski, Segunda Turma, DJe de 1/6/2020; MS 35.175, Rel. Min. Rosa Weber, decisão monocrática, DJe de 17/2/2020; MS 26.820, Rel. Min. Edson Fachin, decisão monocrática, DJe de 10/10/2019.

32. MS 35.955 MC, Rel. Min. Luiz Fux, decisão monocrática, DJe de 3/9/2018.

33. MS 34.220 AgR, Rel. Min. Ricardo Lewandowski, Segunda Turma, DJe de 27/4/2020; MS 36.623 AgR, Rel. Min. Cármen Lúcia, Segunda Turma, DJe de 19/12/2019; MS 34.792 MC, Rel. Min. Dias Toffoli, decisão monocrática, DJe de 29/6/2017; MS 36.914 MC, Rel. Min. Luiz Fux, decisão monocrática, DJe de 5/2/2020; MS 31.799, Rel. Min. Rosa Weber, decisão monocrática, DJe de 12/12/2019; MS 29.494 AgR, Rel. Min. Roberto Barroso, Primeira Turma, DJe de 11/10/2019; MS 29.323, Rel. para acórdão Min. Alexandre de Moraes, DJe de 13/5/2019.

34. MS 27.750 AgR, Rel. Min. Dias Toffoli, DJe de 9/8/2012; MS 36.247 AgR, Rel. Min. Luiz Fux, Primeira Turma, DJe de 7/5/2019; MS 36.531, Rel. Min. Roberto Barroso, decisão monocrática, DJe de 1/8/2019; MS 29.317 AgR, Rel. Min. Alexandre de Moraes, Primeira Turma, DJe de 6/8/2018.

35. Na íntegra, dispõe a referida Recomendação: O CORREGEDOR NACIONAL DA JUSTIÇA, usando de suas atribuições constitucionais, legais e regimentais e CONSIDERANDO a competência constitucional do Conselho Nacional de Justiça para receber e conhecer das reclamações contra membros ou órgãos do Poder Judiciário, inclusive contra seus serviços auxiliares, serventias e órgãos prestadores de serviços notariais e de registro que atuem por delegação do poder público ou oficializados, podendo avocar processos disciplinares em curso nos tribunais e aplicar sanções administrativas, assegurada ampla defesa; CONSIDERANDO as competências constitucionais (art. 103-B, § 5º) e regimentais atribuídas ao Corregedor Nacional de Justiça (art. 8º) e, ainda, a prevista no art. 8º, XII, RICNJ: "executar, de ofício ou por determinação, e fazer executar as ordens e deliberações do CNJ relativas à matéria de sua competência"; CONSIDERANDO que o art. 106 do RICNJ autoriza o Corregedor Nacional de Justiça a fim de garantir a efetivação das suas decisões, determinar à autoridade recalcitrante o imediato cumprimento de decisão ou ato seu, quando impugnado perante outro juízo que não o Supremo Tribunal Federal, sob as cominações do disposto no art. 105 do RICNJ. CONSIDERANDO que o mencionado art. 106 do RICNJ teve sua constitucionalidade impugnada por meio da ADI 4412, e que não há, até o presente momento, nenhuma decisão naqueles autos que afaste a higidez e eficácia daquele dispositivo; CONSIDERANDO a necessidade de preservar a autoridade das decisões do CNJ e da Corregedoria Nacional de Justiça, em matérias de sua competência, diante da possibilidade de ser proferida decisão judicial em sentido diverso, e com vistas a garantir a segurança das relações jurídicas, RESOLVE:

tucionalidade (ADI) 4412, de relatoria do Ministro Gilmar Mendes, e com a formalização dos mandados de segurança nº 36.549, 36.550 e 36.552, relator Ministro Marco Aurélio.

Por meio da Recomendação foram instados os Tribunais de Justiça dos Estados e do Distrito Federal, Tribunais Regionais Federais, Trabalhistas e Militares a darem cumprimento a atos normativos e decisões proferidas pela Corregedoria Nacional de Justiça, ainda que exista ordem judicial em sentido diverso, salvo se advinda do Supremo.

O ato fundamenta-se[36], em grande medida, no art. 106 do RICNJ (Regimento Interno do Conselho Nacional de Justiça), que, tanto em sua redação originária, quanto em sua redação contemporânea, decorrente da Emenda Regimental n. 1, de 9 de março de 2010, constitui o objeto de questionamento na ADI 4412, ajuizada pela Associação dos Magistrados Brasileiros (AMB), ainda pendente de julgamento pelo Supremo Tribunal Federal. Os dispositivos impugnados têm a seguinte redação:

> Redação originária:
>
> Art. 106. As decisões judiciais que contrariarem as decisões do CNJ não produzirão efeitos em relação a estas, salvo se proferidas pelo Supremo Tribunal Federal.
>
> *Redação atual:*
>
> *Art. 106. O CNJ determinará à autoridade recalcitrante, sob as cominações do disposto no artigo anterior, o imediato cumprimento de decisão ou ato seu, quando impugnado perante outro juízo que não o Supremo Tribunal Federal.*

No centro do debate, encontram-se as alegações de que os dispositivos impugnados: (a) teriam atraído ao Conselho Nacional de Justiça uma com-

---

Art. 1º RECOMENDAR aos Tribunais de Justiça dos Estados e do Distrito Federal, tribunais Regionais Federais, Trabalhistas e Militares que deem cumprimento aos atos normativos e às decisões proferidas pela Corregedoria nacional de Justiça, ainda que exista ordem judicial em sentido diverso, salvo se advinda do Supremo Tribunal Federal.

§ 1º As decisões judiciais em sentido diverso, ainda que tenham sido cumpridas antes da publicação desta recomendação, devem ser informadas pelo tribunal à Corregedoria Nacional de Justiça, no prazo de 15 dias, encaminhando-se cópia da decisão judicial.

§ 2º A não observância do caput ensejará providências por parte do Corregedor Nacional de Justiça para o imediato cumprimento de sua ordem, além das cominações previstas no art. 105 do RICNJ.
Art. 2º Esta recomendação entra em vigor na data de sua publicação.

36. A justificação da edição da Recomendação 38/2019 do CNJ está contida, em boa medida, no Ofício n. 372/CN-CNJ/2019, endereçado pelo Corregedor-Geral de Justiça do CNJ ao Ministro Marco Aurélio, a título de informações nos autos do MS 36.550. Tal documento pode ser acessado por meio do link: https://www.cnj.jus.br/wp-content/uploads/2019/07/edf99ad9a7696055d2380fd2f723600f.pdf.

petência não prevista no art. 103-B, da Constituição Federal; (b) ofenderiam o devido processo legal, na medida em que determinam a prevalência de decisões administrativas do CNJ em detrimento de decisões judiciais, independentemente, inclusive, da adoção de recurso próprio; e, mais diretamente relevante para este capítulo, (c) usurpariam competência constitucional do Supremo Tribunal Federal para apreciar reclamação apresentada para a preservação de sua competência prevista no art. 102, I, *r*, da Constituição.

Assim, vinculando-se à própria definição constitucional da competência do Supremo Tribunal Federal para processar e julgar as ações contra o Conselho Nacional de Justiça, a controvérsia constitucional apresentada no âmbito da Ação Direta de Inconstitucionalidade (ADI) 4412 alcança significado muito mais abrangente do que a simples validade de uma norma regimental. É nesse contexto, portanto, que se tem apontado a judicialização assimétrica de ações contra os Conselhos Constitucionais e, por decorrência, a vulnerabilidade do conteúdo normativo de suas competências[37].

Em linha de princípio, o art. 106 do Regimento Interno do CNJ apresenta-se como corolário da competência constitucionalmente atribuída ao Supremo Tribunal Federal pela alínea *r* do inciso I do art. 102 da Constituição da República Federativa do Brasil.

Tomada essa assertiva como premissa, inexistiriam razões para que os atos praticados por esse Conselho deixassem de produzir efeitos tão somente em razão de eventuais impugnações efetivas perante juízos outros que não o Supremo Tribunal Federal, de inferior hierarquia e, portanto, sujeitos à autoridade institucional do Conselho Nacional de Justiça com vistas à uniformização de práticas administrativas no âmbito do Poder Judiciário nacional.

Dessa forma, o referido artigo regimental funcionaria propriamente como uma garantia para assegurar a eficácia normativa de decisão político-constitucional relacionada à inserção do Conselho Nacional de Justiça no âmbito da estrutura do Poder Judiciário, sobretudo se considerado que um tal desenho institucional apenas poderia fazer-se efetivo com base na exigibilidade dos atos do Conselho em relação aos juízes hierarquicamente situados abaixo do Supremo Tribunal Federal.

---

37. Confira-se, a propósito, parecer apresentado pela Advocacia-Geral da União na ADI 4412, cuja argumentação é reconstruída na parte final deste artigo.

Daí, portanto, a relevância da (re)discussão, por parte da Suprema Corte, do entendimento analisado no início desse tópico.

No contexto do julgamento da AO 1.814 QO, referenciada acima, o Ministro Dias Toffoli bem especificou a questão, ao propugnar que o elemento definidor da competência originária do Supremo Tribunal Federal não haveria de ser a pessoalidade na integração do polo passivo, mas o objeto do ato do Conselho Nacional de Justiça, de modo a reservar à apreciação da Suprema Corte todas as ações relacionadas à autonomia dos tribunais e, de maneira geral, ao regime disciplinar da magistratura brasileira. Do voto então apresentado, destaca-se a seguinte citação:

> É que compreendo que a inserção do dispositivo em questão no rol de competências originárias da Corte não buscou apenas garantir que os atos de autoridade dos conselhos ali referidos fossem objeto de apreciação pelo Supremo, por meio de ações mandamentais. Vislumbro, em verdade, na previsão constitucional, um mecanismo assecuratório da própria finalidade do CNJ e da imperatividade de suas decisões, em face dos órgãos e dos membros submetidos a sua autoridade.
>
> Isto porque a preservação da competência constitucionalmente atribuídas ao CNJ e a própria efetividade de sua missão restariam fatalmente prejudicadas se todos os atos e deliberações que proferisse estivessem sujeitos à jurisdição dos membros e órgãos submetidos a sua atividade fiscalizatória e de controle.
>
> Seria uma verdadeira subversão da posição constitucional atribuída a esse órgão; posição, ressalte-se, em grande medida fundada na histórica constatação de uso muitas vezes desequilibrado do poder e do Direito pelas elites judiciárias locais [...]
>
> A interpretação que neste voto exponho segue a linha de compreensão deste Supremo Tribunal Federal quanto à necessidade de se atender à *ratio* subjacente à edição da norma (*in casu*, a alínea r do art. 102, I, da CF), o que implica – não nego, antes reforço – a imediata restrição ao alcance da palavra "ações" constante do dispositivo, mas – insisto – apenas na exata medida exigida para o atendimento da finalidade do comando normativo.
>
> No ponto, e considerando a já destacada missão constitucional do Conselho Nacional de Justiça, entendo que devem ser preservadas à apreciação primária desta Suprema Corte as demandas que digam respeito às atividades disciplinadora e fiscalizadora do CNJ que repercutam frontalmente nos tribunais ou em seus membros, ainda que não veiculadas por ação mandamental ou, em expressão mais sucinta: todas as ações que digam respeito à autonomia dos tribunais ou ao regime disciplinar da magistratura.

Do exposto, portanto, exsurgiria um questionamento específico quanto à (in)suficiência do critério assentado no julgamento conjunto da AO 1.814 QO e da ACO 1.680 AgR – o que parece se confirmar, inclusive, em razão do posterior pronunciamento da Suprema Corte quando da análise da Pet 4.656 (Rel. Min. Cármen Lúcia, Pleno, DJe de 4/12/2017), assim ementada:

> EMENTA: PETIÇÃO. LEI N. 8.223/2007 DA PARAÍBA. CRIAÇÃO LEGAL DE CARGOS EM COMISSÃO NO TRIBUNAL DE JUSTIÇA ESTADUAL (ART. 5º DA LEI N. 82.231/2007 DA PARAÍBA): ASSISTENTES ADMINISTRATIVOS. ATO DO CONSELHO NACIONAL DE JUSTIÇA. EXONERAÇÃO DETERMINADA. AÇÃO ANULATÓRIA: ALEGAÇÃO DE INCOMPETÊNCIA DO CNJ PARA DECLARAR INCONSTITUCIONALIDADE DE LEI. PETIÇÃO JULGADA IMPROCEDENTE.
>
> 1. A restrição do permissivo constitucional da al. r do inc. I do art. 102 da Constituição da República às ações de natureza mandamental resultaria em conferir à Justiça federal de primeira instância, na espécie vertente, a possibilidade de definir os poderes atribuídos ao Conselho Nacional de Justiça no cumprimento de sua missão, subvertendo, assim, a relação hierárquica constitucionalmente estabelecida. Reconhecimento da competência deste Supremo Tribunal para apreciar a presente ação ordinária: mitigação da interpretação restritiva da al. r do inc. I do art. 102 adotada na Questão de Ordem na Ação Originária n. 1.814 (Relator o Ministro Marco Aurélio, Plenário, DJe 3.12.2014) e no Agravo Regimental na Ação Cível Originária n. 1.680 (Relator o Ministro Teori Zavascki, DJe 1º.12.2014), ambos julgados na sessão plenária de 24.9.2014.
>
> 2. Atuação do órgão de controle administrativo, financeiro e disciplinar da magistratura nacional nos limites da respectiva competência, afastando a validade dos atos administrativos e a aplicação de lei estadual na qual embasados e reputada pelo Conselho Nacional de Justiça contrária ao princípio constitucional de ingresso no serviço público por concurso público, pela ausência dos requisitos caracterizadores do cargo comissionado.
>
> 3. Insere-se entre as competências constitucionalmente atribuídas ao Conselho Nacional de Justiça a possibilidade de afastar, por inconstitucionalidade, a aplicação de lei aproveitada como base de ato administrativo objeto de controle, determinando aos órgãos submetidos a seu espaço de influência a observância desse entendimento, por ato expresso e formal tomado pela maioria absoluta dos membros do Conselho.
>
> 4. Ausência de desrespeito ao contraditório: sendo exoneráveis ad nutum e a exoneração não configurando punição por ato imputado aos servidores atingidos pela decisão do Conselho Nacional de Justiça, mostra-se prescindível a atuação de cada qual dos interessados no processo administrativo, notadamente pela ausência de questão de natureza subjetiva na matéria discutida pelo órgão de controle do Poder Judiciário.
>
> 5. Além dos indícios de cometimento de ofensa ao decidido na Ação Direta de Inconstitucionalidade n. 3.233/PB, a leitura das atribuições conferidas ao cargo criado pelo art. 5º da Lei n. 8.223/2007, da Paraíba, evidencia burla ao comando constitucional previsto no inc. V do art. 37 da Constituição da República: declaração incidental de inconstitucionalidade.
>
> 6. Petição (ação anulatória) julgada improcedente.

Outros desdobramentos parecem confirmar o afirmado acima, no sentido de que a judicialização assimétrica dos pronunciamentos dos conselhos constitucionais perante a Justiça Federal e o Supremo Tribunal Federal pode acarretar externalidades negativas ao funcionamento dessas instituições, de modo a impedir o regular funcionamento e desenvolvimento de suas atribuições de controle e fiscalização.

De fato, a despeito da orientação firmada no julgamento conjunto das AO 1.814 QO e ACO 1.680 AgR, quando da análise do agravo regimental na RCL 15.564, a maioria da Primeira Turma do Supremo Tribunal Federal estabeleceu que a competência estabelecida pelo art. 102, I, *r*, da Constituição Federal, constitui-se em instrumento assecuratória das funções do Conselho Nacional de Justiça, bem como da imperatividade de seus pronunciamentos, de modo a assentar que provimentos jurisdicionais não estariam aptos a paralisar a eficácia de seus atos.

Outros indicativos relacionados à evolução do posicionamento anteriormente estabelecido podem ser identificados na divergência de entendimentos firmados no âmbito do Supremo Tribunal Federal quanto à inteligência do art. 102, I, *r*, da Constituição Federal.

Confira-se, nesse sentido, que na RCL 35.168 (Rel. Min. Marco Aurélio, decisão monocrática, DJe de 10/6/2019) negou-se seguimento ao pedido, ressaltando-se o entendimento de que a competência da Suprema Corte para apreciar ações contra o Conselho Nacional de Justiça e o Conselho Nacional do Ministério Público abrangeria tão somente ações de feição mandamental, ao passo que, na apreciação da RCL 37.840 (Rel. Min. Luiz Fux, decisão monocrática, DJe de 6/11/2019), concedeu-se tutela de urgência, reconhecendo-se que, em sede de cognição sumária, fundada em juízo de probabilidade, cabe ao Supremo Tribunal Federal apreciar a questão.

De outro lado, no mandado de segurança nº 36.549, formalizado pela Associação Nacional dos Magistrados Estaduais (ANAMAGES), o Ministro Marco Aurélio implementou a medida acauteladora para suspender os efeitos da Recomendação nº 38/2019.

Frisou o Ministro, considerada a natureza estritamente administrativa do Conselho, não estar o Órgão de controle investido de função jurisdicional, motivo pelo qual não lhe compete, mediante atuação colegiada ou individual do Corregedor, tornar ineficazes decisões judiciais formalizadas por juízes ou Tribunais.

Reconheceu, incidentalmente, a inconstitucionalidade do artigo 106 do Regimento Interno do Conselho, consignando:

O elevado grau hierárquico dos membros do Judiciário que o compõem e a relevância das atribuições conferidas pela Constituição Federal não desnaturam o caráter administrativo dos atos que edita e, por conseguinte, não os torna imunes ao controle jurisdicional – frise-se – realizado por qualquer juiz ou Tribunal – artigo 5º, inciso XXXV, da Carta da República –, considerada a interpretação conferida pelo Supremo ao artigo 102, inciso I, alínea "r", nela contida.

[...]

O artigo 106 do mesmo Regimento estabelece o seguinte:

[...]

A disposição não resiste ao exame de compatibilidade vertical imediata com a Lei Maior, conforme assentado, quando vigente a redação original do dispositivo, no mandado de segurança nº 28.537, relator o ministro Cezar Peluso, por meio de pronunciamento individual do qual se extraem as seguintes razões de decidir, reveladoras da inconstitucionalidade:

> [...]
>
> É evidente a inconstitucionalidade de qualquer decisão do CNJ – ou de interpretação que se dê a decisões do CNJ – que tenda a controlar, modificar ou inibir a eficácia de decisão jurisdicional, como se dá no caso, onde foram tidas como ineficazes as decisões do Tribunal de Justiça do Maranhão que garantem a permanência nos Cartórios Extrajudiciais de ocupantes que não estão sob o abrigo das hipóteses explicitadas nos artigos 4º (parágrafo único), 5º (§ 2º) e 8º da Resolução nº 80 do Conselho Nacional de Justiça (fls. 54).
>
> As decisões do CNJ de modo algum podem interferir no exercício da função jurisdicional.
>
> É que as atribuições do CNJ são de natureza puramente administrativa, disciplinar e financeira, donde não lhe competir, em nenhuma hipótese, apreciar, cassar ou restringir decisão judicial. Esta Corte, aliás, já deixou claro e assentado que, dentro das atribuições do Conselho Nacional de Justiça (art. 103-B, § 4º), não cabe nenhuma competência cujo exercício fosse capaz de interferir no desempenho da função típica do Judiciário, a jurisdicional (ADI nº 3.367, de minha relatoria, DJ de 17.03.2006). Daí vem logo a manifesta inconstitucionalidade do disposto no art. 106 do Regimento Interno do CNJ, que preceitua: As decisões judiciais que contrariarem as decisões do CNJ não produzirão efeitos em relação a estas, salvo se proferidas pelo Supremo Tribunal Federal.
>
> [...]

Pronunciamentos judiciais que apreciem, anulem ou neguem implemento a decisões e atos do Conselho podem ser impugnados por recursos e ações autônomas, considerado o devido processo legal e acionada a Advocacia-Geral da União, como ocorre com os atos dos mais variados órgãos e entidades da Administração.

> Enquanto não reformada ou invalidada, nada, absolutamente nada, justifica o descumprimento de determinação judicial. Como corolário, a observância do ato revestido de conteúdo jurisdicional não pode ser passível de penalidade, como as previstas no artigo 105 do Regimento Interno do Conselho Nacional de Justiça.

Deduzindo pretensão idêntica, foram impetrados os mandados de segurança nº 36.550 e 36.552, pela Associação dos Magistrados Brasileiros (AMB) e Associação dos Juízes Federais (AJUFE), respectivamente, ambos distribuídos ao Ministro Marco Aurélio por prevenção.

O debate quanto à Recomendação 38/2019, do Conselho Nacional de Justiça, tende a ser retomada quando do julgamento da ADI 4412 e das impetrações pelo Plenário do Supremo Tribunal Federal, quando se espera que a Corte uniformize o entendimento das relações entre as decisões administrativas do CNJ e as decisões jurisdicionais de outras instâncias judiciais.

6

MANDADO DE SEGURANÇA E FISCALIZAÇÃO DE CONSTITUCIONALIDADE

William Akerman[1]

6.1. INTRODUÇÃO

Ao longo do Estado Contemporâneo, o Constitucionalismo ostentou diversas faces. Se no século XIX, os países europeus, ao contrário dos Estados Unidos, desconfiavam menos do legislador – tido como curador das liberdades fundamentais – do que do juiz, a Segunda Guerra Mundial revelou a possibilidade de as instituições democráticas violarem a dignidade humana.[2]

No constitucionalismo liberal estão as premissas para a formulação do dogma do legislador negativo, marcado pela rígida repartição de funções do Estado.

No segundo pós-guerra, o papel e o lugar da Constituição foram redefinidos, abrindo caminho para o florescimento da jurisdição constitucional, instrumento de defesa da Lei das Leis, considerada expressão jurídica de um sistema de valores.

Com a superação do formalismo interpretativo, a reaproximação entre direito e moral e a consagração dos direitos humanos de terceira dimensão, potencializadas pela força normativa e pela aplicação direta e imedia-

---

1. Defensor Público do Estado do Rio de Janeiro (DPE/RJ). Assessor de Ministro do Supremo Tribunal Federal (STF). Ex-Procurador do Estado do Paraná (PGE/PR). Ex-Especialista em Regulação de Aviação Civil (ANAC). Ex-Técnico Judiciário do Tribunal Regional Eleitoral do Rio de Janeiro (TRE/RJ). Ex-Técnico Judiciário do Tribunal de Justiça do Estado do Rio de Janeiro (TJRJ). Mestrando em Ciências Jurídicas pela Universidade Autónoma de Lisboa (UAL). Pós-graduado em Direito Público pela Universidade Católica de Petrópolis (UCP). Graduado em Direito pela Universidade do Estado do Rio de Janeiro (UERJ). Autor e coordenador de obras jurídicas pelas Editoras JusPodivm e Revista dos Tribunais. Professor de cursos preparatórios para concursos. Sócio-fundador do Curso e da Editora Sobredireito.
2. BRANDÃO, Rodrigo. *Supremacia Judicial versus Diálogos Constitucionais:* A quem cabe a última palavra sobre o sentido da constituição?, p. 7.

ta das normas de estatura constitucional, as grandes questões, não apenas jurídicas, desaguaram nos Tribunais Constitucionais.

A par disso, é íntima a relação entre a fiscalização de constitucionalidade e o mandado de segurança, porquanto a gênese do controle difuso emerge da impetração do *writ of mandamus* a envolver Marbury e Madison em 1803.

O remédio foi formalizado por Willian Marbury e outros contra ato do *Secretary of State* James Madison e o julgamento edificou as bases do *judicial review*.

A fiscalização nasce como sinal forte do objetivo de defesa da ordem constitucional, segundo Jorge Bacelar Gouveia[3], constituindo garantia geral da Constituição.

Aproximamo-nos, nas linhas seguintes, do constitucionalismo no estado contemporâneo e do controle de constitucionalidade perante o Supremo Tribunal Federal, viabilizado, preventivamente, pela via mandamental.

6.2. DO CONSTITUCIONALISMO LIBERAL AO NEOCONSTITUCIONALISMO E O FLORESCIMENTO DOS TRIBUNAIS CONSTITUCIONAIS

O constitucionalismo assumiu contornos diversos, numa relação de influência de mão dupla com o modelo e a estrutura de Estado emergentes em cada fase[4].

Constitucionalismo[5] significa[6], em essência, limitação do poder e supremacia da lei. Como esclarece Luís Roberto Barroso, a associação à existência de uma Constituição[7] nem sempre é verdadeira: tem-se pelo menos

3. GOUVEIA, Jorge Bacelar. *Manual de Direito Constitucional*. Vol. II. 4.ª ed. p. 809-1322.

4. ROSÁRIO, Pedro Trovão do. Constitucionalismos e democracias um paradoxo?. In ROSÁRIO, Pedro Trovão do; *et. al. Direito Constitucional Luso e Brasileira na Contemporaneidade*. p. 21.

5. Nas experiências precursoras do constitucionalismo liberal, um dos mais conhecidos episódios é o do manifesto, publicado pouco antes da Revolução Francesa, intitulado *Qu'est-ce que le tiers État?*, no qual foram defendidos os interesses do chamado terceiro estado, visto como o verdadeiro depositário da vontade nacional (BARROSO, Luís Roberto. *Curso de Direito Constitucional Contemporâneo:* os conceitos fundamentais e a construção do novo modelo. 1.ª ed. p. 26).

6. Termo polissêmico utilizado tanto para o modelo de organização jurídico-política ou de Estado de Direito, como o tipo de teoria do direito necessário para explicar aquele modelo, ou, ainda, como ideologia, para denominar a filosofia política que justifica a fórmula de Estado Constitucional de Direito, conforme anota PRIETO SANCHÍS, Luis. Voz "Neoconstitucionalismo". In CARBONELL, Miguel, Coord. *Diccionario de Derecho Constitucional*. p. 420.

7. O conceito de Constituição remonta a Aristóteles. Sobre o tema: NEVES, Marcelo. *A constitucionalização simbólica*. 3.ª ed. p. 56 e ss.

um caso notório em que o ideal constitucionalista se manifesta independentemente de Constituição escrita – o do Reino Unido[8-9].

Por outro lado, em vários países com Constituições formais, o constitucionalismo está, ou esteve, distante de ser realidade, como nos períodos das ditaduras latino-americanas nos últimos sessenta anos[10].

A existência de uma ordem jurídica – escrita ou não – é condição necessária, mas não suficiente: é preciso que seja dotada também de alguns atributos e tenha legitimidade, com adesão espontânea dos destinatários[11-12].

O final do século XVIII é marcado pelo constitucionalismo liberal, o qual prestigiava a proteção de direitos individuais de segurança, liberdade e propriedade[13], em Constituições sintéticas, a conferirem ao povo a titularidade do poder político – soberania popular[14] –, num contexto de diminuta atuação do Estado, de poderes agora limitados, e do qual era exigida contenção diante das liberdades individuais (direitos a ações negativas[15]).

No começo do século XX exsurge o constitucionalismo social, no que consagrada a proteção aos direitos econômicos e sociais, em Constituições analíticas, a reclamar do Estado maior atuação, para implementar políticas públicas voltadas à promoção de direitos prestacionais (direitos a ações positivas de natureza fática[16]) – segunda dimensão. As Constituições do México (1917), de Weimar (1919) e do Brasil (1934) são exemplos dessa concepção do constitucionalismo[17].

---

8. MARTINS, João Zenha. Neoconstitucionalismo e intepretação conforme. In CRUZ, Bárbara; *et. al.* – *Teoria da Argumentação e Neo-Constitucionalismo:* um conjunto de perspectivas. p. 193-196.
9. Holanda e Luxemburgo ainda mantêm o padrão de supremacia parlamentar (BARROSO, Luís Roberto. *Curso de Direito Constitucional contemporâneo:* os conceitos fundamentais e a construção do novo modelo. 1.ª ed. p. 264).
10. *Idem. Ibidem.*
11. *Idem. Ibidem.*
12. A Declaração de Direitos do Homem e do Cidadão, de 1789, já previa, no artigo 16, que "a sociedade em que não esteja assegurada a garantia dos direitos nem estabelecida a separação dos poderes não tem Constituição" (Declaração de Direitos do Homem e do Cidadão. Embaixada da França no Brasil. [Em linha]. (1789). Artigo 16. [Consult. 25 de nov. 2019]. Disponível em https://br.ambafrance.org/A-Declaracao-dos-Direitos-do-Homem-e-do-Cidadao).
13. MIRANDA, Jorge. *Teoria do Estado e da Constituição.* 5.ª ed. p. 224.
14. ROSÁRIO, Pedro Trovão do. Constitucionalismos e democracias um paradoxo?. *In* ROSÁRIO, Pedro Trovão do; *et. al. Direito Constitucional Luso e Brasileira na Contemporaneidade.* p. 21.
15. CANOTILHO, José Joaquim Gomes. *Direito Constitucional e Teoria da Constituição.* 7.ª ed. p. 1260.
16. *Idem. Op. Cit.* p. 1259. O autor cuida também do direito a prestações normativas, como, por exemplo, a proteção do direito à vida através de normas penais.
17. CARNEIRO, Cláudio. A jurisprudência de crise e justiça social perante as cortes constitucionais do Brasil e de Portugal. *In* ROSÁRIO, Pedro Trovão do; *et. al. Direito Constitucional Luso e Brasileira na Contemporaneidade.* p. 202.

Adiante no curso da história, avança-se às Constituições do segundo pós-guerra, com a superação do fetichismo da lei e do formalismo, reaproximação entre direito e moral e a consagração dos direitos humanos de terceira dimensão. As discussões jurídicas e a tensão entre os poderes deslocaram-se em direção à jurisdição constitucional[18].

No Brasil, como anteriormente na Itália (1947), na Alemanha (1949) e em Portugal (1976)[19], a Constituição de 1988[20] representou o apogeu da reabertura democrática e fez da dignidade humana epicentro da ordem jurídica, além de haver conferido estabilidade política ao país[21].

A insuficiência da lei ante as vicissitudes do devir da vida em sociedade, o abuso acrítico da lógica formal, com preterição do elemento valorativo, e a superação do dogma da plenitude lógico-conceitual do sistema fizeram a Constituição reassumir o papel central da ordem jurídica[22].

Acima de certo consenso histórico em torno do neoconstitucionalismo[23-24], por outros denominado constitucionalismo contemporâneo[25] – ou

18. *Idem. Op. Cit.* p. 202-203.

19. A Constituição marca o início da ruptura com o autoritarismo, estabelecendo a primazia da dignidade da pessoa humana. Canotilho aponta que o Texto se insere na linha de "descontinuidade" do direito constitucional português (CANOTILHO, José Joaquim Gomes. *Op. Cit.* p. 195).

20. Apontando a influência da Constituição da República Portuguesa de 1976 sobre a Constituição brasileira de 1988, GOUVEIA, Jorge Bacelar. *As Constituições dos Estados de Língua Portuguesa.* 3.ª ed. p. 24.

21. A Constituição de 1988 vem proporcionando o mais longo período de estabilidade institucional da história republicana do país (BARROSO, Luís Roberto. Neoconstitucionalismo e Constitucionalização do Direito: O triunfo tardio do direito constitucional no Brasil. *Revista Quaestio Iuris.* [Em linha]. nº 2. (2006), p. 1-48. [Consult. 15 de nov. 2019]. Disponível em https://www.e-publicacoes.uerj.br/index.php/quaestioiuris/article/view/11641/9106 p. 3).

22. MARTINS, João Zenha. *Op. Cit.* p. 193-196.

23. Expressão empregada por diversos autores. Por todos, BARROSO, Luís Roberto. Neoconstitucionalismo e Constitucionalização do Direito: O triunfo tardio do direito constitucional no Brasil. *Revista Quaestio Iuris.* [Em linha]. nº 2. (2006), p. 1-48. [Consult. 15 de nov. 2019]. Disponível em https://www.e-publicacoes.uerj.br/index.php/quaestioiuris/article/view/11641/9106 p. 1-2.

24. Crítico do termo, STRECK, Lenio Luiz. Contra o Neoconstitucionalismo. Constituição, Economia e Desenvolvimento: *Revista da Academia Brasileira de Direito Constitucional.* [Em linha]. nº 4 (2011), p. 9-27. [Consult. 18 nov. 2019]. Disponível em http://wwww.abdconst.com.br/revista5/Streck.pdf p. 10.

25. Parcela da doutrina, porém, emprega a expressão constitucionalismo contemporâneo em substituição à designação neoconstitucionalismo (*Idem. Op. Cit.* p. 9). A substituição pretende representar contraponto às teses do neoconstitucionalismo e crítica à metodologia da ponderação e à discricionariedade judicial. Não se confunde com a expressão Estado Contemporâneo (ou Estado Constitucional de Direito), já antes referida, utilizada de modo a açambarcar as diversas fases do constitucionalismo da idade contemporânea, inaugurada com a Revolução Francesa (ROSÁRIO, Pe-

mesmo constitucionalismo pós-moderno[26] – como fato –, surgido após a deposição de regimes autoritários na Europa continental e América Latina –, a própria construção desse novo paradigma, dito pós-positivista[27], não é encampada em uníssono pela doutrina[28-29].

Ainda que os contornos possam não ostentar traços peremptórios,[30] há razoável consenso sobre as características marcantes da atual quadra vivenciada, na qual a Constituição deixa de ser vista como um manifesto político,[31] reconhecendo-se-lhe força normativa[32].

Opera-se profunda transformação no sistema de relações entre o Poder Judiciário e o Parlamento com a judicialização da política e das relações sociais e significativo deslocamento do poder das esferas legislativa e executiva para a judiciária[33].

Vale anotar que surge inerente à função de salvaguarda da Constituição a tensão com o princípio democrático[34]. Sindicar a constitucionalida-

---

dro Trovão do. Constitucionalismos e democracias um paradoxo?. *In* ROSÁRIO, Pedro Trovão do; *et. al. Direito Constitucional Luso e Brasileira na Contemporaneidade*. p. 21).

26. CARNEIRO, Cláudio. *Op. Cit*. p. 200.

27. Georges Abboud destaca a importância de não se confundir neoconstitucionalismo com pós-positivismo, pois o primeiro constitui fenômeno político-jurídico surgido no pós-guerra, ao passo que o pós-positivismo consiste em paradigma filosófico que se originou a partir do giro-linguístico e do giro ontológico-linguístico (ABBOUD, Georges. *Processo Constitucional Brasileiro*. 2.ª ed. p. 332).

28. Há quem considere poder a nova teorização ser efetivada sem o abandono completo do paradigma positivista, bastando a reformulação de algumas bases ou o desenvolvimento de potenciais teóricos do próprio positivismo jurídico. Por todos, FERRAJOLI, Luigi. *Principia Iuris:* Teoría del Derecho y de la Democracia. Outros entendem que o tratamento do constitucionalismo requer a completa superação do positivismo jurídico. Para aprofundamento: DWORKIN, Ronald. *Taking rights seriously*; ALEXY, Robert. *Teoría de la argumentación jurídica*. 2.ª ed. Trad. ATIENZA, Manuel; ESPEJO, Isabel; e ZAGREBELSKY, Gustavo. *El derecho dúctil. Ley derechos, justicia*. Trad. GASCÓN, Marina.

29. Segundo Luís Roberto Barroso, constitui o marco filosófico do novo direito constitucional (BARROSO, Luís Roberto. *Curso de Direito Constitucional contemporâneo*: os conceitos fundamentais e a construção do novo modelo. 1.ª ed. p. 247).

30. MARTINS, João Zenha. *Op. Cit*. p. 194.

31. CRUZ, Bárbara Maria da Silva. Constitucionalismo. Desafios emergentes na era da globalização. *In* CRUZ, Bárbara; *et. al. Teoria da Argumentação e Neo-Constitucionalismo*: um conjunto de perspectivas. p. 16.

32. Expressão cunhada por Konrad Hesse na aula inaugural da cátedra da Universidade de Freiburg, 1959. A versão traduzida para o português é do ministro Gilmar Ferreira Mendes (HESSE, Konrad. *A força normativa da Constituição*. Trad. MENDES, Gilmar Ferreira).

33. GOMES, Juliana Cesario Alvim. *Por um Constitucionalismo Difuso*: Cidadãos, Movimentos Sociais e o significado da Constituição. p. 16.

34. Daí também ressalta Alexy que, embora inspirem certa desconfiança em relação ao processo democrático, os direitos fundamentais são não apenas compatíveis, mas condição essencial ao próprio

de é quase necessariamente sujeito a desacordo. Pensar a jurisprudência constitucional como decisão consensual revela verdadeira contradição em termos. Valores e direitos que merecem consenso social estão refletidos, explicitamente, no Texto Maior e não sofrem, ao menos com frequência, investidas dos poderes constituídos.

Fruto do constitucionalismo norte-americano, os Tribunais Constitucionais foram reelaborados[35] e ganharam notoriedade nas Cartas Políticas aprovadas após a Segunda Guerra Mundial[36].

No sempre citado debate entre Hans Kelsen e Carl Schmitt, em 1929, acerca da jurisdição constitucional, o primeiro, buscando garantir a hierarquia normativa por meio da fiscalização da conformidade das normas de grau inferior com as que lhes sobrelevam, sustentou deferir a guarda da Constituição a um Tribunal Constitucional, para que examinasse as questões jurídico-constitucionais, considerada a supremacia da Lei Maior. Não fosse a invalidação dos atos inconstitucionais, não se poderia dizer, na óptica kelseniana, plenamente obrigatória a Constituição em sentido técnico[37].

Carl Schmitt, por sua vez, refutava a noção de jurisdição constitucional, sob o argumento de possuir a questão da constitucionalidade natureza política. Não incumbiria, portanto, a um Tribunal fazer política, na defesa da Constituição, mas a um órgão político[38]. Somente o Executivo poderia fazer face ao Parlamento, devendo o guardião da Constituição ser o próprio Presidente[39].

---

reconhecimento da democracia. Ao vincularem o legislador, situam-se acima do processo decisório da maioria parlamentar. Se um Tribunal Constitucional tem razões jurídicas bastantes para negar à maioria a restrição a certas liberdades individuais, a decisão, antes de prejudicar, fortalece os valores democráticos (ALEXY, Robert. Direitos Fundamentais no Estado Constitucional Democrático. *In Constitucionalismo discursivo*. Trad. HECK, Luís Afonso. p. 53).

35. ENTERRÍA, Eduardo Garcia. *La Constitución como Norma y el Tribunal Constitucional*. p. 123.

36. Antes, Tchecoslováquia, Áustria e Espanha já haviam criado Cortes Constitucionais, as quais tiveram duração efêmera (VELLOSO, Carlos Mário da Silva. A arguição de descumprimento de Preceito Fundamental. *Fórum Administrativo de Direito Público*. [Em linha] Ano 3, nº 24 (2017). [Consult. 03 nov. 2019]. Disponível em https://www.bidforum.com.br/bidLogin.aspx?ReturnUrl=%2fbid%2fPDI0006.aspx%3fpdiCntd%3d3092%253E&pdiCntd=3092%3E p. 2).

37. ENTERRÍA, Eduardo Garcia. *Op. Cit*. p. 1 e 124.

38. *Idem – Ibidem*.

39. SANTOS, Ana Catarina. *Papel Político do Tribunal Constitucional*. p. 26.

O florescimento dos Tribunais Constitucionais[40] e da jurisdição constitucional se seguiu no segundo pós-guerra[41], com o já referido renascimento do constitucionalismo[42].

6.3. FISCALIZAÇÃO DE CONSTITUCIONALIDADE: PANORAMA BRASILEIRO

No Estado contemporâneo, o Texto Constitucional ocupa a posição de delimitador do horizonte de possibilidades para elaboração de todo o ordenamento jurídico de uma nação, assumindo o papel de condição de validade de todos os atos administrativos e legislativos. Como bem assinala José Afonso da Silva, "a Constituição é o vértice do sistema jurídico do país, a que confere validade, e todos os poderes estatais são legítimos na medida em que ela os reconheça e na proporção por ela distribuídos"[43].

Nesse sentido, há que se imaginar uma espécie de controle de adequação das demais normas com a Lei Maior, assegurando-se, dessa forma, a unidade e a harmonia do sistema jurídico e o exercício regular das funções estatais.

A fiscalização de constitucionalidade deve ser entendida como juízo de compatibilidade vertical imediata entre norma constitucional e norma infraconstitucional.

Orienta-se basicamente por dois pressupostos, quais sejam, a supremacia e a rigidez constitucionais[44]. A supremacia da Constituição, nas palavras de Luís Roberto Barroso, "revela sua posição hierárquica mais elevada dentro do sistema, que se estrutura de forma escalonada, em diferentes níveis. É a Constituição o fundamento de validade de todas as demais normas"[45].

---

40. Em 2008, dos vinte e sete Estados da União Europeia, dezessete possuíam Tribunais Constitucionais e um, a França, um Conselho Constitucional (Idem – *Op. Cit.* p. 24).

41. Para compreender o contraste entre o modelo norte-americano e o Alemão: BACHOF, Otto. *O Estado de Direito e o poder político:* os Tribunais Constitucionais entre o Direito e a política. Boletim da Faculdade de Direito. Vol. LVI. Trad. COSTA, José Manuel Cardoso da. p. 1-8.

42. VELLOSO, Carlos Mário. *Op. Cit.* p. 1.

43. SILVA, José Afonso da. *Tribunais Constitucionais e Jurisdição Constitucional.* Revista brasileira de estudos políticos. p. 45.

44. Por todos, MORAIS, Carlos Blanco de. *Justiça Constitucional.* Tomo I. Garantia da constituição e controlo da constitucionalidade. p. 57, e BARROSO, Luís Roberto. *Curso de Direito Constitucional contemporâneo:* os conceitos fundamentais e a construção do novo modelo. 1.ª ed. p. 83-84.

45. BARROSO, Luís Roberto. *O Controle da Constitucionalidade no Direito Brasileiro.* 4.ª ed. p. 1.

A rigidez constitucional, por outro lado, traduz-se na exigência de processo mais complexo para modificação das normas constitucionais do que aquele apto a gerar normas infraconstitucionais[46].

De fato, o aspecto da rigidez constitucional garante supremacia formal à Constituição. Afinal, se as normas constitucionais fossem elaboradas da mesma forma que as infraconstitucionais, a superveniência de lei ordinária contrária a mandamento constitucional acarretaria não inconstitucionalidade, mas revogação da norma constitucional por ato posterior.

É mister destacar, outrossim, que a existência do controle de constitucionalidade, além de intimamente ligada aos princípios da supremacia e da rigidez constitucionais, exerce a notável função de defesa e concretização dos direitos fundamentais, marcada pela possibilidade de supressão de ato normativo que possa frustrar a máxima aplicabilidade daqueles direitos resguardados de forma expressa ou implícita pela Carta.

A Constituição do Império, de 1824, consagrava o controle político. Com a República, adotou-se, na Constituição de 1934[47], o controle jurisdicional, segundo o modelo norte-americano[48], difuso, portanto.

A Constituição de 1934 previu a ação direta interventiva, instrumento de controle de constitucionalidade concentrado, vez que o único foro competente para julgá-la é o Supremo Tribunal Federal, mas concreto, e não abstrato, considerado o conflito federativo subjacente. Alexandre de Moraes o classifica como "controle direto, para fins concretos"[49].

Em 1965, a Emenda Constitucional nº 16 criou a representação de inconstitucionalidade, da competência do Supremo Tribunal Federal, atribuindo legitimação ativa exclusiva ao Procurador-Geral da República.

Foi a Constituição de 1988 a instituir a ação direta de inconstitucionalidade por omissão, alargar a legitimação ativa para a ação direta de

---

46. CANOTILHO, José Joaquim Gomes. *Op. Cit.* p. 2. Entre diversos outros autores, SILVA, José Afonso da. *Op. Cit.* p. 503.

47. A Constituição de 1934 previu a ação direta interventiva, instrumento de controle de constitucionalidade concentrado, vez que o único foro competente para julgá-la é o Supremo Tribunal Federal, mas concreto, e não abstrato, considerado o conflito federativo subjacente. Alexandre de Moraes o classifica como "controle direto, para fins concretos" (MORAES, Alexandre de. *Jurisdição Constitucional e Tribunais Constitucionais:* Garantia Suprema da Constituição. 3ª ed. p. 241).

48. Em Marbury v. Madison (1803), a Suprema Corte consagrou a supremacia constitucional e a autoridade do Judiciário para salvaguardar a Lei Fundamental, invalidando os atos do Executivo e do Legislativo que a contrariem.

49. MORAES, Alexandre de. *Op. Cit.* 3ª ed. p. 241.

inconstitucionalidade e prever a arguição de descumprimento de preceito fundamental. Completando o sistema de controle abstrato, a Emenda Constitucional nº 3/1993 trouxe para o corpo fixo da Carta Política a ação declaratória de constitucionalidade, cuja legitimação ativa passou a ser a mesma da ação direta após a Emenda Constitucional nº 45/2004[50].

Quanto à natureza, o controle de constitucionalidade pode ser político ou judicial.

O primeiro surge com o exercício da fiscalização de constitucionalidade por órgão político, normalmente ligado ao Parlamento, modalidade associada à experiência constitucional francesa e designada, por alguns, de controle não judicial[51].

O controle judicial, por seu turno, tem origem no já mencionado pronunciamento da Suprema Corte americana no caso *Marbury v. Madison*, julgado em 1803[52].

No tocante ao momento do exercício, a fiscalização de constitucionalidade pode ser preventiva ou repressiva.

Enquanto a fiscalização preventiva tem como objeto atos normativos em formação, a fiscalização repressiva busca verificar a constitucionalidade de atos normativos promulgados e publicados[53].

O Poder Legislativo exerce o controle preventivo - de natureza política - por meio do exame das proposições legislativas pelas Comissões de Constituição e Justiça de cada Casa Legislativa, sem prejuízo de o Plenário da Câmara dos Deputados ou do Senado Federal também analisar a constitucionalidade das proposições[54].

No âmbito do Poder Executivo, o controle político preventivo é realizado pelo Presidente da República por meio do veto jurídico[55] aos projetos

50. Apesar do caráter ambivalente da ação direta de inconstitucionalidade, o Supremo negou a possibilidade de instaurar controle abstrato com pedido de declaração de constitucionalidade, tornando inevitável a positivação de instituto específico, embora restrito ao direito federal - diferentemente da ação de sinal contrário que abarca também o estadual (*Idem. Op. Cit.* p. 1362-1363).

51. BARROSO, Luís Roberto. *O Controle da Constitucionalidade no Direito Brasileiro*. 4.ª ed. p. 42.

52. *Idem. Op. Cit.* p. 43.

53. NOVELINO, Marcelo. *Curso de Direito Constitucional*. Salvador: Juspodivm, 2016, p. 165.

54. *Idem. Op. Cit.* p. 166.

55. O veto origina incidente no procedimento legislativo, a impedir, definitiva ou temporariamente, a disciplina nos termos revelados na proposição, reclamando nova manifestação do Poder Legislativo sobre a matéria, em sessão conjunta, dentro de trinta dias a contar de seu recebimento, só

de lei aprovados pelo Congresso Nacional, nos termos do artigo 66, § 1º, da Carta Federal[56].

6.4. MANDADO DE SEGURANÇA, CONTROLE DE CONSTITUCIONALIDADE PREVENTIVO JUDICIAL E DEVIDO PROCESSO LEGISLATIVO

A Lei Maior adotou, de forma expressa, sistemática segundo a qual o controle de constitucionalidade é exercido pelo Poder Judiciário, repressivamente[57], ou seja, após a incorporação do ato normativo contrário aos ditames constitucionais ao ordenamento jurídico.

Antes da Constituição de 1988, a jurisprudência do Supremo Tribunal Federal orientou-se no sentido de admitir, em caráter excepcional, a impetração de mandado de segurança por parlamentar com a finalidade de coibir processo legislativo inconstitucional.

O entendimento deita raízes no julgamento do mandado de segurança nº 20.257, relator o Ministro Décio Miranda, redator para o acórdão o Ministro Moreira Alves, julgado em 8 de outubro de 1980.

A impetração foi formalizada pelos senadores da República Itamar Augusto Cautiero Franco e Antônio Mendes Canale contra ato da Mesa Diretora do Congresso Nacional mediante o qual admitida a tramitação das Propostas de Emendas Constitucionais nº 51/1980 e 52/1980, assim como da Emenda nº 3 às anteriores, a versarem a prorrogação do mandato dos prefeitos, vice-prefeitos e vereadores eleitos no ano de 1980 pelo prazo de dois anos[58].

Os impetrantes requereram, no mérito, a suspensão do trâmite das mencionadas proposições sob o argumento de violarem o disposto no artigo 47, § 1º, da Constituição de 1967, com redação dada pela Emenda Constitucional nº 1/1969, prevista a impossibilidade de deliberação sobre

---

podendo ser rejeitado pelo voto da maioria absoluta dos Deputados e Senadores – artigo 66, § 4º, da Carta Política (SILVA, José Afonso da Silva. *Processo Constitucional de formação das leis*. 3.ª ed. São Paulo: Malheiros, 2017, p. 228).

56. BARROSO, Luís Roberto. *O Controle da Constitucionalidade no Direito Brasileiro*. 4.ª ed. p. 43.

57. Há mecanismos de atuação repressiva pelo Legislativo, considerada a possibilidade de sustar atos normativos do Executivo que exorbitem do poder regulamentar, e do Executivo, como a recusa direta em aplicar norma inconstitucional (*Idem. Op. Cit.* p. 46).

58. CHEVITARESE, Alessia Lima Brito Campos. *Controle jurisdicional do processo legislativo:* natureza e limitações do mandado de segurança. p. 284.

proposta de emenda à Constituição tendente a abolir a federação e a república[59].

O Ministro Moreira Alves, no voto condutor do acórdão, assentou a inadequação, como regra, do mandado de segurança voltado a impedir tramitação de projeto de lei ou proposta de emenda constitucional com base em alegação de incompatibilidade com princípio estampado na Lei das Leis. No entendimento do Ministro, a violação à Constituição só ocorre depois de o projeto se transformar em lei ou de a proposta de emenda vir a ser aprovada.

Ressalvou – e por isso, no caso, admitiu a impetração – as hipóteses nas quais a vedação constitucional se dirige ao próprio processamento da lei ou da emenda. A inconstitucionalidade, segundo fez ver Moreira Alves, reside no próprio andamento do processo legislativo. Em face da gravidade da violação, o Texto Maior, à época em vigor, impedia a própria deliberação.

A ordem, no mandado de segurança em tela, acabou indeferida ante a ausência de afronta à federação e à república.

A existência da fiscalização preventiva de constitucionalidade com a participação do Supremo foi debatida no processo constituinte do Texto de 1988 e o modelo não foi acolhido[60].

A ausência de dispositivo constitucional não conduziu à impossibilidade de fiscalização da formação dos atos normativos.

As dimensões do controle jurisdicional preventivo foram delineadas pelo Supremo Tribunal Federal, de forma ainda mais precisa, ao apreciar, em 20 de junho de 2013, o mandado de segurança nº 32.033, relator o Ministro Gilmar Mendes, redator para o acórdão o Ministro Teori Zavascki.

Valendo-se da via mandamental, o senador Rodrigo Sobral Rollemberg buscou o arquivamento do Projeto de Lei da Câmara nº 14/2013, o qual foi convertido para o Projeto de Lei nº 4.470/2012 ao chegar ao Senado Federal. Apontou afronta ao decidido pela Corte na ação direta de inconstitucionalidade nº 4.430, relator o Ministro Dias Toffoli, a versar a formação de novas agremiações partidárias, e ao artigo 17, *caput* e § 3º, da Consti-

59. *Idem*. *Op. Cit.* p. 285.

60. BRASIL. Assembleia Nacional Constituinte. Anais da Assembleia Nacional Constituinte (Suplemento "C"). Ata da 32ª reunião extraordinária da Comissão de Sistematização. Brasília, DF, 1988. p. 1.003. Disponível em: <http://www.senado.leg.br/publicacoes/anais/constituinte/9b_Sistematizacao.pdf>. Acesso em 5 de maio de 2020.

tuição da República. Afirmou ser titular de direito líquido e certo de não se submeter à votação de proposta legislativa ofensiva à Carta Política.

O relator, Ministro Gilmar Mendes, desacolheu alegação de se restringir o controle apenas a propostas de emendas constitucionais. Segundo o Ministro, a leitura sistemática da Carta de 1988 e da história da criação do controle judicial de constitucionalidade denotaria a admissão do controle, também, de projetos de lei, de molde a salvaguardar o núcleo duro contido no artigo 60, § 4º, da Lei Maior.

Inaugurando a divergência e revelando verdadeiro marco nas relações entre os Poderes da República, o Ministro Teori Zavascki sublinhou estar a jurisprudência da Corte Suprema consolidada no sentido de que nosso sistema constitucional não autoriza, como regra, o controle de constitucionalidade de projetos normativos[61]. Há duas exceções: a primeira, quando se trata de proposta de emenda à Constituição manifestamente ofensiva a cláusula pétrea; e a segunda, em relação a projeto de lei ou proposta de emenda à Constituição em cuja tramitação for verificada ofensa a alguma das cláusulas constitucionais que disciplinam o correspondente processo legislativo.

Nessas excepcionais situações, na óptica do Tribunal, o vício de inconstitucionalidade está diretamente relacionado a aspectos formais e procedimentais da atuação legislativa e surge concretizado antes mesmo e independentemente de aprovação alfim.

Da síntese do julgado extrai-se o seguinte excerto, revelador da tese encampada:

> A prematura intervenção do Judiciário em domínio jurídico e político de formação dos atos normativos em curso no Parlamento, além de universalizar um sistema de controle preventivo não admitido pela Constituição, subtrairia dos outros Poderes da República, sem justificação plausível, a prerrogativa constitucional que detém de debater e aperfeiçoar os projetos, inclusive para sanar seus eventuais vícios de inconstitucionalidade. Quanto mais evidente e grotesca possa ser a inconstitucionalidade material de projetos de leis, menos ainda se deverá duvidar do exercício responsável do papel do Legislativo, de negar-lhe aprovação, e do Executivo, de apor-lhe veto, se for o caso. Partir da suposição contrária significaria menosprezar a seriedade e o senso de responsabilidade desses dois Poderes do Estado. E se, eventualmente, um projeto assim se transformar em lei,

61. Não admitindo o controle jurisdicional preventivo de constitucionalidade, tem-se ação direta de inconstitucionalidade nº 466, relator o Ministro Celso de Mello, julgada em 3 de abril de 1991, a versar reconhecimento da inconstitucionalidade da Proposta de Emenda Constitucional nº 1-B/1988, a qual submetia a plebiscito popular a instituição de pena de morte para os crimes nela indicados.

sempre haverá a possibilidade de provocar o controle repressivo pelo Judiciário, para negar-lhe validade, retirando-a do ordenamento jurídico.

No caso de proposições normativas infraconstitucionais, o Supremo reconhece a adequação do mandado de segurança para coibir violações ao devido processo legislativo constitucional, e não incompatibilidade material com a Constituição Federal.

6.4.1. Legitimidade para a impetração

O Supremo indica a possibilidade de o congressista instaurar o controle judicial de constitucionalidade das proposições legislativas[62].

A legitimidade exclusiva do parlamentar encontra alicerce na existência de direito líquido e certo dos membros do Poder Legislativo de não se submeterem a processo inconstitucional de produção de ato normativo.

A respeito, Gregório Assagra leciona:

> No sistema brasileiro, diferentemente do francês, não há, pelo menos em tese, o controle jurisdicional preventivo abstrato da constitucionalidade. Entretanto, tem sido admitido o controle jurisdicional preventivo da constitucionalidade. Nesses casos, o instrumento admitido como sendo mais adequado é o mandado de segurança, que poderá ser impetrado por qualquer parlamentar que se sentir lesionado ou ameaçado de lesão, no exercício do seu cargo, nos casos de desrespeito ao devido processo legislativo. Como autoridade coatora figurará, em regra, o presidente da respectiva Casa ou o presidente da Comissão Legislativa onde está ou foi praticado o ato apontado como inconstitucional[63].

Ao examinar o mandado de segurança nº 20.452[64], por meio do qual o senador da República Severo Fagundes Gomes, o deputado federal Airton Sandoval Santana e o Vice-Governador de São Paulo, Orestes Quércia, impugnavam a votação da Proposta de Emenda Constitucional nº 5/1983, conhecida como "Emenda Dante Oliveira", o Plenário do Supremo, em 7 de novembro de 1984, a uma só voz, na linha do voto do relator, o Ministro Aldir Passarinho, acolheu preliminar de ilegitimidade ativa suscitada contra

---

62. STF, MS 24.645 MC/DF, rel. Min Celso de Mello, j. 08/09/2003. Inadmitindo o mandado de segurança em razão da ausência de legitimidade ativa por faltar ao impetrante a qualidade de parlamentar, tem-se STF, MS 24.667/DF, rel. Min. Carlos Velloso, j. 04/03/2003.

63. ALMEIDA, Gregório Assagra de. *Manual das ações constitucionais*. p. 587.

64. O mandado de segurança nº 20.452 foi impetrado pelo senador Severo Gomes e pelo vice-governador do Estado de São Paulo Orestes Quércia contra ato da Mesa Diretora do Senado Federal mediante o qual determinado o arquivamento da emenda constitucional nº 5/1985, considerada a não obtenção do quórum mínimo de dois terços dos membros da Câmara dos Deputados.

o Vice-Governador, sob fundamento ser a titularidade do direito, supostamente violada durante a tramitação de proposição legislativa, reservada a membro do Congresso Nacional em pleno exercício do mandato eletivo[65-66].

A legitimidade parlamentar foi reconhecida, ainda, nos mandados de segurança nº 22.503, relator o Ministro Marco Aurélio, redator para o acórdão o Ministro Maurício Corrêa, julgado em 8 de maio de 1996; nº 22.972, relator o Ministro Néri da Silveira – ulteriormente distribuído aos Ministros Carlos Ayres Britto, Cezar Peluso, Teori Zavascki e Alexandre de Moraes, com desistência homologada em 8 de junho de 2018; e nº 21.311, relator o Ministro Néri da Silveira, julgado em 13 de maio de 1999.

No primeiro, Jandira Feghali, José Aldo Rebelo Figueiredo, Luiz Lindbergh Farias Filho, Maria do Socorro Gomes Rodrigues, Miro Teixeira e outros Deputados Federais formalizaram mandado de segurança preventivo contra o processamento da Proposta de Emenda Constitucional nº 33-A/95, a versar a Reforma da Previdência.

Por meio da segunda impetração, Jaques Wagner, Hélio Pereira Bicudo, Arlindo Chinaglia Júnior, Sandra Meira Starling e Miguel Soldatelli Rosseto buscavam obstar o processamento da Proposta de Emenda Constitucional nº 20-A/95, que tinha por objeto instituir o parlamentarismo no país, alegando violação de diversos princípios fundamentais constantes da ordem constitucional brasileira.

Com o terceiro mandado de segurança, José Genoíno e outros Deputados Federais voltaram-se contra a tramitação da Proposta de Emenda Constitucional nº 1/1988, a qual pretendia instituir a pena capital no Brasil nos casos de roubo, sequestro e estupro, seguidos de morte. A Emenda acabou arquivada pelo Legislativo, ocasionando a perda do objeto da impetração.

Vale destacar que o término do mandato do parlamentar que figure como impetrante acarreta a extinção do mandado de segurança por perda superveniente da legitimidade ativa[67], porquanto o exercício do mandato constitui fator legitimante e necessário para a instauração e para o prosseguimento da ação constitucional[68].

65. No mérito, a ordem foi indeferida, placitando a não aprovação da Emenda Dante de Oliveira pelo Parlamento.

66. O entendimento foi reafirmado, sob a égide da Carta Cidadã, no mandado de segurança nº 21.642, mediante decisão individual do Ministro Celso de Mello em 25 de janeiro de 1993.

67. NOVELINO, Marcelo. *Op. Cit.* p. 167.

68. STF, MS 27.971/DF, rel. Min Celso de Mello, j. 01/07/2011.

O controle judicial prévio, frise-se, não pode ser desencadeado por terceiros que não ostentem a condição de membro do poder legislativo. A legitimidade ativa para impetrar mandado de segurança contra suposto vício de natureza formal no processo de elaboração de leis e emendas constitucionais é restrita a parlamentar em pleno exercício do mandato por ser detentor do direito de iniciativa e de voto[69].

6.4.2. Objeto do mandado de segurança

Quando do julgamento do mérito da ação mandamental nº 20.257, em 8 de outubro de 1980, o Ministro Moreira Alves, redator para o acórdão, ressaltou, como visto, a proibição, pelo Texto Maior, não apenas da deliberação, como também do processamento de proposta de emenda à Constituição voltada a aniquilar a federação ou a república. A inconstitucionalidade, em casos desse jaez, reside no próprio processo legislativo[70].

O mandado de segurança nº 20.257 é paradigmático por haver instaurado o controle judicial preventivo de constitucionalidade, autorizando a impetração contra ato do Poder Legislativo mediante o qual admitida a tramitação de emenda constitucional tendente a abolir cláusula pétrea.

O entendimento não é imune a críticas. Segundo Georges Abboud, o caso acima delineado não poderia embasar, na atualidade, a fiscalização prévia de constitucionalidade por haver sido julgado sob a égide do Constituição de 1967. Na opinião do autor, o Texto Constitucional vigente não prevê nem autoriza o controle prévio dos atos normativos[71], ao contrário do artigo 47, § 1º, da Constituição de 1967, com redação dada pela Emenda Constitucional nº 1/1969.

Ainda assim, o Supremo tem admitido o manejo do mandado de segurança como instrumento de fiscalização judicial preventiva de constitucionalidade de proposta de emenda constitucional violadora do artigo 60, § 4º, da Carta de 1988.

No tocante às normas infraconstitucionais, ainda mais relevante foi o julgamento do mandado de segurança nº 32.033, impetrado pelo senador Rodrigo Rollemberg em face de atos dos Presidentes da Câmara dos Deputados e do Senado Federal mediante os quais admitida a tramitação do

---

69. NASCIMENTO, Lilian Rodarte. Considerações sobre o controle preventivo de constitucionalidade no Brasil. *In*: CASTRO, Dayse Starling (org.). *Direito Público*. Belo Horizonte: PUC Minas, 2010, p. 299-309.
70. CHEVITARESE, Alessia Lima Brito Campos. *Op. Cit.* p. 292-293.
71. ABBOUD, Georges. *Op. Cit.* p. 450.

Projeto de Lei nº 4.470/2012, convertido, ao chegar ao Senado Federal, em Projeto de Lei da Câmara nº 14/2013, o qual pretendia promover verdadeira correção legislativa da jurisprudência do Supremo, ante o decidido na ação direta de inconstitucionalidade nº 4.430[72] quanto à divisão do tempo de propaganda eleitoral no rádio e na televisão.

Apesar do deferimento da medida acauteladora e do voto do relator, Ministro Gilmar Mendes, reconhecendo ofensa ao direito subjetivo do parlamentar de não se submeter a processo legislativo contrário à Constituição, o Ministro Teori Zavascki, redator para o acórdão, inaugurou divergência, assentando a impossibilidade de membro do Poder Legislativo provocar, mediante mandado de segurança, o controle judicial preventivo, sob o ângulo material, de projeto de lei.

De acordo com Georges Abboud, o voto proferido pelo Ministro Teori Zavascki buscou restringir o objeto do controle prévio de constitucionalidade às propostas de emenda à Constituição com conteúdo avesso ao núcleo rígido da Lei Fundamental[73].

Os Ministros Luiz Fux e Ricardo Lewandowski destacaram não ter o artigo 60, § 4º, da Constituição de 1988 vedado a deliberação de projeto de lei contrário a cláusula pétrea. Apontaram, também, que a decisão que melhor promoveria a separação de poderes e os postulados democráticos seria aquela a permitir ao Poder Legislativo o debate acerca do Projeto de Lei da Câmara nº 14/2013[74].

Ao final, o Pleno indeferiu a ordem, vencidos os Ministros Celso de Mello, Dias Toffoli e Gilmar Mendes.

Nesse quadro, o mandado de segurança constitui, consoante assinala a Corte, instrumento apto a provocar o controle judicial preventivo de constitucionalidade, sob o ângulo material, desde que tenha como objeto

---

72. Em 29 de junho de 2012, o Plenário do Supremo Tribunal Federal declarou a inconstitucionalidade da expressão "e representação na Câmara dos Deputados" contida artigo 47, *caput*, da Lei nº 9.504/97, de forma a assegurar aos partidos criados, fundidos ou incorporados após as eleições realizadas para a Câmara dos Deputados o direito de receber quantia relativa ao rateio de 95% do fundo partidário; bem como interpretou conforme à Constituição Federal o artigo 47, § 2º, inciso II, da mesma Lei, para garantir acesso proporcional aos dois terços do tempo destinado à propaganda eleitoral no rádio e na televisão, considerada a representação dos deputados federais que migraram diretamente dos partidos pelos quais foram eleitos para a nova legenda no momento de sua criação.

73. ABBOUD, Georges. *Op. Cit.* p. 445.

74. CHEVITARESE, Alessia Barroso Lima Brito Campos. *Op. Cit.* p. 359-360.

proposta de emenda à Constituição materialmente contrária à cláusula pétrea – artigo 60, § 4º, incisos I a IV, da Lei das Leis.

Não se presta, portanto, à fiscalização preventiva, sob o ângulo material, da compatibilidade de projeto de lei com a Carta Política, evitando-se a universalização do controle preventivo de constitucionalidade, em manifesto desalinhamento com o sistema estabelecido no Texto Maior.

De outro lado, eventuais vícios formais no processamento de proposta de emenda ou de projeto de lei podem consubstanciar causa de pedir de mandado de segurança formalizado por parlamentar para resguardar direito subjetivo à observância do devido processo legislativo – artigos 59 a 69 da Carta da República[75].

Além dos limites já delineados acerca do objeto do controle judicial preventivo, normas regimentais[76] não podem ser objeto do controle judicial preventivo por versarem matéria *interna corporis* do Poder Legislativo[77].

6.4.3. Efeitos da aprovação do projeto de lei ou da proposta de emenda constitucional

Os efeitos da aprovação, no curso do mandado de segurança, da proposta de emenda constitucional foram analisados pelo Supremo, em 5 de maio de 1993, no julgamento do mandado de segurança nº 21.648/DF, relator o Ministro Octavio Gallotti, redator para o acórdão o Ministro Ilmar Galvão.

Na impetração, José Maria Eymael insurgiu-se contra atos dos Presidentes da Câmara dos Deputados e do Senado Federal, envolvendo a tramitação da Proposta de Emenda Constitucional nº 48/1991, a versar a criação do imposto sobre movimentação e transmissão de valores, de créditos e de direitos de natureza financeira no mesmo exercício financeiro em que publicada a lei institutiva.

O Plenário do Supremo assentou a inviabilidade de ter-se o prosseguimento da ação mandamental na hipótese de haver o ato normativo entrado em vigor.

---

75. STF, MS 32.033, Plenário, rel. Min. Gilmar Mendes, j. 20/06/2013.

76. ALMEIDA, Gregório Assagra de. *Op. Cit.* p. 587.

77. STF, MS 22.503, Plenário, rel, Min. Marco Aurélio, j. 08/05/1996.

Conforme o entendimento da maioria do Tribunal, a impetração não pode se voltar contra emenda já promulgada, o que equivaleria a emprestar, ao mandado de segurança, efeito, de todo descabido, de ação direta de inconstitucionalidade. A aprovação enseja, pois, a perda da legitimidade do impetrante, o qual não figura no rol do artigo 103 da Carta Política.

Outros, como os Ministros Ilmar Galvão e Marco Aurélio, assinalaram que a extinção do processo sem exame do mérito decorre da perda do objeto. Formalizado para assegurar ao impetrante, na qualidade de Deputado Federal, o direito de não ser compelido a deliberar sobre emenda tida como inconstitucional, o mandado de segurança tem escopo esvaziado com a aprovação pela própria Câmara dos Deputados, mesmo que ainda submetida ao Senado.

Ponto ainda não pacificado é o marco temporal da perda do objeto[78] ou da legitimação ativa: oscilam os entendimentos a apontarem desde o encerramento da deliberação pela Casa Legislativa a que pertence o parlamentar até a conclusão do processo legislativo, com a publicação da norma.

6.5. CONCLUSÃO

O Supremo Tribunal Federal apenas admite o controle judicial preventivo de projetos de lei na hipótese em que o parlamentar argua inobservância ao devido processo legislativo na tramitação da proposição. A Corte afastou a possibilidade de examinar a constitucionalidade material dos projetos de lei por entender que a apreciação do conteúdo da proposta constituiria intervenção prematura do Poder Judiciário na atividade legiferante.

No tocante às propostas de emenda à Constituição, a jurisprudência do Tribunal permite o controle judicial preventivo dos aspectos tanto materiais, presente o artigo 60, § 4º, incisos I a IV, da Constituição, como formais.

O exercício da fiscalização, pelo Poder Judiciário, ocorre, excepcionalmente, na hipótese de impetração de mandado de segurança por congressista em pleno exercício do mandato com a finalidade de resguardar seu direito líquido e certo ao devido processo legislativo constitucional.

78. STF, MS 36.508, 1ª Turma, rel. Min. Marco Aurélio, j. 16/08/2019.

Múltiplas críticas são postas. Além da separação de poderes e da tensão com o princípio democrático, o risco de politização é, comumente, apontado.

A tensão com o princípio democrático é inerente à função de salvaguarda da Constituição; o paradoxo, apenas aparente[79].

Vale relembrar a advertência de que o controle da constitucionalidade é quase necessariamente sujeito a desacordo. Pensar a jurisprudência constitucional como decisão consensual revela verdadeira contradição em termos.

Diante da violação ao devido processo legislativo ou, no caso da atuação do poder constituinte derivado, às cláusulas pétreas, torna-se necessária a salvaguarda, pelo Supremo, da Carta Política, intervenção que reclama provocação de congressista e não será, seguramente, imune a dissensos, por se opor à ação governamental e à maioria parlamentar momentaneamente formada.

O fato de ser, naturalmente, conflitual não significa que ocasione fratura no tecido político e social. Ao revés, denota o regular funcionamento das instituições de um Estado de Direito democrático com justiça constitucional.

Em defesa do Tribunal, ao lado de Jorge Reis Novais e de Luís Roberto Barroso, rememoramos ser a Constituição o documento que transforma Política em Direito[80]. Daí é que se pode ver com maior normalidade alguma interferência nessa seara como decorrência da fiscalização de constitucionalidade: se a lei é política, expressão das opções e dos programas políticos, o controle não se afasta, definitivamente, desse cariz[81-82].

---

79. Daí também ressalta Alexy que, embora inspirem certa desconfiança em relação ao processo democrático, os direitos fundamentais são não apenas compatíveis, mas condição essencial ao próprio reconhecimento da democracia. Ao vincularem o legislador, situam-se acima do processo decisório da maioria parlamentar. Se um Tribunal Constitucional tem razões jurídicas bastantes para negar à maioria a restrição a certas liberdades individuais, a decisão, antes de prejudicar, fortalece os valores democráticos (ALEXY, Robert. *Op.Cit.* p. 53).

80. BARROSO, Luís Roberto. Judicialização, ativismo judicial e legitimidade democrática. *Revista Eletrônica de Direito do Estado.* [Em linha]. nº 18. (abr. – jun. 2009), p. 1-22. [Consult. 24 jan. 2018]. Disponível em http://www.direitodoestado.com.br/artigo/luis-roberto-barroso/retrospectiva-2008-judicializacao-ativismo-e-legitimidade-democratica p. 18

81. NOVAIS, Jorge Reis. *Em defesa do Tribunal Constitucional*: resposta aos críticos. 1.ª ed. p. 82.

82. Segundo Canotilho, a dimensão política do direito constitucional acabaria por tornar o Tribunal Constitucional um regulador político (CANOTILHO, José Joaquim Gomes. *Op. Cit.* p. 1305).

7

A POLÍTICA CONSTITUCIONAL E O MANDADO DE SEGURANÇA NO SUPREMO TRIBUNAL FEDERAL

Hazenclever Lopes Cançado Júnior[1]

7.1. INTRODUÇÃO

A previsão constitucional do mandado de segurança não se deu ao acaso ou de forma desinteressada. No bojo de uma constituição dirigente, foi-lhe conferida, à semelhança do controle judicial de normas, finalidade de fiscalização e limitação dos Poderes Públicos, a partir da garantia e afirmação de direitos fundamentais.

A ampla participação popular no processo constituinte de 1987-88 permitiu a reivindicação normativa da Carta por grupos historicamente destituídos da linguagem do direito e afastados do sistema jurisdicional de tutela. A primeira década da nova ordem constitucional conduziu à permanente atuação do poder constituinte derivado, à promoção de significativos rearranjos institucionais por meio de legislação regulamentadora e, em última instância, à consolidação rigorosa da jurisdição constitucional do Supremo Tribunal Federal.

Nas últimas décadas, tem ganhado força na doutrina e na concepção popular da ordem democrática o papel eminentemente político desempenhado pelo Judiciário, particularmente em cenários de profundo dissenso

---

1. Mestre em Direito do Estado pela Universidade de São Paulo. Assessor de Ministro do Supremo Tribunal Federal.

moral na sociedade a respeito de direitos fundamentais[2], conflito entre os Poderes[3], pacto federativo[4] e políticas públicas de impacto nacional[5].

No caso brasileiro, a promulgação de texto constitucional fundamentalmente analítico e *policy-oriented*, cujo emendamento frequente constitui estratégia de estabilização política, adquiriu condição de *veto point*[6] à modificação majoritária da agenda governamental, conferindo, à Corte Constitucional, papel de *veto player*[7], sobremodo reforçado, no jogo político, dentre outros arranjos, pelo crescente processo de concentração do controle de constitucionalidade e, porque não, por remédios como a ação civil pública, a ação popular e o mandado de segurança.

No sistema democrático-constitucional vigente, o mandado de segurança consiste em meio processual disponível a pessoa física ou jurídica, órgão público despersonalizado dotado de capacidade processual – como as Chefias dos Executivos, Presidências das Mesas dos Legislativos, Agências Reguladoras – e universalidades reconhecidas por lei – como o espólio, a massa falida e o condomínio de apartamentos – a fim de proteger direito individual ou coletivo, líquido e certo, lesado ou ameaçado de lesão por ato de autoridade, não amparado por *habeas corpus* ou *habeas data*.

A título exemplificativo, é possível a impetração de mandado de segurança por agentes políticos contra atos que ameacem o desempenho de

---

2. DAHL, Robert. *Decision-Making in a Democracy: The Supreme Court as Policy-Maker*, Journal of Public Law, 6(2), 1957; BICKEL, Alexander. *The Least Dangerous Branch*, New Haven and London: Yale University Press, 1986; WALDRON, Jeremy. The Core of the Case Against Judicial Review, *Yale Law Journal* vol. 115, n. 6, p. 134-1406, 2006. https://digitalcommons.law.yale.edu/ylj/vol115/iss6/3.
3. ELSTER, Jon. *Constitutionalism and Democracy*, Cambridge University Press, 1988; WALDRON, Jeremy. *Law and Disagreement*, Oxford University Press, 1999; SUNSTEIN, Cass. *Designing Democracy: What Constitutions Do?* Oxford University Press, 2001.
4. SHAPIRO, Martin. Judicial Review in Developed Democracies. *In:* GLOPPEN, Siri; GARGARELLA, Roberto; SKAAR, Elin (ed). *Democratization and the Judiciary:* The Accountability Function of Courts in New Democracies. Frank Cass Publishers, 2004.
5. TAYLOR, Matthew. *Judging Policy:* Courts and Policy Reform in Democratic Brazil. Stanford University Press, 2008.
6. Em termos gerais, o que constitui a separação de poderes é o exercício do veto na formação de políticas por diferentes componentes ou ramos do governo, com o propósito de controlar, fiscalizar ou limitar o poder dos demais. Cf. TSEBELIS, George. Decision Making in Political Decisions: Veto Players in Presidentialism, Parliamentarism, Multicameralism, and Multipartism. *British Journal of Political Science*, vol. 25, n. 3, p. 289-325, 1995.
7. *Veto player* é a pessoa, grupo ou partido que, por meio do cargo, ofício ou poder, pode reorientar ou rejeitar proposta política. Cf. TSEBELIS, George. Decision Making in Political Decisions: Veto Players in Presidentialism, Parliamentarism, Multicameralism, and Multipartism. *British Journal of Political Science*, vol. 25, n. 3, p. 289-325, 1995.

suas atribuições ou afrontem suas prerrogativas; por titular de direito líquido e certo decorrente de direito de terceiro, a favor do direito originário, se o titular não o fizer, no prazo de 30 dias da notificação judicial; ou em face de ameaça de direito líquido e certo que possa colocar em risco o direito de postulante.

Essas balizas, no jogo democrático, representam amplo campo de atuação, levado a cabo por meio de célere rito de disputa, margens materiais marcadas por generalidade e abstração, e, naturalmente, alto potencial de repercussão e impacto para além da arena.

As normas constitucionais disputadas no Supremo, inclusive por meio do mandado de segurança, dentre outras funções, servem à expressão dos valores fundamentais da sociedade. Refletem fundamentos, compromissos, símbolos e objetivos que, a um só tempo vinculam a comunidade política e distinguem-na das demais.[8]

O alto nível de abstração desses preceitos convida a interpretações conflitantes e não necessariamente oferece pistas sobre qual visão constitucional deve prevalecer. Não há unanimidade sequer sobre quais são esses valores, mas a teoria e a interpretação constitucionais atuam com o propósito de realçá-los, inclusive com palpites sobre sua hierarquia[9] ou sobre a lógica e o espírito da própria cultura constitucional.

Nesse contexto, este trabalho propõe-se a analisar o desenvolvimento da política constitucional por meio do manejo do mandado de segurança na democracia brasileira instaurada pela Constituição de 1988. A partir da

---

8. Há considerável desenvolvimento produzido pela doutrina constitucional sobre como se dá essa expressão. Mark Tushnet entende como uma das maneiras de a sociedade definir-se, e Gary Jacobson, de refletir sua identidade; Tom Ginsburg afirma que as normas constitucionais criam uma consciência compartilhada que supera as diferenças regionais e étnicas. A partir dessa constatação, Cass Sunstein reforça o papel cultural do direito constitucional e, particularmente, da corte quando fala em nome dos princípios e compromissos nacionais mais básicos (1996:67). Ver TUSHNET, Mark. *Weak Courts, Strong Rights: Judicial Review and Social Welfare Rights in Comparative Constitutional Law.* Princeton: Princeton University Press, 2008; JACOBSON, Gary. *Constitutional Identity,* Harvard University Press, 2010; GINSBURG, Tom. Written Constitutions and the Administrative State: On the Constitutional Character of Administrative Law in Susan Rose-Ackerman & Peter L. Lindseth (eds.), *Comparative Administrative Law*, Edward Elgad, 2010; SUNSTEIN, Cass. *Legal Reasoning and Political Conflict*, Oxford University Press, 1996.

9. Richard Albert cita o papel das cortes em estabelecer de forma informal e flexível uma escala de normas constitucionais, seja a partir do balanceamento entre direitos, seja pela imunização ao emendamento, seja pelo nível do exame de constitucionalidade a que sujeita determinadas normas (se rígido, intermediário ou leve). Cf. ALBERT, Richard. The Expressive Function of Constitutional Amendment Rules, *McGill Law Journal*, vol. 59, n. 2, p. 241-242, 2013.

análise jurisprudencial do Supremo em casos paradigmáticos no arranjo das interações entre os Poderes, duas perguntas pretendem ser enfrentadas: (1) o mandado de segurança consiste em instrumento eficaz para o desenvolvimento da política constitucional? E (2) é possível depreender, do manejo de mandado de segurança em momentos de crise, instabilidade ou ruptura, *inputs* ao desenvolvimento da democracia?

A próxima seção pretende, ao apresentar o conceito de política constitucional, apontar as repercussões e ruídos provocados pelo litígio no Supremo em outros sistemas sociais. A impetração de mandado de segurança perante a Corte Constitucional predispõe, a partir da expressão do ato coator, da proeminência da autoridade impetrada e dos direitos constitucionais em conflito, potenciais efeitos em mídia, opinião pública e participação democrática, reforçados pelas peculiaridades do contexto – omissão representativa, perda de legitimidade popular, ruptura partidária etc.

A terceira seção almeja analisar as peculiaridades contextuais, judiciais e particularmente político-constitucionais de alguns recentes e emblemáticos julgamentos em mandados de segurança pelo Supremo, versando as relações entre Executivo, Legislativo e Judiciário. Os casos foram agrupados nas seguintes matérias: processo de impeachment, deliberações no Congresso Nacional e conflito federativo.

Situado o debate, são esboçadas algumas considerações que possam contribuir para a compreensão doutrinária do manejo político do mandado de segurança no Supremo e a projeção democrática de sua natureza.

7.2. A DIMENSÃO POLÍTICA DA JURISDIÇÃO CONSTITUCIONAL

> "Law, in addition to all the other things it does, tells stories about the culture that helped to shape it and which it in turn helps to shape: stories about who we are, where we came from, and where we are going"
>
> "[These stories] seem to have a powerful influence not only on how legal norms are invented and applied within that system, but on how facts are perceived and translated into the language and concepts of the law."[10]

Reformas constitucionais nos mais diversos sistemas jurídicos ao redor do mundo têm transferido significativo poder das instituições repre-

---

10. Glendon, Mary Ann. *Abortion and Divorce in Western Law*, Cambridge, Mass: Harvard University Press, 1987 p. 8.

sentativas para as judiciais (nacionais e supranacionais), na medida em que tocam em matérias substantivas de profundo dissenso moral, repercussão macroeconômica e estabilidade democrática[11]; nesse cenário, comum a democracias recentes e antigas, tudo se torna justiciável.

A esse fenômeno Ran Hirschl denominou juristocracia[12]: um novo tipo de regime político de deferência às cortes constitucionais, as quais desempenham papel fundamental no debate e resolução de questões políticas centrais com o suporte tácito ou explícito dos poderes eleitos. O autor ilustra a confiança que se tem nas cortes constitucionais em definir a própria razão de ser da *polity*.

Sistemas políticos disfuncionais, com poderes representativos obstruídos, alta rejeição popular ou graves acusações de corrupção, são marcados pela ingovernabilidade, que, por sua vez, abre largo espaço para a deferência a um órgão técnico de elite aparentemente apolítico.

O estabelecimento das cortes como arenas de resolução de conflitos primariamente políticos serve, portanto, aos interesses dos próprios atores eleitos; em seu cálculo, as decisões judiciais impõem custos e demandam capital político com os quais eles não podem arcar. Assim, a deferência judicial não só reduz riscos institucionais como também aumenta o crédito dos poderes públicos em geral.

Razão adicional para a transferência do *locus* das decisões políticas centrais é o autointeresse da maioria provisória ou da elite ameaçada que pretende garantir o entrincheiramento de sua preferência em face de grupos periféricos em crescimento[13].

---

11. Hirschl (2004a:7) levanta dado interessante: em um curto período de anos, as cortes constitucionais foram chamadas a decidir o futuro de líderes governamentais em casos de impeachment ou moção de desqualificação nas Filipinas, Tailândia, Paquistão, Peru, Rússia, Ilhas Fiji, Madagascar e, mais recentemente, no Brasil. Além disso, às cortes constitucionais foi conferido poder de decisão a respeito do resultado de eleições nacionais, como nos Estados Unidos, da constitucionalidade de guerras, como na Chechênia, e da integração territorial, como no Canadá. Também assistiu-se à Corte da África do Sul rejeitar um novo texto constitucional elaborado por um órgão nacional constituinte.

12. HIRSCHL, Ran. Juristocracy- Political, not Juridical. *The Good Society*, vol. 13, n. 3, p. 6-11, 2004a e HIRSCHL, Ran. *Towards Juristocracy: The Origins and Consequences of the New Constitutionalism*. Cambridge: Harvard University Press, 2004b.

13. A esse respeito, Rischl cita os casos da institucionalização do regime constitucional da África do Sul nos últimos suspiros do *apartheid*; do estabelecimento de controle judicial de constitucionalidade e do apoio à jurisprudência antirreligiosa em Israel na primeira metade da década de 1990 sustentados pela elite secular, cujo histórico apoio popular estava em declínio; da adoção da Carta de Direitos pelo Canadá como resposta estratégica das elites federalistas à crescente ameaça se-

Particularmente no exame de mandado de segurança, as cortes constitucionais parecem importar menos como agentes interpretativos ou detentores da última palavra e mais como arena onde permanecem em jogo direitos fundamentais, valores republicanos e, muitas vezes, a própria estabilidade democrática. Indivíduos e grupos políticos participam, por meio do litígio constitucional, de forma relevante e estratégica nos processos de conquista e de aplicação de direitos, de construção dos significados constitucionais e de consolidação da cultura constitucional.

A teoria constitucional é essencialmente marcada pela discussão, entre defensores e críticos, acerca do papel das cortes. De um lado, o texto constitucional é compreendido como limite externo à política, e o Judiciário, como seu guardião, fórum de razão pública capacitado a resolver conflitos insulados dos interesses e ideologias políticas. De outro, capitaneado pelo que se denomina "constitucionalismo popular", a constituição é compreendida como inspiração e guia permanente à política.

Aqui, é viável adotar o espaço intermediário, marcado pelo equilíbrio entre o reconhecimento do papel exercido pelas cortes na defesa do sistema democrático e dos direitos fundamentais e a legitimação das reivindicações da sociedade civil, responsáveis pela imputação de sentidos e significados à ordem constitucional por meio de disputas e interações em múltiplas arenas.

Todas as instituições sociais são políticas, inclusive o direito constitucional, enquanto atividade de concepção e apropriação da sociedade a partir de um compromisso que expressa a identidade política de um povo, confere-lhe coesão social e provoca um sentimento de autoria. Não se trata, aqui, de uma política ordinária, demagoga e fisiológica, dominada por interesses partidários e preferências ideológicas; mas de política constitucional, que se propõe, por meio da linguagem de direitos perante a Corte Constitucional, a alterar a compreensão de fundo da sociedade, gradualmente rearranjando instituições e discursos sociais.

A política ordinária ganha complemento constitucional transformativo com a quebra do monopólio interpretativo e com a abertura, a cidadãos individuais e organizados, como atores, titulares de direitos processuais que viabilizem a materialização da Carta.

---

paratista da província de Quebec; da institucionalização de cortes constitucionais com controle de constitucionalidade em regimes políticos islâmicos como Egito, Turquia e Paquistão, como parte de estratégia das elites seculares contra o significativo crescimento das forças políticas religiosas. Cf. HIRSCHL, Ran. Juristocracy- Political, not Juridical. *The Good Society*, vol. 13, n. 3, p. 6-11, 2004a.

A participação de diferentes atores políticos no litígio constitucional por meio da formalização do mandado de segurança aponta para o reforço do valor epistêmico da democracia, conferindo-lhe relevante *input* de deliberação. A litigância autointeressada adquire impacto benéfico no valor moral da democracia por meio da argumentação. Ampla maioria democrática não significa correção ou justeza, ao passo que os fundamentos deliberativos do constitucionalismo oferecem valores substantivos ao sistema democrático.

O engajamento no processo judicial possibilita a apropriação dos procedimentos jurídicos e da linguagem de direitos e confere poder de pauta do debate nacional, repercutindo em canais de mídia, produção doutrinária e pesquisa científica. Não menos importante, o que se vê é a efervescência de consciência cívica e fortalecimento da cultura constitucional.

7.3. O LUGAR DO MANDADO DE SEGURANÇA NA POLÍTICA CONSTITUCIONAL

> "Collective deliberation constructs many of the practical questions that institutions of preference aggregation address; it infuses those practical questions with the kinds of symbolic significance that cause members of a polity to care about their disposition. It helps to forge the kinds of identity and attachment that would cause a population to participate in majoritarian processes."[14]

Estudos recentes revelam que a cultura constitucional contemporânea incorporou, na realidade do cidadão médio brasileiro, em menor ou maior grau de reflexão, alguma compreensão sobre direitos fundamentais. Alguns desses direitos mais internalizados são o direito ao voto, à vida, à dignidade e, particularmente, os direitos sociais – à saúde, educação e segurança.[15] Holston assinala que a participação cívica de grupos vulneráveis

---

14. SIEGEL, Reva. Constitutional Culture, Social Movement Conflict and Constitutional Change: The Case of the de facto ERA. Brennan Center Symposium Lecture. *California Law Review*, Vol. 94, n. 5, p. 1323-1419.

15. A esse respeito, James Holston desenvolve belíssima pesquisa acerca da apropriação e ressignificação do conceito jurídico "cidadania" pela periferia urbana brasileira, com foco empírico na cidade de São Paulo. Antes de 1988, a lei era instrumento de humilhação, medida por burocracia inacessível e refletia hierarquia: às elites, tudo; aos pobres, aos invasores, aos (i)migrantes e aos grevistas, o rigor da lei. Os novos métodos de participação e mobilização cívica a partir dos anos 80 contribuíram diretamente para a compreensão coletiva de que as necessidades socioeconômicas básicas poderiam ser repensadas na linguagem dos direitos humanos, culminando na participação maciça e sem precedentes no processo constituinte. Para além do formalismo democrático, a articulação popular se organizou e se educou em torno da construção estratégica de normas que incluíssem

no processo constituinte de 1987-88 gerou uma transformação da cidadania que partiu dos níveis locais em direção ao nacional: práticas locais de atores sociais marginalizados e tradicionalmente excluídos tornaram-se fontes de direito constitucional, posteriormente transferidos para a arena judicial. Esse processo de criação de novos entendimentos e práticas acerca dos direitos deixou marcas profundas no imaginário coletivo e social brasileiro e tornou-se responsável por uma verdadeira formação de cultura constitucional.[16]

Nas últimas décadas, as mobilizações procuraram reivindicar judicialmente a aplicação do texto escrito para suas realidades e configurações sociais, pressupondo a totalidade dos direitos possíveis. A judicialização dos direitos sociais, a luta pelo reconhecimento de identidades e o combate a privilégios passaram a pautar a agenda de políticas públicas e das cortes, aprofundando a divisão social acerca das interpretações e significados constitucionais.

A atuação estratégica da sociedade civil e de agentes políticos por meio do litígio constitucional possibilita a ampliação da mobilização de forças e recursos, e potencializa os efeitos da decisão, constrangendo as autoridades envolvidas. A escolha do enquadramento jurídico e da linguagem de direitos utilizada em manifestações escritas e orais também interfere diretamente no mundo exterior à corte.

A escolha pelo litígio constitucional ganha relevo em sistemas federativos, presidencialistas e bicamerais, caracterizados pela atuação de múltiplos *veto players* institucionais. Independentemente do que estiver em jogo na política constitucional, Executivo e Legislativo tencionarão maximizar sua atuação por meio da iniciativa, negociação ou bloqueio de reformas, porque caracterizam-se como os atores primários de transformação social. Todavia, não o fazem de maneira uniforme: se os partidos políticos são capazes ou não de canalizar as crenças e visões constitucionais dos

---

na agenda da Assembleia Nacional Constituinte demandas de iniciativas populares, inclusive para monitorar a aprovação de seus projetos. HOLSTON, James. *Cidadania Insurgente*: Disjunções da Democracia e da Modernidade no Brasil. São Paulo: Companhia das Letras, 2013. Ver também MICHILES, Carlos *et al.* (orgs.). 1989. *Cidadão constituinte: a saga das emendas populares*. Rio de Janeiro: Paz e Terra.

16. Nas entrevistas conduzidas por Holston com moradores de periferias urbanas, grande parte da consciência de direitos se deu pela autoidentificação como destinatário do texto constitucional escrito. A prévia cultura de deferência e inércia foi frontalmente desafiada pela mobilização social que resultou na participação ativa do processo constituinte e na construção de uma cultura constitucional de direitos escritos, a qual serviu posteriormente às lutas sociais por sua realização e satisfação.

eleitores, cada sistema político deverá responder a partir de suas funções ou disfunções.

Se, por um lado, sistemas políticos nos quais predomina uma cultura de cooperação entre os partidos facilitam o diálogo institucional e a orientação de reformas sociais, por outro, a polarização em sistema bipartidário e a crise de legitimidade e de capital político prejudicam-nos. No primeiro cenário, haverá uma tendência de responsividade às disputas constitucionais que se dão em outras arenas; no segundo, entretanto, não. Quanto mais fracas e/ou fragmentadas as elites políticas se revelarem, maiores as chances de deferência à decisão da corte.

Essa dualidade parece mais nítida a partir da análise jurisprudencial descritiva do manejo do mandado de segurança no Supremo Tribunal Federal delineada a seguir. A ressaltar a ótica do controle de atos públicos, bem assim da tutela do sistema democrático e do princípio da separação de poderes, os casos foram reunidos em três categorias de controle: (a) processo de impeachment do Presidente da República; (b) deliberações do Congresso Nacional; (c) federalismo. Além do comportamento do Tribunal, merecem observação atenta o contexto subjacentes às disputas e os interesses que conduziram os requerentes a suscitarem a via mandamental para resolução do conflito e estabilização da ordem democrático-constitucional.

a) Processo de *Impeachment* do Presidente da República

Os dois processos de impeachment pelos quais o Brasil passou foram marcados pelo manejo do mandado de segurança. Em 1990, início do Governo do Presidente Collor, a inflação era o inimigo a ser derrotado. O confisco das poupanças pelo período de 18 meses, estabelecido por meio de medida provisória, não produziu os resultados esperados, de preservação do poder de compra do brasileiro. Acresceram-se à insatisfação popular as acusações de corrupção envolvendo a esposa do Presidente, Rosane Collor.

Em 1992, o Governo Federal mostrava-se incapaz de superar a instabilidade política, perdendo o apoio da população e do Congresso Nacional. Em maio, o irmão do Presidente, Pedro Collor, concede entrevista à revista VEJA acusando o tesoureiro da campanha, Paulo César Farias, de comandar esquema de corrupção com envolvimento direto do Presidente. Em junho, o Congresso instaurou uma Comissão Parlamentar de Inquérito para investigar as atividades de Farias, conferindo amplitude e densidade às acusações.

Nesse contexto, protestos ocuparam as ruas do País e partidos políticos juntaram-se a movimentos sociais em torno do slogan "Ética na Política". Estudantes de todo o país, liderados pela União Nacional dos Estudantes (UNE) e União Brasileira dos Secundaristas (UBES) realizaram passeatas, reunindo entre 10 e 400 mil pessoas no mês de agosto.

Diversas entidades civis apresentaram, na Câmara dos Deputados, pedido de impeachment do Presidente.

Em 9 de setembro de 1992, o Presidente Fernando Collor impetra o mandado de segurança nº 21.564, distribuído ao Ministro Octavio Gallotti, contra ato, do Presidente da Câmara dos Deputados, mediante o qual resolvidas questões de ordem em torno da tramitação, na Casa, da denúncia de crime de responsabilidade com vistas à autorização de instauração de processo de impeachment, estabelecendo as seguintes regras: (i) é competência da Câmara dos Deputados admitir, ou não, acusação contra o Presidente da República, dando conhecimento ao Senado Federal para fins de processo e julgamento; (ii) são aplicáveis os dispositivos da Lei n. 1.079, de 1950, à exceção daqueles que traduzem atos típicos do processo; (iii) proferido o parecer pela comissão especial, a matéria vai a exame do plenário em votação única, considerando-se admitida a acusação com manifestação favorável de dois terços dos membros da Casa, ato a autorizar a instauração do processo; (iv) tem-se regência de ordem legal, e não regimental, por efeito da determinação do artigo 85, parágrafo único da Constituição.

A defesa alegou incompatibilidade, da admissão da denúncia, com a legislação regente, pedindo a nulidade do ato. O Tribunal deferiu, em parte, o mandado de segurança, apenas para manter a medida cautelar, assegurado o prazo de dez sessões, previsto no item I do parágrafo 1º do artigo 217 do Regimento Interno da Câmara dos Deputados, para manifestação do Impetrante perante a Câmara dos Deputados, em substituição ao prazo de cinco sessões. O Supremo assentou que a Câmara dos Deputados, diante da denúncia oferecida contra o Presidente da República, examina a admissibilidade da acusação, proferindo juízo político mediante votação nominal ostensiva. Consignou, ainda, a recepção, pela Constituição de 1988, da Lei nº 1.079/1950.

Em 29 de setembro de 1992, a Câmara dos Deputados autoriza a instauração do processo de impeachment no Senado Federal por 441 votos contra 38. Instaurado o processo de impeachment no Senado Federal, Collor é afastado da Presidência até a conclusão do julgamento.

Em 30 de novembro de 1992, foi impetrado novo mandado de segurança, nº 21.623, distribuído ao Ministro Moreira Alves, contra atos do Presidente do Supremo Tribunal Federal, Ministro Sydney Sanches, no decorrer do processo de impeachment: indeferimento de prova solicitada pelo acusado; abertura de prazo para as alegações finais antes da conclusão da produção de prova; recusa da arguição de impedimento e suspeição de senadores que atuariam como juízes no processo.

Em 17 de dezembro, o Tribunal indeferiu o mandado de segurança, vencido o Ministro Paulo Brossard, que dele não conhecia, e, em parte, os Ministros Ilmar Galvão e Moreira Alves, que o deferiam. O Supremo assentou que, no sistema republicano brasileiro, a instauração do processo de impeachment do Presidente da República é autorizada pela Câmara dos Deputados, mediante manifestação favorável de dois terços de seus membros. Cabe ao Senado Federal formular a acusação (juízo de pronúncia), processar e proferir o julgamento. As normas de processo e julgamento estão dispostas na Lei nº 1.079/1950, recepcionada, em grande parte, pela Constituição de 1988, conforme estabelecido no mandado de segurança nº 21.564. Nada obstante, o Senado não se transforma, às inteiras, em tribunal judiciário, submetido às rígidas regras a que estão sujeitos os órgãos do Poder Judiciário, como impedimento e suspeição de seus membros.

O Senado Federal dá início ao julgamento de Collor e, ante condenação iminente, o Presidente renuncia ao cargo em 29 de dezembro, objetivando evitar a inelegibilidade por oito anos. No dia seguinte, Fernando Collor é condenado, por 76 votos a 3.

Em 16 de dezembro de 1993, foi julgado o mandado de segurança nº 21.689, relator Ministro Carlos Velloso, impetrado contra a Resolução nº 101/1992, do Senado Federal, que aplicava a pena de inabilitação, por oito anos, para o exercício de função pública, nos termos do artigo 52, parágrafo único da Constituição Federal. A defesa do Presidente Fernando Collor alegou a impossibilidade de separação das penas previstas na Lei Maior. Por maioria de votos, o Tribunal indeferiu o pedido, entendendo que a renúncia ao cargo de Presidente, quando já iniciada a sessão de julgamento, não paralisa o processo, consignando a autonomia das penas.

É de concluir que os mandados de segurança impetrados pelo Presidente Collor exerceram papel central no estabelecimento do rito do impeachment. Caracterizado pelo seguimento de procedimentos especiais, os processos permitiram, ainda que continuamente indeferidos os pedidos, a estabilização das expectativas sociais e a harmonia dos Poderes, em contexto original na história democrática nacional. É certo que outras ações foram manejadas para atingir fins próprios, condizentes com o escopo de cada controvérsia, mas o mandado de segurança adquiriu inquestionável vigor jurisdicional, firmando-se como garantia individual intimamente ligada aos princípios da República e do Estado Democrático de Direito.

Vinte e dois anos depois, a Presidente Dilma Rousseff deu início a seu segundo mandato, em contexto de acentuada polarização política, crescente crise econômica e progressivos escândalos de corrupção desvelados pela Operação Lava Jato, conduzida pela Polícia Federal, visando apurar desvio e lavagem de dinheiro da Petrobras para abastecer a campanha eleitoral da Presidente e manter propinas a aliados. As investigações, reforçadas por colaborações premiadas, envolveram políticos dos maiores partidos do País, executivos da estatal e grandes empresários da indústria nacional, além dos Presidentes da Câmara e do Senado, Ministros de Estado e governadores estaduais.

Ao longo do ano, várias denúncias de impeachment foram protocoladas na Câmara dos Deputados, à medida que os movimentos sociais ajuntavam recursos e suporte político, promovendo *lobby* institucional e protestos nas ruas. Dentre as acusações, ganharam relevo político e conotação constitucional as pedaladas fiscais – manobra contábil do governo federal para obscurecer o déficit da União e da Petrobras, ferindo a Lei de Responsabilidade Fiscal.

Nesse contexto, o jogo político ganha novas balizas quando o partido governista retira apoio ao Presidente da Câmara, Deputado Eduardo Cunha, no processo que enfrentava no Conselho de Ética da Casa, consideradas as acusações de corrupção que tomavam de assalto a República.

Em 2 de dezembro de 2015, Cunha aceita o pedido de impeachment formulado pelos juristas Hélio Bicudo, Miguel Reale Júnior e Janaína Paschoal. No dia 8 seguinte, a Casa elegeu, mediante votação secreta, chapa integrada por deputados da oposição e dissidentes da base do governo para composição da Comissão Especial responsável pelo processamento do impeachment. Na semana seguinte, o Supremo manteve, em apreciação de pedido liminar no âmbito da arguição de descumprimento de preceito fundamental nº 378, o rito seguido no processo de impeachment do Presidente Fernando Collor, entendendo, por maioria, nos termos do voto do Ministro Luís Roberto Barroso, três questões principais: (i) impedida a apresentação de candidaturas ou chapas avulsas para a formação de comissão especial; (ii) definida a votação aberta para a formação da comissão; (iii) afirmada a competência do Senado para deliberar sobre a instauração ou não do processo, por maioria simples de votos.

Em 17 de março de 2016, em votação aberta, nos termos do que assentado pela Corte, a Câmara dos Deputados elege os 65 integrantes da Comissão Especial responsável pelo seguimento da denúncia, cujo relatório foi aprovado, por 38 votos a 27, em 11 de abril de 2016.

Às vésperas da sessão plenária agendada, na Câmara, para a definição da autorização da instauração do processo de impeachment, em 14 de abril de 2016, o Supremo realizou sessão extraordinária para julgar cinco ações mediante as quais versados pontos do rito – ADI 5498, MS 34.127, MS 34.128, MS 34.130 e MS 34.131. Em síntese, o Tribunal entendeu que os questionamentos atinentes ao procedimento de votação envolviam matéria *interna corporis*, reforçando o papel da Câmara em autorizar, ou não, a instauração do processo contra o Presidente da República. As garantias da ampla defesa e do contraditório são plenamente exercidas no decorrer do processo no âmbito do Senado.

Aberta sessão na Casa para votação da admissão do processo de impeachment, em 17 seguinte, por 367 votos favoráveis e 137 contrários, a Câmara dos Deputados autorizou a instauração do processo de impeachment pelo Senado Federal.

Instalada a Comissão de Impeachment no Senado em 25 de abril, o relatório favorável à abertura do processo foi aprovado em 6 de maio. No dia 12 seguinte, o Senado autoriza a abertura do processo, com 55 votos favoráveis e 22 contrários. Iniciado o julgamento da Presidente em agosto, Dilma Rousseff tem o mandato cassado no dia 31, mantido o direito a exercer funções públicas, inclusive eletivas.

b) Deliberações do Congresso Nacional

Os debates e votações por meio dos quais o Congresso Nacional tramita a aprovação de projetos de lei foram objeto de exame, pelo Supremo Tribunal Federal, em diversas oportunidades. Ganharam destaque, na última década, a fiscalização do trancamento de pauta, da instalação de Comissão Parlamentar de Inquérito e o voto secreto para eleição da Mesa dirigente.

A impetração do mandado de segurança nº 27.931, por deputados de oposição ao governo, questionou a interpretação, conferida pelo então Presidente da Câmara, Deputado Michel Temer, ao artigo 62, parágrafo 6º da Constituição da República, a versar o sobrestamento de todas as deliberações legislativas, em cada Casa, ante medida provisória não analisada no prazo de 45 dias, contados da publicação, impedindo que as medidas provisórias editadas pelo Presidente da República trancassem toda a pauta da Casa.

O Relator, Ministro Celso de Mello, votou, ainda em dezembro de 2009, no sentido do indeferimento da ordem, para assentar que o regime de urgência previsto diz respeito às matérias passíveis de regulamentação por medida provisória, excluídas, portanto, propostas de emenda à Constituição, projetos de lei complementar, de decreto legislativo, de resolução e de lei ordinária mediante os quais são veiculados temas afastados do âmbito da medida provisória.

Por meio de votos-vista, os Ministros Cármen Lúcia e Luís Roberto Barroso acompanharam o Relator, visando preservar o núcleo essencial da separação de poderes e evitar a paralisação do Congresso. No mesmo sentido votaram os Ministros Alexandre de Moraes, Edson Fachin, Rosa Weber, Luiz Fux e Gilmar Mendes. Ao divergir, o Ministro Marco Aurélio votou pela concessão da segurança, consignando que o preceito constitucional prevê a paralisação de toda a pauta, compelindo a Casa a pronunciar-se sobre a medida provisória.

Em abril de 2014, senadores de oposição ao governo impetraram o mandado de segurança nº 32.885, sustentado direito líquido e certo a verem criada Comissão Parlamentar de Inquérito, com o objetivo de apurar denúncias de irregularidades na Petrobras, nos moldes e escopo pleiteados, uma vez atendidas as condições do artigo 58, parágrafo 3º, da Constituição, isso é, mediante requerimento de um terço dos membros da Casa, a prazo certo e apuração de fato determinado.

A Ministra Rosa Weber concedeu liminar para garantir, à minoria, o direito de ver instalada a comissão com o objeto por eles delimitado. Segundo a Relatora, a ampliação forçada do objeto, pela maioria parlamentar, enfraqueceria a condição institucional da minoria, de formatar investigações e exercer papel de contraponto, reforçando-se a ideia de representatividade do princípio democrático e da concepção deliberativa de democracia. Realça esse entendimento a aplicação da regra constitucional de proporcionalidade para a composição das comissões, no que direciona a condução dos trabalhos à condução pelos blocos majoritários.

No último dia do semestre judiciário de 2018, o Relator, Ministro Marco Aurélio, implementou medida acauteladora no mandado de segurança nº 36.169, ajuizado pelo senador Lasier Costa Martins, determinando que a eleição para os cargos da Mesa do Senado Federal no dia 1º de fevereiro de 2019 seguisse o voto aberto, consideradas a submissão, das deliberações no Parlamento, à regra da publicidade e ao crivo da fiscalização social, prerrogativas inafastáveis da cidadania.

A segurança foi suspensa pelo Presidente do Supremo, Ministro Dias Toffoli, mediante liminar deferida em 9 de janeiro seguinte, restabelecendo a obrigatoriedade do escrutínio secreto, na forma do artigo 60 do Regimento Interno do Senado Federal. Nada obstante, o Presidente da Casa em exercício, Senador Davi Alcolumbre, submeteu, ao Plenário, Questão de Ordem versando a forma de votação no procedimento eleitoral da Mesa Diretora. Mediante petição incidental na Suspensão de Segurança nº 5.272, os partidos Solidariedade e Movimento Democrático Brasileiro (MDB) requereram a anulação da Questão de Ordem.

O Presidente do Supremo reconheceu desrespeitada a autoridade do pronunciamento da Corte, assentando, com base em reiterada jurisprudência, serem insindicáveis, ao Judiciário matérias atinentes à organização dos demais Poderes, sob pena de violar-se o princípio da separação de poderes. Segundo o Ministro Dias Toffoli, a escolha da Mesa diretiva, mediante voto secreto, assegura a independência do Legislativo em face dos demais Poderes. Visando preservar a higidez do procedimento eleitoral legislativo, especialmente levando em conta a participação do Senador Davi Alcolumbre, candidato à Presidência do Senado, ainda que não formalmente inscrito nas reuniões preparatórias, o Presidente do Supremo declarou a nulidade do processo de votação da Questão de Ordem.

Em março de 2016, a nomeação, pela Presidente Dilma Rousseff, do ex--presidente Luiz Inácio Lula da Silva para o cargo de Ministro Chefe da Casa Civil, foi questionado no Supremo, mediante a impetração, pelos Partido Popular Socialista - PPS, Partido da Social Democracia Brasileira - PSDB, dos mandados de segurança nº 34.069, 34.070, 34.071, respectivamente, distribuídos ao Ministro Gilmar Mendes[17].

O Relator deferiu o pedido liminar para suspender a eficácia da nomeação, entendendo motivada com a finalidade de atribuir, ao ex-Presidente, foro privilegiado. Ante o desvio de finalidade, o ato foi tornado nulo. A superveniência da publicação da exoneração do ex-Presidente conduziu ao prejuízo dos mandados de segurança, sem que tivessem o mérito apreciado pelo Plenário.

17. Foram ajuizadas, antes da nomeação, a Ação Cautelar nº 4.130, distribuída ao Ministro Marco Aurélio, e, depois do ato, as petições nº 5.977, 5.978, 5.980, todas ao Ministro Gilmar Mendes, além das arguições de descumprimento de preceito fundamental nº 390 e 391, ao Ministro Teori Zavascki.

O cenário se repetiu em abril de 2020, quando o Ministro Alexandre de Moraes deferiu o pedido liminar, no mandado de segurança nº 37.097, impetrado pelo Partido Democrático Trabalhista – PDT, para suspender o decreto de nomeação de Alexandre Ramagem para o cargo de diretor-geral da Polícia Federal. Em sede precária e efêmera, o Relator vislumbrou a ocorrência de desvio de finalidade do ato, ante a acusação, pelo então Ministro da Justiça, Sérgio Moro, de ingerência política do Presidente da República, em contrariedade os princípios da impessoalidade e moralidade, a regerem, pela via constitucional, a Administração Pública.

c) Conflito federativo

Em abril de 2016, em face do agravamento da crise financeira enfrentada pelos entes federados, o Estado de Santa Catarina, por meio do ajuizamento do mandado de segurança nº 34.023, relator Ministro Edson Fachin, pediu que a correção de suas dívidas com a União passasse a ser realizada pela incidência de juros simples, e não de juros compostos.

O Relator assentou a inadequação da via eleita para impugnar decreto presidencial que regulamentou a lei sobre repactuação de dívida dos estados. Em exame de agravo regimental, o Plenário do Supremo concedeu medida cautelar ao Estado de Santa Catarina, permitindo o pagamento das parcelas em valores aquém do estabelecido pela União, sem que lhe fossem impostas sanções legais, a exemplo da retenção de repasses financeiros.

A divergência foi inaugurada pelo Ministro Gilmar Mendes, no que estabelecido o cabimento da ação, uma vez que o Decreto nº 8.816/2015 deu inequívoca aplicação à Lei complementar nº 148/2013. Vencidos no ponto o Relator e o Ministro Luís Roberto Barroso, o Tribunal deferiu, a uma só voz, a liminar.

Sucessivas ações ajuizadas por outros Estados se multiplicaram no Supremo versando a mesma matéria.[18] Foram implementadas medidas acauteladoras no sentido de impedir a aplicação de sanções, pela União, até que a questão fosse solucionada definitivamente pelo Supremo. Em 27 de abril de 2016, a Corte acolheu proposta do Ministro Luís Roberto Barroso para suspender os processos pelo prazo de 60 dias a fim de que União e Estados chegassem a um acordo – o que aconteceu, com alongamento do prazo

18. Mandados de segurança nº 34.110, 34.122 e 34.141, relator Ministro Edson Fachin; 34.123, relator Ministro Luiz Fux; 34.132, relator Ministro Marco Aurélio; 34.137 e 34.143, relator Ministro Luís Roberto Barroso; 34.151, relatora Ministra Cármen Lúcia; 34.168 relatora Ministra Rosa Weber; e 34.186, relator Ministro Dias Toffoli.

da dívida e concessão de carência de 4 anos quanto ao valor principal da dívida.

7.4. O MANDADO DE SEGURANÇA E O FORTALECIMENTO DA CULTURA CONSTITUCIONAL

> "The Lecture employs the term "constitutional culture" to refer to the understanding of role and practices of argument that guide interactions among citizens and officials in matters concerning the Constitution's meaning. [...] Rather than focus on officials as change-agents, I employ the concept of constitutional culture to explore how changes in constitutional understandings engage from the interaction of citizens and officials."[19]

Uma Constituição alcunhada "cidadã" demanda métodos de participação, interpretação e mecanismos de efetivação difusos, de sorte que se fortaleça o sentimento de que a constituição é acessível e está disposta a todas as disputas sociais; seu sentido, seus significados, suas interpretações estão disponíveis à "luta marcial"[20] em diferentes arenas – institucionais e extrainstitucionais.

O fortalecimento do mandado de segurança como via de acesso à tutela constitucional se deu em contexto de legitimação de novos atores constitucionais, inclusive em sede abstrata de controle.

A leitura difusa dos direitos, por meio de ações constitucionais como o mandado de segurança, é desejável por suas dimensões democrática e transformativa, na medida em que amplia a legitimação do ajuizamento, possibilitando novas óticas de interpretação, e normatiza as disputas que se dão na sociedade pelo processo de formação das narrativas.

Essas disputas não se reduzem ao momento fundacional da ordem constitucional; ele carrega em si mesmo o marco simbólico de um novo começo, mas não deve servir à uniformização dos projetos de vida. Por isso, conflitos altamente assimétricos permanecem em reprodução e ganham autoridade normativa por meio de pronunciamento do Supremo Tribunal Federal.

---

19. SIEGEL, Reva. Constitutional Culture, Social Movement Conflict and Constitutional Change: The Case of the de facto ERA. Brennan Center Symposium Lecture. *California Law Review*, vol. 94, n. 5, p. 1323-1419.

20. SARMENTO, Daniel. *Direitos, Democracia e República: Escritos de Direito Constitucional*, Belo Horizonte: Fórum, 2018.

Assim como o povo não é uma ficção unitária e orgânica da qual emana uma vontade real hegemônica, a composição da cultura constitucional compartilhada pelos membros da comunidade política não pode desconsiderar a existência de interesses divergentes na sociedade, os quais, em muitas ocasiões, não encontram soluções simples ou síntese. Muitas vezes, a diferença entre os mundos normativos é tão larga, ou eles estão tão distanciados, que a primeira tarefa parece ser encontrar uma linguagem comum de direitos dentro da cultura constitucional, aqui entendida como espaço compartilhado de comunicação dinâmica entre sociedade civil e poderes públicos, fortalecendo a autoridade democrática da constituição.[21]

Esse cenário colabora para a promoção da educação cívica dos cidadãos e atores políticos para que operem na linguagem dos direitos contra os abusos do Estado, e o fortalecimento da solidariedade entre eles, retirando-lhes da inércia para reduzir os espaços temporais entre os momentos de energização social. Adquirida a autoconsciência de seu papel e de sua autoridade, a sociedade civil é energizada e a esfera pública política é apropriada por novos discursos e instituições com alto potencial transformativo dentro da política ordinária.

Todo esse desenho serve à dinamização da política para que adquira caráter transformativo em sua produção cotidiana em todas as arenas, formais e informais. As forças sociais que buscam resultados substantivos e simbólicos, materiais e discursivos, tornam-se diretamente responsáveis pela realização de política constitucional fora dos momentos de transição.

A dimensão deliberativa da democracia, projetada pelas cortes constitucionais ao sistema representativo, é justificada, na teoria política, pelo desenvolvimento de virtudes individuais e de senso coletivo de comunidade e pela consideração dos grupos perdedores nos processos de decisão.[22] A participação na discussão pública, inclusive pela argumentação em processo judicial, amplia perspectivas, restringe a parcialidade e possibilita a correção de erros.

Na concepção de Carlos Santiago Nino[23], trata-se da realização do valor epistêmico da democracia, consubstanciado (i) na participação dos

21. SIEGEL, Reva. Constitutional Culture, Social Movement Conflict and Constitutional Change: The Case of the de facto ERA. Brennan Center Symposium Lecture. *California Law Review*, vol. 94, n. 5, p. 1323-1419.

22. GOMES, Juliana Cesário Alvim. *Por um constitucionalismo difuso: Cidadãos, movimentos sociais e o significado da constituição*. Salvador: Juspodivm, 2016.

23. NINO, Carlos Santiago. *The Constitution of Deliberative Democracy*, Yale University Press, 1996.

interessados nos processos de discussão e decisão em igual consideração e livre de coerção; (ii) interessados capazes de expressar seus interesses e justificá-los pela argumentação e proposições normativas; (iii) ausência de minorias insulares; (iv) controle das emoções populares que distorçam julgamentos.

Com efeito, a impetração do mandado de segurança no âmbito do Supremo Tribunal Federal favorece o desenvolvimento de uma democracia deliberativa, uma vez que atores políticos de representatividade nacional encontram espaço para, argumentativamente, promover seus interesses em matérias de relevância constitucional, provocando discussões públicas, com efeitos imediatos de engajamento cívico. A Constituição deixa de ser documento meramente fundacional ou carta de intenções, e abre-se à ampla disputa, passando a ser apropriada e politicamente manejada, como parte de diálogo contínuo entre instituições e a sociedade civil.

Como visto, a adjudicação torna-se arena de resolução de conflitos de dimensão moral e sociopolítica, na qual atores políticos operam para o refinamento e atualização dos significados constitucionais e valores políticos fundamentais. A cultura constitucional oferecerá a moldura normativa para tais experimentações, rearranjos e ressignificações institucionais e discursivas.

Em última instância, o que se compreende da jurisprudência construída em torno do uso político do mandado de segurança é uma adesão ao modelo democrático deliberativo cujo valor epistêmico reside na participação argumentativamente qualificada dos interessados nos processos de decisão coletiva.

7.5. CONSIDERAÇÕES FINAIS

> "[Democracy] is not simply a procedure for preference aggregation or dispute resolution. Democracy use a form of social organization that values participant engagement in collective deliberation. Collective deliberation helps establish what things means and why they matter. Collective deliberation is thus useful, not only as a procedure for deciding how to act, but also as a practice for articulating who we are. Collective deliberation forges the meanings through which individuals and communities can express identity, and infuse practical questions with symbolic significance so that they provide occasions for individuals and communities to vindicate values through which they define themselves. For this reason, direct popular engagement in constitutional deliberation

infuses collective life with the kinds of meaning that help constitute a community as a community."[24]

Por todo o exposto, a litigância constitucional do mandado de segurança estimula a educação cívica e a consciência de direitos de cidadãos sub-representados e imediatamente afastados das interações políticas. Além da instrumentalização da mídia, recorrer ao Poder Judiciário parece provocar nos cidadãos a identificação com a demanda, possibilitando a modulação da opinião pública[25].

À medida que cidadãos assumem uma consciência de autoria desses direitos, que constam no texto como valores e compromissos fundamentais ao sistema político, a cultura constitucional é fortalecida. A interação entre Poderes, partidos políticos e sociedade civil é um convite à deliberação e negociação pública e ao *compliance* na medida em que aumenta os custos da evasão.

Rubenfeld[26] identifica esse processo como "popular constitution-rewriting": constituições escritas fundadas no autogoverno demandam sua própria atualização em relação aos compromissos que não mais são subscritos pelo povo. A mudança constitucional não ocorre episodicamente, como se à espera de eventos que a despertem da hibernação, ou exclusivamente em momentos constitucionais de altíssima articulação política, transformação social e engajamento cívico. Antes, a literatura constitucional tem desenvolvido uma narrativa fundada no conceito de mudança constitucional por meio das contínuas e fluidas interações entre texto constitucional, mecanismos formais e informais, atores políticos antagônicos e múltiplos centros de autoridade. Do mesmo modo que as constituições não são documentos sagrados, mas ferramentas acessíveis e eficazes

---

24. SIEGEL, Reva. Constitutional Culture, Social Movement Conflict and Constitutional Change: The Case of the de facto ERA. Brennan Center Symposium Lecture. *California Law Review*, vol. 94, n. 5, p. 1323-1419.

25. Há uma crítica recorrente de que, no longo prazo, as cortes tendem a refletir a opinião pública ou a agenda das elites políticas (ver Dahl 1957, Vermeule 2006 e Tushnet 2011). Toda essa argumentação, contudo, não exige delas que fiquem imunes aos valores sociais em ebulição, às próprias ideologias e preferências políticas ou considerações estratégicas. O litígio constitucional em torno de direitos constitucionais de minorias, direitos sociais e regras do processo político, coloca as cortes sob atenta fiscalização popular e midiática. As decisões judiciais são tomadas, portanto, sob exigências de carga de trabalho, transparência, escrutínio público e grupos de interesse, sendo também suscetíveis a erros, preconceitos e parcialidade.

26. RUBENFELD, Jed. *Freedom and Time: A Theory of Constitutional Self- Government*. Yale University Press, 2001, p. 24.

de reivindicação diária, as reformas constitucionais não são um processo extraordinário, mas parte do mundo da vida.

Tão indispensável quanto adaptável ou ressignificada, a constituição se insere num quadro de desenvolvimento cultural mais amplo. Sua relação com o tempo depende menos das regras de emendamento, rigidez e extensão do texto, e mais da identidade, cultura e história constitucionais em que se insere. Segundo Xenophon Contiades e Alkmene Fotiadou[27], o imaginário constitucional compartilhado determina como os momentos constitucionais se desdobram.

Por fim, a cultura constitucional servirá como moldura à qual todos esses atores prestam contas, inclusive as cortes constitucionais. Trata-se, inclusive, de um esforço para que a sociedade civil ganhe mais consistência teórica frente ao Estado. Uma cultura difusa de direitos, discursos e convenções, aberta à reinvenção e balizada pelo potencial de promoção de política transformativa na vida cotidiana, funciona como limite e parâmetro à atuação de todos os jogadores no processo constitucional. Retira-se, da corte constitucional, a responsabilidade exclusiva sobre o oferecimento de razões e se lhe ressalta um perfil dialógico de canalizador de razões externas, transferido o foco à deliberação que nela se dá, capitaneada pelos mais diferentes agentes políticos.

Nesse cenário, o mandado de segurança revela-se via política relevante e agregadora, cabendo ao direito constitucional responder adequadamente ao desafio de construir uma doutrina a respeito dessa cultura compartilhada de responsabilidade constitucional, exercida em sede abstrata e concreta. A participação democrática por meio da litigância constitucional torna-se mais significativa, mediante reunião de perspectivas advindas de agentes, instituições e partidos políticos e fora dos momentos constitucionais.

---

27. CONTIADES, Xenophon; FONTIADOU, Alkmene. *Engineering Constitutional Change:* A Comparative Perspective on Europe, Canada, and the USA, Routledge, 2013.

8

MANDADO DE SEGURANÇA, PACTO FEDERATIVO E TRIBUNAL DE CONTAS DA UNIÃO

Lucas Bevilacqua[1] |
Rafael Campos Soares da Fonseca[2]

8.1. INTRODUÇÃO[3]

A garantia constitucional do mandado de segurança, muito embora historicamente esteja vinculada à tutela de direitos fundamentais individuais, constitui importante instrumento assecuratório de direitos interfederativos usualmente manejados não apenas pelos entes federados em face de ato de órgãos máximos do governo central, mas, também, contra manifestações do Tribunal de Contas da União (TCU).

A fim de melhor compreender o ajuizamento desse *writ* constitucional perante atos coatores dos Ministros do TCU, torna-se imprescindível analisar sua estrutura e funções, bem como o alcance de sua jurisdição em controle externo, tendo em conta seu mister constitucional de aplicação do direito financeiro sancionador.

---

1. Doutor e Mestre em Direito Econômico, Tributário e Financeiro pela Universidade de São Paulo (USP). Professor Permanente do Mestrado Profissional em Direito e Políticas Públicas da Universidade Federal de Goiás (PPGDP/UFG). Coordenador do "Observatório da Macrolitigância Fiscal" (IDP). Procurador do Estado de Goiás cedido como Assessor de Ministro do Supremo Tribunal Federal (STF).
2. Doutorando em Direito Econômico, Tributário e Financeiro pela Universidade de São Paulo e Mestre em Direito, Estado e Constituição pela Universidade de Brasília. Professor do Instituto Brasiliense de Direito Público (IDP). Coordenador do "Observatório da Macrolitigância Fiscal" (IDP). Analista Judiciário no Supremo Tribunal Federal, atua como Assessor da Presidência.
3. O presente artigo contou com valiosa pesquisa doutrinária e jurisprudencial sobre Tribunal de Contas da União (TCU) conduzida pela Mestranda Giovana Nahas (PPGDP/UFG), pesquisadora do Observatório da Macrolitigância Fiscal (IDP).

Igualmente, na história jurisprudencial do STF, o mandado de segurança é importante instrumento de garantia da autonomia financeira imputada aos entes federativos na medida em que assegura a adequada repartição constitucional de receitas patrimoniais e tributárias quando inobservadas as regras constitucionais de repartição de receitas, a exemplo, das transferências do Fundo de Participação dos Estados (FPE) e dos Municípios (FPM).

Além disso, observa-se no repertório jurisprudencial do STF a utilização do mandado de segurança também para controverter sobre a (re) negociação da dívida pública dos entes federados, buscando-se tutelar os direitos fundamentais dos Estados e Municípios quando da repactuação administrativa desses negócios jurídicos perante a Secretaria do Tesouro Nacional (STN), sem prejuízo de sua adequação em termos de despesas públicas.

Antes de adentrar na análise individualizada relativa ao emprego do mandado de segurança com enfoque em cada um dos institutos do Direito Financeiro: receita, despesa e crédito público, torna-se fundamental a compreensão da própria organicidade do TCU e do âmbito de sujeição de controle de seus atos perante o Poder Judiciário.

8.2. TRIBUNAL DE CONTAS DA UNIÃO: ESTRUTURA E FUNÇÕES

Com a Constituição Federal de 1988, os Tribunais de Contas alcançaram alto relevo no sistema de controle de atos da Administração Pública. Carlos Ayres Britto destaca que "nuclearmente feito nas pranchetas da Constituição. Foi o legislador de primeiríssimo escalão quem estruturou e funcionalizou todos eles (os Tribunais de Contas), prescindindo das achegas da lei menor. (...) Tão elevado prestígio conferido ao controle externo e a quem dele mais se ocupa, funcionalmente, é reflexo direto do princípio republicano."[4] Destaca-se, ainda, que consectário imediato do princípio republicano é a responsabilidade de todo aquele que tenha por dever zelar pelos recursos públicos.

Inicialmente previsto no Decreto 966-A de 7 de novembro de 1890, o TCU foi de fato criado em 1893, sob patrocínio do então Ministro da Fazenda Ruy Barbosa, que acreditava na importância de criar-se uma instituição que exercesse o controle da receita e despesa pública.

4. BRITTO, Carlos Ayres. O regime constitucional dos Tribunais de Contas. *In*: *Revista do Tribunal de Contas do Estado do Rio de Janeiro*. Volume 8. 2º semestre de 2014. Rio de Janeiro: TCE-RJ, p. 18 e 20.

Atualmente, mais de um século depois, o TCU está previsto no art. 71 da Constituição Federal de 1988 (CF/1988) como órgão auxiliar do Congresso Nacional no exercício do controle externo e tem sua natureza, competência, jurisdição e outras providências dispostas na Lei nº 8.443 de 16 de julho de 1992 (Lei Orgânica do TCU).

Com sede no Distrito Federal, o TCU consiste em um órgão colegiado de estatura federal composto por nove Ministros e quatro Ministros-substitutos, que devem ser brasileiros com mais de trinta e cinco e menos de sessenta e cincos anos de idade, que tenham idoneidade moral e reputação ilibada, notório saber jurídico, contábil, econômico e financeiro ou de administração pública e, ainda, tenham mais de dez anos de exercício de função ou atividade que exija os conhecimentos anteriormente mencionados.

Dentre os nove Ministros, três são escolhidos pelo Presidente da República após aprovação pelo Senado Federal, sendo que um membro é de livre escolha do Presidente e os outros dois membros são escolhidos alternadamente entre os Ministros-substitutos e membros do Ministério Público junto ao TCU, previamente indicados em lista tríplice feita pela própria Corte, de acordo com critérios de antiguidade e merecimento. Os outros seis Ministros são escolhidos pelo Congresso Nacional e os quatro Ministros-substitutos são selecionados por meio de concurso público de provas e títulos.

O TCU tem como funções primordiais o exercício de atos de fiscalização, de consulta, de informação, de julgamento, de sanção, de correção, de normatividade. Adentrando alguma dessas funções do TCU, destaca-se a ação de fiscalização direcionada a apuração da legalidade, legitimidade e economicidade da atividade contábil, financeira, orçamentária, operacional e patrimonial da União e entidades da administração direta e indireta. Em suma, a função fiscalizadora do TCU é realizada por iniciativa própria ou a pedido do Congresso Nacional, de suas casas ou comissões, em prol do exercício do controle externo e do desenvolvimento de uma Administração Pública mais eficiente e ética em benefício da sociedade.

A função informativa do TCU também está relacionada às referidas demandas do Congresso Nacional, de suas casas ou mesmo comissões em ter acesso às informações, auditorias e inspeções realizadas pelo TCU no exercício de sua função fiscalizadora. Trata-se de garantia institucional à concretização do princípio constitucional da publicidade. Além disso, incumbe ao TCU fornecer ao Congresso Nacional relatórios trimestrais e anuais acerca do exercício de suas atividades e exercer sua função consultiva de elaboração de pareceres acerca da análise da prestação de contas fornecida pelos chefes dos poderes Executivo, Legislativo e Judiciário, com o intuito de fundamentar o julgamento realizado pelo Congresso Nacional, acerca da legalidade das contas prestadas.

Observa-se que uma vez constatada qualquer ilegalidade ou irregularidade nos atos de gestão dos administradores públicos ou responsáveis por dinheiro, bens e valores públicos federais, caberá ao TCU representar ao órgão competente, assim como exercer sua função judicante, corretiva e sancionadora que fundam-se, respectivamente, em julgar as contas dos administradores públicos que são responsáveis por dinheiros, bens e valores públicos federais da administração direta e indireta, assim como daqueles que derem causa a perda, extravio ou alguma irregularidade que resulte em prejuízos ao erário, posteriormente determinar a correção das ilegalidades e irregularidades pela abertura de um prazo para regulamentação do ato impugnado e, por fim, caso não corrigida a situação aplicar alguma das sanções previstas na Lei Orgânica do Tribunal, como por exemplo, a incidência de multas ou a inabilitação do responsável pelos atos ilegais ou irregulares constatados para exercício de cargo em comissão ou função de confiança dentro da Administração Pública.

8.2.1. Competência do STF para Examinar Atos do TCU

A Constituição Federal prevê no seu art. 102, I, "d" e "q" a competência do Supremo Tribunal Federal (STF) para processar e julgar, originariamente, mandado de segurança e o *habeas data* contra atos do TCU e o mandado de injunção quando couber ao TCU a elaboração da norma regulamentadora.

Assim, observa-se que o STF tem competência constitucional para examinar determinados atos praticados pelo TCU, incluindo àqueles provenientes de decisões impositivas do TCU, ainda que se tenha como executor pessoa diversa do TCU.[5]

Oportuno ressaltar que essa incumbência constitucional é *numerus clausus*, de modo que o art. 102 da CF/1988 é taxativo, não cabendo ao Supremo examinar ações ordinárias que impugnem atos do TCU. Nessa mesma linha, a partir de entendimento segundo o qual o acessório segue

5. BRASIL, Supremo Tribunal Federal (STF). Mandado de Segurança (MS) n. 25.403/DF, rel. Ministro Ayres Brito, julgado em 29/05/2014.

o principal, observa-se que as ações cautelares preparatórias de ação ordinária também não serão de competência do STF.[6]

8.2.2. Alcance da Jurisdição do TCU em Controle Externo

Em conformidade com os arts. 4º e 5º do Regimento Interno do Tribunal de Contas da União (RITCU), infere-se que a Corte de Contas tem jurisdição própria e privativa em todo o território nacional e sobre pessoas físicas ou jurídicas, de direito público ou privado, que entre os casos previstos no referido regimento interno, englobem situações que envolvam a administração, gerenciamento, dispêndio e aplicação e distribuição de recursos financeiros da União.

Nesse sentido, pode-se mencionar alguns casos específicos que abrangem a jurisdição do TCU em âmbito de controle externo: i) as pessoas ou entidades que utilizam, arrecadam, guardam, gerenciam, aplicam ou administram capital, patrimônio e valores públicos federais ou pelos quais a União responda, ou que, em nome dela, tenham assumido alguma obrigação de natureza pecuniária; ii) nas situações em que pessoas ou entidades tenham dado causa a perda, extravio ou irregularidade diversa que tenha como resultado dano ao erário; iii) as pessoas ou entidades que dirijam empresas públicas e sociedades de economia mista constituídas com recursos da União.

A fiscalização da execução fiscal-orçamentária tornou-se notória no Brasil por intermédio do controle dos gastos públicos. No entanto, importante função desempenhada pelo TCU respeita à propiciação de transparência e, por conseguinte, efetivo controle da arrecadação tributária e critérios de repartição de receitas.

Por ocasião da edição à Lei n. 9.755/1998, houve questionamentos perante o STF com fundamento em suposta ofensa ao pacto federativo, à luz das atribuições conferidas ao TCU quanto ao monitoramento da arrecadação tributária dos entes subnacionais. Em homenagem ao princípio da transparência, pressuposto do controle, o STF julgou ausente nesse caso qualquer vulneração ao princípio federativo no âmbito da ADI 2.198, de relatoria do Ministro Dias Toffoli.[7]

---

6. BRASIL, Supremo Tribunal Federal. Ação Cautelar (AC) n. 2.834/CE de 2014, rel. Ministro Luiz Fux, julgado em 14/05/2014.

7. Pela importância do julgado, o STF, ADI 2.198, Tribunal Pleno, rel. Min. Dias Toffoli, j. 11/04/2013, transcreve-se a ementa: "Ação direta de inconstitucionalidade. Lei Federal nº 9.755/98. Autorização para que o Tribunal de Contas da União crie sítio eletrônico denominado Contas Públicas para a

No âmbito do federalismo fiscal brasileiro, há um eficaz sistema de controle mediante as jurisdições do TCU e do STF com vistas a assegurar equilíbrio fiscal federativo por meio do cumprimento integral das transferências intergovernamentais. A efetividade da jurisdição do STF demanda cooperação do TCU em matérias que lhes são de sua responsabilidade, a exemplo dos cálculos das transferências do FPE e FPM.[8]

Tramita perante o STF ação cível originária (ACO) por meio da qual 21 estados da Federação e Distrito Federal pretendem (i) o acesso a dados do produto da arrecadação tributária do Imposto sobre Produtos Industrializados (IPI) e Imposto sobre a Renda de Pessoas Jurídicas (IRPJ) que compõe o FPE, (ii) a condenação da União a prestar contas dos valores repassados aos Estados autores, a título do FPE, nos últimos 5 anos, com demonstração contábil da inclusão de todas as receitas provenientes de IR e IPI e que foram arrecadadas em todos os programas de recuperação fiscal (REFIS), e (iii) a disponibilização de treinamento específico para acesso aos sistemas de tais impostos por parte da Secretaria da Receita Federal (SRF).[9]

---

divulgação de dados tributários e financeiros dos entes federados. Violação do princípio federativo. Não ocorrência. Prestígio do princípio da publicidade. Improcedência da ação. 1. O sítio eletrônico gerenciado pelo Tribunal de Contas da União tem o escopo de reunir as informações tributárias e financeiras dos diversos entes da federação em um único portal, a fim de facilitar o acesso dessas informações pelo público. Os documentos elencados no art. 1º da legislação já são de publicação obrigatória nos veículos oficiais de imprensa dos diversos entes federados. A norma não cria nenhum ônus novo aos entes federativos na seara das finanças públicas, bem como não há em seu texto nenhum tipo de penalidade por descumprimento semelhante àquelas relativas às hipóteses de intervenção federal ou estadual previstas na Constituição Federal, ou, ainda, às sanções estabelecidas na Lei de Responsabilidade Fiscal. 2. Ausência de inconstitucionalidade formal por ofensa ao art. 163, inciso I, da Constituição Federal, o qual exige a edição de lei complementar para a regulação de matéria de finanças públicas. Trata-se de norma geral voltada à publicidade das contas públicas, inserindo-se na esfera de abrangência do direito financeiro, sobre o qual compete à União legislar concorrentemente, nos termos do art. 24, I, da Constituição Federal. 3. A norma não representa desrespeito ao princípio federativo, inspirando-se no princípio da publicidade, na sua vertente mais específica, a da transparência dos atos do Poder Público. Enquadra-se, portanto, no contexto do aprimoramento da necessária transparência das atividades administrativas, reafirmando e cumprindo, assim, o princípio constitucional da publicidade da administração pública (art. 37, caput, CF/88). 4. Ação julgada improcedente."

8. Art. 161. Cabe à lei complementar: I - definir valor adicionado para fins do disposto no art. 158, parágrafo único, I; II - estabelecer normas sobre a entrega dos recursos de que trata o art. 159, especialmente sobre os critérios de rateio dos fundos previstos em seu inciso I, objetivando promover o equilíbrio sócio-econômico entre Estados e entre Municípios; III - dispor sobre o acompanhamento, pelos beneficiários, do cálculo das quotas e da liberação das participações previstas nos arts. 157, 158 e 159. Parágrafo único. O Tribunal de Contas da União efetuará o cálculo das quotas referentes aos fundos de participação a que alude o inciso II.

9. STF, ACO 3.150, decisão monocrática, rel. Min. Ricardo Lewandowski, j. 14/11/2018.

Nas últimas décadas a União editou sucessivos REFIS com vistas à promoção do incremento da arrecadação tributária.[10] Tais regimes especiais padecem, no entanto, de um enorme *déficit* de legitimidade e transparência não só perante os contribuintes, mas, também, perante órgãos de controle e demais entes federativos que observam um decréscimo das transferências de tais impostos no FPE, o que se agrava pela falta de transparência.

O próprio TCU, antes mesmo do ajuizamento da mencionada ação, já havia instaurado procedimento fiscalizatório com vistas a apurar o montante efetivamente arrecadado pela SRF, pois esta vinha eximindo-se de prestar tais informações sob o pálio do sigilo fiscal, conforme depreende-se da Portaria de Fiscalização nº 1.310/2018 da Corte de Contas.

Ainda em juízo de verossimilhança, o STF determinou, mais de uma vez, em sede de antecipação dos efeitos da tutela jurisdicional, que a União franqueie aos Estados acesso aos sistemas de controle do FPE e FPM, assim como, em ato posterior, submeta ao TCU a composição das transferências constitucionais do FPE para a fiel apuração dos procedimentos de registro, contabilização e classificação da arrecadação realizada pela Administração Tributária federal.

Nessa perspectiva, constata-se, desde já, que o TCU, além das funções precípuas acima citadas de tutela do interesse público, desempenha importantes funções assecuratórias do equilíbrio fiscal federativo na garantia da transparência e controle para adequada repartição de recursos.

8.2.3. Interesse Público Primário e Secundário da Corte de Contas

De acordo com Celso Bandeira de Mello,[11] o interesse público primário refere-se ao interesse da sociedade globalmente considerada, representando o desempenho genuíno da função administrativa em atender as necessidades da coletividade. Por sua vez, o interesse público secundário é tido como aquele atinente ao aparelho estatal enquanto pessoa jurídica personalizada.

Quanto ao TCU, pode-se mencionar como interesse público primário a sua função de prestar o controle externo do governo federal a fim de as-

10. BOECHAT, Stephan Righi. Direito e políticas públicas: uma nova visão jurídica para os Programas De Parcelamento Especial (REFIS). *Revista Fórum de Direito Financeiro e Econômico* – RFDFE, Belo Horizonte, ano 4, n. 7, p. 101-118, mar./ago. 2015, p.114-15.

11. MELLO, Celso Bandeira de. *Curso de Direito Administrativo*. 27 ed. São Paulo: Editora Malheiros, 2010, p. 99.

segurar que as atividades exercidas pela Administração Pública direta e indireta estejam em conformidade com as normas preestabelecidas e com a persecução do interesse público de adequada utilização dos recursos públicos pelas pessoas e entidades responsáveis pela sua gestão.

Nessa linha, o TCU age, sempre em atenção ao interesse público, de modo que foge de sua competência atuar em defesa de interesses particulares, seja de forma preventiva avaliando, orientando e recomendando melhores práticas de gestão dos recursos públicos, seja de forma repressiva nos casos em que forem necessárias regulamentações, correções ou até mesmo a aplicação de sanções.

Por sua vez, o interesse público secundário do TCU está direcionado à realização de suas necessidades como pessoa jurídica dotada de personalidade, assim, observa-se que em situações específicas como, por exemplo, a alegação pelo TCU de uma eventual ilegitimidade passiva em um processo judicial que impugna um ato praticado pelo TCU, se estará diante do exercício do seu interesse público secundário e não o primário.

Essa divisão é relevante em uma coletânea de capítulos informativos sobre as classes dos MS e MI no Supremo Tribunal Federal, à luz de notável banalização da competência do mais alto órgão jurisdicional do país em temas de organização interna da Corte de Contas, tais como concursos públicos, promoções, férias, processo administrativo disciplinar, entre outros. Assim, mostra-se recomendável interpretação restritiva da competência originária do STF para aqueles casos nos quais esteja em discussão funções e incumbências constitucionais do TCU.

8.3. DIREITO FINANCEIRO SANCIONADOR E O TRIBUNAL DE CONTAS DA UNIÃO

Destinado a proceder a fiscalização contábil, financeira, patrimonial, orçamentária dos órgãos e entidades que compõe a Administração Pública federal, o TCU tem o fundamental papel de analisar se o direito financeiro brasileiro está sendo adequadamente cumprido ao proceder o controle de legalidade dos atos de gestão dos recursos públicos.[12]

Nessa linha, cabe ao TCU, ao se deparar com atos contrários ao que dispõe o ordenamento jurídico em matéria de contas públicas, isto é, ao cons-

12. ROSILHO, André Janjácomo. *Controle da Administração Pública pelo Tribunal de Contas da União*. Tese (Doutorado). Faculdade de Direito, Universidade de São Paulo, 2016, p. 281.

tatar ilegalidades de despesa ou irregularidades de aplicação de recursos públicos, agir em conformidade com sua função sancionadora e aplicar as sanções previstas em lei a fim de punir e reprimir a prática de atos lesivos ao erário.

A esse ramo do *ius puniendi* estatal, encampa-se a expressão "Direito Financeiro Sancionador" cunhada por Fernando Facury Scaff para sistematizar o significado de controle e de responsabilidade na perspectiva jusfinanceira a partir das principais normas punitivas de infrações financeiras.[13] Com base nesse ramo jurídico, serão abordadas as principais controvérsias levadas ao conhecimento do STF acerca das garantias do administrado ou do jurisdicionado perante o TCU e os poderes sancionatórios e processuais disponíveis à Corte de Contas.

8.3.1. Garantias do Jurisdicionado Perante o TCU: Segurança Jurídica, Defesa, Publicidade e Processualidade

No exercício de sua função judicante, o TCU, como Tribunal Administrativo, tem o dever de garantir aos jurisdicionados, pessoas físicas e jurídicas, públicas ou privadas, que têm suas contas submetidas a julgamento pelo órgão, o acesso a direitos constitucionais como o da segurança jurídica, do contraditório e da ampla defesa, da publicidade dos atos e decisões, assim como a previsão do processo e procedimentos adotados pelo Tribunal.

O direito à segurança jurídica está previsto no art. 5º, XXXVI da CF/1988, como uma forma de impedir a prática de atos arbitrários e casuísticos e, por sua vez, promover a criação de parâmetros, de estabilidade ou mesmo de previsibilidade do agir da Administração Pública. No caso do TCU, o princípio da segurança jurídica é exigível na prática de seus atos e na emissão de suas decisões, com o intuito de que o jurisdicionado não seja surpreendido com uma postura inesperada por parte do referido órgão.

Nessa linha, ressaltam-se as alterações que a Lei nº 13.655 de 25 de abril de 2018 (Lei de Segurança Jurídica) tem promovido na atuação do TCU, frente à exigência de que as decisões promovidas nas esferas administrativa, controladora e judicial não sejam tomadas com base em valores jurídicos abstratos e que levem em conta as consequências práticas da decisão.[14]

13. SCAFF, Fernando Facury. *Orçamento Republicano e Liberdade Igual:* ensaio sobre direito financeiro, república e direitos fundamentais no Brasil. Belo Horizonte: Fórum, 2018, p. 524.

14. TCU, Acórdão 2.677/2018, Plenário, rel. Min. Benjamin Zymler, j. 21/11/2018.

Quanto ao direito de defesa do jurisdicionado, ressalta-se que se cuida de direito fundamental assegurado constitucionalmente a todos aqueles litigantes em processo judicial ou administrativo, de modo que deve ser garantido ao jurisdicionado todos os recursos inerentes ao exercício do contraditório e da ampla defesa.

Em processos de tomada de contas especial (TCE) deve ser assegurado, nos termos do devido processo legal, o direito ao contraditório e da ampla defesa na fase externa da TCE, por ser tratar do momento de instauração do processo junto ao TCU e da fase em que se observa o litígio ou acusação.[15]

Além disso, oportuno mencionar a Súmula 256 do TCU, que dispõe no mesmo sentido da Súmula Vinculante 3 do STF. Ou seja, entendem pela não necessidade de concessão de ampla defesa e contraditório na apreciação da legalidade de ato que conceda aposentadoria, reforma e pensão e ao ato que posteriormente conceda melhorias ao ato inicial já registrado pelo TCU.

Por sua vez, a observância do princípio da publicidade pelo TCU advém do art. 37 da CF/1988, que impõe ao Poder Público o dever de proceder a ampla divulgação de seus atos, a fim de que a sociedade tenha conhecimento da atividade estatal exercida e possa exercer seu poder de fiscalização e controle da gestão do interesse público.

Além disso, a publicidade dos atos e decisões do TCU compreende o próprio princípio da transparência e o consequente dever do TCU e seus jurisdicionados prestarem contas, o primeiro perante a sociedade e o Congresso Nacional e o segundo perante o próprio TCU para fins de exercício de sua função fiscalizatória.

A respeito dessa matéria, o STF já teve a oportunidade de determinar que a recusa no fornecimento ao TCU de informações bancárias de sociedade de economia mista de caráter público, por instituição bancária, sob pretexto de violação ao sigilo bancário e empresarial, viola os deveres constitucionais de publicidade, transparência e prestação de contas, de modo que se cuida de sociedade integrante da administração pública indireta, que utiliza-se de recursos públicos, não há que se falar em sigilo bancário como óbice ao fornecimento dos documentos de auditoria interna requisitados pelo TCU.[16]

---

15. TCU, Acórdão 2437/2015, Plenário, rel. Min. Ana Arraes, j. 30/09/2015.
16. STF, MS-AgR 23.168, 1ª Turma, rel. Min. Rosa Weber, j. 28/06/2019.

Caso paradigmático a propósito da inaplicabilidade do sigilo face ao interesse público diz respeito à destinação de recursos pelo Banco Nacional de Desenvolvimento Econômico e Social (BNDES) para operações de créditos e alavancagem empresarial do maior exportador de proteína animal, à luz de um contexto mais amplo de incentivos e subsídios creditícios do governo federal aos denominados campeões nacionais no bojo da Nova Matriz Econômica.

Ao entender lesado seu patrimônio por ofensa ao direito ao sigilo fiscal, o BNDES impetrou mandado de segurança perante o STF sendo ao final denegada a ordem, ao fundamento de tratar-se de recursos públicos que, portanto, demandam transparência em sua aplicação no âmbito do MS 33.340, de relatoria do Ministro Luiz Fux e julgado pela Primeira Turma do Tribunal.[17]

Repisado que o sistema republicano de governo tem como consectário imediato a responsabilidade dos agentes, públicos ou privados, contemplados com recursos públicos, pressupõe-se a plenitude da transparência. Na pactuação de operações de créditos com recursos públicos, ainda que obtidos junto a instituições financeiras com personalidade própria e centro decisório independente, o sigilo bancário é mitigado ante a necessidade de efetiva transparência a propiciar, assim, controle das verbas públicas.

8.3.2. Poderes Processuais e Sancionatórios do TCU

Muito embora o TCU não seja propriamente um órgão jurisdicional, mas sim administrativo, incumbido da prática de atos materiais relacionados ao exercício de sua função de controle externo da Administração Pública, convencionou-se referir sua atuação como jurisdicional, na medida em que detêm, inclusive, poderes sancionatórios com ares de definitividade.

O poder sancionatório do TCU, consectário do previsto no art. 71, VIII a XI, da Constituição de 1988, reside na sua função básica de aplicar aos responsáveis por ilegalidades de despesas ou irregularidade de contas as sanções previstas na Lei Orgânica do Tribunal de Contas da União.[18]

As sanções previstas na referida Lei Orgânica do TCU abrangem desde a aplicação de multas proporcionais ao dano causado ao erário e obrigação de devolução de débitos até mesmo a inabilitação do responsável por

17. STF, MS 33.340, 1ª Turma, rel. Min. Luiz Fux, j. 26/05/2015.

18. Arts. 56 a 61 da Lei nº 8.443/92.

grave infração ao exercício de cargo em comissão ou função de confiança, no âmbito da Administração Pública, por um período de cinco a oito anos.

Considerando o princípio da separação dos poderes e seu consectário da independência das instâncias, oportuno ressaltar que a aplicação de tais sanções pelo TCU não afasta a possibilidade de que autoridades competentes apliquem, sobre as mesmas ilegalidades ou irregularidades sancionadas pelo TCU, penalidades cíveis, administrativas e penais.

8.4. TUTELA JURISDICIONAL DO FEDERALISMO FINANCEIRO

No esquadro constitucional de repartição de competências do federalismo brasileiro, há rígida discriminação constitucional de rendas mediante a atribuição de competências tributárias e repartição de receitas, por intermédio da participação direta do produto da arrecadação pelos entes federados ou por meio de Fundos de Participação dos Estados (FPE) e dos Municípios (FPM).

No FPE e o FPM, a própria Constituição Federal vincula parcela do produto da arrecadação de impostos federais aos respectivos fundos, havendo, assim, definição da fonte de custeio. Porém, não há destinação de aplicação específica aos entes federados em políticas públicas de desenvolvimento econômico e social.

A Constituição de 1988 adotou um rígido regime de atribuição de competências tributárias em matéria de impostos como modo de garantir autonomia a cada pessoa jurídica de direito público.

Ao ente federal da União, a CRFB atribuiu as seguintes competências tributárias em matéria de impostos: Impostos sobre Importação (II) e Exportação (IE), Imposto sobre Produtos Industrializados (IPI), Imposto sobre a Renda (IR), Imposto Territorial Rural (ITR), Imposto sobre Operações Financeiras (IOF) e o Imposto sobre Grandes Fortunas (IGF), ainda não instituído, porém, com retorno aos debates nos atuais tempos de ajuste fiscal.

Aos Estados, a CRFB/1988 atribuiu competência em matéria de Imposto sobre a Propriedade de Veículos Automotores (IPVA), Imposto sobre Transmissão Causa Mortis e Doações (ITCM-D) e Imposto sobre a Circulação de Mercadorias e Serviços (ICMS), principal instrumento dos Estados via incentivos fiscais para promoção de desenvolvimento regional.

Aos Municípios, a CRFB/1988 atribuiu competência tributária para instituir Imposto sobre Serviços de Qualquer Natureza (ISSQN), Imposto sobre a Propriedade Territorial Urbana (IPTU) e Imposto sobre a Transferência de Bens Imóveis (ITBI).

Aliado às regras de atribuição de competências tributárias entre os entes da federação, a CRFB/1988 estabeleceu um sistema de repartição de rendas, de modo direto: através da participação no produto da arrecadação de impostos dos demais entes e; de modo indireto, a partir de fundos de participação (FPE e FPM) e fundos de financiamento, por meio dos quais 3% da arrecadação de IR e IPI é destinado para financiamento de projetos de desenvolvimento econômico e social nas regiões Centro-oeste (FCO), Norte (FNO) e Nordeste (FNE).

Importante compreender, desde já, que as transferências intergovernamentais de recursos mediante fundos de financiamento, antes mesmo de mecanismos de equalização financeira no federalismo fiscal brasileiro, "são um instrumento de redistribuição de renda com fundamento no princípio da igualdade e da solidariedade"[19] na medida em que propiciam redistribuição das riquezas nacionais[20] por meio da destinação de receitas públicas para custeio de projetos insertos em políticas públicas de desenvolvimento econômico e social nas regiões menos desenvolvidas.

A propósito, a doutrina do direito financeiro discute há muito acerca do conceito dos fundos públicos e o regime jurídico a que se encontram vinculados. Para Ezequiel Balthazar: "os fundos são recursos reservados, acumulação de riquezas, destinados para fins diversos e aplicação estabelecida pela Constituição ou por lei; uma vez utilizados com eficiência, podem contribuir para a diminuição das desigualdades regionais e garantir o equilíbrio econômico-financeiro da Federação."[21]

Grande celeuma há quanto essa questão: se entidades jurídicas ou apenas titulares de personalidade judiciária, ou nem mesmo personalidade judiciária. Em nossa opinião, assiste razão a Régis Fernandes de Oliveira, quando argumenta que "[a] corrente que entende da inexistência de

---

19. BERCOVICI, Gilberto. *Desigualdades regionais, Estado e Constituição.* São Paulo: Max Limonad, 2003, p.158.

20. OLIVEIRA, José Marcos Domingues. Direitos Fundamentais, federalismo fiscal e emendas constitucionais tributárias. *In*: PIRES & TORRES, Adilson Rodrigues e Heleno Taveira. *Princípios de Direito Financeiro e Tributário*: homenagem a Ricardo Lobo Torres. Rio de Janeiro: Renovar, 2006, p.63-74.

21. BALTHAZAR, Ezequiel Antônio. Fundos Constitucionais como instrumento de redução de desigualdades regionais da federação. *In:* CONTI, José Maurício (Coord). *Federalismo Fiscal.* São Paulo: Manole, 2005, p.101-135, p.109.

personalidade jurídica, seja de personalidade judiciária é a correta."[22] Isso porque, em regra, essas instituições jurídicas não são titulares de direitos, nem sujeito de obrigações.

A partir da CRFB/1988 os fundos passaram a compor a lei orçamentária anual demandando-se, também, a realização da previsão de receitas específicas considerando que mesmo os fundos constitucionais são financiados por receitas outras (art.165, §5º e 167, IX).

Há limites histórico-estruturais a serem superados para o alcance de um desenvolvimento econômico homogêneo no país. Nas lições de Calixto Salomão Filho, "existe a necessidade efetiva de criação de fluxos redistributivos e de diluição de centros de poder econômico e introdução do princípio cooperativo nas relações sociais, a par da mudança da forma de planejamento e atuação do Estado."[23]

O TCU desempenha, também, importante função de controle dos recursos destinados aos Fundos de Participação (FPE e FPM), bem como, daqueles voltados ao Financiamento do Norte, Nordeste e Centro-Oeste (FNO, FNE e FCO).

Bem compreendidos os mecanismos de repartição direta e indireta de receitas no federalismo fiscal brasileiro, torna-se interessante repisar que a ordem constitucional atribui à lei complementar funções específicas na arena do Direito Financeiro entre as quais de estabelecer critérios de rateio do FPE e FPM com vistas a promover equilíbrio socioeconômico entre os Estados e entre Municípios. [24]

Justamente com esse propósito foi editada a Lei Complementar 62/89, que prevê regras sobre o cálculo, a entrega e controle das liberações dos recursos do FPE e FPM, nos termos de seu artigo 1º, parágrafo único, da legislação em tela, cuja transcrição se faz por oportuna: "Para fins do dispositivo neste artigo, integrarão a base de cálculo das transferências, além do montante dos impostos nele referidos, inclusive os extintos por compensação ou doação, os respectivos adicionais, juros e multa moratória, cobrados administrativamente ou judicialmente, com a correspondente atualização monetária paga."

22. OLIVEIRA, Regis Fernandes de. *Curso de Direito Financeiro*. 2ª ed. São Paulo: Revista dos Tribunais, 2006, p.280.
23. SALOMÃO FILHO, Calixto. *Regulação e desenvolvimento*. São Paulo: Malheiros, 2009, p.106.
24. OLIVEIRA, Régis Fernandes de. *Curso de Direito Financeiro*. São Paulo: RT, 2006, p.81.

8.4.1. Receitas Tributárias Transferidas e Fundos Constitucionais

O TCU como órgão de fiscalização fiscal-orçamentária desempenha legitimamente função de controle das transferências de receitas tributárias entre os entes federativos mediante os fundos constitucionais de participação (FPE e FPM) que constituem importantes instrumentos de (re)equilíbrio do federalismo fiscal brasileiro.

Muito embora a função preponderante seja do Instituto Brasileiro de Geografia e Estatística (IBGE)[25] na elaboração das premissas de cálculo das fórmulas legais a partir da extensão territorial dos Estados e Municípios, apuração de renda *per capita* e quantidade de população, o TCU detém a prerrogativa de realizar a equação formal dos valores individualizados do FPE e FPM.[26]

---

25. LC 62/89: "Art. 3° Ficam mantidos os atuais critérios de distribuição dos recursos do Fundo de Participação dos Municípios até que lei específica sobre eles disponha, com base no resultado do Censo de 1991, realizado pela Fundação IBGE. (Redação dada pela LCP nº 71, de 03/09/92)" LC 91/97: "Art. 1º, § 1° Para os efeitos deste artigo, consideram-se os Municípios regularmente instalados, fazendo-se a revisão de suas quotas anualmente, com base nos dados oficiais de população produzidos pela Fundação Instituto Brasileiro de Geografia e Estatística – IBGE, nos termos do § 2° do art. 102 da Lei n° 8.443, de 16 de julho de 1992. Art. 5° Compete à Fundação Instituto Brasileiro de Geografia e Estatística – IBGE apurar a renda per capita para os efeitos desta Lei Complementar."
26. Art. 290. "O Tribunal, até o último dia útil de cada exercício, fixará e publicará os coeficientes individuais de participação dos estados, do Distrito Federal e dos municípios, no Fundo de Participação dos Estados e do Distrito Federal (FPE), e no Fundo de Participação dos Municípios (FPM), para vigorarem no exercício subseqüente. Parágrafo único. Os coeficientes individuais de participação serão calculados na forma e critérios fixados em lei e com base em dados constantes da relação que deverá ser encaminhada ao Tribunal até 31 de outubro de cada ano pela Fundação Instituto Brasileiro de Geografia e Estatística – IBGE. Art. 291. O Tribunal, até o último dia útil do mês de julho de cada ano, aprovará e publicará no Diário Oficial da União os coeficientes individuais de participação dos estados e do Distrito Federal nos recursos de que trata o inciso II do art. 159 da Constituição Federal, calculados de acordo com critérios fixados em lei. Parágrafo único. Até o dia 25 do mês de julho de cada ano, o órgão encarregado do controle das exportações de produtos industrializados fornecerá ao Tribunal, de forma consolidada e por unidade da federação, os valores das exportações ocorridas nos doze meses antecedentes a 1º de julho do ano imediatamente anterior, apurados na forma da lei. Art. 292. As unidades federadas disporão de trinta dias, a partir da publicação referida nos arts. 290 e 291, para apresentar contestação, juntando desde logo as provas em que se fundamentar. Parágrafo único. O Tribunal deverá manifestar-se sobre a contestação mencionada neste artigo no prazo de trinta dias, contados da data do seu recebimento. Art. 292-A. As Unidades Federadas disporão de quinze dias, a partir da publicação dos percentuais individuais de participação calculados pelo Tribunal por força do disposto no caput do § 4º do art. 1º-A e no § 2º do art. 1º-B da Lei nº 10.336, de 19 de dezembro de 2001, acrescidos pela Lei nº 10.866, de 4 de maio de 2004, para apresentar o recurso para retificação previsto no § 5º do art. 1º-A do mesmo diploma legal § 1º No caso dos Estados e do Distrito Federal, o Tribunal se manifestará sobre o recurso mencionado neste artigo nos termos do inciso III do § 4º do art. 1º-A da mesma Lei nº 10.336. § 2º No caso dos Municípios, a manifestação dar-se-á no prazo de trinta dias, contados da data de seu recebimento."

A Constituição de 1988 dispõe no artigo 161 que cabe à lei complementar: "a) estabelecer normas sobre a entrega dos recursos de que trata o art. 159, especialmente sobre os critérios de rateio dos fundos previstos em seu inciso I, objetivando promover o equilíbrio socioeconômico entre Estados e entre Municípios. (inciso II) b) dispor sobre o acompanhamento, pelos beneficiários, do cálculo das quotas e da liberação das participações previstas nos artigos 157, 158 e 159. (inciso III)"[27]. O parágrafo único do artigo 161 prevê expressamente que cabe ao TCU efetuar o cálculo das quotas referentes ao FPE e FPM.

A Lei Complementar 62/89, em seu artigo 6º, constitui norma específica em relação à entrega dos recursos, onde está previsto que a União deverá divulgar "mensalmente os montantes dos impostos arrecadados e classificados para efeitos de distribuição através dos Fundos de Participação e os valores das liberações por Estado e Município, além da previsão do comportamento dessas variáveis nos 3 (três) meses seguintes ao da divulgação." Oportuno consignar que o Ministério da Economia e o TCU detêm ainda poder normativo de editarem normas infralegais sobre o assunto.

O Código Tributário Nacional (CTN), por sua vez, prescreve minuciosamente a forma de entrega dos recursos, após a realização do cálculo das quotas pelo TCU, nos seguintes termos:

> "Art. 92. Até o último dia útil de cada exercício, o Tribunal de Contas da União comunicará ao Banco do Brasil S.A. os coeficientes individuais de participação de cada Estado e do Distrito Federal, calculados na forma do disposto no artigo 88, e de cada Município, calculados na forma do disposto no artigo 91, que prevalecerão para todo o exercício subseqüente.
>
> Art. 93. Até o último dia útil de cada mês, o Banco do Brasil S.A. creditará a cada Estado, ao Distrito Federal e a cada Município as quotas a eles devidas, em parcelas distintas para cada um dos impostos a que se refere o artigo 86, calculadas com base nos totais creditados ao Fundo correspondente, no mês anterior.
>
> § 1º Os créditos determinados por este artigo serão efetuados em contas especiais, abertas automaticamente pelo Banco do Brasil S.A., em sua agência na Capital de cada Estado, no Distrito Federal e na sede de cada Município, ou, em sua falta na agência mais próxima.
>
> § 2º O cumprimento do disposto neste artigo será comunicado pelo Banco do Brasil S.A. ao Tribunal de Contas da União, discriminadamente, até o último dia útil do mês subseqüente.

---

27. Leis Complementares nº 62/89 e 91/97, que versam de forma global sobre os fundos de participação.

> Por determinação constitucional, compete ao Tribunal de Contas da União efetuar o cálculo das quotas dos fundos de participação dos Estados e Municípios, previstos no artigo 159, a teor do disposto no artigo 161, parágrafo único: "O Tribunal de Contas efetuará o cálculo das quotas referentes aos fundos de participação a que alude o inciso II."

Este, por sua vez, o efetua através de critérios legais e com dados fixados pelo IBGE. Não lhe cabe, nesta seara, juízo de valor e nenhum tipo de discricionariedade. Realiza apenas uma equação matemática, a partir de fatores pré-determinados por lei. Não há ato de fiscalização neste momento (do cálculo), o que ocorre apenas no ato da entrega de tais recursos, já calculados pela União aos Estados e Municípios. Trata-se, na realização do cálculo, de atuação complementar e secundária a sua função fiscalizatória constitucional de controle externo. Em síntese, o TCU efetua o cálculo das quotas e fiscaliza a União quando da entrega aos Estados e Municípios, garantindo, assim, efetividade da transferência.[28]

O agente financeiro de tais operações é o Banco do Brasil, a teor da disposição do Código Tributário Nacional. Cabe ao Tribunal de Contas, ao final de cada exercício financeiro, comunicar ao Banco do Brasil os coeficientes individuais de cada Estado, do Distrito Federal e de cada Município.[29] Os coeficientes calculados e informados no final de cada exercício são aplicados no exercício seguinte.

Além da previsão constitucional e do disposto no Código Tributário Nacional e na Lei Orgânica do TCU, o Regimento Interno do Tribunal de Contas da União (RITCU)[30] também regula, de forma detalhada, a sua atuação em relação aos fundos de participação.[31]

Nessa perspectiva, à luz dos posicionamentos normativos acima, conclui-se que a atuação do Tribunal de Contas em relação aos fundos de participação constitucionais se restringe ao cálculo dos coeficientes e a fiscalização da entrega dos valores aos seus titulares.

---

28. Lei Orgânica do Tribunal de Contas da União - Lei nº 8.443, de 16 de Julho de 1992: "Art. 1º Ao Tribunal de Contas da União, órgão de controle externo, compete, nos termos da Constituição Federal e na forma estabelecida nesta Lei: VI - efetuar, observada a legislação pertinente, o cálculo das quotas referentes aos fundos de participação a que alude o parágrafo único do art. 161 da Constituição Federal, fiscalizando a entrega dos respectivos recursos;".
29. Artigo 92 do Código Tributário Nacional.
30. Resolução TCU nº 155, de 4 de dezembro de 2002.
31. Há ainda, no âmbito do TCU, a Instrução Normativa 31/1999, de 24/11/1999, que dispõe sobre os procedimentos atinentes ao cálculo das quotas de participação.

No cálculo dos coeficientes e fiscalização da entrega dos recursos por meio dos fundos de participação, a atuação específica do TCU constitui ato de natureza meramente formal ao que não se submete à controle de mérito perante o STF. Ademais, oportuno relembrar que tais cálculos são realizados com base em índices informados pelo IBGE conforme expressa previsão legal.

Hipótese sujeita à controle judicial limita-se à erro formal no cálculo dos coeficientes. Porventura aplicados equivocadamente dados e índices oficiais aos preceitos legais da equação, o STF encontra-se legitimado a determinar recálculo das transferências sendo-lhe vedado proceder a indicação do valor a ser transferido, como se depreende do MS 22.752, de relatoria do Ministro Néri da Silveira.[32]

Considerando o exposto em seção anterior, vale notar que também é passível de controle judicial a inobservância do devido processo legal, da ampla defesa e do contraditório, bem como a inobservância dos procedimentos regimentais sobre a matéria especificamente.

No que respeita aos cálculos em si, que são consubstanciados em decisões normativas, após a observância dos procedimentos legais e regimentais, o STF tem se manifestado de forma contrária à pretensão dos Estados e Municípios de promover o recálculo das quotas-partes em perspectiva mais vantajosa aos impetrantes. Remete-se ao assentado pelo Tribunal no bojo do MS 24.057, de relatoria do Ministro Carlos Velloso,[33] e MS 24.014, de relatoria do Ministro Néri da Silveira.[34]

Em nenhuma das hipóteses, admite-se a concessão de provimento liminar considerando que o TCU apenas calcula as quotas e fiscaliza se os valores foram entregues corretamente pela União. Particularmente, quan-

32. BRASIL, Supremo Tribunal Federal (STF). Mandado de Segurança (MS) n. 22752 / PR, rel. Min. Néri da Silveira - Julgamento: 22/04/2002 - Publicação DJ 21/06/2002.

33. "CONSTITUCIONAL. MUNICÍPIOS. FUNDO DE PARTICIPAÇÃO. TRIBUNAL DE CONTAS DA UNIÃO. C.F., art. 161, parágrafo único. I. - Competência do TCU para o cálculo das quotas referentes aos fundos de participação referidos no art. 161, II, C.F.: C.F., art. 161, parágrafo único. II. - Decisão normativa nº 38 editada com observância dos preceitos constitucionais e legais aplicáveis, com base em dados do censo, que traduziam com mais fidedignidade a realidade dos municípios. III. - Impugnação de dados: controvérsia a seu respeito: inocorrência de direito líquido e certo, por isso que o mandado de segurança pressupõe fatos incontroversos. IV. - Mandado de Segurança indeferido." Supremo Tribunal Federal (STF). Mandado de Segurança (MS) n. 24057 / DF, rel. Min. Carlos Velloso - Julgamento: 15/05/2002 - Publicação DJ 21-06-2002.

34. BRASIL. Supremo Tribunal Federal (STF). Mandado de Segurança (MS) n. 24014 / DF, rel. Min. Néri da Silveira - Julgamento: 22/04/2002 - Publicação DJ 14/06/2002.

to aos fundos de participação, propriamente ao FPM, o STF tem entendimento de que os coeficientes não devem ser alterados liminarmente ainda que presente erro de cálculo ou inobservância do devido processo legal vez que presente vedação legal.[35]

Do até aqui exposto constata-se que a Corte de Contas desempenha importante função de garantia do equilíbrio do federalismo fiscal brasileiro ao assegurar a entrega das transferências de receitas tributárias via fundos constitucionais. No âmbito do federalismo fiscal, o TCU desempenha, também, importante mister ao fiscalizar a efetiva arrecadação de receitas originárias patrimoniais na medida em que algumas delas são repartidas com Estados e Municípios.

8.4.2. Receitas Patrimoniais

Por certo que o Estado brasileiro se financia preponderantemente por meio de receitas tributárias, no entanto, há parcela significativa de receitas originárias patrimoniais que, inclusive, tem destinação aos Estados e Municípios. Categoria de receita originária patrimonial a ensejar repetidas disputas federativas dada a representatividade nas finanças públicas é a Compensação Financeira de Exploração Mineral (CFEM).

Nos termos do art. 20, inciso IX, da Constituição Federal de 1988, os recursos minerais do subsolo são de propriedade da União, compreendidos no domínio patrimonial do ente federal, que poderá proceder a sua exploração mediante a concessão dos direitos minerários sendo garantido aos concessionários a propriedade do produto da lavra. Tal compreensão realiza-se justamente a patir da constatação de que as jazidas, em lavra ou não, e demais recurso minerais constituem propriedade distinta da do solo, para efeito de exploração ou aproveitamento.

A propriedade da União não exclui a participação dos Estados, Distrito Federal e Municípios no resultado da exploração de petróleo ou gás natural, de recusos hídricos para fins de geração de energia elétrica e de outros recursos minerais no respectivo território, plataforma continental, mar territorial ou zona econômica exclusiva conforme previsão expressa na própria Constituição.[36]

35. Art. 1º, § 1º, da Lei 8.437/1992.

36. Art.20, §1º. É assegurada nos termos da lei, aos Estados, ao Distrito Federal e Municípios, bem como a órgãos da administração direta da União, participação no resultado da exploração de petróleo ou gás natural, de recusos hídricos para fins de geração de energia elétrica e de outros recursos mine-

A matéria é regulada em âmbito federal pelas Leis n. 7.990, de 29 de dezembro de 1989, e 8.001, de 14 de março de 1990, que preveem distribuição indireta dos recursos arrecadados pela Agência Nacional da Mineração (ANM) aos entes federados. No que respeita aos *royalties* do petróleo, a matéria é regulada pela Lei n. 12.734, de 30 de novembro de 2012, que modificou as Leis n. 9.478/1997 e 12.351/2010, prevendo novas regras de distribuição entre os entes da federação.[37]

Por tempos rondou nos Tribunais Superiores e na própria doutrina a indefinição quanto a natureza jurídica[38] da CFEM: participação,[39] indenização,[40] preço público ou tributo.[41] Régis de Oliveira sentencia com propriedade que trata-se de uma receita decorrente de uma "relação jurídica obrigacional formada pela vontade de contratar com o Poder Público,"[42] portanto com nítida natureza de receita originária patrimonial.

O Supremo Tribunal Federal, ao decidir acerca da exigibilidade da CFEM, manifestou-se no sentido de que o fato de tratar-se de prestação pecuniária compulsória instituída por lei não faz da CFEM um tributo, sendo, assim, uma receita originária, *in verbis:*

> "Bens da União: (recursos minerais e potenciais hídricos de energia elétrica): participação dos entes federados no produto ou compensação financeira por sua exploração (CF, art. 20, e § 1º): natureza jurídica: constitucionalidade da legislação de regência (L. 7.990/89, arts. 1º e 6º e L. 8.001/90). 1. O tratar-se de prestação pecuniária compulsória instituída por lei não faz necessariamente um tributo da participação nos resultados ou da compensação financeira previstas

---

rais no respectivo território, plataforma continental, mar territorial ou zona econômica exclusiva, ou compensação financeira por essa exploração.

37. CASTRO, Eduardo Moreira Lima Rodrigues de. Pacto federativo, royalties do petróleo e a repartição de ICMS nas operações interestaduais com combustíveis: verdades quase nunca ditas. *Revista Fórum de Direito Financeiro e Econômico- RFDFE,* Belo Horizonte, ano 4, n.7, p.71-86, mar/ago.2015.

38. XAVIER, Alberto. Natureza Jurídica e Âmbito de Incidência da CFEM. *Revista Dialética de Direito Tributário.* n. 29. São Paulo: Dialética, 2005, p.10-25.

39. PETRY, Rodrigo Caramori. Compensações financeiras, participações e outras cobranças estatais sobre empresas dos setores de mineração, energia, petróleo e gás. *Revista Tributária e de Finanças Públicas.*; v.89; nov.-dez./2009.

40. COSTA, Regina Helena. A Natureza jurídica da Compensação Financeira pela Exploração de Recursos Minerais. *In: Cadernos de Direito Tributário e Finança Públicas* n.19, de abril-junho de 1997. São Paulo: RT, 1997, p.151.

41. CARRAZA, Roque Antônio. Natureza da Compensação Financeira de Exploração Mineral sua manifesta inconstitucionalidade. *In: Direito*: Programa de Pós-graduação em Direito da PUCSP. São Paulo: Max Limonad, 1995, p.306.

42. Oliveira, Régis Fernandes de. *Receitas não tributárias (taxas e preços públicos).* 2. ed. São Paulo: Malheiros, 2003, p. 120.

> no art. 20, § 1º, CF, que configuram receita patrimonial. 2. A obrigação instituída na L. 7.990/89, sob o título de 'compensação financeira pela exploração de recursos minerais' (CFEM) não corresponde ao modelo constitucional respectivo, que não comportaria, como tal, a sua incidência sobre o faturamento da empresa; não obstante, é constitucional, por amoldar-se à alternativa de 'participação no produto da exploração' dos aludidos recursos minerais, igualmente prevista no art. 20, § 1º, da Constituição.[43]

Ao julgar o Mandado de Segurança n. 24.312, o Plenário do STF adentrou na análise da constitucionalidade de dispositivos do Regimento Interno do TCU que prevê sua atribuição de fiscalização dos recursos transferidos aos Estados e Municípios, nos termos do dispositivo constitucional supracitado. Naquela assentada, o Tribunal empreendeu interpretação histórica por ocasião dos debates da constituinte e firmou entendimento pela inconstitucionalidade dos arts. 1º, inciso XI e 198, inc. III, do RITCU, além do art. 25, parte final, do Decreto n. 1, de 11 de janeiro de 1991, que dispunham sobre fiscalização pelo TCU dos *royalties* transferidos ao Estado do Rio de Janeiro.[44]

Nesse julgamento, o Min. Nelson Jobim resgatou a *mens legis* que, por ocasião da Assembleia Nacional Constituinte, resultou na edição do art. 20, § 1º, da Constituição Federal, o que revela a autêntica natureza jurídica da CFEM:

---

43. BRASIL. Supremo Tribunal Federal. Recurso Extraordinário (RE) n. 228.800 ED, Relator(a): Min. Sepúlveda Pertence, Primeira Turma, julgado em 26/11/2002, DJ 13-12-2002 PP-00072 EMENT VOL-02095-02 PP-00316; AgRg no AgIn 453.025-1/DF, 2.ª T., j. 09/05/2006, v.u., rel. Min. Gilmar Mendes, *DJU* 09/06/2006.

44. "MANDADO DE SEGURANÇA. ATO CONCRETO. CABIMENTO. EXPLORAÇÃO DE PETRÓLEO, XISTO BETUMINOSO E GÁS NATURAL. PARTICIPAÇÃO, EM SEU RESULTADO, DOS ESTADOS, DISTRITO FEDERAL E MUNICÍPIOS. CONSTITUIÇÃO FEDERAL, ART. 20, § 1º. COMPETÊNCIA DO TRIBUNAL DE CONTAS DO ESTADO DO RIO DE JANEIRO PARA A FISCALIZAÇÃO DA APLICAÇÃO DOS RECURSOS ORIUNDOS DESTA EXPLORAÇÃO NO TERRITÓRIO FLUMINENSE. 1 - Não tendo sido atacada lei em tese, mas ato concreto do Tribunal de Contas da União que autoriza a realização de auditorias nos municípios e Estado do Rio de Janeiro, não tem aplicação a Súmula 266 do STF. 2 - Embora os recursos naturais da plataforma continental e os recursos minerais sejam bens da União (CF, art. 20, V e IX), a participação ou compensação aos Estados, Distrito Federal e Municípios no resultado da exploração de petróleo, xisto betuminoso e gás natural são receitas originárias destes últimos entes federativos (CF, art. 20, § 1º). 3 - É inaplicável, ao caso, o disposto no art. 71, VI da Carta Magna que se refere, especificamente, ao repasse efetuado pela União - mediante convênio, acordo ou ajuste - de recursos originariamente federais. 4 - Entendimento original da Relatora, em sentido contrário, abandonado para participar das razões prevalecentes. 5 - Segurança concedida e, ainda, declarada a inconstitucionalidade do arts. 1º, inc. XI e 198, inc. III, ambos do Regimento Interno do Tribunal de Contas da União, além do art. 25, parte final, do Decreto nº 1, de 11 de janeiro de 1991" (BRASIL, Supremo Tribunal Federal. Mandado de Segurança n. 24.312, Relator(a): Min. Ellen Gracie, Tribunal Pleno, julgado em 19/02/2003, DJ 19-12-2003 PP-00050 EMENT VOL-02137-02 PP-00350).

> "Em 1988, quando se discutiu a questão do ICMS, o que tínhamos? Houve uma grande discussão na constituinte sobre se o ICMS tinha que ser na origem ou no destino. A decisão foi que o ICMS tinha que ser na origem, ou seja, os estados do Sul continuavam gratuitamente tributando as poupanças consumidas nos estados do Norte e do Nordeste. Aí surgiu um problema envolvendo dois grandes assuntos: energia elétrica – recursos hídricos – e petróleo. Ocorreu o seguinte: os estados onde ficasse sediada a produção de petróleo e a produção de energia elétrica acabariam recebendo ICMS incidente sobre o petróleo e a energia elétrica. O que se fez? Participei disso diretamente, lembro-me que era, na época, o Senador Richard quem defendia os interesses do Estado do Paraná e o Senador Almir Gabriel quem defendia os interesses do Estado do Pará, além do Rio de Janeiro e Sergipe, em relação às plataformas de petróleo. Então, qual foi o entendimento político naquela época que deu origem a dois dispositivos na Constituição? Daí por que preciso ler o § 1º do art. 20, em combinação com o inciso X do art. 155, ambos da Constituição. O que se fez? Estabeleceu-se que o ICMS não incidiria sobre operações que destinassem a outros estados – petróleo, inclusive lubrificantes, combustíveis líquidos, gasosos e derivados e energia elétrica -, ou seja, tirou-se da origem a incidência do ICMS. Vejam bem, toda a produção de petróleo realizada no Estado do Rio de Janeiro, ou toda a produção de energia elétrica, no Paraná e no Pará, eram decorrentes de investimento da União, porque o monopólio era da União. Toda a arrecadação do País contribuiu para aquela produção.
>
> Assim, decidiu-se da seguinte forma: tira-se o ICMS da origem e se dá aos estados uma compensação financeira pela perda dessa receita. Aí, criou-se o § 1º do art. 20, dizendo:
>
> Art. 20. São bens da União: (...) § 1º. É assegurado, nos termos da lei, aos Estados, ao Distrito Federal e aos Municípios, bem como a órgãos da administração direta da União, "- já se falava na possibilidade de criação das agências que poderiam ser financiadas em face da autonomia financeira –" participação no resultado da exploração de petróleo ou gás natural, de recursos hídricos para fins de geração de energia elétrica "– leia-se ITAIPU, que estava na base da discussão no Paraná – „ e de outros recursos minerais no respectivo território, plataforma continental, mar territorial ou zona econômica exclusiva,"– que eram as plataformas de petróleo de Sergipe –„ ou compensação financeira para essa exploração."
>
> Então, Ministra Ellen, estou tentando recompor a questão histórica, com isso, estou entendendo que não é uma receita da União que liberalmente está dando, por convênio, ao Estado; é uma receita originária dos Estados, face à compensação financeira da exploração em seu território de um bem, de um produto sobre o qual não incide o ICMS. Essa a origem do problema.[45]

Por seu turno, posteriormente, ao julgar a ADI 4.606, o STF fixou entendimento segundo o qual trata-se de receita originária patrimonial da

45. BRASIL, Supremo Tribunal Federal. Mandado de Segurança n. 24.312, Relator(a): Min. Ellen Gracie, Voto Min. Nelson Jobim. Tribunal Pleno, julgado em 19/02/2003, DJ 19-12-2003 PP-00050 EMENT VOL-02137-02 PP-00350.

União, Estados, Distrito Federal e Municípios, o que, no entanto, não implica em competência arrecadatória dos órgãos subnacionais.[46]

Alguns meses depois, o mesmo racional foi obtido pela corrente majoritária na ADI 4.846,[47] cujo objeto era a lei federal supracitada. Na ocasião, assentou-se que os *royalties* possuem natureza jurídica de receita transferida não tributária de cunho originário emanada da exploração econômica do patrimônio público, afastada sua caracterização seja como tributo, seja como indenização. Por outro lado, a segunda assertiva proposta pelo Ministro Relator encontrou ressalvas de parcela dos julgadores em relação à titularidade das receitas, isto é, "os *royalties* são receitas originárias da União, tendo em vista a propriedade federal dos recursos minerais, e obrigatoriamente transferidas aos Estados e Municípios." Assim, a matéria deverá ser objeto, em breve, de maiores considerações e definições por parte do STF.

Nessa perspectiva, muito embora reconhecida por tratar-se de receita originária patrimonial na linha do que antes fora decidido, tem-se afastado poder de arrecadação e fiscalização dos entes subnacionais, ao que, por conseguinte, não se vislumbra competência dos Tribunais de Contas dos Estados para fiscalização da CFEM, sendo, portanto, de competência exclusiva do TCU por razões de simetria federativa do controle externo ao controle interno.

Tem-se, assim, por superado entendimento anterior no primeiro *writ* mandamental, na medida em que por ocasião do julgamento da primeira ADI restou expressamente consignado que "[o]s Estados, Distrito Federal e Municípios não possuem competência para definir as condições de recolhimento das compensações financeiras de sua titularidade, ou mesmo para arrecadá-las diretamente, por intermédio de seus órgãos fazendários." Sendo assim, ausente poder de fiscalização e arrecadação pelos órgãos subnacionais, não há que se cogitar em prerrogativa de fiscalização dos Tribunais de Contas dos Estados, tratando-se, assim, de competência exclusiva do TCU.

---

46. BRASIL, Supremo Tribunal Federal. Ação Direta de Inconstitucionalidade (ADI) n. 4606, Relator(a): Min. Alexandre de Moraes, Tribunal Pleno, julgado em 28/02/2019, PROCESSO ELETRÔNICO DJe-092 DIVULG 03-05-2019 PUBLIC 06-05-2019.

47. STF, ADI 4.846, Tribunal Pleno, rel. Min. Edson Fachin, j. 09/10/2019.

8.5. DÍVIDA PÚBLICA DOS ESTADOS E O CRÉDITO PÚBLICO

Ante a insuficiência da arrecadação tributária para fazer face à constante necessidade de investimentos, sobretudo em infraestrutura, os entes federativos servem-se de operações de contratação de dívida pública perante a própria União, ou perante instituições financeiras federais, a exemplo do Banco Nacional de Desenvolvimento Econômico e Social (BNDES). Nesse ponto, mostra-se relevante a discriminação conceitual formulada por Sérgio Assoni Filho quanto ao crédito público, dívida, empréstimos e operações de crédito:

> Assim sendo, havendo *crédito público* poderá o Estado recorrer a um *empréstimo público* junto aos capitalistas e poupadores, a fim de prover suas necessidades de caixa ou de investimento, e dessa *operação de crédito* concretizada é que advirá a *dívida pública*, em nome do alcance dos interesses públicos, ou seja, de uma finalidade socialmente relevante, que em realidade é a responsável pela legitimidade de tal operação."[48]

Diante de exigências contratuais supostamente ilegais, o mandado de segurança constitui-se em importante instrumento de garantia para contratação e/ou (re)pactuação da dívida pública pelos entes subnacionais, o que inclui garantia de imunização ao arbítrio na aplicação de sanções pela Secretaria do Tesouro Nacional (STN).

Por ocasião da edição da Lei Complementar n.148/2014 e sua complementação pela LC 151, vários foram os Estados que impetraram mandados de segurança perante o STF com vistas a garantir repactuação de suas dívidas perante a STN. Encontrou-se nesse escopo o espaço do STF concebido como Tribunal da Federação, notadamente na controvérsia jurídica relacionada ao índice de correção da dívida dos Estados junto ao governo federal no âmbito do MS-AgR 34.023, de relatoria do Ministro Edson Fachin e com acórdão redigido pelo Ministro Gilmar Mendes.[49]

Nesse caso líder, muito se discutiu a propósito do cabimento do mandado de segurança ante a complexidade e fundamentalidade da questão para o pacto federativo brasileiro, visto que o Ministro Relator argumentou pela ausência de prova pré-constituída de direito líquido e certo a permitir ao Estado a repactuação da dívida pública.

48. ASSONI FILHO, Sérgio. *Crédito Público e Responsabilidade Fiscal.* Porto Alegre: Núria Fabris, 2007, p. 20 e 27.

49. BRASIL, Supremo Tribunal Federal (STF). Mandado de Segurança (MS) n. 34023 AgR, Relator(a): Min. Edson Fachin, Relator(a) p/ Acórdão: Min. Gilmar Mendes, Tribunal Pleno, julgado em 07/04/2016, PROCESSO ELETRÔNICO DJe-234 DIVULG 11-10-2017 PUBLIC 13-10-2017.

O que se tem é que a União ao editar o Decreto n. 8.616/2015, com vistas a regulamentar a LC n.148/2014, operou ação *ultra legem,* suscitando ao Estado direito líquido e certo em repactuar dívida pública nos estritos termos em que previsto na Lei Complementar que, inclusive, prescindia expressamente de regulamentação.

Das discussões em Plenário restou assente que não é a complexidade da causa que implica em ausência de direito líquido e certo. Embora passível de melhor discussão em sede de Ação Cível Originária (ACO), não se afastou o cabimento do mandado de segurança. Prevaleceu a cognoscibilidade de uma série de *writs* mandamentais, dado que presente o direito líquido e certo em ver aplicada a LC 148, a despeito da previsão constante no Decreto 8.616/2015. Decidiu-se, por maioria, tratar-se de nítida controvérsia de direito, atraindo a aplicação do Enunciado Sumular de n. 625 do STF.[50]

Em 27 de abril de 2016, ao julgar os Mandados de Segurança 34.023, 34.110 e 34.112, todos de relatoria do Ministro Edson Fachin, que versavam sobre a constitucionalidade da metodologia de cálculo da dívida mobiliária dos Estados Federados em relação à União, o Tribunal Pleno acolheu proposta de Questão de Ordem formulada pelo Ministro Roberto Barroso no sentido de suspender o julgamentos dos feitos por 60 dias, de modo a oportunizar a resolução consensual do conflito federativo relativo ao endividamento público dos entes federativos. Nesse sentido, concluiu-se ser o Supremo Tribunal Federal *lócus* inadequado para naquele momento resolver impasse sobre a dimensão fiscal do pacto federativo brasileiro, considerado ainda a expectativa de troca de comando no governo federal, o que se concretizou com o afastamento da então Presidente da República em 12 de maio seguinte em consonância ao rito de *impeachment* previsto na Lei 1.079/1950.

8.6. SUSPENSÃO DA SEGURANÇA NA GARANTIA DA ORDEM FINANCEIRA

No exercício de controle da execução fiscal-orçamentária, a concessão da ordem de mandado de segurança pode implicar em ameaça à ordem financeira, a exemplo, quando determinada em sede liminar a suspensão de

50. BRASIL, Supremo Tribunal Federal (STF). Súmula 625: "Controvérsia sobre matéria de Direito não impede a concessão de mandado de segurança."

determinado repasse de recursos já previstos no orçamento público para execução de determinada política pública.

O sistema processual brasileiro[51] prevê importante instrumento de contragarantia consistente no incidente de suspensão de segurança[52] com vistas a garantir a ordem financeira.[53]

A própria legislação indica "a natureza eminentemente política e extrajurídica, diferenciando-se das causas que geralmente justificam outros meios de impugnação de decisões judiciais" e que se revelam como "conceitos jurídicos indeterminados, a serem apreciados pelo julgador perante o caso concreto."[54]

É mister perceber que, independentemente da natureza jurídica que se atribua à Suspensão de Segurança (SS), sua finalidade é servir como contracautela, retirando os efeitos da decisão atacada, em decorrência do flagrante interesse público dessa contracautela, materializado no perigo de lesão à ordem, à saúde, à segurança e à economia públicas; espaço jurídico próprio das finanças públicas no âmbito do pacto federativo.

O STF tem jurisprudência assente quanto ao cabimento da contracautela da SS com vistas a preservar a ordem financeira dos entes federativos, seja quanto a preservação da arrecadação tributária, seja quanto à regular execução fiscal-orçamentária das despesas públicas.[55]

Situação concreta que testifica o manejo de SS com vistas à preservação da ordem financeira respeita aos Fundos Estaduais de Combate e Erradicação da Pobreza (FECOPs).

Antes mesmo da Emenda Constitucional n. 82 a maioria dos Estados, com vistas a promover incremento da arrecadação tributária de ICMS, pro-

---

51. Art. 4º, *caput*, da Lei nº 8.437/1991; art. 15 da Lei nº 12.016/2009 e art. 297 do RISTF.

52. DIDIER JR., Fredie; CUNHA, Leonardo José Carneiro da. *Curso de Direito Processual Civil*. V. 3. 3ª ed. Salvador: Juspodivm, 2007, p. 406.

53. "Quando, a requerimento de pessoa jurídica de direito público interessada e para evitar grave lesão à ordem, à saúde, à segurança e à economia públicas, o Presidente do Tribunal, ao qual couber o conhecimento do respectivo recurso suspender, em despacho fundamentado, a execução da liminar, e da sentença, dessa decisão caberá agravo, sem efeito suspensivo no prazo de (10) dez dias, contados da publicação do ato."

54. ARABI, Abhner Youssif Mota. *Mandado de Segurança e Mandado de Injunção*. 2ª Edição. Salvador: Editora Juspodivm, p. 152-153.

55. BRASIL, Supremo Tribunal Federal (STF). Suspensão de Segurança (SS) nº 846/DF-AgR, Rel. Min. Sepúlveda Pertence, Tribunal Pleno, DJ de 8/11/1996 e SS 5.049-AgR-ED, rel. Min. Presidente Ricardo Lewandowski, Tribunal Pleno DJe de 16/05/2016.

moveu a criação de FECOPs com severo *déficit* de constitucionalidade e legalidade ao que não tardou ampla judicialização perante os Tribunais Superiores.[56]

Não o bastante, alguns Estados da federação fixaram, inclusive, alíquota adicional para produtos considerados supérfluos sob o convincente argumento de aplicação do princípio da seletividade tributária; o que judicializado perante o STF, inclusive, ora afetado na sistemática de repercussão geral.[57]

Decisões concedidas pelos Tribunais de Justiça pela inconstitucionalidade do ICMS vinculado aos FECOPs têm sido suspensas liminarmente pelo STF mediante SS dada ameaça à ordem financeira dos Estados, sendo, inclusive, confirmadas perante o colegiado.[58]

7. CONSIDERAÇÕES FINAIS

Do exposto, conclui-se que a garantia constitucional do Mandado de Segurança constitui-se em importante remédio processual com vistas a assegurar direitos líquidos e certos, o que abarca eventuais lesões ao patrimônio jurídico dos entes federativos no âmbito do federalismo fiscal brasileiro.

Eventuais arbítrios do TCU na execução de seu mister constitucional de fiscalização contábil-orçamentário em ofensa às garantias da ampla defesa sujeitam-se ao controle mediante mandado de segurança perante o STF que se encontra legitimado a julgar diante de violação regras procedimentais, regimentais ou erros de cálculos com determinação de nova apreciação daquela Corte de Contas com vistas a reestabelecer situação de equilíbrio no pacto federativo.

Ainda que a Ação Cível Originária seja sede processual mais adequada para (re)discussão da dívida pública interfederativa, verifica-se que o

---

56. FREITAS, Leonardo Buíssa; Bevilacqua, Lucas. Fundos estaduais de combate e erradicação à pobreza e o princípio da não-afetação da receita de impostos na jurisprudência do Supremo Tribunal Federal (STF). *Revista de Direito da Procuradoria-Geral do Estado de Goiás*, Belo Horizonte, ano 29, n.31, jan./dez. 2016. Disponível em: <http://www.bidforum.com.br/PDI0006.aspx?pdiCntd=243269>. Acesso em: 27 dez. 2019.

57. BUISSA, Leonardo; BEVILACQUA, Lucas. Seletividade, justiça fiscal e neutralidade concorrencial: o ICMS sobre energia elétrica nos Tribunais Superiores. *Interesse Público – IP*, Belo Horizonte, ano 19, n. 104, p. 121-141, jul./ago. 2017.

58. BRASIL, Supremo Tribunal Federal (STF). Suspensão de Segurança (SS) nº 5305/GO-AgR, Rel. Min. Luiz Fux, Tribunal Pleno, Plenário Virtual, de 13-19/12/2019.

mandado de segurança constitui instrumento processual adequado para controvérsias pontuais sobre o tema, desde que presente prova pré-constituída do direito líquido e certo e seja expressa uma controvérsia eminente de direito.

Enfim, a Suspensão de Segurança é incidente processual que se presta para a garantia do equilíbrio das finanças públicas em que não se analisa mérito da relação financeira-tributária em questão.

9

MANDADO DE SEGURANÇA E AUTONOMIA FINANCEIRA DOS PODERES

Lucas Bevilacqua[1] |
Rafael Campos Soares da Fonseca[2]

9.1. INTRODUÇÃO

Desde sua criação em substituição à doutrina jurisprudencial do *habeas corpus*, o mandado de segurança demonstrou-se arena jurídica qualificada no direito brasileiro para veicular debates atinentes à concertação da divisão do poder político em funções estatais. A esse propósito, a engenharia institucional levada a efeito pela Constituição da República de 1988 e caracterizada pela multiplicação de centros decisórios autônomos institucionalizados em Poderes constituídos e órgãos demandou complexos equacionamentos nas temáticas do Direito Financeiro. Parte desse processo realizou-se no âmbito do Supremo Tribunal Federal pela via de sua competência originária.

Nesse sentido, o presente capítulo dedica-se a compreender e sistematizar as manifestações jurisdicionais do STF na seara da autonomia financeira dos poderes constituídos e dos órgãos independentes. Em atenção à pertinência temática desta obra, promove-se recorte metodológico em classe processual singular e limitado à vigência da presente ordem constitucional. Centra-se, a esse respeito, na competência originária do STF pre-

---

1. Doutor e Mestre em Direito Econômico, Tributário e Financeiro pela Universidade de São Paulo. Professor do Programa de Pós-Graduação em Direito e Políticas Públicas na Universidade Federal de Goiás. Líder do "Observatório de Macrolitigância Fiscal" (IDP). Procurador do Estado de Goiás e Assessor de Ministro do Supremo Tribunal Federal.

2. Doutorando em Direito Econômico, Tributário e Financeiro pela Universidade de São Paulo e Mestre em Direito, Estado e Constituição pela Universidade de Brasília. Professor do Instituto Brasiliense de Direito Público. Colíder do "Observatório de Macrolitigância Fiscal" (IDP). Analista Judiciário no Supremo Tribunal Federal.

vista na alínea "d" do inciso I do art. 102 da Constituição para processar e julgar mandados de segurança contra atos do Presidente da República, das Mesas da Câmara dos Deputados e do Senado Federal, do Tribunal de Contas da União e do próprio órgão judicial.

O itinerário argumentativo deste contributo consistirá em dois eixos de raciocínio. Por um lado, pretende-se delinear a relevância das finanças públicas na afirmação das estruturas institucionais voltadas à promoção de direitos fundamentais, aplicando-se função social à coisa pública, à luz da separação dos poderes. Por outro lado, o orçamento público e sua dinâmica expressam em concreto a autonomia financeira dos poderes, por isso torna-se conveniente divisar a análise de acordo com as fases do ciclo orçamentário, notadamente iniciativa, elaboração, aprovação, execução e prestação de contas.

9.2. FEDERAÇÃO, SEPARAÇÃO DOS PODERES E AUTONOMIA FINANCEIRA

A partir das lições extraídas da teoria do Estado e do direito constitucional, é fundamental assentar a distinção entre soberania e autonomia na condição de características fundamentais do constitucionalismo. Nesse âmbito, a soberania traduz-se no plano interno como império das leis sob a comunidade política de homens, explicando a capacidade de exercício do chamado poder de império nas funções estatais, isto é, o governo soberano em relação ao povo em determinado território. Na perspectiva externa, o Estado-nação mostra-se soberano na medida em que faz valer a independência nacional e a autodeterminação de seu povo na comunidade internacional.

Por sua vez, a autonomia garante a liberdade de ação em certa ordem-moldura, contudo também pressupõe conformidade com ordem constitucional superior, logo é relativa. Atribui-se, assim, uma série de prerrogativas e faculdades a uma pessoa ou órgão quanto à gestão da coisa pública, por razões explicáveis no momento da elaboração do pacto fundante.

No escopo do federalismo, tem-se no Estado Federal a superposição de duas ordens jurídicas que coexistem dentro de um mesmo território, reservando-se a soberania à dimensão central do ordenamento jurídico. Na formulação sintética do Ministro Luís Roberto Barroso, "há uma pluralidade de autonomias e uma unidade quanto à soberania."[3] Segundo o mesmo

3. BARROSO, Luís Roberto. *Direito Constitucional Brasileiro:* o problema da federação. Rio de Janeiro: Forense, 1982, p. 9-10.

autor, a plenificação da autonomia depende de um momento subjetivo em que existe uma entidade dotada de personalidade jurídica própria, com destaque institucional, ao passo que no aspecto objetivo corresponde à titularidade de um poder normativo independente e próprio.

Com fundamento na autonomia, singulariza-se o relacionamento entre os entes subnacionais e o governo central, mantendo-se no todo formado pela união indissolúvel entre unidades constituintes os atributos da soberania. Em suma, os entes intrafederativos exercem sua potestade mediante a autonomia. Esta categoria desdobra-se nos planos político, administrativo e financeiro.[4] Autonomia política denota a possibilidade de inovação na ordem jurídica por meio de normas gerais e abstratas, cujo ponto culminante é a auto-organização do ente federativo, por sua vez expressa no estabelecimento de instituições básicas legitimadas pelo Poder Constituinte Decorrente em uma ordem constitucional de matiz parcial. Fruto dessa faceta da autonomia também há a autolegislação viável ao Poder Legislativo ordinário na ambiência do ente federativo.

Define-se a autonomia administrativa a partir das manifestações concretas das estruturas estatais e governamentais em prol do interesse público. Com base na repartição vertical de competências pela Constituição do Estado-nação, apresenta-se a possibilidade de os entes autônomos executarem as leis, inclusive as próprias, por intermédio de aparato estatal organizado e funcionalizado para realização de atividades administrativas sob a responsabilidade dessa pessoa política. Trata-se, ainda, do autogoverno da pessoa autônoma na medida em que os cidadãos ligados ao território segmentado possuem a aptidão para escolher seus próprios representantes os quais atuam em poderes constituídos dos entes federados.

Sendo assim, a fórmula de divisão dos Poderes republicanos replica-se nas unidades federadas, que exercem as funções de legislar, fiscalizar, administrar, ministrar a justiça e defender a ordem institucional. Nesse particular, o federalismo brasileiro possui como peculiaridade a inclusão das municipalidades no vínculo federativo, embora isso ocorra de forma assimétrica, como se depreende, por exemplo, do fato das comunas não possuírem, desde o período imperial, estrutura própria no sistema de Justiça.

---

4. RAMOS, Elival da Silva. Estados-membros. *In*: BATISTA JÚNIOR, Onofre Alves (org.). *O federalismo na visão dos Estados*: uma homenagem do Colégio Nacional de Procuradores-Gerais dos Estados e do Distrito Federal – CONPEG – aos 30 anos de Constituição. Belo Horizonte: Letramento, 2018, p. 355-356.

Por fim, a autonomia financeira dos entes federativos revela-se condição de possibilidade para o exercício efetivo das competências legislativas, administrativas e jurisdicionais das pessoas políticas.[5] Isso denota uma relação de meios e fins que preconiza uma correspondência necessária entre as responsabilidades atribuídas e um volume de recursos públicos suficientes sob o controle do organismo encarregado de certo mister. Na experiência brasileira, em razão da primazia empírica da União e do Poder Executivo no sistema político, esse postulado de descentralização política e fiscal demandou a criação de garantias orçamentárias em nível constitucional relativas às atividades de cada poder constituído e de órgãos públicos na condição de centros decisórios autônomos nas dimensões funcional, administrativa e financeira.

9.3. AUTONOMIA FINANCEIRA DOS PODERES INDEPENDENTES

Delimitada premissa do estudo segundo o qual a autonomia financeira emana da separação dos poderes, por sua vez prevista na condição de cláusula pétrea por força dos arts. 2º e 60 da Constituição da República de 1988, aquela denota a capacidade de financiamento de uma pessoa ou órgão público e respectiva liberdade de ação governamental na seara das finanças públicas. Em razão da atribuição do Tesouro que inclui a imposição de tributos, parcela da doutrina pretende diferenciação conceitual em autonomias financeira e orçamentária, atribuindo-se a primeira mais ampla somente aos entes federativos.[6] No entanto verifica-se que o texto constitucional optou pela adoção da qualificação financeira tanto às unidades federadas quanto aos poderes independentes que as compõem.

Nesse sentido, o conceito compreende gradações de acordo com o grau de liberdade financeira concedido a uma entidade ou órgão pela ordem constitucional. Decerto, os princípios orçamentários da unidade e universalidade impedem que os Poderes constituídos, órgãos (conteúdos) do (continente) Estado, tenham autonomia plena (ou soberania) para gestão e administração financeira.

A autonomia financeira manifesta-se pela existência de recursos suficientes e compatíveis com as necessidades do ente público considerado.

---

5. LEWANDOWSKI, Enrique Ricardo. *Pressupostos Materiais e Formais da Intervenção Federal no Brasil*. 2 ed. Belo Horizonte: Fórum, 2018, p. 20.

6. HARADA, Kiyoshi. Orçamento e autonomia financeira do poder judiciário. *In*: CONTI, José Maurício (org.). *Poder Judiciário:* orçamento, gestão e políticas públicas. v. 1. São Paulo: Almedina, 2017.

De acordo com José Maurício Conti, enquanto formas para garantir autonomia financeira de entes governamentais, destacam-se as fontes próprias de recursos, as transferências constitucionais de receitas, participação na arrecadação do Estado Fiscal, a administração de fundos especiais e vinculações normativas de receitas a despesas, órgãos ou fundos.[7]

A vigente ordem constitucional deu guarida ao postulado de convivência harmônica e independente entre os poderes republicanos em formato muito especial, preocupando-se com garantias financeiras ao exercício das atividades estatais. Nesse escopo, torna-se importante ter claro quem são os órgãos financeiramente autônomos como pressuposto de desenvolvimento deste capítulo.

9.3.1. Poder Executivo

De início, verifica-se que o Poder Executivo é quem detém em seu interior o aparato estatal responsável pela Administração Tributária, além disso, é ele quem gere primordialmente o orçamento público e respectivas decisões quanto às receitas, despesas e créditos públicos. Na metáfora federalista, o Executivo detém a espada e a bolsa do Estado. Na verdade, boa parcela do aparato de governo é funcionalizada para desincumbir-se das funções executivas. Nessa linha, é possível depreender da ordem constitucional conceitos com reflexos financeiros como Fazenda Púbica, Erário e Fisco. A propósito, Fazenda Pública consiste em pessoa jurídica de direito público, que se financiam exclusivamente por recursos públicos. Nesse escopo, na condição de centro de personalidade que administra o conjunto de bens integrantes do Patrimônio Público, ativa e passivamente, administrativa e judicialmente, equipara-se ao Fisco. Por sua vez, o Erário é o conjunto de bens pertencentes ao Estado e administrados pelo Tesouro.[8]

No caso brasileiro, o presidencialismo adotado nas sucessivas ordens constitucionais tem conotação centralizadora em relação ao sistema político, de modo que a maioria das funções estatais está na esfera de atribuição ou supervisão da Presidência da República. Em sentido crítico, a função

7. CONTI, José Maurício. *A autonomia financeira do poder judiciário*. 2 ed. São Paulo: Blucher, 2019, p. 156.

8. MOREIRA, Egon Bockmann *et al. Precatórios:* o seu novo regime jurídico: a visão do direito financeiro, integrada ao direito tributário e econômico. São Paulo: Revista dos Tribunais, 2017, p. 56-57.

institucional do Presidente tem matiz praticamente imperial, atualmente repaginado e explicado sob a fórmula do presidencialismo de coalizão.[9]

Por isso tudo, é mais comum afirmar-se a autonomia dos demais poderes e órgãos autônomos em comparação do Poder Executivo, ao invés de afirmar-se como obviedade a liberdade financeira relativa que este goza para atender suas responsabilidades públicas. No âmbito financeiro, há diversas normas constitucionais que imputam prerrogativas e deveres a esse ramo estatal em todas as fases orçamentárias. Exemplifica-se com referência no plano federal a partir de sua competência nos seguintes aspectos: consolidar a proposta orçamentária e encaminhá-la mediante mensagem presidencial, possibilidade formal de influência no curso da apreciação parlamentar, programação das despesas públicas e aferição das receitas efetivamente arrecadadas que serão objeto de repasses a múltiplos entes e órgãos de direito público ao longo da execução do orçamento, inclusive com a produção de relatórios resumidos dessa fase (art. 165, §2º, CR/88), bem como a imperatividade de prestação de contas ao Congresso Nacional sessenta dias após o fim do exercício financeiro. Ademais, concentra-se no Executivo a iniciativa de projetos de lei que importem em aumento de despesa na administração pública (art. 63, I, CR/88).

Ante essa predominância da Presidência da República aliado ao modelo hierarquizado de administração pública instituído no Decreto-lei 200/1967, há pouca necessidade de judicialização das questões internas desse poder por meio de mandados de segurança impetrados no STF, limitando-se o trabalho deste capítulo quanto ao ponto.

Questão sempre lembrada diz respeito à atuação do Estado na economia por meio do fomento, prestação de serviço público, regulação de mercados e exploração de empresa por intermédio de estatais. Nessa dimensão, caso paradigmático corresponde à inoponibilidade de recusa de acesso a dados de operações financeiras realizadas pelas instituições públicas, visto que esses não são acobertados pelo sigilo bancário e empresarial próprios da iniciativa privada. Ao fundamento do primado do Parlamento no controle financeiro das verbas públicas, o STF denegou ordem pleiteada pelo Banco Nacional de Desenvolvimento Econômico e Social (BNDES) contra atos fiscalizatórios perpetrados pelo TCU, como se verifica no MS

9. ABRANCHES, Sérgio. *Presidencialismo de coalizão:* raízes e evolução do modelo político brasileiro. São Paulo: Companhia das Letras, 2018.

33.340, de relatoria do Ministro Luiz Fux, que demanda leitura atenta por parte da doutrina especializada.[10]

9.3.2. Poder Legislativo

Foram atribuídas ao Poder Legislativo da União competências privativas no campo da autonomia financeira. Imputou-se ao Congresso Nacional a fixação de idêntico subsídio para os deputados federais e senadores (art. 49, VII, CR/88), assim como à Câmara dos Deputados e ao Senado disposição sobre sua própria organização, funcionamento, polícia e condições financeira de seus corpos políticos e técnicos (arts. 51, IV, e 52, XIII, CR/88). Essas diretrizes são replicáveis por simetria aos entes estaduais, distrital e municipais, embora a própria Constituição da República as preveja, em algum grau, nos arts. 27, §§2º e 3º, quanto às Assembleias Legislativas dos Estados-membros – extensíveis à Câmara distrital por força do §3º do art. 32, bem como art. 29, VI e XI, em relação às Câmaras de Vereadores.

A despeito de o STF ser iterativamente chamado a compor lides e promover interpretação constitucional de matérias da mais alta relevância do Congresso Nacional e Assembleias Legislativas, *verbi gratia* estatuto constitucional dos congressistas, eleições para os cargos diretivos, medidas cautelares incidentes sobre parlamentares e nas dependências do Parlamento, atos políticos e administrativos das Mesas diretoras, garantias procedimentais do devido processo legislativo e respectivas possibilidades de controle preventivo de constitucionalidade e a natureza impositiva das emendas parlamentares ao orçamento público, não existem no repertório jurisprudencial do Tribunal maiores controvérsias deduzidas para tutelar a autonomia financeira do Legislativo federal.

Uma exceção muito recente, digna de nota à essa constatação geral, é o MS 31.096, de relatoria da Ministra Cármen Lúcia,[11] em que se questionava omissão das mesas do Senado Federal e da Câmara dos Deputados em efetuar pagamento de gratificação natalina aos segurados do extinto Instituto de Previdência dos Congressistas. No particular, a ordem foi denegada, ante a inexistência de ilegalidade ou abuso de poder, dado que não haveria previsão legal para tanto.

10. STF, MS 33.340, Primeira Turma, rel. Min. Luiz Fux, j. 26.05.2015.

11. STF, MS 31.096, Tribunal Pleno, rel. Min. Cármen Lúcia, j. 20.09.2019.

9.3.3. Poder Judiciário

O Poder Judiciário foi dotado de inúmeras garantias de cunho financeiro com o fito de resguardar a independência dos juízes. Além da competência originária do STF prevista na alínea "d" do inciso I do art. 102 da Constituição para mandados de segurança contra atos do próprio Tribunal, outra via de acesso dos jurisdicionados à cúpula do Poder Judiciário reside na alínea "n" do mesmo dispositivo constitucional, segundo o qual cabe ao STF conhecer das ações em que todos os membros da magistratura sejam direta ou indiretamente interessados, e aquelas nas quais metade do tribunal de origem sejam igualmente interessados ou haja impedimento. Outra porta de entrada introduzida pela Reforma do Judiciário (EC 45/2004) consiste nas ações contra o Conselho Nacional da Justiça, nos termos da alínea "r" do artigo constitucional em exame.

Nesse sentido, o Presidente do STF é comumente apontado como autoridade coatora em temas referentes às pretensões de servidores do próprio órgão,[12] o que, em regra, não apresenta maiores reflexos no campo da autonomia financeira do Poder Judiciário globalmente considerado. Ressalva importante a essa constatação cinge-se ao período prévio à estabilização monetária, com a implementação do Real, em que houve sucessivos planos econômicos e o expediente de indexação das remunerações dos servidores fora usado de forma sistemática. Isso porque os julgamentos relacionados ao corpo de servidores do STF transcenderam aos casos concretos, ao servirem de orientação ao Poder Público acerca das diretrizes jurisprudenciais da mais alta Corte do país sobre temas economicamente fundamentais.

A título ilustrativo, cita-se o MS 21.216, de relatoria do Ministro Octavio Gallotti,[13] no qual a controvérsia consistia na incorporação ao patrimônio jurídico dos servidores de reajuste de vencimentos pela Lei 7.830/1989, revogada em seguida pela MP 154/1990, por sua vez convertida na Lei 8.030/1990. Por maioria, o STF compreendeu que não houve ofensa ao direito adquirido ou ao ato jurídico perfeito na hipótese em tela. Pela lei concessiva tratar de todos os servidores federais civis e militares, a transcendência da posição da Corte ao caso concreto mostrou-se inexorável.

Em relação ao CNJ, observa-se que à luz da natureza administrativa do órgão, é possível que esse produza determinações que ostentem impactos

---

12. STF, MS 25.823, Tribunal Pleno, rel. Min. Cármen Lúcia e rel. p/ ac. Min. Carlos Britto, j. 25.06.2008.
13. STF, MS 21.216, Tribunal Pleno, rel. Min. Octavio Gallotti, j. 05.12.1990.

na autonomia financeira dos ramos do Judiciários submetidos à sua jurisdição. Caso notável foi posto no MS 28.141, de relatoria do Ministro Ricardo Lewandowski,[14] em que se desafiava ato do Conselho que preconizava o afastamento de cobrança de emolumento judicial, ao fundamento de sua inconstitucionalidade. A segurança foi denegada em solução engenhosa pela qual se reprochou a viabilidade do exercício de controle de constitucionalidade, por não ser órgão jurisdicional, conquanto não se reconheceu direito líquido e certo no *writ*, porque a jurisprudência do STF mostra-se pacífica quanto à inviabilidade da destinação de valores recolhidos a título de custas e emolumentos, recursos públicos de caráter tributário, a pessoas jurídicas de direito privado, o que demonstrou a inconstitucionalidade "chapada" da lei estadual que dava guarida à edição do ato controlado.

Outra consideração processual relevante consiste na legitimidade processual ativa para impetrar mandado de segurança em causa relativa à autonomia financeira do Poder Judiciário. Nesse contexto, nos primeiros anos de vigência da nova ordem constitucional, a corrente majoritária do STF assentou o interesse exclusivo do próprio Tribunal para deduzir essas lides, traduzindo-se em exercício da capacidade postulatória dos poderes independentes para defesa de prerrogativas institucionais, a despeito da ausência de personalidade jurídica em sentido estrito a qual reside no ente federativo que mantém o aparato judicial. Certamente, o caso líder dessa construção jurisprudencial é a Questão de Ordem suscitada no MS 21.291, de relatoria do Ministro Celso de Mello.[15] Em homenagem ao princípio da colegialidade, o entendimento tornou-se cediço na jurisprudência da Corte.[16]

Por isso, as associações nacionais da magistratura não puderam promover suas pretensões, que incluem aspectos financeiros da autonomia do Judiciário, pela estreita via mandamental. Sem dúvidas, essa restrição vista em conjunto à ampliação do rol de legitimados para propositura de ação direta de inconstitucionalidade que abarca entidade de classe de âmbito nacional (art. 103, IX, *in fine*, CR/88), representou fator decisivo para o expressivo volume de ações objetivas propostas por essas entidades, afuniladas pelo requisito pretoriano da afinidade temática precipuamente aos interesses corporativos.

14. STF, MS 28.141, Tribunal Pleno, rel. Min. Ricardo Lewandowski, j. 10.02.2011.
15. STF, MS-AgR-QO 21.291, Tribunal Pleno, rel. Min. Celso de Mello, j. 12.04.1991.
16. STF, MS 21.282, Tribunal Pleno, rel. Min. Carlos Velloso, j. 22.02.1996.

Quanto à configuração constitucional da autonomia financeira do Judiciário, registra-se a existência de reserva de lei complementar, denominada Estatuto da Magistratura, de alcance nacional para dispor sobre o regime jurídico da judicatura, contemplando a regência dos subsídios, aposentadorias, pensões e critérios de fixação do número de magistrados por unidade jurisdicional (art. 93, V, VI e XIII, CR/88).

Atualmente, a sistemática remuneratória da magistratura mediante subsídios está bem detalhada na ordem constitucional, inclusive quanto à necessidade de fixação ou alteração mediante lei específica votada no Parlamento competente, resguardada a reserva de iniciativa legal dos tribunais (arts. 37, X e XI, e 96, II, "b", CR/88). No entanto, a imperatividade de interposição legislativa para o tratamento dessa matéria nem sempre foi óbvia, como se depreende do MS 21.165, de relatoria do Ministro Célio Borja,[17] no qual se assentou a impossibilidade jurídica de fixação de vencimentos de desembargador por resolução do tribunal de justiça local, ainda que diante do argumento de isonomia de vencimentos. Aliás, a discussão em si acerca da comparabilidade de remunerações entre agentes públicos, em regra, não comporta veiculação por mandado de segurança.[18]

Há, ainda, prerrogativas e vedações dirigidas a qualquer juiz brasileiro, com impactos financeiros e orçamentários, como, por exemplo, a irredutibilidade de subsídios e a impossibilidade do recebimento de custas ou participação em processos (art. 95, III, e parágrafo único, I, II e IV, CR/88).

Por outro lado, os tribunais possuem competência privativa para eleger seus órgãos diretivos, competência e funcionamentos dos órgãos jurisdicionais e privativos, organizar suas secretarias, juízos e serviços auxiliares, prover os cargos de juiz e servidores, criar, modificar ou extinguir varas judiciárias, tribunais e divisão judiciária (art. 96, CR/88). Nesse sentido, apesar das eleições de tribunais de justiça locais serem alvo de questionamentos judiciais perante o STF com constância preocupante, a análise desses aspectos atinentes à autonomia administrativa do Estado-Juiz foge ao escopo deste capítulo.

A Constituição prevê, ainda, a vinculação das receitas auferidas a título de custas e emolumentos ao custeio de serviços afetos às atividades específicas da Justiça (art. 98, 2º, CR/88), bem como sistemática de pagamento

17. STF, MS 21.165, Tribunal Pleno, rel. Min. Celio Borja, j. 30.10.1991.

18. STF, MS 21.829, Tribunal Pleno, rel. Min. Marco Aurélio, j. 14.04.1994.

de condenações pecuniárias da Fazenda Pública que compete aos tribunais, comumente conhecida por precatórios (art. 100, CR/88).

Em relação aos requisitórios, impende registrar que a imensa maioria das controvérsias que chegam ao STF é veiculada por recursos extraordinários e reclamações. Exceção a isso foi o MS 33.761, de relatoria do Ministro Edson Fachin,[19] no qual Governador de Estado questionou ato do CNJ que determinara o remanejamento de recursos públicos direcionados para a realização de negociação direta segundo a sistemática da EC 62 para o pagamento de precatórios de acordo com a ordem cronológica nos exercícios financeiros subsequentes. Por maioria, o colegiado da Primeira Turma compreendeu inexistir direito subjetivo do Chefe do Poder Executivo de ente federativo em perenizar recursos públicos em mesma dotação orçamentária para os exercícios financeiros subsequentes, submetendo-se, então, à regra geral de adimplemento por ordem de chegada dos pedidos.

A despeito dessa plêiade de normas, encontra centralidade no objeto deste capítulo o art. 99 da Constituição da República que assegura autonomias administrativa e financeira ao Poder Judiciário. Isso é concretizado no ciclo orçamentário pela elaboração autônoma de suas propostas de lei orçamentária em consonância às balizas estipuladas conjuntamente com os demais Poderes na lei de diretrizes orçamentárias.

Por seu turno, a execução orçamentária também é estabilizada quanto aos órgãos dos Poderes Legislativo, Judiciário, Ministério Público e Defensoria Pública a partir do regime constitucional de duodécimos previsto no art. 168 da Constituição da República. Em apertada síntese, trata-se de garantia ao repasse com periodicidade mensal pelo Poder Executivo dos recursos correspondentes às dotações orçamentárias devidos a cada poder ou órgão autônomo.

Já referenciada a legitimidade ativa dos Tribunais em sede de mandado de segurança, compõe a rotina do STF a impugnação de ato omissivo de governador de Estado consistente no atraso relativo ao repasse de duodécimos ou na entrega a menor em relação ao previsto no orçamento público ou em ato comissivo consistente na edição de decreto de execução em desconformidade às leis orçamentárias. Nesses casos, há diretriz jurisprudencial cediça no sentido da ilegalidade desses atos do Poder Executivo em

---

19. STF, MS 33.761, Primeira Turma, rel. Min. Edson Fachin, j. 26.04.2016.

função da regra contida no art. 168 do texto constitucional.[20] Com o mesmo raciocínio, são infirmadas as tentativas do Poder Executivo em alterar a data dos repasses, atrasando-os, pois a dicção constitucional é explícita no sentido de o dever ter periodicidade mensal e termo final até o dia 20 de cada mês.[21]

Uma viragem jurisprudencial é digna de nota, pois nos primeiros posicionamentos do STF a respeito da base de cálculo a ser considerada no repasses de duodécimos assentou-se que não se encontravam sujeitos à programação financeira ou ao fluxo arrecadatório do ente federativo, à luz da administração do Tesouro efetuada pelo Poder Executivo.[22] Contudo, com base nas transformações da atividade financeira do Estado, principalmente a partir do art. 9º, *caput*, §§1º e 2º, da Lei de Responsabilidade Fiscal, verifica-se nova orientação de acordo com a qual a pretensão do Judiciário limita-se a percentual da receita corrente líquida fixado na Lei de Diretrizes Orçamentárias.[23]

Parece-nos correta a revisão de entendimento efetuada pelo Tribunal. Subscreve-se, nesse ponto, pensamento doutrinário de Fernando Facury Scaff que reputa haver uma má leitura do art. 168 da Constituição por parte de parcela dos Tribunais de Justiça dos Estados-membros:

> O mau entendimento decorre da distinção entre "dotação orçamentária" e os valores "efetivamente arrecadados". *Dotação* decorre de uma *previsão orçamentária*, que pode ou não se realizar. Caso não se realize, o que deve ser entregue a esses órgãos pelo Poder Executivo é o que foi *previsto* ou o que foi *realizado?* Seguramente é o que foi *realizado*, ou seja, o que efetivamente ingressou nos cofres públicos, e não a estimativa orçamentária estabelecida. Todavia, na prática, esses órgãos políticos buscam receber o que foi *orçado* e não o que foi *realizado*.[24]

Ainda quanto à sistemática dos duodécimos, é entendimento reiterado do STF que a satisfação dos repasses devidos e o término do exercício financeiro em que ajuizado geram o prejuízo do mandado de segurança,

---

20. STF, MS 23.267, Tribunal Pleno, rel. Min. Gilmar Mendes, j. 03.04.2003. MS 22.384, Tribunal Pleno, rel. Min. Sydney Sanches, j. 14.08.1997.
21. STF, MS 21.273, Tribunal Pleno, rel. Min. Néri da Silveira, j. 22.02.1996. STF, MS 21.278, Tribunal Pleno, rel. Min. Ilmar Galvão, j. 08.10.1992.
22. STF, MS 21.451, Tribunal Pleno, rel. Min. Octavio Gallotti, j. 08.04.1992.
23. Exemplos recentes dessa orientação são: STF, MS-MC 33.974, decisão monocrática, rel. Min. Luiz Fux, j. 30.12.2015; STF, MS-MC 34.483, decisão monocrática, rel. Min. Dias Toffoli, j. 22.11.2016.
24. SCAFF, Fernando Facury. *Orçamento Republicano e Liberdade Igual:* ensaio sobre direito financeiro, república e direitos fundamentais no Brasil. Belo Horizonte: Fórum, 2018, p. 336, grifos no original.

ante a ausência superveniente de interesse de agir.[25] Do mesmo modo, tem aplicação nessa seara entendimento vertido no enunciado sumular n. 269 do STF, segundo o qual não se possibilita o manejo do *writ* mandamental como substitutivo de ação de cobrança, o que, no particular, implica em considerar não serem passíveis de tutela nessa sede processual valores atrasados de duodécimos referentes a momento anterior à impetração.

A recessão econômica que abateu o Brasil, e com especial ênfase alguns Estados da Federação a partir de 2013-2014, também ocasionou maior flexibilização do STF no que diz respeito às dificuldades técnicas e econômicas do Poder Executivo em cumprir suas obrigações de repasse de duodécimos em contexto adverso. Nesse campo, o Tribunal intentou com alguma frequência soluções conciliatórias aos impasses orçamentários entre os Governadores e Presidentes de Tribunais de Justiça dos Estados, almejando-se a um acordo acerca do contingenciamento orçamentário possível e proporcional à frustração da arrecadação do ente federativo. Nesse sentido, a Segunda Turma homologou composição decorrente de audiência de conciliação na ambiência da crise financeira do Estado do Rio de Janeiro no MS 34.483, de relatoria do Ministro Dias Toffoli.[26] Resultado semelhante foi obtido no contexto do Estado da Paraíba no MS 35.648, de relatoria do Ministro Ricardo Lewandowski.[27]

Enfim, a Constituição também estabelece mecanismos de controle financeiro da atividade administrativa desses órgãos, especialmente os condicionantes quantitativos aos gastos públicos com pessoal ativo e inativo de todos entes federativos (art. 169, CR/88), os quais são subdivididos em limites individuais para despesas primárias de cada poder ou órgão previstos no art. 107 do ADCT quanto à União e no art. 20 da Lei de Responsabilidade Fiscal em relação a todas as unidades federadas.

9.3.4. Ministério Público

Uma das grandes inovações da Constituição da República de 1988 foi a instituição do Ministério Público com caráter permanente e essencial à função jurisdicional, incumbindo-lhe a defesa da ordem jurídica, do regime democrático e dos interesses sociais e individuais indisponíveis. Para

25. STF, MS 33.974, decisão monocrática, rel. Min. Luiz Fux, j. 26.10.2017. STF, MS 35.947, decisão monocrática, rel. Min. Marco Aurélio, j. 22.04.2019. STF, MS 23.308, decisão monocrática, rel. Min. Gilmar Mendes, j. 11.10.2006.
26. STF, MS 34.483, Segunda Turma, rel. Min. Dias Toffoli, j. 13.12.2016.
27. STF, MS 35.648, decisão monocrática, rel. Min. Ricardo Lewandowski, j. 06.12.2018.

cumprir o desiderato constitucional, ao *Parquet* foi assegurado independência funcional e autonomias administrativa e financeira. Com didáticas e exaurientes considerações sobre as prerrogativas do Ministério Público, remete-se à ADI-MC 2.513, de relatoria do Ministro Celso de Mello, no qual se afirma em ementa que "[a] dimensão financeira dessa autonomia constitucional – considerada a instrumentalidade de que se reveste – responde à necessidade de assegurar-se ao Ministério Público a plena realização dos fins eminentes para os quais foi concebido."[28]

Quanto à dimensão financeira da autonomia, o texto constitucional não possui a mesma clareza quando comparada sua dicção ao disposto sobre o Poder Judiciário. De todo modo, resta expresso que cabem ao órgão as iniciativas de lei para criação e extinção de cargos, a política remuneratória e os planos de carreira, assim como elaborar sua proposta orçamentária (art. 127, CR/88). Simetricamente ao Poder Judiciário, há reserva de lei complementar em matérias com impactos financeiros e orçamentários, como, por exemplo, a irredutibilidade de subsídios e a impossibilidade do recebimento de custas ou participação em processos (art. 128, § 5º, I, "c", e II, "a", CR/88).

O repertório jurisprudencial do STF é repleto de construções, principalmente no universo do controle objetivo de constitucionalidade, sobre as autonomias funcional, administrativa e financeira do Ministério Público, admitindo-se, então, o caráter parcial da argumentação a ser desenvolvida em seguida a partir de pesquisa realizada no que diz respeito somente aos mandados de segurança processados no Tribunal que tocam ao tema de autonomia financeira do órgão ministerial.

A capacidade processual do Chefe do Ministério Público para deduzir em *writs* mandamentais interesses institucionais do órgão foi afirmada prontamente pelo STF, como se depreende do MS 21.239, de relatoria do Ministro Sepúlveda Pertence.[29] Igualmente, após vacilação inicial, pacificou-se entendimento segundo o qual entidade de classe não detém legitimidade para ajuizar essas ações. Nesse ponto, caso excepcional é o MS 21.292, de relatoria do Ministro Ilmar Galvão, que comportou o conhecimento do mandado, embora o resultado tenha sido pelo seu prejuízo.[30]

---

28. STF, ADI-MC 2.531, Tribunal Pleno, rel. Min. Celso de Mello, j. 13.10.1993.
29. STF, MS 21.239, Tribunal Pleno, rel. Min. Sepúlveda Pertence, j. 05.06.1991.
30. STF, MS 21.292, Tribunal Pleno, rel. Min. Ilmar Galvão, j. 08.10.1992.

Usualmente, é apontada como autoridade coatora o Procurador-Geral da República, nos termos do art. 102, I, "d", da Constituição da República,[31] noticiando-se julgados nos quais não se conheceu do mandado por ausência de ato atribuível ao chefe desse órgão.[32] Ademais, o fato de o PGR encabeçar o Ministério Público da União e a maior centralização das carreiras dessa instituição em comparação ao Poder Judiciário levou o STF a manifestar-se com detalhes sobre as autonomias administrativa e financeira do *Parquet*, como se haure de casos envolvendo a comprovação de tempo de atividade jurídica como requisito de posse no cargo de procurador da república,[33] promoções[34] ou percepção de remuneração por aqueles integrantes que filiam-se a partidos políticos e concorreram a cargos eletivos.[35]

Há, ainda, interessante julgado à luz do caráter *sui generis* do Distrito Federal. A propósito, rememora-se que o DF, em alguns aspectos, pode mais do que os Estados na medida em que cumula as competências tributárias normalmente atribuíveis aos entes estaduais e municipais e, por outro lado, pode menos em comparação aos entes estaduais, dado que o sistema de Justiça distrital é predominantemente regulado e financiado pela União, inclusive a escolha dos julgadores recai sobre o Presidente da República.

No MS 25.997, de relatoria do Ministro Marco Aurélio,[36] a Primeira Turma compreendeu, por maioria, que os limites de gastos com pessoal do Ministério Público do Distrito Federal e Territórios devem ser incluídos na margem de despesas do Executivo federal, e não do MPU. Essa tese sagrou-se, igualmente, vencedora no Plenário do STF, quando do exame em abstrato da constitucionalidade da Lei de Responsabilidade Fiscal na ADI 2.238, de relatoria do Ministro Alexandre de Moraes. De todo modo, registra-se aqui críticas ao entendimento, ante ponderações relevantes sobre ofensa à autonomia do MPDFT representada pela possibilidade da Presidência da República por simples decreto reduzir a autonomia financeira desse ramo do *Parquet* federal, o que não encontra paralelo nos Ministérios Públicos estaduais, e a nítida contradição consistente em divorciar as autonomias funcional e administrativa que se subsumem à direção do

31. STF, MS 26.646, Primeira Turma, rel. Min. Luiz Fux, j. 12.05.2015. STF, MS 30.861, Segunda Turma, rel. Min. Gilmar Mendes, j. 22.05.2012.

32. STF, MS 24.193, Tribunal Pleno, rel. Min. Gilmar Mendes, j. 19.02.2004.

33. STF, MS 26.681, Tribunal Pleno, rel. Min. Menezes Direito, j. 26.11.2008.

34. STF, MS 20.809, Tribunal Pleno, rel. Min. Néri da Silveira, j. 22.04.2002. STF, MS 22.495, Tribunal Pleno, rel. Min. Ilmar Galvão, j. 14.05.1997.

35. STF, MS 24.235, Tribunal Pleno, rel. Min. Carlos Velloso, j. 26.06.2002.

36. STF, MS 25.997, Tribunal Pleno, rel. Min. Marco Aurélio, j. 05.04.2016.

MPU, por meio de seu Conselho Superior, e a dimensão financeira da autonomia remanescer sob a tutela do Executivo da União.

9.3.5. Defensoria Pública, Tribunais de Contas e demais órgãos de Estado

A ascensão da Defensoria Pública no quadro institucional republicano é uma conquista em evolução na vigente ordem constitucional. Assim, embora na redação originária da Constituição da República de 1988 essa instituição já estivesse consolidada na condição de essencial à função jurisdicional do Estado, em análise do art. 134 do texto constitucional, verifica-se a ampliação da responsabilidade inicial para orientação jurídica e defesa dos hipossuficientes para um rol de atividades que fundamentam-se pela promoção dos direitos humanos de índole tanto individual quanto coletiva no Judiciário ou fora dele, de forma integral e gratuita, ao mesmo público-alvo, à luz de compreensão da Defensoria como expressão e instrumento do regime democrático.

Em termos de autonomia financeira, há normas constitucionais que garantem a iniciativa de proposta orçamentária dentro dos limites da LDO em termos semelhantes ao que é definido para o Poder Judiciário, desde a inclusão pela EC 45/2004 dessa liberdade financeira a partir do §2º do art. 134 da Constituição. Essa conquista, inicialmente atribuída apenas às Defensorias Públicas Estaduais, foi posteriormente estendida às Defensorias Públicas da União e do Distrito Federal, nos termos do §3º do mesmo dispositivo. Ademais, o artigo 135 garante que o sistema remuneratório dos defensores seja organizado na forma de subsídios. Com intuito de conformação prospectiva, o art. 98 do ADCT, incluído pela EC 80/2014, também trouxe obrigação à União, Estados e DF em instituir defensores públicos em todas as unidades jurisdicionais no prazo de oito anos, observando-se o número de defensores de acordo com a demanda judicial e a população, com atendimento prioritário nas regiões com maiores índices de exclusão social e adensamento populacional.

A despeito dessa trajetória de êxito progressivo da instituição junto ao Poder Constituinte Derivado, a ligação institucional, ainda sensível e, por vezes, marcada sob coloração pragmática de subordinação, entre a chefia da Defensoria Pública e o Poder Executivo em conjunto à ilegitimidade das associações de classe na via do mandado de segurança gera poucos casos a serem abordados neste capítulo. Sem sombra de dúvidas, os pronunciamentos mais relevantes do STF no tocante à autonomia dessa entidade foram realizados no âmbito do controle objetivo de constitucionalidade, especialmente por ADIs e ADPFs, inclusive no que diz respeito ao orçamento público.

Nessa linha, o Tribunal conferiu interpretação restritiva à alínea "d" do inciso I do art. 102 da Constituição, de modo a impossibilitar o conhecimento de impetrações em face do Defensor Público-Geral Federal, recaindo essas nas atribuições regulares da Justiça Comum Federal.[37] Antes da extensão das autonomias funcional, administrativa e financeira à DPU pela EC 80/2014, é possível encontrar ações mandamentais em que figuram como litisconsortes a Presidência da República e o Conselho Superior da DPU ou o próprio Defensor-Geral,[38] o que não muda o sentido geral da constatação anterior.

Em conjunto a HCs individuais e coletivos, as atuações mais interessantes da Defensoria Pública na seara financeira residem na pretensão de medidas estruturantes a serem deferidas aos mais necessitados e conformadas pelo STF, embora a exata capacidade institucional do Tribunal não possibilite maior entusiasmo em termos de promoção maciça e coletiva de direitos fundamentais, sem o devido lastro em políticas públicas transversais bem pensadas e financiadas pelo Poder Público. Exemplifica-se isso com caso no qual se deixou de conhecer de mandado de segurança em que se pleiteava a interdição de estabelecimento prisional.[39]

Por outro turno, os Tribunais de Contas consistem em outra espécie de instituições remodeladas na redemocratização, por terem sido equipadas de prerrogativas e funções para o exercício do controle externo, em auxílio ao Poder Legislativo, pela Constituição da República de 1988. Nesse contexto, o Tribunal de Contas da União possui jurisdição em todo o território nacional e a ele se aplica, com adaptações necessárias, as garantias institucionais previstas ao Poder Judiciário (art. 73, *caput*, CR/88).

Nesse contexto, essas entidades gozam de significativa autonomia financeira. Do mesmo modo, os agentes públicos que ocupam os cargos de Ministros e Auditores do TCU, assim como os Conselheiros dos tribunais estaduais congêneres, são equiparados, em sede constitucional, aos Ministros do STJ e aos Desembargadores de TRF, respectivamente, o que repercute em termos de regime jurídico aplicável em matéria de garantias, prer-

37. STF, MS 33.984, Segunda Turma, rel. Min. Dias Toffoli, j. 05.04.2016.

38. STF, MS 28.000, Tribunal Pleno, rel. Min. Cármen Lúcia, j. 06.06.2013. STF, MS 24.872, Tribunal Pleno, rel. Min. Marco Aurélio, j. 30.06.2005.

39. STF, Segunda Turma, rel. Min. Teori Zavascki, j. 18.10.2016.

rogativas, vencimentos e vantagens (art. 73, §§3º e 4º, CR/88). Igualmente, é previsto um Ministério Público junto aos Tribunais de Contas cujos membros são submetidos a direitos, vedações e forma de investidura em tudo semelhante ao Ministério Público da União (art. 130, CR/88).

No que tange à casuística vertida no repertório jurisprudencial do STF, situação oposta às defensorias públicas é verificada em relação às Cortes de Contas, especialmente o TCU, em razão da competência originária do STF para conhecer de *writs* mandamentais impetrados em face das deliberações daquele, independentemente de os atos coatores serem exarados pela Presidência da Corte de Contas, Plenário ou Turmas.[40] A propósito, considera-se que o servidor integrante do quadro técnico do TCU possui interesse processual para ajuizar MS sempre que uma decisão do órgão afete diretamente suas relações jurídicas.[41]

Resulta disso que quase todas as controvérsias que envolvessem pretendentes aos cargos máximos do órgão foram judicializadas perante o STF, *v.g.* a elaboração de lista tríplice de Auditores para cargo de Ministro do TCU,[42] concurso de Ministro-Substituto ou auditores do TCU[43] ou o direito subjetivo à nomeação no cargo de procurador do MP junto ao tribunal.[44] Por conta disso, foi necessário que o STF estabelecesse limitantes à sua própria competência - como no caso em que afirmou que o ato do Governador do DF no qual indica conselheiro do TCDF não atrai a competência do Tribunal -, e às pretensões diversas que lhe foram deduzidas[45] - cita-se a negativa de procedência a pleito em que servidores almejavam obrigar o TCU a alterar projeto de sua iniciativa para atender aos interesses dos impetrantes.[46]

Em fecho à presente subseção, torna-se relevante expor posicionamento do STF no sentido de obstaculizar pretensões de autonomias funcional e financeira que não estejam albergadas na própria Constituição da República. Nesse sentido, em sede de ação direta de inconstitucionalidade, o Tribunal já declarou inconstitucional emenda estadual que conferia *status* de carreira jurídica, com independência funcional, ao cargo de delega-

40. STF, MS 25.112, Tribunal Pleno, rel. Min. Marco Aurélio, j. 03.08.2005.
41. STF, MS 25.195, Tribunal Pleno, rel. Min. Eros Grau, j. 09.06.2005.
42. STF, MS 23.968, Tribunal Pleno, rel. Min. Gilmar Mendes, j. 14.04.2008.
43. STF, MS 26.849, Tribunal Pleno, rel. Min. Luiz Fux, j. 10.04.2014.
44. STF, MS 23.247, Tribunal Pleno, rel. Min. Néri da Silveira, j. 22.04.2002.
45. STF, MS 23.596, Tribunal Pleno, rel. Min. Sepúlveda Pertence, j. 09.11.2000.
46. STF, MS 21.263, Tribunal Pleno, rel. Min. Néri da Silveira, j. 13.02.1992.

do de polícia.[47] Da mesma maneira, a autonomia universitária não pode ser maximizada a ponto de representar separação orçamentária da entidade pública de ensino superior em relação ao Poder Executivo a que esteja vinculado.[48] A despeito de também ser instituição essencial à função jurisdicional, o STF também considera inconstitucional norma de constituição estadual que atribua autonomia funcional e administrativa à Procuradoria-Geral do Estado do próprio Estado-membro.[49]

9.4. TUTELA DA AUTONOMIA FINANCEIRA NAS FASES DO ORÇAMENTO PÚBLICO

Em um Estado Democrático de Direito, o poder político justifica-se precipuamente por procedimentos democráticos nos quais os representantes eleitos expressam suas preferências para a formação da vontade política do ente estatal. Os constituintes brasileiros entenderam pela necessidade de reserva de iniciativa de lei aos poderes e órgãos autônomos como forma de garantia da autonomia desses corpos institucionalmente destacados, limitando, portanto, a capacidade dos congressistas de pautarem quaisquer temas de relevância institucional sem prévia oitiva do poder ou órgão autônomo.

De acordo com Clèmerson Clève, a independência do Poder Judiciário divisa-se em autonomias institucional e funcional, sendo que na primeira espécie vigoram os princípios organizativos do autogoverno, autoadministração, inclusive na dimensão financeira, e a inicialidade legislativa. Nesse sentido, "[o] princípio da inicialidade legislativa impede a alteração de tais matérias sem a prévia provocação do Judiciário."[50]

Com intuito sistemático, André Ramos Tavares classifica as modalidades de iniciativas legislativas da magistratura: Estatuto da Magistratura, criação de novas varas judiciárias, incluindo aquelas especializadas na resolução de conflitos fundiários, alteração do número de membros dos tribunais inferiores e da organização e divisão judiciárias, criação e extinção de cargos, remuneração e tribunais inferiores, fixação do valor dos subsídios, gratuidade ou redução de emolumentos, bem como em matéria de

---

47. STF, ADI 5.520, Tribunal Pleno, rel. Min. Alexandre de Moraes, j. 06.09.2019.
48. ADI 3.792, Tribunal Pleno, rel. Min. Dias Toffoli, j. 22.09.2016; STF, ADI-MS 5.946, decisão monocrática, rel. Min. Gilmar Mendes, DJe de 12.09.2019.
49. ADI 291, Tribunal Pleno, rel. Min. Joaquim Barbosa, j. 07.04.2010.
50. CLÈVE, Clèmerson Merlin. Poder Judiciário: autonomia e justiça. *Revista de Informação Legislativa*, a. 30, n. 117, p. 293-308, jan./mar. 1993, p. 295-296.

orçamento público.[51] É a última a mais relevante ao presente capítulo, que se passa a examinar.

O orçamento público no constitucionalismo democrático passou de mera peça contábil que contém a previsão das receitas e a autorização das despesas para ser invento jurídico central na articulação do Estado junto à sociedade. Nesse sentido, exsurge a Constituição Financeira a partir da unidade constitucional da atividade financeira do Estado. Essa possui funções bem definidas, notadamente a eficiência organizativa, a continuidade do Estado Fiscal, garantia ou segurança jurídica, eliminação de privilégios, integração e controle.[52]

Nesse contexto, merecem considerações teóricas e práticas a dinâmica do ciclo orçamentário e a expressão dos centros decisórios autônomos, sobretudo no que diz respeito à tutela mediante mandado de segurança impetrado no STF que tratam da participação e da liberdade dos poderes e órgãos autônomos nesse *lócus* financeiro. Para isso, divisa-se a orçamentação em quatro partes: (i) elaboração, (ii) deliberação e aprovação, (iii) execução e (iv) prestação de contas.

Na primeira fase, dita administrativa ou pré-legislativa, a elaboração do orçamento público no plano federal envolve agentes de três naturezas: o órgão central de planejamento, os órgãos setoriais e as unidades orçamentárias. O primeiro é responsável pela coordenação, consolidação e elaboração da proposta orçamentária da União, atualmente corresponde à Secretaria de Orçamento Federal a qual faz parte a Secretaria Especial de Fazenda, por sua vez subordinada ao Ministério da Economia. Por seu turno, os órgãos setoriais possuem responsabilidade para fazer o levantamento das despesas públicas necessárias ao funcionamento a contento do Estado e as últimas devem avaliar os programas e respectivos custos sob gestão de determinada unidade administrativa.

A esse respeito, a fase administrativa do orçamento público é subdividida em três subseções. Na etapa preliminar, o órgão central formula diretrizes e fixa normas gerais para o processo de elaboração do orçamento. Calcula-se nesse momento as receitas estimadas que servirão de base para as propostas orçamentárias. Nesse escopo, Conti destaca o caráter incremental dos gastos públicos dos poderes independentes: "basicamente, o

51. TAVARES, André Ramos. *Manual do Poder Judiciário.* São Paulo: Saraiva, 2012, p. 111-115.

52. TORRES, Heleno Taveira. *Direito Constitucional Financeiro*: teoria da constituição financeira. São Paulo: Revista dos Tribunais, 2014, p. 105.

Poder Judiciário tem como limite de despesas, fixado pela lei de diretrizes orçamentárias, o mesmo valor do ano anterior, com as alterações que ocorreram no decorrer do exercício."[53]

Na fase intermediária, os órgãos setoriais responsabilizam-se pela elaboração de suas propostas orçamentárias. Isso envolve o exame de adequação da estrutura programática do setor e das alterações imperativas. Por sua vez, as unidades orçamentárias formalizam suas propostas em consonância aos gastos dos exercícios anteriores, prioridades do setor e adequação da estrutura programática, à luz do numerário indicado pelo órgão setorial competente. A conclusão dessa fase culmina no encaminhamento das propostas orçamentárias dos Poderes Legislativo, Judiciário, Ministério Público, Tribunal de Contas e Defensoria Pública ao órgão central.

Em última etapa pré-legislativa, compete ao órgão central consolidar e formalizar a proposta orçamentária da União, sob as luzes dos princípios orçamentários da unidade, universalidade e exclusividade. Nesse momento, decide-se sobre as propostas orçamentárias e definem-se as dotações, enviando exposição de motivos à Presidência da República a integrar o projeto de lei orçamentária anual. A autoridade máxima do Executivo federal tem a atribuição de remeter o projeto de lei ao Congresso Nacional (arts. 84, XXIII, CR/88, e 35, §2º, III, ADCT).

A despeito do caráter administrativo desses procedimentos, o STF já foi chamado pela via do *writ* mandamental a fazer valer a autonomia financeira dos poderes e órgãos autônomos. Caso rumoroso consistiu na definição das possibilidades da Presidência da República em suprimir valores referentes a despesas com pessoal previstas na proposta orçamentária da DPU para o exercício financeiro de 2015, isto é, exatamente na primeira oportunidade em que este órgão teve de exercer sua autonomia recém conquistada na EC 80/2014. No MS 33.193, de relatoria da Ministra Rosa Weber,[54] foi deferida monocraticamente liminar para assegurar que a proposta orçamentária original encaminhada pelo impetrante fosse apreciada pelo Congresso Nacional na condição de parte integrante do projeto de lei orçamentária anual de 2015. Com fundamento em decisões tomadas em ações objetivas ajuizadas em face de legislação estadual, a Ministra Relatora compreendeu pela inviabilidade de o Poder Executivo efetuar, de forma unilateral e sem respaldo na lei de diretrizes orçamentárias vigen-

---

53. CONTI, José Maurício. *A autonomia financeira do poder judiciário*. 2 ed. São Paulo: Blucher, 2019, p. 85.

54. STF, MS-MC 33.193, decisão monocrática, rel. Min. Rosa Weber, j. 30.10.2014.

te, supressões nas propostas de orçamento enviados por outros Poderes ou órgãos autônomos. A partir da passagem de tempo entre os exercícios financeiros, o mandado de segurança foi considerado prejudicado, o que impossibilitou conhecer o entendimento do Pleno do STF acerca da controvérsia, como é, infelizmente, rotineiro em temática de direito financeiro, tendo em conta a temporalidade das leis do ciclo orçamentário.[55]

Após o recebimento da mensagem presidencial pelo Presidente do Senado Federal, o projeto é encaminhado à Comissão Mista de Planos, Orçamentos Públicos e Fiscalização (CMO) do Congresso Nacional. Nesse sentido, compete à CMO emitir parecer sobre o projeto de lei orçamentária, os programas veiculados e as emendas apresentadas (art. 166, §1º, CR/88). A proposta é submetida a escrutínio público mediante audiências públicas e parlamentares designados pela Presidência dessa comissão legislativa ficam responsáveis pela apresentação de relatórios setoriais. Esses documentos e eventuais mensagens modificativas encaminhadas pela Presidência da República são direcionados ao Relator-Geral da CMO a quem cabe apresentar parecer preliminar. Iniciada a votação do parecer nesse colegiado legislativo, não é mais possível proposição de modificações ao projeto de orçamento por parte da Presidência da República, por força de vedação constitucional (art. 166, §5º, CR/88).

Por conseguinte, na fase de apreciação parlamentar somente é possível ao Poder Judiciário e órgãos autônomos propor alterações ao projeto orçamentário, caso essas sejam encampadas por congressistas devidamente habilitados para participar do processo. Por outro lado, os parlamentares possuem explícitas limitações em sua liberdade de reformar a peça orçamentária (art. 166, §§3º e 4º, CR/88), a despeito das recentes modificações constitucionais relativas ao orçamento impositivo nas ECs 86/2015 e 100/2019, sendo que estas comportam estudos monográficos pela própria relevância dogmática, de maneira a evitar-se maior consideração neste estudo.

No exercício da deliberação parlamentar sobre a lei orçamentária, o Congresso Nacional não está limitado ou obrigado à aprovação das propostas orçamentárias encaminhadas pelo Judiciário, Ministério Público e demais órgãos autônomos, sob pena de ofensa à separação dos poderes em ambiência financeira. Por isso, no mesmo contexto litigioso do processo supracitado, o resultado da avaliação levada a efeito pela CMO foi hosti-

55. FONSECA, Rafael Campos Soares da. *O orçamento público e suas emergências programadas*. Belo Horizonte: D'Plácido, 2017, p. 136-139.

lizado no MS 33.490, também de relatoria da Ministra Rosa Weber,[56] em que se indeferiu medida liminar pela ausência de plausibilidade nas alegações de sindicato de servidores quanto ao não acatamento pelo Legislativo das propostas autonomamente formuladas na fase administrativa do orçamento.

Aprovada a lei orçamentária, os problemas atinentes à execução e ao acompanhamento do orçamento público são resolvidos pela perspectiva do regime constitucional dos duodécimos, já extensivamente tratado no item 3.3 deste capítulo.

Por fim, o controle e a avaliação do ciclo orçamentário são realizados a partir de prestação de contas, nos termos do art. 56 da Lei de Responsabilidade Fiscal. Ademais, é mandamento constitucional a manutenção, de forma integrada, de sistema de controle interno pelos Poderes Executivo, Legislativo e Judiciário (art. 74, CR/88), previsão estendida pelo dispositivo *supra* da LRF ao Ministério Público. Por sua vez, compete ao Legislativo realizar a fiscalização da gestão fiscal, com o auxílio dos Tribunais de Contas, em hipótese de controle externo da Administração Pública. Quanto às cortes de contas, é cediço que as chefias dos poderes diversos do Executivo e órgãos autônomos são submetidas à tomada de contas na forma do inciso II do art. 71 da Constituição, não prosperando a previsão dos arts. 56 e 57 da LC 101/2000 em consolidar-se também a prestação de contas no Poder Executivo. A sistemática de responsabilização financeira fecha-se com as competências dos Conselhos Nacional de Justiça e Nacional do Ministério Público para controlar a autonomia financeira dos órgãos pertencentes a ambos os ramos estatais (arts. 103-A, §4º, e 130-A, § 2º, da CR/88).

Em relação ao CNJ e ao CNMP, muito controverte-se sobre a exata conformação desse controle das autonomias administrativa e financeira dos Tribunais de Justiça e Ministérios Públicos estaduais. Nessa linha, ante lei estadual que autorize providências de constitucionalidade duvidosa, o STF tem, como regra geral, censurado os conselhos nacionais na hipótese de estes glosarem ou deixarem de aplicar o parâmetro normativo dos Estados-membros, porque isso consiste em exercício do controle de constitucionalidade, o que é vedado, em um primeiro olhar, pela natureza administrativa e não jurisdicional dos órgãos de controle.[57] É possível, no entanto, encontrar julgados nos quais admite-se a possibilidade de afastar,

56. STF, MS-MC 33.490, decisão monocrática, rel. Min. Rosa Weber, j. 17.03.2015.

57. STF, MS 27.744, Primeira Turma, rel. Min. Luiz Fux, j. 08.06.2015.

por inconstitucionalidade, a aplicação de lei aproveitada como base de ato administrativo objeto de controle.[58] Ademais, a precisa diferenciação entre o controle de constitucionalidade e a interpretação do alcance de textos legais também ocupa espaço no repertório jurisprudencial do STF.[59]

9.5. CONSIDERAÇÕES FINAIS

No correr deste contributo, buscou-se expor e examinar as balizas normativas desenvolvidas pelo STF quanto à expressão da autonomia dos poderes constituídos e dos órgãos autônomos na ambiência da atividade financeira do Estado e suas decomposições em entes federados. Nessa perspectiva, a mais alta cúpula do Judiciário muito já deliberou sobre o tema, indicando-se, no entanto, limitações à cognoscibilidade de controvérsias institucionais que foram canalizadas para o controle concentrado e abstrato de constitucionalidade.

Nesse sentido, esgrimiram-se os caracteres da autonomia financeira das unidades constituintes e sua expressão independente na liberdade dos poderes republicanos e órgãos selecionados pelo Constituinte. Assim, são autônomos sob a perspectiva financeira os Poderes Executivo, Legislativo e Judiciário, assim como o Ministério Público, a Defensoria Pública e o Tribunal de Contas, sendo que demais instituições tiveram suas pretensões de independência nesse campo reprochadas pelo STF, tendo em vista que não encontram guarida na Constituição da República de 1988.

Igualmente, a autonomia financeira dos poderes manifesta-se no curso de todo o ciclo orçamentário, notadamente nas fases de elaboração, apreciação parlamentar, execução e controle do orçamento público. Verificou-se, a esse respeito, que cada etapa de cumprimento do programa orçamentário gerou litígios explicitados em mandados de segurança e devidamente solvidos pelo STF.

Espera-se, enfim, cumprido o objetivo de exploração do repertório jurisprudencial do STF no que diz respeito à autonomia financeira dos poderes e órgãos autônomos, com vistas a facilitar a compreensão e aplicação dos fundamentos determinantes dos principais julgados nessa matéria pelos atores do Direito.

---

58. STF, MS 28.112, Tribunal Pleno, rel. Min. Cármen Lúcia, j. 01.08.2017.

59. STF, MS 28.419, Segunda Turma, rel. Min. Dias Toffoli, j. 05.09.2018. STF, MS 34.076, Primeira Turma, rel. Min. Rosa Weber, j. 16.11.2016.

10

LIMINAR E SUSPENSÃO DE LIMINAR E SENTENÇA EM MANDADO DE SEGURANÇA

Dennys Albuquerque Rodrigues[1]

10.1. DA LIMINAR EM MANDADO DE SEGURANÇA

Tal como ocorre com outros institutos processuais, a legislação de regência do mandado de segurança prevê a possibilidade de requerimento e concessão de tutela de urgência quando houver fundamento relevante e do ato impugnado puder resultar a ineficácia da medida, caso seja finalmente deferida. Essa é a dicção do inciso III do art. 7º da Lei 12.016/2009, que ainda acrescenta ser facultado ao juiz exigir do impetrante caução, fiança ou depósito, com o objetivo de assegurar o ressarcimento à pessoa jurídica.

Nesse último trecho o art. 7º, III, da Lei do Mandado de Segurança inovou ao possibilitar que o juízo processante exija caução para a concessão da liminar pleiteada, pondo fim a uma antiga polêmica doutrinária e jurisprudencial[2]. A título de exemplo, o Superior Tribunal de Justiça antes da inovação legislativa em questão, tinha entendimento no sentido de que o juiz não poderia condicionar o deferimento da liminar à prestação de caução, por falta de previsão legal[3].

---

1. Assessor de Ministro do Supremo Tribunal Federal. Ex-Secretário Judiciário do STF. Ex-Secretário de Documentação do STF. Ex-Conselheiro do Conselho Nacional de Arquivos. Ex-Assessor Especial da Presidência do Supremo Tribunal Federal.

2. A questão ainda pende de análise definitiva do STF, que deverá se debruçar sobre o tema por ocasião do julgamento de mérito da ADI 4.296, de relatoria do Ministro Marco Aurélio, e proposta pelo Conselho Federal da Ordem dos Advogados do Brasil, que suscitou a inconstitucionalidade da exigência de caução para a concessão de liminar em mandado se segurança ao argumento de que essa previsão limita a capacidade postulatória aos mais dotados econômica e financeiramente, decorrendo daí violação ao princípio constitucional de acesso à justiça, previsto no art. 5º, inciso XXXV, da Constituição Federal.

3. STJ, RMS 3.043, 2ª Turma, rel. Min. Antônio de Pádua Ribeiro, j. 17.04.1995; RESP 73.675, 1ª Turma, rel. Min. Demócrito Reinaldo, j. 06.11.1995; RESP 70.884, 2ª Turma, rel. Min. Peçanha Martins, j. 17.09.1998, entre outros.

A novidade confere ao juiz faculdade, e não obrigação. No entanto, a exigência deve se dar de modo excepcional, somente justificável no interesse público, sob pena de retirar efetividade do instrumento constitucional do mandado de segurança. É dizer que é necessário verificar se a medida causa prejuízo aos cofres públicos ou fere princípios administrativos.

Em sede doutrinária, Humberto Theodoro Júnior afirma que o juiz deve orientar-se pelo princípio da proporcionalidade, efetuando uma ponderação dos direitos ou bens jurídicos em jogo, de modo a decidir evitando que o prejuízo causado a uma das partes seja maior do que o benefício proporcionado à outra[4]. Estabelece-se, assim, devido balizamento para a adoção da exigência legal restritiva.

De qualquer forma, a concessão do pleito de urgência em mandado de segurança não revela pura discricionariedade do juiz, pois se trata de medida processual garantidora do direito subjetivo do impetrante, que não pode ser negada se forem demonstrados os seus requisitos.

Ademais, raciocínio contrário levaria ao possível esvaziamento ou mitigação dessa garantia constitucional e, por consequência, provável perda de objeto da ação ou mesmo ineficácia.

Por outro lado, vale lembrar que o STF, ao analisar a ADI 1.576 em sede liminar, entendeu, por maioria, que o condicionamento da concessão de liminar, ou de qualquer medida de caráter antecipatório, à caução ou garantia fidejussória, violaria o direito de acesso à Justiça, previsto na Carta da República[5].

À ocasião, o Ministro Marco Aurélio, relator, ficou vencido em seu argumento de que a exigência de garantia não era novidade no sistema processual brasileiro, estando prevista no Código de Processo Civil de 1973 e em outros diplomas legais. Prevaleceu o entendimento do Ministro Maurício Corrêa no sentido de que a exigência de garantia limitaria a prestação jurisdicional.

---

4. JÚNIOR, Humberto Theodoro. *Lei do Mandado de Segurança comentada.* 2ª edição. Rio de Janeiro. Forense. 2019, pág. 262.

5. STF, ADI 1.576, Tribunal Pleno, rel. Min. Marco Aurélio, j 16.04.1997. Transcreve-se trecho que importa da ementa da referida ADI 1.576-MC: "[...] LIMINAR - PRESTAÇÃO JURISDICIONAL ANTECIPADA - CAUÇÃO - GARANTIA REAL OU FIDEJUSSÓRIA. Na dicção da ilustrada maioria, concorrem a relevância e o risco no que o artigo 2º da Medida Provisória nº 1.570/97 condicionou a concessão da liminar, ou de qualquer medida de caráter antecipatório, à caução, isso se do ato puder resultar dano à pessoa jurídica de direito público".

10.1.1. Dos requisitos para a concessão da tutela de urgência

Na irretocável lição do saudoso Hely Lopes Meirelles, para a concessão da liminar devem concorrer os dois requisitos legais, ou seja, a relevância dos motivos em que se assenta o pedido inicial e a possibilidade de lesão irreparável ao direito do impetrante se vier a ser reconhecido na decisão de mérito: *fumus boni iuris* e *periculum in mora*[6].

Como se percebe do texto legal, a liminar pode ter natureza cautelar ou satisfativa, tendo por finalidade a preservação do direito vindicado na impetração.

Importante registrar que, em caso de urgência, a comunicação da decisão concessiva da liminar poderá se dar por meio eletrônico, quais sejam, por telegrama, radiograma ou outro meio que assegure a autenticidade do documento e a imediata ciência pela autoridade coatora, nos exatos termos do § 1° do art. 4º da Lei do Mandado de Segurança.

Essa mesma previsão já estava contida na longínqua Lei 191/1936[7], que inicialmente regulou o mandado de segurança brasileiro. Embora tecnologicamente ultrapassados, tais meios de comunicação permanecem válidos.

Por outro lado, o professor Humberto Teodoro Júnior alerta que somente a comunicação à autoridade coatora poderia se dar por essa modalidade prevista no dispositivo acima referido[8], pois a intimação do representante judicial daquela deve seguir as prescrições legais (art. 280 do CPC).

De toda sorte, é preciso ter em vista que o processo eletrônico (inaugurado com a Lei 11.419/2006) é realidade em todas as instâncias judiciais brasileiras, sendo certo, assim, que a intimação eletrônica das partes tem se tornado regra, incluindo a Fazenda Pública. Aliás, no âmbito do Supremo Tribunal Federal o meio eletrônico é o preferencial para todas as intimações[9].

---

6. MEIRELLES, Hely Lopes; WALD, Arnoldo; MENDES, Gilmar Ferreira. *Mandado de segurança e ações constitucionais*. São Paulo. Malheiros. 2016. pág. 191.

7. Lei 191/1936: "Art. 15. Em caso de urgência, o pedido de mandado de segurança, com os requisitos desta lei, poderá **transmitir-se por telegrama, ou radiograma**, bem assim as comunicações, mandados e quaisquer determinações de juiz ou Corte" (grifei).

8. JÚNIOR, Humberto Theodoro. *op. cit*, pág. 179.

9. Resolução STF nº 661, de 9 de fevereiro de 2020.

10.1.2. Dos limites e vigência da medida

Recorre-se aqui à expressa prescrição legal no que concerne aos casos em que o juiz está proibido de conceder liminar em sede de mandado de segurança (§ 2º do art. 7º, da Lei 12.016/2009). Nessa esteira, não será concedida medida liminar que tenha por objeto a compensação de créditos tributários, a entrega de mercadorias e bens provenientes do exterior, a reclassificação ou equiparação de servidores públicos e a concessão de aumento ou a extensão de vantagens ou pagamento de qualquer natureza.

A rigor, as limitações apresentadas na Lei do Mandado de Segurança não são novidade no ordenamento jurídico, pois já constavam em diversos diplomas normativos – Leis 2.770/1965, 8.437/1992, 9.494/1999, entre outras. Assim, a Lei do Mandado de Segurança apenas as incorporou.

Em âmbito jurisdicional, o Superior Tribunal de Justiça editou o verbete sumular 212, a prever que "a compensação de créditos tributários não pode ser deferida em ação cautelar ou por medida liminar cautelar ou antecipatória".

Quanto à vigência da decisão concessiva, tem-se que os efeitos da medida liminar, salvo se revogada ou cassada, persistirão até a prolação da sentença (art. 7º, § 3º). Não há, assim, limite de prazo para a vigência da medida em questão, devendo, uma vez deferida a liminar, conferir-se prioridade ao julgamento do mandado de segurança. Por óbvio, tal medida poderá ser revogada a qualquer momento, assim como poderá ser restabelecida, a depender da situação de fato que viger no momento do pedido.

É de se recordar que a revogada Lei 4.348/1964 previa que a medida liminar somente teria eficácia pelo prazo de noventa dias a contar da data da respectiva concessão, prorrogável por trinta dias quando provadamente o acúmulo de processos pendentes de julgamento justificasse tal prorrogação.

A orientação da nova lei parece mais consentânea com os princípios constitucionais de celeridade e economia processual, ao evitar a reiteração do pedido cautelar e mesmo discussão sobre sua manutenção.

O art. 8º da Lei do Mandado de Segurança, de seu turno, aduz que "será decretada a perempção ou caducidade da medida liminar *ex officio* ou a requerimento do Ministério Público quando o impetrante criar obstáculo ao normal andamento do processo ou deixar de promover, por mais de 3 (três) dias úteis, os atos e as diligências que lhe cumprirem". Repete, nesse ponto, a previsão já contida na revogada Lei 4.348/1964, com a sutil diferença de que, na disposição pretérita, ainda havia a possibilidade de caducidade da medida em caso de abandono da causa por mais de 20 dias.

Por fim, cabe registrar o teor do enunciado da Súmula 405 do STF, no sentido de que, uma vez denegado o mandado de segurança pela sentença ou no julgamento do agravo dela interposto, fica sem efeito a liminar concedida, retroagindo os efeitos da decisão contrária.

10.1.3. Da liminar em Mandado de Segurança Coletivo

Outra novidade trazida pela Lei do Mandado de Segurança contempla a impetração de natureza coletiva, cuja utilização tem sido cada vez mais frequente em uma natural tendência de opção por demandas coletivas que envolvem direitos coletivos e individuais homogêneos[10], em detrimento do manejo de impetrações individuais.

Nos termos estritos da Lei 12.016/2009, não é cabível a concessão de liminar *inaudita altera parte* em mandado de segurança de natureza coletiva. É o que dispõe o § 2º do art. 22, *in verbis*: "Art. 22. [...] § 2° No mandado de segurança coletivo, a liminar só poderá ser concedida após a audiência do representante judicial da pessoa jurídica de direito público, que deverá se pronunciar no prazo de 72 (setenta e duas) horas".

A concessão da tutela provisória no caso de impetração coletiva tem como requisito a prévia oitiva do representante judicial da autoridade impetrada.

A intenção do legislador foi minorar os possíveis efeitos danosos ao erário em ações coletivas que, por natural, trazem maior impacto e dificuldades de cumprimento da medida judicial imposta contra a Administração Pública.

Importante salientar que para a concessão de liminar em mandado de segurança coletivo, diferentemente do que ocorre com o pedido individual, a norma não traz exigência de garantia, mas apenas a prévia oitiva do representante judicial da autoridade impetrada.

10.1.4. Dos meios de impugnação em caso de concessão ou indeferimento da liminar

A Lei 12.016/2009 prevê o cabimento do agravo de instrumento da decisão de juiz de primeiro grau que conceder ou denegar a liminar (§ 1º do art. 7º).

---

10. A Lei do Mandado de Segurança, no ponto, não previu o uso do *writ* de natureza coletiva para a defesa de direitos difusos.

Sobre o tema, leciona Cássio Scarpinella Bueno:

> "É importante destacar que o § 1º do art. 7º da Lei n. 12.016/2009 é expresso quanto ä recorribilidade da decisão relativa liminar em mandado de segurança tanto no caso de ser deferida como no caso de ela ser denegada. A preocupação tem fundamento histórico: uma das razões que conduzam parcela da doutrina e da jurisprudência a rejeitar o cabimento do agravo de instrumento era a de que, na hipótese de a liminar ser concedida. era bastante o "pedido de suspensão" a ser formulado pela pessoa jurídica de direito público interessada perante a Presidência do Tribunal respectivo"[11].

Conforme se verá mais adiante, o agravo de instrumento não se confunde com o pedido de suspensão, pois, além da natureza processual distinta, o agravo de instrumento tem por objetivo a modificação do conteúdo da decisão interlocutória.

Embora os dois institutos tenham efeito prático idêntico, o objeto do agravo de instrumento é a decisão interlocutória proferida pelo juiz que, de algum modo, contrarie o interesse do impetrante, e terá como escopo a alteração dessa decisão. Por outro lado, na suspensão de segurança pretende-se apenas a paralisação dos efeitos, tendo como fundamento evitar grave lesão à ordem, à saúde, à segurança e à economia públicas.

No que concerne aos mandados de segurança originários de tribunais, em que pese não tenha sido formalmente cancelada pelo Supremo Tribunal Federal, a Súmula 622[12] foi superada pela Lei 12.016/2009, que, em seu art. 16, parágrafo único, prevê que da decisão do relator que conceder ou denegar a medida liminar caberá agravo ao órgão competente do tribunal que integre, em clara homenagem ao princípio da colegialidade.

Aliás, a própria jurisprudência do Supremo, logo após a edição da Lei do Mandado de Segurança, se inclinou no sentido do cabimento do agravo da decisão que defere ou indefere o pedido de liminar, suplantando definitivamente o enunciado da Súmula 622[13].

---

11. BUENO, Cássio Scarpinella. *A nova lei do mandado de segurança.* 2ª ed. rev.atual. e ampl. São Paulo. Ebook Saraiva. 2010, posição 1063.

12. Súmula 622 do STF: Não cabe agravo regimental contra decisão do relator que concede ou indefere liminar em mandado de segurança.

13. STF, MS 28.177-AgR, Tribunal Pleno, red. para o acórdão Min. Ricardo Lewandowski, j. 30.9.2009.

10.2. DA SUSPENSÃO DE LIMINAR EM MANDADO DE SEGURANÇA

10.2.1. Da natureza jurídica e previsão legislativa

Desde já é preciso assentar que a suspensão de segurança não se confunde com ação de natureza cautelar ou mesmo com recurso, sendo, em verdade, procedimento especial de competência originária do Tribunal ao qual couber a apreciação de eventual recurso a ser interposto na causa principal.

Com efeito, as ações cautelares têm como característica a necessária presença do *fumus boni iuris* e do *periculum in mora*, sem os quais a medida carece de respaldo jurídico. A suspensão de segurança, de seu turno, não requer a existência do perigo da demora na prestação jurisdicional, mas, sim, a verificação de grave lesão à ordem, à saúde, à segurança e à economia públicas, que correspondem, por sua vez, ao interesse público violado.

Já os recursos são meios de impugnação que visam anular ou modificar a decisão combatida. Ou ainda, na ótica apresentada por Araken de Assis, consubstanciam direito de ordem subjetiva, extraído dos desdobramentos do direito de ação, caso em que o recurso é suscitado pelo autor da demanda, ou, então, do próprio direito de defesa, caso a provocação para o reexame resulte da parte contrária[14]. Em outras palavras, seriam prolongamento da própria ação originária.

Por outro lado, na suspensão de segurança, o que se pretende é tão somente a paralisia dos efeitos da liminar, da sentença ou de acórdão concessivos da segurança, a fim de se evitar grave lesão à ordem, à saúde, à segurança e à economia públicas. É dizer, não se discute o mérito da decisão guerreada.

Nesse incidente, não há modificação do mérito da questão, mas tão somente a suspensão de seus efeitos até o julgamento final, que pode ocorrer com o exame dos futuros recursos.

Trata-se, como se percebe, de incidente processual de natureza especial voltado a conferir contracautela em favor do Poder Público, na hipótese de ser objetivamente demonstrada a presença dos requisitos previstos em lei, notadamente a atual previsão do *caput* do art. 15 da Lei do Mandado de

---

14. ASSIS, Araken. *Manual dos Recursos*. São Paulo. Revista dos Tribunais. 2016. pág. 19.

Segurança[15]. O pedido de suspensão é instituto típico de direito processual público, pois não está previsto para o particular.

Nessa esteira, é forçoso reconhecer a forte carga política desse instrumento processual, pois confere ao Presidente do tribunal competente para conhecer do respectivo recurso a possibilidade de obstar os efeitos de decisão desfavorável ao Poder Público e que guarde as características de gravidade previstas em lei, sem, no entanto, adentrar ao mérito da causa de origem.

Historicamente, o pedido de suspensão de segurança tem como marco legislativo a Lei 191, de 16 de janeiro de 1936, que originariamente regulou o mandado de segurança[16] em nosso ordenamento jurídico. Antonione Wandré de Araújo Neto, em obra específica sobre o tema, afirma que, à época, o então Deputado Federal Levi Carneiro fez importante registro ainda válido para o formato do pedido na legislação atual, no sentido de que não se justifica a suspensão quando a decisão judicial que se quer atingir acarretar simples lesão ou dano irreparável à ordem ou à saúde pública, mas somente quando puder ocasionar lesão de natureza grave[17]. Seria, na visão do autor, uma espécie de observância ao princípio da proporcionalidade na análise do pedido de suspensão de segurança.

Já em 1951, após alterações promovidas na legislação processual civil, a Lei 1.533 deu novo regramento ao pedido de suspensão de segurança e, entre as novidades legislativas, trouxe a possibilidade de interposição de agravo contra a decisão do presidente do tribunal que deferisse a suspensão do ato questionado[18].

---

15. "Art. 15. Quando, a requerimento de pessoa jurídica de direito público interessada ou do Ministério Público e **para evitar grave lesão à ordem, à saúde, à segurança e à economia públicas**, o presidente do tribunal ao qual couber o conhecimento do respectivo recurso suspender, em decisão fundamentada, a execução da liminar e da sentença, dessa decisão caberá agravo, sem efeito suspensivo, no prazo de 5 (cinco) dias, que será levado a julgamento na sessão seguinte à sua interposição" (grifei).

16. Lei 191/1936: "Art. 13. Nos casos do art. 8°, § 9°, e art. 10, poderá o Presidente da Corte Suprema, quando se tratar de decisão da Justiça Federal, ou da Corte de Apelação, quando se tratar de decisão da justiça local, a requerimento do representante da pessoa jurídica de direito publico interno interessada, para evitar lesão grave á ordem, à saúde ou á segurança publica, manter a execução do ato impugnado até ao julgamento do feito, em primeira ou em segunda instancias".

17. NETO, Antonione Wandré de Araújo. *A equivocada previsão da suspensão de segurança da Lei 12.016 de 2009*. Goiânia. E-book Kindle. 2014, posição 286.

18. Lei 1.533/1951: "Art. 13. Quando o mandado for concedido e o presidente do Supremo Tribunal Federal, do Tribunal Federal de Recursos ou do Tribunal de Justiça ordenar ao juiz a suspensão da execução da sentença, **desse seu ato caberá agravo de petição para o Tribunal a que presida**" (grifei).

Embora a norma tenha sido elogiada pelos operadores do Direito, o instituto sofreu certo retrocesso ao não mais prever de forma expressa as hipóteses de cabimento do respectivo pedido, abrindo grande margem de discricionariedade ao magistrado competente para exame do incidente de suspensão de segurança.

Outra diferença observada no regramento de então estava no fato de a suspensão ser cabível somente em caso de sentenças concessivas da própria segurança, não havendo previsão para o uso do instituto no caso de deferimento de liminares.

Tal situação foi modificada por ocasião da edição da Lei 4.348/1964[19], que alterou significativamente o incidente de suspensão de segurança, passando a admiti-lo na hipótese de concessão de liminar contra o Poder Público.

Por fim, a vigente Lei 12.016/2009[20], embora tenha trazido inovações importantes para as necessidades atuais, preservou, no ponto, a essência do regramento anterior.

No âmbito do Supremo Tribunal Federal o instituto tem previsão no art. 297 do Regimento Interno, cujo o teor é o seguinte:

> "Art. 297. Pode o Presidente, a requerimento do Procurador-Geral, ou da pessoa jurídica de direito público interessada, e para evitar grave lesão à ordem, à saúde, à segurança e à economia pública, suspender, em despacho fundamentado, a execução de liminar, ou da decisão concessiva de mandado de segurança, proferida em única ou última instância, pelos tribunais locais ou federais.
>
> § 1º O Presidente pode ouvir o impetrante, em cinco dias, e o Procurador-Geral, quando não for o requerente, em igual prazo.
>
> § 2º Do despacho que conceder a suspensão caberá agravo regimental.

---

19. Lei 4.3.48/1964: "Art. 4º Quando, a requerimento de pessoa jurídica de direito público interessada e para evitar grave lesão à ordem, à saúde, à segurança e à economia públicas, o Presidente do Tribunal, ao qual couber o conhecimento do respectivo recurso suspender, em despacho fundamentado, **a execução da liminar, e da sentença**, dessa decisão caberá agravo, sem efeito suspensivo no prazo de (10) dez dias, contados da publicação do ato" (grifei).

20. Lei 12.016/2009: "Art. 15. Quando, a requerimento de pessoa jurídica de direito público interessada ou do Ministério Público e para evitar grave lesão à ordem, à saúde, à segurança e à economia públicas, o presidente do tribunal ao qual couber o conhecimento do respectivo recurso suspender, em decisão fundamentada, a execução da liminar e da sentença, dessa decisão caberá agravo, sem efeito suspensivo, no prazo de 5 (cinco) dias, que será levado a julgamento na sessão seguinte à sua interposição".

> § 3º A suspensão de segurança vigorará enquanto pender o recurso, ficando sem efeito, se a decisão concessiva for mantida pelo Supremo Tribunal Federal ou transitar em julgado".

Não obstante a previsão regimental ainda estar vigente, na prática os Ministros da Corte observam o rito disciplinado pela Lei 12.016/2009.

10.2.2. Da formalização do pedido

Segundo a jurisprudência sedimentada do Superior Tribunal de Justiça, para a formalização da pretensão e análise do pedido de suspensão de segurança, basta o requerimento em simples petição que deve ser dirigida ao presidente do tribunal ao qual couber o conhecimento de recurso na causa de origem. Não se faz necessário, portanto, maiores formalidades na confecção da peça processual, uma vez que a legislação especial não prevê requisito específico nesse sentido[21], bastando tão somente que o requerimento seja feito por pessoa legitimada.

A Ministra aposentada do Supremo Tribunal Federal Ellen Gracie Northfleet, ao tratar em sede acadêmica sobre os pressupostos autorizadores da medida, faz valioso registro que merece destaque:

> "O máximo de rigor na averiguação de sua ocorrência é aconselhável para evitar-se que a medida, vulgarizada, seja manejada como sucedâneo recursal e, distorcida de sua finalidade, subverta a normalidade do trânsito das decisões pelas instâncias revisoras. Tenho sustentado que a suspensão de ato judicial constitui, no universo de nosso sistema normativo, providência de caráter extraordinário. É imperativo, portanto, que a presidência, no exercício de sua atribuição, face à nota de absoluta excepcionalidade que reveste a medida, proceda à estrita exegese das hipóteses insculpidas na legislação de regência. Dessa forma, só é aplicável a medida quando a manutenção da decisão hostilizada importe em verdadeiro risco de lesão aos interesses públicos tal como tutelados na instância das suspensões"[22].

Percebe-se da visão da eminente Ministra da Suprema Corte que a suspensão de segurança é dotada de natureza excepcional dentro do sistema processual vigente, devendo ser analisada com o rigor próprio de medidas extravagantes, para, tal como afirmado acima, não ser vulgarizada e utilizada como sucedâneo recursal.

---

21. STJ, AgInt no AgInt na SLS 2.116-MG, Corte Especial, rel. Min. Laurita Vaz, j. 07.11.2018.
22. NORTHFLEET, Ellen Gracie. Suspensão de Sentença e Liminar. *Revista dos Tribunais*. v. 97, pág. 183-193, jan.-mar. 2000.

Sobre a forma, cabe anotar, ademais, ser possível a suspensão de múltiplas liminares cujo objeto seja idêntico. É o que diz o § 5º do art. 15 da Lei 12.016/2016[23]. A aplicação do referido dispositivo da lei se dá em casos que se caracterizam pelo efeito multiplicador, que provoca lesão à economia pública, sendo esse fundamento suficiente para o deferimento da suspensão de segurança[24].

Leonardo Carneiro da Cunha, por sua vez, afirma que a regra em questão relaciona-se às demandas repetitivas, e tem como objetivo a economia processual, pois permite que em uma única decisão o presidente do tribunal suspenda várias liminares que tenham idêntico objeto, podendo, ainda, estender os efeitos desta decisão a outros casos que cheguem por simples petição[25].

10.2.2.1. Do descabimento da assistência em suspensão de segurança

Tema interessante está em saber se é cabível o ingresso de terceiro na qualidade de assistente em pedido de suspensão de segurança. A jurisprudência do Supremo veio a consolidar-se em sentido contrário a tal possibilidade. Nesse sentido, destaco a ementa de precedente pontual (SS 3.273-Agr-segundo, rel. Min. Ellen Gracie):

> "AGRAVO REGIMENTAL. SUSPENSÃO DE SEGURANÇA. **ASSISTÊNCIA. AMICUS CURIAE. DESCABIMENTO**. 1. Consolidação da **jurisprudência do Supremo Tribunal Federal no sentido de não ser admissível assistência em mandado de segurança**, porquanto o art. 19 da Lei 1.533/51, na redação dada pela Lei 6.071/74, restringiu a intervenção de terceiros no procedimento do writ ao instituto do litisconsórcio. 2. **Descabimento de assistência em suspensão de segurança**, que é apenas uma medida de contracautela, sob pena de desvirtuamento do arcabouço normativo que disciplina e norteia o instituto da suspensão (Leis 4.348/64, 8.437/92 e 9.494/97). 3. **Pedido de participação em suspensão na qualidade *de amicus curiae*** que não foi objeto da decisão ora agravada, além de ser **manifestamente incabível**" (grifei).

Porém, é de se considerar que na nova dicção do Código de Processo Civil a participação de terceiros, sobretudo na qualidade de *amicus curiae,*

---

23. "Art. 15. [...] § 5º As liminares cujo objeto seja idêntico poderão ser suspensas em uma única decisão, podendo o presidente do tribunal estender os efeitos da suspensão a liminares supervenientes, mediante simples aditamento do pedido original".

24. STF, SS 4.265-AgR, Tribunal Pleno, rel. Min. Cezar Peluso, j. 09.12.2010.

25. CUNHA, Leonardo Carneiro da. *A Fazenda Pública em Juízo*. 13ª ed. Rio de Janeiro. Forense. 2016, p. 632.

é medida plenamente cabível[26], devendo observar-se apenas a presença da relevância da matéria, a especificidade do tema objeto da demanda ou a repercussão social da controvérsia.

É de se supor que a participação do "amigo da Corte" seria importante em casos de impetração coletiva para a defesa de direitos coletivos ou individuais homogêneos, cuja matéria em análise guarde estrita correlação com os requisitos exigidos no Código de Processo Civil.

10.2.3. Da Legitimidade

O art. 15 da Lei 12.016/2009 prescreve como legitimado para o pedido de suspensão de segurança a pessoa jurídica de direito público interessada ou o Ministério Público, que atuarão para evitar grave lesão à ordem, à saúde, à segurança e à economia públicas.

Impende destacar que o Ministério Público não constava como legitimado ativo na Lei 4.368/1964, vindo a aparecer com essa qualidade a partir da Lei 8.347/1992, para casos de manifesto interesse ou flagrante ilegitimidade[27]. Essa mesma previsão restou mantida no texto aprovado da Lei 12.016/2006.

De outro lado, é inequívoco que o Poder Público deve necessariamente figurar como sujeito passivo na ação de origem.

Quanto aos órgãos não personificados, a jurisprudência do Supremo Tribunal Federal é pacífica no sentido de conferir-lhes legitimidade ativa para requerer a suspensão, quando o ato questionado configurar óbice para o exercício dos seus poderes e prerrogativas[28].

---

26. CPC: "Art. 138. O juiz ou o relator, considerando a **relevância da matéria, a especificidade do tema objeto da demanda ou a repercussão social da controvérsia**, poderá, por decisão irrecorrível, de ofício ou a requerimento das partes ou de quem pretenda manifestar-se, **solicitar ou admitir a participação de pessoa natural ou jurídica**, órgão ou entidade especializada, com representatividade adequada, no prazo de 15 (quinze) dias de sua intimação" (grifei).

27. Lei 8.437/1992: "Art. 4° Compete ao presidente do tribunal, ao qual couber o conhecimento do respectivo recurso, suspender, em despacho fundamentado, a execução da liminar nas ações movidas contra o Poder Público ou seus agentes, **a requerimento do Ministério Público** ou da pessoa jurídica de direito público interessada, **em caso de manifesto interesse público ou de flagrante ilegitimidade**, e para evitar grave lesão à ordem, à saúde, à segurança e à economia públicas" (grifei).

28. Nesse sentido: STF, SS 936-AgR, Tribunal Pleno, rel. Min. Sepúlveda Pertence, j. 23.02.1996 e SS 1.266, rel. Min. Celso de Mello, dj 27.04.1998; SS 5.179, rel. Min. Cármen Lúcia, dj 25.10.2017, entre outros.

Especificamente quanto à legitimidade de Mesa de Assembleia Legislativa estadual, o Ministro Celso de Mello assim se manifestou:

> "A relevantíssima circunstância de o Município qualificar-se, no plano jurídico-constitucional, como criação política do Estado-membro (Pinto Ferreira. Comentários à Constituição brasileira, v. 1/449, Saraiva, 1989) justifica que se reconheça à Mesa da Assembleia Legislativa estadual a legitimidade ativa para postular, em situações como a de que ora se trata, a suspensão de medida liminar concedida em sede de mandado de segurança"[29].

Do mesmo modo, tem se admitido, em casos excepcionais, que empresas públicas e mesmo pessoas jurídicas de direito privado (sociedades de economia mista), quando exercendo atividade delegada do Poder Público, típica de serviços públicos, possam fazer uso da medida[30].

Tal entendimento parece de todo acertado considerando que a jurisprudência já era assente no sentido de cabimento de mandado de segurança contra determinados atos praticados por sociedade de economia mista ou empresa pública, a teor, por exemplo, da Súmula 333 do STJ.

10.2.4. Da Competência

Nos estritos e exatos termos da lei, a competência para apreciar o pedido de suspensão é do Presidente do tribunal que detém a competência para julgar o recurso contra a decisão concessiva do provimento liminar ou de mérito.

Desse modo, se a decisão confrontada é oriunda de magistrado de primeira instância, será possível a apresentação do pedido de suspensão para o presidente do tribunal ao qual aquele juiz esteja vinculado, como regra.

É de se destacar hipótese de exceção, na situação de juiz estadual que exerce competência de juízo federal (previdenciária ou eleitoral, por exemplo), o pedido suspensivo deverá ser dirigido ao presidente do respectivo Tribunal Regional Federal, em razão da matéria.

Na hipótese de se tratar de mandado de segurança originário de tribunal o incidente de suspensão deverá ser manejado perante os Presidentes

29. STF, SS 954, Tribunal Pleno, rel. Min. Celso de Mello, dj 29.11.1995.
30. Nesse sentido: STF, SS 202-AgR, Tribunal Pleno, rel. Min. Rafael Mayer, dj 05.02.1988; SL 987, Tribunal Pleno, rel. Min. Ricardo Lewandowski, dj 01.07.2016.

do STF ou do STJ, quando a causa tiver por fundamento, respectivamente, matéria constitucional ou infraconstitucional (art. 25 da Lei 8.038/1990[31]).

É de se ter em conta, no entanto, que se o pedido for concedido monocraticamente por membro de tribunal caberá a interposição de agravo interno. Nesse quadro, o pedido de suspensão de segurança deverá ser dirigido ao Presidente do tribunal a que estiver vinculado o relator. Indeferido esse último requerimento, cabível será a renovação agora para o Supremo ou para o Superior Tribunal de Justiça, conforme a natureza da matéria ventilada nos autos.

Tal situação decorre da sistemática adotada pelo Código de Processo Civil de 2015, que permite a interposição de agravo interno de decisões monocráticas, motivo pelo qual não se pode admitir, sob pena de inversão da organicidade processual, que o pedido seja diretamente encaminhado para as Cortes Superiores.

Ademais, essa sistemática é expressa no § 1º do art. 15 da Lei 12.016/2009, o qual dispõe que, uma vez indeferido o pedido de suspensão ou provido o agravo a que se refere o *caput* do artigo em referência, caberá novo pedido de suspensão ao Presidente do tribunal competente para conhecer de eventual recurso especial ou extraordinário.

É pertinente apontar a singularidade do vocábulo "novo" utilizado no dispositivo normativo em comento. Isso porque, embora a disposição legal afirme que se trata de renovação do pedido para as instâncias recursais extraordinárias, tal pedido tem feição de verdadeiro recurso, com a diferença que não está obrigado a impugnar especificamente os fundamentos que levaram ao indeferimento daquele pedido ou ao provimento do agravo previsto no art. 15 da Lei do Mandado de Segurança.

---

31. Art. 25. Salvo quando a causa tiver por fundamento matéria constitucional, compete ao Presidente do Superior Tribunal de Justiça, a requerimento do Procurador-Geral da República ou da pessoa jurídica de direito público interessada, e para evitar grave lesão à ordem, à saúde, à segurança e à economia pública, suspender, em despacho fundamentado, a execução de liminar ou de decisão concessiva de mandado de segurança, proferida, em única ou última instância, pelos Tribunais Regionais Federais ou pelos Tribunais dos Estados e do Distrito Federal.

    § 1º. O Presidente pode ouvir o impetrante, em cinco dias, e o Procurador-Geral quando não for o requerente, em igual prazo.

    § 2º. Do despacho que conceder a suspensão caberá agravo regimental.

    § 3º. A suspensão de segurança vigorará enquanto pender o recurso, ficando sem efeito, se a decisão concessiva for mantida pelo Superior Tribunal de Justiça ou transitar em julgado.

Assim, o representante da pessoa jurídica de direito público interessada ou o Ministério Público podem simplesmente reiterar os argumentos já lançados na peça anterior, sem a necessidade de demonstrar se os argumentos foram ou não analisados pelo Tribunal *a quo*. É dizer, nesse novo pedido não é preciso inovar ou demonstrar que os argumentos foram analisados.

Por fim, se a causa de pedir no processo de origem estiver fundamentada em matéria tanto de índole constitucional quanto infraconstitucional a competência para examinar o pedido de suspensão será do Supremo Tribunal Federal, nos termos do que se extrai das disposições do art. 25 da Lei 8.038/90. Nesse sentido, trago precedente específico do STJ:

> "PEDIDO DE SUSPENSÃO DE MEDIDA LIMINAR. CAUSA COM FUNDAMENTO CONSTITUCIONAL. **COMPETÊNCIA DO SUPREMO TRIBUNAL FEDERAL.** Se a causa petendi é de natureza constitucional, **nada importa a dimensão infraconstitucional que lhe tenha dado o juiz ou o tribunal local**, nem o fundamento do pedido de suspensão; a vocação dela é a de ter acesso ao Supremo Tribunal Federal. Agravo regimental não provido"[32].

10.2.5. Do momento e da vigência da contracautela

A legislação de regência não prevê um limite temporal para o ajuizamento do pedido de suspensão de segurança, que, desse modo, poderá ser manejado a qualquer momento, observando-se tão somente a presença do pressuposto de risco de grave lesão a um dos interesses públicos relevantes.

Por uma questão de lógica e organicidade processual, o momento final para que o representante jurídico da pessoa de direito público interessada faça uso do pedido é o definitivo trânsito em julgado da causa.

De outro lado, uma vez deferido o pleito de contracautela, a suspensão dos efeitos da decisão liminar vigorará até o trânsito em julgado da causa principal[33]. Nesse sentido, confira-se o teor da Súmula 626 do Supremo Tribunal Federal:

> "A suspensão da liminar em mandado de segurança, salvo determinação em contrário da decisão que a deferir, vigorará até o trânsito em julgado da decisão definitiva de concessão da segurança ou, havendo recurso, até a sua manutenção pelo Supremo Tribunal Federal, desde que o objeto da liminar deferida coincida, total ou parcialmente, com o da impetração".

---

32. STJ, SLS 1.372-AgR, Corte Especial, rel. Min. Ari Pargendler, j. 15.06.2011. Vide, ainda: STF, STA 122-AgR-quarto, Tribunal Pleno, rel. Min. Luiz Fux (vice-presidente), j. 10.05.2019.

33. Vide § 3º do art. 297 do RISTF; e § 9º do art. 4º da Lei 8.437/1992.

Perceba-se, do texto da Súmula 626, que, para que a liminar vigore até o trânsito em julgado da causa principal, é necessário que o fundamento da sentença coincida com o da liminar. Em outros termos, se a sentença considerar situações de fato e de direito diversas daquelas contidas na liminar, estarão afastados os motivos justificadores da manutenção da medida que, por consequência, deverá ser revogada.

A sentença concessiva da segurança só terá efeitos imediatos, com a devida anulação da contracautela, caso apresente fundamento diverso do utilizado para o deferimento da medida liminar.

10.2.6. Da recorribilidade e do prazo para recurso

O art. 15, *caput*, da Lei 12.016/2009 é expresso ao definir o cabimento do agravo contra a decisão que concede a suspensão de segurança.

Contudo, não resta dúvida quanto ao cabimento do agravo também na hipótese de indeferimento da medida em comento. Tanto é que o STF cancelou a Súmula 506, cujo teor era o seguinte: "O agravo a que se refere o art. 4º da Lei nº 4.348, de 26.6.64, cabe, somente, do despacho do Presidente do Supremo Tribunal Federal que defere a suspensão da liminar, em mandado de segurança; não do que a denega".

Não obstante a orientação firmada pelo STF[34], em sede doutrinária o professor Cássio Scarpinella Bueno tece críticas ao cancelamento da Súmula 506, bem como da interpretação ampliativa do art. 15 da Lei do Mandado de Segurança, *in verbis*:

> "O fato é que a lei, tal qual promulgada, prevê o cabimento do agravo somente no caso de deferimento do pedido; não de seu indeferimento. Deve prevalecer o texto da lei ou a fundamentação que levou o Supremo Tribunal Federal e o Superior Tribunal de Justiça a cancelarem as súmulas noticiadas? Considerando que o cabimento do agravo só no caso previsto pelo legislador mais recente é a alternativa que mais se afina com o berço constitucional do mandado de segurança, é vedado ao intérprete generalizar a hipótese. O indeferimento do pedido de suspensão significa para todos os fins, que o Presidente do Tribunal reconheceu que a decisão que favorece o impetrante não tem aptidão para causar impactos negativos na ordem pública, e, por isso, deve ela surtir seus regulares efeitos desde logo"[35].

A jurisprudência do Supremo Tribunal Federal é uníssona no sentido de que a prerrogativa da contagem em dobro dos prazos processuais con-

34. Vide STF, SS 1.945-AgR-AgR-AgR, Tribunal Pleno, red. p. acórdão Min. Gilmar Mendes, j. 19.12.2002.
35. BUENO, Cássio Scarpinella. op. cit. Ebook posição 1818.

ferida ao Poder Público para recorrer das decisões em geral não se aplica ao pedido de suspensão de segurança.

Desse modo, caso a Fazenda Pública ou o Ministério Público desejem impugnar decisão proferida no incidente de pedido de suspensão de segurança, deverão observar o prazo previsto na legislação específica.

Outro ponto interessante que surge com o advento do novo Código de Processo Civil diz respeito ao modo de contagem do prazo para recorrer. Isso porque é sabido que o Código de Processo Civil em vigor adotou, no art. 183, a contagem em dias úteis para os prazos recursais nele previstos.

No que interessa ao agravo da decisão que defere ou indefere o pedido de suspensão de segurança (art. 15 da Lei do Mandado de Segurança), a contagem dos 5 (cinco) dias deverá ser em dias corridos, por se tratar de prazo previsto na lei especial de regência desse instrumento jurídico.

Para afastar eventual dúvida a respeito, é de se considerar a clara intenção do legislador ao explicitar, no Código de Processo Civil, que à tutela provisória requerida contra a Fazenda Pública aplica-se o disposto nos arts. 1° a 4º da Lei 8.437/1992 e no art. 7º, § 2º da Lei 12.016/2006.

11

DESISTÊNCIA DO MANDADO DE SEGURANÇA

Antônio Claret de Souza Júnior[1]

11.1. INTRODUÇÃO

Enxergando no mandado de segurança um instrumento de defesa do cidadão contra o arbítrio estatal, o Supremo Tribunal Federal rejeita a aplicação subsidiária da disciplina do Código de Processo Civil e admite a desistência da ação a qualquer momento, mesmo após a prolação de sentença ou acórdão, independentemente da concordância da autoridade coatora ou da pessoa jurídica a ela vinculada.

O entendimento não é imune a críticas. A distinção, fundada sobretudo na natureza de garantia constitucional, não se sustenta. Apesar da nobreza e relevância política, o mandado de segurança não perde o caráter de ação, aplicando-se-lhe supletivamente as disposições do Código de Processo Civil e as lições da teoria geral do direito processual. Não bastasse isso, o entendimento gera consequências imprevistas e indesejadas, amesquinhando o mandado de segurança ao ponto de torná-lo um balão de ensaio de teses jurídicas.

Neste capítulo, observados os limites impostos pela obra, analisamos a natureza e o regime jurídico da desistência. Depois passamos ao estudo das razões de decidir do recurso extraordinário nº 669.367/RJ, tema nº 530 de repercussão geral, e dos precedentes que o antecederam, investigando-lhes o acerto ou desacerto. Por fim, destacamos as consequências práticas do entendimento.

---

1. Procurador da Fazenda Nacional. Assessor de Ministro do Superior Tribunal de Justiça. Ex-Assessor de Ministro do Supremo Tribunal Federal. Atuou nas Divisões de Dívida Ativa e Consultoria e Assessoramento Jurídico da Procuradoria-Regional da Fazenda Nacional da 3ª Região e na Coordenação-Geral da Representação Judicial da Procuradoria-Geral da Fazenda Nacional. Ex-Advogado da União. Endereço eletrônico: antonio-c.junior@pgfn.gov.br.

11.2. DESISTÊNCIA: NATUREZA E REGIME JURÍDICO

A desistência é o negócio jurídico processual por meio do qual o autor revoga a demanda[2]. Embora também consista em ato dispositivo, não se confunde com a renúncia ao direito sobre o qual se funda a ação. Esta recai sobre o próprio direito material, objeto litigioso do processo; aquela – a desistência – limita-se à demanda em si. Por isso é que a desistência implica a extinção do processo sem resolução do mérito (artigo 485, VIII, do Código de Processo Civil).

A depender do momento em que praticado, o ato de desistência subordina-se à anuência da parte adversa. Nos termos do § 4º do artigo 485 do Código de Processo Civil, oferecida a contestação, não poderá o autor desistir da ação sem o consentimento do réu. Significa dizer que o oferecimento da contestação é marco relevante para o regime da desistência: antes de contestada a demanda, poderá o autor desistir do processo independentemente de assentimento da contraparte; depois, a desistência, para produzir efeitos, dependerá da concordância do réu.

Naturalmente, a recusa do réu há de ser justificada. Assim como o direito de ação, também o direito de defesa deve-se exercer sem abusos. Cumpre, portanto, ao réu fundamentar a recusa "em motivo razoável, sendo insuficiente a simples alegação de discordância sem a indicação de qualquer motivo plausível" (STJ, Recurso especial nº 1.519.589/DF, Rel. Ministra Nancy Andrighi, Terceira Turma, DJe de 13/04/2018). No entanto, a mera indicação de interesse no julgamento de mérito, com a formação de coisa julgada material a obstar a repropositura da ação, é suficiente para impedir a extinção do processo[3].

---

2. DIDIER JR., Fredie. *Curso de direito processual civil*: introdução ao direito processual civil, parte geral e processo de conhecimento. Salvador: Juspodivm, 2017. p. 810.

3. "PROCESSO CIVIL. RECURSO ESPECIAL. AÇÃO DE REVISÃO CONTRATUAL DESISTÊNCIA DA AÇÃO. CONCORDÂNCIA DO RÉU. NECESSIDADE. FUNDAMENTAÇÃO RAZOÁVEL. EXTINÇÃO DO PROCESSO. IMPOSSIBILIDADE. 1. Após a contestação, a desistência da ação pelo autor depende do consentimento do réu porque ele também tem direito ao julgamento de mérito da lide. 2. A sentença de improcedência interessa muito mais ao réu do que a sentença de extinção do processo sem resolução do mérito, haja vista que, na primeira hipótese, em decorrência da formação da coisa julgada material, o autor estará impedido de ajuizar outra ação, com o mesmo fundamento, em face do mesmo réu. 3. Segundo entendimento do STJ, a recusa do réu deve ser fundamentada e justificada, não bastando apenas a simples alegação de discordância, sem a indicação de qualquer motivo relevante. 4. Na hipótese, a discordância veio fundada no direito ao julgamento de mérito da demanda, que possibilitaria a formação da coisa julgada material, impedindo a propositura de nova ação com idênticos fundamentos, o que deve ser entendimento como motivação relevante para impedir a extinção do processo com fulcro no art. 267, VIII, e §4º do CPC. 5. Recurso especial

A propósito da desistência, há regramento especial para a concordância da União e de suas autarquias, fundações e empresas públicas. De acordo com o artigo 3º da Lei nº 9.469, de 10 de julho de 1997, sem a renúncia do autor ao direito sobre o qual se funda a ação, os aludidos entes não podem concordar com a desistência[4]. Desnecessário, pois, que a Fazenda Pública, em âmbito federal, decline o motivo da rejeição à desistência.

Pode o autor desistir da ação até a prolação da sentença ou decisão de conteúdo equivalente (decisão monocrática, acórdão), nos termos do artigo 485, § 5º, do Código de Processo Civil. Após a prolação da sentença, somente o recurso pode ser objeto de desistência, caso em que, homologado o ato, transitará em julgado a decisão recorrida, seja terminativa, seja de mérito.

As regras acima, porém, não se aplicam ao mandado de segurança. No julgamento do recurso extraordinário nº 669.367/RJ, sob a sistemática da repercussão geral, o Supremo Tribunal Federal, confirmando jurisprudência de quase meio século, assentou ser "lícito ao impetrante desistir da ação de mandado de segurança, independentemente de aquiescência da autoridade apontada como coatora ou da entidade estatal interessada ou, ainda, quando for o caso, dos litisconsortes passivos necessários, a qualquer momento antes do término do julgamento, mesmo após eventual sentença concessiva do 'writ' constitucional, não se aplicando, em tal hipótese, a norma inscrita no art. 267, § 4º, do CPC/1973". Apesar da redação – "mesmo após eventual sentença concessiva" –, o voto condutor do acórdão e a jurisprudência revelam que a desistência pode ocorrer também após sentença denegatória da segurança.

Consoante artigo 90, *caput*, do Código de Processo Civil, o autor desistente será responsável pelas despesas processuais e pelos honorários advocatícios, estes últimos, porém, indevidos em sede de mandado de segurança (artigo 25 da Lei nº 12.016, de 7 de agosto de 2009, e enunciado nº 105 da Súmula do STJ).

Por fim, cumpre referir o artigo 200 do Código de Processo Civil. A regra geral, em matéria de atos e negócios jurídicos processuais, é a produção imediata de efeitos dos atos das partes. O parágrafo único do dispositivo,

---

provido" (STJ, Recurso Especial nº 1.318.558/RS, Relatora Ministra Nancy Andrighi, Terceira Turma, DJE de 17/06/2013).

4. CUNHA, Leonardo Carneiro da. *A Fazenda Pública em juízo*. Rio de Janeiro: Forense, 2017. p. 97.

porém, abre exceção, subordinando a produção de efeitos da desistência à homologação pelo Juízo.

Este é o panorama geral do regime jurídico da desistência.

11.3. O RECURSO EXTRAORDINÁRIO Nº 669.367/RJ – TEMA 530 DE REPERCUSSÃO GERAL

O recurso extraordinário nº 669.367/RJ foi manejado contra acórdão mediante o qual a Primeira Seção do Superior Tribunal de Justiça, no agravo regimental no recurso especial 928.453/RJ[5], de relatoria do Ministro Herman Benjamin, deixou de homologar a desistência do mandado de segurança.

Na oportunidade, o relator consignou que a desistência em mandado de segurança deve ocorrer em momento anterior à prolação de sentença, "sob pena de se instalar o desprestígio à Justiça e à segurança jurídica". "A desistência", prosseguiu o relator, "passaria a figurar como astuciosa estratégia do impetrante prejudicado pelo julgamento desfavorável à pretensão, para forrar-se dos efeitos do comando decisório, em atenção aos interesses representados pela pessoa jurídica vencedora, a que pertence a autoridade informante. Defrontando-se com sentença definitiva contrária a seus interesses, o autor simplesmente desistiria da impetração, trocando o provimento de mérito por outro, de caráter terminativo ou extintivo do processo. Substituiria, enfim, a potencial coisa julgada incidente sobre a declaração de inexistência de seu suposto direito pela faculdade de propor novamente o pedido (art. 268 do CPC) e reabrir a causa".

Distribuído ao Ministro Luiz Fux, o extraordinário foi submetido ao Plenário virtual, ocasião em que foi reconhecida a repercussão geral, vencido o Ministro Cezar Peluso e sem a manifestação dos Ministros Celso de Mello, Gilmar Mendes, Joaquim Barbosa e Cármen Lúcia.

11.3.1. O conhecimento do recurso

Conforme destacou a Ministra Rosa Weber no voto condutor do acórdão, a recorrente apontou como violados o *caput* e os incisos LIV e LV do

---

5. "PROCESSUAL CIVIL. AGRAVO REGIMENTAL. RECURSO ESPECIAL. MANDADO DE SEGURANÇA. DESISTÊNCIA APÓS PROFERIDA A SENTENÇA DE MÉRITO. IMPOSSIBILIDADE. 1. A jurisprudência da Primeira Seção e de ambas as Turmas que a compõem pacificou-se no sentido de inadmitir a desistência do Mandado de Segurança após sentença de mérito, ainda que favorável ao impetrante, sem anuência do impetrado. 2. Agravo Regimental não provido" (STJ, Agravo Regimental no Agravo Regimental no Recurso Especial nº 928.453/RJ, relator ministro Herman Benjamin, Primeira Seção, DJe de 14/06/2011).

artigo 5º da Constituição, alegando, quanto aos últimos, "ausência de prestação jurisdicional decorrente da rejeição aos embargos declaratórios interpostos contra o acórdão recorrido", e, quanto ao primeiro, ofensa aos princípios da isonomia e segurança jurídica, "porque eram dois os mandados de segurança (...) impetrados pela empresa Pronor contra o mesmo ato praticado pela CVM, mas um deles (REsp 930.952/RJ) transitou em julgado com decisão favorável à pretensão de desistência da impetrante, ao passo que o outro, de nº 928.453/RJ, teve destino diverso, motivando o presente recurso extraordinário".

Quando do julgamento, o recurso foi conhecido sem maiores discussões. Havia, no entanto, dois fundamentos para inadmiti-lo.

Primeiro, o *caput* e os incisos LIV e LV do artigo 5º, apontados como violados, não possuem comando suficiente para justificar a pretensão da recorrente[6], circunstância suficiente para não conhecer do recurso, ante o óbice do enunciado nº 284 da Súmula do Supremo Tribunal Federal – "É inadmissível o recurso extraordinário, quando a deficiência na sua fundamentação não permitir a exata compreensão da controvérsia".

E mesmo que superado o óbice, claro está que a matéria é infraconstitucional. Embora o Supremo tenha enfrentado a questão em diversas oportunidades, isso aconteceu (i) ou devido ao fato de que se tratava de recurso extraordinário anterior à Constituição de 1988, quando a competência do Tribunal era ampla; (ii) ou por se tratar de mandado de segurança processado originariamente ou em recurso ordinário perante o Tribunal; (iii) ou porque a questão surgiu incidentalmente no processamento de recurso extraordinário. Ressalvada a primeira hipótese, não poderia o Tribunal conhecer de recurso extraordinário veiculando a matéria. A questão de saber se se aplica subsidiariamente ao mandado de segurança o regime do Código de Processo Civil é matéria infraconstitucional, cujo conhecimento e julgamento compete ao Superior Tribunal de Justiça. Não é porque o mandado de segurança constitui garantia prevista na Constituição Federal que questões relativas ao regime jurídico do remédio tornam-se automaticamente questões constitucionais.

6. A rigor, a apontada violação aos incisos LIV (devido processo legal) e LV (contraditório e ampla defesa) do artigo 5º da Constituição Federal fundamentava a pretensão de anulação do acórdão recorrido por ausência de prestação jurisdicional. No julgamento, todavia, nem o voto do relator, nem o voto condutor do acórdão enfrentaram a questão.

11.3.2. A inaplicabilidade subsidiária do Código de Processo Civil

Inobstante os fundamentos para a inadmissibilidade, o recurso foi conhecido e provido, vencidos os Ministros Luiz Fux, relator, e Marco Aurélio, ausentes os Ministros Joaquim Barbosa e Teori Zavascki. A Ministra Rosa Weber foi designada redatora do acórdão, e a tese restou assim definida: "É lícito ao impetrante desistir da ação de mandado de segurança, independentemente de aquiescência da autoridade apontada como coatora ou da entidade estatal interessada ou, ainda, quando for o caso, dos litisconsortes passivos necessários, a qualquer momento antes do término do julgamento, mesmo após eventual sentença concessiva do 'writ' constitucional, não se aplicando, em tal hipótese, a norma inscrita no art. 267, § 4º, do CPC/1973".

No voto condutor do acórdão, a Ministra Rosa Weber faz longa digressão sobre as "premissas inconciliáveis" que fundamentam as conclusões diversas a que se pode chegar na análise da questão. Segundo destaca, na posição que defende a impossibilidade de desistência do mandado de segurança a qualquer momento, vai latente a premissa de que o Código de Processo Civil, como lei geral, supre toda e qualquer necessidade de integração. Por outro lado, no entendimento que admite a desistência a qualquer momento, parte-se da premissa de que a lei pode ser integrada por seus próprios princípios especiais.

Ante o dilema, a Ministra propõe que a opção por uma ou outra forma de integração decorra dos dados concretos do problema: "Diante de um problema enfrentado em mandado de segurança, é possível que o CPC não ofereça uma resposta clara; nesse caso, ter-se-á uma revalidação do questionamento original, num processo circular que tornará necessário decidir, novamente, se a solução está nos princípios gerais de processo civil ou, ao contrário, numa construção derivada das especificidades do *writ*".

O curioso é que, após firmar a premissa, a Ministra abandona as especificidades do caso concreto e inicia considerações, em abstrato, sobre a origem e especificidades do mandado de segurança.

Na essência, assentar que a solução deve partir do caso concreto significa dar margem ao caprichoso casuísmo jurisprudencial do Supremo. Afinal, qual é o critério para afirmar que o Código de Processo Civil não dá uma resposta clara ao caso concreto? O Ministro Luiz Fux, que ficou vencido, por exemplo, diria que o Código de Processo Civil se aplica "claramente" à espécie... Aliás, invertendo o problema, quando é que as soluções fornecidas pelas "especificidades do *writ*" terão aplicação mais evidente que as respostas prontas do Código de Processo Civil?

11.3.3. O mandado de segurança: esse fidalgo

Prosseguindo no voto, a Ministra Rosa Weber, aludindo à natureza "especialíssima" e à índole constitucional do mandado de segurança, discorre sobre suas especificidades – todas fundadas em texto expresso de lei, diga-se –, como se isso, por si só, justificasse a aplicação de solução *ad hoc*, extraída da principiologia do remédio constitucional.

O argumento é falacioso. De fato, o *writ* tem inegável importância política na ordem constitucional brasileira. Com origem remota na doutrina brasileira do *habeas corpus*[7], o mandado de segurança foi previsto inicialmente na Constituição de 1934 e contemplado em todas as Constituições seguintes, com exceção da Constituição de 1943 – fato que diz mais sobre o caráter ditatorial da Carta do que sobre a natureza política fundamental do instituto.

Não podemos nos deixar impressionar pela sua nobreza, porém. A vocação de instrumento de defesa do cidadão em face de abusos perpetrados pelo Poder Público não lhe retira a natureza de ação. Como bem notou Barbosa Moreira, o mandado de segurança é "uma ação, uma espécie de gênero bem conhecido e familiar, cujas peculiaridades, sem dúvida dignas de nota, não a desligam do convívio das outras espécies, não a retiram do contexto normal do ordenamento jurídico, não a condenam a degredo em ilha deserta. À semelhança do que acontece com as figuras congêneres, o mandado de segurança está contido no âmbito normativo do processo civil e submete-se aos respectivos princípios e normas, sem prejuízo de regulamentação especial constante das leis que a ele especificamente dizem respeito"[8].

Para além do convívio no contexto normal do ordenamento jurídico, não se pode ignorar a ordinarização do mandado de segurança. As linhas que o apartavam do procedimento comum, devido a avanços legislativos e jurisprudenciais, estão mais e mais embotadas. Com efeito, a partir da reforma processual de 1994, a tutela provisória, antes adstrita a proce-

---

7. Corrente capitaneada por Ruy Barbosa que, no período posterior à promulgação da Constituição de 1981, defendia a ampliação das hipóteses de cabimento do *habeas corpus* para abranger a tutela de direitos fundamentais outros que não a liberdade de ir e vir.

8. MOREIRA, José Carlos Barbosa. *Da recorribilidade das decisões interlocutórias no processo do mandado de segurança*. São Paulo: Saraiva, 1996. p. 212.

dimentos especiais, tornou-se possível em qualquer procedimento, aproximando o procedimento comum do mandado de segurança. Além disso, o mandado de segurança, que, segundo os enunciados nº 269 e 271 da Súmula do Supremo, não pode substituir ação de cobrança, tem cada vez mais feito as vezes de ação de cobrança[9-10]. E a sentença no mandado de segurança não necessariamente tem natureza mandamental, podendo ser exclusivamente declaratória[11].

Considerada a aproximação entre as espécies de ação, admitir a desistência a qualquer tempo do mandado de segurança, fundada numa equivocada supervalorização da fidalguia do instituto, leva a consequências indesejáveis, como se verá adiante.

11.3.4. A autoridade coatora e a pessoa jurídica a ela vinculada: esses incompreendidos

Ao lado do argumento da nobreza do mandado de segurança, o entendimento do Supremo Tribunal Federal vai buscar na doutrina de Hely Lopes Meireles outro fundamento para admitir a desistência do mandado de segurança a qualquer tempo, independentemente de anuência da autori-

---

9. Nesse sentido, o seguinte precedente do Superior Tribunal de Justiça, não transitado em julgado até a data de fechamento da edição: "PROCESSUAL CIVIL E TRIBUTÁRIO. AGRAVO INTERNO. MANDADO DE SEGURANÇA. RESTITUIÇÃO OU COMPENSAÇÃO DO INDÉBITO TRIBUTÁRIO. POSSIBILIDADE. SÚMULAS 213 E 461 DO STJ. 1. Esta Corte já se manifestou no sentido de que o mandado de segurança constitui instrumento adequado à declaração do direito à compensação do indébito recolhido em período anterior à impetração, observado o prazo prescricional de 5 (cinco) anos contados retroativamente a partir da data do ajuizamento da ação mandamental. Precedente: EDcl nos EDcl no REsp 1.215.773/RS, Rel. Ministro Arnaldo Esteves Lima, Primeira Seção, DJe 20/6/2014. 2. A sentença do Mandado de Segurança que reconhece o direito à compensação tributária (Súmula 213/STJ: 'O mandado de segurança constitui ação adequada para a declaração do direito à compensação tributária'), é título executivo judicial, de modo que o contribuinte pode optar entre a compensação e a restituição do indébito (Súmula 461/STJ: 'O contribuinte pode optar por receber, por meio de precatório ou por compensação, o indébito tributário certificado por sentença declaratória transitada em julgado'). 3. Agravo interno da FAZENDA NACIONAL não provido" (STJ, Agravo Interno no Recurso Especial nº 1.778.268/RS, relator ministro Mauro Campbel Marques, Segunda Turma, DJe de 02/04/2019).

10. Vale a pena conferir, ainda, o seguinte precedente do Supremo Tribunal Federal, firmado em sede de repercussão geral, embora não se refira a parcelas vencidas anteriormente à impetração: "RECURSO EXTRAORDINÁRIO. CONSTITUCIONAL E PROCESSUAL. MANDADO DE SEGURANÇA. VALORES DEVIDOS ENTRE A DATA DA IMPETRAÇÃO E A IMPLEMENTAÇÃO DA ORDEM CONCESSIVA. SUBMISSÃO AO REGIME DE PRECATÓRIOS. REPERCUSSÃO GERAL RECONHECIDA. REAFIRMAÇÃO DE JURISPRUDÊNCIA" (Recurso Extraordinário nº 889.173, relator Ministro Luiz Fux, Plenário, DJe de 17/08/2015).

11. É o que decorre do enunciado 213 da Súmula do Superior Tribunal de Justiça: "O mandado de segurança constitui ação adequada para a declaração do direito à compensação tributária".

dade coatora ou da pessoa jurídica a ela vinculada. Segundo o doutrinador, "não se confundindo com as outras ações em que há direitos das partes em confronto, o impetrante pode desistir da impetração, ou porque se convenceu da legitimidade do ato impugnado, ou por qualquer conveniência pessoal, que não precisa ser indicada nem depende de aquiescência do impetrado"[12]. A passagem é reproduzida em diversos precedentes e, inclusive, no voto condutor do acórdão no recurso extraordinário nº 669.367/RJ.

De tão lacônica, a passagem dificulta a vida de quem se propõe a refutá-la.

Primeiro, se o impetrante se convenceu da legitimidade do ato, deve ele, até por questões de boa-fé, renunciar ao direito sobre o qual se funda a ação, e não desistir do mandado de segurança, após ter lançado dúvidas sobre a legitimidade da relação jurídica de direito material.

Segundo, a "inexistência de direito das partes em confronto" poderia, no limite, apenas justificar a desnecessidade de anuência da autoridade coatora ou da pessoa jurídica a ela vinculada. Daí a admitir a desistência após a prolação de sentença vai uma grande diferença.

Terceiro, não é tão evidente a inexistência de direitos da autoridade coatora ou da pessoa jurídica de direito público. No fundo, escamoteada na discussão ressurge o imbróglio – estéril, é verdade – sobre a legitimidade passiva no mandado de segurança, se recai sobre a autoridade coatora ou sobre a pessoa jurídica ou sobre ambas, em litisconsórcio. Independentemente da corrente que se adote, parece evidente o interesse, seja da autoridade coatora, seja da pessoa jurídica na formação da coisa julgada, sobretudo porque o ato administrativo, amiúde, tem caráter patrimonial para a Administração pública, como ocorre no lançamento tributário, na constituição de crédito não tributário, na inscrição em dívida ativa etc.

Por fim, cumpre notar que o fato de o ato administrativo permanecer hígido não pode justificar a desistência a qualquer momento do mandado de segurança. Afinal, sempre que estiver em questão ato administrativo, independentemente da espécie de ação, permanecerá ele a produzir efeitos após a extinção do processo sem resolução do mérito, considerada a presunção de legitimidade dos atos administrativos. Rigorosamente, a prevalecer o entendimento, dever-se-ia permitir a desistência a qualquer momento qualquer que fosse o procedimento.

---

12. MEIRELLES, Hely Lopes. *Mandado de segurança e ações constitucionais*. São Paulo: Malheiros, 2009. p. 132.

11.3.5. O estado da jurisprudência do Supremo Tribunal Federal antes do recurso extraordinário nº 669.367/RJ

A sobrecarga de trabalho, ocasionada pelo acervo de processos, as metas intragabinetes, indiferentes à boa técnica e à distribuição da justiça, o extravagante rol de competências, incompatível com as atribuições de uma Corte Constitucional, a falta de combatividade das partes, decorrente não raro da distância geográfica e social entre jurisdição e jurisdicionado – enfim, todos esses fatores contribuem, mais do que deveriam, para a irrefletida formação de precedentes, como os que antecederam o firmado no recurso extraordinário nº 669.367/RJ. Vejamos.

O mais antigo precedente remonta a 25 de agosto de 1978. Trata-se do recurso extraordinário nº 86.958/SP[13], da relatoria do Ministro Décio Miranda, julgado pela Segunda Turma. Na origem, cuidava-se de mandado de segurança objetivando a declaração de inexigibilidade de imposto de renda sobre remessa de juros ao exterior. Embora deferida a ordem, o impetrante, antes do julgamento da apelação da União, desistiu do mandado de segurança, apresentando como motivo para tanto o reconhecimento administrativo da aplicação de tratado internacional contra bitributação da renda. O Tribunal Federal de Recursos, no entanto, não homologou a desistência e deu provimento à apelação da União. No julgamento do extraordinário, o relator, embora sem declinar com clareza as premissas do raciocínio, assentou que, "afirmando o prejuízo da impetração, a impetrante assumiu o risco da desistência". E acrescentou: "com esse juízo e pedido da impetrante, ficou sem objeto a impetração".

No mandado de segurança 20.476/DF[14], de relatoria do Ministro Néri da Silveira, julgado em 18 de dezembro de 1984, o Plenário do Supremo assentiu com a possibilidade de desistência do impetrante, independentemente de concordância da autoridade impetrada ou da pessoa jurídica a ela vinculada. Cuidava-se de mandado de segurança preventivo impetrado

---

13. "Processual. Desistência. A desistência de mandado de segurança, manifestada pelo impetrante que se considera atendido em ato superveniente da autoridade, deve ser acolhida pelo juízo, sem compromisso com os motivos da desistência. Não tem objeto o pedido de segurança não mais desejada pelo impetrante" (STF, Recurso Extraordinário nº 86.958, Relator Ministro Décio Miranda, Segunda Turma, DJ 15/09/1978).

14. "MANDADO DE SEGURANÇA. COLEGIO ELEITORAL (ARTS. 74 E 75, DA CONSTITUIÇÃO FEDERAL). LIBERDADE DE VOTO. PEDIDO DE DESISTENCIA, APÓS AS INFORMAÇÕES. TRATANDO-SE DE MANDADO DE SEGURANÇA PREVENTIVO, DEFERE-SE, DESDE LOGO, O PEDIDO DE DESISTENCIA, SEM NECESSIDADE DE PREVIA MANIFESTAÇÃO DE CONCORDANCIA DA AUTORIDADE IMPETRADA. EXTINÇÃO DO PROCESSO, SEM JULGAMENTO DO MÉRITO (CPC, ART-267, VIII)" (STF, Mandado de Segurança nº 20.476, Relator Ministro Néri da Silveira, Tribunal Pleno, DJ de 03/05/1985).

por deputado federal contra virtual ato da Mesa do Senado Federal. Estava em jogo a eleição indireta do presidente e vice-presidente da República. O Partido Democrático Social – PDS fechara questão sobre o apoio ao candidato da legenda, Paulo Maluf. O impetrante, filiado ao PDS e integrante do Colégio Eleitoral, questionava a possível anulação do voto infiel pela Mesa do Senado Federal. Nas informações, o presidente da Mesa esclareceu que a questão ainda não havia sido deliberada. A Procuradoria-Geral da República, no parecer, opinou pelo reconhecimento da perda de objeto da ação, considerado o indeferimento do arquivamento da diretriz partidária pelo Tribunal Superior Eleitoral. Incluído o feito em pauta, o impetrante desistiu do mandado de segurança, declinando como motivo a aprovação de ato normativo, pela Mesa do Senado Federal, no sentido do que pleiteado no *writ*. No julgamento, o relator votou pela homologação da desistência, citando a doutrina de Hely Lopes Meireles acima mencionada, para quem, "não se confundindo com as outras ações em que há direito das partes em confronto, o impetrante pode desistir da impetração ou porque se convenceu da legitimidade do ato impugnado, ou por qualquer conveniência pessoal, que não precisa ser indicada nem depende da aquiescência do impetrado". E acrescentou, como se fosse óbvia a conclusão, que se trata na espécie "de mandado de segurança preventivo". Por fim, aludiu, ainda, ao entendimento firmado no recurso extraordinário nº 86.958/SP, acima referido.

Note-se, portanto, que nas duas ocasiões não se tratava de genuína desistência. Na essência, embora formalizada a desistência, os impetrantes indicaram a perda de objeto da ação. A Segunda Turma e depois o Plenário, porém, limitaram-se a homologar a desistência, sem averiguar se, de fato, ocorrera a perda do objeto. É digna de nota a confusão conceitual. Embora impliquem a extinção do processo sem resolução do mérito, desistência e perda de objeto não se confundem. O objeto da ação é o pedido, que se divide em mediato – o bem da vida, o resultado prático a ser obtido com a ação – e imediato – a providência jurisdicional pleiteada. O processo perde o objeto quando o pedido não pode mais ser atendido, seja porque o autor já o obteve por via diversa, seja porque o bem deixou de existir. A desistência, por outro lado, é a revogação da ação. Desse modo, entendendo o recorrente que o processo perdeu o objeto, deveria ter requerido a extinção do processo pela perda superveniente do objeto, não havendo que se falar em desistência.

Posteriormente, em 28 de junho de 1991, na questão de ordem no agravo regimental no mandado de segurança nº 21.054/DF, o Plenário admitiu a desistência do mandado de segurança "após iniciado o julgamento", embora não se tratasse propriamente do julgamento de mérito do *writ*. O mandado de segurança tinha por objeto ato do presidente da República que convalidou alvará de pesquisa mineral a determinada pessoa jurídica, direito posteriormente cedido a terceira pessoa jurídica, a qual requereu o ingresso como terceiro. Indeferida a admissão, formalizou-se o agravo regimental. Pendente o julgamento do agravo, após pedido de vista do Ministro Marco Aurélio, impetrante e agravante desistiram respectivamente da ação e do recurso. Não obstante as peculiaridades, a ementa restou redigida em termos lacônicos: "MANDADO DE SEGURANÇA. Agravo Regimental. Desistência de ambos após iniciado o julgamento do agravo. Possibilidade. Homologação dos pedidos" (STF, Mandado de Segurança nº 21054 AgR-QO, Relator Ministro Paulo Brossard, Tribunal Pleno, DJ de 01/11/1991).

Após, no mandado de segurança nº 20.946/TO[15], de relatoria do Ministro Célio Borja, julgado a 7 de novembro de 1991, em que se questionava ato de nomeação de desembargadores do Tribunal de Justiça do Tocantins, emanado do governador do Estado, o Plenário admitiu a desistência mesmo após iniciado o julgamento. Curioso é que o relator evocou o entendimento firmado no recurso criminal nº 1.387/RJ para justificar a homologação da desistência. Não notou que o precedente dizia respeito a desistência de recurso, e não desistência da ação, circunstância que justificaria conclusão oposta.

Em 2 de abril de 1996, nos embargos de declaração no recurso extraordinário nº 165.712/MG[16], de relatoria do Ministro Sydney Sanches, a Primeira Turma acolheu os embargos de declaração, para homologar a desistência do mandado de segurança formulada por uma das partes, antes do julgamento do recurso extraordinário. O relator, porém, não declinou as razões por que homologava a desistência, mesmo após o julgamento do

15. "MANDADO DE SEGURANÇA. CONSTITUCIONAL. CRIAÇÃO E ORGANIZAÇÃO DO ESTADO DE TOCANTINS. INSTALAÇÃO DO TRIBUNAL DE JUSTIÇA. PRIMEIRO PROVIMENTO DOS CARGOS DE DESEMBARGADOR. (...) III. Desistencia da ação mandamental no ponto em que se insurge contra a nomeação de um dos litisconsortes. Pedido formulado depois de iniciado o julgamento, mas no curso de interrupção determinada por pedido de vista. Admissibilidade. Desistencia homologada. Precedente do STF (...)" (STF, Mandado de Segurança nº 20.946/TO, Relator Ministro Célio Borja, Tribunal Pleno, DJ de 02/04/1993).

16. "Direito Processual Civil. Desistencia da ação, antes do julgamento do R.E. Embargos declaratorios para sua homologação. 1. Havendo uma das recorridas, ora embargante, antes mesmo do julgamento do Recurso Extraordinário, desistido da impetração do Mandado de Segurança, e de ser homologada essa desistencia, ficando, quanto a ela, prejudicado o R.E. 2. Embargos Declaratorios recebidos para tais fins, nos termos do voto do Relator, subsistindo o acórdão embargado, quanto as demais recorridas, não embargantes" (STF, Embargos de Declaração no Recurso Extraordinário nº 165.712/MG, Relator Ministro Sydney Sanches, Primeira Turma, DJ de 17/05/1996).

mérito na origem e sem ouvir a autoridade impetrada ou a pessoa jurídica respectiva.

E, em 21 de março de 2000, no agravo regimental no recurso extraordinário nº 167.224/MG, a Segunda Turma voltou a homologar desistência de mandado de segurança a qualquer tempo e sem consentimento do impetrado, referindo-se, dentre outros, aos precedentes firmados no mandado de segurança nº 20.476/DF e nos embargos de declaração no recurso extraordinário nº 165.712/MG.

A partir de então, a jurisprudência torna-se autorreferente, como se pode notar dos seguintes precedentes: agravo regimental no recurso extraordinário nº 255.837/PR[17], relator Ministro Celso de Mello, Segunda Turma; agravo regimental no recurso extraordinário nº 262.149/PR[18], relator Ministro Sepúlveda Pertence, Primeira Turma; agravo regimental no agravo regimental no agravo regimental no recurso extraordinário nº 228.751/RS[19], relator Ministro Maurício Corrêa, Segunda Turma; embargos de declaração no agravo regimental no recurso extraordinário nº 140.851/SP[20], relator Ministro Maurício Corrêa, Segunda Turma; embargos de declaração

---

17. "MANDADO DE SEGURANÇA - DESISTÊNCIA - POSSIBILIDADE - INAPLICABILIDADE DO ART. 267, § 4º, DO CPC - RECURSO IMPROVIDO. - É lícito, ao impetrante, desistir da ação de mandado de segurança, mesmo após eventual sentença concessiva do 'writ' constitucional, independentemente de aquiescência da autoridade apontada como coatora ou da entidade estatal interessada, não se aplicando, em tal hipótese, a norma inscrita no art. 267, § 4º, do CPC. Doutrina. Precedentes (STF)" (STF, Agravo Regimental no Recurso Extraordinário nº 255.837, Relator Ministro Celso de Mello, Segunda Turma, DJe de 26/11/2009).

18. "Mandado de segurança: desistência requerida pelo impetrante para viabilizar a adesão ao REFIS: homologação. 1. A homologação da desistência do mandado de segurança não implica qualquer juízo sobre o direito da impetrante de aderir ao Programa de Recuperação Fiscal - REFIS, matéria que, de resto, nem é objeto do mandado de segurança. 2. Mandado de segurança: desistência que independe da anuência do impetrado ou da pessoa jurídica de Direito Público, de que haja emanado o ato coator sem distinção, na jurisprudência do STF, entre a hipótese de impetração de competência originária e aquela pendente do julgamento de recurso" (STF, Agravo Regimental no Recurso Extraordinário 262.149, Relator Ministro Sepúlveda Pertence, Primeira Turma, DJ de 06/04/2001).

19. "AGRAVO REGIMENTAL NO AGRAVO REGIMENTAL NO AGRAVO REGIMENTAL NO RECURSO EXTRAORDINÁRIO. MANDADO DE SEGURANÇA. DESISTÊNCIA. HOMOLOGAÇÃO. POSSIBILIDADE. Mandado de Segurança. Desistência. Possibilidade de sua ocorrência, a qualquer tempo, independentemente da anuência do impetrado. Precedente do Tribunal Pleno. Agravo regimental não provido" (STF, Agravo Regimental no Agravo Regimental no Agravo Regimental no Recurso Extraordinário nº 228.751, Relator Ministro Maurício Corrêa, Segunda Turma, DJ 04/04/2003).

20. "EMBARGOS DE DECLARAÇÃO EM AGRAVO REGIMENTAL NO RECURSO EXTRAORDINÁRIO. MANDADO DE SEGURANÇA. DESISTÊNCIA. HOMOLOGAÇÃO. POSSIBILIDADE. Mandado de Segurança. Desistência. Possibilidade de sua ocorrência, a qualquer tempo, independentemente da anuência do impetrado. Precedente do Tribunal Pleno. Vícios no julgado. Inexistência. Embargos de declaração rejeitados" (STF, Embargos de Declaração no Agravo Regimental no Recurso Extraordinário nº 140.851, Relator Ministro Maurício Corrêa, Segunda Turma, DJ 04/04/2003).

no agravo regimental no recurso extraordinário nº 337.276/SP[21], relator Ministro Maurício Corrêa, Segunda Turma; agravo regimental no recurso extraordinário nº 287.978/SP[22], relator Ministro Carlos Britto, Primeira Turma; embargos de divergência nos embargos de declaração no recurso extraordinário nº 167.263/MG[23], relator Ministro Marco Aurélio, redator para acórdão o Ministro Sepúlveda Pertence, Plenário; embargos de declaração no agravo regimental no agravo de instrumento nº 377.361/DF[24], relatora Ministra Ellen Gracie, Segunda Turma; agravo regimental no recurso extraordinário nº 363.980/MG[25], relator Ministro Gilmar Mendes, Segunda Turma; agravo regimental no recurso extraordinário nº 411.477/PI[26],

---

21. "EMBARGOS DE DECLARAÇÃO EM AGRAVO REGIMENTAL NO RECURSO EXTRAORDINÁRIO. MANDADO DE SEGURANÇA. DESISTÊNCIA. HOMOLOGAÇÃO. POSSIBILIDADE. Mandado de Segurança. Desistência. Possibilidade de sua ocorrência, a qualquer tempo, independentemente da anuência do impetrado. Precedente do Tribunal Pleno. Vícios no julgado. Inexistência. Embargos de declaração rejeitados" (STF, Embargos de Declaração no Agravo Regimental no Recurso Extraordinário nº 337.276, Relator Ministro Maurício Corrêa, Segunda Turma, DJ de 25/04/2003).

22. "MANDADO DE SEGURANÇA. DESISTÊNCIA. POSSIBILIDADE A QUALQUER TEMPO. DESNECESSIDADE DE ANUÊNCIA DO IMPETRADO. ADVOGADO SUBSCRITOR DO PEDIDO DOTADO DE PODERES ESPECIAIS. A desistência da ação de mandado de segurança, ainda que em instância extraordinária, pode dar-se a qualquer tempo, independentemente de anuência do impetrado. Precedentes. Ao advogado subscritor do pedido de desistência foi substabelecido o instrumento de mandato que expressamente confere aos procuradores da agravada poderes especiais para desistir. Agravo regimental desprovido" (STF, Agravo Regimental no Recurso Extraordinário nº 287.978, Relator Ministro Carlos Britto, Primeira Turma, DJ 05/03/2004).

23. "A jurisprudência do Supremo Tribunal Federal admite a desistência do mandado de segurança, sem anuência da parte contrária, mesmo quando já proferida a decisão de mérito. Embargos conhecidos, mas rejeitados" (STF, Embargos de Divergência nos Embargos de Declaração no Recurso Extraordinário nº 167.263, relator ministro Marco Aurélio, redator para acórdão Ministro Sepúlveda Pertence, Tribunal Pleno, DJ de 10/12/2004).

24. "AGRAVO DE INSTRUMENTO. EMBARGOS DE DECLARAÇÃO EM AGRAVO REGIMENTAL.DESISTÊNCIA DA AÇÃO APÓS O JULGAMENTO DO RECURSO. HOMOLOGAÇÃO. MANDADO DE SEGURANÇA. POSSIBILIDADE. 1. A jurisprudência desta Corte consolidou-se no sentido de que o impetrante de mandado de segurança pode desistir da ação em qualquer tempo e grau de jurisdição. Precedentes: RE 301.851-AgR-AgR (DJ de 14/11/2002) e RE 140.851-AgR (DJ de 14/11/2002). 2. Entendimento que deve ser aplicado mesmo quando a desistência tenha sido apresentada após o julgamento do recurso extraordinário, mas antes de sua publicação. Precedente: RE 228.751-AgR-AgR-AgR (DJ de 04/04/2003). 3. Embargos de declaração acolhidos para, atribuindo-lhes efeitos modificativos, dar provimento ao agravo regimental" (STF, Embargos de Declaração no Agravo Regimental no Agravo de Instrumento nº 377.361, Relatora Ministra Ellen Gracie, Segunda Turma, DJ de 08/04/2005).

25. "Recurso extraordinário. Agravo regimental. 2. Mandado de Segurança. Homologação. Possibilidade. 3. É possível a homologação de desistência de mandado de segurança, a qualquer tempo, independentemente da anuência do impetrado. Precedentes. 4. Agravo regimental a que se nega provimento" (STF, Agravo Regimental no Recurso Extraordinário nº 363.980, Relator Ministro Gilmar Mendes, Segunda Turma, DJ de 27/05/2005).

26. "AGRAVO REGIMENTAL NO RECURSO EXTRAORDINÁRIO. MANDADO DE SEGURANÇA. DESISTÊNCIA. HOMOLOGAÇÃO. Desistência de mandado de segurança. Possibilidade de sua ocorrência, a qualquer tempo, independentemente da anuência do impetrado, ainda quando já proferida decisão de

relator Ministro Eros Grau, Primeira Turma; embargos de declaração no recurso extraordinário nº 394.014/SC[27], relator Ministro Gilmar Mendes, Segunda Turma; agravo regimental no agravo de instrumento nº 419.258/DF[28], relator Ministro Sepúlveda Pertence, Primeira Turma; e agravo regimental no mandado de segurança nº 24.584/DF[29], relator Ministro Marco Aurélio, redator para acórdão o Ministro Ricardo Lewandowski, Plenário.

Colhem-se da jurisprudência, porém, dois precedentes em sentido contrário. No primeiro, o recurso extraordinário nº 158.679[30], de relatoria do Ministro Marco Aurélio, julgado a 17 de novembro de 1995, a Segunda Turma assentou que "a desistência da ação, ainda quando mandamental, pressupõe a fase de conhecimento", de modo que, "formalizado o provimento judicial, descabe agasalhá-la". Segundo o relator, "impossível é atribuir à parte o poder de retirar do mundo jurídico a decisão prolatada. Uma coisa é a desistência do recurso. Outra diversa é a da ação, ainda que se trate de mandado de segurança". Já no segundo, o agravo regimental no agravo regimental no agravo de instrumento nº 221.462/SP[31], a Segunda

---

mérito. Precedente do Tribunal Pleno. Agravo regimental não provido" (STF, Agravo Regimental no Recurso Extraordinário nº 411.477, Relator Ministro Eros Grau, Primeira Turma, DJ de 02/12/2005).

27. "Embargos declaratórios em recurso extraordinário. 2. Natureza infringente: embargos declaratórios conhecidos como agravo regimental. 3. Desistência da ação. Manifestação inequívoca por procurador devidamente habilitado. 4. Desistência de mandado de segurança. Prerrogativa do impetrante de fazê-lo a qualquer tempo e grau de jurisdição. Precedentes. 5. Agravo regimental a que se nega provimento" (STF, Embargos de Declaração no Recurso Extraordinário nº 394.014, Relator Ministro Gilmar Mendes, Segunda Turma, DJ de 29/09/2006).

28. "Mandado de segurança: desistência que independe da anuência do impetrado ou da pessoa jurídica de Direito Público, de que haja emanado o ato coator sem distinção, na jurisprudência do STF, entre a hipótese de impetração de competência originária e aquela pendente do julgamento de recurso" (STF, Agravo Regimental no Agravo de Instrumento nº 419.258, Relator Ministro Sepúlveda Pertence, Primeira Turma, DJe de 16/08/2007).

29. "AGRAVO REGIMENTAL NO MANDADO DE SEGURANÇA. DESISTÊNCIA. POSSIBILIDADE A QUALQUER TEMPO. DESNECESSIDADE DE ANUÊNCIA DO IMPETRADO. PRECEDENTES. AGRAVO PROVIDO. I - A jurisprudência do Supremo Tribunal Federal consolidou-se no sentido de que o impetrante pode desistir do writ a qualquer momento antes do término do julgamento. II - Precedentes: AI-AgR-ED 377.361/DF, Rel. Min. Ellen Gracie; RE-AgR 349.603/SC, Rel. Min. Carlos Britto; RE 394.940/MG, Rel. Min. Celso de Mello. III - Agravo regimental provido" (STF, Agravo Regimental no Mandado de Segurança nº 24.584, Relator Ministro Marco Aurélio, redator para acórdão o Ministro Ricardo Lewandowski, Tribunal Pleno, DJe de 19/06/2008).

30. RECURSO - MANDADO DE SEGURANÇA - DECISÃO CONCESSIVA - TRIBUNAL DE JUSTIÇA. (...) AÇÃO - DESISTÊNCIA - MANDADO DE SEGURANÇA. A desistência da ação, ainda quando mandamental, pressupõe a fase de conhecimento. Formalizado o provimento judicial, descabe agasalhá-la (...)" (STF, Recurso Extraordinário 158.679, Relator Ministro Marco Aurélio, Segunda Turma, DJ de 08/03/1996).

31. "MANDADO DE SEGURANÇA. Processo. Desistência independente de assentimento da parte contrária. Inadmissibilidade. Feito já dotado de sentença de mérito, desfavorável ao impetrante. Pen-

Turma, nos termos do voto do relator, Ministro Cezar Peluso, entendeu que a faculdade de desistir do mandado de segurança a qualquer tempo "encontra limite no julgamento de mérito". E acrescentou: "Não se pode permitir que a parte, por ato de inteira disposição de vontade, revogue ou cancele pronunciamento de mérito emitido pelo Poder Judiciário, para o substituir por sentença terminativa, extintiva do processo, sem o efeito de resolução das questões de fundo".

11.3.6. O estado da jurisprudência do Supremo Tribunal Federal após o Recurso Extraordinário nº 669.367/RJ

Não obstante a amplitude da tese firmada sob a sistemática da repercussão geral, o Supremo Tribunal Federal em diversas ocasiões deixou de aplicá-la. Como era de esperar, em tais oportunidades o Tribunal não superou expressamente a tese, embora tenha apresentado razões que, a rigor, indicariam a superação, ao menos no que diz respeito à desistência após a sentença. Vejamos, por exemplo, trecho do voto do Ministro Teori Zavascki, no agravo regimental nos embargos de declaração no mandado de segurança 29.032/DF:

> "Consideradas as circunstâncias do caso, o pedido de desistência do mandado de segurança não pode ser homologado. Não se desconhece, certamente, o precedente firmado no RE 669.367 RG (Rel. Min. Luiz Fux, redatora do acórdão a Min. Rosa Weber, Pleno, DJe de 30/10/2014), segundo o qual pode a parte impetrante manifestar desistência da ação mandamental a qualquer tempo, mesmo após a sentença, independentemente da concordância da parte impetrada. **Todavia, no caso, muito mais que o interesse das partes, está em questão a própria seriedade da função jurisdicional e a autoridade das decisões do Supremo Tribunal Federal. É que o ato aqui atacado, emanado do Conselho Nacional de Justiça, foi objeto de questionamento perante esta Corte em inúmeros mandados de segurança semelhantes, tendo o Tribunal, invariavelmente, denegado a ordem, tanto no Plenário, quanto nas Turmas. O pedido de desistência, formulado após a interposição do agravo regimental, não traduz disposição da parte impetrante de se conformar com o entendimento pacificado pelo Tribunal. Pelo contrário, há indisfarçável intenção de propor nova demanda nas instâncias ordinárias** (valendo-se do que decidiu o STF na AO 1706 AgR, Pleno, Rel. Min. Celso de Mello, j. 18/12/2013, DJe de 18/2/2014, conferindo ao juízo de primeiro grau a competência para processar e julgar ações ordinárias referentes à matéria). **Esse propósito, como afirmado, faz pouco**

dência de recurso. Homologação negada. Provimento parcial ao agravo, apenas para cognição do recurso. Não pode o impetrante, sem assentimento da parte contrária, desistir de processo de mandado de segurança, quando já tenha sobrevindo sentença de mérito a ele desfavorável" (STF, Agravo Regimental no Agravo Regimental no Agravo de Instrumento nº 221.462, Relator Ministro Cezar Peluso, Segunda Turma, DJe de 23/08/2007).

caso da seriedade e da autoridade das decisões desta Suprema Corte sobre a matéria questionada, sem falar que prolonga indevidamente em prejuízo da efetividade da função jurisdicional e em benefício de quem, segundo orientação do Tribunal, não tem razão o desfecho da controvérsia, tantas vezes já enfrentada e decidida. O cenário abarcado pela tese definida no julgamento do referido RE 669.367 RG pressupõe a boa-fé processual e respeito à autoridade das decisões da Suprema Corte, as quais, como tem afirmado a jurisprudência do Tribunal, tendem a se revestir de manifesto caráter objetivo, produzindo efeitos expansivos para situações semelhantes. Não se pode acolher, por isso mesmo, pedidos de desistência de mandados de segurança com o indisfarçado objetivo de contornar a força e a autoridade da jurisprudência do Supremo Tribunal Federal.

Registro que essa tem sido a orientação da Turma em casos análogos, como, v.g, nos seguintes: MS 29.129 EDEDAgR (Rel. Min. Teori Zavascki, j. 14/4/2015); MS 29.130 EDEDAgR (Rel. Min. Teori Zavascki, j. 14/4/2015); MS 29.146 EDEDAgR (Rel. Min. Teori Zavascki, j. 14/4/2015); MS 29.128 EDEDAgR (Rel. Min. Teori Zavascki, j. 14/4/2015); MS 29.186 EDEDAgR (Rel. Min. Teori Zavascki, j. 14/4/2015); MS 29.189 EDEDAgR (Rel. Min. Teori Zavascki, j. 14/4/2015); MS 29.093 EDEDAgR (Rel. Min. Teori Zavascki, j. 14/4/2015); e MS 29.101 EDEDAgR (Rel. Min. Teori Zavascki, j. 14/4/2015).

Dessa forma, deixo de homologar o pedido de desistência da ação formulado pela parte impetrante, ora agravante".

O julgado vai de encontro às razões declinadas pela Ministra Rosa Weber no recurso extraordinário 669.367/RJ, para quem "a constatação da má intenção depende, em primeiro lugar, de que efetivamente passe a existir um segundo processo, ordinário; e também de que, neste, seja possível demonstrar a intenção contrária à boa litigância no direito", não residindo a má-fé "no simples pedido de desistência, mas na efetiva manipulação (se demonstrada), bem como na prova de dano processual".

11.4. CONCLUSÃO: O MANDADO DE SEGURANÇA COMO BALÃO DE ENSAIO

A possibilidade de desistência a qualquer momento, somada à ausência de condenação em honorários e à ordinarização do mandado de segurança tornam a ação propícia para testar a receptividade de teses jurídicas muitas vezes extravagantes. A prevalecer a orientação firmada no recurso extraordinário 669.367/RJ, o mandado de segurança assumirá mais e mais essa característica, na contramão da atual tendência de fuga do Judiciário. Se as razões dogmáticas para superação da jurisprudência não convencem, talvez a necessidade prática o faça. Que o faça em breve.

12

SENTENÇA E COISA JULGADA NO MANDADO DE SEGURANÇA INDIVIDUAL E COLETIVO

Andréa Magalhães[1]

A sentença corresponde, segundo lições de Chiovenda, a vontade concreta da lei, em oposição a vontade abstrata da lei, que seria a norma jurídica[2]. Inúmeros doutrinadores a partir dessas lições entenderam que a sentença resultava de silogismo entre premissa maior, representada pela norma jurídica aplicável, e premissa menor, consistente na situação concreta levada a litígio. Frederico Marques afirma que o juiz, diferentemente do doutrinador, não versa sobre norma em abstrato ou em tese, mas sobre norma jurídica concreta, porque se assenta no fato individualizado. A sentença, portanto, traz em si o elemento "de realização existencial"[3].

Para que a sentença encontre ressonância com a realidade, ao final do processo, é necessária uma operação intelectiva, o que prepondera na tutela jurisdicional. É isso que empresta o sentido de **cognição** à fase do processo em que o juiz se propõe a gerar uma sentença. O mandado de segurança integra, basicamente, o âmbito do processo de conhecimento. A sentença possui aptidão para proporcionar resolução de mérito dentro do conflito de direito material objeto da ação mandamental[4].

---

1. Assessora de Ministro do Supremo Tribunal Federal. Doutoranda em Direito Econômico pela Universidade de São Paulo. Mestre em Direito Público e graduada pela Universidade do Estado do Rio de Janeiro. Advogada do Banco Nacional de Desenvolvimento Econômico e Social.
2. CHIOVENDA, Giuseppe. *Instituições de Direito Processual Civil*. v. 1. São Paulo: Saraiva, 1969. p. 253 e 254.
3. MARQUES, José Frederico. *Instituições de Direito Processual Civil*. Vol. 1. Forense, 1972. p. 402 *apud* FUX, Luiz. *Mandado de Segurança*. Rio de Janeiro: Forense, 2019. p.153.
4. THEODORO JR., Humberto. *Lei do Mandado de Segurança Comentada artigo por artigo*. 2ª ed. Rio de Janeiro: Forense, p. 368.

12.1. AS ESPÉCIES DECISÓRIAS NO MANDADO DE SEGURANÇA

Como se trata de remédio processual especial, o acolhimento do mandado pressupõe a satisfação de requisitos outros que não apenas os pressupostos e condições reclamados para ações em geral. O mandado de segurança pode ser considerado um meio inadequado à composição do litígio pelos seguintes motivos: "(a) falta de liquidez e certeza do direito, o que não significa afirmativa de que este não existe; (b) não se tratou de ato de autoridade, do que se conclui que o *mandamus* não é modalidade processual adequada para que a lide seja solvida; e (c) o direito deveria ser defendido não por mandado de segurança, mas sim por *habeas corpus* ou *habeas data*"[5]. Pode-se acrescentar, ainda, a indicação de atos cuja eficácia está suspensa por qualquer causa jurídica[6] e a impetração contra atos de gestão comercial praticados por administradores de empresas estatais ou concessionárias de serviço público[7]. Já a desnecessidade se verifica quando o direito subjetivo não foi violado por ato de autoridade nem se encontra sob ameaça, a exemplo do mandado de segurança contra lei em tese[8].

Recebida a petição inicial, o juiz **pode indeferir** por não ser caso de impetração, não atender às exigências formais da lei ou quando decorrido o prazo decadencial do artigo 10 da Lei 12.016/2009[9] . A ausência dos requisitos específicos da ação mandamental, assim como daqueles previstos para a petição inicial no Código de Processo Civil, de aplicação subsidiária, enseja a extinção do processo por indeferimento da inicial[10]. É possível,

---

5. DECOMAIN, Pedro Roberto. *Mandado de Segurança*: o tradicional, o novo e o polêmico na lei 12.016/2009. São Paulo: Dialética, 2009. p. 522 *apud* THEODORO JR., Humberto. *Lei do Mandado de Segurança Comentada artigo por artigo.* 2ª ed. Rio de Janeiro: Forense, p. 373.

6. MAIA FILHO, Napoleão Nunes; ROCHA, Caio Cesar; ROCHA LIMA, Tiago Asfor. *Comentários à nova lei do mandado de segurança.* São Paulo: Editora Revista dos Tribunais, 2010. p. 159.

7. CARREIRA ALVIM, J. E. *Comentários à Nova Lei de Mandado de Segurança – Lei 12.016/09*. Curitiba: Juruá, 2011. p. 221.

8. THEODORO JR., Humberto. *Lei do Mandado de Segurança Comentada artigo por artigo.* 2ª ed. Rio de Janeiro: Forense, p. 288; BUENO, Cassio Scarpinella. *A nova lei do mandado de segurança: comentários sistemáticos à lei 12.016, de 7-8-2009.* Editora Saraiva: São Paulo, 2010. p. 63.

9. O Supremo Tribunal Federal, ao chancelar a previsão legal de decadência para impetração do mandado de segurança, encerrou a discussão doutrinaria quanto à incompatibilidade da decadência com a natureza de garantia constitucional da ação mandamental. Súmula 632 do STF: O Supremo Tribunal Federal, ao chancelar a previsão legal de decadência para impetração do mandado de segurança, no verbete nº 632 da Súmula do Supremo, encerrou a discussão doutrinaria quanto a incompatibilidade da decadência com a natureza de garantia constitucional da ação mandamental.

10. NEVES, Daniel Amorim Assumpção. *Ações Constitucionais*. Ed. Gen, São Paulo, 2013. p. 113-114.

ainda que excepcional, que o indeferimento decorra da incompetência do juízo, quando possui natureza peremptória – e não meramente dilatória[11].

Somente haverá indeferimento da petição inicial antes da citação do réu, o que, tratando-se de mandado de segurança, limita-se temporalmente à notificação da autoridade coatora e à intimação da pessoa jurídica de direito público[12]. O indeferimento ocorre, portanto, antes da angularização da relação processual, enquanto travada ainda apenas entre autor e juízo[13].

O indeferimento da inicial não corresponde a mero despacho, mas a autêntica sentença, que se submete aos requisitos formais próprios da espécie, a exemplo de fundamentação idônea, certeza e conformidade ao pedido. Tratando-se de competência originária de tribunais, cabe o indeferimento monocrático da inicial por parte do relator[14]. A sentença terminativa, quando encerra atividade direcional cognitiva de forma prematura, não compõe o litígio, limitando-se a declarar a falta de condições técnicas para que seja enfrentado e solucionado de maneira efetiva e definitiva.

Caso não seja a hipótese de indeferimento, haverá *sentença* no mandado de segurança, de carência ou de mérito. A carência ocorre quando o impetrante não satisfaz os pressupostos processuais e as condições do direito de agir previstos no artigo 485, VI, do CPC. Já a sentença de mérito decide sobre o direito invocado, apreciando a existência de liquidez e certeza do direito. A sentença proferida no mandado de segurança, quando de procedência ou improcedência, tem como fundamento o artigo 487 do CPC.

Seguindo a regra geral, a sentença do mandado segurança também pode ser de concessão ou de **denegação da ordem**. A própria Lei 12.016 utiliza a terminologia denegação para se referir às situações em que extinguem o processo sem resolução do mérito (art. 6º, §§ 5º e 6º, da Lei 12.016). Chama-se, portanto, denegatória qualquer sentença que não conceda a ordem postulada pelo impetrante, seja com, seja sem resolução do mérito.

A nomenclatura utilizada na lei de mandado de segurança segue a esteira da jurisprudência dos tribunais superiores, adotando a expressão "denegação da segurança" tanto para a hipótese de apreciação do mérito quanto para a extinção do processo sem julgamento de mérito. Nos casos

11. NEVES, Daniel Amorim Assumpção. *Ações Constitucionais*. Ed. Gen, São Paulo, 2013. p. 113-114.

12. NEVES, Daniel Amorim Assumpção. *Ações Constitucionais*. Ed. Gen, São Paulo, 2013.p. 113-114.

13. THEODORO JR., Humberto. *Lei do Mandado de segurança comentada artigo por artigo*. Ed. Gen/Forense: Rio de Janeiro, 2019. P. 290. No mesmo sentido, STJ, RMS 15750 ED, 2ª Turma.

14. STJ, 1ª Turma, ROMS 200201458188, Rel. Min. José Delgado, DJU 24.3.2003.

do artigo 485 do CPC, admite-se a renovação do pedido desde que dentro do prazo decadencial.

Quando extingue o processo sem resolução do mérito, a sentença se diz meramente **terminativa**. É o caso de sentenças em que ausente alguma condição do direito de agir (carência de ação) ou quando "não for caso de mandado de segurança". A essência garantista do mandado de segurança faz com que a decisão que extinguiu o processo por carência de ação não faça coisa julgada, mormente porque não faz coisa julgada a sentença que não analisa o mérito. É lícito ao autor renovar o pedido, desde que respeite a decadência legal de 120 dias (art. 6º, §6º, da Lei 12.016).

Nos casos em que houver extinção do processo sem análise do mérito, nos termos do artigo 485 do CPC, a sentença terminativa pode ser reavaliada pelo tribunal com aplicação da teoria da causa madura. Isso se deve à natureza especial do mandado de segurança em que há prova literal e evidente, além de restrição de cognição.

Na hipótese de não estar comprovado o direito líquido e certo ou ser insuficiente a prova pré-constituída, o impetrante poderá apresentar seu pleito em outra oportunidade. Note-se que, por economia processual, há doutrinadores que apontam que não se deve indeferir a inicial por falha do advogado na juntada de documento comprobatório do direito líquido e certo, dado que seria permitida a impetração de outra ação mandamental sobrecarregando o Judiciário[15].

O parágrafo único do artigo 12 da Lei 12.016/09 estabelece o prazo de trinta dias para a prolação da sentença, ainda que esteja pendente o parecer do Ministério Público[16]. Trata-se de inovação da Lei 12.016, que ampliou o prazo de cinco para 30 dias, aplicando-se de imediato às causas ainda pendentes, seguindo a regra de direito intertemporal em matérias de natureza processual. Como se sabe, trata-se de prazo impróprio, cujo descumprimento não acarreta consequências para o decisor, mas a fixação é relevante para destacar a urgência e caráter excepcional do mandado.

---

15. CARREIRA ALVIM, J. E. *Comentários à Nova Lei de Mandado de Segurança – Lei 12.016/09*. Curitiba: Juruá, 2011. p. 221/222.

16. *Art. 12. Findo o prazo a que se refere o inciso I do caput do art. 7o desta Lei, o juiz ouvirá o representante do Ministério Público, que opinará, dentro do prazo improrrogável de 10 (dez) dias.*

Parágrafo único. Com ou sem o parecer do Ministério Público, os autos serão conclusos ao juiz, para a decisão, a qual deverá ser necessariamente proferida em 30 (trinta) dias.

O juiz pode também reconhecer **a decadência e a prescrição**, nos termos do 487, II, do CPC, assim como o impetrante pode também renunciar ao direito sobre o qual se funda a sua pretensão, nos termos do artigo 487, III, c, do CPC. Note-se que o decurso do prazo decadencial de 120 dias não extingue o direito material subjacente, mas afasta apenas o cabimento da via mandamental, por inexistir a adequação especificada como interesse processual[17].

A decisão no mandado de segurança pode ser classificada, ainda, em **repressiva e preventiva.** Repressiva é aquela que visa a corrigir uma ilegalidade que já se consumou, enquanto a preventiva se destina a impedir o cometimento de uma ilegalidade ainda eminente. Ambas pressupõem a indicação do objeto e a comprovação da lesão a direito subjetivo do impetrante - no segundo tipo, eminente. A invocação genérica de uma remota possibilidade de violação não autoriza a segurança preventiva, vez que se exige prova da existência de situações que evidenciem a ameaça.

Importa distinguir também a segurança preventiva da **segurança normativa**, que o nosso sistema judiciário não admite. A segurança normativa consiste naquela que estabelece uma determinada regra geral de conduta para casos futuros indeterminados. Não se pode estender a casos futuros uma decisão proferida no presente, ainda que coincidam as razões de decidir e que seja esperado que, por segurança jurídica, reitere-se a ilegalidade em casos idênticos.

O mandado de segurança preventivo pressupõe um risco concreto de ilegalidade. Não se presta a assumir caráter normativo, a exemplo de quando a parte pleiteia direitos anda não consumados quando do ajuizamento da ação mandamental. Sempre haverá a possibilidade e a necessidade de uma decisão para cada caso sem que os efeitos da sentença anterior se convertam em regra para futuras hipóteses, porque a sentença concessiva invalida tão-somente o ato impugnado, mantendo intacta a norma tida por ilegal ou mesmo inconstitucional. Por tal razão, é necessário que o STF suspenda a sua execução em razão da inconstitucionalidade ou o legislativo a revogue por uma norma posterior de igual envergadura.

O teor da sentença precisa ser **notificado** à autoridade coatora e também à pessoa jurídica a que se vincula[18]. A comunicação da concessão da

---

17. KLIPPEL, Rodrigo; NEFFA JUNIOR, José Antonio. *Comentários à lei de mandado de segurança (Lei 12.016/09): artigo por artigo, doutrina e jurisprudência.* Lumen Juris: Rio de Janeiro, 2010. p. 188.

18. Artigos 4º e 13, da Lei 12.016/2009.

ordem deve ser feita por fax ou outra forma de transmissão, como e-mail. Note-se que o dever de notificação subsiste tão somente em caso de concessão da segurança.

Por fim, deve-se observar que, em se tratando de *writ* coletivo, a liminar somente poderá ser deferida após a oitiva do representante judicial da pessoa jurídica de direito público[19], que poderá se manifestar em 72 horas, não estando incluídas na regra as pessoas jurídicas privadas no exercício de atribuições de poder público[20].

12.2. O CONTEÚDO DA SENTENÇA PROFERIDA NO MANDADO DE SEGURANÇA

A sentença se encerra com o dispositivo, parte em que o juiz isola a sua decisão, afirma se acolhe ou rejeita o pedido, em que extensão, e aponta o que deve ser feito para que o direito postulado em juízo logre tutela jurisdicional adequada e efetiva, realizando-se de forma concreta[21].

A partir do exame do mérito da pretensão, pronuncia-se sobre a **ilegalidade ou abusividade do ato perpetrado pela autoridade coatora**. É esse o objeto litigioso, de modo que o conteúdo patrimonial do pedido formulado na ação ou mandado de segurança é meramente acidental, o que o Supremo Tribunal Federal fixou nas súmulas 269 e 271.

A sentença do mandado de segurança não produz **efeitos patrimoniais pretéritos**. É necessário que a parte ajuíze uma ação própria para esse fim, o que pode ser feito por medida judicial ou administrativa[22]. Assim, em que pese seja plenamente viável a utilização do mandado de segurança para veicular pretensão de conteúdo patrimonial, a reparação pecuniária vindicada deve abranger período situado entre a data da impetração e aquela em que se der o efetivo cumprimento. É como se consolidou no enunciado de Súmula 271, segundo o qual a "concessão de mandado de segurança não produz efeitos patrimoniais em relação a período pretérito,

---

19. Artigo 22, §2º, da Lei 12.016/2009.

20. CARREIRA ALVIM, J. E. *Comentários à Nova Lei de Mandado de Segurança – Lei 12.016/09*. Curitiba: Juruá, 2011. p. 348. O autor aponta, ainda, que o prazo é meramente indicativo, vez que o juiz não se encontra vinculado à fundamentação apresentada, servindo-lhe apenas de fonte para formação de sua convicção motivada, valor que não se perde com a intempestividade (p. 349).

21. MARINONI, Luiz Guilherme; ARENHART, Sergio Cruz; MITIDIERO, Daniel. *Código de Processo Civil comentado*. Editora Revista dos Tribunais, 2018, p. 617.

22. STJ. MS 21822 ED, rel. Min. Og Fernandes, Primeira Seção, j. 23/08/2017.

os quais devem ser reclamados administrativamente ou pela via judicial própria".

O entendimento foi positivado no artigo 14, §4º, da Lei do Mandado de Segurança, ao estabelecer que a sentença concessiva de segurança que assegura o pagamento de vantagens pecuniárias a servidor público abrange apenas as prestações que se venceram a partir da data do ajuizamento da inicial. No mesmo sentido, a 2ª Turma do Supremo Tribunal Federal reconheceu que os "efeitos patrimoniais produzidos em momento que precede a data da impetração do mandado de segurança não são alcançados pela decisão que o concede, tal como prescreve a Lei 12.016/2009, cujo art. 14, § 4º, impõe essa limitação de ordem temporal" (...) essa regra legal, que constitui reprodução do que se continha na Lei 5.029/1966 (art. 1º), nada mais reflete senão diretriz jurisprudencial consubstanciada na Súmula 271 da Suprema Corte"[23].

Não se exige que a parte ajuíze ação autônoma para cobrar valores vencidos após a formalização do mandado de segurança, bastando a execução da própria sentença de procedência, que estará sujeita ao **regime de precatório** ou repositório de pequeno valor, caso aplicável. Nesse sentido, o Plenário do Supremo fixou que "os pagamentos devidos pela Fazenda Pública estão adstritos ao sistema de precatórios (...), não sendo suficiente a afastar essa sistemática o simples fato de o débito ser proveniente de sentença concessiva de mandado de segurança"[24].

O artigo 493 do CPC, que determina caber ao juiz apreciar os **fatos supervenientes** que possam ter influência no julgamento da causa, aplica-se ao mandado de segurança em qualquer grau de jurisdição. Em diversas oportunidades, o Supremo extinguiu ação mandamental, em sede de recurso ordinário, ao reconhecer a perda do interesse processual decorrente de fato superveniente. No RMS 21.106, o fato foi a superveniência de ato de mesmo conteúdo proferido por autoridade superior à apontada como coatora, ao qual, no caso, não seria oponível eventual sentença no mandado de segurança[25]. Já no MS 27.971, a extinção do mandado se deu pela per-

---

23. STF. MS 31.690 AgR, rel. Min. Celso de Mello, 2ª T, j. 11-2-2014, DJE 41 de 27-2-2014.

24. RE 889173 RG, Rel. Min. Luiz Fux, Pleno, j. 07.08.2015.

25. " (...). 3. Mandado de segurança: perda do interesse processual pela superveniência de ato da autoridade superior. Prejudica o pedido de mandado de segurança contra ato de Ministro de Estado a superveniência de ato equivalente do Presidente da República, que faz desaparecer para o impetrante a utilidade do deferimento da ordem contra a decisão ministerial, dado que seria inoponível ao despacho presidencial subseqüente. 4. Condições da ação (mandado de segurança): declaração de ofício em qualquer grau de jurisdição ordinária. A inexistência originária ou o desaparecimento

da superveniente da legitimidade do impetrante, que atacava a matéria de processo legislativo, mas deixou de ser parlamentar no curso da demanda.

O **reconhecimento jurídico do pedido** do autor, no entanto, enseja maior divergência doutrinária. Isso porque, como a autoridade coatora corresponde a um ente público, a anuência confunde-se com a autotutela. Nos termos do artigo 487, III, a, do CPC, a visão tradicional não admite o reconhecimento, cabendo aos procuradores públicos o dever funcional de defender o ato administrativo impugnado. Por outro lado, há relevante entendimento segundo o qual a Administração Pública pode reconhecer a ilegalidade do ato revogado de ofício, nos termos da Súmula 473 do STF, no exercício de seu poder geral de cautela[26]. Dessa forma, não haveria impedimento quanto ao reconhecimento jurídico do pedido inicial, ainda que, nesse caso, o Ministério Público precise se manifestar e o próprio juiz possa controlar essa anuência.

Quando a autoridade coatora realiza a revisão do próprio ato no curso do processo, induz ao encerramento da relação processual por ausência do interesse de agir, nos termos do artigo 485, VI, do CPC. A sentença extintiva pode ser fundamentada no artigo 493 do Código, pois a pretensão de tutela não será mais necessária, descabendo a análise do mérito. Há quem entenda que não se opera preclusão para essa revogação, que independe de ação específica. Assim, se é possível revogar de ofício o ato ilegal, mais ainda revisá-lo no decorrer do processo judicial, caso em que a responsabilidade pelas despesas do processo será suportada pelo impetrado que deu azo ao nascimento do processo, de acordo com a teoria da causalidade. A propositura da ação se mostraria adequada e necessária para a revisão ou revogação do ato administrativo.

Quanto à fixação de **honorários advocatícios**, o Supremo Tribunal Federal estende ao mandado de segurança o mesmo tratamento conferido ao *habeas corpus*, notadamente em razão da alta importância do mandado de segurança para a proteção do indivíduo e da coletividade[27]. A dispensa foi sumulada nos enunciados 512 e 105, sob o argumento de que a condenação em sucumbência limitaria o acesso à justiça.

---

das condições da ação por fato superveniente podem ser declaradas de ofício em qualquer grau de jurisdição ordinária, incluída do recurso ordinário constitucional em mandado de segurança". (RMS 21106, Rel. Min. Sepúlveda Pertence, Tribunal Pleno, julgado em 20/02/1991, DJ 24-04-1998)

26. MEDINA, José Miguel Garcia; ARAÚJO, Fábio Caldas de. *Mandado de Segurança individual e coletivo.* 3ª edição. São Paulo: Ed. Revista dos Tribunais, 2019. p. 163.

27. STF. AI 844.835 AgR-AgR.

Consolidando o posicionamento jurisprudencial, a Lei 12.016 trouxe, em seu artigo 25, uma vedação expressa à fixação de honorários advocatícios, fixando que a atividade processual do advogado na ação mandamental deve ser *pro bono*. Com isso, elimina-se a aplicação do artigo 85, §11, do CPC pela especialidade da lei de mandado de segurança.

Nada obstante, a vedação tem recebido críticas da doutrina[28], que aponta que as custas ou sucumbência não obstam o acesso à justiça vez que a legislação processual impõe um poder-dever ao magistrado de conceder gratuidade de Justiça nos casos devidos. Some-se que a dispensa de honorários advocatícios não se acompanha da dispensa ao pagamento de custas processuais, diferentemente do *habeas data* e do *habeas corpus*, ainda que sejam instrumentos judiciais que igualmente visam a proteção de interesses e direitos essenciais ao estado democrático de direito.

A sentença pode, ainda, determinar o **restabelecimento do *status quo ante*** que, ainda quando se refere a benefício pecuniário, dispensa fase executiva própria prévia ao cumprimento de sentença. É o caso da expedição de ofício para inclusão de parcela remuneratória em folha de pagamento de servidor, quando o comprimento deve ser imediato[29]. A lei admite também a concessão de uma ordem liminar a ser eventualmente confirmada e substituída pela sentença[30].

A sentença pode fixar **astreintes**, direcionadas à autoridade coatora em caso de descumprimento da ordem, como forma de coerção para a observância da decisão proferida em mandado de segurança – tanto decisão final quanto decisão liminar[31]. Essa medida visa a resguardar a autoridade e a dignidade da função jurisdicional, abaladas pelo fenômeno que se convencionou chamar de crise de eficácia do sistema jurídico[32].

O descumprimento, quando esvazia ordem que reconhece a exigibilidade de obrigação de fazer, não fazer ou entregar coisa, pode ensejar a tipificação de crime de desobediência. A depender da hierarquia da autoridade, é possível tratar-se de delito de responsabilidade, sem prejuízo da configuração da improbidade administrativa e da responsabilização civil e

28. MEDINA, José Miguel Garcia; ARAÚJO, Fábio Caldas de. *Mandado de Segurança individual e coletivo*. 3ª edição. São Paulo: Ed. Revista dos Tribunais, 2019. p. 166.
29. Artigo 14, §4º, da Lei 12.016/2009.
30. Artigo 7º, §3º, Lei 12.016/2009.
31. Artigo 26 da Lei 12.016/2009.
32. Sobre o tema, ver FUX, Luiz. *Mandado de Segurança*. Rio de Janeiro: Ed. Forense, 2019. p. 163.

administrativa eventualmente cabíveis[33]. Esse entendimento tem sido criticado por alguns doutrinadores, sob o argumento de que a configuração de um delito pressuporia o enquadramento da conduta da autoridade coatora a algum tipo penal, a exemplo da prisão do devedor de alimentos, que se amoldaria ao crime de abandono material[34]. Por outro lado, prevalece posicionamento segundo o qual o mandado de segurança seria exemplo de sistemática em que "a configuração do crime de desobediência ou de prevaricação é consequência inerente ao caráter mandamental da tutela, cuja eficácia predominante consistiria na ordem existente no dispositivo da sentença"[35].

A aplicação analógica da **teoria da causa madura**, de acordo com a qual, nos casos de extinção da ação sem julgamento do mérito, o tribunal pode julgar desde logo a lide, se a causa versar sobre questão exclusivamente de direito e estiver em condições de imediato julgamento, é bastante controvertida.

De um lado, há quem entenda que, no caso de decisão terminativa em face de exigência de prova pré-constituída, é possível aplicar a teoria da causa madura tanto na apelação quanto no recurso ordinário constitucional, o que inviabiliza o julgamento da lide nos termos do art. 1013 do CPC[36].

De outro, o Supremo Tribunal Federal consolidou entendimento de que o artigo 1013, § 3º, do CPC não se aplica a recurso ordinário de mandado de segurança, ficando restrito à hipótese de competência originária de juízo e não de tribunal superior. É que o magistério jurisprudencial da Corte tem enfatizado, em sucessivos precedentes, que não se revela aplicável a teoria da causa madura aos processos de mandado de segurança, inclusive aos seus respectivos recursos, como o recurso ordinário[37].

33. "As astreintes podem ser direcionadas pessoalmente às autoridades ou aos agentes responsáveis pelo cumprimento das determinações judiciais, em particular quando eles foram parte na ação. Precedentes" (STJ. AgRg no REsp 1388716).

34. GRECO, Leonardo. *O processo de execução*. Rio de Janeiro: Renovar, 2001. V. II, p. 501.

35. BEDAQUE, José Roberto dos Santos. *Tutela cautelar e tutela antecipada:* tutelas sumárias e de urgência (tentativa de sistematização). São Paulo: Malheiros, p. 110.

36. FUX, Luiz. *Mandado de Segurança*. Rio de Janeiro: Ed. Forense, 2019. p 154. No mesmo sentido, o Superior Tribunal de Justiça entendeu no REsp 523 que "se o tribunal *ad quem* entender de modo contrário, vale dizer, entendendo incontroversos os fatos, ou que é prescindível a comprovação da circunstância que a sentença entendera de comprovação necessária, poderá completar o julgamento, praticando a operação de fazer incidir a norma de direito positivo aos fatos incontroversos, deferindo ou indeferindo a segurança, sem que isto represente violação ao duplo grau de jurisdição".

37. STF. RE 621.473; RMS 22.180; RMS 24.789; RMS 24.309 ED; RMS 26.959; RMS 29.914. Por sua vez, no STJ, há decisões das 3ª e 5ª turmas adotando a mesma orientação do STF (RMS 25.553 e RMS

Da mesma forma, a aplicação do artigo 493 do CPC em benefício do impetrante, quando incide a **teoria do fato consumado**, é também controvertida na jurisprudência. Há acórdãos do Superior Tribunal de Justiça no sentido de que as situações consolidadas por decurso do tempo deveriam ser respeitadas, com a aplicação da teoria do fato consumado, a fim de que não se causasse um desnecessário prejuízo à parte. Nada obstante, a partir do precedente do Supremo Tribunal Federal em regime de repercussão geral, Recurso Extraordinário 608.482, fixou-se entendimento segundo o qual a manutenção de situação pretérita sob fundamento de fato consumado ou invocação do princípio da segurança jurídica ou proteção da confiança legítima não é compatível com o regime constitucional[38].

12.3. A EFICÁCIA DAS SENTENÇAS PROFERIDAS EM MANDADO DE SEGURANÇA

A **eficácia meramente *inter partes*** pode ser relativizada quando a concessão de uma segurança se estende a atos futuros entre as mesmas partes, ou decorrente da mesma situação de fato e de direito. É o caso, por exemplo, de quando se aufere uma isenção a prazo certo ou quando o ato impugnado vem a ser praticado parcial e sucessivamente até completar o todo. A segurança concedida no primeiro mandado é válida e operante para todos os casos iguais entre as mesmas partes, o que dispensa impetrações sucessivas, efeito que, no entanto, pressupõe que o impetrante requeira e o juiz defira a extensão da ordem pedida na inicial. A súmula 213 do STJ reconhece o mandado de segurança como instrumento adequado à declaração do direito a compensação de tributos indevidamente pagos, como se decidiu no RMS 24865.

Via de regra, os efeitos da sentença do mandado de segurança sobre um ato administrativo limitam-se ao pedido do impetrante. Se o mandado foi requerido apenas por um dos interessados, a decisão limita-se àquele impetrante (*inter partes*). Nada obstante, caso se trate de decisão mandamental constitutiva que nulifica o ato, a exemplo de um concurso ilegal, o desfecho torna-se inválido *erga omnes,* atingindo a esfera jurídica de várias pessoas para além do impetrante. Da mesma forma, quando afeta a direito comum a vários potenciais litisconsortes, a concessão da segurança com-

---

28.099), enquanto a 1ª e a 2ª vinham considerando cabível a aplicação do CPC (RMS 26.219 AgR; RMS 22.082; e RMS 25.806). Recentemente, a 4ª turma mudou o seu entendimento, aliando-se com a jurisprudência do STF, o que talvez represente uma tendência (RMS 37.775).

38. A partir desse precedente de repercussão geral, a jurisprudência do STJ mudou: ver REsp 1755564.

promete o interesse de agir desses potenciais impetrantes, o que estende o limite subjetivo da decisão[39].

Dentre os efeitos da sentença de improcedência, consta a extirpação do mundo jurídico de **liminar** eventualmente concedida, em razão da eficácia *ex tunc.* A mera interposição de recurso não é suficiente para que o juiz conceda efeito suspensivo. A admissibilidade desse efeito na apelação em mandado de segurança tem ensejado caloroso debate. É que a sentença corresponde a um ato de cognição plena e por isso substitui o ato de cognição provisória representado no juízo liminar. A súmula 405 do STF reforça esse entendimento, ao estabelecer que "denegado o mandado de segurança pela sentença, ou no julgamento do agravo dela interposto, fica sem efeito a liminar concedida, retroagindo os efeitos da decisão contrária".

Nem sempre a sentença encerra a prestação jurisdicional, podendo se configurar em pronunciamento que identifica o dever a ser cumprido. As **medidas de apoio** têm o objetivo de alcançar a tutela específica ou mesmo o resultado prático equivalente ao permitir que o juiz, diante da resistência do obrigado ao preceito contido na sentença, determine outras providências que não foram postuladas na demanda inicial[40]. Mesmo a legislação do mandado de segurança consagrando o cumprimento imediato das alterações ocorridas no sistema processual comum, podem ser utilizadas medidas de apoio para incentivar o atendimento da ordem judicial[41].

Marinoni afirma que essas medidas transgridem também a regra do exaurimento da competência, vez que, ainda que o juiz esteja impedido de inovar no processo depois de publicada a sentença, a efetivação dessas obrigações o autoriza por lei a inovar mediante providências descritas no código[42].

Questiona-se se seria possível que a eficácia do mandado de segurança atingisse uma sucessão de atos futuros, em caso de prestações que se repetem periodicamente ao longo do tempo em que o vínculo obrigacional

39. FUX, Luiz. *Mandado de Segurança.* Rio de Janeiro: Forense, 2019. p. 158.

40. No cumprimento de decisões específicas, no procedimento comum, os artigos 536 e 537 do CPC conferem poder ao magistrado para buscar a máxima identidade, valendo-se dessas medidas de apoio, assim como também determinam os artigos 13 e 14 da Lei 12.016, sistemática que não viola os artigos 494 e 141 do CPC.

41. ARAÚJO, José Henrique Mouta. *Mandado de Segurança.* Juspodivm, 2019. p. 222.

42. MARINONI, Luis Guilherme. *Nova Era do processo civil*. São Paulo: Malheiros, 2003. pp 19 e 20.

se mantém o mesmo[43], diante da possibilidade de impetração de mandado de segurança preventivo e da imutabilidade decorrente de coisa julgada material. É que o fenômeno da coisa julgada convive com as **relações jurídicas continuativas**, perdendo sua autoridade diante de prestações futuras quando sobrevivem "modificação no estado de fato ou de direito"[44]. As relações continuativas se projetam duradouramente sobre a cadeia de eventos já consumados.[45]

Sobre o tema, Humberto Theodoro Júnior entende que é perfeitamente possível que o litígio se resolva de uma só vez com eficácia prospectiva, atingindo tanto as prestações vencidas quanto aquelas que só futuramente serão exigíveis. Nesse caso, a coisa julgada estenderia a sua eficácia para prestações atuais e futuras, "desde que se mantenha a mesma relação obrigacional e que a norma jurídica reguladora da espécie se conserve inalterada"[46]. É possível distinguir relações apenas excessivas de relações continuativas: aquelas seriam as relações cuja solução judicial se restringe a fatos ocorridos no passado, enquanto essas possuem em sua composição uma cadeia de eventos já consumados que perduram sobre os que dão continuidade a mesma situação jurídica[47].

O **reexame necessário** configura condição de eficácia da sentença, não possuindo natureza recursal[48]. A sentença que conceder a segurança somente transita em julgado depois do reexame pelo tribunal, quando proferida contra a União, os estados, o Distrito Federal, os municípios, suas respectivas autarquias e fundações, nos termos do artigo 14, §1º, da lei, mas ainda quando impetrado contra agente integrante de entidade particular ou de pessoa jurídica de direito privado que exerce atividade pública por delegação ou ainda contra ato de funcionário de empresa pública ou sociedade de economia mista. Dessa forma, não importa a condição da parte que ocupa o polo passivo: em qualquer caso de concessão de segurança haverá remessa necessária. Observe-se que o procedimento se diferencia da demanda de procedimento comum, em que não há remessa necessária

---

43. A controvérsia se coloca de forma ainda mais incisiva em matéria tributária, sabidamente propícia a situações jurídicas duradoras, de efeitos repetitivos e similares.
44. Artigo 505, I, do CPC.
45. Sobre o tema: STJ, 1ª Turma, REsp 703.526.
46. THEODORO JR., Humberto. *Lei do Mandado de Segurança Comentada artigo por artigo.* 2ª ed. Rio de Janeiro: Forense, p. 375.
47. THEODORO JR., Humberto. *Lei do Mandado de Segurança Comentada artigo por artigo.* 2ª ed. Rio de Janeiro: Forense, p. 377.
48. CAMARA, Alexandre Freitas. *Manual de Mandado de Segurança.* São Paulo: Atlas, 2014. p. 263.

de sentença proferida contra um ente privado[49]. O reexame não se aplica em caso de competência originária dos tribunais, mas tão somente aos casos de competência originária dos juízes de primeira instância[50].

12.4. A COISA JULGADA FORMAL E A COISA JULGADA MATERIAL NO MANDADO DE SEGURANÇA

A relação jurídica processual é dinâmica e complexa. Exige um movimento constante em busca do provimento jurisdicional que resolve o conflito jurídico estabelecido entre as partes e, ao mesmo tempo, forma-se e se desenvolve à base de uma cadeia de atos jurídicos[51]. Para que esse provimento pacificador seja alcançável, o mecanismo de preclusão se apresenta como instrumental valioso para o desenvolvimento de uma cadência sem retrocessos. As partes e os juízes devem superar estágios procedimentais preclusos, o que inspira a legislação processual a estabelecer que salvo as exceções legais, "nenhum juiz decidirá novamente as questões já decididas relativas a mesma lide"[52] ou que "é vedado à parte discutir no curso do processo as questões já decididas a cujo respeito se operou a preclusão"[53].

As preclusões se operam no curso do processo ao longo dos atos processuais por etapas. A última preclusão, no entanto, consiste naquela que põe fim à relação processual, extinguindo o processo pelo esgotamento das vias recursais, o que impede tanto as partes como o juiz de prosseguir na discussão da lide[54].

A coisa julgada diz-se **formal** quando a indiscutibilidade da decisão se opera dentro do processo em que foi pronunciada, tornando imutável o ato processual contido na sentença, impedindo a interposição de qualquer recurso ou expediente processual destinado a impugnar a decisão. Após encerrados os prazos recursais, toda decisão se sujeita à preclusão definitiva formal, independentemente de seu conteúdo ou cognição.

---

49. DANTAS, Alessandro. *Mandado de Segurança:* doutrina e jurisprudência para utilização profissional. Ed. Juspodivm, 2019. p. 439.
50. CÂMARA, Alexandre Freitas. *Manual do Mandado de Segurança.* São Paulo: Atlas, 2014. p. 262.
51. THEODORO JR., Humberto. *Lei do Mandado de Segurança Comentada artigo por artigo.* 2ª ed. Rio de Janeiro: Forense, p. 369.
52. Artigo 505, CPC.
53. Artigo 507, CPC.
54. THEODORO JR., Humberto. *Lei do Mandado de Segurança Comentada artigo por artigo.* 2ª ed. Rio de Janeiro: Forense, p. 370.

Por sua vez, a coisa julgada **material** orbita o plano externo, para além do processo findo, impedindo que a relação jurídica objeto da sentença volte a ser discutida em qualquer outro processo. Esse fenômeno, que pressupõe a imutabilidade interna, corresponde à "intangibilidade das situações jurídicas criadas ou declaradas, de modo que nada poderá ser feito por elas próprias, nem por outro juiz, nem pelo próprio legislador, que venha a contrariar o que foi decidido"[55].

A coisa julgada, tanto em sentido formal quanto em sentido material, pressupõe a tríplice identidade de pessoas, causa e objeto: as partes devem ser as mesmas, o fundamento de pedir idêntico e objeto também, não bastando ser assemelhado ou parecido. Não há que se tratar de coisa julgada ou de eficácia preclusiva quando inexistente identidade na razão de pedir, insuficientes os dois outros requisitos.

A disciplina estabelecida pela lei do mandado de segurança, no que concerne à sentença e à sua eficácia, conserva em grande parte o regime anterior, consolidado na lei 1.533/1951[56].

No caso de concessão da segurança, é evidente a formação concomitante de coisa julgada formal e coisa julgada material, vez que há um julgamento de mérito que põe fim à controvérsia submetida à jurisdição. Se a segurança foi denegada com reconhecimento da inexistência do direito subjetivo material, igualmente haverá os dois fenômenos.

A coisa julgada material pressupõe a análise do mérito. Não faz coisa julgada a decisão que apenas denega segurança por incerto ou líquido o direito pleiteado, tampouco a decisão que julga o impetrante carecedor do mandado, aquela que indefere desde logo a inicial por não ser caso de mandado de segurança ou faltar requisito processual para a impetração.

Assim, caso a denegação seja atribuída à falta ou insuficiência de provas, à iliquidez ou à incerteza do direito, haverá apenas a coisa julgada formal. Nesse caso, a decisão se baseia na falta de condições de procedibilidade, razão pela qual o impetrante não fica inibido de renovar, por meio de ação ordinária, pretensão igual àquela que deduziu na ação mandamental

---

55. DINAMARCO, Cândido Rangel. *Instituições de Direito Processual Civil*, vol. III, p. 301.

56. "Efeito de sentença ou acórdão concessivo de segurança. A decisão concessiva de segurança tem efeito *ex tunc* por ser de índole declaratória. O efeito, entretanto, não impede que se consolidem situações práticas que se tornam definitivas e inevitáveis, como ocorre com as nomeações para o serviço público, se não houver o resguardo por liminar." (STJ. RMS 11.062 MS- ED)

anterior[57]. Isso porque a conclusão judicial sobre a incerteza e iliquidez do direito configura cognição não plena, calcada em prova apenas pré-constituída, nem sempre suficiente à cognição exauriente acerca da existência do fundo de direito[58].

Nada obstante, caso a sentença, ao denegar a segurança, tenha adentrado no mérito da questão, apontando a inexistência do direito em que se funda a pretensão autoral, estará inviabilizada a sua "rediscussão na via ordinária", por ter operado a coisa julgada material[59]. Assim, a **renovação da propositura** do mandado de segurança poderá ser feita ainda na via mandamental, caso não esgotado o prazo decadencial e desde que exiba novas provas de adequado direito[60]. Nesse sentido, o Ministro Luiz Fux esclarece, em sede doutrinária, que "denegado o mandado de segurança por ausência de direito líquido e certo, não poderá o autor-impetrante, sem novas provas, oferecer outra demanda mandamental"[61].

Isso não significa que a denegação por qualquer motivo permita ao impetrante buscar amparo na via ordinária para apreciação da mesma questão, mas apenas que o Judiciário poderá se manifestar a qualquer tempo sobre a matéria *não decidida* no mandado anterior[62]. Entendimento contrário equivaleria à negação da coisa julgada, baseada apenas na decisão ser contrária à pretensão do impetrante.

Ao permitir ao interessado renovar seu pedido em outro mandado enquanto juiz não denegar a ordem com análise de mérito, a lei faculta à mesma parte impetrar sucessivos mandados de segurança com o mesmo objeto, desde que por fundamentos diversos. Isso não significa renovação do mandado, porquanto se trata de impetração inteiramente nova com coincidência de partes tão somente. É frequente que se reitere a situação

---

57. Artigo 19, Lei 12.016/2009.

58. FUX, Luiz. *Mandado de Segurança.* Rio de Janeiro: Forense, 2019. p. 167.

59. THEODORO JR., Humberto. *Lei do Mandado de Segurança Comentada artigo por artigo.* 2ª ed. Rio de Janeiro: Forense, p. 371.

60. Artigo 6, §1º, da Lei 12.016/2009.

61. FUX, Luiz. *Mandado de Segurança.* Rio de Janeiro: Forense, 2019. p. 168. No Superior Tribunal de Justiça já se entendeu que "a denegação do *writ* em virtude da ausência de liquidez e certeza do direito porém, não impede que se busque, na via própria, novamente, a satisfação do direito" (STJ, 5ª turma, REsp 225787).

62. Em sentido contrário: SEABRA FAGUNDES, O Controle dos Atos Administrativos pelo Poder Judiciário, 1957. p 337; VIDIGAL, Luís Eulálio de Bueno. Do Mandado de Segurança, 1953. P. 151 *apud* MEIRELLES, Hely Lopes; WALD, Arnoldo; MENDES, Gilmar Ferreira. *Mandado de Segurança e ações constitucionais.* 37ª ed. São Paulo: Malheiros, 2017. p. 142.

abusiva que já fora considerada ilegal em outro mandado entre as mesmas partes e incidente sobre objetos do mesmo gênero. Nesse caso, haverá um mero precedente judicial, não coisa julgada.

Os efeitos patrimoniais não maculam a eficácia preclusiva da ação mandamental.

Como visto, a legislação especial e a jurisprudência do Supremo estabelecem que a decisão da ação mandamental não impedirá que o requerente, por ação própria, pleiteie seus direitos e os respectivos efeitos patrimoniais. Ressalva-se a composição dos danos por vias ordinárias porque essa interação não pode ser obtida em mandado de segurança.

Conquanto se forme regularmente a coisa julgada, a sentença do mandado de segurança terá "força de lei nos limites da lide e das questões decididas"[63]. Configurada a coisa julgada, sua desconstituição pressupõe ação rescisória[64]. O Supremo Tribunal Federal considerou, por meio da súmula 304, quando a decisão proferida em mandado de segurança conclui que não assiste direito ao impetrante, apreciando o mérito, o único modo de atacar consiste na ação rescisória[65].

É essa a interpretação que tem sido conferida à súmula 304 do STF pela doutrina majoritária. Theodoro Jr. afirma que "trata-se de evidente caso de sentença terminativa, que tem aptidão para gerar coisa julgada apenas formal, já que não terá ultrapassado o plano dos pressupostos processuais e das condições da ação, caso em que o CPC, expressamente resguarda à parte o direito de interpor de novo a ação"[66]. O autor destaca, no entanto, que a aplicação do artigo 19 da Lei 12.016 pressupõe que a decisão denegatória não tenha rechaçado o direito material em que se fundam as alegações do impetrante.

A sentença de carência prejudica o cabimento do mandado, mas não impede que o impetrante procure a defesa de seu alegado direito em ação própria em cuja instrução terá oportunidade de ampliar a produção de provas. Não se trata propriamente de coisa julgada *secundum eventum probationis*, no mais incompatível com a peculiaridade da via mandamental,

63. Artigo 503 do CPC.

64. Artigo 966 do CPC.

65. MEIRELLES, Hely Lopes; WALD, Arnoldo; MENDES, Gilmar Ferreira. *Mandado de Segurança e ações constitucionais*. 37ª ed. São Paulo: Malheiros, 2017. p. 143.

66. THEODORO JR., Humberto. *Lei do Mandado de Segurança Comentada artigo por artigo*. 2ª ed. Rio de Janeiro: Forense, p. 372.

haja vista que a ausência de decisão meritória revela apenas a inadequação do *writ* para tutela da pretensão nos termos deduzidos[67].

A decisão, portanto, que julga improcedente a demanda no mandado de segurança com base na insuficiência de provas ou na não comprovação do direito líquido e certo não faz coisa julgada material, podendo o impetrante renovar o pedido em ação mandamental - caso supere o óbice processual - ou em ação própria, quando lhe será oportunizada a maior dilação probatória. Isso porque a denegação não significa que não haja o direito alegado, mas apenas que, nas condições deficitárias de documentação produzida, não foi possível cogitar de sua eventual tutela pela via específica do mandado de segurança.

A sentença mandamental que conclui pela falta ou insuficiência de prova de direito líquido e certo, condição da ação, em regra, não analisa o mérito. Nada obstante, "se aprecia o mérito do pedido e entende que o impetrante não tem direito algum (e não que apenas lhe falta direito líquido e certo), faz coisa julgada material impedindo a reaproximação da controvérsia em ação ordinária"[68]. No mesmo sentido, Cássio Scarpinella afirma que é a decisão de mérito do mandado de segurança que, por hipótese, afirma inexistir o direito reclamado que prejudica as ações tidas como "próprias" e não o mandado de segurança em si mesmo considerado[69].

12.5. A COISA JULGADA NO MANDADO DE SEGURANÇA COLETIVO

O artigo 21 da Lei 12.016/09 não admite a tutela de interesses **difusos** pela via mandamental. A doutrina diverge a esse respeito, havendo quem considere "o mandado de segurança coletivo como medida judicial apta à tutela dos chamados direitos difusos, a despeito do silêncio da lei", destacando a impetração feita por partidos políticos, hipótese em que a coisa julgada se estenderá a todos aqueles que se sujeitam ao ato questionado[70].

---

67. KLIPPEL, Rodrigo; NEFFA JUNIOR, José Antonio. *Comentários à lei de mandado de segurança (Lei 12.016/09): artigo por artigo, doutrina e jurisprudência.* Lumen Juris: Rio de Janeiro, 2010. p. 348.

68. NEGRÃO, Theotonio *et al.* Código de processo civil e legislação processual em vigor 44ª ed., 2012. P. 1805 *apud* THEODORO JR., Humberto. *Lei do Mandado de Segurança Comentada artigo por artigo.* 2ª ed. Rio de Janeiro: Forense, p. 372.

69. BUENO, Cassio Scarpinella. *A nova lei do mandado de segurança:* comentários sistemáticos à Lei 12.016, de 7-8-2009. São Paulo: Saraiva, 2010. p. 116-117.

70. BUENO, Cassio Scarpinella. *A nova lei do mandado de segurança:* comentários sistemáticos à Lei 12.016, de 7-8-2009. São Paulo: Saraiva, 2010. p. 158-159.

O Supremo Tribunal Federal consolidou entendimento, na súmula 629, no qual "a impetração de mandado de segurança coletivo por entidade de classe em favor dos associados independe da autorização destes". Essa legitimação extraordinária é prevalente também para defesa de associados quando o interesse tutelado diz respeito a apenas uma parcela da categoria. Nesse sentido, a súmula 630 assenta que "a entidade de classe tem legitimação para o mandado de segurança ainda quando a pretensão veiculada interesse apenas a uma parte da respectiva categoria".

O artigo 22, *caput*, da Lei 12.016/2009 dispõe sobre os limites subjetivos da coisa julgada no mandado de segurança coletivo, estabelecendo que quem fica subjetivo à imutabilidade da decisão de mérito que vier a ser proferida será tão somente os membros do grupo ou categoria substituídos pelo impetrante.

A utilização do termo substituição não parece ser a mais apropriada, caso se entenda que a extensão da coisa julgada decorre da proteção jurídica conferida ao interesse de forma direta e frontal, atingindo não propriamente os legitimados, mas sim os beneficiados pela sentença[71]. Por sua vez, doutrinadores como Cassio Scarpinella justificam a redação do dispositivo pela regra disposta no artigo precedente, que limita a tutela jurisdicional pela via mandamental coletiva aos direitos individuais homogêneos e aos coletivos, sabidamente pertencentes a pessoas determinadas ou determináveis[72].

A **eficácia subjetiva da coisa julgada** limita-se ao território em que o órgão julgador exerce sua competência. Foi o que o Supremo Tribunal Federal reconheceu, ao declarar a constitucionalidade do artigo 2º-A da Lei 9.494, que restringe a eficácia dos julgados aos integrantes do quadro associativo até o momento do ajuizamento da ação. No Recurso Extraordinário 612.043, o Supremo fixou a tese de que "a eficácia subjetiva da coisa julgada formada a partir de ação coletiva de rito ordinário, ajuizada por associação civil na defesa de interesses dos associados somente alcança os filiados, residente no âmbito da jurisdição do órgão julgador que o sejam em momento anterior ou até a data da propositura da demanda, constantes de relação juntada a inicial do processo de conhecimento".

---

71. CARREIRA ALVIM, J. E. *Comentários à Nova Lei de Mandado de Segurança – Lei 12.016/09*. Curitiba: Juruá, 2011. p. 341.

72. BUENO, Cassio Scarpinella. *A nova lei do mandado de segurança:* comentários sistemáticos à Lei 12.016, de 7-8-2009. São Paulo: Saraiva, 2010. p. 158/159.

Antes do entendimento do Supremo Tribunal Federal, o que acabou prevalecendo era a concepção de que as associações, sindicatos e partidos não necessitariam de autorização, porquanto a legitimação seria extraordinária.

A doutrina aponta que não há como restringir a eficácia objetiva da decisão apenas para os afiliados comprovados no ajuizamento porque a definição do dano coletivo deve ser uniforme para todos os que estiverem dentro do mesmo contexto fático, nos mesmos moldes do que ocorre no litisconsórcio unitário[73]. O principal motivo da controvérsia refere-se à extensão dos poderes conferidos pelo inciso XXI do artigo 5º da Constituição, que exige autorização dos associados para defesa dos interesses individuais dos associados.

12.6. A LITISPENDÊNCIA ENTRE MANDADOS DE SEGURANÇA COLETIVO E INDIVIDUAL

A improcedência de uma ação individual a deixa acobertada pela eficácia preclusiva do artigo 506 do CPC. Já a tutela coletiva, por não fazer **litispendência** com a ação individual, não impõe prejuízo para ação individual. Não há litispendência entre mandado de segurança individual e coletivo, porque os elementos que formam cada ação são diversos e não se confundem. É como determina o artigo 22, *caput*, da Lei de Mandado de Segurança, ao expressamente afastar a litispendência entre o mandado de segurança coletivo e eventuais ações individuais.

Nesse caso, duas soluções se colocam possíveis: uma à luz do Código de Defesa do Consumidor e outra da lei de mandado de segurança. Ao menos naquilo em que não conflita com a norma específica, aplica-se o regime de coisa julgada regulado pelo CDC, principal diploma para a disciplina de interesses coletivos. Tomando por base os artigos 103 e 104 do CDC, percebe-se a vocação das ações coletivas para a formação da coisa julgada com eficácia *erga omnes*, o que também abarca a tutela de direitos individuais homogêneos. A natureza transindividual dos interesses difusos e coletivos propicia um efeito expansivo natural da coisa julgada.

O **Código de Defesa do Consumidor**, diploma que trata de tutela coletiva por excelência, determina o regramento específico de que o autor de uma demanda individual pode optar por **suspender** o processo individual e aguardar o desfecho da tutela coletiva a que adere subsequentemente. De

73. MEDINA, José Miguel Garcia; ARAÚJO, Fábio Caldas de. *Mandado de Segurança individual e coletivo.* 3ª edição. São Paulo: Ed. Revista dos Tribunais, 2019. p 228.

acordo com o artigo 94 do CDC, é necessário haver publicidade para permitir a identificação de todos aqueles que tenham interesse direto na causa. O legitimado individual, ao escolher prosseguir com a demanda individual, sujeita-se à eficácia preclusiva ordinária de ações individuais. Mesmo que a ação coletiva seja julgada procedente, não existe possibilidade de aproveitamento da coisa julgada: a questão se encerra na demanda individual que escolheu.

Caso opte por suspender a demanda individual e aderir à coletiva[74], surgem dois cenários, sem que deles decorra qualquer prejuízo ao impetrante. A alternativa mais benéfica a partir da suspensão do processo individual tem respaldo no artigo 104 do CDC. Consiste em o legitimado individual aguardar o julgamento da ação coletiva, e, caso improcedente, dar prosseguimento à ação individual com possibilidades de sucesso, por não haver litispendência. A segunda alternativa consiste em o impetrante se beneficiar do resultado favorável da demanda coletiva, o que seria o **transporte *in utilibus***, encerrando sua pretensão individual.

A coisa julgada advinda do sistema processual coletivo pode beneficiar o detentor de direito individual, aproveitando ao que apresentou requerimento de suspensão de tramitação (*in utilibus*). Esse aproveitamento pressupõe subsequente liquidação e execução dos danos individuais. A extensão dos efeitos subjetivos para atingir danos individualizados, beneficiando, por exemplo, as vítimas e seus sucessores, é expressamente consagrada no artigo 103, §3º, do CDC. Nesse caso, amplia-se os efeitos decorrentes da coisa julgada coletiva para atingir danos individualizadas[75].

O artigo trata de sua aplicação nos casos de interesse difuso e coletivo; no entanto, por via transversa, o artigo 103, III, do CDC, determina que a procedência somente prejudica demandas individuais em que tenha participado do processo como litisconsortes, pelo que também aproveita interesses individuais homogêneos. Duas situações essenciais podem prejudicar o legitimado individual: a improcedência da sua demanda, caso não tenha requerido a suspensão, ou a sua participação como litisconsorte na demanda coletiva[76].

---

74. ARAÚJO, José Henrique Mouta. *Mandado de Segurança*. Juspodivm, 2019. p. 302. O autor afirma que "são situações distintas: a) suspensão da ação individual; b) manutenção da mesma; c) intervenção como litisconsorte ativo na coletiva".

75. ARAÚJO, José Henrique Mouta. *Mandado de Segurança*. Juspodivm, 2019. p. 302.

76. Não se trata precisamente de litisconsorte, mas assistente litisconsorcial, como observam Arruda Alvim no Tratado, página 142; e GOMES, Luiz Manuel *et al*. *A Nova Lei do Mandado de Segurança*, p. 217.

Nos casos de interesses individuais homogêneos, apesar de tutelados no plano coletivo, fica mantida a essencialidade individual. Alguns sujeitos concernentes podem decidir pleitear sua integração à lide coletiva, como litisconsortes, o que contempla a garantia constitucional do acesso à justiça.

Esse regramento específico de tutela coletiva, no entanto, não foi adotado pela **Lei do Mandado de Segurança**. Em vez de suspensão, o artigo 22, § 1º, da Lei 12.016/2009 impõe a **desistência** da ação individual para o aproveitamento *in utilibus* da eficácia da coisa julgada coletiva.

O dispositivo estabelece o prazo de 30 dias para o exercício da desistência, contados a partir da cientificação do ajuizamento da ação coletiva vista acima. Caso não haja comunicação, não se aplica o transporte *in utilibus*. A homologação da desistência independe de anuência da autoridade coatora, mas, para evitar dúvidas quanto ao termo inicial do prazo de 30 dias, pode o juiz dar expressa e inequívoca ciência do fato, assinando nos autos o período legal para desistência[77]. A possibilidade de desistência da ação individual após a prolação da sentença coletiva, caso o impetrante individual não tenha tido ciência da segurança coletiva antes, encontra defensores na doutrina, que apontam que a extinção do processo, nesse caso, será de interesse do próprio Estado-juiz[78].

Esse regramento definido pela Lei de Mandado de Segurança tem ensejado críticas contundentes da doutrina especializada[79]. De um lado, alega-se que a desistência em mandado de segurança não prejudicaria o direito material tutelado, o que afastaria qualquer prejudicialidade para o impetrante. O contraponto "é que toda iniciativa processual envolve um risco ou quando menos um custo, e no caso, essa adesão à demanda coletiva, além de irreversível (preclusão consumativa), fará com que a coisa julgada ali formada - *pro et contra* - alcance também o indivíduo interveniente"[80]. De outro, considera-se que o prazo decadencial de 120 dias inviabiliza muitas vezes a impetração subsequente[81]. A lei teria criado um sistema *opt in* às

77. LOPES, Mauro Luís Rocha. *Comentários à nova lei do mandado de segurança*. Impetus, 2009. p. 65.

78. CARREIRA ALVIM, J. E. *Comentários à Nova Lei de Mandado de Segurança – Lei 12.016/09*. Curitiba: Juruá, 2011. p. 344.

79. MEDINA, José Miguel Garcia; ARAÚJO, Fábio Caldas de. *Mandado de Segurança individual e coletivo*. 3ª edição. São Paulo: Ed. Revista dos Tribunais, 2019. p. 225/301; BUENO, Cassio Scarpinella. *A nova lei do mandado de segurança:* comentários sistemáticos à Lei 12.016, de 7-8-2009. São Paulo: Saraiva, 2010. p. 161/162.

80. MANCUSO, Rodolfo de Camargo. A concomitância de ações coletivas, entre si, e em face das ações individuais. *Revista da Faculdade de Direito*, Universidade de São Paulo, v. 96, p. 371-409, 2001.

81. Como exceção, mencione-se a prestação de trato sucessivo, porquanto a violação ao direito se renova periodicamente.

avessas e à brasileira, quando então a ação coletiva acabará absorvendo as demandas individuais[82].

A principal crítica, no entanto, se refere à envergadura constitucional do mandado de segurança, porquanto, sendo garantia constitucional expressa, mereceria tratamento preferencial ou, no mínimo, equivalente à disciplina procedimental relativa a ações coletivas[83]. Assim, Cassio Scarpinella Bueno menciona que "a melhor interpretação para regra, nesse sentido, é de entendê-la, a despeito de sua redação, no sentido de que o impetrante individual pode aguardar o desfecho do mandado de segurança coletivo para prosseguir em seu processo sem ser forçado, para se beneficiar de uma eventual decisão favorável a ser proferida naquela sede a desistir de sua iniciativa, providência que, de resto, é irreversível no plano processual"[84].

Em sentido semelhante, Fred Didier Júnior e Hermes Zaneti Júnior afirmam, conforme a regra geral do microssistema, existir "**relação de preliminariedade** (a procedência da ação coletiva torna desnecessário o julgamento de mérito da ação individual) entre a ação coletiva e a ação individual, que autoriza a suspensão do processo individual com base no artigo 265, IV, a, do CPC"[85].

A diferença entre os interesses tutelados também tem sido invocada como razão para limitar a obrigatoriedade de desistência. É que, enquanto o mandado de segurança coletivo apoia-se no interesse legítimo, o individual tutela direito subjetivo, "não havendo nenhuma razão, nem lógica e nem prática, para condicionar a eficácia da sentença coletivizada à desistência"[86].

---

82. O projeto de lei 5.139/2009, segundo o qual o processo coletivo brasileiro sofreria alterações para a modificação da regra de absorção da demanda individual pela coletiva, a exemplo do que ocorre na *common law*, atualmente encontra-se arquivado.

83. MEDINA, José Miguel Garcia; ARAÚJO, Fábio Caldas de. *Mandado de Segurança individual e coletivo*. 3ª edição. São Paulo: Ed. Revista dos Tribunais, 2019. p 227; KLIPPEL, Rodrigo; NEFFA JUNIOR, José Antonio. *Comentários à lei de mandado de segurança (Lei 12.016/09): artigo por artigo, doutrina e jurisprudência*. Lumen Juris: Rio de Janeiro, 2010. Os autores chegam a sustentar a inconstitucionalidade do artigo 22, §1º, por violação ao princípio do acesso à justiça.

84. BUENO, Cassio Scarpinella. *A nova lei do mandado de segurança:* comentários sistemáticos à Lei 12.016, de 7-8-2009. São Paulo: Saraiva, 2010, p. 138-139 *apud* ARAÚJO, José Henrique Mouta. *Mandado de Segurança*. Juspodivm, 2019. p. 303.

85. DIDIER JR., Fredie; ZANETI JR., Hermes. O mandado de segurança coletivo e a lei nº 12.016/2009. *In* ALVIM, Eduardo Arruda *et al* (coord.) *O novo mandado de segurança*. Belo Horizonte: Fórum, 2010. p. 237 *apud* ARAÚJO, José Henrique Mouta. *Mandado de Segurança*. Juspodivm, 2019. p. 303.

86. CARREIRA ALVIM, J. E. *Comentários à Nova Lei de Mandado de Segurança – Lei 12.016/09*. Curitiba: Juruá, 2011. p. 343.

O princípio da especialidade não se aplicaria, assim como descaberia se falar de outros critérios tradicionais de resolução de antinomias. O CDC e a lei de mandado de segurança deveriam conviver em harmonia, a partir de um diálogo. O **diálogo das fontes** entre leis especiais e o CDC, seria, então, realizado com vistas a um desenho normativo mais benéfico para o tratamento do interesse coletivo[87], que mais se ajuste à concretização do direito fundamental assegurado nos artigos e incisos LXIX e LXX da Constituição. Caberia ao magistrado, em cada caso, ponderar as fontes heterogêneas, procurando-se a solução tópica mais adequada para o caso concreto. Como a regra do CDC é mais benéfica para a proteção do interesse, bastando ao demandante requerer a suspensão de sua ação individual, seria esse o regramento mínimo conferido à proteção mandamental.

Ao se impor ao impetrante a desistência da ação, a solução parece violar a economia e a celeridade processuais, dado que terá de ajuizar novamente a ação, quando possível, via mandado de segurança, ou, quando não, ação ordinária, desperdiçando estágio avançado do procedimento. Nesse sentido, há quem afirme que o direito de ação não se exaure com a demanda "mas, manifesta-se ao longo do desenvolvimento do procedimento, do qual deve poder a parte participar ativamente exaurindo-se com a obtenção de tutela jurisdicional adequada ao direito"[88].

É importante considerar que a aplicação do artigo 22, §1º, da Lei 12.016 pode esvaziar a utilidade da impetração do mandado de segurança coletivo. Caso não prevaleça a teoria do diálogo das fontes, uma alternativa mais efetiva poderia ser o ajuizamento da **ação civil pública** para proteção do direito coletivo[89]. Isso porque, seguindo o procedimento previsto nas leis 7.347 e no Código de Defesa do Consumidor, não seria necessária a desistência da ação, bastando que se requeira a suspensão das respectivas causas individuais.

---

87. MEDINA, José Miguel Garcia; ARAÚJO, Fábio Caldas de. *Mandado de Segurança individual e coletivo*. 3ª edição. São Paulo: Ed. Revista dos Tribunais, 2019. p. 224.

88. MEDINA, José Miguel Garcia; WAMBIER, Teresa Arruda Alvim. *Parte geral e processo de conhecimento*. São Paulo: RT, 2013.

89. MEDINA, José Miguel Garcia; ARAÚJO, Fábio Caldas de. *Mandado de Segurança individual e coletivo*. 3ª edição. São Paulo: Ed. Revista dos Tribunais, 2019. p. 229.

13

RECURSOS EM MANDADO DE SEGURANÇA

Paulo Ronaldo Ceo de Carvalho[1]

O mandado de segurança – sem correspondente em outros sistemas jurídicos - é uma ação constitucional de natureza civil, destinado a garantir direito líquido e certo, individual ou coletivo, que esteja sendo violado ou ameaçado por ato, ilegal ou inconstitucional, de uma autoridade.

Na Constituição do 1988, está expressamente previsto no art. 5º, LXIX e LXX, na parte que versa sobre os direitos e garantias fundamentais (Título II), de modo que, por se tratar de cláusula pétrea, seria vedada qualquer deliberação de emenda constitucional tendente a abolir o instituto, nos termos do que prescreve o art. 60, § 4º, da CF.

A Constituição Federal trata, ainda, da ação mandamental no art. 102, I, "d", que revela competir ao Supremo Tribunal Federal processar e julgar, originariamente, o mandado de segurança contra atos do Presidente da República, das Mesas da Câmara dos Deputados e do Senado Federal, do Tribunal de Contas da União, do Procurador-Geral da República e do próprio Supremo Tribunal Federal.

No âmbito infraconstitucional, a Lei 12.016/2009 é o diploma legal que atualmente disciplina o mandado de segurança, de modo que ele, o texto constitucional e o Código de Processo Civil - CPC, aplicáveis às ações mandamentais e aos seus respectivos recursos, serão objeto de análise neste estudo.

Ante a natureza de ação civil do mandado de segurança, lhes são aplicáveis, subsidiariamente, as disposições da lei processual civil, inclusive no que concerne aos recursos.

---

1. Bacharel em Direito pela Universidade Federal de Alagoas (UFAL). Pós-graduado em Direito Público pela Universidade de Brasília (UNB). Procurador Federal. Assessor de Ministro do Supremo Tribunal Federal.

O Supremo Tribunal Federal, como já se viu, possui competências próprias para julgar de modo originário ações mandamentais. Além do mais, pode ser instado a se manifestar em mandados de segurança impetrados em outras instâncias, por meio de recursos ordinários e excepcionais, previstos na CF e na legislação anteriormente referida.

13.1. RECURSOS EM COMPETÊNCIA ORIGINÁRIA DO SUPREMO TRIBUNAL FEDERAL

No que concerne aos meios utilizados para impugnar a decisão em julgamento de mandado de segurança no âmbito da Suprema Corte, apenas são cabíveis[2] o agravo interno[3], na hipótese das decisões monocráticas proferidas pelos relatores e pelo Presidente do Tribunal[4], e os embargos de declaração.

Quanto aos embargos de declaração, entende-se perfeitamente apropriada a utilização desse recurso no caso de omissão nas decisões proferidas no mandado de segurança[5]. A própria redação do art. 1.022[6] do CPC já

---

2. Pertinente aos meios utilizados para impugnar a decisão em julgamento do recurso ordinário em mandado de segurança no âmbito da Suprema Corte, registro que apenas é aplicável o agravo interno na hipótese das decisões monocráticas proferidas pelos relatores, e também é possível a interposição dos embargos de declaração.

3. "Os recursos cabíveis, especificamente, em mandado de segurança, com fulcro na Lei 12.016/2009, são os seguintes: [...]; nos casos de competência originária dos tribunais, agravo da decisão do relator que conceder ou denegar a liminar, ao órgão competente do Tribunal que o integre (art. 16, parágrafo único); apelação, da decisão que apreciar o mérito, decretar a carência ou indeferir a inicial (arts. 10 e 14; CPC de 2015, art. 331); recurso de ofício ou voluntário, da sentença que conceder a segurança (art. 14, §§ 1º e 2º); agravo regimental, do despacho do presidente do Tribunal que suspender a execução da sentença ou cassar a liminar (art. 15; Regimento Interno do STF, art. 297); recurso especial e extraordinário, das decisões proferidas em única instância pelos Tribunais, nos quais legalmente previstos; e recurso ordinário (art. 18), qualquer que seja o valor da impetração, desde que o acórdão incida nos permissivos constitucionais (CF, arts. 102, II, 'a', e 104, II, 'b') e seja denegada a segurança" (MEIRELLES, Hely Lopes. *Mandado de segurança e ações constitucionais*. (Hely Lopes Meirelles, Arnoldo Wald, Gilmar Ferreira Mendes; com a colaboração de Marina Gaensly e Rodrigo de Oliveira Kaufmann). 37 ed., rev., atual. e ampl. – São Paulo: Malheiros, 2016. p. 133-134).

4. "O agravo a que se refere o art. 4º da Lei nº 4.348, de 26.6.64, cabe, somente, do despacho do Presidente do Supremo Tribunal Federal que defere a suspensão da liminar, em mandado de segurança; não do que a denega" (Súmula 506 do STF).

5. AURELLI, Arlette Inês. Recursos e a ação de mandado de segurança. *In* BUENO, Cassio Scarpinella; ALVIM, Eduardo Arruda; e WAMBIER, Teresa Arruda Alvim (org.). *Aspectos polêmicos e atuais do mandado de segurança: 51 anos depois*. São Paulo: Editora Revista dos Tribunais, 2002, p. 92.

6. "Art. 1.022. Cabem embargos de declaração contra qualquer decisão judicial para:

   I - Esclarecer obscuridade ou eliminar contradição;

   II - Suprir omissão de ponto ou questão sobre o qual devia se pronunciar o juiz de ofício ou a requerimento;

   III - corrigir erro material".

revela o seu cabimento contra qualquer decisão judicial, de modo que não há e nunca houve discussão sobre a utilização dessa espécie recursal nas ações mandamentais.

Isso porque, "dado o propósito a que se destinam e considerando que qualquer decisão pode eventualmente ser obscura, contraditória ou omissa, prestam-se não apenas a completar ou aclarar sentenças e acórdãos, mas, na verdade, quaisquer decisões judiciais"[7], de modo que não haveria "motivo para que não sejam aplicáveis em processos de mandado de segurança"[8].

Por outro lado, da leitura atenta da Lei do Mandado de Segurança, pode-se extrair a adoção do agravo interno nas ações mandamentais de competência originária de tribunal, contra decisão do relator que indefira a inicial (art. 10, § 1º); contra decisão do Presidente do Tribunal que suspenda a execução de liminar ou da sentença (art. 15, *caput*); e em face da decisão do relator que conceda ou denegue a medida liminar (art. 16, parágrafo único).

De fato, "ante a nova lei do mandado de segurança, explicitou-se o cabimento de recurso contra decisão monocrática que implique o deferimento ou o indeferimento da liminar, havendo o Plenário declarado, na apreciação do MS 28.177-MC-AgR/DF, a insubsistência do Verbete 622"[9].

Como se vê, ocorreu a superação do enunciado de Súmula 622 do STF, o qual dispunha que não cabia agravo regimental contra decisão do relator que concedesse ou indeferisse liminar em mandado de segurança.

Antes mesmo da novel legislação específica, Lúcia Valle Figueiredo já lecionava o cabimento do agravo interno, então chamado de "regimental", uma vez que a decisão do relator seria sempre provisória, possibilitando, portanto, que o colegiado a modificasse "se entendesse de outra forma, independentemente da existência de *error in procedendo* ou de decisão teratológica"[10].

Interessante observar que o art. 16, parágrafo único, da Lei 12.016/2009, passou a prever, nas ações de competência originária, o cabimento

---

7. DECOMAIN. Pedro Roberto. *Mandado de Segurança: (o Tradicional, o Novo e o Polêmico na Lei 12.016/09)*. São Paulo: Dialética, 2009, p. 485.
8. DECOMAIN. Pedro Roberto. *Mandado de segurança: (o Tradicional, o Novo e o Polêmico na Lei 12.016/09)*. São Paulo: Dialética, 2009, p. 485.
9. MS 25.563-AgR/DF, rel. Min. Marco Aurélio, Primeira Turma, j. 18.4.2017.
10. FIGUEIREDO, Lúcia Valle. *Mandado de segurança*. 6 ed. Malheiros: São Paulo, 2009, p. 156.

de agravo interno ao órgão competente do tribunal que integre o relator que analisar a medida liminar. Oportuno mencionar que autorizada doutrina, mesmo antes do advento da vigente legislação, já defendia:

> "[...] o cabimento do agravo regimental, contra decisão concessiva ou denegatória da liminar, em se tratando de mandado de segurança de competência originária de 2º grau. A Lei n º 12.016/09 veio encampar dita orientação no parágrafo único do art. 16, cuja redação a seguir transcreveremos: 'Da decisão do relator que conceder ou denegar a medida liminar caberá agravo ao órgão competente do tribunal que integre`.
>
> Conquanto o STF, antes da entrada em vigor da Lei n º 12.016/09, tenha sumulado referido entendimento (Súmula 622: `Não cabe agravo regimental contra decisão do relator que conceda ou indefere liminar em mandado de segurança'), o STJ já vinha encampando (embora não se possa dizer que tal linha fosse unânime) tal orientação consistente na impossibilidade de interposição de recurso regimental contra decisão concessiva ou denegatória de liminar em mandado de segurança de competência originária dos tribunais locais"[11].

Ao analisar a inovação legislativa, o Professor Alexandre Freitas Câmara sintetizou nos seguintes termos:

> "Pois proferida em um tribunal alguma decisão monocrática em processo de mandado de segurança, seja em caso de competência originária, seja em caso de competência recursal, de tal decisão caberá agravo interno. E para isso pouco importa saber se a decisão foi proferida pelo relator (do mandado de segurança ou do recurso) ou pelo Presidente do tribunal (em suspensão de segurança)"[12]

Por isso, para o renomado autor, o agravo interno em mandado de segurança não se limitaria[13] apenas àquelas hipóteses expressamente previstas na Lei nº 12.016/2009, de modo que:

> "[n]os casos em que o processo de mandado tramite no Supremo Tribunal Federal ou no Superior Tribunal de Justiça, pouco importando aqui se essas Cortes estarão a exercer suas competências originárias ou recursais, a solução da questão aqui proposta é simples. Isso porque, em razão do disposto no art. 39 da Lei

---

11. ALVIM, Eduardo Arruda. *Mandado de segurança.* 2 ed. Rio de Janeiro: GZ Ed., 2010, p. 359.

12. CÂMARA, Alexandre Freitas. *Manual de Mandado de Segurança.* 1 ed. São Paulo: Atlas, 2013, p. 236-237.

13. Carlos Alberto Menezes Direito, sob a égide da legislação anterior, sustentava que "[...] a matéria deve[ria] ser examinada considerando que o legislador não pretendeu, diante da celeridade do rito estabelecido, multiplicar os recursos. Dessarte, em princípio, os recursos são aqueles estabelecidos na legislação especial" (*in Manual do mandado de segurança.* 4 ed. ampl. e atual. - Rio de Janeiro: Renovar, 2003, p. 153).

> nº 8.038/1990, de qualquer decisão monocrática proferida naquelas Cortes se admite agravo interno, no prazo de cinco dias"[14].

Assim, não é difícil perceber que a segunda parte do art. 16 anteriormente mencionada "está em consonância com importantes princípios constitucionais do processo, como o contraditório e a inafastabilidade do controle jurisdicional"[15].

Sublinho, ainda, que o novo CPC autorizou a sustentação oral apenas no agravo interno interposto contra decisão do relator que extinga o mandado de segurança, nos termos do seu art. 937, § 3º.

13.1.1. Não cabimento dos embargos infringentes e dos embargos de divergência

Na linha da histórica jurisprudência da Suprema Corte, a Lei do Mandado de Segurança (art. 25) veda expressamente o cabimento de embargos infringentes contra decisão proferida na ação mandamental. Essa, inclusive, é a inteligência do enunciado da Súmula 294 do STF, o qual informa que "são inadmissíveis embargos infringentes contra decisão do Supremo Tribunal Federal em mandado de segurança".

Posteriormente, estendendo o referido entendimento, o STF editou a Súmula 597, a qual enuncia que "não cabem embargos infringentes de acórdão que, em mandado de segurança decidiu, por maioria de votos, a apelação".

Deve ser ressaltado que as súmulas supratranscritas foram editadas em período no qual as leis disciplinadoras do mandado de segurança (Leis 1.533/1951 e 4.348/1964) nada dispunham sobre o cabimento dos embargos infringentes, o que suscitava discussões. Por isso,

> "[f]orçoso é reconhecer [...] que, mesmo antes do advento da Lei n 12.016/09, que expressamente veda a interposição de embargos infringente no processo de mandado de segurança (art. 25), o STJ já havia encampado o entendimento cristalizado na Súmula 597 do STF (tendo-o, inclusive, sumulado – Súmula 169), de tal sorte que a discussão respeitante ao cabimento dos embargos infringentes em acórdão não unânime que julgasse apelação em mandado de segurança refor-

14. CÂMARA, Alexandre Freitas. *Manual de Mandado de Segurança*. 1 ed. São Paulo: Atlas, 2013, p. 238.
15. GUTIÉRREZ, Daniel Mota, *Art. 16, in* MAIA FILHO, Napoleão Nunes; ROCHA, Caio Cesar Vieira; LIMA, Tiago Asfor Rocha (org.). *Comentários à nova Lei do mandado de segurança*. São Paulo: Editora Revista dos Tribunais, 2016, p. 232.

mando a sentença é, conquanto 'teoricamente interessante (...) improfícua', como anotava o Min. Eduardo Ribeiro, em trabalho doutrinário".[16]

Nessa mesma direção, é o entendimento da Suprema Corte em relação ao cabimento dos embargos de divergência[17].

Observo que, nos termos do art. 1.043 do CPC, cabem embargos de divergência em face de acórdão, proferido por órgão fracionário em recurso extraordinário ou especial, que divergir do julgamento de qualquer outro órgão do mesmo tribunal, nas seguintes situações: a) quando os acórdãos, embargado e paradigma, analisarem o mérito da controvérsia; b) quando um acórdão é de mérito e o outro que, embora não tenha conhecido do recurso, tenha apreciado a controvérsia.

Os embargos de divergência, previstos também no art. 330 do Regimento Interno do Supremo Tribunal Federal – RISTF, possuem objeto de impugnação próprio, qual seja, decisão de Turma que, em recurso extraordinário ou em agravo de instrumento, divirja de julgado de outra Turma ou do Plenário.

Assim, a jurisprudência assente na Suprema Corte brasileira é no sentido de que "não é viável a utilização dos embargos de divergência para hostilizar decisões colegiadas do Supremo Tribunal Federal em julgados de outras espécies processuais, senão àquelas previstas no art. 330 do RISTF".[18]

Nesse sentido transcrevo ementa do RMS 22.016-EDv-AgR/DF:

> "Embargos de divergência: cabimento exclusivamente contra decisões proferidas em recurso extraordinário: descabimento contra acórdão de Turma que julgou recurso ordinário em mandado de segurança; inexistência, de qualquer sorte, da divergência alegada".[19]
>
> "AGRAVO REGIMENTAL. RECURSO EXTRAORDINÁRIO INTERPOSTO CONTRA DECISÃO DE NÃO ADMISSÃO DE EMBARGOS DE DIVERGÊNCIA OPOSTOS CONTRA ACÓRDÃO DE TURMA DO SUPREMO TRIBUNAL FEDERAL PROFERIDO EM SEDE DE RECURSO ORDINÁRIO EM MANDADO DE SEGURANÇA. RECURSO MANIFESTAMENTE INCABÍVEL.

---

16. ALVIM, Eduardo Arruda. *Mandado de segurança*. 2 ed. – Rio de Janeiro: GZ Ed., 2010, p. 350.

17. "Embargos de Divergência em Embargos de Declaração em Recurso Ordinário em Mandado de Segurança. 2. Descabimento dos embargos de divergência na espécie. Art. 546, do Código de Processo Civil. 3. Recurso não conhecido" (RMS 22.926-ED-EDv/DF, relator para acórdão Min. Gilmar Mendes, Tribunal Pleno, j. 19.2.2003).

18. RMS 31.646-AgR-EDv-AgR/DF, rel. Min. Ricardo Lewandowski, Tribunal Pleno, j. 22.5.2014.

19. RMS 22.016-EDv-AgR/DF, rel. Min. Sepúlveda Pertence, Tribunal Pleno, j. 30.10.1997.

AGRAVO REGIMENTAL A QUE SE NEGA PROVIMENTO"[20]

Corroborando o entendimento esposado, menciono, ainda, o RMS 22.926-ED-EDv[21], o RMS 30.984-ED-EDv/DF[22] e o RMS 32.319-AgR-AgR--EDv-AgR/DF[23].

Outrossim, destaco que a disposição inserta no inciso IV do art. 1.043 do CPC, a qual previa o cabimento dos embargos de divergência nos processos de competência originária – antes mesmo do início da vigência da nova lei processual civil brasileira –, foi expressamente revogada pela Lei 13.256/2016, de modo que, levando-se em consideração a taxatividade do dispositivo em questão, não cabem embargos de divergência "em face de decisão de Turma proferida ao exame de mandado de segurança de competência originária deste Supremo Tribunal Federal"[24].

No mesmo sentido são os seguintes julgados:

> "AGRAVO REGIMENTAL NOS EMBARGOS DE DIVERGÊNCIA NOS EMBARGOS DE DECLARAÇÃO NOS EMBARGOS DE DECLARAÇÃO EM MANDADO DE SEGURANÇA. RECURSO INCABÍVEL. A SUCESSIVA INTERPOSIÇÃO DE RECURSOS CONTRÁRIOS À JURISPRUDÊNCIA CONSOLIDADA PELO PRETÓRIO EXCELSO CONFIGURA ABUSO DO DIREITO DE RECORRER. PRECEDENTES. CARÁTER PROTELATÓRIO DO RECURSO. DETERMINADA A CERTIFICAÇÃO DO TRÂNSITO EM JULGADO COM O CONSEQUENTE ARQUIVAMENTO IMEDIATO DOS AUTOS. AGRAVO REGIMENTAL DESPROVIDO".[25]

> "AGRAVO REGIMENTAL NOS EMBARGOS DE DIVERGÊNCIA NOS EMBARGOS DE DECLARAÇÃO NO AGRAVO REGIMENTAL EM MANDADO DE SEGURANÇA. NÃO CABIMENTO DOS EMBARGOS DE DIVERGÊNCIA: ART. 546 DO CÓDIGO DE PROCESSO CIVIL E ART. 330 DO REGIMENTO INTERNO DO SUPREMO TRIBUNAL FEDERAL. PRECEDENTES. AGRAVO REGIMENTAL AO QUAL SE NEGA PROVIMENTO"[26].

Finalmente, ressalto que a Lei do Mandado de Segurança também disciplina o cabimento dos recursos extraordinários e ordinários em face de decisões proferidas em ações mandamentais de competência de outros tribunais ou juízos, o que será objeto de análise no próximo tópico.

20. RMS 32.319-AgR-AgR-EDv-AgR/DF, rel. Min. Teori Zavascki, Tribunal Pleno, j. 19.3.2015.
21. Redator do acórdão Min. Gilmar Mendes. Tribunal Pleno, j. 19.2.2003.
22. Rel. Min. Roberto Barroso, j. 20.11.2014.
23. Rel. Min. Teori Zavascki, Tribunal Pleno, j. 19.3.2015.
24. MS 31.364-AgR-ED-EDv/DF, rel. Min. Rosa Weber, 21.9.2015.
25. MS 28.469- ED-ED-EDv-AgR/DF, rel. Min. Luiz Fux, Tribunal Pleno, 16.6.2016.
26. MS 30.931-AgR-ED-EDv-AgR/CE, rel. Min. Cármen Lúcia, Tribunal Pleno, j. 6.2.2013.

13.2. COMPETÊNCIA RECURSAL DA SUPREMA CORTE EM MANDADOS DE SEGURANÇA

A Lei 12.016/2009 inovou ao dispor expressamente sobre a competência recursal do Supremo Tribunal Federal em ações mandamentais impetradas originariamente nos Tribunais, uma vez que nas legislações anteriores, que regiam o mandado de segurança, nada era dito sobre o assunto.

O art. 18[27] da Lei 12.016/2009 informa que caberá recurso extraordinário contra decisões em mandado de segurança proferidas em única instância pelos tribunais, nos casos legalmente previstos, assim como recurso ordinário das decisões denegatórias em ações mandamentais de competência originária. Essa é a redação do dispositivo legal:

> "Art. 18. Das decisões em mandado de segurança proferidas em única instância pelos tribunais cabe recurso especial e extraordinário, nos casos legalmente previstos, e recurso ordinário, quando a ordem for denegada".

O dispositivo supratranscrito apenas condensou aquilo já enunciado pelos arts. 102, III, "a"[28] a "d", e 105, III, "a" a "c", da Constituição Federal, de modo que, "ainda que não existisse essa regra, como não existia na legislação revogada, não faria nenhuma falta, porque, apesar dela, nada acontece fora dos lindes das disposições constitucionais"[29].

Interessante observar que o recurso ordinário em mandado de segurança para o Supremo Tribunal Federal pode ser ajuizado somente quando o pedido é negado por outros Tribunais Superiores, em única instância, ainda que seja proferido julgamento de extinção do processo sem resolução de mérito.

A esse respeito, leciona Cassio Scarpinella Bueno que, "como o recurso ordinário só cabe quando denegatória a decisão do mandado de segurança,

---

27. "Coerentemente com a letra da Constituição Federal, o art. 18 da Lei n º 12.016/09 prescreve caber recurso especial e extraordinário, nos casos legalmente previstos, das decisões em mandado de segurança proferidas em única instância pelos tribunais e recurso ordinário, quando a ordem for denegada" (ALVIM, Eduardo Arruda. *Mandado de Segurança.* 2 ed. – Rio de Janeiro: GZ Ed., 2010, p. 364).

28. "Outra novidade reintroduzida em nosso direito positivo pela vigente ordem constitucional foi o recurso ordinário em mandado de segurança. O recurso ordinário, presente na CF/46 (art. 101, inc. II, *a*), não veio previsto nas constituições outorgadas durante o regime ditatorial, o que é perfeitamente compreensível" (ALVIM, Eduardo Arruda. *Mandado de Segurança.* 2 ed. – Rio de Janeiro: GZ Ed., 2010, p. 364).

29. ALVIM, J. E. Carreira. *Comentários à nova lei do mandado de segurança – Lei 12.016/09.* 2 ed. - Curitiba: Juruá, 2013, p. 289.

não há como deixar de reconhecer que ele é recurso instituído em benefício do impetrante"[30], não havendo previsão constitucional de sua interposição pelo impetrado.

Caso a decisão seja concessiva da segurança, caberá apenas recurso extraordinário, não se admitindo como ordinário recurso extraordinário de decisão denegatória de mandado de segurança, nos termos do enunciado da Súmula 272[31] do STF.

No ponto, se interposto recurso excepcional[32] "ao invés de recurso ordinário em caso de decisão denegatória de mandado de segurança (ou que tenha decretado a carência do *mandamus*), há erro grosseiro, não sendo o caso de aplicação do princípio da fungibilidade recursal"[33].

Ora, "quando o Tribunal conhece do mandado de segurança, no exercício do segundo grau de jurisdição, a recorribilidade para o STF e para o STJ é a mesma que se observa nas causas cíveis em geral: o recurso extraordinário para o STF cabe nas hipóteses do art. 102, III, da CF, e o recurso especial para o STJ é admissível nas hipóteses do art. 105, III, também da CF".[34]

Da análise do art. 102, III, combinado com o art. 105, III, extrai-se que a nossa Constituição "exige, para fins de admissão dos recursos excepcionais, que as causas tenham sido decididas, no caso do art. 18 da Lei 12.016/2009 em única instância"[35], de modo que seria necessário o seu esgotamento.

---

30. BUENO, Cassio Scarpinella. *A nova Lei do mandado de segurança*. 2 ed. rev., atual. e ampl. - São Paulo: Saraiva, 2010, p. 150. Para o precitado autor, do acórdão concessivo da ordem, cabem outros recursos, que não o ordinário. Assim, os embargos de declaração (para sanar omissão, contradição ou obscuridade), nos casos do art. 535 do Código de Processo Civil, e os recursos extraordinário e especial, quando presentes os pressupostos dos arts. 102, III, ou 105, III, da Constituição Federal, respectivamente.
31. "Não se admite como ordinário recurso extraordinário de decisão denegatória de mandado de segurança".
32. Em sentido oposto: "Recurso. Fungibilidade. CF, art. 102, II, *a*. Constitucional. Estabilidade provisória. Gravidez. CF, art. 7°, I; ADCT, art. 10, II, *b*. Conversão do recurso extraordinário em ordinário, tendo em vista a ocorrência da hipótese inscrita no art. 102, II, *a*, da Constituição" (RMS 21.328/DF, rel. Min. Carlos Velloso, j. 11.12.2001).
33. ALVIM, Eduardo Arruda. *Mandado de Segurança*. 2 ed. – Rio de Janeiro: GZ Ed., 2010, p. 368.
34. THEODORO JÚNIOR. Humberto. *Lei do mandado de segurança comentada*. Rio de Janeiro: Forense, 2014, p. 328.
35. MARQUES, Mauro Luiz Campbell. *Art. 18*. *in* MAIA FILHO, Napoleão Nunes; ROCHA, Caio Cesar Vieira; LIMA, Tiago Asfor Rocha (org.). *Comentários à nova Lei do mandado de segurança*. São Paulo: Editora Revista dos Tribunais, 2010, p. 249.

Assim, "o recurso extraordinário para o STF só é admissível quando a decisão 'contrariar dispositivo desta Constituição'; 'declarar a inconstitucionalidade de tratado ou lei federal'; 'julgar válida lei ou ato de governo local contestada em face de lei federal' (CF, art. 102, III, 'a' a 'd'), e recorrente deverá demonstrar a repercussão geral das questões constitucionais discutidas no caso".[36]

Outrossim, inexiste previsão constitucional ou legal para o reexame necessário[37] pelo STF da decisão que concede o mandado de segurança impetrado originariamente nos Tribunais Superiores.

Além disso, a Constituição Federal, no art. 102, II, "a", prescreve que compete ao Supremo Tribunal Federal processar e julgar, em recurso ordinário, o mandado de segurança decidido em única instância pelos Tribunais Superiores, se denegatória a decisão.

No entanto, a Lei 8.038/1990 não regulou a interposição do recurso ordinário em mandado de segurança para o STF, tratando apenas de sua apresentação perante o Superior Tribunal de Justiça. Assinalo, ainda, que o Regimento Interno do STF também deixou de disciplinar essa espécie recursal.

Por outro lado, o Código de Processo Civil de 2015 passou a prever o recurso em mandado de segurança nos seus arts. 1.027 e seguintes[38].

Do texto constitucional e das leis de regência, observa-se que o pressuposto para a interposição do recurso ordinário em mandado de segurança

---

36. MEIRELLES, Hely Lopes. *Mandado de segurança e ações constitucionais.* (Hely Lopes Meirelles, Arnoldo Wald, Gilmar Ferreira Mendes; com a colaboração de Marina Gaensly e Rodrigo de Oliveira Kaufmann). 37 ed., rev., atual. e ampl. – São Paulo: Malheiros, 2016, p. 136.

    DIREITO, Carlos Alberto Menezes. *Manual do mandado de segurança.* 4 ed. ampl. e atual. - Rio de Janeiro: Renovar, 2003, p. 161.

37. BUENO, Cassio Scarpinella. *A nova Lei do mandado de segurança.* 2 ed. rev., atual. e ampl. - São Paulo: Saraiva, 2010, p. 150.

38. "Art. 1.027. Serão julgados em recurso ordinário:

    I - Pelo Supremo Tribunal Federal, os mandados de segurança, os habeas data e os mandados de injunção decididos em única instância pelos tribunais superiores, quando denegatória a decisão;

    § 2° Aplica-se ao recurso ordinário o disposto nos arts. 1.013, §3°, e 1.029, § 5°.

    Art. 1.028. (...)

    § 2° O recurso previsto no art. 1.027, incisos I e II, alínea 'a', deve ser interposto perante o tribunal de origem, cabendo ao seu presidente ou vice-presidente determinar a intimação do recorrido para, em 15 (quinze) dias, apresentar as contrarrazões.

    § 3° Findo o prazo referido no § 2°, os autos serão remetidos ao respectivo tribunal superior, independentemente de juízo de admissibilidade".

no Supremo Tribunal Federal é a existência de decisão colegiada denegatória, proferida, em sede originária, por Tribunal Superior. Nesse sentido, "a locução constitucional – 'quando denegatória a decisão'- tem sentido amplo, pois não só compreende as decisões dos Tribunais que, apreciando o *meritum causae*, indeferiram o pedido de mandado de segurança, como também abrange aquelas que, sem julgamento de mérito, operam extinção do processo"[39]. Essa foi a orientação constante da deliberação no RMS 34.074-AgR/DF[40].

Ao discorrer sobre o assunto, Humberto Theodoro Júnior afirma que majoritariamente a doutrina se inclinou pelo sentido mais amplo da expressão "quando denegatória a decisão", sobretudo porque o recurso ordinário, "sendo orientado a beneficiar o impetrante, por seu maior espectro e alcance, há de ser interpretado e aplicado segundo o princípio da máxima eficiência de todas as regas constitucionais, principalmente as que cuidam dos direitos fundamentais"[41].

No entanto, "tratando-se de decisão monocrática, emanada de Relator da causa mandamental, torna-se indispensável – para que se viabilize a interposição do recurso ordinário para a Suprema Corte – que o ato decisório tenha sido previamente submetido, mediante interposição do recurso de agravo (agravo regimental), à apreciação de órgão colegiado competente do tribunal superior da União"[42], uma vez que "a interposição de recurso ordinário em mandado de segurança, no âmbito desta Corte, pressupõe o prévio esgotamento de instância"[43].

Para Carlos Alberto Menezes Direito,

> "Não cabe recurso extraordinário, nem ordinário, nem especial do despacho do relator que em mandado de segurança aprecia o pedido liminar. De igual maneira quando o relator julga monocraticamente o mandado de segurança. Neste

---

39. MS 21.112-AgR/PR, rel. Min. Celso de Mello, Tribunal Pleno, j. 7.6.1990.

40. "Agravo regimental em recurso ordinário em mandado de segurança. Pressuposto de interposição de recurso ordinário preenchido. Existência de decisão denegatória. [...] Constitui decisão denegatória, para efeito de interposição de recurso ordinário, tanto a decisão em que se conhece do *mandamus* e se denega a segurança no mérito, quanto a decisão em que não se conhece dele, sem adentrar no mérito da controvérsia. Precedentes da Corte. [...] 3. Agravo regimental não provido" (RMS 34.075 AgR/DF, rel. Min. Dias Toffoli, Segunda Turma, j. 18.11.2016).

41. THEODORO JÚNIOR. Humberto. *Lei do mandado de segurança comentada*. Rio de Janeiro: Forense, 2014, p. 330-331.

42. RMS 24.237-QO/AL, rel. Min. Celso de Mello, Segunda Turma, j. 16.4.2002.

43. RMS 31.965-AgR, rel. Min. Ricardo Lewandowski, Segunda Turma, j. 4.2.2014.

caso, antes do recurso cabível ao Tribunal Superior, é imperativa a interposição do agravo regimental para o Tribunal do qual faça parte o Relator"[44].

Além do mais, levando-se em consideração a taxatividade do art. 102, II, *a*, da CF, não caberia recurso ordinário constitucional em sede de execução em mandado de segurança[45] e nem em face de decisão proferida por turma recursal vinculada a juizados especiais[46]. Neste último caso, seria "inadmissível a aplicação do princípio da fungibilidade [...], uma vez que a jurisprudência desta Corte quanto ao descabimento do recurso ordinário na hipótese vertente é pacífica e já conta delonga data, o que aponta para a ocorrência de erro grosseiro"[47].

A Suprema Corte também entende como erro grosseiro[48], obstador do postulado da fungibilidade recursal, a interposição de "recurso ordinário" contra julgamentos proferidos no âmbito do STF, levando-se em conta, especialmente, o princípio da legalidade ou da tipicidade dos recursos.

13.2.1. O processamento do recurso ordinário em mandado de segurança

O recurso ordinário deverá ser endereçado ao Tribunal Superior e as razões ao STF, com o requerimento da concessão da ordem ou da segurança denegada, no prazo de 5 cinco dias, nos termos do que dispõe a Súmula 319 do STF.

Recebido o recurso, o Presidente do Tribunal Superior determinará a sua juntada aos autos respectivos e, posteriormente, a intimação do recorrido para, em 15 dias, apresentar as contrarrazões. Findo este prazo, os autos serão remetidos ao STF, independentemente de juízo de admissibilidade.

O STF possui entendimento sumulado no sentido de que o recurso ordinário e o extraordinário interpostos no mesmo processo de mandado de segurança serão julgados conjuntamente pelo Tribunal Pleno[49].

---

44. DIREITO, Carlos Alberto Menezes. *Manual do mandado de segurança*. 4 ed. ampl. e atual. - Rio de Janeiro: Renovar, 2003, p. 161.

45. Pet 5.297-AgR/DF, rel. Min. Gilmar Mendes, Segunda Turma, j. 24.2.2015.

46. RMS 26.058-AgR/DF, rel. Min. Sepúlveda Pertence, Primeira Turma, j. 2.3.2007.

47. Pet 5.082-AgR/SP, rel. Min. Dias Toffoli, Segunda Turma, j. 7.10.2016.

48. MS 28.857-QO/GO, rel. Min. Celso de Mello, Tribunal Pleno, j. 14.9.2011.

49. "O recurso ordinário e o extraordinário interpostos no mesmo processo de mandado de segurança, ou de *habeas corpus*, serão julgados conjuntamente pelo Tribunal Pleno" (Súmula 299 do STF).

Ressalto que, para a obtenção de efeito suspensivo, a lei processual civil indica que deve ser observada a forma existente para o seu deferimento em recurso especial ou extraordinário (art. 1.029, § 5°).

Os mandados de segurança eram da competência exclusiva do Plenário. Posteriormente, com a edição da Emenda Regimental 49/2014, passaram a ser julgadas pelas Turmas aqueles impetrados contra atos do Tribunal de Contas da União e do Procurador-Geral da República (art. 9º, I, "d", do RISTF), cabendo ao Plenário julgar aqueles contra atos do Presidente da República, das Mesas da Câmara e do Senado Federal, do Supremo Tribunal Federal, bem como os impetrados pela União contra atos de governos estaduais, ou por um Estado contra outro, nos termos do art. 5º, V, do RISTF.

Nos casos de competência originária dos tribunais, caberá ao relator a instrução do processo, sendo assegurada a defesa oral na sessão do julgamento (art. 16 da lei do mandado de segurança).

Deve ser mencionado, ainda, que "a competência do relator legitima decisão monocrática para julgar recurso ordinário em mandado de segurança, desde que a pretensão deduzida em sede recursal esteja em confronto com Súmula ou em desacordo com a jurisprudência predominante no Supremo Tribunal Federal"[50].

13.2.2. Teoria da causa madura

Anoto que o recurso ordinário equivaleria, em quase tudo, a uma apelação, devolvendo ao tribunal o conhecimento da matéria impugnada. Assim, aplica-se a disciplina da apelação ao recurso ordinário naquilo que couber.

Da apelação seria aplicável, por exemplo, a possibilidade de julgamento imediato da causa madura, nos termos do art. 1.013, § 3° c/c o art. 1.027, I, § 2° do CPC[51]. Ora, como o recurso ordinário é uma impugnação similar

50. RMS 30.718-AgR/DF, rel. Min. Luiz Fux, Primeira Turma, j. 16.8.2016.

51. "Art. 1.013. A apelação devolverá ao tribunal o conhecimento da matéria impugnada.

[...]

§ 3° Se o processo estiver em condições de imediato julgamento, o tribunal deve decidir desde logo o mérito quando:

I - reformar sentença fundada no art. 485;

II - decretar a nulidade da sentença por não ser ela congruente com os limites do pedido ou da causa de pedir;

III - constatar a omissão no exame de um dos pedidos, hipótese em que poderá julgá-lo;

à apelação - incidindo-se a sua disciplina no que couber –, "portanto, não só a possibilidade de julgamento imediato da causa madura (art. 1.013, § 3º) aplica-se ao recurso ordinário (art. 1.027, § 2º), mas também os demais dispositivos com ele compatíveis"[52].

A esse respeito, sob a égide do Código de Processo Civil de 1973, o Professor Alexandre Freitas Câmara já lecionava que:

> "A grande discussão existente a respeito da matéria aqui apreciada concerne à incidência, no recurso ordinário constitucional em mandado de segurança, da regra veiculada pelo § 3º do art. 515 do CPC. Este, como se sabe, é o dispositivo que prevê a incidência, na apelação, da chamada 'teoria da causa madura', por força do qual fica o tribunal *ad quem* autorizado a apreciar o mérito da causa mesmo no caso em que o órgão jurisdicional *a quo* não tenha sobre ele se pronunciado se o processo estiver em condições de receber imediato julgamento. Pois é tremendamente controvertida a aplicabilidade dessa técnica ao recurso ordinário em mandado de segurança".[53]

Entretanto, a firme jurisprudência do Supremo Tribunal Federal não admite a aplicação da teoria da causa madura, como pode ser visto abaixo:

> "PROCESSUAL CIVIL. MANDADO DE SEGURANÇA. [...]. RETORNO DOS AUTOS AO TRIBUNAL SUPERIOR DO TRABALHO, PARA QUE PROSSIGA NO EXAME DA CAUSA. RECURSO ORDINÁRIO PROVIDO"[54].

> "RECURSO ORDINÁRIO EM MANDADO DE SEGURANÇA. POLICIAL FEDERAL. PROCESSO ADMINISTRATIVO DISCIPLINAR. PENA DE DEMISSÃO. AÇÃO MANDAMENTAL IMPETRADA COM FUNDAMENTO, DENTRE OUTROS, DE ILEGALIDADE DA DESIGNAÇÃO DE COMISSÃO PROCESSANTE DE NATUREZA *AD HOC*, EM DESCUMPRIMENTO DO DISPOSTO NO § 1º DO ART. 53 DA LEI 4.878/65. ANULAÇÃO PARCIAL DO PROCESSO ADMINISTRATIVO DISCIPLINAR PELO MINISTRO DE ESTADO DA JUSTIÇA, [...] INAPLICABILIDADE, EM RECURSO ORDINÁRIO, DO ART. 515, § 3º, DO CÓDIGO DE PROCESSO CIVIL. PRECEDENTES. RETORNO DOS AUTOS AO SUPERIOR TRIBUNAL DE JUSTIÇA PARA QUE PROSSIGA

IV - decretar a nulidade de sentença por falta de fundamentação.

[...]

Art. 1.027 ...

[...]

§ 2º Aplica-se ao recurso ordinário o disposto nos arts. 1.013, § 3º, e 1.029, § 5º".

52. MARINONI, Luiz Guilherme. *Novo curso de processo civil: tutela dos direitos mediante procedimento comum*, volume II (Luiz Guilherme Marinoni, Sérgio Cruz Arenhart, Daniel Mitidiero). 2 ed. rev., atual. e ampl. – São Paulo: Editora Revista dos Tribunais, 2016, p. 554.
53. CÂMARA, Alexandre Freitas. *Manual de Mandado de segurança*. 1 ed. São Paulo: Atlas, 2013, p. 244.
54. RMS 31.842/DF, rel. Min. Teori Zavascki, Segunda Turma, j. 27.10.2015.

> NO JULGAMENTO DO MANDADO DE SEGURANÇA. RECURSO PARCIALMENTE PROVIDO".[55]
>
> "Recurso em mandado de segurança. Anistia política. Pensão militar. Imposto retido na fonte. Lei nº 10.559/02. Autoridade coatora. Legitimidade. [...]. 2. Recurso ordinário provido para reconhecer a legitimidade passiva das autoridades apontadas como coatoras e determinar a devolução dos autos ao Superior Tribunal de Justiça para a apreciação do mérito do mandado de segurança, inaplicável o art. 515, § 3º, do Código de Processo Civil"[56]

A mesma orientação é observada nos julgamentos do RMS 24.309-ED/DF[57], RE 638.057-AgR/PR[58], AC 3.545-MC-ED/DF[59] e RMS 28.194/SP[60].

55. RMS 32.199/DF, rel. Min. Teori Zavascki, Segunda Turma, j. 5.5.2015.

56. RMS 26.959/DF, rel. p/ acórdão Min. Menezes de Direito, Tribunal Pleno, j. 26.3.2009.

57. "RECURSO ORDINÁRIO CONSTITUCIONAL – MANDADO DE SEGURANÇA – DEVOLUTIVIDADE. O disposto no § 3° do artigo 515 do Código de Processo Civil não se aplica ao recurso ordinário em mandado de segurança, cuja previsão, no tocante à competência, decorre de texto da Constituição Federal" (RMS 24.309-ED/DF, rel. Min. Marco Aurélio, Primeira Turma, j. 17.2.2004).

58. AGRAVO REGIMENTAL EM RECURSO EXTRAORDINÁRIO. CONSTITUCIONAL. PROCESSO CIVIL. RECURSO ORDINÁRIO EM MANDADO DE SEGURAÇA. ART. 105, II, B, DA CONSTITUIÇÃO. JULGAMENTO *PER SALTUM*. IMPOSSIBILIDADE. PRECEDENTES. AGRAVO IMPROVIDO. I – Nos termos do art. 105, II, b, da Constituição, inviável à instância recursal, no julgamento de recurso ordinário em mandado de segurança, superar preliminar de não cabimento da ação e enfrentar, de imediato, questão de mérito não analisada pela instância competente para o julgamento originário do *writ*. II - Agravo regimental improvido (RE 638.057-AgR/PR, rel. Min. Ricardo Lewandowski, Segunda Turma, j. 28.2.2012).

59. "'AÇÃO CAUTELAR INCIDENTAL INOMINADA' – [...] INADMISSIBILIDADE DA INVOCAÇÃO DA TEORIA DA ENCAMPAÇÃO QUANDO DELA RESULTAR A INDEVIDA MODIFICAÇÃO DA COMPETÊNCIA, ORIGINÁRIA OU RECURSAL, DISCIPLINADA NA PRÓPRIA CONSTITUIÇÃO FEDERAL – REQUISITOS QUE CONDICIONAM A APLICAÇÃO DA TEORIA DA ENCAMPAÇÃO – PRECEDENTES – INAPLICABILIDADE, DE OUTRO LADO, AO RECURSO ORDINÁRIO EM MANDADO DE SEGURANÇA, DO ART. 515, § 3º, DO CPC, QUE CONSAGRA A TEORIA DA CAUSA MADURA – PRECEDENTES (STF) – INADMISSIBILIDADE, AINDA, EM SEDE MERAMENTE CAUTELAR, DA OBTENÇÃO DE PROVIMENTO JURISDICIONAL MAIS ABRANGENTE DO QUE AQUELE QUE SE CONTÉM NOS ESTRITOS LIMITES MATERIAIS DA CAUSA PRINCIPAL – CARÁTER ANCILAR DO PROCESSO CAUTELAR – PRECEDENTES – RECURSO DE AGRAVO IMPROVIDO" (AC 3.545-MC-ED/DF, rel. min. Celso de Mello, Segunda Turma, j. 8.4.2014).

60. "EMBARGOS DE DECLARAÇÃO – INOCORRÊNCIA DE CONTRADIÇÃO, OBSCURIDADE OU OMISSÃO – PRETENDIDO REEXAME DA CAUSA – CARÁTER INFRINGENTE – INADMISSIBILIDADE – LIQUIDAÇÃO EXTRAJUDICIAL DE INSTITUIÇÃO FINANCEIRA (LEI Nº 6.024/74) – PRETENDIDA RETIFICAÇÃO DO QUADRO GERAL DE CREDORES – [...] LITÍGIO MANDAMENTAL CUJO MÉRITO SEQUER FOI APRECIADO PELO STJ – INADMISSIBILIDADE DA INVOCAÇÃO DA TEORIA DA ENCAMPAÇÃO QUANDO DELA RESULTAR A INDEVIDA MODIFICAÇÃO DA COMPETÊNCIA, ORIGINÁRIA OU RECURSAL, DISCIPLINADA NA PRÓPRIA CONSTITUIÇÃO FEDERAL – REQUISITOS QUE CONDICIONAM A APLICAÇÃO DA TEORIA DA ENCAMPAÇÃO – PRECEDENTES – INAPLICABILIDADE, DE OUTRO LADO, AO RECURSO ORDINÁRIO EM MANDADO DE SEGURANÇA, DO ART. 515, § 3º, DO CPC, QUE CONSAGRA A TEORIA DA CAUSA MADURA – PRECEDENTES (STF) – INOVAÇÃO DOS LIMITES MATERIAIS DO PEDIDO – IMPUGNAÇÃO RECURSAL QUE NÃO GUARDA PERTINÊNCIA COM OS FUNDAMENTOS EM QUE SE ASSENTOU O ATO DECISÓRIO QUESTIONADO – OCORRÊNCIA DE DIVÓRCIO IDEO-

Percebe-se, então, que "o STF, ao prover o recurso ordinário contra acórdão do tribunal inferior que se limitou a analisar questões preliminares, não vai além da cassação do arresto recorrido, operada a reforma do julgado, os autos são restituídos ao tribunal de origem, para que este enfrente, em novo julgamento, o mérito da impetração"[61].

Entretanto, Alexandre Freitas Câmara insiste que, "com todo respeito devido ao Supremo Tribunal Federal e à posição que em sua jurisprudência consolidou-se, deve ser considerado correto o posicionamento acolhido pela doutrina dominante", uma vez que "a possibilidade de que o órgão *ad quem* exerça cognição sobre o mérito da causa, em grau de recurso ordinário, em um caso no qual o tribunal *a quo* não tenha enfrentado não implica atribuir-se a órgão jurisdicional distinto daquele previsto na Constituição da República uma competência originária para a apreciação do objeto do processo". O autor arremata sustentando

> "A possibilidade de cognição sobre o mérito sem que o tribunal *a quo* o tenha enfrentado é, na verdade, manifestação da própria competência recursal ordinária que os arts. 102, II e 105, II, da Constituição da República atribuem ao STF e ao STJ"[62]

Nessa senda, em que pese inexistirem precedentes colegiados da Suprema Corte admitindo a aplicação da teoria da causa madura ao recurso ordinário, devem ser registradas iniciativas individuais na sua adoção, como pode ser visto no excerto da decisão proferida pelo Ministro Edson Fachin, nos autos do RMS 31.853/DF:

> "Logo, em que pese a decisão da Corte *a quo*, entendo que a questão encontra-se devidamente instruída por prova documental, sendo despicienda a abertura de fase instrutória; assim, entendo que os requisitos para o conhecimento e análise de mérito do presente mandado de segurança estão presentes, restando evidenciada a necessidade de reforma da decisão guerreada, pois a via eleita pelo Impetrante mostra-se adequada para albergar eventual atendimento de sua pretensão, bem como o STF já se manifestou sobre situação idêntica no RMS 31.841, de minha relatoria, Primeira Turma, julgado em 02.08.2016, DJe 19.09.2016.
>
> Contudo, observo que o processo encontra-se maduro para julgamento, sendo mister a aplicação do contido no artigo 1.013, § 3º, inciso I, do Código de Processo Civil, pois, uma vez que as condições da ação estão presentes, e o contraditório

LÓGICO – PRECEDENTES – EMBARGOS DE DECLARAÇÃO REJEITADOS" (RMS 28.194-AgR-ED/SP rel. Min. Celso de Mello, Segunda Turma, j. 8.4.2014).

61. THEODORO JÚNIOR. Humberto. *Lei do mandado de segurança comentada*. Rio de Janeiro: Forense, 2014, p. 332.

62. CÂMARA, Alexandre Freitas. *Manual de Mandado de segurança*. 1 ed. São Paulo: Atlas, 2013, p. 251.

> foi rigorosamente observado quando do processamento do feito, entendo que o mérito da demanda pode ser apreciado e julgado por esta Corte
>
> [...]
>
> Ante o exposto, com fundamento no art. 21, § 1º, do RISTF, dou provimento do recurso ordinário, restabelecendo a anistia política concedida pela Portaria Ministerial nº 3.320/2004/MJ."[63]

Contudo, a referida decisão foi mantida pela Segunda Turma do STF[64] sem que o colegiado se manifestasse expressamente sobre a incidência, na espécie, do art. 1.013, § 3º, do CPC.

O Ministro Alexandre de Moraes também já entendeu aplicável a teoria, consoante se extrai do ato decisório proferido no RMS 36.434[65], de sua relatoria. Diante do caso concreto, e "com base no art. 1.013, § 3º, III, c/c art. 1.027, § 2º, todos do CPC/2015", negou provimento ao recurso ordinário.

13.3. LEGITIMIDADE PARA RECORRER

O art. 996 do Código de Processo Civil prescreve que possuem legitimidade para recorrer a parte vencida, o Ministério Público, como parte ou *custos legis*, e o terceiro prejudicado, o qual, para tanto, deverá "demonstrar a possibilidade de a decisão sobre a relação jurídica submetida à apreciação judicial atingir direito de que se afirme titular ou que possa discutir em juízo como substituto processual".

Por sua vez, o art. 14, § 2°, da Lei do Mandado de Segurança, estendeu à autoridade coatora o direito de recorrer. Como poder ser visto, "a Nova Lei do Mandado de Segurança supriu a lacuna que a respeito existia na Lei nº

---

63. RMS 31.853/DF, rel. Min. Edson Fachin, j. 14.3.2017.

64. "AGRAVO REGIMENTAL EM RECURSO ORDINÁRIO EM MANDADO DE SEGURANÇA. ANISTIA POLÍTICA. DECADÊNCIA. SOBRESTEMENTO DO FEITO. RE 817.338. TEMA 839 DA REPERCUSSÃO GERAL. IMPOSSIBILIDADE.

1. A suspensão dos processos prevista no art. 1.035, § 5º, do CPC, não é automática, ou seja, carece da deliberação do relator do processo.

2. O reconhecimento de que a questão tratada nos autos ostenta repercussão geral não infirma a formação de jurisprudência dominante acerca da matéria. Embora seja possível, em posterior julgamento, a alteração da compreensão jurisprudencial, vige no direito o postulado de que lei formal goza de presunção de constitucionalidade até declaração em contrário. Art. 525, §§ 12, 14 e 15 do CPC/2015.

3. Agravo regimental a que se nega provimento" (RMS 31.853-AgR/DF, Rel. Min. Edson Fachin, Segunda Turma, 7.8.2018).

65. RMS 36.434, rel. Min. Alexandre de Moraes, j. 16.4.2019.

1.533/1951 e estendeu, de forma expressa à autoridade coatora, a possibilidade de recorrer da sentença concessiva da segurança (§ 2º do art. 14)"[66].

Ao cotejar as disposições processuais civis com a legislação específica do mandado de segurança, pode ser observado que:

> "A interposição de recursos pode ser feita pelos impetrantes, impetrados, Ministério Público, litisconsortes (não confundir com simples assistentes), terceiros prejudicados, bem como pela entidade a que pertencer o coator, sempre que concedida a segurança ou a liminar, porque sobre ela recairão os encargos de condenação ou da suspensão do ato (o art. 14, § 2º, da Lei 12.016/2009, no entanto, menciona o direito de recorrer da autoridade coatora'). Em geral são aplicáveis nas impetrações todas as regras de tramitação dos recursos que não forem incompatíveis com as especificidades do *mandamus*."[67]

Assim, diante da Lei 12.016/2009[68], não haveria mais espaço para discussão acerca da legitimidade da autoridade coatora para recorrer da decisão concessiva da segurança.

Entretanto, apesar de o coator poder prestar diretamente as informações em juízo, sem auxílio do advogado ou procurador, "o mesmo não ocorre no caso do recurso, se tencionar interpô-lo, terá de constituir advogado"[69].

Ao analisar o RE 541.338-MG/ED[70], a Segunda Turma do STF assentou que "o Ministério Público tem legitimidade para recorrer em processo de mandado de segurança, onde oficie na condição de fiscal da lei"[71].

---

66. THEODORO JÚNIOR. Humberto. *Lei do mandado de segurança comentada*. Rio de Janeiro: Forense, 2014, p. 288.
67. MEIRELLES, Hely Lopes. *Mandado de segurança e ações constitucionais*. (Hely Lopes Meirelles, Arnoldo Wald, Gilmar Ferreira Mendes; com a colaboração de Marina Gaensly e Rodrigo de Oliveira Kaufmann). 37 ed., rev., atual. e ampl. – São Paulo: Malheiros, 2016, p. 140.
68. Mesmo antes da Lei 12.016/2009, Sérgio Ferraz já sustentava a legitimidade da autoridade coatora para recorrer: "Inquestionavelmente, da decisão concessiva do *writ* poderá recorrer a pessoa jurídica a que atado o coator, como efetiva sucumbente, eis que é ela a titular do direito a que contraposta a ação de segurança, sobre ela recaindo os ônus da decisão concessiva do *writ*. E a autoridade coatora? Se tida for como parte passiva, litisconsorcial ou não, induvidosamente deveria ter seu recurso admitido, com legitimação direta. É, por exemplo, a opinião de Hely (Mandado de Segurança, 28ª ed., pp. 111-112), coerente nos dois pontos" FERRAZ, Sérgio. *Mandado de segurança*. São Paulo: Malheiros, 2006, p. 323.

    Para aqueles, contudo – como nós -, que veem o coator como figura não-parte da ação, ainda assim parece admissível o recurso do constritor, já então como terceiro prejudicado.
69. THEODORO JÚNIOR. Humberto. *Lei do mandado de segurança comentada*. Rio de Janeiro: Forense, 2014, p. 289.
70. RE 541.338-MG/ED, rel. Min. Cezar Peluso, Segunda Turma, j. 12.8.2008.
71. No mesmo sentido: RE 214.265/DF, rel. Min. Maurício Corrêa, Segunda Turma, 17.11.1997.

Relativamente ao órgão ministerial, observa-se a sua ampla legitimidade recursal na ação de mandado de segurança, oficiando como parte ou como fiscal da lei, de modo que "pode recorrer se vencido o impetrante ou o impetrado e a interposição de recurso de sua parte independe, em qualquer caso, de que a parte vencida haja também recorrido" [72].

Transcrevo ementa de julgado no qual ficou consignado que faleceria ao advogado da parte interesse recursal para agravar decisão proferida em recurso ordinário em mandado de segurança:

> Agravo em recurso ordinário em mandado de segurança. Interposição do recurso pelo advogado, em nome próprio. Ausência de interesse recursal. Agravo não provido. Inexiste interesse recursal de advogado para interpor, em nome próprio, agravo nos autos de recurso ordinário quando o objeto da impetração versa unicamente sobre interesse da parte. A condenação em honorários, que fundamentaria, segundo entende a recorrente, seu interesse na interposição do regimental, não foi objeto da impetração, razão pela qual não é fato hábil a justificar a interposição de recurso nos presentes autos. Agravo não provido"[73].

13.4. PRAZOS PARA RECORRER

O Código de Processo Civil, ao tratar das disposições gerais dos recursos, indica que, excetuados dos embargos de declaração[74], "o prazo para interpor os recursos e para responder-lhes é de 15 (quinze) dias" (art. 1.003, § 5°).

Por sua vez, a Lei do Mandado de Segurança nada revela[75] sobre quais seriam os prazos para interposição de recursos, de modo que serão utilizados aqueles definidos na lei processual civil.

Essa é a lição de Alexandre Câmara, ao registrar que "em duas dessas três hipóteses (exatamente aquelas em que a decisão agravável terá sido proferida pelo relator) a Lei nº 12.016/2009 nada mais faz além de afirmar o cabimento do agravo interno, o que implica, necessariamente, a

72. DECOMAIN. Pedro Roberto. *Mandado de Segurança: (o Tradicional, o Novo e o Polêmico na Lei 12.016/09.* São Paulo: Dialética, 2009, p. 387.
73. RMS 33.326-AgR/DF, rel. Min. Dias Toffoli, Segunda Turma, j. 8.9.2015.
74. "Art. 1.023. Os embargos serão opostos, no prazo de 5 (cinco) dias, em petição dirigida ao juiz, com indicação do erro, obscuridade, contradição ou omissão, e não se sujeitam a preparo".
75. Exceção é a disposição constante art. 15 da Lei do MS, a qual prevê o prazo de 5 dias para a interposição de agravo interno contra decisão que defere o requerimento de suspensão de liminar.

aplicação subsidiária do CPC para que se defina o modo como será tratado o recurso"[76].

Nessa direção, mesmo antes da vigência da atual Lei 12.016/2009, o prazo para a interposição de recurso ordinário era de 15 dias, de modo que a Súmula 319[77] do STF está superada, como pode ser visto abaixo:

> "Já antes da L. 8.038/90, era de quinze dias o prazo para a interposição do recurso ordinário constitucional em mandado de segurança, contado em dobro quando recorrente a Fazenda Pública: os arts. 508 e 188 C.Pr.Civil prejudicam a Súm. 319 do Supremo Tribunal"[78].

Além disso, nas ações mandamentais é aplicável o benefício processual do prazo em dobro[79] para que o Ministério Público[80], a Fazenda Pública[81] e os litisconsortes com procuradores diferentes[82] recorram, como pode ser extraído da seguinte explanação:

> "Os prazos para recursos são os fixados no Código de Processo Civil de 2015, contando-se em dobro para a Fazenda Pública, para o Ministério Público (arts. 180 e 183) e para litisconsortes com procuradores diferentes (art. 229). Para responder ao recurso em contrarrazões o prazo é o singelo para todas as partes, pois o Código de 2015 não abriu exceção para o mandado de segurança, e este, por seu rito especialíssimo de remédio heroico, só admite alargamentos de prazos processuais quando a lei expressamente os determine. No caso, não se pode entender que a ampliação genérica do art. 229 importe duplicação do prazo de contrarrazões, privilégio, esse, não especificamente concedido à Fazenda Pública, ao Ministério Público ou às partes que tenham mais de um procurador nos autos. Essa a única interpretação que se coaduna com a natureza urgente e mandamental das decisões em mandado de segurança.

---

76. CÂMARA, Alexandre Freitas. *Manual de Mandado de Segurança.* 1 ed. São Paulo: Atlas, 2013, p. 237.
77. "O prazo do recurso ordinário para o Supremo Tribunal Federal, em *habeas corpus* ou mandado de segurança, é de cinco dias".
78. RMS 21.106/DF, rel. Min. Sepúlveda Pertence, Tribunal Pleno, j. 20.2.1991.
79. Nesse sentido: "Aplica-se ao mandado de segurança o benefício do art. 188 do CPC. Deste modo, a Fazenda Pública e o Ministério Público, em nosso sentir, dispõe de prazo em dobro para recorrer. O mesmo se diga relativamente ao benefício do art. 191, que concede prazo em dobro aos litisconsortes com diferentes procuradores" (ALVIM, Eduardo Arruda. *Mandado de Segurança.* 2 ed. – Rio de Janeiro: GZ Ed., 2010, p. 341).
80. "Art. 180. O Ministério Público gozará de prazo em dobro para manifestar-se nos autos, que terá início a partir de sua intimação pessoal, nos termos do art. 183, § 1º."
81. "Art. 183. A União, os Estados, o Distrito Federal, os Municípios e suas respectivas autarquias e fundações de direito público gozarão de prazo em dobro para todas as suas manifestações processuais, cuja contagem terá início a partir da intimação pessoal".
82. "Art. 229. Os litisconsortes que tiverem diferentes procuradores, de escritórios de advocacia distintos, terão prazos contados em dobro para todas as suas manifestações, em qualquer juízo ou tribunal, independentemente de requerimento".

Observemos, ainda, que somente a Fazenda Pública – ou seja, a União, Estados, Distrito Federal, Municípios e suas autarquias – é que goza do privilégio da duplicação dos prazos para recurso, não se estendendo tal prerrogativa às entidades paraestatais (empresas públicas, sociedades de economia mista, fundações instituídas pelo Poder Público, serviços sociais autônomos), nem aos concessionários de serviços públicos que impetrarem ou responderem mandado de segurança. Essas entidades ou empresas de personalidade privada só contarão o prazo em dobro se a lei federal lhes conceder expressamente o privilégio, equiparando-as, para esse efeito, à Fazenda Pública" [83].

Sobre o início da contagem do prazo para a interposição do recurso em ação mandamental, caso o acórdão conceda a segurança, conta-se da publicação oficial de suas conclusões, e não da anterior ciência à autoridade para cumprimento do *decisum*, nos termos do enunciado da Súmula 392[84] do STF. Oportunamente, cito palavras de Eduardo Arruda Alvim, segundo as quais:

> "Sem embargo de a comunicação da concessão da ordem, para fins de cumprimento imediato, processar-se na forma do disposto no art. 13 da Lei n 12.016/09, o prazo para a interposição do recurso só principia com a intimação da sentença pela imprensa oficial, conforme sumulado pelo STF para hipótese equivalente (recurso de decisão de segundo grau)"[85]

Ainda é relevante observar que, além de o órgão ministerial[86] usufruir de prazo em dobro para recorrer, atuando como parte ou como fiscal da lei, conta-se o período para exercer a faculdade processual da data de sua intimação pessoal[87]. O mesmo entendimento alcança os advogados públicos:

> "Agravo regimental no recurso extraordinário com agravo. Processual civil. Ente público representado por procurador-geral federal. Intimação pessoal realizada por oficial de justiça. Recurso extraordinário. Prazo recursal. Início. Data da jun-

---

83. MEIRELLES, Hely Lopes. *Mandado de segurança e ações constitucionais*. (Hely Lopes Meirelles, Arnoldo Wald, Gilmar Ferreira Mendes; com a colaboração de Marina Gaensly e Rodrigo de Oliveira Kaufmann). 37 ed., rev., atual. e ampl. – São Paulo: Malheiros, 2016, p. 139.

84. Súmula 392 "o prazo para recorrer do acordão concessivo de segurança conta-se da publicação oficial de suas conclusões, e não da anterior ciência a autoridade para cumprimento da decisão".

85. ALVIM, Eduardo Arruda. *Mandado de Segurança*. 2 ed. – Rio de Janeiro: GZ Ed., 2010, p. 339.

86. "Art. 1.003. O prazo para interposição de recurso conta-se da data em que os advogados, a sociedade de advogados, a Advocacia Pública, a Defensoria Pública ou o Ministério Público são intimados da decisão.

§ 1º Os sujeitos previstos no *caput* considerar-se-ão intimados em audiência quando nesta for proferida a decisão"

87. DECOMAIN. Pedro Roberto. *Mandado de Segurança: (o Tradicional, o Novo e o Polêmico na Lei 12.016/09*. São Paulo: Dialética, 2009, p. 387.

tada aos autos do mandado de intimação devidamente cumprido. Precedentes. Agravo regimental provido.

1. O termo inicial do prazo para a interposição do recurso extraordinário de ente público representado por procurador-geral federal, cuja intimação pessoal foi realizada por oficial de justiça, deu-se com a juntada aos autos do mandado de intimação devidamente cumprido (art. 241, inciso II, do CPC, na redação da Lei no 8.719/93).

2. Provido o agravo regimental tão somente para afastar a intempestividade do apelo extremo, devolvendo-se ao Ministro Relator as demais questões pertinentes ao recurso"[88].

A esse respeito, em seu voto condutor, o Ministro dias Toffoli consignou que:

"[...] a contagem dos prazos recursais para a Fazenda Pública e para o Ministério Pública a partir da efetivação da intimação pessoal decorre de disposição expressa do art. 240 do CPC, em interpretação conjunta com o art. 242 do mesmo diploma legal. Assim, para aqueles a quem a lei confere tal prerrogativa (membros do Ministério Público, Advogados da União, Procuradores da Fazenda Nacional, Procuradores Federais, etc.), o prazo recursal se inicia com a intimação pessoal, ainda ela tenha se efetivado por meio de oficial de justiça. O Supremo Tribunal Federal, ao se manifestar a respeito da matéria, posicionou nesse mesmo sentido"[89].

Importante observar que, a despeito das disposições constante do art. 183 do CPC, "a autoridade coatora, todavia, não sendo nem litisconsorte, nem se identificando como a Fazenda Pública, não faz jus à contagem de prazo em dobro".[90]

13.5. EFEITOS DOS RECURSOS

Dispõe o *caput* do art. 995 que "os recursos não impedem a eficácia da decisão, salvo disposição legal ou decisão judicial em sentido diverso".

Lúcia Valle Figueiredo, considerando a natureza do *mandamus*, ação vocacionada para ser ágil e amparar todo e qualquer cidadão em face de

---

88. ARE 892.732-AgR/SP, redator para acórdão Min. Dias Toffoli, Segunda Turma, j. 5.4.2016.
89. ARE 892.732-AgR/SP, redator para acórdão Min. Dias Toffoli, Segunda Turma, j. 5.4.2016.
90. THEODORO JÚNIOR. Humberto. *Lei do mandado de segurança comentada*. Rio de Janeiro: Forense, 2014, p. 331.

atos atentatórios ao direito, afirma que "é da essência da ação do mandado de segurança sua execução imediata"[91].

De fato, "o efeito dos recursos em mandado de segurança é somente o devolutivo, porque o suspensivo seria contrário ao caráter urgente e autoexecutório da decisão mandamental"[92].

Ressalto, outrossim, que a lei do mandado de segurança permite a execução provisória da decisão concessiva da segurança, salvo nos casos em que for vedado o deferimento de medida liminar (art. 14, § 3°).

Todavia, a eficácia da decisão recorrida, ainda que em ações mandamentais, poderá ser suspensa por decisão do relator, se dá imediata produção de seus efeitos houver risco de dano grave, de difícil ou impossível reparação, e ficar demonstrada a probabilidade de provimento do recurso[93].

Os recursos extraordinários possuem basicamente efeito devolutivo, e não suspensivo, podendo ser requerida a concessão deste último, nos termos do art. 1.029, § 5º[94]. Por sua vez, o recurso ordinário constitucional permite:

> "[...] o reexame amplo (o efeito devolutivo dessa modalidade recursal é o mais largo possível, tal qual sucede com o recurso de apelação) pelos tribunais superiores (STJ e STF) das decisões proferidas em grau de competência originária pelos tribunais locais, em julgamento de mandado de segurança, quando denegatório da ordem"[95]

---

91. FIGUEIREDO, Lúcia Valle. *Mandado de segurança.* 6 ed. Malheiros, São Paulo: 2009, p. 224.

92. MEIRELLES, Hely Lopes. *Mandado de segurança e ações constitucionais.* (Hely Lopes Meirelles, Arnoldo Wald, Gilmar Ferreira Mendes; com a colaboração de Marina Gaensly e Rodrigo de Oliveira Kaufmann). 37 ed., rev., atual. e ampl. – São Paulo: Malheiros, 2016, p. 138.

93. Parágrafo único do art. 995 do CPC.

94. "Art. 1.029. ...

    [...]

    § 5º O pedido de concessão de efeito suspensivo a recurso extraordinário ou a recurso especial poderá ser formulado por requerimento dirigido:

    I – ao tribunal superior respectivo, no período compreendido entre a publicação da decisão de admissão do recurso e sua distribuição, ficando o relator designado para seu exame prevento para julgá-lo:

    II - ao relator, se já distribuído o recurso;

    III – ao presidente ou ao vice-presidente do tribunal recorrido, no período compreendido entre a interposição do recurso e a publicação da decisão de admissão do recurso, assim como no caso de o recurso ter sido sobrestado, nos termos do art. 1.037".

95. ALVIM, Eduardo Arruda. *Mandado de Segurança.* 2 ed. – Rio de Janeiro: GZ Ed., 2010, p. 364.

Reafirmo, ainda, que, para a obtenção de efeito suspensivo, a lei processual civil indica que deve ser observada a forma existente para o seu deferimento em recurso especial ou extraordinário (art. 1.029, § 5º).

Assim, nos termos do que prevê o art. 1.027, I, § 2º c/c o art. 1.029, § 5º do CPC, o pedido de concessão de efeito suspensivo ao recurso ordinário pode ser formulado por requerimento dirigido: a) ao STF, no período compreendido entre a publicação da decisão de admissão do recurso e sua distribuição, ficando o relator designado para seu exame prevento para julgá-lo; b) ao relator, se já distribuído o recurso; e c) ao presidente ou ao vice-presidente do tribunal recorrido, no período compreendido entre a interposição do recurso e a publicação da decisão de admissão do recurso, assim como no caso de o recurso ter sido sobrestado, nos termos do art. 1.037 do CPC.

Finalmente, deve ser ressaltado que, na linha do enunciado de súmula 405 do STF, denegado o mandado de segurança, não se poderia dar efeito suspensivo ao recurso ordinário para manter liminar anteriormente deferida[96].

96. AURELLI, Arlette Inês. *Recursos e a ação de mandado de segurança. In* BUENO, Cassio Scarpinella; ALVIM, Eduardo Arruda; e WAMBIER, Teresa Arruda Alvim (org.). *Aspectos polêmicos e atuais do mandado de segurança:* 51 anos depois. São Paulo: Editora Revista dos Tribunais, 2002. p. 91.

14

MANDADO DE SEGURANÇA EM MATÉRIA CRIMINAL

Davi Reis Pirajá[1]

CONSIDERAÇÕES INICIAIS: DA NATUREZA JURÍDICA

O desenvolvimento da ciência jurídica está intimamente relacionado à identificação das estruturas que dão suporte ao direito positivo. Sem a compreensão das abstrações teóricas que dão sentido à prática do direito, o jurista pode perder-se da própria significação da realidade, construindo formas desconexas e frágeis. Essa é uma das mais relevantes apreensões da escola da *jurisprudência dos conceitos* ao assentar que uma descrição adequada do ordenamento jurídico depende do desenvolvimento de conceitos associados a modelos explicativos abrangentes[2].

Assim, para afastar-se de uma produção teórica descompromissada com seus pressupostos abstratos, o desenvolvimento almejado neste capítulo deve ser precedido de algumas considerações acerca da essência do mandado de segurança, notadamente quando impetrado em face de atos de conteúdo penal.

Passa-se, portanto, à análise da natureza jurídica do instrumento de segurança, ao qual, não obstante algumas reservas doutrinárias,[3] tem sido majoritariamente atribuída a conformação de ação civil de natureza cons-

1. DAVI REIS S. PIRAJÁ é graduado pela Universidade de Brasília e pós-graduado na Fundação Escola Superior do Ministério Público do Distrito Federal e Territórios. Atualmente é assessor do Ministro Celso de Mello no Supremo Tribunal Federal.
2. COSTA, Alexandre Araújo. *Direito e Método: diálogos entre a hermenêutica filosófica e a hermenêutica jurídica*. Tese (Doutorado em 2008) – Universidade de Brasília - UnB, Brasília, 2008.
3. TUCCI. Rogério Lauria. *Do mandado de segurança contra ato jurisdicional penal*. São Paulo: Saraiva, 1978, p. 33.

titucional.[4] Essa figuração abstrata conferida ao "writ" mandamental independe da matéria sobre a qual recai, de maneira que conserva sua natureza de ação civil ainda quando impetrado no âmbito penal,[5] como já afirmou o Supremo Tribunal Federal[6].

O produto dessa conclusão é de relevância singular, pois importa o reconhecimento da aplicabilidade de institutos pertinentes à teoria geral do mandado de segurança ao impetrado na esfera criminal, o que não se revelaria juridicamente adequado caso concebido fosse como ação penal ou recurso, por exemplo.

Dessa forma, aspectos relacionados ao objeto, à competência, à legitimidade ou, até mesmo, ao procedimento, já cuidadosamente examinados nos demais capítulos desta obra, devem ser também observados na análise do mandado de segurança criminal.

Registre-se, no entanto, que a imutabilidade da estrutura de referida ação constitucional, que independe do ramo do direito material que regula sua causa de pedir, não retira a importância teórica do estudo do mandado de segurança criminal, pois, embora se atenha aos parâmetros processuais gerais da ação mandamental, produz consequências específicas, as quais merecem estudo particularizado.

No presente capítulo, far-se-ão algumas considerações acerca dessas consequências, abordando assuntos concernentes à competência do Supremo Tribunal Federal para processar e julgar o mandado de segurança impetrado contra ato de conteúdo penal, à legitimidade ativa, bem assim às hipóteses particulares de cabimento. Isso sempre partindo das premissas estruturais dessa ação constitucional, que – insista-se – conservam-se independentemente da matéria de fundo em questionamento.

14.1. NOTAS PROCESSUAIS ESPECÍFICAS

14.1.1. Competência: regime de direito estrito

A competência originária do Supremo Tribunal Federal emana da própria Constituição da República, que estabelece, em rol exaustivo (CF,

4. Nesse sentido: BASTOS, Celso Ribeiro. *Do mandado de Segurança*. São Paulo: Saraiva, 1982, p. 5; DA SILVA, José Afonso. *Curso de Direito Constitucional Positivo*. São Paulo: Malheiros, 2000.

5. Em sentido contrário: MOSSIN, Heráclito Antônio. *Mandado de Segurança em Matéria Penal*. São Paulo: Atlas, 1996, p. 37). Para o autor, a espécie de ação – civil ou criminal – a que se refere o MS será determinada de acordo com a matéria sobre a qual versar.

6. STF, HC 70.392/DF, 2ª Turma, rel. Min. Celso de Mello, j. 31.08.1993.

art. 102, I), o complexo de suas atribuições jurisdicionais. Dessa forma, a ampliação, a redução ou a modificação – até mesmo por via legislativa ordinária – das hipóteses taxativamente comtempladas pelo catálogo constitucional encontra óbice no regime de direito estrito ao qual se submete a definição da competência da Corte, como ensina o eminente Ministro Celso de Mello em julgado paradigma a respeito do tema, cuja ementa destaca-se a seguir:

> "A COMPETÊNCIA DO SUPREMO TRIBUNAL FEDERAL - CUJOS FUNDAMENTOS REPOUSAM NA CONSTITUIÇÃO DA REPÚBLICA - SUBMETE-SE A REGIME DE DIREITO ESTRITO.
>
> - A competência originária do Supremo Tribunal Federal, por qualificar-se como um complexo de atribuições jurisdicionais de extração essencialmente constitucional - e ante o regime de direito estrito a que se acha submetida – não comporta a possibilidade de ser estendida a situações que extravasem os limites fixados, em *numerus clausus*, pelo rol exaustivo inscrito no art. 102, I, da Constituição da República. Precedentes.
>
> O regime de direito estrito, a que se submete a definição dessa competência institucional, tem levado o Supremo Tribunal Federal, por efeito da taxatividade do rol constante da Carta Política, a afastar, do âmbito de suas atribuições jurisdicionais originárias, o processo e o julgamento de causas de natureza civil que não se acham inscritas no texto constitucional (ações populares, ações civis públicas, ações cautelares, ações ordinárias, ações declaratórias e medidas cautelares), mesmo que instauradas contra o Presidente da República ou contra qualquer das autoridades, que, em matéria penal (CF, art. 102, I, b e c), dispõem de prerrogativa de foro perante a Corte Suprema ou que, em sede de mandado de segurança, estão sujeitas à jurisdição imediata do Tribunal (CF, art. 102, I, d)."

Assim, para que se instaure a competência originária do Supremo Tribunal Federal para o processo e julgamento de mandados de segurança, mostra-se necessário que a autoridade apontada como coatora esteja incluída no rol taxativo fixado no art. 102, I, "d" e "r", da Carta Política, que confere à Corte Suprema a competência para apreciar ações de segurança impetradas contra atos a) do Presidente da República, b) das Mesas da Câmara dos Deputados e do Senado Federal, c) do Tribunal de Contas da União, d) do Procurador-Geral da República, e) do próprio Supremo Tribunal Federal, f) do Conselho Nacional de Justiça e g) do Conselho Nacional do Ministério Público.

Convém destacar, no entanto, que, dentre os órgãos acima apontados, poucos possuem alguma atribuição temática em matéria penal, de maneira que a competência do Supremo Tribunal Federal para processar e julgar, originariamente, mandados de segurança que envolvam a temática criminal revela-se bastante reduzida, tanto em razão da mencionada taxatividade a que se sujeita o rol de suas atribuições originárias, quanto por efeito do entendimento jurisprudencial que obsta a impetração de mandado de segurança contra atos de conteúdo jurisdicional emanados da própria Corte[7].

Não obstante as restritas possibilidades de conhecimento originário do "writ", a Corte vem sedimentando importante jurisprudência quanto aos específicos aspectos que envolvem o mandado de segurança no âmbito criminal, seja em hipóteses em configurada sua competência originária, seja em sede de outras ações nas quais o Tribunal é suscitado a se manifestar sobre o tema, o que será tratado oportunamente no presente capítulo.

14.1.2. Sujeitos processuais

Outra questão que merece abordagem própria, no que diz respeito às consequências da admissão do mandado de segurança em matéria penal, é a legitimidade das partes.

Como se sabe, a legitimidade "ad causum" é a pertinência subjetiva da demanda. Trata-se de situação prevista em lei que permite a um determinado sujeito propor a demanda e a outro integrar o polo passivo desta.[8] Essa pertinência pode originar-se tanto da titularidade jurídica do direito material pleiteado, no caso da legitimidade ordinária, quanto de autorização do ordenamento jurídico, para a legitimação extraordinária.

A Lei do Mandado de Segurança prevê possibilidade específica de legitimação extraordinária, quando, em seu art. 3º, dispõe que o titular de direito líquido e certo decorrente de direito de terceiro pode impetrar o remédio constitucional para a defesa do direito originário. Essa interdependência entre direitos, no entanto, é mais comum em matéria cível.

A capacidade processual, de outro lado, é gênero dos quais são espécies a capacidade de ser parte (aptidão de a pessoa ser titular da relação jurídica processual), a capacidade de estar em juízo (aptidão para praticar

---

7. O STF, em sucessivas decisões, tem decidido pela inadmissibilidade do mandado de segurança impetrado contra atos de índole jurisdicional (monocráticos ou colegiados) proferidos pelo Tribunal, os quais deverão ser impugnados pelo recurso pertinente ou por ação rescisória. STF, MS 21.734-AgR/DF, Plenário, rel. Min. Ilmar Galvão, j. 16.09.1993; STF, MS 22.515-AgR/DF, Plenário, rel. Min. Sydney Sanches, j. 03.02.97; STF, MS 22.988-AgR/MS, Plenário, rel. Min. Carlos Velloso, j. 12.02.1998; STF, MS 28.097-AgR/DF, Plenário, rel. Min. Celso de Mello, j. 11.05.2011; STF, MS 27.335-ED/DF, Plenário, rel. Min. Ayres Britto, j. 16.10.2009; STF, MS 33.459-AgR/AL, 1ª Turma, rel. Min. Luiz Fux, j. 03.05.2016.
8. ASSIS, Araken. Substituição processual. *Revista Dialética de Direito Processual*, São Paulo, n. 9, 2003, p. 9.

atos processuais) e a capacidade postulatória (aptidão para dirigir-se diretamente ao juiz).[9]

Feitas essas considerações iniciais, passa-se a examinar alguns aspectos peculiares da legitimação no âmbito do mandado de segurança criminal.

14.1.2.1. Legitimação ativa: do Ministério Público e do assistente da acusação

No que concerne à legitimidade ativa – tanto "ad causum" quanto "ad processum"[10] – para impetrabilidade do mandado de segurança, a Lei nº 12.016/2009 em seu art. 1º, "caput", dispõe que "qualquer pessoa física ou jurídica" pode valer-se do remédio constitucional para assegurar seu direito líquido e certo não amparado por "habeas corpus" ou "habeas data". A adoção, pela lei, do termo *qualquer pessoa* parece remeter a uma legitimação restritiva, dela excluindo os entes despersonalizados.

Nesse ponto, é importante registrar pertinente apontamento da doutrina que, atenta à vocação protetiva que a Constituição atribui ao mandado de segurança, sustenta a legitimação, não obstante o silêncio normativo, de entes despersonalizados para utilização do "*writ*", valendo transcrever, por todos, a seguinte passagem de Gregório Assagra de Almeida:

> "A redação como se nota, é limitadora, pois diz qualquer pessoa física ou jurídica. Considerando que o mandado de segurança é garantia constitucional fundamental, a interpretação deverá ser aberta e flexível, a fim de se permitir que entes despersonalizados, tais como o Ministério Público, a Defensoria Pública, a Câmara Municipal etc., também possam se utilizar do mandado de segurança".[11]

O entendimento acima exposto é relevante para o desenvolvimento do presente capítulo, pois no âmbito penal, em razão de o "habeas corpus" ser o remédio propício, na maioria das vezes, para a proteção dos direitos ameaçados e violados, o mandado de segurança, presente seu caráter resi-

---

9. NEVES, Daniel Amorim Assunção. *Manual de Direito Processual Civil*. Salvador: Juspodivm, 2017, p. 166-170.

10. Considera-se acertada a lição de Luana Pedrosa de Figueiredo (*Comentários à Lei do Mandado de Segurança*: Lei nº 12.016, São Pauto, Revista dos Tribunais, 2012, p. 41), quando afirma que a legitimidade a que se refere o "caput" do art. 1º da Lei nº 12.016/09 deve ser interpretada ampliativamente, incluindo tanto a legitimidade ligada à titularidade do direito material em disputa, como a referente a de ser parte na relação processual.

11. ALMEIDA, Gregório Assagra de; CIANCI, Mirna; QUARTIERI, Rita. *Mandado de Segurança*. São Paulo: Saraiva, 2011, p. 74.

dual, é majoritariamente utilizado pelo Ministério Público, que não possui personalidade jurídica.

O Supremo Tribunal Federal, em confirmação ao entendimento doutrinário, reconhece a legitimidade do Ministério Público para impetrar a ação de segurança em matéria criminal no exercício de suas atribuições institucionais,[12] em consonância com o que dispõe o art. 32, I, Lei nº 8.625/2003 e o art. 6º, VI da Lei Complementar 75/2003.

Outra questão interessante diz respeito à legitimidade do assistente da acusação para impetrar mandado de segurança em face de ato jurisdicional nos processos que integrar. Presente a posição adesiva que ocupa no processo penal, a admissibilidade do mandado de segurança por ele impetrado sujeita-se à adstrição de seu conteúdo aos limites processuais que lhe foram legalmente demarcados por efeito de sua condição de parte adjunta.

Nessa perspectiva, sustenta-se que o assistente da acusação só tem legitimidade para constar no polo ativo do mandado de segurança criminal quando lhe couber, ao menos em tese, suscitar idêntica pretensão no curso do processo penal. Do contrário, não há pertinência para a ação, porquanto ausente direito líquido e certo próprio que a justifique.

Com efeito, nos casos em que o instrumento mandamental é empregado na impugnação direta de atos de natureza de jurisdicional,[13] deve-se atentar para os aspectos que disciplinam a legitimação restrita e subsidiária do assistente da acusação, que, diferentemente dos demais sujeitos processuais mencionados no art. 577 do Código de Processo Penal, não tem legitimidade ampla e geral.

A doutrina especializada, ao abordar a legitimidade do assistente da acusação, aponta dois requisitos necessários para admitir-se a intervenção recursal desse sujeito processual: a inércia do Ministério Público e a natureza da decisão a ser impugnada, que, nos termos do art. 584 § 1º e do art. 598 do CPP, são as de impronúncia, absolvição e extinção da punibilidade[14].

---

12. STF, HC 69.802/SP, 2ª Turma, rel. Min. Paulo Brossard, j. 16.03.1993; STF, HC 70.392/DF, 2ª Turma, rel. Min. Celso de Mello, j. 31.08.1993; STF, HC 91.024/RN, 2ª Turma, rel. Min. Ellen Gracie, j. 05.08.2008.

13. Não obstante a existência de divergência, a doutrina majoritária defende possível a impetração de mandado de segurança contra decisão judicial, inclusive em matéria penal. (MOREIRA, Rômulo de Andrade, Mandado de Segurança em matéria criminal, *In: Revista Magister de Direito Penal e Processual Penal*. Porto Alegre, n. 32, 2009, p. 88-106).

14. PACELLI, Eugênio. *Curso de Processo Penal*. São Paulo: Saraiva, 2018, p. 497-498.

Sem o preenchimento desses pressupostos, não se reconhece a legitimidade da parte adjunta.

Por isso, e presentes tais considerações, defende-se que, se o sistema processual não atribui legitimidade ao assistente da acusação para impugnar a decisão que lhe é contrária pela via recursal própria, este não pode servir-se do mandado de segurança para tanto, sob pena se subverter o sistema de atribuições disposto pelo código adjetivo, que lhe conferiu legitimação recursal restrita.

Se no curso do processo penal, por exemplo, reconhecer-se a incompetência do juízo da causa, o Ministério Público poderá insurgir-se contra a decisão mediante recurso em sentido estrito (art. 581, II, CPP). Caso, no entanto, o "parquet" permaneça inerte, nada pode fazer o assistente da acusação caso discorde da decisão: não poderá interpor recurso, tampouco formalizar mandado de segurança, ante a ausência de legitimidade ativa.

14.1.2.2. Legitimação passiva: da necessária intimação da parte ré

No que concerne, lado outro, ao sujeito passivo da ação no âmbito da Suprema Corte, é pertinente relembrar as breves anotações feitas quanto a competência para julgamento do "writ" no STF, pois a definição da competência para o processo e julgamento da ação mandamental se dá, exata e exclusivamente, em decorrência da autoridade coatora. Dessa forma, tem-se que só podem constar no polo passivo da relação processual as autoridades e os órgãos previstos, taxativamente, no art. 102, I, "d" e "r" da Constituição Federal.

Cumpre destacar, neste ponto, peculiaridade da legitimação passiva para o mandado de segurança criminal, concernente à formação do litisconsórcio passivo necessário.

Como se sabe, o art. 7º, II, da Lei nº 12.016/2009, determina que, ao despachar a inicial, o Juiz dará ciência ao órgão responsável pela representação da pessoa jurídica interessada para que ingresse no feito e, consequentemente, apresente sua resposta à ação mandamental.

Ocorre que o Poder Público nem sempre tem interesse prático na resolução de controvérsia jurídica de fundo, oferecendo sua defesa ao ato impugnado, tantas vezes, por mero *dever moral*, o que resulta, por consequência, no esvaziamento do contraditório real.[15]

Essa situação mostra-se de peculiar relevância quando o mandado de segurança é impetrado pelo Ministério Público (ou pela parte autora da ação em penal privada) em face de decisão judicial proferida no âmbito do processo penal, pois a parte contraposta no processo de origem, que tem em risco, via de regra, seu próprio direito à liberdade, é a real interessada na preservação do ato jurisdicional impugnado.

Foi sensível a essa condição distinta do beneficiário do ato impugnado no âmbito penal e em garantia aos princípios do contraditório e da ampla defesa que o Supremo Tribunal Federal confirmou a necessidade de citação do réu como litisconsorte passivo nos casos em que o mandado de segurança impetrado pelo órgão ministerial visa desconstituir decisão proferida em sede processual penal, fixando tal orientação no enunciado sumular 701/STF[16].

A forma específica com a qual a Suprema Corte tratou o tema, conferindo nova formatação a aspectos processuais do mandado de segurança em razão da incidência de princípios fundamentadores do direito processual penal, notadamente o contraditório e a ampla defesa, revela a importância do exame separado da matéria e como o instrumento mandamental, embora mantendo sua natureza jurídica, recebe traçados peculiares quando impetrado em sede criminal.

14.2. DIREITO MATERIAL TUTELADO: DO ALCANCE RESIDUAL

A admissibilidade do mandado de segurança, como se sabe, está condicionada ao preenchimento de alguns requisitos específicos. O magistério doutrinário, ao examinar o tema à luz da Constituição e da Lei nº 12.016/09, aponta como pressupostos positivos de seu cabimento a) a demonstração do direito líquido e certo, b) a comprovação da ilegalidade ou do abuso de poder e c) a existência de autoridade coatora; ao passo que estabelece como requisitos negativos a) o cabimento de recurso administrativo com efeitos suspensivos, b) o cabimento de recurso, com efeito suspensivo, em

15. GRINOVER, Ada Pelegrini. Mandado de segurança contra ato jurisdicional penal. *In*: GRINOVER, Ada Pelegrini; GOMES FILHO, Antônio Magalhães; FERNANDES, Antônio Scarance (org.). *Recursos no Processo Penal*. São Paulo: Saraiva, 2011, p. 321.

16. "No mandado de segurança impetrado pelo Ministério Público contra decisão proferida em processo penal, é obrigatória a citação do réu como litisconsorte passivo".

face de ato de índole jurisdicional, c) a existência de decisão transitada em julgado e d) a admissibilidade de "habeas corpus" ou "habeas data".[17]

Sem pretensão de exaurir a temática, revisita-se, neste ponto, um dos critérios orientadores do cabimento do mandado de segurança com o intuito de se enfatizar – dentre os elementos negativos de sua admissibilidade – o caráter subsidiário do "writ" mandamental em relação, principalmente, à ação de "habeas corpus".

É que, diferentemente do que se visualiza no "juicio de amparo" mexicano, que resguarda, por meio de um único instrumento, a integridade de todos os direitos conferidos ao indivíduo pelo texto constitucional (ou por leis ordinárias), o legislador constitucional brasileiro preferiu atribuir função própria para cada um dos remédios constitucionais:[18] ao "habeas corpus" a salvaguardar a liberdade de locomoção; ao "habeas data" a asseguração do conhecimento de informações relativas à pessoa do impetrante e a retificação de dados; e ao mandado de segurança, como instrumento de ampla conformação, a garantia de todos os demais direitos.

Convém assinalar, nessa linha, que a própria origem do mandado de segurança está associada ao cabimento da ação de "habeas corpus". Com efeito, a jurisprudência da Suprema Corte, ainda sob a égide da Constituição de 1891 – apoiada, principalmente, nos pronunciamentos dos Ministros Pedro Lessa e Enéas Galvão –, orientava-se no sentido de que as hipóteses de cabimento do remédio constitucional do "habeas corpus" deveriam ter sua abrangência alargada, para incluir o amparo a outros direitos, mesmo que estes não tivessem relação com a proteção da liberdade de ir, de vir ou de permanecer.

Denominou-se essa construção jurisprudencial *doutrina brasileira do "habeas corpus"*, a qual prosperou até a reforma constitucional de 1926, que alterou a Carta Política para fazer constar explicitamente que o remédio heroico deveria ter a destinação específica de tutelar, única e diretamente, a liberdade de locomoção física.[19]

---

17. ZANETI JR., Hermes e BONOMO JR., Aylton. *Mandado de Segurança Individual e Coletivo*: Conforme CPC/15 e precedentes vinculantes do STF e do STJ. Salvador: Juspodivm, 2019.

18. CORRÊA, Luiz Artur de Paiva. Juicio de amparo. *Revista do Direito do Consumidor*. São Paulo, n. 6, p. 67-70, 2000.

19. Para melhor compreensão do tema, ver didático pronunciamento monocrático do Min. Celso de Mello nos autos do HC 145.445-MC/DF, j. 30.06.2017.

A partir de então, mostrou-se evidente a necessidade de criação de um mecanismo processual-constitucional apto a amparar lesões e ameaças não protegidas pelo "habeas corpus". Foi por essa razão que a Constituição de 1934 concebeu o mandado de segurança, como ação constitucional vocacionada para a salvaguarda de qualquer direito líquido e certo sem proteção própria por intermédio de outro remédio constitucional.[20]

Vê-se, desse modo, que a utilização do mandado de segurança na esfera criminal somente se mostra viável nos casos em que não houver outro remédio mais específico, notadamente o "habeas corpus".

Em outras palavras, é o mandado de segurança criminal ação de caráter essencialmente residual, tendo por objeto de tutela aqueles direitos não inseridos na esfera compreendida pela liberdade de locomoção física.

Impõe-se salientar, todavia, que, no processo penal, nem sempre há uma definição clara quanto aos atos que constituem, ou podem constituir, limitação à liberdade de ir e vir do indivíduo[21], o que cria significativa sobreposição das hipóteses de cabimento do "habeas corpus" e do mandado de segurança.[22]

Nesse contexto, a tarefa de divisar, no exame de casos concretos e na fixação de teses gerais, o âmbito residual de cabimento do mandando de segurança – estabelecendo quais condutas implicam, ou não, em lesão ou ameaça à liberdade de locomoção do indivíduo – fica a cargo dos tribunais superiores, especialmente do Supremo Tribunal Federal, como órgão que detém a última palavra em nosso sistema jurídico.

No verbete nº 693 da Súmula do Supremo, por exemplo, foi fixada orientação no sentido de que "não cabe 'habeas corpus' contra decisão condenatória a pena de multa, ou relativo a processo em curso por infração penal a que a pena pecuniária seja a única cominada", ausente qualquer

---

20. MENDES, Gilmar Ferreira; BRANCO, Paulo Gonet. *Curso de Direito Constitucional.* São Paulo: Saraiva, 2017, p. 448.

21. Enquanto para parte da doutrina o "habeas corpus só seria cabível em casos de prisão consumada ou iminente, para restituição ou prevenção da liberdade de locomoção" (TUCCI, Rogério Lauria. "Habeas corpus" e mandado de segurança: diversificações conceptuais. *In: Ciência Penal*, n. 3, 1976, p. 118), seu segmento majoritário entende cabível a ação de "habeas corpus" para apreciar toda e qualquer medida que possa, em tese, acarretar constrangimento à liberdade de locomoção ou, ainda, agravar as restrições do direito assegurado (BRASILEIRO, Renato. *Manual de Processo Penal.* Salvador: Juspodivm, 2107, p. 1762).

22. QUITO, Carina. Breves considerações acerca do cabimento do mandado de segurança no processo penal: confronto com o "habeas corpus". *Boletim IBCCRIM – Instituto Brasileiro de Ciências Criminais*, n. 208, p. 5-7, 2010.

violação ao direito de ir e vir na óptica do Tribunal. Decorre desse entendimento, por consequente, o cabimento do mandado de segurança para impugnar eventuais ilegalidades nesses casos.

Revelada a interconectividade entre a ação de "habeas corpus" e o mandado segurança, esclarecedora de seu objeto de tutela, parte-se à análise de alguns casos selecionados, nos quais se observará a atuação do Supremo na delimitação do cabimento do "writ" mandamental em questões envolvendo matéria criminal, bem assim seus pronunciamentos nos quais, no exercício de sua competência originária, conhece e aprecia o MS criminal.

14.2.1. Da medida cautelar de suspensão do exercício de função pública.

Tema que testifica a linha tênue de distinção entre o mandado de segurança e o "habeas corpus", a controvérsia quanto ao remédio adequado para impugnar a cautelar de natureza pessoal de afastamento do exercício de função pública (art. 319, VI, CPP) é objeto de sucessivas manifestações da Suprema Corte, que vem decidindo pelo não cabimento do "habeas corpus", mas do instrumento mandamental na espécie, em virtude da ausência de ameaça ou coação à liberdade de locomoção física.[23]

A questão é tormentosa e merece análise específica a fim de se compreender os motivos fundamentadores de referida compreensão, bem como aqueles que amparam sua crítica. Inicialmente, cabe breve retrospecto quanto às consequências do descumprimento injustificado de obrigações inerentes a medidas cautelares.

Como se sabe, a força impositiva de uma medida cautelar depende da coerção que lhe é prevista por seu desrespeito. Não é por outra razão que o art. 282, § 4º, c/c o art. 312, parágrafo único, ambos do Código de Processo Penal, dispõem que a rebeldia à ordem cautelar importará a decretação de outras medidas cautelares, podendo ensejar, até mesmo, a prisão preventiva do agente desobediente.[24]

---

23. STF, HC 119.214/RJ, 1ª Turma, red. p/ o acórdão Min. Roberto Barroso, j. 30.09.2014; STF, HC 126.366/ES, 1ª Turma, redator p/ o acórdão Min. Alexandre de Moraes, j. 10.08.2017; STF, HC 99.829/RJ, 2ª Turma, rel. Min. Gilmar Mendes, j. 21.11.2011; STF, HC 84.816/PI, 2ª Turma, rel. Min. Carlos Velloso, j. 06.05.2005.

24. Parte da doutrina entende que a prisão preventiva substitutiva ou subsidiária, assim denominada aquela que é decretada em razão do descumprimento de cautelar diversa, é cabível mesmo nos casos em que a infração penal subjacente não preencher uma das hipóteses do art. 313, do CPP, citando-se, por todos, Renato Brasileiro de Lima, *ibid.*, p. 853.

Essa sistemática lógico-legal evidencia a estreita relação estabelecida entre a garantia fundamental que resguarda a liberdade de locomoção e a imposição de medidas cautelares diversas da prisão, pois, ainda que a restrição imposta não implique, imediatamente, cerceamento ao direito de ir e vir da pessoa, a sua transgressão, por via indireta, parece apta a produzir, em caso de descumprimento, tal constrangimento, o que seria suficiente para justificar a adequação do "habeas corpus" para questionar sua aplicação.

Embora a Suprema Corte perfilhe, igualmente, essa orientação em alguns casos em que é questionada a aplicação da medida do art. 319, VI, do CPP, admitindo o cabimento do "habeas corpus" em face de coação ilegal decorrente da aplicação ou da execução de medida cautelar de afastamento de funcionário público,[25] parece mais adequado o entendimento no sentido da impropriedade do "habeas corpus" em tais situações, por reconhecer ausente, em referidas hipóteses, risco ou dano à liberdade de locomoção.

É certo que tal compreensão parece, em uma primeira perspectiva, incompatível com a lógica do art. 282, § 4º, do CPP, e com a abrangência protetiva conferida ao "habeas corpus", pois o descumprimento da cautelar pessoal de afastamento de cargo poderia ensejar, eventualmente, na própria prisão do indivíduo, o que seria suficiente, de acordo com a jurisprudência da própria Corte, para a viabilidade do remédio heroico.

Essa aparente contradição, no entanto, se resolve a partir da diretriz jurisprudencial que afasta a possibilidade de decretação da prisão preventiva substitutiva no caso específico de desrespeito à medida de afastamento de função pública, já que, nessas hipóteses, a transgressão da medida não depende apenas do paciente, revelando-se despicienda a coerção prevista no texto legal, como bem enfatiza o eminente Ministro Edson Fachin no trecho a seguir transcrito:

> "Poder-se-ia argumentar que o descumprimento de medida cautelar ensejaria a sua substituição por prisão preventiva e, nesse contexto, ao menos em tese, haveria risco à liberdade de locomoção, conforme dispõe o art. 282, § 4º, do CPP. Contudo, na espécie, sequer é possível conjecturar o agravamento da situação do recorrente em razão da própria natureza da medida cautelar imposta, tendo em vista que não é factível o descumprimento voluntário quando se sabe que o retorno do recorrente ao exercício de suas funções dependeria, necessariamente,

25. STF, HC 134.029/DF, 2ª Turma, rel. Min. Gilmar Mendes, j. 18.10.2016; STF, HC 121.089/AM, 2ª Turma, rel. Min. Gilmar Mendes, j. 16.12.2014; STF, HC 147.426/AP, 2ª Turma, rel. Min. Gilmar Mendes, j. 23.04.2018; STF, 158.217/DF, 1ª Turma, red. p/ o acórdão Min. Alexandre de Moraes. j. 19.11.2019.

> de ato do juiz natural da causa. Assim, nem mesmo hipoteticamente é possível entrever situação de lesão ou ameaça à liberdade de ir e vir do recorrente. "[26]

Cumpre enfatizar, por relevante, que, embora se entenda o mandado de segurança como a ação adequada em tais situações, sua cognição pelo STF é inviável, pois falece competência originária à Corte para apreciar mandado de segurança contra atos de outro Tribunal judiciário, seja em decorrência do que prescreve o art. 102, I, "d", CF, seja em face do que se contém na Súmula 624/STF.[27] Em razão dessa orientação, tem-se por insuscetível também a aplicação do princípio da fungibilidade para obter-se a convolação do "habeas corpus" em mandado de segurança em tais hipóteses.[28]

14.2.2. Do acesso aos autos do inquérito

O inquérito – ao contrário dos atos processuais em geral, que devem ser públicos (CF, art. 93, IX) – submete-se a regime de segredo externo, nos termos do art. 20 do CPP. O Advogado, contudo, tem garantido seu direito de acesso aos autos da investigação, nos termos do art. 7º, XIV e § 10º da Lei nº 8.906/94.

Foi visando atribuir maior eficácia a essa cláusula de garantia, essencial ao exercício do contraditório e da ampla defesa, que o Supremo Tribunal Federal editou a Súmula Vinculante nº 14, franqueando o acesso direto à Corte, por meio de reclamação, em casos de desrespeito ao "direito do defensor, no interesse do representado, de ter acesso amplo aos elementos de prova que, já documentados em procedimento investigatório realizado por órgão com competência de polícia judiciária, digam respeito ao exercício do direito de defesa".

Cabe ter presente, no entanto, que nas situações em que se configure violação ao direito do defensor de acesso aos elementos de investigação já documentados, além da reclamação constitucional, também se afigura cabível a utilização do mandado de segurança, pois resta caracterizada, igualmente, afronta a direito líquido e certo do Advogado e da parte a quem assiste.

---

26. STF, RHC 171.114, rel. Min. Edson Fachin, j. 25.08.2019.
27. Súmula 624/STF: "Não compete ao Supremo Tribunal Federal conhecer originariamente de mandado de segurança contra atos de outros tribunais".
28. STF, HC 138.540/AP, rel. Min. Celso de Mello, j. 28.11.2016.

Observa-se, nessa linha, que o cabimento da ação reclamatória para o questionamento de mencionada restrição, embora tenha, na prática, esvaziado a função do mandado de segurança, não impediu sua utilização. É que a reclamação, ressalvadas as divergências doutrinárias quanto à sua natureza,[29] não pode ser compreendida como recurso, nem tampouco servir de sucedâneo recursal. Por esse motivo, a possibilidade de seu ajuizamento não faz incidir, no caso, o requisito negativo de admissibilidade previsto no art. 5º, II, da Lei nº 12.016/09.[30]

Assim, em situação de desrespeito ao direito de acesso à integralidade dos documentos já incorporados aos autos, a parte interessada pode optar entre o ajuizamento da reclamação ou do mandado de segurança, avaliando qual instrumento lhe é mais propício para a garantia do pleno exercício de seu direito de defesa. Enquadrando-se a autoridade coatora entre aquelas previstas no art. 102, I, "d" da CF, será, inclusive, o Supremo Tribunal Federal o órgão competente para processar e julgar qualquer das medidas processuais.

Registra-se, no sentido da argumentação ora desenvolvida, decisão que deferiu pedido cautelar nos autos do MS 33.088/DF. Referida demanda foi ajuizada perante a Suprema Corte com o objetivo de fazer cessar ilegal constrangimento consistente no desrespeito ao direito do Advogado de ter amplo acesso aos elementos informativos já documentados nos autos e essenciais ao preparo da defesa técnica. Na causa de pedir imediata (fundamentos jurídicos), apontou-se, com pertinência, o enunciado constante da Súmula Vinculante nº 14, o qual constou, por igual, dos fundamentos da decisão acolhedora do pleito[31].

É de se concluir, desse modo, na linha de mencionado precedente, que o mandado de segurança permanece como remédio hábil para o questionamento de eventuais violações às garantias fundamentais do contraditório e da ampla defesa e às prerrogativas da Advocacia de acesso aos elementos documentados no inquérito, seja ele policial ou extrapolicial. O advento Súmula Vinculante nº 14 não opera de forma a obstaculizar o cabimento do

---

29. Para as várias correntes doutrinárias que discutem a natureza jurídica da reclamação ver: STF, Rcl 38.274-MC/BA, rel. Min. Celso de Mello, j. 05.12.2019.

30. Embora o referido preceito normativo disponha sobre a impossibilidade de impetração do mandado de segurança "de decisão judicial da qual caiba recurso *com efeito suspensivo*", a jurisprudência orienta-se no sentido do não cabimento de mencionado remédio em havendo qualquer recurso apto a impugnar o ato jurisdicional, conforme a literalidade da Súmula nº 267/STF: "Não cabe mandado de segurança contra ato judicial passível de recurso ou correição".

31. STF, MS 33.0888/DF, decisão da presidência, j. 24.06.2014.

"writ" mandamental, mas de acrescentar substância aos argumentos jurídicos de proteção aos direitos por ele garantidos.

14.2.3. Do direito à celebração de acordo de colaboração premiada

O Supremo Tribunal Federal, no julgamento do MS 35.693/DF, divulgado pelo Informativo nº 491, analisou questão relativa à existência de direito líquido, certo e suscetível de exigência judicial do acusado à celebração de acordo de colaboração premiada com a Procuradoria-Geral da República.[32] Trata-se de uma das raras situações em que se instaurou a competência originária do Tribunal para apreciar mandado de segurança em matéria criminal.

Na oportunidade, a Suprema Corte, após reconhecer-se competente para processar e julgar referido mandado de segurança, impetrado contra a então Procuradora-Geral de República (CF, 102, I, "d"), rejeitou o pedido do impetrante por entender que a conveniência e a oportunidade do acordo, dada a sua natureza de negócio jurídico processual personalíssimo, não podem ser reanalisadas pelo Poder Judiciário.

O Tribunal, seguindo o voto do eminente Ministro Edson Fachin, relator da causa, estabeleceu importante distinção entre o instituto do acordo de colaboração premiada - negócio personalíssimo - e a colaboração premiada em si, assentando que o réu pode colaborar ainda que não haja qualquer acordo com o Ministério Público, sendo certo que, se sua contribuição for efetivamente útil ao esclarecimento dos fatos, o juiz da causa, no momento da sentença, poderá conceder-lhe o benefício premial (art. 4º, § 2º, Lei º 12.850/2013).

Muito embora se tenha negado seguimento ao mandado de segurança no caso concreto, a decisão da Segunda Turma confirma a adequação do remédio para se questionar, perante o STF, a juridicidade do acordo de colaboração premiada firmado ou não, desde que a autoridade coatora seja o PGR. Na espécie, entendeu-se que o Ministério Público agiu em seu âmbito de discricionariedade. Contudo, tal como ressaltado no julgamento, trata-se de discricionariedade regrada, devendo a decisão do "parquet" na negativa à celebração do acordo estar devidamente motivada e orientada pelos critérios definidos em lei. Caso contrário, a parte prejudicada poderá se valer do mandado de segurança.

32. STF, MS 35.693-AgR/DF, 2ª Turma, rel. Min. Edson Fachin, j. 28.05.2019.

Cabe destacar, nessa linha, a manifestação do Ministro Celso de Mello que, ao proferir seu voto, ressaltou a importância de serem estabelecidos parâmetros em ordem a evitar abusos por parte do Estado.[33] De certo que, constatados tais abusos, o acusado poderá valer-se do instrumento adequado para que o judiciário restaure estabilidade da ordem jurídica. Ausente violação direta à liberdade de locomoção do paciente, o remédio propício será o mandado de segurança.

14.2.4. Dos atos investigativos das comissões parlamentares de inquérito

As Comissões Parlamentares de Inquérito constituídas no âmbito do Congresso Nacional, não se desconhece, possuem poderes de investigação próprios de autoridades judiciais, podendo, por competência própria e sempre mediante decisão motivada, determinar a quebra de sigilo fiscal, bancário e de dados.

Embora a ação investigatória das CPIs não possa recair, exclusivamente, sobre práticas delituosas destituídas de correlação com os fatos que motivaram a abertura do inquérito – já que, como registrado pelo Ministro Celso de Mello, "as atribuições de Polícia Judiciária e o exercício do poder de punir em matéria criminal pertencem, respectivamente, aos Poderes Executivo e Judiciário"[34] –, ilícitos penais podem constituir objeto da investigação parlamentar, desde que a elucidação dos fatos determinados nela apurados assim dependa.[35]

Assim, caberá ao Supremo Tribunal Federal processar e julgar, originariamente, o mandado de segurança ou o "habeas corpus", a depender do direito lesionado, contra atos que envolvam matéria criminal praticados no contexto de CPIs, que, tal como já decidido pela Suprema Corte, constituem extensão da Casa Legislativa que compõem e, por isso, submetem-se à regra de competência estabelecida do art. 102, I, "d", da Constituição da República.[36]

---

33. O Plenário do STF, no julgamento da Pet. 7.074/DF, rel. Min. Edson Fachin, j. 21, 22, 28 e 29.06.2017, decidiu que a colaboração premiada é meio de obtenção de prova cuja iniciativa não se submete à reserva de jurisdição, sendo o Poder Judiciário convocado, apenas ao final dos atos negociais, para aferir os requisitos de existência e validade (regularidade, legalidade e voluntariedade), que, presentes, ensejam sua indispensável homologação.
34. STF, MS 34.864-AgR/DF, Plenário, rel. Min. Celso de Mello, j. 05.10.2018.
35. BASTOS, Celso Ribeiro. *Comentários à Constituição do Brasil*, Vol. 4. São Paulo: Saraiva, 1995, p. 276.
36. STF, MS 23.452/RJ, Plenário, rel. Min. Celso de Mello, j. 16.09.1999.

Nesse cenário, a Suprema Corte já julgou procedente mandado de segurança no qual se questionava a juridicidade de a Comissão Parlamentar de Inquérito quebrar o sigilo imposto a processo penal sujeito a segredo de justiça, obtendo acesso ao conteúdo dos mandados de interceptação telefônica nele cumpridos;[37] também já decidiu que a CPI pode realizar o indiciamento de eventuais responsáveis por fato criminoso que guarde conexão com o objeto da apuração congressual e encaminhar o Relatório Final para o Ministério Público ou à autoridade policial competente[38]. São todos casos que envolvem matéria criminal e podem constituir, ainda que por via reflexa, objeto de deliberação de CPI sujeito a controle do STF pela via mandamental.

Por fim, cumpre registrar que o Supremo Tribunal Federal vem reconhecendo o cabimento do "habeas corpus", e não do mandado de segurança, para se impugnar ato de Comissão Parlamentar de Inquérito que ordena a condução coercitiva ou, até mesmo, o comparecimento de investigado a sessão de referido órgão do Poder Legislativo, quando este se tratar de pessoa potencialmente sujeita à persecução penal. Nesses casos, por entender-se configurada restrição à liberdade de locomoção do indivíduo, o STF tem reconhecido o HC como instrumento hábil para a garantia da prerrogativa constitucional da contra a autoincriminação.[39]

14.2.5. Da revisão do arquivamento de Procedimento de Investigação Criminal por ordem do CNMP

A colenda Primeira Turma do Supremo Tribunal Federal, em recentíssima decisão, proferida no segundo semestre de 2019, concedeu segurança para invalidar ato emanado do Conselho Nacional do Ministério Público que determinou à Procuradoria-Geral de Justiça do Ministério Público do Estado do Maranhão o encaminhamento da decisão de arquivamento de Procedimento de Investigação Criminal (PIC) ao controle do Poder Judiciário, aplicando, por analogia, o art. 28 do CPP.[40]

No caso, o Ministério Público estadual valeu-se do mandado de segurança para assegurar à Instituição seu direito líquido e certo de decidir, em última análise, acerca do arquivamento de procedimento investigativo.

---

37. STF, MS 27.483/DF, Plenário, rel. Min. Cezar Peluso, j. 14.08.2018.
38. STF, MS 34.864-AgR/DF, Plenário, rel. Min. Celso de Mello, j. 05.10.2018.
39. STF, HC 171.438/DF, 2ª Turma, rel. Min. Gilmar Mendes, j. 28.05.2019; STF, HC 172.119-MC/DF, decisão monocrática, rel. Min. Celso de Mello, j. 20.09.2019.
40. STF, MS 34.730/DF, 1ª Turma, rel. Min. Luiz Fux, j. 10.12.2019.

A matéria subjacente ao processo é de cunho processual penal e põe em evidencia questão referente à autonomia funcional do Ministério Público como "dominus litis" da ação penal.

O Supremo Tribunal Federal, ao apreciar a controvérsia, manteve sua consolidada jurisprudência, entendendo inaplicável o art. 28 do Código de Processo Penal aos arquivamentos processados pelo Procurador-Geral de Justiça, a quem se reconhece, como chefe do Ministério Público, a atribuição originária e insuscetível de revisão para decidir sobre o arquivamento, ou não, de procedimento investigativo.[41]

Esse entendimento encontra-se em consonância com o que dispõe o arcabouço normativo que disciplina o tema. Desde o art. 129, I, da Constituição da República, que consubstancia o princípio do acusatório, até os artigos 28 do CPP; 29, VII, da Lei nº 8.625/93; 62, IV, da Lei nº 75/93; 19 da Res. 181/17 do CNMP, todos aderem à impossibilidade de alteração, por parte do judiciário, do arquivamento proferido por Procurador-Geral de Justiça, cuja decisão – insista-se – tem caráter definitivo.

Conclusão diversa colocaria o sistema legal em contradição lógica, pois, permitida a revisão do arquivamento pelo judiciário, faltaria qualquer razão para o juiz submeter ao chefe da Instituição sua opinião quanto à obrigatoriedade da ação penal. Afinal, caso admitida tal interpretação, seria o próprio judiciário quem decidiria, em última instância, quanto à possibilidade, ou não, de arquivamento.[42]

Referido julgamento enaltece a utilidade do mandado de segurança como instrumento adequado para o Ministério Público defender suas prerrogativas e direitos próprios[43], como o de dar a última palavra sobre o arquivamento, ou não, de procedimento investigatório criminal.

---

41. STF, Inq 510/DF, Plenário, rel. Min. Celso de Mello, Plenário, j. 19.04.1991; STF, Inq 851/SP, Plenário, rel. Min. Néri da Silveira, j. 06.06.1997; STF, HC 75.907/RJ, 1ª Turma, rel. Min. Sepúlveda Pertence, j. 09.04.1999; STF, Inq 1.608/PA, Plenário, rel. Min. Marco Aurélio, j. 06.08.2004; STF, Inq 2.044/SC, Plenário, rel. Min. Sepúlveda Pertence, j. 08.04.2005.

42. Cabe registrar, por oportuno, que a decisão em referência foi proferida antes da vigência da Lei nº 13.964/2019 ("Pacote Anticrime"), a qual conferiu nova redação ao art. 28 do CPP para alterar a sistemática de controle sobre o pedido de arquivamento do inquérito policial ou de quaisquer elementos informativos, atribuindo tal competência à instância revisional do próprio órgão ministerial.

43. A doutrina tem considerado a possibilidade de pessoas jurídicas de direito público, como o MP, serem titulares de direitos fundamentais. Ver: BRANCO, Paulo Gustavo Gonet. Aspectos da teoria geral dos direitos fundamentais, *In*: COELHO, Inocêncio Mártires; MENDES, Gilmar Ferreira e BRANCO, Paulo Gustavo Gonet (org.). *Hermenêutica constitucional e direitos fundamentais*. Brasília: Brasília Jurídica, 2000, p. 165.

14.2.6. Dos efeitos secundários do indulto

Já houve também, no âmbito da Suprema Corte, impetração de mandado de segurança em que se pleiteava a extinção dos efeitos secundários e extrapenais da condenação em razão de indulto do Presidente da República.

Tema hoje pacificado, o STF manifestou-se, na oportunidade, pela inadmissibilidade do "writ", porquanto ausente direito líquido e certo à pretensão mandamental. Com efeito, o indulto só extingue os efeitos primários da condenação penal, subsistindo os extrapenais, sejam primários ou secundários.[44]

Assinale-se, no ponto, que, ainda que subsistisse razão à parte quanto ao direito material pleiteado, o mandado de segurança não seria o instrumento constitucional hábil para questionar-se a juridicidade do decreto de indulto, pois se trata de lei em tese, sendo insuscetível de impugnação mediante mandado de segurança nos termos da Súmula 226/STF.[45] Tanto é assim que a Procuradoria-Geral da República, para questionar a validade do indulto concedido pelo Decreto nº 9.246/2017, ajuizou ação direta de inconstitucionalidade, e não MS, perante a Suprema Corte, que, tornando sem efeito a decisão monocrática proferida, "ad referendum" do Plenário, pelo Ministro Roberto Barroso, julgou a ação improcedente.[46]

Assim, o mandado de segurança não aparece como instrumento próprio para questionar a juridicidade, em abstrato, de decreto de indulto, podendo servir, excepcionalmente, para impugnar sua indevida aplicação quando tal pleito não for abrangido pela esfera de tutela do "habeas corpus".

14.3. DA IMPETRAÇÃO EM FACE DE DECISÃO JUDICIAL DO STF

Traçadas as linhas específicas pelas quais se admite o mandado de segurança criminal, impõe-se relembrar, por fim, seu restrito âmbito de cabimento no Supremo Tribunal Federal. Estabelecida a competência da Suprema Corte apenas nas hipóteses taxativamente previstas no art. 102,

44. O efeito primário da condenação é a sanção penal (pena ou medida de segurança). Os efeitos secundários podem ser penais ou extrapenais. Entre os primeiros estão a reincidência (CP art. 63), a revogação do *sursis* penal e do livramento condicional (CP, art. 77, I e art. 86) e a impossibilidade de posterior transação penal ou *sursis* processual (Lei nº 9.099/95, art. 76 e 89). Já entre os efeitos secundários extrapenais estão aqueles previstos nos art. 91 e 92 do código repressivo.

45. Súmula 226/STF: "Não cabe mandado de segurança contra lei em tese".

46. STF, ADI 5.874/DF, Plenário, red. p/ acórdão Min. Alexandre de Moraes, j. 09.05.2019.

I, "d" e "r", da Constituição Federal, constata-se que, em matéria penal, o ato objeto do "writ" constitucional emana, basicamente, do Procurador-Geral da República, do próprio Supremo Tribunal Federal ou, ainda, se interpretada de maneira ampliativa a expressão *penal*, das Comissões Parlamentares de Inquérito[47].

Nessa perspectiva, cumpre realizar uma observação final quanto ao cabimento do mandado de segurança em face de atos jurisdicionais provenientes do próprio STF. Deveras, tal como assentado no tópico 1.1, não se admite, em regra, a impetração de MS contra atos decisórios de índole jurisdicional proferidos pelo Tribunal, seja por seus Ministros, seja por seus órgãos colegiados, eis que mencionados atos apenas poderiam ser desconstituídos, no âmbito da Suprema Corte, em decorrência da adequada utilização dos recursos cabíveis, ou, na hipótese de trânsito em julgado da decisão, por intermédio ajuizamento originário da pertinente ação rescisória.[48]

Esse entendimento, todavia, comporta ressalvas, sendo certo que a Corte já admitiu, em hipóteses excepcionais, o "writ" mandamental em face de atos jurisdicionais irrecorríveis e monocráticos exarados de seus Ministros.[49] Da análise dos precedentes que permitem essa utilização incomum da via mandamental, conclui-se que o Supremo Tribunal Federal, para justificar o cabimento do mandado de segurança em tais circunstâncias, estabeleceu os seguintes requisitos: (a) risco manifesto de lesão à parte impetrante, (b) ausência de recurso ou outro remédio expedito para superar a situação de grave dano e (c) tratar-se o ato impugnado de decisão monocrática.

Presentes tais condições, além dos requisitos gerais de admissibilidade, o Supremo Tribunal Federal pode, excepcionalmente, conhecer de mandado de segurança impetrado contra ato jurisdicional de seus membros, inclusive reapreciando matéria de índole penal. A decisão monocrática que indefere ou defere pedido de medida liminar em sede de "habeas

---

47. No item "c" do tópico 2.1, apontou-se caso em que o STF conheceu mandado de segurança de fundo processual penal impetrado contra ato do Conselho Nacional do Ministério Público. Ocorre, todavia, que referido órgão não tem competência originária para examinar matéria de cunho jurisdicional, sendo suas atribuições essencialmente administrativas e fiscalizatórias. É por essa razão que nem o CNMP nem o CNJ podem ser enquadrados como litigantes comuns no polo passivo do mandado de segurança criminal.

48. STF, MS 23.975-AgR/DF, Plenário, rel. Min. Celso de Mello, j. 01.08.2001.

49. STF, MS 24.159-QO/DF, Plenário, rel. Min. Ellen Gracie, j. 26.06.2002; STF, MS 25.024-MC/DF, decisão da presidência, j.17.08.2004; STF, MS 25.853/DF, rel. Min. Cezar Peluzo, j. 03.03.2016.

corpus", por exemplo, não é recorrível nem suscetível de outro remédio que permita sua reversão, de forma que, constatando-se o perigo de dano, mostra-se admissível o mandado de segurança impetrado contra a decisão cautelar proferida por outro Ministro, monocraticamente, em sede ação de "habeas corpus".[50]

Esse entendimento coaduna-se com os princípios do acesso à justiça e da eficiência da jurisdição constitucional, eis que a revisão de decisões judiciais possibilita a célere reversão da situação jurídica provocadora de violação a direito líquido e certo. Isso prestigia a própria atividade jurisdicional, que deve incidir não só sobre atos dos poderes legislativo e executivo, mas também sobre seus próprios atos, o que, como bem aponta a doutrina, além de harmonizar-se com as diretrizes do *princípio da justiça*, afirma a autoridade do próprio Poder prolator.[51]

Em suma, a admissão do mandado de segurança em sede criminal em face de decisão judicial de outro Ministro do STF reforça a autoridade dos pronunciamentos da Suprema Corte, bem como contribui para a integridade do ordenamento jurídico, porquanto expele de sua conformação os atos abusivos e ilegais, sem importar o Poder do qual tenham emanado.

50. STF, MS 28.524-MC/DF, decisão da presidência, j. 22.12.2009; STF, MS 28.525-MC/DF, decisão da presidência, j. 22.12.2009.

51. MARCÃO, Renato. Mandado de Segurança em Matéria Penal. *In*: CRUZ, Luana Pedrosa de Figueiredo, *et al.*, *Comentários à Lei do Mandado de Segurança*: Lei nº 12.016. São Paulo: Revista dos Tribunais, 2012, p. 203.

15

MANDADO DE SEGURANÇA NO SUPREMO EM NÚMEROS

William Akerman[1]

METODOLOGIA E DADOS ANALISADOS

Examinados, em profundidade, os temas submetidos à apreciação do Supremo Tribunal Federal, surge relevante analisar os dados concernentes às impetrações formalizadas, a partir de pesquisa empírica realizada com base nas informações disponíveis no *site* da Corte, com a colaboração de Priscila Pereira Machado.[2]

As informações, indispensáveis à atuação profícua perante a Suprema Corte, permitem ao operador do direito compreender, de forma ampla, o cenário do mandado de segurança no Tribunal, conhecendo o universo de impetrantes e de autoridades e órgãos coatores, o percentual de medidas liminares deferidas nos anos de 2018 e 2019 e o resultado das impetrações julgadas individual e colegiadamente em 2019, considerados o Tribunal e cada Ministro, além da taxa de êxito nos recursos interpostos em face das decisões finais.

15. IMPETRANTES

O primeiro dos dados analisados refere-se aos impetrantes, permitindo a identificação, por categoria, dos principais litigantes, perante o Supre-

---

1. Defensor Público do Estado do Rio de Janeiro (DPE/RJ). Assessor de Ministro do Supremo Tribunal Federal (STF). Ex-Procurador do Estado do Paraná (PGE/PR). Ex-Especialista em Regulação de Aviação Civil (ANAC). Ex-Técnico Judiciário do Tribunal Regional Eleitoral do Rio de Janeiro (TRE/RJ). Ex-Técnico Judiciário do Tribunal de Justiça do Estado do Rio de Janeiro (TJRJ). Mestrando em Ciências Jurídicas pela Universidade Autónoma de Lisboa (UAL). Pós-graduado em Direito Público pela Universidade Católica de Petrópolis (UCP). Graduado em Direito pela Universidade do Estado do Rio de Janeiro (UERJ). Autor e coordenador de obras jurídicas pelas Editoras JusPodivm e Revista dos Tribunais. Professor de cursos preparatórios para concursos. Sócio-fundador do Curso e da Editora Sobredireito.
2. Advogada. CEO do Curso Sobredireito e da Editora Sobredireito. Ex-Assessora do Juízo da 1ª Vara Cível da Comarca de Resende/RJ, com atuação mediante convênio entre o Município de Resende e o Tribunal de Justiça do Estado do Rio de Janeiro. Ex-Assessora do Juízo da 1ª Vara Criminal e Tribunal do Júri da Comarca de Resende/RJ. Ex-Conciliadora do Tribunal de Justiça do Estado do Rio de Janeiro. Ex-Membra da Junta Eleitoral do Tribunal Regional Eleitoral do Rio de Janeiro.

mo Tribunal Federal, considerados os mandados de segurança formalizados em 2018 e 2019.

15.1.1. 2018

Ao longo de 2018, foram formalizados 633 mandados de segurança, assim distribuídos conforme os impetrantes:

Figura 1: Impetrantes – Mandados de Segurança (2018)

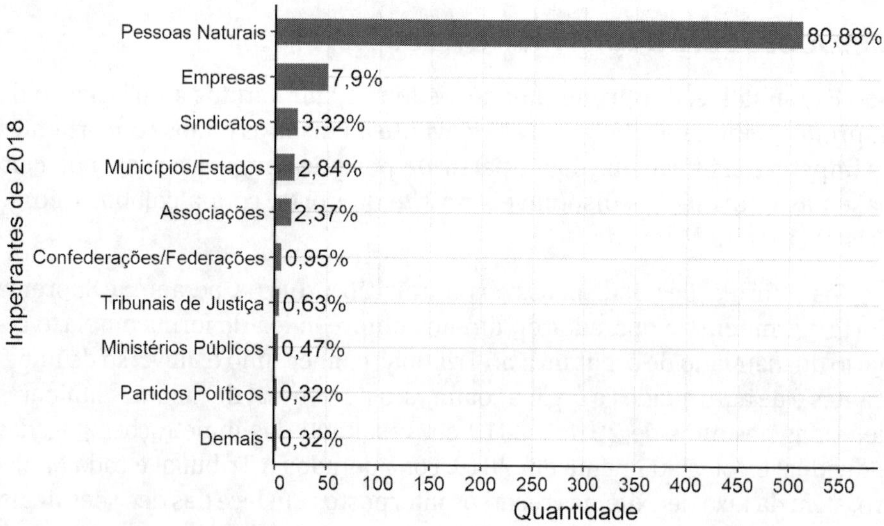

Tabela 1: Impetrantes – Mandados de Segurança (2018)

Impetrantes	Quantidade	Proporção
Pessoas Naturais	512	80,88%
Empresas	50	7,90%
Sindicatos	21	3,32%
Municípios/Estados	18	2,84%
Associações	15	2,37%
Confederações/Federações	6	0,95%
Tribunais de Justiça	4	0,63%
Ministérios Públicos	3	0,47%
Partidos Políticos	2	0,32%
Demais	2	0,32%
Total	633	100%

As pessoas naturais foram responsáveis por 80,88% do total. Sociedades empresárias e sindicatos figuraram em segundo e terceiro lugares. Municípios e Estados demandaram menos por meio do mandado de segurança quando comparado ao ano seguinte.

Os Ministérios Públicos que manejaram o remédio constitucional foram o do Estado de São Paulo e do Paraná, além do Ministério Público Federal.

Os partidos que buscaram o Supremo por meio dessa ação constitucional foram o Partido Republicano da Ordem Social (PROS) e o Movimento Democrático Brasileiro (MDB).

15.1.2. 2019

Em 2019, foram formalizados 492 mandados de segurança, assim distribuídos conforme os impetrantes:

Figura 2: Impetrantes – Mandados de Segurança (2019)

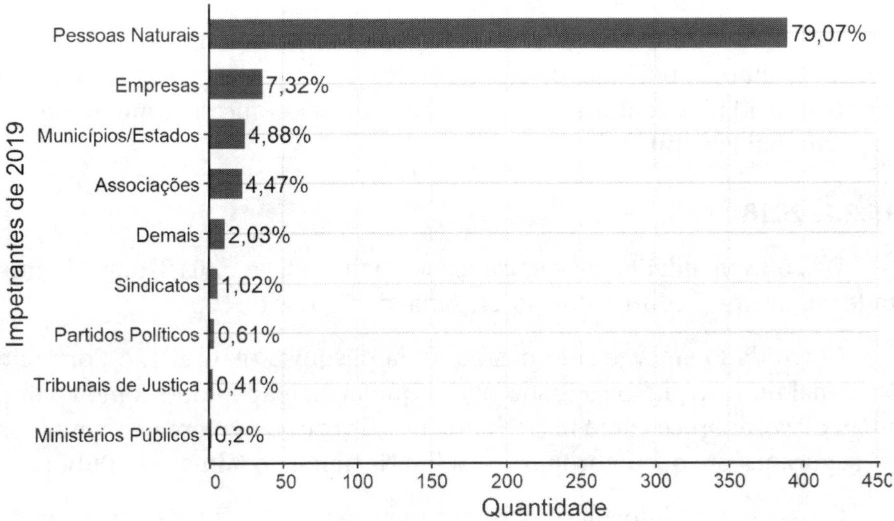

Tabela 2: Impetrantes – Mandados de Segurança (2019)

Impetrantes	Quantidade	Proporção
Pessoas Naturais	389	79,07%
Empresas	36	7,32%
Municípios/Estados	24	4,88%
Associações	22	4,47%

Impetrantes	Quantidade	Proporção
Demais	10	2,03%
Sindicatos	5	1,02%
Partidos Políticos	3	0,61%
Tribunais de Justiça	2	0,41%
Ministérios Públicos	1	0,20%
Total	492	100%

Dos 492 mandados de segurança protocolados em 2019, número substancialmente menor do que em 2018, as pessoas naturais foram, como habitualmente, as responsáveis pela maior quantidade de impetrações.

Logo após, aparecem as sociedades empresárias; Estados e Municípios ocupam o terceiro lugar, com número absoluto maior do que o de 2018.

15.2. IMPETRADOS

Os próximos dados analisados referem-se aos impetrados, de modo a permitir, também por categoria, a identificação daqueles que mais figuram como autoridades coatoras nos mandados de segurança perante o Supremo Tribunal Federal.

15.2.1. 2018

Dos 633 mandados de segurança formalizados em 2018, mais da metade voltaram-se contra atos do Tribunal de Contas da União.

Outro dado emerge com destaque da pesquisa realizada: o Conselho Nacional de Justiça é o segundo órgão que mais é apontado como coator. Além disso, aparece como impetrado em 3,5 vezes o número de mandados de segurança em que figurou o Conselho Nacional do Ministério Público.

O exame das informações quanto aos impetrados revela o elevado número de mandados de segurança distribuídos no Supremo fora das hipóteses nas quais a Constituição Federal atribui competência originária à Corte – artigo 102, inciso I, alíneas "d" e "r". Foram 61 formalizados contra atos de outros Tribunais e 14 em face de Turma Recursais, além de outros outros impetrados contra atos de juízos de primeiro grau, incluídos na categoria "demais". A incompetência do Supremo, em casos tais, é flagrante.

Figura 3: Impetrados – Mandados de Segurança (2018)

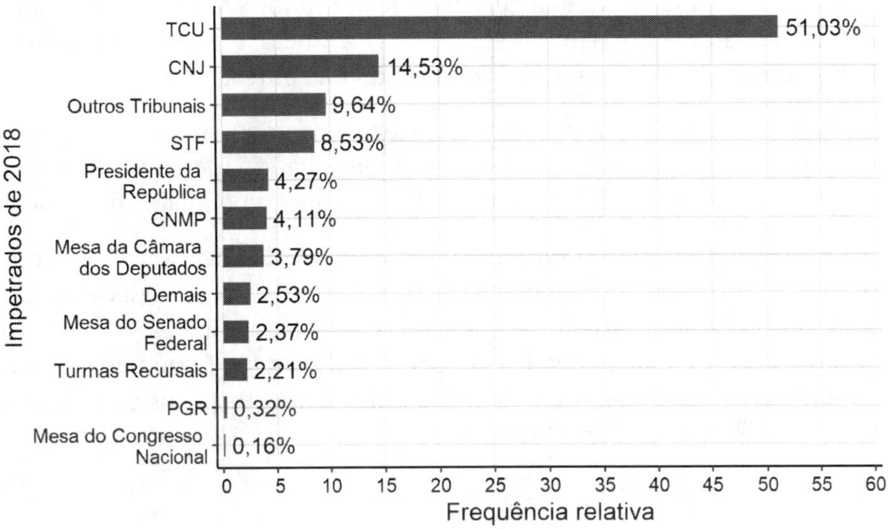

Tabela 3: Impetrados - Mandados de Segurança (2018)

Impetrados	Quantidade	Proporção
Tribunal de Contas da União	323	51,03%
Conselho Nacional de Justiça	92	14,53%
Outros Tribunais	61	9,64%
Supremo Tribunal Federal	54	8,53%
Presidente da República	27	4,27%
Conselho Nacional do Ministério Público	26	4,11%
Mesa da Câmara dos Deputados	24	3,79%
Demais	16	2,53%
Mesa do Senado Federal	15	2,37%
Turmas Recursais	14	2,21%
Procurador-Geral da República	2	0,32%
Mesa do Congresso Nacional	1	0,16%
Total	655	103,49%[3]

3. Em 2018 foram formalizados 633 mandados de segurança. Os casos em que foram apontados dois órgãos ou autoridades como coatores – 22 no total – foram incluídos na contagem de cada categoria constante da tabela, razão pela qual se tem percentual superior a 100%.

15.2.2. 2019

Dos 492 mandados de segurança formalizados em 2019, 182 voltaram-se contra atos do Tribunal de Contas da União, o que corresponde a 36,99% do total, número menor do que o do ano anterior.

O Conselho Nacional de Justiça aparece, novamente, como o segundo órgão mais vezes apontado como coator, em quantidade equivalente a 6 vezes aquela na qual indicado o Conselho Nacional do Ministério Público.

Igualmente elevado o número de mandados de segurança distribuídos no Supremo fora das hipóteses nas quais a Constituição Federal atribui competência originária à Corte – artigo 102, inciso I, alíneas "d" e "r". 61 impetrações foram formalizadas contra atos de outros Tribunais e 11 em face de Turma Recursais, além de outras contra atos de juízos de primeiro grau, incluídos na categoria "demais".

Figura 4: Impetrados - Mandados de Segurança (2019)

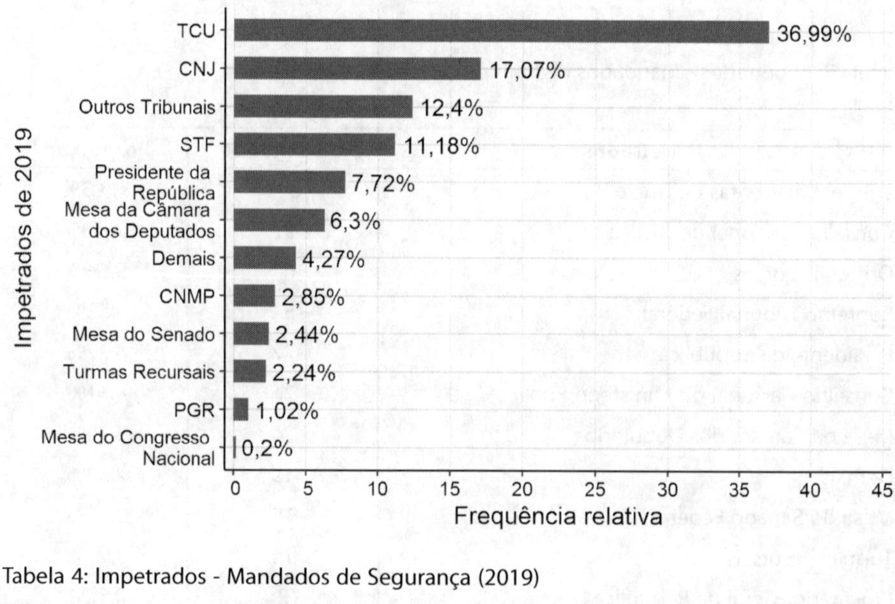

Tabela 4: Impetrados - Mandados de Segurança (2019)

Impetrados	Quantidade	Proporção
Tribunal de Contas da União	182	36,99%
Conselho Nacional de Justiça	84	17,07%
Outros Tribunais	61	12,40%
Supremo Tribunal Federal	55	11,18%
Presidente da República	38	7,72%

Impetrados	Quantidade	Proporção
Mesa da Câmara dos Deputados	31	6,30%
Demais	21	4,27%
Conselho Nacional do Ministério Público	14	2,85%
Mesa do Senado Federal	12	2,44%
Turmas Recursais	11	2,24%
Procurador-Geral da República	5	1,02%
Mesa do Congresso Nacional	1	0,20%
Total	515	104,68%[4]

15.3. DECISÕES LIMINARES

Os dados concernentes às liminares referem-se às impetrações formalizadas em 2019. Pedidos formulados em mandados de segurança formalizados em 2018, ainda que analisados em 2019, não foram objeto de exame.

Na análise dos dados concernentes às liminares é preciso ter em consideração que alguns Ministros do Supremo, visando conferir maior celeridade aos mandados de segurança, têm dispensado informações das autoridades apontadas como coatoras e parecer do Ministério Público Federal. De plano, têm negado seguimento à impetração ou deferido a ordem, sem apreciação prévia dos pedidos de medida acauteladora.

Na elaboração da representação gráfica, foram consideradas apenas as decisões formalizadas antes do exame – definitivo ou terminativo – da impetração e registrados os prejuízos dos pedidos de tutela provisória, quando verificados.

Foram realizadas análises tendo por referência o Tribunal e, a seguir, as decisões de cada Ministro.

15.3.1. Supremo Tribunal Federal

Ao longo de 2018, foram deferidos 24,05% dos pedidos de liminares formulados em mandados de segurança formalizados no Supremo Tribunal Federal. Em 3,8% dos casos, as liminares foram implementadas em parte.

4. Em 2019 foram formalizados 492 mandados de segurança. Os casos que apontavam duas autoridades ou órgãos como coatores – 23 no total – foram incluídos na contagem de cada categoria constante da tabela, razão pela qual se tem percentual superior a 100.

Já os indeferimentos dos pedidos de tutela provisória alcançaram 16,93%.

Em 2019, o percentual de medidas acauteladoras concedidas alcançou 7,71%. As deferidas em parte representaram 2,43% do total.

Os indeferimentos de liminares, por sua vez, atingiram 16,84% das impetrações.

A par disso, outras situações se verificaram, conforme representações gráficas a seguir:

Figura 5: Liminares em mandados de segurança formalizados em 2018

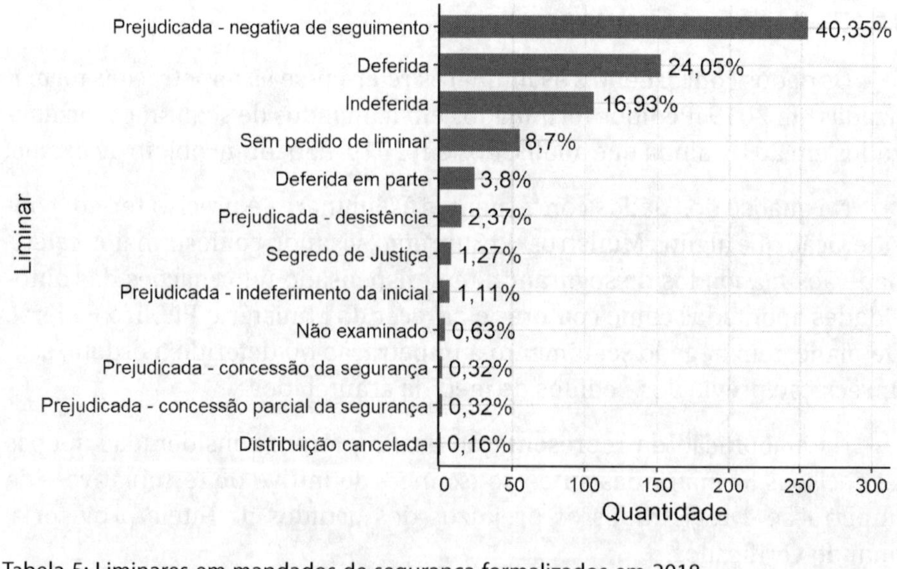

Tabela 5: Liminares em mandados de segurança formalizados em 2018

Liminares em 2018	Quantidade	Porcentagem
Prejudicada - negativa de seguimento	255	40,35%
Deferida	152	24,05%
Indeferida	106	16,93%
Sem pedido de liminar	55	8,70%
Deferida em parte	24	3,80%
Prejudicada - desistência	15	2,37%
Segredo de Justiça	8	1,27%
Prejudicada - indeferimento da inicial	7	1,11%
Não examinado	4	0,63%
Prejudicada - concessão da segurança	2	0,32%

Liminares em 2018	Quantidade	Porcentagem
Prejudicada - concessão parcial da segurança	2	0,32%
Distribuição cancelada	1	0,16%
Total	632	100%

Figura 6: Liminares em mandados de segurança formalizados em 2019

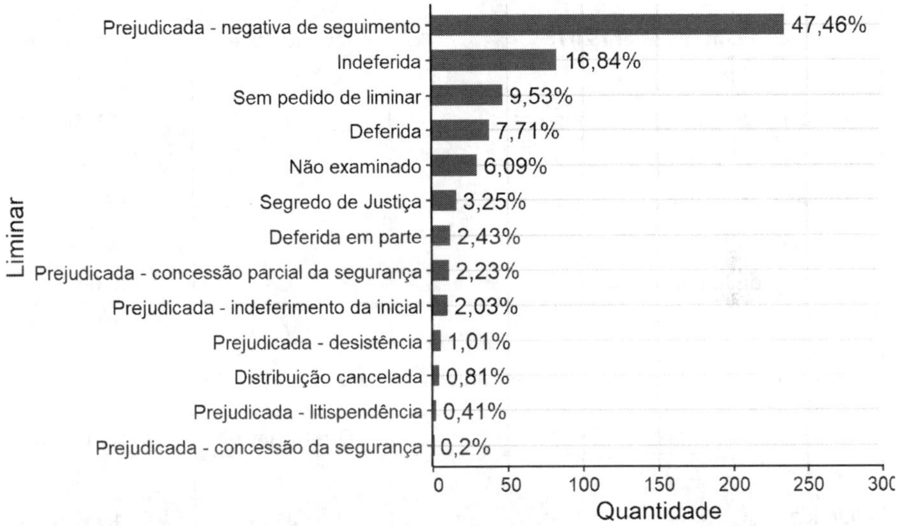

Tabela 6: Liminares em mandados de segurança formalizados em 2019

Liminares em 2019	Quantidade	Porcentagem
Prejudicada - negativa de seguimento	234	47,46%
Indeferida	83	16,84%
Sem pedido de liminar	47	9,53%
Deferida	38	7,71%
Não examinado	30	6,09%
Segredo de Justiça	16	3,25%
Deferida em parte	12	2,43%
Prejudicada - concessão parcial da segurança	11	2,23%
Prejudicada - indeferimento da inicial	10	2,03%
Prejudicada - desistência	5	1,01%
Distribuição cancelada	4	0,81%
Prejudicada - litispendência	2	0,41%
Prejudicada - concessão da segurança	1	0,20%
Total	493	100%

15.3.2. Min. Alexandre de Moraes

Em 2018, o Ministro Alexandre de Moraes implementou medidas acauteladoras em 25,53% das impetrações formalizadas.

O percentual de liminares deferidas, em 2019, foi de 7,32%.

Tabela 7: Liminares em mandados de segurança formalizados em 2018

Liminares em 2018	Quantidade	Porcentagem
Deferida	12	25,53%
Prejudicada - concessão da segurança	1	2,13%
Prejudicada - desistência	1	2,13%
Prejudicada - negativa de seguimento	27	57,45%
Segredo de Justiça	1	2,13%
Sem pedido de liminar	5	10,64%
Total	47	100%

Tabela 8: Liminares em mandados de segurança formalizados em 2019

Liminares em 2019	Quantidade	Porcentagem
Deferida	3	7,32%
Indeferida	2	4,88%
Não examinado	1	2,44%
Prejudicada - concessão da segurança	1	2,44%
Prejudicada - negativa de seguimento	28	68,29%
Segredo de Justiça	1	2,44%
Sem pedido de liminar	5	12,20%
Total	41	100%

15.3.3. Min. Cármen Lúcia

Em 2018, a Ministra implementou medidas acauteladoras em 17,14% das impetrações; em 2,86% dos casos foram deferidos em parte os pedidos de tutela provisória.

Ao longo de 2019, o percentual de liminares concedidas total ou parcialmente foi de 3,85%.

Tabela 9: Liminares em mandados de segurança formalizados em 2018

Liminares em 2018	Quantidade	Porcentagem
Deferida	6	17,14%

Liminares em 2018	Quantidade	Porcentagem
Deferida em parte	1	2,86%
Não examinado	1	2,86%
Prejudicada - negativa de seguimento	22	62,86%
Segredo de Justiça	1	2,86%
Sem pedido de liminar	4	11,43%
Total	35	100%

Tabela 10: Liminares em mandados de segurança formalizados em 2019

Liminares em 2019	Quantidade	Porcentagem
Deferida	2	3,85%
Deferida em parte	2	3,85%
Distribuição cancelada	1	1,92%
Indeferida	4	7,69%
Não examinado	5	9,62%
Prejudicada - desistência	1	1,92%
Prejudicada - indeferimento da inicial	3	5,77%
Prejudicada - negativa de seguimento	30	57,69%
Segredo de Justiça	1	1,92%
Sem pedido de liminar	3	5,77%
Total	52	100%

15.3.4. Min. Celso de Mello

Em 2018, o Ministro implementou medidas acauteladoras em 15,52% das impetrações examinadas.

O percentual de liminares deferidas foi de 5,26% no ano de 2019.

Tabela 11: Liminares em mandados de segurança formalizados em 2018

Liminares em 2018	Quantidade	Porcentagem
Deferida	9	15,52%
Indeferida	14	24,14%
Prejudicada - desistência	1	1,72%
Prejudicada - negativa de seguimento	33	56,90%
Sem pedido de liminar	1	1,72%
Total	58	100%

Tabela 12: Liminares em mandados de segurança formalizados em 2019

Liminares em 2019	Quantidade	Porcentagem
Deferida	2	5,26%
Indeferida	11	28,95%
Não examinado	3	7,89%
Prejudicada - negativa de seguimento	19	50%
Sem pedido de liminar	3	7,89%
Total	38	100%

15.3.5. Min. Dias Toffoli

Não houve deferimento de liminar em todas as 19 impetrações distribuídas ao Ministro Dias Toffoli em 2018.

Em 13 de setembro daquele ano, o Ministro assumiu a Presidência do Supremo por um biênio.

Tabela 13: Liminares em mandados de segurança formalizados em 2018

Liminares em 2018	Quantidade	Porcentagem
Prejudicada - desistência	2	10,53%
Prejudicada - negativa de seguimento	16	84,21%
Sem pedido de liminar	1	5,26%
Total	19	100%

15.3.6. Min. Edson Fachin

Em 2018, o Ministro implementou medidas acauteladoras em 58,26% das impetrações; em 7,53% dos casos foram deferidos em parte os pedidos de tutela provisória.

Em 2019, o percentual de liminares concedidas foi de 16,67% e o de deferidas em parte 1,67%.

A elevada taxa de deferimento de liminares em 2018 e a maior quantidade de impetrações examinadas decorreram do fato de o Ministro haver recebido, por prevenção, diversos mandados de segurança contra a deliberação nº 2.780/2016 do Plenário do Tribunal de Contas da União, a qual versou pensões por morte concedidas a filhas solteiras maiores de 21 anos – artigo 5º, parágrafo único, da Lei nº 3.373/1958.

Tabela 14: Liminares em mandados de segurança formalizados em 2018

Liminares em 2018	Quantidade	Porcentagem
Deferida	108	58,26%
Deferida em parte	14	7,53%
Indeferida	26	13,98%
Prejudicada - desistência	4	2,15%
Prejudicada - negativa de seguimento	25	13,44%
Segredo de Justiça	1	0,54%
Sem pedido de liminar	8	4,30%
Total	185	100%

Tabela 15: Liminares em mandados de segurança formalizados em 2019

Liminares em 2019	Quantidade	Porcentagem
Deferida	10	16,67%
Deferida em parte	1	1,67%
Indeferida	4	6,67%
Não examinado	4	6,67%
Prejudicada - concessão parcial da segurança	11	18,33%
Prejudicada - negativa de seguimento	21	35%
Segredo de Justiça	2	3,33%
Sem pedido de liminar	7	11,67%
Total	60	100%

15.3.7. Min. Gilmar Mendes

Em 2018, o Ministro implementou medidas acauteladoras em 6% das impetrações examinadas; em 2% dos casos, foram deferidos em parte os pedidos de tutela provisória.

Em 2019, o percentual de liminares concedidas foi de 16,67% e o daquelas deferidas em parte 3,85%.

Tabela 16: Liminares em mandados de segurança formalizados em 2018

Liminares em 2018	Quantidade	Porcentagem
Deferida	3	6%
Deferida em parte	1	2%
Indeferida	12	24%
Prejudicada - concessão parcial da segurança	1	2%

Liminares em 2018	Quantidade	Porcentagem
Prejudicada - desistência	1	2%
Prejudicada - negativa de seguimento	24	48%
Sem pedido de liminar	8	16%
Total	50	100%

Tabela 17: Liminares em mandados de segurança formalizados em 2019

Liminares em 2019	Quantidade	Porcentagem
Deferida	9	16,67%
Deferida em parte	2	3,85%
Indeferida	12	23,08%
Não examinado	3	5,77%
Prejudicada - indeferimento da inicial	1	1,92%
Prejudicada - negativa de seguimento	19	36,54%
Sem pedido de liminar	6	11,54%
Total	52	100%

15.3.8. Min. Luiz Fux

Em 2018, o Ministro implementou medidas acauteladoras em 7,89% das impetrações examinadas, ao passo que, em 2,63% dos mandados de segurança formalizados, foram deferidos em parte os pedidos de tutela provisória.

O percentual de liminares concedidas, em 2019, foi de 6%.

Tabela 18: Liminares em mandados de segurança formalizados em 2018

Liminares em 2018	Quantidade	Porcentagem
Deferida	3	7,89%
Deferida em parte	1	2,63%
Indeferida	1	2,63%
Não examinado	3	7,89%
Prejudicada - deferimento parcial da ordem	1	2,63%
Prejudicada - desistência	1	2,63%
Prejudicada - negativa de seguimento	25	65,79%
Sem pedido de liminar	3	7,89%
Total	38	100%

Tabela 19: Liminares em mandados de segurança formalizados em 2019

Liminares em 2019	Quantidade	Porcentagem
Deferida	3	6%
Indeferida	7	14%
Não examinado	10	20%
Prejudicada - desistência	4	8%
Prejudicada - negativa de seguimento	26	52%
Total	50	100%

15.3.9. Min. Marco Aurélio

Em 2018, o Ministro implementou medidas acauteladoras em 14,29% das impetrações examinadas e, em 1,79% dos casos, foram deferidos em parte os pedidos de tutela provisória.

Em 2019, o percentual de liminares concedidas foi de 3,77% e o de implementadas em parte alcançou 11,32%.

Tabela 20: Liminares em mandados de segurança formalizados em 2018

Liminares em 2018	Quantidade	Porcentagem
Deferida	8	14,29%
Deferida em parte	1	1,79%
Indeferida	11	19,65%
Prejudicada - indeferimento da inicial	1	1,79%
Prejudicada - negativa de seguimento	22	39,29%
Segredo de Justiça	1	1,56%
Sem pedido de liminar	12	21,43%
Total	56	100%

Tabela 21: Liminares em mandados de segurança formalizados em 2019

Liminares em 2019	Quantidade	Porcentagem
Deferida	2	3,77%
Deferida em parte	6	11,32%
Indeferida	7	13,21%
Não examinado	1	1,89%
Prejudicada - indeferimento da inicial	1	1,89%
Prejudicada - litispendência	2	3,77%
Prejudicada - negativa de seguimento	26	49,06%

Liminares em 2019	Quantidade	Porcentagem
Segredo de Justiça	2	3,77%
Sem pedido de liminar	6	11,32%
Total	53	100%

15.3.10. Min. Ricardo Lewandowski

Em 2018, o Ministro implementou medidas acauteladoras em 1,56% das impetrações examinadas e as deferiu, parcialmente, em 3,12% dos casos.

Em 2019, o percentual de liminares concedidas foi de 2,82% e o de deferidas em parte foi 1,41%.

Tabela 22: Liminares em mandados de segurança formalizados em 2018

Liminares em 2018	Quantidade	Porcentagem
Deferida	1	1,56%
Deferida em parte	2	3,12%
Indeferida	28	43,75%
Prejudicada - concessão da segurança	1	1,56%
Prejudicada - negativa de seguimento	27	42,19%
Segredo de Justiça	2	3,12%
Sem pedido de liminar	3	4,69%
Total	64	100%

Tabela 23: Liminares em mandados de segurança formalizados em 2019

Liminares em 2019	Quantidade	Porcentagem
Deferida	2	2,82%
Deferida em parte	1	1,41%
Indeferida	24	33,80%
Prejudicada - negativa de seguimento	35	49,30%
Sem pedido de liminar	9	12,68%
Total	71	100%

15.3.11. Min. Luís Roberto Barroso

Em 2018, o Ministro implementou medidas acauteladoras em 4,76% das impetrações examinadas e as deferiu, parcialmente, em 9,52% dos mandados de segurança.

Não houve liminar deferida ao longo de 2019.

Tabela 24: Liminares em mandados de segurança formalizados em 2018

Liminares em 2018	Quantidade	Porcentagem
Deferida	2	4,76%
Deferida em parte	4	9,52%
Indeferida	10	23,81%
Prejudicada - desistência	2	4,76%
Prejudicada - negativa de seguimento	15	35,71%
Segredo de Justiça	1	2,38%
Sem pedido de liminar	8	18,05%
Total	42	100%

Tabela 25: Liminares em mandados de segurança formalizados em 2019

Liminares em 2019	Quantidade	Porcentagem
Indeferida	10	25%
Não examinado	3	7,50%
Prejudicada - negativa de seguimento	16	40%
Segredo de Justiça	7	17,50%
Sem pedido de liminar	4	10%
Total	40	100%

15.3.12. Min. Rosa Weber

A Ministra Rosa Weber não deferiu medidas acauteladoras em 2018.

Em 2019, foram implementadas medidas acauteladoras em 15,15% das impetrações examinadas.

Tabela 26: Liminares em mandados de segurança formalizados em 2018

Liminares em 2018	Quantidade	Porcentagem
Indeferida	5	14,29%
Prejudicada - desistência	3	8,57%
Prejudicada - indeferimento da inicial	6	17,14%
Prejudicada - negativa de seguimento	19	54,29%
Segredo de Justiça	1	2,86%
Sem pedido de liminar	1	2,86%
Total	35	100%

Tabela 27: Liminares em mandados de segurança formalizados em 2019

Liminares em 2019	Quantidade	Porcentagem
Deferida	5	15,15%
Indeferida	2	6,06%
Prejudicada - indeferimento da inicial	5	15,15%
Prejudicada - negativa de seguimento	14	42,42%
Segredo de Justiça	3	9,09%
Sem pedido de liminar	4	12,12%
Total	33	100%

15.3.13. Síntese das liminares deferidas ao menos em parte por cada Ministro

2018

Figura 7: Liminares deferidas, por cada Ministro, nos mandados de segurança formalizados em 2018

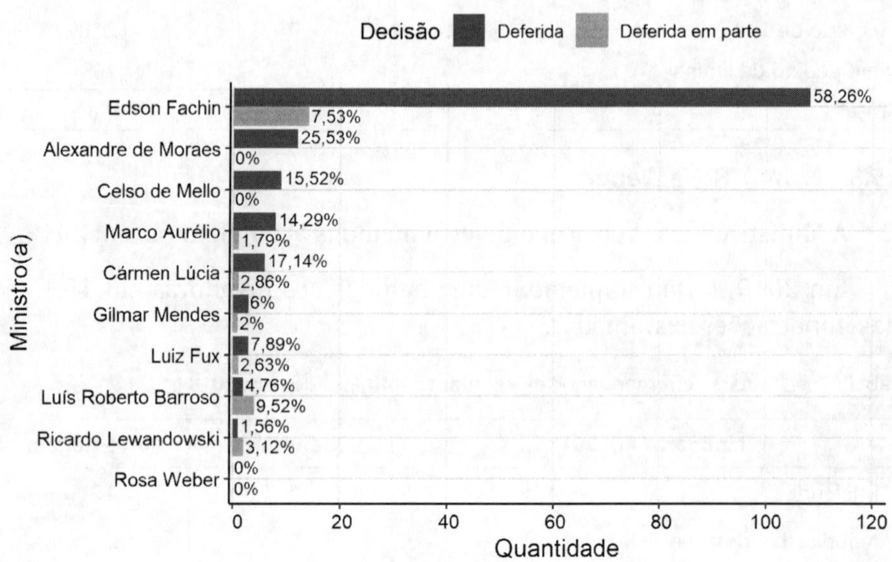

2019

Figura 8: Liminares deferidas, por cada Ministro, nos mandados de segurança formalizados em 2019

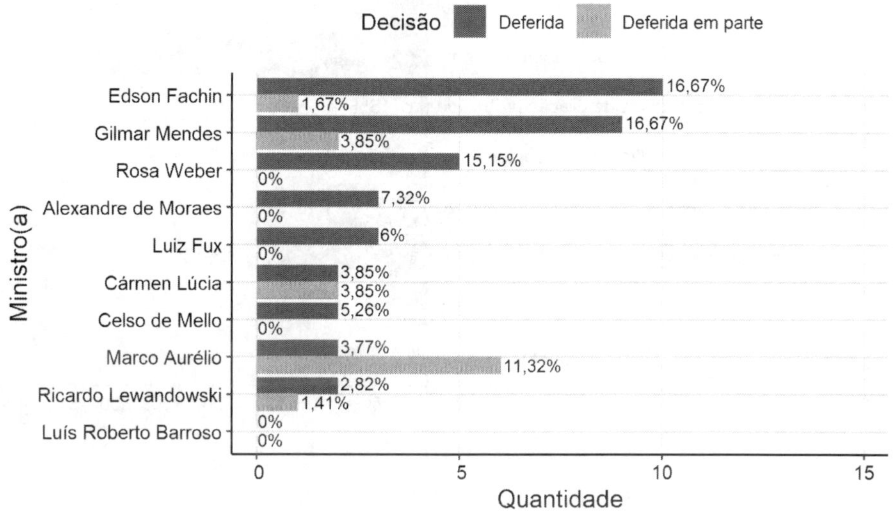

15.4. MANDADOS DE SEGURANÇA JULGADOS EM 2019

O espaço amostral dos dados relativos às decisões finais, definitivas e terminativas dos mandados de segurança, é diverso daquele atinente às liminares.

Aqui foram considerados não os mandados de segurança formalizados em 2019, mas aqueles examinados ao longo desse ano, independentemente da data de distribuição.

A par disso, as representações gráficas têm em conta as decisões individuais formalizadas pelos Ministros e os recursos providos pelos órgãos colegiados do Supremo.

Foi realizada análise global, presente o Tribunal, e, a seguir, individualmente, tendo por referência as decisões definitivas ou terminativas de cada Ministro.

15.4.1. Supremo Tribunal Federal

No exame final dos mandados de segurança julgados em 2019, 4,17% das ordens foram deferidas e 6,92% o foram em parte.

Destaca-se o percentual de ordens denegadas, de 39,77%, correspondente a 305 das 767 impetrações apreciadas.

Figura 9: Mandados de Segurança Julgados no Supremo em 2019

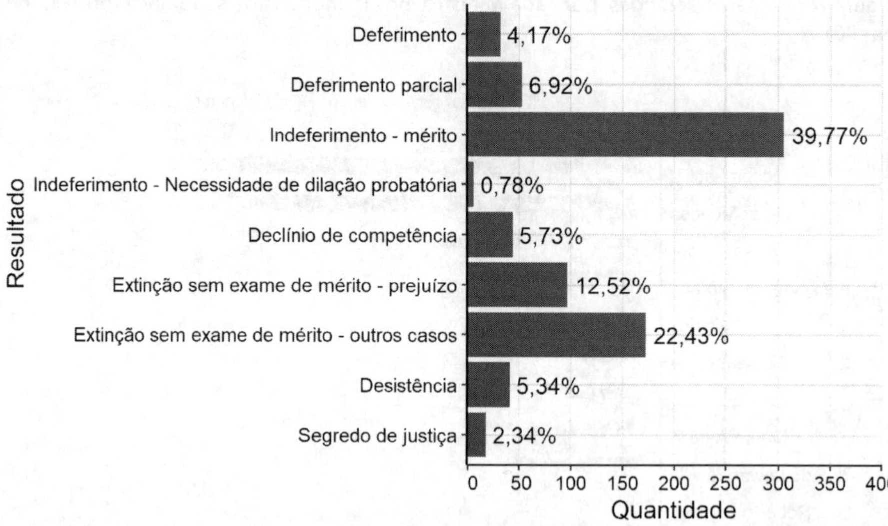

Tabela 28: Mandados de Segurança Julgados no Supremo em 2019

Resultado	Quantidade	Porcentagem
Deferimento	32	4,17%
Deferimento parcial	53	6,92%
Indeferimento – mérito	305	39,77%
Indeferimento - Necessidade de dilação probatória	6	0,78%
Declínio de competência	44	5,73%
Extinção sem exame de mérito - prejuízo	96	12,52%
Extinção sem exame de mérito - outros casos	172	22,43%
Desistência	41	5,34%
Segredo de justiça	18	2,34%
Total	767	100%

15.4.2. Ministro Alexandre de Moraes

Em 2019, o Ministro Alexandre de Moraes concedeu 1,33% das ordens pretendidas, o equivalente a 2.

De outro lado, o percentual de seguranças denegadas alcançou 78%, correspondentes a 117 dos 150 mandados de segurança julgados.

Figura 10: Mandados de Segurança Julgados no Supremo em 2019

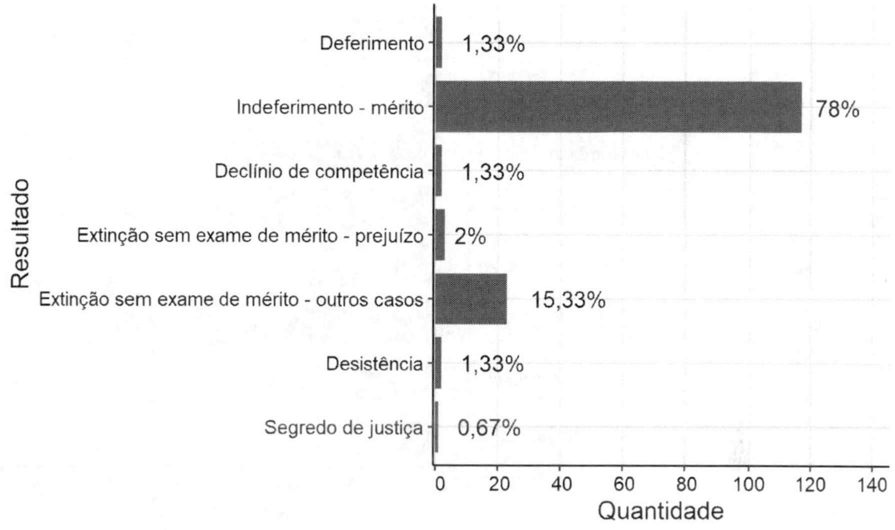

Tabela 29: Mandados de Segurança Julgados no Supremo em 2019

Resultado	Quantidade	Porcentagem
Deferimento	2	1,33%
Indeferimento – mérito	117	78,00%
Declínio de competência	2	1,33%
Extinção sem exame de mérito – prejuízo	3	2,00%
Extinção sem exame de mérito – outros casos	23	15,33%
Desistência	2	1,33%
Segredo de justiça	1	0,67%
Total	150	100%

15.4.3. Ministra Cármen Lúcia

Em 2019, a Ministra Cármen Lúcia concedeu 8,33% das ordens pretendidas, equivalentes a 2 processos. Houve 1 deferimento parcial, a representar 4,17% do total.

De outro lado, o percentual de seguranças indeferidas alcançou 20,83%, correspondentes a 5 dos 24 mandados de segurança julgados.

Figura 11: Mandados de Segurança Julgados em 2019

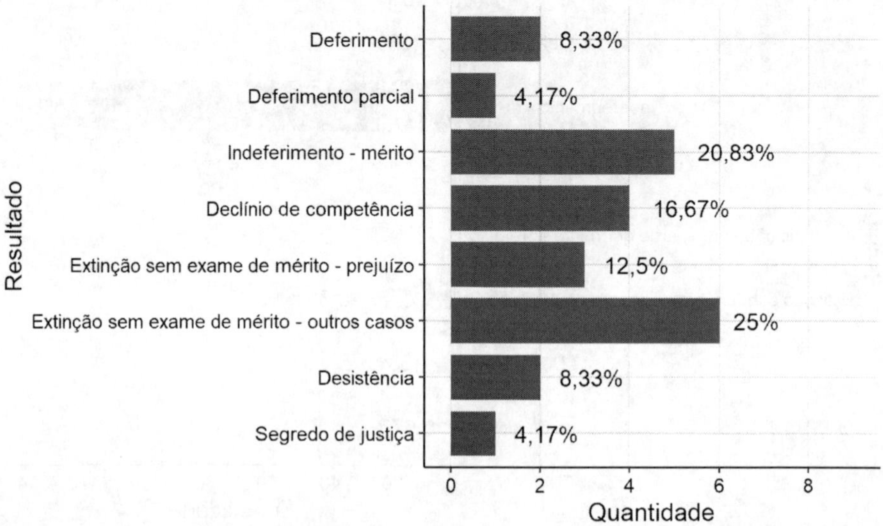

Tabela 30: Mandados de Segurança Julgados em 2019

Resultado	Quantidade	Porcentagem
Deferimento	2	8,33%
Deferimento parcial	1	4,17%
Indeferimento - mérito	5	20,83%
Declínio de competência	4	16,67%
Extinção sem exame de mérito – prejuízo	3	12,50%
Extinção sem exame de mérito – outros casos	6	25,00%
Desistência	2	8,33%
Segredo de Justiça	1	4,17%
Total	24	100%

15.4.4. Ministro Celso de Mello

O Ministro concedeu, em parte, 3,03% das ordens pretendidas, o que corresponde a 1 mandado de segurança, ao longo de 2019. Não houve ordens deferidas.

Já o percentual de ordens indeferidas alcançou 15,15%, correspondentes a 5 dos 33 mandados de segurança examinados.

Figura 12: Mandados de Segurança Julgados em 2019

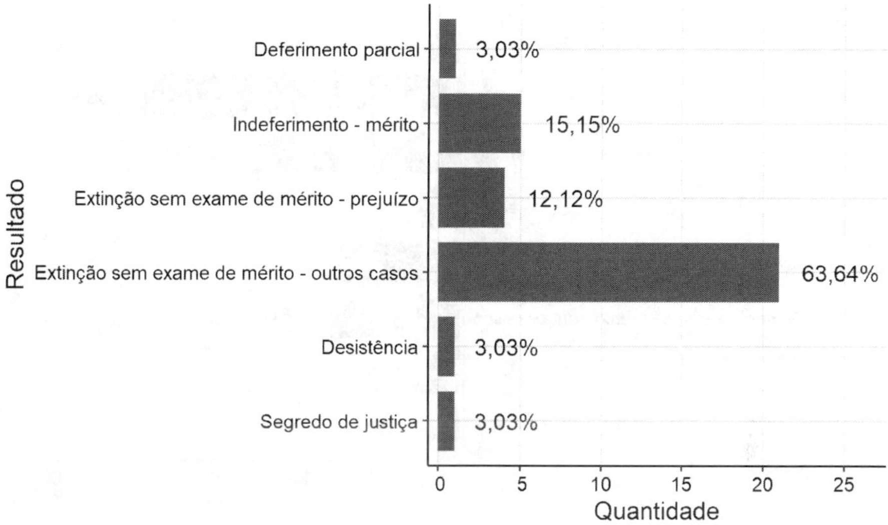

Tabela 31: Mandados de Segurança Julgados em 2019

Resultado	Quantidade	Porcentagem
Deferimento parcial	1	3,03%
Indeferimento – mérito	5	15,15%
Extinção sem exame de mérito – prejuízo	4	12,12%
Extinção sem exame de mérito – outros casos	21	63,64%
Desistência	1	3,03%
Segredo de justiça	1	3,03%
Total	33	100%

15.4.5. Ministro Edson Fachin

Em 2019, o Ministro concedeu 3,51% das ordens pretendidas, equivalentes a 4, e deferiu em parte 35,96% dos pedidos, o equivalente a 41 casos.

De outro lado, o percentual de seguranças indeferidas alcançou 22,81%, correspondentes a 26 das 114 impetrações apreciadas.

Figura 13: Mandados de Segurança Julgados em 2019

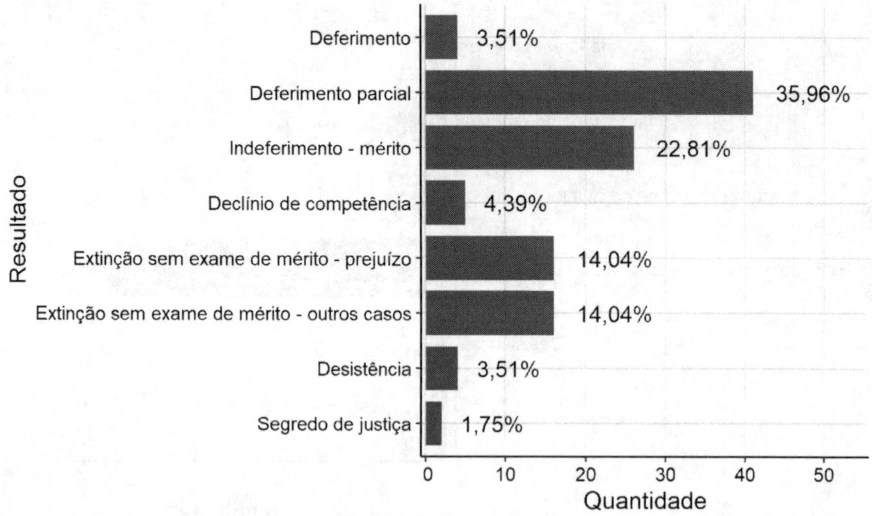

Tabela 32: Mandados de Segurança Julgados em 2019

Resultado	Quantidade	Porcentagem
Deferimento	4	3,51%
Deferimento parcial	41	35,96%
Indeferimento – mérito	26	22,81%
Declínio de competência	5	4,39%
Extinção sem exame de mérito – prejuízo	16	14,04%
Extinção sem exame de mérito – outros casos	16	14,04%
Desistência	4	3,51%
Segredo de Justiça	2	1,75%
Total	114	100%

15.4.6. Ministro Gilmar Mendes

Em 2019, o Ministro concedeu 7,35% das ordens pretendidas, equivalentes a 5, e deferiu em parte 4,41% dos pedidos.

De outro lado, o percentual de seguranças indeferidas alcançou 36,76%, correspondentes a 25 das 68 impetrações apreciadas.

Figura 14: Mandados de Segurança Julgados em 2019

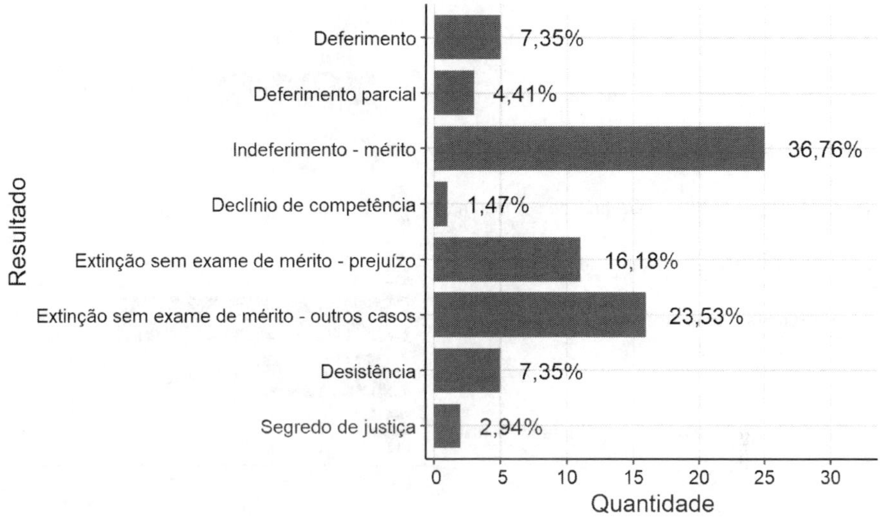

Tabela 33: Mandados de Segurança Julgados em 2019

Resultado	Quantidade	Porcentagem
Deferimento	5	7,35%
Deferimento parcial	3	4,41%
Indeferimento – mérito	25	36,76%
Declínio de competência	1	1,47%
Extinção sem exame de mérito – prejuízo	11	16,18%
Extinção sem exame de mérito – outros casos	16	23,53%
Desistência	5	7,35%
Segredo de Justiça	2	2,94%
Total	68	100%

15.4.7. Ministro Luiz Fux

O Ministro, ao longo de 2019, concedeu 8,11% das ordens pretendidas, equivalentes a 3 processos.

De outro lado, o percentual de seguranças indeferidas alcançou 21,62%, correspondentes a 8 dos 37 mandados de segurança julgados.

Figura 15: Mandados de Segurança Julgados em 2019

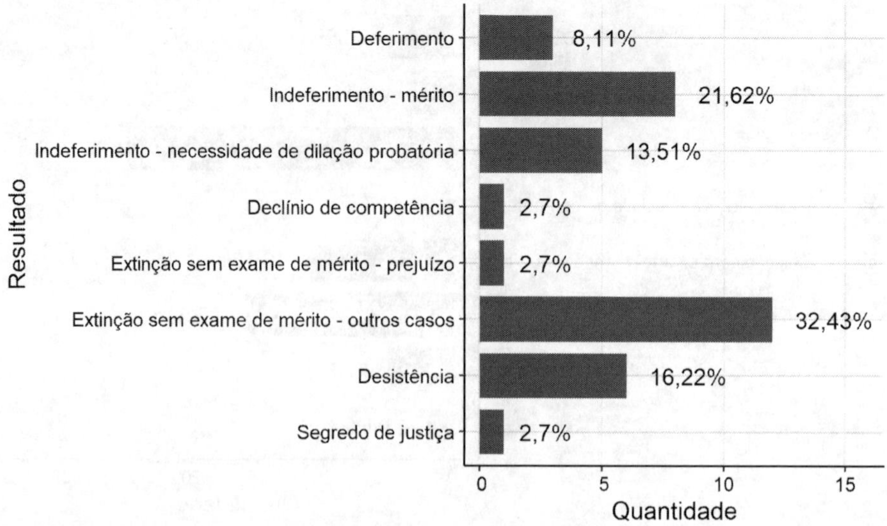

Tabela 34: Mandados de Segurança Julgados em 2019

Resultado	Quantidade	Porcentagem
Deferimento	3	8,11%
Indeferimento – mérito	8	21,62%
Indeferimento – necessidade de dilação probatória	5	13,51%
Declínio de competência	1	2,70%
Extinção sem exame de mérito – prejuízo	1	2,70%
Extinção sem exame de mérito – outros casos	12	32,43%
Desistência	6	16,22%
Segredo de Justiça	1	2,70%
Total	37	100%

15.4.8. Ministro Marco Aurélio

O Ministro Marco Aurélio, em 2019, deferiu 2,04% das ordens pretendidas, equivalentes a 2 impetrações.

Já o percentual de seguranças indeferidas alcançou 15,31%, correspondentes a 15 dos 98 mandados de segurança apreciados.

Figura 16: Mandados de Segurança Julgados em 2019

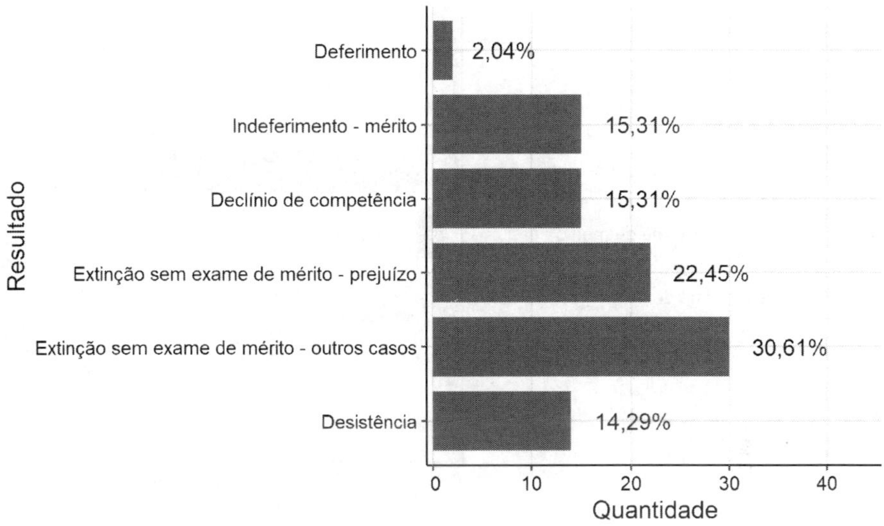

Tabela 35: Mandados de Segurança Julgados em 2019

Resultado	Quantidade	Porcentagem
Deferimento	2	2,04%
Indeferimento – mérito	15	15,31%
Declínio de competência	15	15,31%
Extinção sem exame de mérito – prejuízo	22	22,45%
Extinção sem exame de mérito – outros casos	30	30,61%
Desistência	14	14,29%
Total	98	100%

15.4.9. Ministro Ricardo Lewandowski

Em 2019, o Ministro concedeu 4,26% das ordens pretendidas, equivalentes a 4 processos. Houve 1 deferimento parcial, a representar 1,06% do total.

De outro lado, o percentual de seguranças indeferidas alcançou 61,7%, correspondentes a 58 dos 94 mandados de segurança examinados.

Figura 17: Mandados de Segurança Julgados em 2019

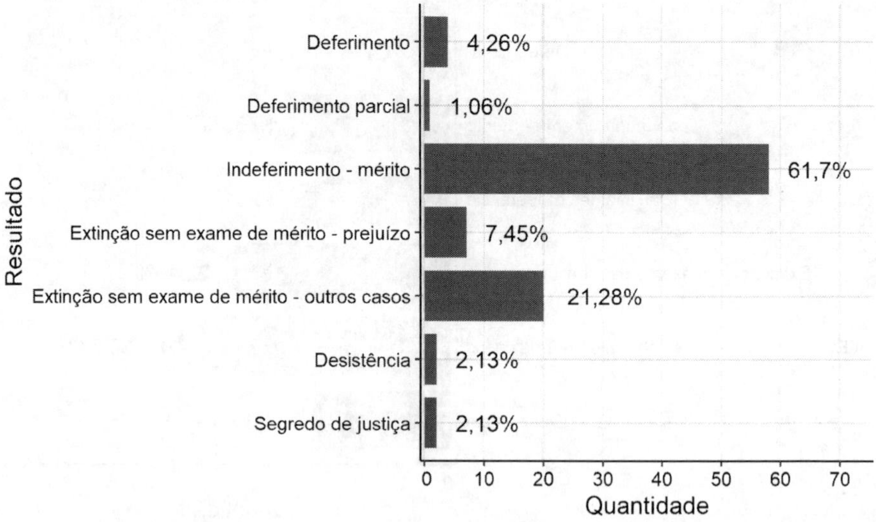

Tabela 36: Mandados de Segurança Julgados em 2019

Resultado	Quantidade	Porcentagem
Deferimento	4	4,26%
Deferimento parcial	1	1,06%
Indeferimento – mérito	58	61,70%
Extinção sem exame de mérito – prejuízo	7	7,45%
Extinção sem exame de mérito – outros casos	20	21,28%
Desistência	2	2,13%
Segredo de justiça	2	2,13%
Total	94	100%

15.4.10. Ministro Luís Roberto Barroso

O Ministro não concedeu segurança nas impetrações apreciadas em 2019.

De outro lado, as ordens indeferidas alcançaram 22,22%, correspondentes a 10 dos 45 mandados de segurança julgados.

Figura 18: Mandados de Segurança Julgados em 2019

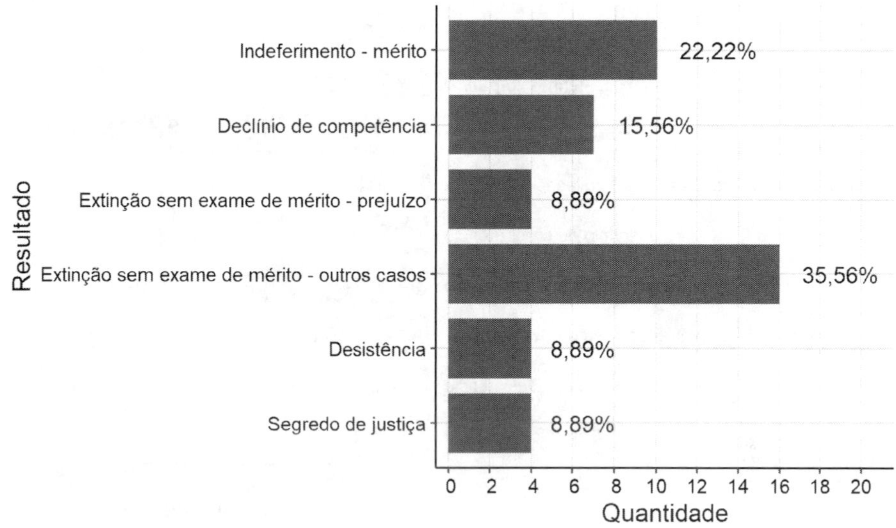

Tabela 37: Mandados de Segurança Julgados em 2019

Resultado	Quantidade	Porcentagem
Indeferimento – mérito	10	22,22%
Declínio de competência	7	15,56%
Extinção sem exame de mérito – prejuízo	4	8,89%
Extinção sem exame de mérito – outros casos	16	35,56%
Desistência	4	8,89%
Segredo de justiça	4	8,89%
Total	45	100%

14.4.11. Ministra Rosa Weber

Em 2019, a Ministra Rosa Weber deferiu 10,42% das ordens pretendidas, equivalentes a 10 impetrações. Houve 6 deferimentos parciais, a representarem 6,25% do total.

De outro lado, o percentual de seguranças indeferidas alcançou 37,5%, correspondentes a 36 dos 96 mandados de segurança apreciados.

Figura 19: Mandados de Segurança Julgados em 2019

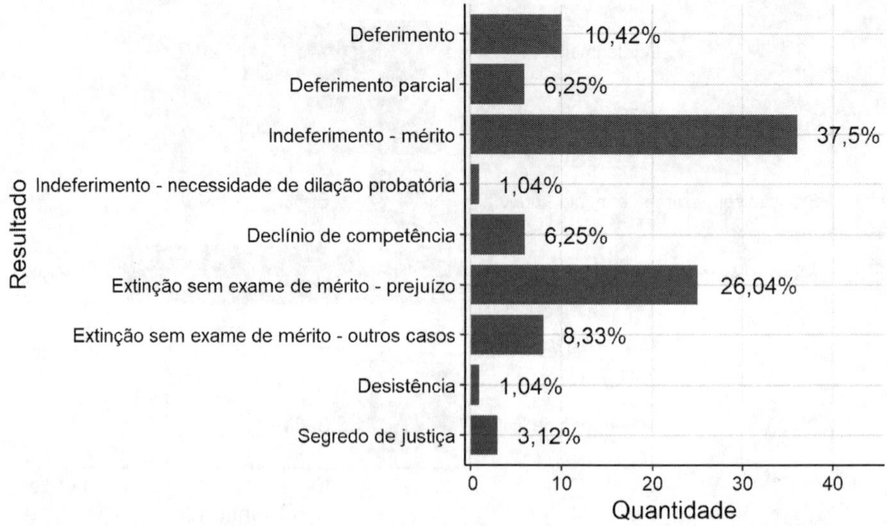

Tabela 38: Mandados de Segurança Julgados em 2019

Resultado	Quantidade	Porcentagem
Deferimento	10	10,42%
Deferimento parcial	6	6,25%
Indeferimento – mérito	36	37,50%
Indeferimento – necessidade de dilação probatória	1	1,04%
Declínio de competência	6	6,25%
Extinção sem exame de mérito – prejuízo	25	26,04%
Extinção sem exame de mérito – outros casos	8	8,33%
Desistência	1	1,04%
Segredo de justiça	3	3,12%
Total	96	100%

15.4.12. Ministro Presidente

Ao longo de 2019, o Ministro Dias Toffoli, Presidente, não deferiu segurança nas 8 impetrações examinadas durante o período de recesso ou de férias, na forma do artigo 13, inciso VIII, do Regimento Interno do Supremo.

Figura 20: Mandados de Segurança Julgados em 2019

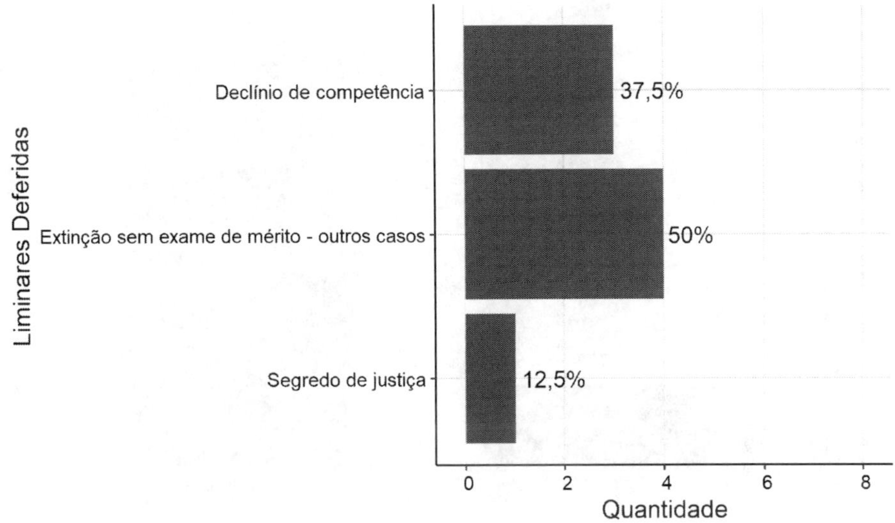

Tabela 39: Mandados de Segurança Julgados em 2019

Resultado	Quantidade	Porcentagem
Declínio de competência	3	37,50%
Extinção sem exame de mérito – outros casos	4	50,00%
Segredo de justiça	1	12,50%
Total	8	100%

15.5. DECISÕES INDIVIDUAIS E COLEGIADAS

Em 2019, 84,23% dos mandados de segurança foram julgados mediante decisão monocrática, ao passo que 15,77% das impetrações foram objeto de deliberação colegiada[5].

5. Os percentuais têm em consideração as decisões finais quanto ao mérito da impetração, e não o exame de recursos interpostos em face de pronunciamentos das Turmas ou do Pleno, como embargos de declaração.

Figura 21: Mandados de Segurança Julgados pelo Supremo em 2019

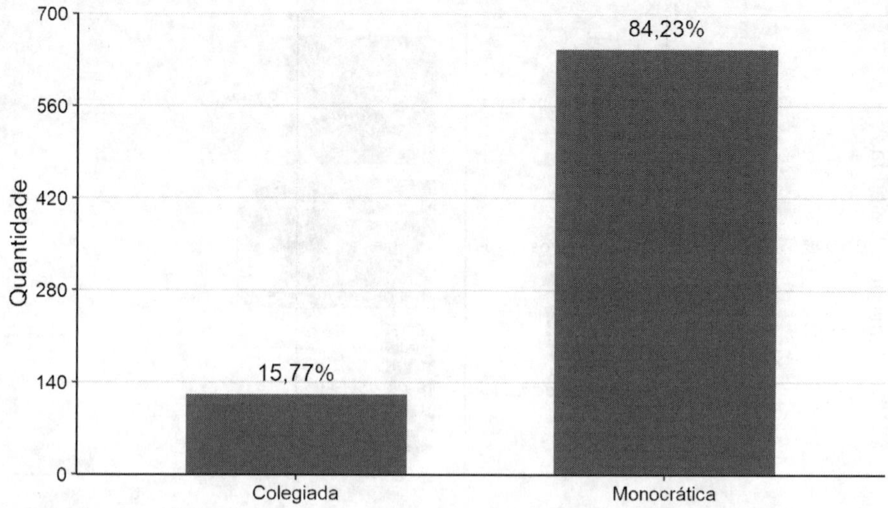

Tabela 40: Mandados de Segurança Julgados pelo Supremo em 2019

Decisão	Quantidade	Porcentagem
Colegiada	121	15,77%
Monocrática	646	84,23%
Total	767	100%

Analisando a atuação individual, nota-se terem os Ministros Celso de Mello, Ricardo Lewandowski, Rosa Weber, Luís Roberto Barroso, Alexandre de Moraes, Edson Fachin, além do Ministro Presidente, apreciado todos os casos por meio de decisão monocrática.

O Ministro Marco Aurélio julgou, nos órgãos colegiados, a maior quantidade de impetrações entre todos os ministros do Tribunal.

Figura 22:

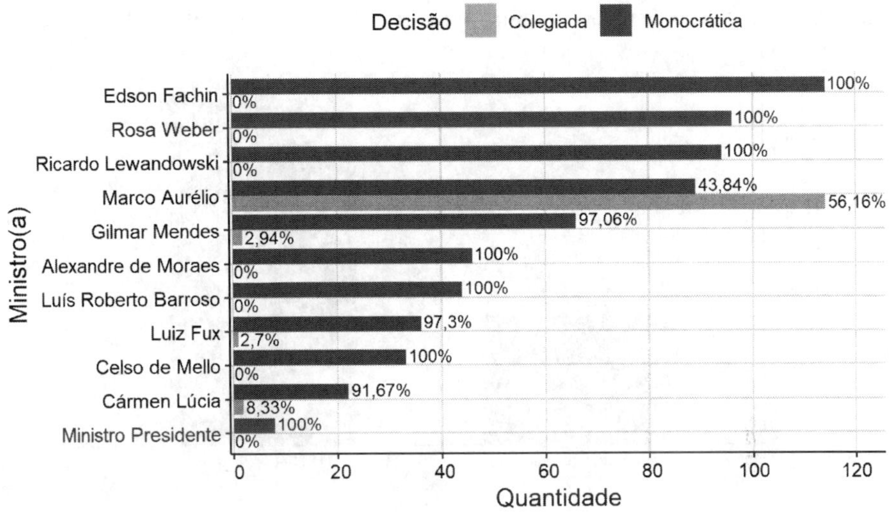

15.6. RECURSOS CONTRA DECISÕES INDIVIDUAIS JULGADOS PELOS ÓRGÃOS COLEGIADOS EM 2019

O percentual de recursos formalizados em face das decisões individuais, direcionados aos órgãos colegiados, não é elevado, alcançando 26,08% dos casos.

Merece ainda mais destaque o fato de que, ao longo de 2019, nenhum agravo interno em face de decisões finais, definitivas ou terminativas, foi provido.

De outro lado, diante da interposição do agravo, houve retratação, mediante decisão monocrática, tendo como prejudicado o recurso, em 5 dos 169 casos em que manifestado o inconformismo. Houve, ainda, o reconhecimento, pelo colegiado, do prejuízo do agravo em 2 outros casos.

Por fim, 20,71% dos mandados de segurança examinados em 2019 contavam, no início de 2020, com recursos ainda pendentes de exame pelas Turmas ou pelo Plenário do Supremo.

15.6.1. Interposição

Figura 23: Interposição de recursos contra decisões individuais em 2019

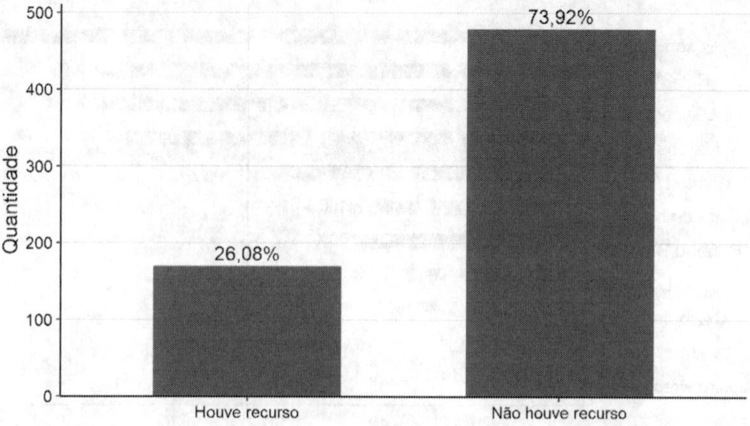

Tabela 41: Interposição de recursos contra decisões individuais em 2019

	Quantidade	**Porcentagem**
Houve recurso	169	26,08%
Não houve recurso	479	73,92%
Total	648	100%

15.6.2. Resultado

Figura 24: Resultado dos recursos contra decisões individuais julgados em 2019

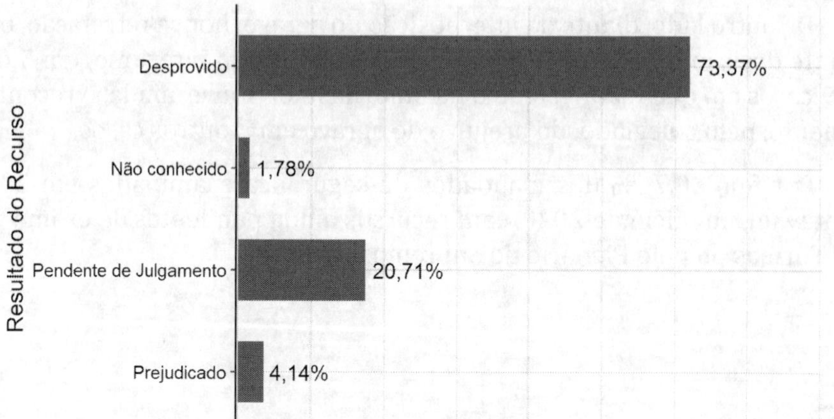

Tabela 42: Quantidades da variável Resultado do Recurso

Resultado	Quantidade	Porcentagem
Desprovido	124	73,37%
Não conhecido	3	1,78%
Pendente de Julgamento	35	20,71%
Prejudicado	7	4,14%
Total	169	100%

PARTE II

MANDADO DE INJUNÇÃO

16

REAÇÃO À SÍNDROME DE INEFETIVIDADE DAS NORMAS CONSTITUCIONAIS

Paula Pessoa Pereira[1] |
Rodrigo Lobo Canalli[2]

16.1. INTRODUÇÃO

A Constituição Federal, nunca é demais relembrar, instituiu um Estado democrático de direito marcado pela independência e harmonia entre os Poderes Legislativo, Executivo e Judiciário. Todos os Poderes da República têm a sua origem e fundamento situados na Constituição, manifestação da soberania popular representada em momento histórico pela Assembleia Nacional Constituinte e atualizada pelos procedimentos reveladores da manifestação do Poder Constituinte derivado.

Não prescinde, o regime constitucional democrático, do reconhecimento, senão da soberania, pelo menos da centralidade política e institucional do Poder Legislativo, expressão que é da vontade popular que representa. Trata-se, pois, de valorar no plano constitucional o próprio sufrágio, base da legitimidade de toda decisão política. Na sua obra clássica, já alertava Tocqueville que a primazia do Poder Legislativo constitui "a barreira mais poderosa contra os descaminhos da democracia".

O professor de História das Constituições Modernas da Faculdade de Direito da Universidade de Florença, Maurizio Fioravanti, descreve a fór-

---

1. Doutora e Mestre em Direito das Relações Sociais pela Universidade Federal do Paraná – UFPR. Pós-graduada em Direito Processual Civil pela Fundação da UFBA. Pesquisadora visitante no Instituto Max Planck para Direito Internacional e Direito Público Comparado (*Heidelberg*, Alemanha). Assessora de Ministro do Supremo Tribunal Federal. Professora de Processo Civil e Processo Constitucional.
2. Mestre em Direito, Estado e Constituição pela Universidade de Brasília - UNB. Professor de Direito Constitucional na Universidade Católica de Brasília - UCB. Assessor de Ministro do Supremo Tribunal Federal.

mula da democracia constitucional contemporânea como aquela que aspira ao equilíbrio entre, de um lado, o princípio democrático, dotado de valor constitucional através das instituições da democracia política e do próprio papel do legislador e do governo, e, de outro, a ideia – ínsita a toda a tradição constitucionalista – dos limites da política a fixar mediante a força normativa da constituição e, em particular, através do controle de constitucionalidade sempre mais determinante no âmbito das democracias modernas.[3]

A compreensão dessa permanente tensão entre o princípio democrático e a força normativa da constituição, bem como da dinâmica institucional daí decorrente, é essencial para o delineamento adequado do papel desempenhado pelo mandado de injunção na ordem jurídica instaurada pela Constituição de 1988 e para a sua instrumentalização eficaz como ferramenta processual de implementação de direitos subjetivos constitucionais. Nesse contexto, a hermenêutica constitucional e normativa, enquanto técnica jurídica, abre os olhos para os desenhos institucionais, afirmados na Constituição, que asseguram a própria continuidade da existência de uma República a que se atribui a qualificação de democrática.

16.2. EFICÁCIA DAS NORMAS CONSTITUCIONAIS E A CONCRETIZAÇÃO DOS DIREITOS FUNDAMENTAIS

Não é recente a preocupação da doutrina jurídica com o problema da aplicabilidade das normas constitucionais definidoras de direitos. Reconhecendo a imperatividade de tais normas, Rui Barbosa já chamava atenção para a compreensão de que "não há, numa Constituição, cláusulas a que se deva atribuir meramente o valor moral de conselhos, avisos ou lições. Todas têm a força imperativa de regras, ditadas pela soberania nacional ou popular de seus órgãos. Muitas, porém, não revestem dos meios necessários de ação essenciais ao seu exercício, os direitos, que outorgam, ou os encargos, que impõem: estabelecem competências, atribuições, poderes, cujo uso tem de aguardar que a Legislatura, segundo critérios, os habilite a exercer. A Constituição não se executa a si mesma: antes requer a ação legislativa, para lhe tornar efetivos os preceitos".[4]

---

3. Cfr. FIORAVANTI, Maurizio. *Constitucion: de la Antiguedad a nuestros días*. Madrid: Editorial Trotta, 2001.

4. BARBOSA, Rui. *Comentários à Constituição Federal Brasileira*. 11.ed, São Paulo: Saraiva, 1933, p. 488-9.

O desafio representado pelo problema da eficácia das normas constitucionais também mereceu reflexão de Norberto Bobbio, para quem "o campo dos direitos do homem - ou, mais precisamente, das normas que declaram, reconhecem, definem, atribuem direitos ao homem - aparece, certamente, como aquele onde é maior a defasagem entre a posição da norma e sua efetiva aplicação. E essa defasagem é ainda mais intensa precisamente no campo dos direitos sociais"[5]. Partindo da designação de "normas programáticas", adotada na Constituição italiana para as normas atinentes aos direito sociais, indaga Bobbio: "será que já nos perguntamos alguma vez que gênero de normas são essas que não ordenam, proíbem ou permitem *hit et nunc*, mas ordenam, proíbem e permitem num futuro indefinido e sem um prazo de carência claramente delimitado? E, sobretudo, já nos perguntamos alguma vez que gênero de direitos é esse que tais normas definem? Um direito cujo reconhecimento e cuja efetiva proteção são adiados *sine die*, além de confinados à vontade de sujeitos cuja obrigação de executar o programa é apenas uma obrigação moral ou, no máximo, política, pode ainda ser chamado corretamente de direito?"[6]

A maior parte dos direitos subjetivos previstos diretamente na Constituição pode ser exercida independentemente da existência de lei sobre eles. Chamamos as normas constitucionais que preveem esses direitos de autoaplicáveis ou de normas constitucionais de eficácia plena.[7] Entre as normas autoaplicáveis há aquelas, como a que assegura a livre manifestação do pensamento, por exemplo, que têm o que chamamos de eficácia plena. São as normas constitucionais que estabelecem limites para a atuação do legislador, afirmam uma esfera de direitos que a lei não pode invadir. Em vez de impor ao legislador um dever de legislar, elas impõem um dever de não legislar. São vedações a que o legislador restrinja direitos assegurados na própria Constituição.

Outro tipo são as normas de eficácia contida. No caso do direito de propriedade, por exemplo, a lei pode estabelecer tributos sobre a transmissão da propriedade, regras de zoneamento urbano, regras ambientais para o uso da propriedade, formas de perda da propriedade (usucapião), mas o direito de propriedade em si já está garantido na Constituição. Promulgada a Constituição, esses direitos estão protegidos, o que não impede que lei

5. BOBBIO, Norberto. *Era dos Direitos*. Rio de Janeiro: Campus, 1992, p. 77-8.

6. Idem.

7. Cfr. SILVA, José Afonso da. *Aplicabilidade das normas constitucionais*. 7ª ed. São Paulo: Malheiros, 2009.

venha a esclarecer o conteúdo desses direitos. Além disso, a lei não pode limitar esses direitos ao ponto de descaracterizá-los, sob pena de inconstitucionalidade.

Nesses casos, a lei vem para delinear certos aspectos do direito, implementar algumas restrições – quando a Constituição o permitir – e organizar a sua proteção. O Poder Legislativo pode até vir a editar uma lei sobre essas matérias, mas não é constitucionalmente obrigado a fazê-lo, e se não o fizer, isso não prejudica a efetividade da norma.[8]

Por fim, há as normas de eficácia limitada que dependem da existência de leis para concretizá-las. Somente essas justificam a propositura da ação direta de inconstitucionalidade por omissão e do mandado de injunção. Quanto às demais normas, a sua previsão na Constituição é suficiente para que o seu cumprimento seja exigido por outros meios.

Como se vê, as normas de eficácia plena, assim como as normas de eficácia contida, não dependem de integração legislativa para sua efetiva incidência sobre os fatos sociais e consequente exigibilidade. Na arquitetura do estado constitucional estruturado a partir de uma hierarquia de normas, as normas de eficácia plena são as regras gerais, as regras fundacionais da engrenagem de normatividade em cadeia que edificam. As normas de eficácia limitada, por sua vez, têm a sua eficácia necessariamente mediada pela ação legislativa, da qual dependem para a concretização dos direitos e liberdades públicas veiculados em seu texto. Vale dizer, as normas dependem da atuação do legislador ou do órgão estatal competente para a disciplina e realização do projeto constitucional. Nesses casos, a pronta exigibilidade do direito subjetivo, ainda que previsto na Constituição, não é factível, em um primeiro plano de ação, porquanto necessária pré-ordenação de práticas, instituições e regras que a viabilizem, ao conferir-lhe suficiente densidade normativa.

16.3. O MANDADO DE INJUNÇÃO

Nos termos do art. 5º, LXXI, da Constituição da República, "conceder-se-á mandado de injunção sempre que a falta de norma regulamentadora

8. O Supremo Tribunal Federal já decidiu que normas autoaplicáveis não podem – justamente porque não precisam – ser tuteladas pela via da ação direta de inconstitucionalidade por omissão: "Ação direta de inconstitucionalidade por omissão, de que não se conhece, por ser autoaplicável o dispositivo constitucional (art. 20 do ADCT), cuja possibilidade de cumprimento pretende o Requerente ver suprida." (ADI 297/DF, Relator Ministro Octavio Gallotti, Tribunal Pleno, julgamento em 25.04.1996, DJe 08.11.1996).

torne inviável o exercício dos direitos e liberdades constitucionais e das prerrogativas inerentes à nacionalidade, à soberania e à cidadania".

Na expressa dicção do permissivo mandamental, mostra-se apta a ensejar a impetração do *writ* injuncional a omissão legislativa que inviabiliza o exercício de direito subjetivo assegurado por norma constitucional de eficácia limitada. Amolda-se, assim, ao objeto do mandado de injunção, pretensão de assegurar a fruição de direito outorgado pela Constituição cujo exercício se vê inviabilizado por não ter sido regulamentado.

Conforme pontua, com clareza, José Afonso da Silva, a função do mandado de injunção é "fazer com que a norma constitucional seja aplicada em favor do impetrante, independentemente de regulamentação, e exatamente porque não foi regulamentada"[9]. Não é outra a lição de Flávia Piovesan, para quem "a função do mandado de injunção é possibilitar seja a norma constitucional aplicada, independentemente de regulamentação e exatamente porque não foi regulamentada"[10].

Impende destacar, com efeito, que nem toda omissão legislativa se revela apta a ensejar a impetração do mandado de injunção, senão aquela que (a) reflete o descumprimento, pelo legislador, de específica incumbência constitucional, e (b) tem como consequência a frustração do exercício de direitos e liberdades constitucionais e das prerrogativas inerentes à nacionalidade, à soberania e à cidadania.[11]

Introduzido pela Carta de 1988, o mandado de injunção assume especial relevo, na ordem jurídica contemporânea, como instrumento voltado à efetivação dos direitos e liberdades com assento no texto constitucional, bem como às prerrogativas inerentes à nacionalidade, à soberania e à cidadania, quando a inércia legislativa obstaculiza o seu exercício. Não visa, assim, à criação ou elaboração, e sim à viabilização do exercício de direitos, liberdades ou prerrogativas já titularizados, porquanto outorgados pelo Poder Constituinte.

---

9. SILVA, José Afonso da. *Curso de Direito Constitucional Positivo*. 33.ed., São Paulo: Malheiros, 2010, p. 450.

10. PIOVESAN, Flávia. *Proteção Judicial Contra Omissões Legislativas:* ação direta de inconstitucionalidade por omissão e mandado de injunção. 2.ed., São Paulo: Editora Revista dos Tribunais, 2003, p. 141.

11. Nesse sentido, é o magistério de JJ Gomes Canotilho: "A omissão legislativa só é autônoma e juridicamente relevante quando se conexiona com uma exigência constitucional de ação, não bastando o simples dever geral de legislador para dar fundamento a uma omissão constitucional. Um dever jurídico-constitucional de ação existirá quando as normas constitucionais tiverem a natureza de imposições concretamente impositivas." (*As Garantias do Cidadão na Justiça*. São Paulo: Saraiva, 1993, p. 354-5).

A própria previsão do mandado de injunção é o reconhecimento, pela Carta de Direitos, de que a omissão legislativa na regulamentação dos direitos, liberdades e prerrogativas nela diretamente previstos configura, em si, situação revestida de inconstitucionalidade, incompatível com a ordem estabelecida.

16.4. O SUPREMO TRIBUNAL FEDERAL E O PROBLEMA DAS OMISSÕES INCONSTITUCIONAIS: AS RESPOSTAS E SEUS MOMENTOS CONSTITUCIONAIS

Promulgada em 1988, a Constituição da República Federativa do Brasil é produto de um amplo e plural compromisso político por meio do qual se buscou atender a demandas de diversos setores sociais. A autêntica renovação do pacto social que veio a incorporar teve como premissa fundadora a afirmação dos direitos fundamentais – tanto na dimensão individual e das liberdade públicas quanto na dimensão coletiva, dos direitos sociais voltados aos projetos de distribuição dos recursos essenciais ao desenvolvimento da justiça social – como pilares para a consecução da autonomia individual e coletiva.

Em razão da adoção dessa premissa – os direitos, compreendidos como fundamentais, como elementos centrais da ordem jurídica – foi atribuído um sistema correspondente de deveres de proteção aos poderes constituídos. Faz parte desse sistema a construção de um sistema de justiça forte: uma aposta no Poder Judiciário como canal institucional para a reivindicação e realização daqueles direitos.[12] Nessa perspectiva dos deveres de proteção, ao Legislativo e ao Executivo competem, em suas funções primárias, a obrigação constitucional de produção dos atos necessários e suficientes para a adequada tutela normativa dos direitos.

Caso não cumprido esse dever de proteção normativa, por meio das práticas formais legislativas e administrativas, a reivindicação recai sobre o Judiciário, enquanto poder constituído, que atua de forma coordenada e dialógica – idealmente – com os demais atores institucionais para concreti-

12. Por todos, acerca do papel a que atribuído ao Poder Judiciário nos sistemas constitucionais contemporâneos, na perspectiva comparada, ver CAPPELLETTI, Mauro. Vindicating public interests through the courts: a comparativist's contribution, *Buffalo Law Review*, vol. 25, n. 3, 1973, p. 643-690; TATE, C. Neal; VALLINDER, Torbjörn. *The global expansion of judicial power*. New York: New York University Press, 1995; HIRSCHL, Ran. *Towards juristocracy*: the origins and consequences of the new constitutionalism. Cambridge: Harvard University Press, 2004. No Brasil, cf., VIEIRA, Oscar Vilhena. Supremocracia, *Revista Direito GV*, n. 4, jul-dez, 2008, p. 441-464.

zar os deveres de proteção. A justificação normativa da legitimidade da jurisdição constitucional nessa função, de garantidora dos direitos, liberdades constitucionais e prerrogativas condicionadas à mediação legislativa, quando configurada a mora do legislativo (ausência de resposta a tempo e modo da moldura normativa), encontra suporte no desenho da nossa democracia constitucional.

A preocupação com a tutela adequada e efetiva dos direitos fundamentais, em especial dos direitos sociais, e com o cumprimento dos deveres de proteção impostos aos poderes, assumiu centralidade na arquitetura constitucional. Um olhar atento e crítico dos momentos constitucionais da história constitucional brasileira, e mesmo na abordagem comparada, permite concluir que o controle jurisdicional de constitucionalidade foi o principal instrumento de garantia da normatividade e autoridade das constituições. Em todos os momentos em que o controle jurisdicional de constitucionalidade foi tímido ou deferente às estruturas governamentais, notadamente nas crises econômicas, o constitucionalismo perdeu sua fé e os direitos sua normatividade.

Nesse contexto, o mandado de injunção, ao lado da ação direta de inconstitucionalidade por omissão, com as diferenças e limitações de funcionalidade atribuídas a cada, constituem os processos constitucionais de resolução dos problemas das omissões inconstitucionais.

Instrumento processual destinado a viabilizar o exercício dos direitos individuais e coletivos, liberdades constitucionais e das prerrogativas inerentes à nacionalidade, à soberania e à cidadania, quando ausente a norma regulamentadora de competência de Poder, órgão, entidade ou autoridade estatal,[13] o mandado de injunção ocupa seguramente posição indelével na

13. O Supremo Tribunal firmou interpretação jurídica no sentido de que o mandado de injunção, por se tratar de processo constitucional de índole mandamental, não pode ser oponível em face de particular, uma vez que o dever jurídico de produção normativa pública e vinculante somente pode ser imputado aos entes estatais. Nessa linha decisória, definiu-se a impossibilidade de se instaurar relação jurídico-processual cujo polo passivo seja formado por litisconsórcio passivo entre ente estatal e particular. Cf. STF, MI 335, Tribunal Pleno, rel Min. Celso de Mello, j. 9.8.1991; STF, MI 513, Tribunal Pleno, rel Min. Celso de Mello, j. 9.8.1991; STF, MI 507, Tribunal Pleno, rel. Min. Neri da Silveira, j. 26.5.1997. Ainda quanto ao ponto, MI-QO 352, Tribunal Pleno, rel. Min. Néri da Silveira, j. 4.9.1991, que versou sobre a ausência de ato legislativo para a viabilização do direito constitucional ao aviso prévio proporcional (art. 7º, XXI, CRFB), e fora impetrado contra a ex-empregadora do requerente. Na ocasião, o Supremo Tribunal confirmou o entendimento que o mandado de injunção "há de dirigir-se contra o Poder, órgão, entidade ou autoridade que tem o dever de regulamentar a norma constitucional, não se legitimando ad causam, passivamente, em princípio, quem não estiver obrigado a editar a regulamentação respectiva".

persecução da autoridade e normatividade dos direitos, por conseguinte, da Constituição Federal.[14]

A falta ou insuficiência legislativa ou administrativa é o pressuposto do mandado de injunção.[15-16] Enquanto processo constitucional, o mandado de injunção viabiliza o controle de validade em concreto da inércia estatal, submetida à imposição de dever de proteção.

Nas palavras do Ministro Celso de Mello:

> "O desprestígio da Constituição – por inércia de órgãos meramente constituídos – representa um dos mais tormentosos aspectos do processo de desvalorização funcional da Lei Fundamental da República, ao mesmo tempo que, estimulando gravemente a erosão democrática da consciência constitucional, evidencia o inaceitável desprezo dos direitos básicos e das liberdades públicas pelos poderes do Estado."[17]

Não obstante o significado institucional assumido pelo processo do mandado de injunção, como instrumento necessário para dar tutela concreta aos direitos, liberdades e prerrogativas, por meio de fiscalização jurisdicional, é certo que a densificação funcional e os seus limites de atuação encontraram, em um primeiro momento, respostas jurisdicionais restritivas.

No devir da sua atividade jurisdicional, o Supremo Tribunal Federal construiu uma linha de raciocínio decisório, acerca do papel e limites do mandado de injunção, marcada por momentos constitucionais bem definidos. Falamos em momentos constitucionais para analisar a história juris-

---

14. Há que guardar a diferença entre o controle jurisdicional da omissão legislativa, por meio do mandado de injunção, e o controle da insuficiência normativa na tutela dos direitos fundamentais autoaplicáveis, no exercício da jurisdição ordinária, nos processos comuns, tese defendida por Marinoni. Cf. MARINONI, Luiz Guilherme; SARLET, Ingo Wolfgang; MITIDIERO Daniel. *Curso de direito constitucional*, 6ª ed., São Paulo: Saraiva, 2017, p. 994, 1083.

15. Para uma análise doutrinária do conceito de omissão inconstitucional, e a distinção em face da lacuna legislativa técnica, Cf. PIOVESAN, Flavia. *Proteção judicial contra omissões legislativas*: ação direta de inconstitucionalidade por omissão e mandado de injunção. 2.ed., São Paulo: Editora Revista dos Tribunais, 2003, p. 95.

16. "(...) não há norma constitucional que imponha ao legislador o dever de regulamentar os direitos do nascituro. Como se infere do art. 5º, LXXI, da CRFB/1988, o mandado de injunção tem lugar quando a falta de norma regulamentadora impedir o exercício de direitos e liberdades constitucionais e das prerrogativas inerentes à nacionalidade, à soberania e à cidadania. Nesse passo, inexistente a previsão do direito na Constituição Federal, tampouco do dever de regulamentação, não há que se falar em omissão legislativa que possa ser imputada às autoridades impetradas." STF, MI-AgR 6.591, Tribunal Pleno, rel. Min. Luiz Fux, j. 16.6.2016. No mesmo sentido, STF, MI-AgR 5.926, Tribunal Pleno, rel. Min. Celso de Mello, j. 10.4.2014.

17. STF, MI 472, Tribunal Pleno, rel. Min. Celso de Mello, j. 6.9.1995.

prudencial do mandado de injunção porque os precedentes formados em cada um desses intervalos revelam, em seus pressupostos, uma sucessão de diferentes compreensões do papel delineado ao Judiciário no quadro das premissas da separação de poderes, dos diálogos institucionais e da função jurisdicional.

Tais premissas norteiam os momentos constitucionais construídos pelo Supremo Tribunal para oferecer solução ao problema da omissão inconstitucional, marcada pela inércia legislativa no seu dever de proteção dos direitos e liberdades. Como processo constitucional, o mandado de injunção adquiriu relevantes posições de autonomia e efetividade. Tanto é assim que a Lei nº 13.300, de 23 de junho de 2016, ao disciplinar o processo e julgamento dessa ação constitucional, reflete o resultado da tradução dessas posições em técnicas processuais.

Nessa ordem de ideias, são três os momentos constitucionais que se inferem do estudo da jurisprudência do Supremo Tribunal Federal, quais sejam: (a) o momento não concretista, (b) o momento concretista individual intermediário e puro, e (c) o momento concretista geral.

16.5. PRIMEIRO MOMENTO CONSTITUCIONAL E A POSIÇÃO NÃO CONCRETISTA

Ilustram o quadro decisório do primeiro momento constitucional o MI 107[18] e o MI 168.[19]

O MI 107[20] trouxe, na questão de ordem arguida pelo relator, o Ministro Moreira Alves, o primeiro problema do controle da omissão legislativa, consistente na regulamentação normativa da ação constitucional, vez que inexistia legislação específica sobre o seu procedimento.

Havia ausência normativa e, portanto, omissão inconstitucional, no próprio processo constitucional da omissão inconstitucional. Levantou-se, então, o debate acerca da natureza da norma instituidora do mandado de injunção, se autoaplicável ou de eficácia limitada. A resposta dada definiria o significado da omissão normativa para a estrutura constitucional, bem como o alcance e a potencialidade do processo.

18. STF, MI 107, Tribunal Pleno, rel. Min. Moreira Alves, j. 21.11.1990.
19. STF, MI 168, Tribunal Pleno, rel. Min. Sepúlveda Pertence, j. 21.3.1990.
20. STF, MI 107-QO, Tribunal Pleno, rel. Min. Moreira Alves, j. 23.11.1989.

O Tribunal, a partir de discussões dogmáticas não acabadas sobre o lugar da ação injuncional no sistema constitucional,[21] afastou soluções jurídicas de caráter geral ou individual, dando prevalência, no conflito entre os valores constitucionais da independência e separação de poderes e normatividade dos direitos, ao primeiro, o qual se mostrava como obstáculo constitucional de difícil refutação, ante o *local que cabia ao Judiciário*.[22]

Ao expor as posições doutrinárias dedicadas ao tema da autoaplicabilidade dos direitos e garantias fundamentais e da finalidade do mandado de injunção no quadro de um Estado de Direito caracterizado por uma feição estática das funções dos (e entre os) poderes, o voto do Ministro Moreira Alves propôs decisão pela eficácia imediata dessa garantia processual, sem necessidade de suplementação de lei ordinária, a despeito da falta de regras processuais sobre questões importantes, como, v.g., a legitimidade.[23] Quanto à finalidade, densificou o conceito de instrumento de índole mandamental, como aquele destinado a obter sentença declaratória da omissão inconstitucional, com a possibilidade, dentre as ordens executivas práticas, a de marcar prazo para o adimplemento da obrigação ou outras providências correlatas necessárias ao suprimento da situação.

21. No MI 107, importante registrar o parecer juntado pela Procuradoria-Geral da República, assinado pelo Subprocurador Geral Inocêncio Mártires Coelho, que articula um profícuo debate, na perspectiva comparada e brasileira da época, sobre a questão da aplicabilidade das normas definidoras de direitos fundamentais e a finalidade do mandado de injunção.

22. Segundo as razões de decidir constantes do voto do relator: "Essa solução, acolhida pela Constituição atual é, sem dúvida alguma, a que se que compatibiliza com o sistema constitucional vigente que deu particular relevo à separação de Poderes (arts. 2º e 60, §4º, III), que continuou a inserir entre os direitos fundamentais o de que ninguém é obrigado a fazer ou deixar de fazer alguma coisa senão em virtude de lei (art. 5º, II), e que, também, atento ao princípio democrático, estabeleceu um processo legislativo em que o Poder Judiciário só tem iniciativa legislativa nos casos expressos na própria Constituição e com relação a matérias a ele estritamente vinculadas, sendo que as decisões políticas de que afinal resultam os textos legais se subordinam a um sistema de freios e contra-freios de que participam exclusivamente os Poderes Legislativo e Executivo. 6. Portanto, além dessa segunda corrente, por qualquer de suas variantes, não apresentar soluções que viabilize o exercício de grande parte dos direitos, garantias e prerrogativas a que alude o artigo 5º, LXXI, e de pretender que o Poder Judiciário, quer regulamentando texto constitucional para o caso concreto, quer o regulamentando com eficácia erga omnes, exerça função para a qual, as mais das vezes, não está ele aparelhado – e função que não lhe foi atribuída sequer na ação direta de inconstitucionalidade por omissão (...) o certo é que a ela se contrapõem obstáculos constitucionais intransponíveis, como se demonstrou acima." STF, MI 107-QO, Tribunal Pleno, rel. Min. Moreira Alves, j. 23.11.1989, p. 40-41.

23. "É ele, no âmbito da competência desta Corte (...), autoexecutável, uma vez que, para ser utilizado, não depende de norma jurídica que o regulamente, inclusive quanto ao procedimento, aplicável que lhe é analogicamente o procedimento do mandado de segurança, no que couber". STF, MI 107-QO, Tribunal Pleno, rel. Min. Moreira Alves, j. 23.11.1989, p. 44.

É interessante explicitar o argumento formulado, acompanhado à unanimidade pela Corte:

> "(...) com a finalidade de que se lhe dê ciência dessa declaração, para que adote as providencias necessárias, à semelhança do que ocorre com a ação direta de inconstitucionalidade por omissão (art. 103, §2º, da Carta Magna), e de que determine, quando se tratar de direito constitucional oponível contra o Estado, a suspensão dos processos judiciais ou administrativos de que possa advir para o impetrante dano que não ocorreria se não houvesse a omissão inconstitucional."

A natureza mandamental atribuída ao instrumento processual, como expressamente colocado na decisão, possui significado dissociado daquele defendido na literatura processual e constitucional.[24] Natureza mandamental de técnica processual implica a delegação de poderes de execução e efetividade do comando decisório por meio de técnicas executivas atípicas, que impõem obrigações de fazer, não fazer ou dar, com o objetivo de se tutelar de forma efetiva e adequada, em concreto, o direito reconhecido ou constituído na decisão. Ou seja, o qualificativo mandamental não se esgota no efeito declaratório dos comandos jurisdicionais, na medida em que alcança o plano da efetividade, conclusão que certamente não corresponde ao decidido acerca da natureza e função do mandado de injunção no MI 168.[25]

A resposta jurisdicional dada no MI 107 afirmou o papel do mandado de injunção como processo constitucional vocacionado ao problema da omissão legislativa. Limitou o alcance desse instrumento à função essencialmente declaratória da omissão inconstitucional, com a cientificação do órgão responsável pela edição do ato,[26] sem que dessa situação omissiva

24. A respeito da natureza mandamental dos pronunciamentos judiciais, por todos, MARINONI, Luiz Guilherme. *Tutela inibitória*: individual e coletiva, 5ª ed., São Paulo: RT, 2012.

25. Ilustrativo do conceito de mandamental afirmado no julgamento, é o motivo exposto na fundamentação da decisão do STF, MI 283, Tribunal Pleno, rel. Min. Sepúlveda Pertence, j. 20.3.1991: "O STF – não obstante a natureza mandamental do mandado de injunção (MI 107 - QO) – que, no pedido constitutivo ou condenatório, formulado pelo impetrante, mas, de atendimento impossível, de declaração de inconstitucionalidade da omissão normativa, com ciência ao órgão competente para que a supra (cf. Mandados de Injunção 168, 107 e 232)".

26. O Ministro Moreira Alves é categórico em afirmar que, devido a impossibilidade do STF atuar coercitivamente contra os poderes omissos, a decisão poderá não ser cumprida (o que, segundo sua percepção, também ocorre na ADO, a qual possui eficácia declaratória e mandamental). Essa eficácia mandamental se traduziria, portanto, em "cientificar o poder omisso dessa declaração, para que se adote as providências necessárias."

pudesse ser extraída atividade de tutela concreta dos direitos, liberdades e prerrogativas do jurisdicionado.[27]

Ademais dessa conclusão, mostra-se legítimo extrair outros precedentes desse julgamento que promoveu um avanço no desenho do instituto, haja vista a profundidade da deliberação havida. Os precedentes (razões de decidir) formados pela maioria do julgamento, concentram-se em questões processuais, que desenharam os pressupostos do mandado de injunção.

O primeiro é a definição da natureza autoaplicável da regra constitucional que institui a ação, sem necessidade de legislação que defina os seus efeitos e procedimento, sendo aplicável a que regula o mandado de segurança no que for compatível.

O segundo diz respeito à natureza do pedido veiculado que se restringe à declaração de omissão, sem derivativos de natureza condenatória ou constitutiva.

O terceiro delineia o campo de incidência de técnicas executivas da decisão restritas à suspensão dos processos judiciais e administrativos que possam implicar danos ao impetrante, os quais não ocorreriam não fosse a ausência da norma regulamentadora.

Para além da medida de suspensão, veiculou-se a atipicidade na construção de formas de acautelamento do direito reconhecido, enquanto presente a mora legislativa. Todavia, como ressaltado no acórdão, essas medidas de caráter concreto se referiam ao juízo cautelar, e não ao juízo satisfativo mandamental. Vale dizer, as medidas concretas não poderiam implicar a regulamentação em concreto ou em abstrato, da norma constitucional dependente de mediação legislativa.

No julgamento do MI 168,[28] considerado o precedente definido no MI 107, não foram colocadas novas questões, confirmando-se o caráter

---

27. Na doutrina, exemplo de defesa dessa posição de deferência ao Legislativo na resolução do problema do seu inadimplemento, FILHO, Manoel Gonçalves Ferreira. *Curso de direito constitucional.* 32ª ed. São Paulo: Saraiva, 2006, p. 321-322.

28. STF, MI 168, Tribunal Pleno, rel. Min. Sepúlveda Pertence, j. 21.3.1990. "O mandado de injunção nem autoriza o Judiciário a suprir a omissão legislativa ou regulamentar, editando o ato normativo omitido, nem, menos ainda, lhe permite ordenar, de imediato, ato concreto de satisfação do direito reclamado: mas, no pedido, posto que de atendimento impossível, para que o Tribunal o faça, se contém o pedido de atendimento possível para a declaração de inconstitucionalidade da omissão normativa, com ciência ao órgão competente para que a supra. 2. Créditos judiciais contra a Fazenda Pública: pagamento parcelado (ADCT, art. 33): faculdade do Poder Executivo. 3. O art. 33 do ADCT de 1988 não outorgou direito ao credor da Fazenda Pública ao pagamento parcelado nele

mandamental do instrumento processual e os seus limites na resolução da omissão legislativa, cabendo ao Poder Judiciário declarar esse estado omissivo, com a ciência ao órgão competente para edição da prestação legislativa devida.[29]

O julgamento do MI 107 inaugurou o controle jurisdicional da omissão no Supremo Tribunal Federal e formou o *precedente referência* da matéria. Atrelado ao cenário constitucional novo, com apenas 1 (um) ano de vigência da Constituição Federal, e com uma composição ainda vinculada a parâmetros doutrinários e jurisdicionais de uma outra época, o Tribunal referendou solução jurídica marcada pela deferência ao Legislativo e à democracia de um lado e, de outro, por limitação substantiva ao desempenho qualitativo do processo constitucional na efetiva realização dos direitos e liberdades públicas.

As objeções apontadas pela doutrina à posição não concretista dos direitos, na medida em que a Corte não viabilizou a pronta juridicidade do texto constitucional e condicionou o gozo dos direitos à temporalidade voluntarista do legislador, concentram-se no argumento da insuficiência da resposta para a tutela e promoção da autoridade e supremacia da ordem constitucional. Ao passo que igualados os efeitos do mandado de injunção aos da ação direta de inconstitucionalidade por omissão, frustrou-se, de certa forma, a essência da ação injuncional, vocacionada que é a concretização dos direitos individuais.[30]

Como registrado pelo Ministro Paulo Brossard no MI 107, como *obter dictum*:

> "o tempo se encarregará de mostrar os aspectos novos, de mostrar que as construções agora recém-esboçadas apresentam tal ou qual lacuna, tal ou qual deficiência. É provável que isso venha a acontecer, porque as construções jurídicas

---

previsto, ao contrário, como faculdade do Poder Executivo competente, extinta com o transcurso do prazo decadencial de 180 dias sem decisão a respeito; à omissão dela, por conseguinte, não dá margem a mandado de injunção."

29. Cf. MENDES, Gilmar; BRANCO, Paulo Gonet. *Curso de direito constitucional*, 14ª ed. rev. atual. São Paulo: Saraiva, 2019, p. 1264-1265.

30. Nesse sentido, ver, PASSOS, Calmon de. *Mandado de segurança coletivo, mandado de injunção, habeas data: Constituição e processo*. Rio de Janeiro: Forense, 1989, p. 98-9; MENDES, Gilmar. Mandado de injunção, *Revista Direito Público*, v. 5, n. 19, 2009, p 126-148; QUINTAS, Fabio Lima. *Mandado de injunção no Supremo Tribunal Federal*. São Paulo: Saraiva, 2016.

não saem perfeitas e acabadas de uma vez só. Elas vão sendo complementadas, corrigidas, aditadas à luz das necessidades sociais, à luz dos fatos concretos".[31]

16.6. SEGUNDO MOMENTO CONSTITUCIONAL E A POSIÇÃO CONCRETISTA INDIVIDUAL NAS CONCEPÇÕES INTERMEDIÁRIA E PURA

O MI 283, de relatoria do Ministro Sepúlveda Pertence,[32] pode ser apontado como precedente inaugural deste segundo momento constitucional que, nesta pesquisa, denotamos como aquele que engloba as posições jurisdicionais voltadas para a resolução da relação jurídica substantiva, com efeitos *inter partes*, seja por uma atuação com intermediação de diálogo interinstitucional, seja por uma concreta individual pura, sem socorro a práticas mediadas.

Na perspectiva do segundo momento, verifica-se com nitidez o Supremo Tribunal Federal perfilhar linha evolutiva traçada no sentido assecuratório da efetividade da ação injuncional. Como afirma Gilmar Mendes, "sinalizam para uma nova compreensão do instituto e a admissão de uma solução 'normativa' para a decisão judicial".[33]

Somam-se ao efeito declaratório, de ciência do estado omissivo, efeitos mandamentais condicionados. Melhor explicando, na decisão entendeu-se que a comunicação do inadimplemento legislativo ao ente estatal responsável é insuficiente para a tutela do direito vindicado pelo impetrante. Todavia, não se poderia, desde logo, ante a constatação da ausência legislativa, supri-la, como resposta a um autêntico pedido de índole constitutiva ou condenatória.

Assim que, com o objetivo de coagir *moralmente* ao cumprimento do dever de legislar, o Tribunal definiu ser legítimo ao Judiciário, no pronunciamento da decisão, fixar prazo razoável para a produção legislativa, bem como a exigibilidade do direito vindicado, por via jurisdicional adequada e concreta, na hipótese de inobservância do prazo assinalado.

---

31. STF, MI 107, Tribunal Pleno, rel. Min. Moreira Alves, j. 1991. Voto do Min. Paulo Brossard, p. 80. Com o mesmo alerta, o Min. Célio Borja afirmou: "com as necessidades da vida venham buscar no Tribunal as soluções adequadas, e o Tribunal certamente não as recusará". p. 81-82.
32. STF, MI 283, Tribunal Pleno, rel. Min. Sepúlveda Pertence, j. 20.3.1991.
33. MENDES, Gilmar; BRANCO, Paulo Gonet. *Curso de direito constitucional*. 14ª ed. rev. atual. São Paulo: Saraiva, 2019, p. 1264-1265.

O caso concreto tratou da mora legislativa na edição de ato normativo para a viabilização do direito à reparação econômica, disposto no art. 8º, §3º, do ADCT, em razão do impedimento de exercício, na vida civil, de atividade profissional específica, nos termos das Portarias Reservadas do Ministério da Aeronáutica n. S-50-GM5/1964 e n. S-285, GM5. O impetrante buscou do Poder Judiciário, ante o inadimplemento legislativo, o seu suprimento, de modo que fosse possível conferir aplicabilidade imediata à norma constitucional do ADCT, com a concessão da aposentadoria e de indenização dos danos materiais e morais sofridos.

De início, o Ministro relator indeferiu o pedido de medida liminar, sob o argumento da "impossibilidade de concessão de liminar de conteúdo positivo no mandado de injunção, o que decorre da sua própria natureza, seja ela mandamental, como entende a maioria da Corte, seja ela constitutiva, como quer a respeitável minoria".[34]

No julgamento colegiado, em Plenário, o relator, na sua primeira manifestação, destacou a notória inexistência da lei, cuja edição a norma constitucional impôs para a fruição do direito a reparação econômica. Inclusive, ressaltou o risco representado pela omissão legislativa em questão para a eficácia da ordem constitucional, bem como a possibilidade de atribuição de responsabilidade patrimonial ao Estado.[35] Ao final, entendeu suficiente a declaração da mora e a comunicação ao Congresso Nacional para que se ultimasse o processo legislativo, com os mecanismos de urgência que esse processo fornece.

Na segunda oportunidade da deliberação, desafiado pelo Ministro Moreira Alves, acresceu ao seu voto o argumento outrora definido no MI 107, no sentido da exploração das possibilidades construtivas de medidas acauteladoras necessárias à viabilização do exercício do direito subjetivo, ante a persistência do legislador no inadimplemento do seu dever. Nesse caminho, pronunciou solução normativa de caráter concretista individual, na hipótese de o processo legislativo não ser ultimado no prazo assinalado, "ultrapassado o prazo acima, sem que esteja promulgada a lei, reconheço ao impetrante a faculdade de obter, contra a União, pela via processual

34. STF, MI 283, Decisão monocrática, rel. Min. Sepúlveda Pertence, j. 18.10.1990.

35. STF, MI 283, Tribunal Pleno, rel. Min. Sepúlveda Pertence, j. 20.3.199, p. 11-12. "Lamento, em casos como este, que o direito positivo – segundo a orientação da Corte, à qual, em termos dogmáticos, me mantenho solidário -, não dê instrumentos mais eficazes, pelo menos, para induzir a à urgência no suprimento da omissão inconstitucional do Poder Legislativo, cuja persistência frustra a eficácia da Constituição e pode eventualmente engajar a responsabilidade patrimonial do Estado".

adequada, sentença líquida de condenação à reparação constitucional devida, pelas perdas e danos que se arbitrem",[36] no que foi acompanhado pela maioria do Tribunal.[37]

A natureza mandamental, como afirmada no MI 107 e no MI 168, portanto, começa a ser delineada nesse segundo momento, em razão da atribuição ao Poder Judiciário de realizar a prestação legislativa concretamente, caso não editado o ato normativo, no prazo fixado. O MI 284[38] e o MI 232[39] são exemplos importantes desse processo construtivo do *real* caráter mandamental do mandado de injunção.

Fica claro, a partir do exame dos precedentes, o delineamento da característica de transição desse segundo momento, de uma posição não concretista para uma posição concretista individual intermediária, de tu-

---

36. STF, MI 283, Tribunal Pleno, rel. Min. Sepúlveda Pertence, j. 20.3.1991, p. 20.

37. Cumpre destacar a divergência aberta pelo Min. Carlos Velloso, em coerência com seu entendimento acerca do instrumento do mandado de injunção, que entende ter natureza substancial, diferentemente da ação direta de inconstitucionalidade por omissão. "o mandado de injunção tem caráter substantivo. Por isso, fará ele as vezes da norma infraconstitucional ausente e integrará o direito ineficaz, ineficaz em razão da ausência da norma regulamentadora, à ordem jurídica. (...) No mandado de injunção, reconhecendo o juiz ou tribunal, em concreto, que o direito que a Constituição concede é ineficaz ou inviável, em razão da ausência de norma infraconstitucional, fará ele, juiz ou tribunal, por força do próprio mandado de injunção, a integração do direito à ordem jurídica, assim tornando-o eficaz e exercitável (art. C.F., art. 5º, LXXI). (...) Também aqui, Senhor Presidente, devo fixar a norma que, em concreto, tornará viável o exercício do direito concedido pelo §3º do art. 8º do ADCT à CF/88." STF, MI 283, Tribunal Pleno, rel. Min. Sepúlveda Pertence, j. 20.3.1991, p. 33-34.

38. STF, MI 284, Tribunal Pleno, rel. Min. Marco Aurélio, red. p/ acórdão Min. Celso de Mello, j. 22.11.1992. "O novo 'writ' constitucional, consagrado pelo art. 5º, LXXI, da Carta Federal, não se destina a constituir direito novo, nem a ensejar ao Poder Judiciário o anômalo de desempenho de funções normativas que lhe são institucionalmente estranhas. O mandado de injunção não é o sucedâneo constitucional das funções político-jurídicas atribuídas aos órgãos estatais inadimplentes. A própria excepcionalidade desse novo instrumento jurídico impõe ao Judiciário o dever de estrita observância do princípio constitucional da divisão funcional do Poder. Reconhecido o estado de mora inconstitucional do Congresso Nacional – único destinatário do comando para satisfazer, no caso, a prestação legislativa reclamada – e considerando que, embora previamente cientificado no Mandado de Injunção n. 283, Relator Ministro Sepúlveda Pertence, absteve-se de adimplir a obrigação que lhe foi constitucionalmente imposta, torna-se prescindível nova comunicação à instituição parlamentar, assegurando-se aos impetrantes, desde logo a possibilidade de ajuizarem, imediatamente, nos termos do direito comum ou ordinário, a ação de reparação de natureza econômica instituída em seu favor pelo preceito transitório."

39. STF, MI 232, Tribunal Pleno, rel. Min. Moreira Alves, j. 2.8.1991. "Ocorrência, no caso, em face do disposto no artigo 59 do ADCT, de mora, por parte do Congresso, na regulamentação daquele preceito constitucional. Mandado de injunção conhecido, em parte, e, nessa parte, deferido para declarar-se o estado de mora em que se encontra o Congresso Nacional, a fim de que, no prazo de seis meses, adote ele as providências legislativas que se impõem para o cumprimento da obrigação de legislar decorrente do art. 195, §7º, da Constituição, sob pena de, vencido esse prazo sem que essa obrigação se cumpra, passar o requerente a gozar da imunidade requerida".

tela do direito subjetivo no caso, com o fim de evitar consequências danosas aos titulares de direitos individuais e a frustração da normatividade da Constituição, quando não observado o prazo estabelecido.[40]

Visualiza-se um processo de conversão das normas constitucionais de eficácia limitada em normas de eficácia imediata, caso o Congresso persista na omissão legiferante. Cabe ao Poder Judiciário aplicar de imediato a norma constitucional assecuratória do direito individual, segundo as instituições existentes, desde que haja o contínuo inadimplemento estatal na emanação das prestações devidas.[41]

A fixação de prazo para o adimplemento da obrigação constitucional de edição de ato normativo e a inferência de consequências práticas no plano concreto da tutela dos direitos subjetivos carentes de regramento legal, na hipótese de descumprimento da decisão, esboçam a preocupação do Tribunal para a solução do problema da inefetividade das normas constitucionais que, naquele estágio jurisprudencial, já alertava para a expansão da síndrome da inefetividade ao âmbito da função do Poder Judiciário, colocando em xeque a autoridade e legitimidade da própria jurisdição constitucional.[42]

Vinculado ainda ao cenário da premissa de separação de poderes estática, como formulado pela teoria da jurisdição do século XIX, o Supremo Tribunal, para não incidir em ofensa àquela e, ao mesmo tempo, assegurar maior eficácia ao instrumento processual, somou ao efeito declaratório, de

40. Quanto ao ponto, importante registrar a objeção arguida pelo Min. Moreira Alves frente ao argumento da evolução jurisprudencial, no sentido de que a solução decisória ora proposta já era admitida desde o MI 107, de sua relatoria. STF, MI 283, Tribunal Pleno, rel. Min. Sepúlveda Pertence, j. 20.3.1991, p. 23.

41. Para José Afonso da Silva: "É equivocada, portanto, data vênia, a tese daqueles que acham que o julgamento do mandado de injunção visa à expedição da norma regulamentadora do dispositivo constitucional dependente de regulamentação, dando a esse remédio o mesmo objeto da ação direta de inconstitucionalidade por omissão. Isso quer apenas dizer que o mandado de injunção não passaria de ação de inconstitucionalidade por omissão subsidiária." *Comentário textual à Constituição*, 9ª ed., São Paulo: Malheiros, 2014, p. 169.

42. Cf., "Na marcha do delineamento pretoriano do instituto do mandado de injunção, assentou este Supremo Tribunal que 'a mera superação dos prazos constitucionalmente assinalados é bastante para qualificar, como omissão juridicamente relevante, a inércia estatal, apta a ensejar, como ordinário efeito consequencial, o reconhecimento, hic et nunc, de uma situação de inatividade inconstitucional'. (MI 543, voto do Min. Celso de Mello, DJ de 24-5-2002). Logo, desnecessária a renovação de notificação ao órgão legislativo que, no caso, não apenas incidiu objetivamente na omissão do dever de legislar, passados quase quatorze anos da promulgação da regra que lhe criava tal obrigação, mas que, também, já foi anteriormente cientificado por esta Corte, como resultado da decisão de outros mandados de injunção." STF, MI 562, Tribunal Pleno, rel. p/ o ac. Min. Ellen Gracie, j. 20.2.2003.

ciência da omissão normativa ao órgão competente, o estabelecimento de prazo para o cumprimento do dever legislativo, com a cominação de efeitos concretos, a serem obtidos por meio de pronunciamento jurisdicional.

Quanto ao avanço impresso aos efeitos da concretização da ordem injuncional, na dimensão intermediária, com a possibilidade de estabelecimento de prazo para o adimplemento do dever de prestação legislativa, para além da declaração de mora, há de se destacar os MI 361[43] e MI 472[44], que formaram distinção à linha decisória firmada nos mandados de injunção acima referidos.

Nos casos, as ações tinham por objeto a eficácia da norma constitucional do art. 192, §3º, que fixou limites à taxa de juros reais ao ano. O Tribunal entendeu que, nas hipóteses em que a autoridade competente não figura como o sujeito passivo da relação de direito material derivada da regra constitucional, tampouco se revela admissível determinação de prazo.

Noutros termos:

> "Não se revela cabível a estipulação de prazo para o Congresso Nacional suprir a omissão em que ele próprio incidiu na regulamentação da norma inscrita no art. 192, 3º, da Carta Política, eis que essa providencia excepcional só se justificaria se o próprio Poder Público, para além do seu dever de editar o provimento normativo faltante, fosse, também, o sujeito passivo da relação de direito material emergente do preceito constitucional em questão".[45]

No curso do progresso decisório em direção à posição concretista individual intermediária, a Corte persistiu no incremento de novas construções jurídicas, à luz das necessidades individuais apresentadas ao Judiciário e à medida das constatações da postura ainda frustrante do Legislativo no desempenho dos seus deveres constitucionais.

Assume relevo, nessa moldura, a resolução normativa dada ao problema da ineficácia do direito da aposentadoria especial do servidor público, previsto no art. 40, §4º, CRFB, com redação anterior à Emenda Constitucional nº 103/2019, em face da ausência de norma regulamentadora que viabilizasse sua efetiva fruição.

---

43. STF, MI 361, Tribunal Pleno, rel. Min. Neri da Silveira, red. p/ acórdão, Min. Sepúlveda Pertence, j. 8.4.1994.
44. STF, MI 472, Tribunal Pleno, rel. Min. Celso de Mello, j. 6.9.1995.
45. STF, MI 361, Tribunal Pleno, rel. Min. Neri da Silveira, red. p/ acórdão, Min. Sepúlveda Pertence, j. 8.4.1994.

No julgamento do MI 758,[46] ilustrativo da controvérsia e replicado em diversas ações constitucionais semelhantes que marcaram o ano de 2009,[47] o Supremo Tribunal decidiu pela imediata aplicação analógica da Lei n. 8.213/1991, art. 57, §1º, que dispunha acerca do direito de aposentadoria especial no âmbito das relações de trabalho em geral.[48]

Acerca da solução normativa *concretizadora individual de direito constitucional,* as razões compartilhadas pela opinião majoritária formada são explícitas ao mostrar a realização do direito, sem prévia comunicação ao Congresso Nacional:

> "Há ação mandamental e não simplesmente declaratória de omissão. A carga de declaração não é objeto de impetração, mas premissa da ordem a ser formalizada (...) Tratando-se de processo subjetivo, a decisão possui eficácia considerada a relação jurídica nele revelada". Desse modo, "inexistente a disciplina específica da aposentadoria especial do servidor, impõe-se a adoção, via pronunciamento judicial, daquela própria aos trabalhadores em geral - art. 57, §1º, da Lei n. 8.213/91".[49]

46. STF, MI 758, Tribunal Pleno, rel. Min. Marco Aurélio, j. 1.7.2008. Na mesma linha decisória foram os julgamentos dos STF, MI 788, Tribunal Pleno, rel. Min. Carlos Britto, j. 15.4.2009; STF, MI 795, Tribunal Pleno, rel Min. Cármen Lúcia, j. 15.4.2009.

47. STF, MI 758, Tribunal Pleno, rel. Min. Marco Aurélio, j. 1.7.2008; STF, MI 796/DF, Tribunal Pleno, rel. Min. Ayres Britto, j. 15.4.2009; STF, MI 809/SP, Tribunal Pleno, rel. Min. Cármen Lúcia, j. 15.4.2009; STF, MI 824/DF, decisão monocrática, rel. Min. Eros Grau, j. 7.5.2009; STF, MI 834/DF, decisão monocrática, rel. Min Ricardo Lewandowski, j. 7.5.2009; STF, MI 874/DF, decisão monocrática, rel. Min. Celso de Mello, j. 3.6.2009; STF, MI 912/DF, decisão monocrática, rel. Min. Cezar Peluso, j. 15.5.2009; STF, MI 970/DF, decisão monocrática, Rel. Min. Ellen Gracie, j. 8.10.2009; STF, MI 1.001/DF, decisão monocrática, Rel. Min. Celso de Mello, j. 3.6.2009.

48. Posteriormente, a matéria veio a ser cristalizada na Súmula Vinculante 33, aprovada na Sessão Plenária de 9.4.2014 (DJe 24.4.2014), com a seguinte redação: "Aplicam-se ao servidor público, no que couber, as regras do regime geral da previdência social sobre aposentadoria especial de que trata o artigo 40, § 4º, inciso III da Constituição Federal, até a edição de lei complementar específica".

49. STF, MI 758, Tribunal Pleno, rel. Min. Marco Aurélio, j. 1.7.2008. Também: "Servidor público. Direito público subjetivo à aposentadoria especial (CF, art. 40, § 4º). Injusta frustração desse direito em decorrência de inconstitucional, prolongada e lesiva omissão imputável a órgãos estatais da União Federal. Correlação entre a imposição constitucional de legislar e o reconhecimento do direito subjetivo à legislação. Descumprimento de imposição constitucional legiferante e desvalorização funcional da constituição escrita. A inércia do poder público como elemento revelador do desrespeito estatal ao dever de legislar imposto pela Constituição. Omissões normativas inconstitucionais: uma prática governamental que só faz revelar o desprezo das instituições oficiais pela autoridade suprema da Lei Fundamental do Estado. A colmatação jurisdicional de omissões inconstitucionais: um gesto de fidelidade, por parte do Poder Judiciário, à supremacia hierárquico-normativa da Constituição da República. A vocação protetiva do mandado de injunção. Legitimidade dos processos de integração normativa (dentre eles, o recurso à analogia) como forma de suplementação da inertia agendi vel deliberandi." STF, MI-AgR 1.841, Tribunal Pleno, rel. Min. Celso de Mello, j. 6-2-2013. Seguindo o precedente: "(...) Há ação mandamental e não simplesmente declaratória de omissão. A carga de declaração não é objeto da impetração, mas premissa da ordem a ser formalizada. Manda-

Não se recorreu, nesse caso, à mediação do Legislativo, conforme a postura concretista individual intermediária, com declaração da mora adicionada da técnica de designação de prazo. A premissa jurídica do debate, seguindo o precedente formado nos MI 708, 712 e 670 (analisados no próximo tópico), fincou-se na aplicabilidade imediata das normas constitucionais para a relação jurídica subjetiva, sob pena de injusta prorrogação do estado de omissão e inefetividade dos direitos e do texto constitucional.

Em outras palavras, a discussão do direito da aposentadoria especial dos servidores públicos criou grande oportunidade para a Corte sedimentar o argumento de que a constatação objetiva da mora persistente do Legislativo autoriza o Judiciário colmatar a lacuna, por meio da incidência analógica de ato normativo já existente, ainda que regulador de hipótese fática distinta. A comunicação da omissão ou a fixação de prazo para a remoção desse estado foram descartadas do catálogo de técnicas decisórias necessárias à concretização da norma constitucional.

16.7. TERCEIRO MOMENTO CONSTITUCIONAL E A POSIÇÃO CONCRETISTA GERAL

O direito de greve dos servidores públicos e a ausência da norma regulamentadora do art. 37, VII, da Constituição Federal, foi o problema de omissão inconstitucional que efetivamente propiciou a consolidação da linha interpretativa de efetividade do mandado de injunção enquanto instrumento processual vocacionado à tutela dos direitos e liberdades públicas no caso concreto, a despeito da contumaz inadimplência legislativa no seu dever de proteção normativo.[50]

A lógica subjacente que configura o terceiro momento constitucional do mandado de injunção, amparada na premissa teórica da separação de

do de injunção. Decisão. Balizas. Tratando-se de processo subjetivo, a decisão possui eficácia considerada a relação jurídica nele revelada. Aposentadoria. Trabalho em condições especiais. Prejuízo à saúde do servidor. Inexistência de lei complementar. Art. 40, § 4º, da CF. Inexistente a disciplina específica da aposentadoria especial do servidor, impõe-se a adoção, via pronunciamento judicial, daquela própria aos trabalhadores em geral – art. 57, § 1º, da Lei 8.213/1991". STF, MI 721, Tribunal Pleno, rel. Min. Marco Aurélio, j. 30-8-2007.

50. José Afonso da Silva, quanto ao ponto da viragem jurisprudencial, expressou: "Essa teoria concretista do mandado de injunção não foi acolhida pelo STF, imediatamente. Ao contrário, a rejeitou. Mas é auspiciosos verificar que sua nova composição vem revendo a jurisprudência anterior sobre o instituo. Já existem decisões (timidamente ainda) que se orientam no sentido concretista, como é o caso dos acórdãos proferidos nos MI 712 e MI 721." *Comentário textual à Constituição*, 9ª ed., São Paulo: Malheiros, 2014, p. 170.

poderes e do princípio da reserva legal, é a de que a omissão legislativa não pode ser fundamento para a omissão judicial, com o consequente gravame da erosão do estado constitucional. O Estado, por meio de seus poderes constituídos, não pode, em nome de um conceito estático de independência e relação harmônica entre os poderes, representar o processo de desvalorização da Lei Fundamental da República e ineficácia dos direitos e liberdades públicas. Ou seja, ao mandado de injunção se deve imprimir a sua real função de tutelar o exercício do direito condicionado à mediação normativa.

Os julgamentos do MI 712,[51] relatado pelo Ministro Eros Grau, do MI 670,[52] sob a relatoria do Ministro Maurício Côrrea, redator para o acórdão Ministro Gilmar Mendes, e do MI 708, relatado pelo Ministro Gilmar Mendes, ocorridos na mesma sessão, por versarem objetos semelhantes, representaram a consolidação da evolução do papel do Supremo Tribunal Federal no controle de omissões legislativas e do significado do mandado de injunção.

As referidas ações constitucionais foram impetradas com o objetivo de dar efetividade ao direito de greve dos servidores públicos civis que, conforme a redação do art. 37, VII, da Constituição Federal, seria exercido nos termos e nos limites definidos em lei específica.

Não obstante a citada previsão constitucional e a existência de diversas decisões do Tribunal que declararam a existência da inércia legislativa na edição da norma reguladora, considerada natureza da norma constitucional como de eficácia limitada[53], o Poder Legislativo permaneceu omisso quanto à regulamentação do exercício do direito constitucional à greve dos servidores públicos civis.

Essa reiterada recalcitrância do Congresso Nacional foi apontada de forma veemente no voto do Ministro Celso de Mello no MI 708.[54] Em suas palavras:

> "Decorridos quase 19 (dezenove) anos da promulgação da vigente carta política, ainda não se registrou – no que concerne à norma inscrita no art. 37, VII, da Constituição – a necessária intervenção concretizadora do Congresso Nacional,

51. STF, MI 712, Tribunal Pleno, rel. Min. Eros Grau, j. 25.10.2007.
52. STF, MI 670, Tribunal Pleno, rel. Min. Gilmar Mendes, j. 25.10.2007.
53. STF, MI 20/DF, rel. Min. Celso de Mello, Tribunal Pleno, j. 22.11.1996; STF, MI 485/MT, Tribunal Pleno, rel. Min. Corrêa, Pleno, j. 23.8.2002 e STF, MI 585/TO, Tribunal Pleno, rel. Min. Ilmar Galvão, j. 2.8.2002.
54. STF, MI 708, Tribunal Pleno, rel. Min. Gilmar Mendes, j 25.10.2007.

> que se absteve de editar, até o presente momento, o ato legislativo essencial ao desenvolvimento da plena eficácia jurídica do preceito constitucional em questão, não obstante esta Suprema Corte, em 19/05/1994 ao julgar o MI 20/DF, de que fui relator houvesse reconhecido o estado de mora (inconstitucional) do Poder Legislativo da União, que ainda subsiste, porque não editada, até agora, a lei disciplinadora do exercício do direito de greve no serviço público. Registra-se, portanto, quase decorrido o período de uma geração, clara situação positivadora de omissão abusiva no adimplemento da prestação legislativa imposta pela Constituição da República, à União Federal. (...) O mandado de injunção, desse modo, deve traduzir significativa reação jurisdicional, fundada e autorizada pelo texto da carta política que, nesse writ processual, forjou o instrumento destinado a impedir o desprestígio da própria Constituição."

O contexto de omissão abusiva do Poder Legislativo, decorrente do tempo de inércia e da flagrante desobediência de decisões do Supremo Tribunal, implicou dupla violação da Constituição Federal, atingindo o âmbito da sua força normativa e da autoridade daquele que é seu Guardião. A função político-jurídica para o qual foi desenhado o mandado de injunção foi colocada em xeque, na medida em que a resposta jurisdicional do Tribunal, no sentido restritivo de comunicação ao órgão legislativo, mostrava-se claramente insuficiente. Mais que isso, revelava-se contrária à razão subjacente do processo previsto pelo constituinte, que tinha arquitetado uma engenharia para o controle da eficácia e aplicabilidade dos direitos e liberdades públicas, a fim de evitar a redução das normas constitucionais ao estado de frustração e inefetividade.

Ou seja, a premissa posta para a solução do problema da ausência da produção legislativa, por mais de 20 anos, desde e promulgação da Constituição Federal, baseou-se na concretização direta da norma constitucional, como dever do Poder Judiciário, no exercício da sua função, sob pena de perigosa omissão judicial que, em conjunto com a abstinência legislativa, poderia acarretar rompimento do próprio ordenamento.

Exposta a superação da jurisprudência, como delineada no MI 107, foi proposta solução "constitucionalmente obrigatória", com a adoção explícita de sentença de perfil aditivo com eficácia *erga omnes*, conforme justificativa expressa no voto do Ministro Gilmar Mendes:

> "(...) acolho a pretensão tão somente no sentido de que se aplique a Lei n. 7.783/1989 enquanto a omissão não seja devidamente regulamentada por Lei específica para os servidores públicos. (..) Isto é, mesmo provisoriamente há de se considerar ao menos idêntica conformação legislativa quanto ao atendimento

> das necessidades inadiáveis da comunidade que, se não atendidas, coloquem em perigo iminente a sobrevivência, a saúde ou a segurança da população".[55]

Posição similar foi adotada pelo Ministro Eros Grau no MI 712:

> "o judiciário está vinculado pelo dever-poder de, no mandado de injunção, formular supletivamente a norma regulamentador faltante". Dessa forma se manifestou no sentido de que "A este Tribunal incumbira, se concedida a injunção, remover o obstáculo decorrente da omissão, definindo a norma adequada à regulação do caso concreto".

Assim, ante as soluções propostas pelos Ministros Eros Graus e Gilmar Mendes, em seus respectivos votos, o Plenário, por maioria, decidiu pela aplicabilidade da Lei nº 7.783, de 28 de junho de 1989, que dispõe sobre a greve dos trabalhadores em geral, aos servidores públicos civis.

Para afirmar a fidelidade constitucional a que está submetido, o Tribunal refutou o argumento de violação da separação de poderes, justificando o dever que recai sobre a jurisdição constitucional, em especial ao Supremo Tribunal Federal, enquanto guardião da ordem constitucional.[56]

Nesse sentido, assentou o Ministro Gilmar Mendes, em seu voto:

> (...) não se pode considerar simplesmente que a satisfação do exercício do direito de greve pelos servidores públicos civis deva ficar submetida absoluta e exclusivamente a juízo de oportunidade e conveniência do poder legislativo.

---

55. STF, MI 670, Tribunal Pleno, rel. Min. Gilmar Mendes, j. 25.10.2007.

56. STF, MI 712, Tribunal Pleno, rel. Min. Eros Grau, j. 25.10.2007. "O argumento de que a Corte estaria a legislar – o que se afiguraria inconcebível, por ferir a independência e harmonia entre os poderes [art. 2º da CF] e a separação dos poderes [art. 60, 4º, III, da CF] – é insubsistente, uma vez que o Poder Judiciário está vinculado pelo dever-poder de, no mandado de injunção, formular supletivamente a norma regulamentadora de que carece o ordenamento jurídico". Em 2011, o Ministro Celso de Mello retomou à objeção de atuação anômala legislativa pelo Judiciário no controle das omissões inconstitucionais, e a refutou, com o fim de eliminar os debates inconclusivos sobre o ponto: "Nem se diga que o Supremo Tribunal Federal, ao colmatar uma evidente (e lesiva) omissão inconstitucional do aparelho de Estado estar-se-ia transformando em anômalo legislador. É que, ao suprir lacunas normativa provocadas por injustificável inércia do Estado, esta Suprema Corte nada mais faz senão desempenhar o papel que lhe foi outorgado pela própria Constituição da República, valendo-se, para tanto, de instrumento que, concebido pela Assembléia Nacional Constituinte, foi por ela instituído com a precípua finalidade de impedir que a inércia governamental, como a que se registra no caso ora em exame, culminasse por degradar a autoridade e a supremacia da Lei Fundamental. Daí a jurisprudência que se formou no âmbito desta Corte, a partir do julgamento plenário do MI 708/DF, Rel. Min. GILMAR MENDES, e do MI 712/PA, Rel. Min. EROS GRAU, no sentido de restaurar, em sua dimensão integral, a vocação protetiva do remédio constitucional do mandado de injunção, cuja utilização permite, ao Supremo Tribunal Federal, colmatar, de modo inteiramente legítimo, mediante processos de integração normativa, como, p. ex., o recurso à analogia, as omissões que venha, eventualmente, a constatar." STF, MI 1967, Tribunal Pleno, rel Min. Celso de Mello, j. 20.10.2011.

> Estamos diante de uma situação jurídica que, desde a promulgação da Carta Federal de 1988 (ou seja, a mais de 18 anos) remanesce sem qualquer alteração.
>
> (...)
>
> Por essa razão, não estou a defender aqui a assunção do papel de legislador positivo pelo Supremo Tribunal Federal.
>
> Pelo Contrário, enfatizo tão-somente que, tendo em vista as imperiosas balizas constitucionais que demandam a concretização do direito de greve a todos os trabalhadores, este Tribunal não pode se abster de reconhecer que, assim como se estabelece o controle judicial sobre a atividade do legislador, é possível atuar também nos casos de inatividade
>
> (...)
>
> De resto, uma sistêmica conduta omissiva do legislativo pode e dever ser submetida à apreciação do Judiciário (e por ele deve ser censurada) de forma a garantir, minimamente, direitos constitucionais reconhecidos (CF, art. 5º, XXXV). Trata-se de uma garantia de proteção judicial efetiva que não pode ser negligenciada na vivência democrática de um Estado de Direito (CF, art. 1º)".

O mais recente episódio na sedimentação da eficácia concretista geral do mandado de injunção deu-se ao julgamento, concluído em 13.06.2019, pelo Plenário do STF, do MI 4733, sob a relatoria do Ministro Edson Fachin.

O mandado de injunção coletivo fora impetrado com a finalidade de obter o reconhecimento da tipicidade penal específica de determinadas condutas quando qualificadas por motivação homofóbica ou transfóbica.

Por ampla maioria, o Plenário do Supremo Tribunal Federal julgou procedente o mandado de injunção a fim de (a) reconhecer a omissão do Poder Legislativo da União – o efetivo estado de mora legislativa inconstitucional – na implementação do comando de incriminação inscrito no art. 5º, XLI e XLII, da CF, relativamente às pessoas LGBT; e (b) aplicar aos crimes praticados com motivação homofóbica ou transfóbica, mediante interpretação conforme a Constituição, a Lei nº 7.716/1989, que define os crimes resultantes de preconceito de raça ou de cor, enquanto persistir o estado de mora inconstitucional.[57]

Ao afirmar, como direito objetivo, a tipificação específica de condutas motivadas por sentimentos homofóbicos ou transfóbicos mediante provimento jurisdicional com eficácia *erga omnes* e caráter vinculante, o STF deu um passo significativo no sentido da objetivação dos efeitos das de-

---

57. STF, MI 4733, Tribunal Pleno, Rel. Min. Edson Fachin, j. 13.06.2019.

cisões firmadas em mandado de injunção. Se, de um lado, a circunstância de ter sido o MI 4733 julgado em conjunto com a ADO 26, relatada pelo Ministro Celso de Mello, aponta para uma aproximação entre as duas espécies processuais, por outro, dificulta a identificação de limites precisos no tocante às possibilidades do mandado de injunção. Especulamos que o desenvolvimento jurisprudencial nos próximos anos deve se ocupar de precisar os escopos da ADO e do MI, definindo os papéis de cada um na tutela das normas constitucionais.

Noutro giro, impende destacar uma propriedade identificada nos contextos decisórios tanto da posição concretista geral quanto da concretista individual pura e que assume destacada relevância, qual seja, a existência de parâmetro normativo preestabelecido ou outro critério igualmente previsto em legislação que pudesse ser aplicado de forma analógica.

Tanto num quanto noutro contexto, o raciocínio decisório definido pelo Tribunal, conquanto tenha endossado a postura do dever de concretizar direito constitucionalmente assegurado, notadamente os direitos sociais, pendente de eficácia por falta de mediação legislativa, serviu-se da argumentação pela via da analogia.

O argumento por analogia na justificação da decisão judicial, para as hipóteses de lacuna legislativa, tem previsão no nosso sistema jurídico como uma das técnicas previstas na Lei de Introdução às Normas do Direito Brasileiro.[58] Dentro desse quadro normativo, a postura de concretizador geral assumido pelo Poder Judiciário encontrou resistências moderadas por parte da doutrina e dos atores políticos e institucionais.

Com relação à analogia, o Ministro Gilmar Mendes, no voto proferido no MI 670, observou que "o sistema constitucional não repudia a ideia de competências implícitas complementares, desde que necessárias para colmatar lacunas constitucionais evidentes. Por isso, consideramos viável a possibilidade de aplicação das regras de competência insculpidas na Lei 7.701/88 para garantir efetividade a uma prestação jurisdicional efetiva na área de conflitos paredistas instaurados entre o Poder Público e os servidores públicos estatutários (CF, art. 5º, XXXV, e 93, IX)".[59]

Ademais, com o recurso a sentenças aditivas e manipulativas, as técnicas decisórias assumem, nesse terceiro momento, protagonismo nas

58. Decreto-Lei n. 4.657, 4 de setembro de 1942. *Art. 4º Quando a lei for omissa, o juiz decidirá o caso de acordo com a analogia, os costumes e os princípios gerais de direito.*

59. STF, MI 670, Tribunal Pleno, rel. Min. Gilmar Mendes, j. 25.10.2007.

respostas dadas para a superação da omissão legislativa, redefinindo a estrutura da função e limites do Poder Judiciário,[60] com vista a concretização direta da norma constitucional, e abrindo possibilidades decisórias para além da analogia.

Esse estado recente da jurisprudência do Supremo quanto à configuração do mandado de injunção provocou profunda alteração nos elementos atinentes ao seu significado, conteúdo e natureza. O problema da omissão legislativa apresentou e continua a apresentar desafios relevantes para a legitimidade do sistema democrático, da jurisdição constitucional e para a força normativa da Constituição enquanto documento juridicamente exigível e oponível.[61]

16.8. CONCLUSÃO

Desde sua previsão inicial no ordenamento jurídico brasileiro, a feição do mandado judicial tem se transformado substancialmente, sendo nítido o avanço doutrinário e jurisprudencial, a partir de um início tímido, no sentido de se atribuir a esse instrumento maior efetividade na concretização dos direitos, liberdades e prerrogativas constitucionais que visa a tutelar. A evolução da jurisprudência do Supremo Tribunal Federal sobre a eficácia da decisão proferida em sede de mandado de injunção revela reação, ainda que tardia, ao problema da inefetividade das normas constitucionais.

No cenário atual, o aprofundamento das técnicas decisórias manipulativas apresenta possibilidade de superação do paradigma do raciocínio por analogia, que tem representado, até o momento, limite à eficácia da decisão proferida em mandado de injunção. Do ponto de vista pragmático, todavia, a continuidade dessa evolução – notadamente sua legitimidade e viabilidade - imprescinde de permanente atenção à dinâmica da separação dos poderes e das relações entre eles.

---

60. Sobre as técnicas de decisão, ver MARINONI, Luiz Guilherme; SARLET, Ingo Wolfgang; MITIDIERO, Daniel. *Curso de direito constitucional*. 6ª ed., São Paulo: Saraiva, 2017, p. 1236-1250. MENDES, Gilmar; BRANCO, Paulo Gonet. *Curso de direito constitucional*, 14ª ed. rev. atual. São Paulo: Saraiva, 2019, p. 1479-1504.

61. Cf. MENDES, Gilmar; BRANCO, Paulo Gonet. *Curso de direito constitucional*, 14ª ed. rev. atual. São Paulo: Saraiva, 2019, p. 1264-1265.

17

LEGITIMIDADE ATIVA E PASSIVA DO MANDADO DE INJUNÇÃO

Eduardo Ubaldo Barbosa[1]

CONSIDERAÇÕES INICIAIS

Ao analisar as condições históricas que tornaram possível a reunião da Assembleia Nacional Constituinte (ANC) de 1987/1988, bem como as consequências desse processo sobre o próprio sentido que a elaboração da Carta Constitucional acabou por adquirir aos olhos dos brasileiros, Leonardo Augusto de Andrade Barbosa observa que "as forças políticas envolvidas no processo constituinte jogaram-se nele sem nenhuma certeza sobre como 'aquilo' iria acabar". Em suas palavras, "não havia um projeto oficial a ser traduzido pela Constituição", mas, noutro giro, "diversos projetos políticos e ideológicos fragmentários a articular, mediados por uma forte exigência de cidadania, entendida principalmente como direito à participação ativa na via política do país".[2]

Em síntese, Barbosa identifica o "ineditismo" e o "caráter verdadeiramente revolucionário" da Carta de 1988 justamente naquilo que denomina "uma forma nova de perceber o direito, em especial o direito constitucional": se, antes, ao longo da história constitucional brasileira, a atividade afeta à elaboração de uma Constituição representaria uma tarefa eminentemente técnica e, como tal, restrita a um restrito grupo qualificado de "notáveis" ("elitismo constitucional"), a experiência do biênio 1987/1988 teria rompido com esse "paradigma de processo constituinte", eis que "o pronunciamento de povo soberano não seria [mais] encarnado pelo unís-

1. Mestre em Direito, Estado e Constituição pela Universidade de Brasília (UnB). Assessor de Ministro no Supremo Tribunal Federal. Advogado.

2. BARBOSA, Leonardo Augusto de Andrade. *História constitucional brasileira*: mudança constitucional, autoritarismo e democracia no Brasil pós-1964. Brasília: Câmara dos Deputados, 2012, p. 147.

sono da voz autoritária, chancelada pelo verniz bacharelesco, mas por uma autêntica polifonia, cujo sentido somente pode ser apreendido em movimento, em seu próprio fazer".

De acordo com o historiador Daniel Aarão Reis Filho, quando da instalação da ANC em 1º de fevereiro de 1987, "havia, em quase toda a nação e entre os parlamentares, uma certa euforia com o desenlace dos acontecimentos, considerados positivos para a construção de uma nova ordem democrática". Assim,

> [...] o Congresso tornara-se objeto de pressões e contrapressões em que se disputavam os votos dos parlamentares. Segundo o presidente da Assembleia, citando dados de sua secretaria, cerca de 10 mil pessoas, diariamente, percorriam corredores e salas lutando por seus interesses, assediando, persuadindo, barganhando, cabalando votos. Havia ali "de um tudo": grupos de pressão (os chamados *lobbies*) de distinta natureza, agindo em nome dos trabalhadores e das grandes corporações privadas, nacionais e estrangeiras; representantes das agências estatais, de funcionários civis e militares; de organizações femininas e estudantis; de entidades de defesa do meio ambiente e das nações indígenas. Sem contar as mobilizações populares, fora e dentro do Congresso, em favor das respectivas demandas. Nas galerias, acompanhando de perto discursos e votações com vaias e aplausos, ou acampando nos gramados adjacentes às duas Casas do Congresso Nacional, em Brasília, milhares de pessoas acompanhavam, mesmo que indiretamente, a elaboração da Constituição.[3]

Não por acaso, Aarão Reis Filho se vale da sugestiva expressão "cacofonia de vozes e interesses" para designar a multiplicidade de atores sociais que, de alguma forma, se fizeram presentes no "momento constitucional" de 1987/1988, seja no âmbito institucionalizado da própria ANC, seja sob a forma de pressão externa a interagir com o *establishment* congressual, amoldando as diretrizes de atuação de partidos e constituintes aos seus interesses particulares.

Em que pese o relativo consenso sobre a necessidade de uma Assembleia Constituinte voltada a extirpar o "entulho autoritário" herdado do regime de exceção – especialmente após a intensificação da luta pela anistia ao final da década de 1970 e das manifestações pelo reestabelecimento das eleições diretas em meados dos anos 1980 –, é impossível não identificar a existência de discursos distintos em confronto na ANC, cada qual procurando impor as respectivas visões sobre direitos e garantias a serem albergados no texto constitucional, o que, ao fim e ao cabo, aponta para a

3. AARÃO REIS FILHO, Daniel. *Ditadura e democracia no Brasil*: do golpe de 1964 à Constituição de 1988. Rio de Janeiro: Ed. Zahar, 2014, p. 158.

coexistência de projetos de futuro díspares, mas não excludentes, a serem (ou não) realizados *a posteriori*.

Nesse ambiente, a ANC fez-se arena privilegiada de embates pelo poder de construir um discurso para o futuro, de modo que, mais do que apenas o retrato das "forças reais de poder" existentes em determinada conjuntura social[4], a Constituição também passou a representar um projeto de futuro para a Nação em construção. Sintomático é o histórico discurso de Ulysses Guimarães, um dia após a sua eleição para a Presidência da Assembleia, em 3 de fevereiro de 1987, no qual a referência ao porvir dá o tom do pronunciamento: "a Constituição deve ser – *e será* – o instrumento jurídico para o exercício da liberdade e da plena realização do homem brasileiro".

Com efeito, pode-se afirmar que o discurso voltado ao futuro tornou-se a tônica nos trabalhos da ANC, eis que esta passou a visar "a uma atuação de longo prazo, pois implicava atacar um amplíssimo leque de necessidades sociais", o que "não caberia nos estreitos limites de uma carta constitucional que visasse apenas organizar os poderes do Estado e dar as linhas mestras da organização social e econômica da sociedade, como prescrevia a doutrina jurídica clássica".[5]

A conclusão não poderia ser outra: construiu-se, no texto constitucional, amplo sistema de direitos fundamentais, os quais, via de regra, padecem de exequibilidade imediata, revelando, no mais das vezes, intenções programáticas, afirmações de princípios carentes de regulamentação descritiva, esquemática. Como, então, evitar que o principal documento normativo do Estado fosse esvaziado pela conduta omissiva do poder público, em especial dos agentes políticos e órgãos de estatura constitucional, como é o caso dos ocupantes dos poderes Executivo e Legislativo?

Nas precisas palavras da professora Gisele Cittadino, "o temor de que a nova Constituição viesse a padecer, como as anteriores, de uma espécie de inoperância crônica era evidente".[6] Exatamente para evitar essa situação, e ciente dos percalços experimentados em passado não tão distante, o Constituinte procurou fornecer instrumentos processuais voltados à ob-

---

4. A propósito, cf.: LASSALLE, Ferdinand. *A Essência da Constituição*. Porto Alegre: Ed. Freitas Bastos, 2014.

5. MENCK, José Theodoro Mascarenhas. *Constituinte de 1987 e a Constituição Possível*. *In*: *Ensaios sobre impactos da Constituição Federal de 1988 na sociedade brasileira* (vol. I). Brasília: Câmara dos Deputados, 2008, p. 26.

6. CITTADINO, Gisele. Mandado de injunção. *In*: AVRITZER, Leonardo (org.) [*et al*.]. *Dimensões Política da Justiça*. Editora Civilização Brasileira: Rio de Janeiro, 2013, p. 515.

tenção da efetividade – ou eficácia social, para utilizar a expressão de José Afonso da Silva[7] – das normas jurídicas presentes na Carta da República. Buscou-se, em suma, superar o ciclo de atraso que perpassou o constitucionalismo brasileiro, marcado por Constituições semânticas – na célebre classificação ontológica das constituições elaborada por Karl Loewenstein[8]–, inobservadas, sem maiores reservas ou constrangimentos, pelos mandatários de turno.

É nesse cenário que surge, a par da ação direta de inconstitucionalidade por omissão – artigo 103, § 2º, da Constituição –, a figura do mandado de injunção. No inciso LXXI do rol de garantias fundamentais insculpido no artigo 5º, previu-se a concessão da ordem injuntiva sempre que a falta de norma regulamentadora tornar inviável o exercício dos direitos e liberdades constitucionais e das prerrogativas inerentes à nacionalidade, à soberania e à cidadania.

A análise dos debates havidos na ANC não deixa dúvidas a respeito do *leitmotiv* a presidir a instituição da ação mandamental, conforme se depreende da justificativa a acompanhar a sugestão da Norma Constitucional nº 367-1, de 3 de abril de 1987, de autoria do senador Ruy Bacelar (PMDB/BA):

> [...] Não basta a mera enunciação de direitos na carta constitucional. De que, na realidade, adianta ao cidadão que a lei suprema do País declare, expressamente, o direito, por exemplo, à educação ou à saúde, se o Estado não é compelido a pôr em prática o mandamento constitucional?

A razão é singela: o constitucionalismo entendido como expressão de princípios de natureza política, dirigido unicamente ao próprio Estado e aos agentes públicos, incapaz de gerar direitos subjetivos, não é mais compatível com as expectativas sociais depositadas na Carta da República e na jurisdição que lhe guarda. Entendeu-se, com razão, que a inoperância do texto constitucional é situação a ser combatida, ante o apelo do cidadão em tal sentido e a prova da mora injustificável por parte do legislador ou do Executivo. Em síntese, revelou-se inadmissível permitir que a Constituição Federal fosse transformada em um "sino sem badalo", na dicção do professor José Carlos Barbosa Moreira, sob pena de ter-se o prejuízo à força normativa do texto constitucional e a perda de legitimidade do Judiciário.

---

7. SILVA, José Afonso da. *Aplicabilidade das normas constitucionais*. Editora Malheiros: São Paulo, 2008, p. 65.
8. LOEWENSTEIN, Karl. *Teoría de la Constitución*. Editorial Ariel: Barcelona, 1976, p. 170.

Não obstante, a efetivação de tão nobre instrumento processual de concretização não se deu de imediato, especialmente ante a ausência de regulamentação por legislação ordinária – o que não deixa de ser sintomático, considerado o motivo mesmo da instituição do mandado de injunção: colmatar lacunas normativas a inviabilizarem a fruição de direitos constitucionalmente garantidos. Tortuoso o caminho, coube ao Supremo construir, nas décadas que se seguiram à promulgação da Constituição de 1988, os limites e possibilidades do instituto, os quais vieram a ser posteriormente positivados com a edição da Lei nº 13.300, de 23 de junho de 2016 – paradigmático exemplo de diálogo institucional no aperfeiçoamento do processo constitucional brasileiro.[9]

Neste capítulo, trataremos, tendo como fio condutor a produção jurisprudencial do Supremo ao longo das últimas três décadas, aspectos alusivos à legitimidade para a causa no âmbito do mandado de injunção – isto é, à pertinência subjetiva da demanda, à titularidade (ativa e passiva) da ação[10] –, questão central para compreender-se outros importantes aspectos procedimentais da ação constitucional trabalhados em outros capítulos desta obra, tais quais a fixação da competência para processar e julgar os pedidos formulados e a extensão da eficácia subjetiva das decisões proferidas.

17.1. LEGITIMIDADE ATIVA – TITULAR DE DIREITO INVIABILIZADO PELA AUSÊNCIA DE REGULAMENTAÇÃO

Somente dispõe de legitimidade para a formalização do mandado de injunção o titular do direito ou prerrogativa inerente à nacionalidade, à soberania e à cidadania, cujo exercício esteja inviabilizado pela ausência de norma infraconstitucional de caráter regulamentador. Eis a conclusão alcançada pelo Supremo no julgamento, em 17 de março de 1999, do agravo regimental no mandado de injunção nº 595.[11] No mesmo sentido, menciona-se as seguintes ementas, formalizadas ainda na última década do século XX:

> CONSTITUCIONAL. MANDADO DE INJUNÇÃO. [...] PRESSUPOSTOS DO MANDADO DE INJUNÇÃO. LEGITIMIDADE ATIVA. [...] II. A existência de um direito

9. A propósito, cf. VICTOR, Sérgio A. F. *Diálogo institucional e controle de constitucionalidade*: debate entre o STF e o Congresso Nacional. São Paulo: Saraiva, 2015.

10. MARINONI, Luiz Guilherme; ARENHART, Sérgio Cruz; MITIDIERO, Daniel. *Novo Código de Processo Civil Comentado*. São Paulo: Revista dos Tribunais, 2016, p. 172.

11. STF, MI 595-AgRg, Plenário, rel. Min. Carlos Velloso, j. 17.03.1999.

ou liberdade constitucional, ou de uma prerrogativa inerente a nacionalidade, a soberania ou a cidadania, cujo exercício esteja inviabilizado pela ausência de norma infraconstitucional regulamentadora, constitui pressuposto do mandado de injunção. III. Somente tem legitimidade ativa para a ação o titular do direito ou liberdade constitucional, ou de prerrogativa inerente a nacionalidade, a soberania e a cidadania, cujo exercício esteja inviabilizado pela ausência da norma infraconstitucional regulamentadora. IV. Inocorrência, no caso, do pressuposto de inviabilização de exercício de prerrogativa constitucional. V. Agravo regimental improvido.[12]

MANDADO DE INJUNÇÃO. O MANDADO DE INJUNÇÃO, COMO PREVISTO NO INCISO LXXI DO ARTIGO 5. DA CARTA MAGNA, SÓ E CABIVEL QUANDO A FALTA DE NORMA REGULAMENTADORA TORNE INVIAVEL O EXERCÍCIO DOS DIREITOS E LIBERDADES CONSTITUCIONAIS E DAS PRERROGATIVAS INERENTES A NACIONALIDADE, A SOBERANIA E A CIDADANIA, O QUE IMPLICA DIZER QUE SÓ TEM LEGITIMIDADE PARA PROPO-LO O TITULAR DESSES DIREITOS, LIBERDADES OU PRERROGATIVAS CUJO EXERCÍCIO ESTEJA INVIABILIZADO POR FALTA DE SUA REGULAMENTAÇÃO. PORTANTO, AINDA QUANDO SE SUSTENTASSE QUE A COMPETÊNCIA PARA DESAPROPRIAR POR INTERESSE SOCIAL PARA FINS DE REFORMA AGRARIA FOSSE UM DIREITO CONSTITUCIONAL QUE ADMITISSE A IMPETRAÇÃO DE MANDADO DE INJUNÇÃO, FALTARIA AO ESTADO DO PARANA LEGITIMIDADE PARA IMPETRA-LO, UMA VEZ QUE DELE NÃO SERIA TITULAR. [...] MANDADO DE INJUNÇÃO NÃO CONHECIDO POR FALTA DE LEGITIMIDADE ATIVA.[13]

Da análise dos precedentes acima colacionados, conclui-se ser insuficiente a mera existência de eventual obstáculo ao exercício de direito ou liberdade constitucional em razão de omissão legislativa. Antes, cumpre ao autor, titular do direito cuja fruição esteja impossibilitada, demonstrar, de plano, a inviabilidade decorrente da ausência de norma regulamentadora do direito constitucional. Por oportuno, e em razão do caráter sempre didático das manifestações do Ministro Celso de Mello, vale transcrever as palavras proferidas, em 2014, pelo Decano da Corte quando do exame, pelo Plenário, do agravo regimental no mandado de injunção nº 5.926:

O direito à legislação só pode ser invocado pelo interessado, quando também existir – simultaneamente imposta pelo próprio texto constitucional – a previsão do dever estatal de emanar normas legais. Isso significa que o direito individual à atividade legislativa do Estado apenas se evidenciará naquelas estritas hipóteses em que o desempenho da função de legislar refletir, por efeito de exclusiva determinação constitucional, uma obrigação jurídica indeclinável imposta ao poder público.[14]

12. STF, MI 375-AgRg, Plenário, rel. Min. Carlos Velloso, j. 19.12.1991.
13. STF, MI 395-QO, Plenário, rel. Min. Moreira Alves, j. 27.05.1992.
14. STF, MI 5.926-AgRg, Plenário, rel. Min. Celso de Mello, j. 10.04.2014.

Em síntese: o manejo da impetração pressupõe a demonstração, pelo autor, da titularidade do direito à legislação quando, e apenas quando, presente, na Constituição Federal, mandado direcionado ao legislador ordinário no sentido de regulamentar, no âmbito normativo infraconstitucional, a fruição da garantia em jogo – verdadeira condição de procedibilidade da ação mandamental. Nas palavras empregadas pelo Ministro Sepúlveda Pertence, "não há interesse processual necessário à impetração de mandado de injunção, se o exercício do direito, da liberdade ou da prerrogativa constitucional da requerente não está inviabilizado pela falta de norma infraconstitucional".[15]

Fixada, em sede pretoriana, a premissa segundo a qual legítima é a pessoa atingida pela ausência de norma regulamentar a dificultar ou impedir o exercício de determinado direito ou prerrogativa a ela assegurada, sobreveio a edição da mencionada Lei nº 13.300/2016, cujo artigo 3º, em sua primeira parte, dispõe que "são legitimados para o mandado de injunção, como impetrantes, as pessoas naturais ou jurídicas que se afirmam titulares dos direitos, das liberdades ou das prerrogativas referidos no art. 2º" – isto é, aquelas "inerentes à nacionalidade, à soberania e à cidadania."

Nesse ambiente argumentativo, o Plenário do Supremo, no julgamento do agravo regimental no mandado de injunção nº 6.582, relator Ministro Celso de Mello, assentou a ilegitimidade de ex-dirigente de determinada entidade sindical para a impetração de mandado de injunção buscando "a declaração de omissão inconstitucional do Congresso Nacional" e do Presidente da República "em regrar por lei específica (art. 8, I, da CF/88) o procedimento administrativo de registro sindical", ante a "impossibilidade da legitimação anômala, por substituição processual, fora das hipóteses previstas em lei", postulando-se, em nome próprio, a defesa de direito alheio. Eis a síntese do decidido:

> SUBSTITUIÇÃO PROCESSUAL – LEGITIMAÇÃO EXTRAORDINÁRIA OU ANÔMALA: EXCEPCIONALIDADE (CPC/2015, art. 18) – É carecedor da ação de mandado de injunção aquele que, agindo na condição de verdadeiro substituto processual, pleiteia direito alheio em nome próprio, sem que exista, para tanto, qualquer base normativa que lhe permita investir-se de legitimação extraordinária ou anômala para efeito de válida instauração de processo judicial (CPC/2015, art. 18). Doutrina. Precedentes.[16]

15. STF, MI 144, Plenário, rel. Min. Octavio Gallotti, j. 04.04.1991.

16. STF, MI 6.582-AgRg, Plenário, rel. Min. Celso de Mello, j. 29.04.2019.

Assim é que, à guisa de ilustração e rogando escusas pela conclusão tautológica, será legitimado, por exemplo, para impetrar mandado de injunção voltado a suprir lacuna legislativa a tornar inviável o exercício do direito à aposentadoria especial o servidor público deficiente cujo exercício do direito à aposentadoria em condições especiais se encontre inviabilizado pela não edição da Lei Complementar a que alude o artigo 40, § 4º, inciso I, da Constituição Federal.[17]

Discussão relevante, considerada a menção, no citado artigo 3º da Lei nº 13.300/2016, ao vocábulo "pessoas jurídicas", diz respeito à possibilidade de ter-se, ou não, a impetração da ação mandamental por pessoa jurídica de direito público.

Tradicionalmente, a jurisprudência do Supremo tem, em regra, respondido tal indagação em sentido negativo, conforme se verifica da análise do mandado de injunção nº 725, relator Ministro Gilmar Mendes, julgado em 10 de maio de 2007.[18] Na ocasião, assentou-se a ilegitimidade de ente municipal para questionar, na via mandamental, alegada omissão quanto à elaboração da Lei Complementar a que se refere o § 4º do artigo 18 da Constituição Federal, na redação dada pela Emenda de nº 15/1996, alusiva ao estabelecimento de requisitos mínimos para a criação, fusão, desmembramento e incorporação de Municípios. Na oportunidade, afirmou o Relator que "falece legitimidade ativa à pessoa jurídica de direito público para impetrar mandado de injunção", reportando-se às razões veiculadas no agravo regimental nº 537, relator Ministro Maurício Corrêa, com acórdão publicado no Diário da Justiça de 11 de setembro de 2001:

> [...] 5. Esta Corte, no julgamento do AGRMI nº 595-MA, VELLOSO (DJ 23.04.99), decidiu que somente tem legitimidade ativa para a ação o titular do direito ou liberdade constitucional ou de prerrogativa inerente à nacionalidade, à soberania ou à cidadania, cujo exercício esteja inviabilizado pela ausência de norma infraconstitucional regulamentadora. 6. A omissão legislativa que justifica a impetração do writ é aquela que por sua própria natureza diz respeito às situações definidas em prol da dignidade, igualdade e liberdade da pessoa humana. Tratando-se de pessoa jurídica de direito público, não tem o impetrante legitimidade ativa para a propositura do *mandamus.* [...] 8. Não se pode, contudo, incluir dentre os direitos fundamentais as prerrogativas de que gozam os Municípios na estrutura política em face dos Estados e da União, pois elas decorrem da opção

17. Na forma do enunciado vinculante nº 33 da Súmula, que assim dispõe: "Aplicam-se ao servidor público, no que couber, as regras do Regime Geral de Previdência Social sobre aposentadoria especial de que trata o artigo 40, parágrafo 4º, inciso III, da Constituição Federal, até edição de lei complementar específica".

18. STF, MI 725, Plenário, rel. Min. Gilmar Mendes, j. 10.05.2017.

> constitucional de descentralização vertical do Estado Brasileiro. Outorgar ao Município legitimidade ativa processual para impetrar mandado de injunção seria elastecer o conceito de direitos fundamentais além daquilo que a natureza jurídica do instituto permite.

No entanto, ressalta-se que o próprio Relator, Ministro Gilmar Mendes, observou a impossibilidade de transmudar tal entendimento em regra geral, abrindo caminho à construção hermenêutica no sentido de reconhecer-se a legitimidade ativa de pessoas jurídicas de direito público, desde que demonstrada a respectiva titularidade de determinado direito fundamental:

> [...] Não se deve negar aos Municípios, peremptoriamente, a titularidade de direitos fundamentais e a eventual possibilidade de impetração das ações constitucionais cabíveis para sua proteção. Se considerarmos o entendimento amplamente adotado de que as pessoas jurídicas de direito público podem, sim, ser titulares de direitos fundamentais, como, por exemplo, o direito à tutela judicial efetiva, parece bastante razoável vislumbrar a hipótese em que o Município, diante de omissão legislativa inconstitucional impeditiva do exercício desse direito, se veja compelido a impetrar mandado de injunção. A titularidade de direitos fundamentais tem como consectário lógico a legitimação ativa para propor as ações constitucionais destinadas à proteção efetiva desses direitos.

Conforme bem apontado por João Francisco Naves da Fonseca, "difícil será encontrar uma situação em que, por exemplo, determinado Estado ou Município seja titular de *direito subjetivo* em norma constitucional [...] cujo exercício esteja inviabilizado exclusivamente por conta da ausência de regulamentação". Entretanto, prossegue, "essa dificuldade não pode levar à conclusão precipitada de restringir-se o acesso ao mandado de injunção".[19]

Por fim, ainda no que diz respeito à legitimidade ativa para a causa, vale mencionar que, por interpretação analógica do disposto no artigo 24 da Lei nº 12.016/2019 – Lei do Mandado de Segurança –, admite-se, também no mandado de injunção, a formação do denominado litisconsórcio ativo facultativo, permitindo-se, por razões de economia processual e segurança jurídica, a presença de dois ou mais sujeitos – que se afirmem titulares do mesmo direito constitucional – na posição de autores na relação processual.

17.2. LEGITIMIDADE ATIVA – MANDADO DE INJUNÇÃO COLETIVO

Desde a primeira metade da década de 1990, o Supremo tem assentado o cabimento da impetração de mandado de injunção coletivo, não

19. FONSECA. João Francisco Naves. *O processo do mandado de injunção*. São Paulo: Saraiva, 2016, item 17.

obstante, ao contrário do ocorrido em relação ao mandado de segurança, o Constituinte não o tenha previsto expressamente na redação do inciso LXXI do artigo 5º da Constituição Federal. Representativa é a conclusão alcançada, pelo Pleno, quando do julgamento do mandado de injunção nº 472, relator Ministro Celso de Mello. Eis a síntese do acórdão:

> MANDADO DE INJUNÇÃO COLETIVO - IMPETRAÇÃO DEDUZIDA POR CONFEDERAÇÃO SINDICAL - POSSIBILIDADE - NATUREZA JURÍDICA DO WRIT INJUNCIONAL - TAXA DE JUROS REAIS (CF, ART. 192, § 3º) - OMISSÃO DO CONGRESSO NACIONAL - FIXAÇÃO DE PRAZO PARA LEGISLAR - DESCABIMENTO, NO CASO - WRIT DEFERIDO. MANDADO DE INJUNÇÃO COLETIVO - ADMISSIBILIDADE. Entidades sindicais dispõem de legitimidade ativa para a impetração do mandado de injunção coletivo, que constitui instrumento de atuação processual destinado a viabilizar, em favor dos integrantes das categorias que essas instituições representam, o exercício de liberdades, prerrogativas e direitos assegurados pelo ordenamento constitucional.[20]

No mesmo sentido, vale citar as seguintes ementas exsurgidas em precedentes posteriores, nos quais reiterada a legitimidade de sindicatos e entidades de classe para a impetração de mandado de injunção coletivo quando a falta de norma regulamentadora torne inviável o exercício de direitos constitucionais de seus membros, desde que legalmente constituídos e em funcionamento há pelo menos um ano:

> MANDADO DE INJUNÇÃO. CONCESSÃO DE EFETIVIDADE À NORMA INSCRITA NO ARTIGO 37, INCISO VII, DA CONSTITUIÇÃO DO BRASIL. APLICAÇÃO DA LEI FEDERAL N. 7.783/89, QUE REGE O DIREITO DE GREVE NA INICIATIVA PRIVADA, ATÉ QUE SOBREVENHA LEI REGULAMENTADORA. LEGITIMIDADE ATIVA DE ENTIDADE SINDICAL. [...] 1. O acesso de entidades de classe à via do mandado de injunção coletivo é processualmente admissível, desde que legalmente constituídas e em funcionamento há pelo menos um ano.[21]

> [...] A jurisprudência desta Corte sedimentou a possibilidade de as entidades de classe, desde que legalmente constituídas e em funcionamento há pelo menos um ano, utilizarem o mandado de injunção coletivo.[22]

Exemplo revelador do manejo do mandado de injunção coletivo pode ser buscado nos paradigmáticos julgamentos dos mandados de injunção nº 670, 708 e 712, nos quais o Supremo, em decisões históricas, firmou o entendimento segundo o qual o direito de greve dos servidores públicos deve ser viabilizado mediante aplicação das Leis nº 7.701/1988 e 7.783/1989,

---

20. STF, MI 472, Plenário, rel. Min. Celso de Mello, j. 06.09.1995.
21. STF, MI 689, Plenário, rel. Min. Eros Grau, j. 07.06.2006.
22. STF, MI 4.503-AgRg, Plenário, rel. Min. Ricardo Lewandowski, j. 07.11.2013.

até que seja editada a legislação específica de que trata o artigo 37, inciso VII, da Constituição Federal. As ações, na ocasião, foram formalizadas, respectivamente, pelos Sindicatos dos Servidores Policiais Civis do Estado do Espírito Santo, dos Trabalhadores em Educação do Município de João Pessoa e dos Trabalhadores do Poder Judiciário do Estado do Pará.

Com a edição da Lei nº 13.300/2016, o instituto do mandado de injunção coletivo foi expressamente disciplinado em âmbito normativo, ficando consignado que "os direitos, as liberdades e as prerrogativas protegidos por mandado de injunção coletivo são os pertencentes, indistintamente, a uma coletividade indeterminada de pessoas ou determinada por grupo, classe ou categoria" - artigo 12 -, razão pela qual "a sentença fará coisa julgada limitadamente às pessoas integrantes da coletividade, do grupo, da classe ou da categoria substituídos pelo impetrante" - artigo 13.

Na forma dos incisos do mencionado artigo 12, são legitimados para o mandado de injunção coletivo: (*i*) o Ministério Público, quando a tutela requerida for especialmente relevante para a defesa da ordem jurídica, do regime democrático ou dos interesses sociais ou individuais indisponíveis - inciso I; (*ii*) os partidos políticos com representação no Congresso Nacional, para assegurar o exercício de direitos, liberdades e prerrogativas de seus integrantes ou relacionados com a finalidade partidária - inciso II; (*iii*) as organizações sindicais, entidades de classe ou associações legalmente constituídas e em funcionamento há pelo menos um ano, para assegurar o exercício de direitos, liberdades e prerrogativas em favor da totalidade ou de parte de seus membros ou associados, na forma de seus estatutos e desde que pertinentes a suas finalidades, dispensada, para tanto, autorização especial - inciso III; e (*iv*) a Defensoria Pública, quando a tutela requerida for especialmente relevante para a promoção dos direitos humanos e a defesa dos direitos individuais e coletivos dos necessitados, na forma do inciso LXXIV do artigo 5º da Constituição Federal - inciso IV.

A título exemplificativo, foi justamente com base no disposto no citado inciso III que o Supremo, no recente e histórico julgamento do mandado de injunção nº 4.733, relator Ministro Edson Fachin, assentou a legitimidade da Associação Brasileira de Gays, Lésbicas e Transgêneros - ABGLT para impetrar mandado de injunção voltado ao reconhecimento do enquadramento da homofobia e da transfobia no conceito ontológico-constitucional de racismo constante do artigo 5º, inciso XLII, da Constituição Federal, com a consequente declaração da mora inconstitucional do Congresso Nacional na criminalização específica da homofobia e da transfobia. No voto condutor, assim fez ver Sua Excelência, o Relator:

> [...] A Associação Brasileira de Gays, Lésbicas e Transgêneros – ABGLT, fundada em 14.05.2004, é legitimada para impetrar o mandado de injunção. Ela preenche o requisito previsto no art. 12, III, da Lei 13.300/2016, parâmetro que deve ser utilizado apenas como guia de interpretação, uma vez que o mandado de injunção foi ajuizado em 10.05.2012, e seus objetivos sociais estão alinhados ao pedido formulado, porquanto, nos termos do art. 3º de seu estatuto social, a ABGLT tem a finalidade de "ser um instrumento de expressão da luta pela conquista dos direitos humanos plenos das pessoas, independentemente de sua orientação afetivo-sexual, doravante aqui denominados gays, lésbicas e transgêneros".

Tem-se, em casos tais, verdadeira exceção à regra geral alusiva à legitimação ordinária estampada no artigo 18 do Código de Processo Civil[23], presente o fenômeno da substituição processual a revelar hipótese de legitimidade extraordinária: ante expressa autorização legal, "o substituto processual figura como parte para defender, em nome próprio, direito alheio, ainda que os interesses pessoais do substituído possam se identificar com a pretensão coletiva".[24] A propósito, justamente pelo fato de o legitimado extraordinário pleitear direito alheio em nome próprio, dispensa-se, ao contrário do que ocorre nos casos de mera representação processual (em que defendido direito alheio em nome de outrem), autorização dos titulares originais do direito, na esteira do enunciado nº 629 da Súmula do Supremo.[25]

Vale observar, porém, a existência de precedentes no sentido de que "nos casos de mandados de injunção coletivos versando sobre a aposentadoria especial de que trata o art. 40, § 4º, da Lei Maior", faz-se necessária "a especificação", pelo substituto processual, "dos servidores substituídos cujas atividades são exercidas de modo a atrair a incidência do art. 40, § 4º, da Lei Maior, discriminando, assim, a sua categoria, cargo ou função".[26] A propósito, vale reproduzir trecho do voto condutor da lavra do saudoso Ministro Teori Zavascki quando do julgamento do mandado de injunção nº 4.728:

> [...] no que se refere especificamente a mandados de injunção coletivos deduzidos sobre a matéria em exame, o juízo de mérito, segundo decidiu o STF, submete-se ainda a pressupostos específicos de natureza processual. Assim, no julgamento

---

23. "Ninguém poderá pleitear direito alheio em nome próprio, salvo quando autorizado pelo ordenamento jurídico".
24. FUX, Luiz. *Mandado de Segurança*. 2ª edição. Editora Forense: 2019, p. 212.
25. "A impetração de mandado de segurança coletivo por entidade de classe em favor dos associados independe da autorização destes".
26. STF, MI 2.859-ED, Plenário, rel. Min. Rosa Weber, j. 19.06.2013.

do MI 1607 AgR (Pleno, rel. Min. Cármen Lúcia, j. 01/12/2011, DJe 01/02/2012), o Plenário do STF assentou serem indispensáveis, nessa espécie de demanda, que a petição inicial esteja acompanhada (a) de especificação das categorias de servidores beneficiados pelo pedido (não apenas o nome, mas o cargo ou função que cada um ocupa), bem como (b) de prova do requerimento e o indeferimento administrativo do (b) de prova do requerimento e o indeferimento administrativo do pedido de aposentadoria especial.[27]

17.3. LEGITIMIDADE PASSIVA – POSIÇÃO DA AUTORIDADE RESPONSÁVEL POR SANAR A OMISSÃO E DA PESSOA JURÍDICA DE DIREITO PÚBLICO

Questão relevante, especialmente para o fim de determinar-se o órgão jurisdicional competente para processar e julgar pedidos veiculados em mandados de injunção[28], consiste na adequada definição da parte que deverá ocupar o polo passivo da relação jurídico-processual.

De plano, cumpre esclarecer que, na esteira da tradicional jurisprudência do Supremo, "somente pessoas estatais podem figurar no polo passivo da relação processual instaurada com a impetração do mandado de injunção, eis que apenas a elas é imputável o dever jurídico de emanação de provimentos normativos".[29]

Justamente por isso, ainda nos idos de 1991, o Pleno da Suprema Corte decidiu que, dirigido o mandado de injunção contra autoridades ou órgãos públicos que se pretendem omissos quanto a regulamentação que viabilize o exercício dos direitos e liberdade constitucionais e das prerrogativas inerentes a nacionalidade, a soberania e a cidadania, não há que se cogitar de hipótese de cabimento do litisconsórcio passivo entre tais autoridades e órgãos públicos – que deverão, se for o caso, elaborar a regulamentação necessária – e particulares que, em favor do impetrante do mandado de

27. STF, MI 4.728-AgRg, Plenário, rel. Min. Teori Zavascki, j. 24.04.2013.

28. Segundo a lição de Hely Lopes Meirelles, Arnoldo Wald e Gilmar Ferreira Mendes, "as regras de competência serão sempre definidas em função do órgão ou autoridade a que caiba a edição do diploma legal regulamentador". *In*: *Mandado de Segurança e Ações Constitucionais*. Editora Malheiros: São Paulo, 2013, p. 326. Assim sendo, ao Supremo compete processar e julgar, em sede originária, mandado de injunção quando imputada omissão aos órgãos e autoridades mencionados na alínea "q", inciso I do artigo 102 da Constituição Federal – Presidente da República, Congresso Nacional, Câmara dos Deputados, Senado Federal e respectivas Mesas Diretoras, Tribunal de Contas da União, Tribunais Superiores e o próprio Supremo Tribunal Federal –, bem assim ao Conselho Nacional de Justiça e a Conselho Nacional do Ministério Público, na forma da alínea "r" do citado preceito constitucional.

29. STF, MI 335-AgRg, Plenário, rel. Min. Celso de Mello, j. 17.06.1994.

injunção, vierem a ser obrigados ao cumprimento da norma, quando esta, em decorrência de sua elaboração, entrar em vigor.[30]

Em síntese, não possuindo competência para editar a norma de caráter regulamentar que se tenha por inexistente, não está o particular legitimado para figurar como litisconsorte passivo na demanda. Não foi outra a conclusão do Supremo quando em discussão mandado de injunção voltado a declarar a mora legislativa e possibilitar ao impetrante o direito a ter o aviso prévio proporcional analisado nos termos da Lei nº 12.506/2011, formalizado não apenas em face do Presidente da República e do Congresso Nacional, mas também contra a Vale S/A – empresa com a qual o impetrante mantinha relação empregatícia. Na ocasião, assim fez ver o Relator, Ministro Dias Toffoli:

> [...] a jurisprudência do Supremo Tribunal Federal consolidou-se no sentido de impossibilidade da formação de litisconsórcio passivo, em sede de mandado de injunção, entre a autoridade competente para a elaboração da norma regulamentadora de dispositivo constitucional e particulares.
>
> A lei complementar cuja omissão se pretende suprir por meio do presente mandado de injunção é de iniciativa privativa do Presidente da República, funcionando a Câmara dos Deputados como casa iniciadora e o Senado Federal como casa revisora na discussão e na votação do projeto de lei submetido ao Congresso Nacional, nos termos do art. 61, § 1º, inciso II, alínea c, c/c os arts. 64 e 65, todos da Constituição Federal.
>
> Vale S/A, portanto, não possui competência para editar a aludida norma de caráter nacional, não estando legitimada para figurar como litisconsorte passivo na demanda.[31]

Pois bem. Tal qual anteriormente observado, se a formalização de mandado de injunção objetiva garantir ao impetrante a fruição de direito cujo exercício esteja inviabilizado pela ausência de norma infraconstitucional de caráter regulamentador, surge intuitiva a conclusão de que será legitimado, sob o ângulo passivo, o órgão ou autoridade competente para a edição da inexistente norma regulamentadora. Nesse sentido, tem-se vasto rol de precedentes, sintetizados nas seguintes ementas:

> [...] o mandado de injunção há de dirigir-se contra o poder, o órgão, a entidade ou a autoridade que tem o dever de regulamentar a norma constitucional, não se

30. STF, MI 323-AgRg, Plenário, rel. Min. Moreira Alves, j. 08.04.1994.

31. STF, MI 1.007-AgRr, rel. Min. Dias Toffoli, j. 18.12.2013. Em sentido contrário, admitindo-se a presença de pessoas naturais no polo passivo do mandado de injunção, cf.: THEODORO JÚNIOR, Humberto. *Mandado de injunção*. São Paulo: Saraiva, 1990, p. 426.

legitimando *ad causam*, passivamente, em princípio, quem não estiver obrigado a editar a regulamentação respectiva.[32]

AGRAVO REGIMENTAL. MANDADO DE INJUNÇÃO. APOSENTADORIA ESPECIAL DO SERVIDOR PÚBLICO. ARTIGO 40, § 4º, III, DA CONSTITUIÇÃO DA REPÚBLICA. APLICAÇÃO DO ART. 57 DA LEI 8.213/1991. PRECEDENTES. LEGITIMIDADE PASSIVA. AGRAVO IMPROVIDO. I - A orientação do Supremo Tribunal Federal firmou-se no sentido de que apenas a autoridade, órgão ou entidade que tenha o dever de regulamentar a norma constitucional dispõe de legitimidade passiva *ad causam* no mandado de injunção. Precedentes.[33]

Na forma da parte final do artigo 3º da Lei nº 13.300/2016, são legitimados passivos, na qualidade de impetrados, "o Poder, o órgão ou a autoridade com atribuição para editar a norma regulamentadora", devendo o impetrante, na petição inicial, indicar, "além do órgão impetrado, a pessoa jurídica que ele integra ou aquela a que está vinculada" - artigo 4º.

Em regra, ostentará legitimidade para compor o polo passivo da demanda o Poder Legislativo, a quem compete, preponderantemente, o mister de editar, após regular processo legiferante, as normas regulamentadoras de índole infraconstitucional, considerado o princípio da separação de poderes consagrado no artigo 2º da Carta de 1988. No entanto, vale ressaltar ter a Constituição Federal reservado ao chefe do Executivo a iniciativa para deflagrar o processo legislativo em determinadas hipóteses - artigo 61, § 1º -, razão pela qual, nesses casos, deve este, e não a autoridade parlamentar, ser acionado em juízo pela via mandamental. Firme nessa premissa, pacífica é a jurisprudência do Supremo quanto à legitimidade passiva do titular do Executivo em tais casos:

Mandado de injunção. Ilegitimidade passiva do presidente do Senado Federal se a iniciativa da lei é da alçada privativa do presidente da República. [...] a iniciativa de lei que disponha sobre o provimento de cargos públicos é da alçada privativa do Presidente da República, segundo as disposições do art. 61, § 1º, "c", da Constituição, sendo, então, esta a autoridade em relação a qual deveria ter sido dirigida a impetração. Assim, o Presidente do Senado Federa não tem legitimidade passiva nesta ação.[34]

É dizer:

Sempre que houver iniciativa privativa do chefe do Executivo para a elaboração de determinada lei regulamentadora de norma constitucional de eficácia complementável e que não tenha ainda remetido ao órgão legislativo o projeto de

---

32. STF, MI 352-QO, Plenário, rel. Min. Néri da Silveira, j. 04.09.1991.
33. STF, MI 1.231-AgRg, Plenário, rel. Min. Ricardo Lewandowski, j. 16.11.2011.
34. STF, MI 153-AgRg, rel. Min. Paulo Brossard, j. 14.3.1990.

> lei concernente à tal matéria, será este o órgão morros que deverá prestar informações na impetração do mandado de injunção, e não o órgão legislativo, que nenhuma responsabilidade terá pela situação de omissão inconstitucional.[35]

Em hipótese recorrente, e, portanto, digna de nota, a jurisprudência do Supremo se firmou no sentido de que apenas possui legitimidade para figurar no polo passivo de mandado de injunção a versar a aposentadoria especial o chefe do Executivo Federal, ainda que se trate de servidores estaduais ou municipais. A razão é simples: o Plenário da Corte, quando do exame do recurso extraordinário nº 797.905, relator Ministro Gilmar Mendes, submetido à sistemática da repercussão geral – Tema nº 727 –, reafirmou a jurisprudência no sentido de que a competência concorrente para legislar sobre previdência social dos servidores públicos não afasta a necessidade de edição de norma regulamentadora de caráter nacional, de competência da União e de iniciativa reservada ao Presidente da República.[36] A propósito, confira-se:

> AGRAVO REGIMENTAL NO RECURSO EXTRAORDINÁRIO. CONSTITUCIONAL E ADMINISTRATIVO. SERVIDOR PÚBLICO ESTADUAL. APOSENTADORIA ESPECIAL. MANDADO DE INJUNÇÃO. IMPETRAÇÃO PERANTE TRIBUNAL ESTADUAL. ILEGITIMIDADE PASSIVA DO GOVERNADOR DO ESTADO E DA ASSEMBLÉIA LEGISLATIVA. LEGITIMIDADE PASSIVA DO PRESIDENTE DA REPÚBLICA. PRECEDENTES. AGRAVO REGIMENTAL PROVIDO.
>
> I – O Plenário do Supremo Tribunal Federal decidiu que a norma regulamentadora do direito à aposentadoria especial dos servidores públicos deve ser editada pela União. Enquanto não editada a norma, a legitimidade passiva na impetração do mandado de injunção é do Presidente da República – e não dos Governadores de Estado –, com processamento e julgamento pelo Supremo Tribunal Federal. Precedentes.
>
> II – Agravo regimental provido, para dar provimento ao recurso extraordinário e julgar extinto o mandado de injunção por ilegitimidade da autoridade impetrada.[37]

Há, ainda, casos em que a omissão se reveste de natureza administrativa, quando verificado o caráter infralegal da norma regulamentadora pendente de edição, tais quais decretos, resoluções e portarias. Seguindo a regra geral estampada na parte final do artigo 3º da Lei nº 13.300/2016, o mandado de injunção deve ser impetrado em face da autoridade ou órgão responsável pela edição do ato.

---

35. PFEIFFER, Roberto Augusto Castellanos. *Mandado de injunção*. São Paulo: Editora Atlas, 1999, p. 132.
36. STF, RE 797.905-RG, Plenário, rel. Min. Gilmar Mendes, j. 15.05.2014.
37. STF, ARE 665.869-AgRg, 2ª Turma, rel. Min. Ricardo Lewandowski, j. 06.05.2014.

Por fim, cumpre mencionar, no que concerne ao litisconsórcio passivo, ter o Supremo fixado entendimento no sentido da desnecessidade da citação de outras pessoas, ao lado da autoridade competente para a elaboração da norma reguladora.[38] Vale ressaltar, porém, que, com a evolução jurisprudencial mencionada em outro capítulo desta obra no sentido de conferir-se ao mandado de injunção a capacidade de tutelar direta e imediatamente o direito cujo exercício encontre-se inviabilizado pela ausência de regulamentação – não mais limitando-se a declarar a mora, a omissão normativa –, parte da doutrina vem entendendo que, "dependendo do pedido da parte, deve haver litisconsórcio passivo facultativo entre o órgão estatal omisso e a pessoa natural ou jurídica – de direito público ou privado – que possa satisfazer o direito constitucional alegado pelo impetrante"; afinal, "o deferimento do mandado de injunção passou a recair também sobre a pessoa que deva satisfazer o direito subjetivo constitucionalmente assegurado, tornando indispensável a sua citação, em atenção às garantias do contraditório e da ampla defesa, ínsitas ao devido processo legal".[39]

CONSIDERAÇÕES FINAIS

A interpretação constitucional levada a cabo quando verificada omissão inconstitucional tem-se mostrado especialmente necessária para o sucesso dos propósitos basilares da Constituição Federal. Atento a tamanha amplitude de possibilidades hermenêuticas, pode-se afirmar que o Supremo Tribunal Federal tem estado à altura da tarefa a si confiada mediante a adoção de interpretação construtiva a revelar normas jurídicas implícitas aos marcos textuais da Carta de 1988, fornecendo nova carga semântica ao postulado da harmonia entre os poderes.

Processo inacabado, a construção pretoriana, pelo Supremo, dos contornos processuais do mandado de injunção não se encerrou, por certo, com a Lei nº 13.300/2016, mesmo no âmbito da legitimidade para causa – matéria aparentemente singela, mas importante engrenagem na instauração da relação processual voltada a tornar efetivo o exercício dos direitos e liberdades constitucionais e das prerrogativas inerentes à nacionalidade, à soberania e à cidadania.

38. STF, MI 345-AgRg, Plenário, rel. Min. Octavio Gallotti, j. 06.11.1991.

39. FONSECA. João Francisco Naves. *O processo do mandado de injunção*. São Paulo: Saraiva, 2016, item 19.

Espera-se que, com a cada vez maior sofisticação dos padrões decisórios do Supremo em sede mandamental, o Tribunal possa afastar-se ainda mais do dogma alusivo ao simples reconhecimento da mora legislativa – o que, como visto, implicará inevitáveis aperfeiçoamentos na processualística alusiva, por exemplo, à indicação dos sujeitos integrantes do polo passivo –, contribuindo para que a inoperância do texto constitucional se mostre, cada vez mais, resquício de um passado distante.

18

OBJETO DO MANDADO DE INJUNÇÃO

Rafaela Coutinho Canetti[1]

18.1. INTRODUÇÃO

A Constituição da República de 1988 é dotada de verdadeira *pretensão de efetividade*.

Não são poucos os trechos do texto constitucional que deixam clara essa vertente: da afirmação de que as normas definidoras dos direitos e garantias fundamentais têm aplicação imediata (art. 5º, §1º) à consagração de um intricado sistema de controle de constitucionalidade, o Poder Constituinte buscou reforçar, repetidamente, a noção de que a Carta de 1988 almeja cruzar a fronteira entre o *dever-ser* e o *ser*.

O mandado de injunção é um dos instrumentos jurídicos que apontam para essa preocupação constitucional. Trata-se de ação que tem como objeto a proteção do administrado em face de omissão normativa que torne impossível a fruição de direitos e garantias fundamentais e das prerrogativas inerentes à nacionalidade, à soberania e à cidadania.

Noutros termos, diante da afirmação da Constituição da República como centro edificante, hermenêutico e integrativo do Direito, o mandado de injunção desponta como uma das possíveis ferramentas para a correção dos rumos dos Poderes eleitos, quando estes deixam de prosseguir rumo à concretização do plano constitucional.

A singeleza da redação do inciso LXXI do artigo 5º da CRFB – segundo a qual "conceder-se-á mandado de injunção sempre que a falta de norma

---

1. Advogada. Ex-assessora de Ministro do Supremo Tribunal Federal (STF). Mestre em Direito Público pela Universidade do Estado do Rio de Janeiro (UERJ). Autora do livro *Acordo de leniência:* fundamentos do instituto e os problemas de seu transplante ao ordenamento jurídico brasileiro. 2ª ed. Belo Horizonte: Fórum, 2019.

regulamentadora torne inviável o exercício dos direitos e liberdades constitucionais e das prerrogativas inerentes à nacionalidade, à soberania e à cidadania", – todavia, disfarça as complexidades inerentes à delimitação do objeto e potencialidades desse instituto.

Se a construção de parâmetros para a revisão judicial dos atos comissivos do Poder Público já é uma empreitada difícil, a complexidade apenas aumenta quando o objeto de análise é um *non facere*. Afinal, quais os critérios para reconhecer a inviabilidade de exercício *dos direitos e liberdades constitucionais e das prerrogativas inerentes à nacionalidade, à soberania e à cidadania* cuja tutela comportaria impetração de mandado de injunção? E quais seriam os critérios de verificação que permitiriam reconhecer a *falta de norma regulamentadora*?

O presente estudo busca apresentar algumas das controvérsias que cercam o tema do objeto dos mandados de injunção, à luz da jurisprudência do Supremo Tribunal Federal, tendo por base dois vetores de análise ora denominados, para fins didáticos, como *a dimensão horizontal* e a *dimensão vertical* da omissão normativa.

Explica-se.

A ideia de uma ação constitucional voltada à colmatação de vácuos inconstitucionais, como é o mandado de injunção, demanda instrumentário teórico específico, já que, antes de se pronunciar acerca da constitucionalidade ou inconstitucionalidade do ato examinado (que é *inexistente* ou *incompleto*), o Poder Judiciário deverá confrontar a própria existência de uma omissão.

A investigação sobre o escopo de incidência do mandado de injunção, consequentemente, pode ser ilustrada por meio de um modelo de raciocínio bifásico.

Primeiro, o Tribunal considera se há obrigação de legislar cuja desconsideração permita a atribuição hipotética de uma violação de um dever constitucional. Nessa etapa, aqui indicada como a *dimensão horizontal*, cabe ao Poder Judiciário realizar uma verificação global das instâncias em que o sistema constitucional *impõe* ao legislador a edição de norma jurídica densificadora do direito fundamental.

Depois, o Tribunal passa à *dimensão vertical*, em que, focando especificamente naquele dever de legislar anteriormente identificado, determina de modo mais aprofundado se existe, efetivamente, o vácuo normativo imputado ao Poder Público.

É claro que essas duas fases não precisam estar clara e sequencialmente delimitadas na decisão judicial. As dimensões acima indicadas, embora possam ser separadas de modo teórico, guardam entre si zonas de confluência e relação de interdependência evidentes. Nada obstante, esses juízos (há dever de legislar? Há omissão da legislação?), usualmente, estarão declinados explícita ou implicitamente na fundamentação apresentada pelo órgão judicante.

A seguir, essas ideias são desenvolvidas de forma mais detida.

18.2. A DIMENSÃO HORIZONTAL DA OMISSÃO LEGISLATIVA PARA FINS DE IMPUGNAÇÃO PELA VIA DO MANDADO DE INJUNÇÃO

Sob a perspectiva horizontal, a pergunta que se apresenta ao julgador é a seguinte: existe, no ordenamento jurídico-constitucional, um dever de legislar relativamente ao direito pretendido pelo impetrante?

A primeira observação a ser feita quanto ao ponto é que, em se tratando de mandado de injunção, o artigo 5º, LXXI, da CRFB, contempla remédio jurídico especificamente voltado à correção de uma lacuna infraconstitucional *qualificada*, intrinsecamente conectada ao gozo de direitos fundamentais[2]. A delimitação do escopo e das potencialidades do mandado de injunção, assim, é indissociável da noção de omissão inconstitucional, embora com ela não se confunda.

Daí poder-se dizer que não será toda omissão legislativa (ou mesmo toda omissão inconstitucional) que autorizará o emprego do *writ*, na medida em que a falta de normatização, por exemplo, sobre assuntos institucionais *interna corporis*, regulamentos técnicos ou a organização da Administração Pública pode não significar vulneração aos valores constitucionais tutelados pelo mandado de injunção.[3]

---

2. MEIRELLES, Hely Lopes; WALD, Arnoldo; MENDES, Gilmar Ferreira. *Mandado de segurança e ações constitucionais*. São Paulo: Malheiros, 2010, p. 289.

3. "Não se presta o mandado de injunção à declaração judicial de vacância de cargo, nem a compelir o presidente da República a praticar ato administrativo, concreto e determinado, consistente na indicação, ao Senado Federal, de nome de membro do MPF, para ser investido no cargo de PGR." (MI 14 QO, rel. Min. Sydney Sanches, j. 26-10-1988, P, *DJ* de 18-11-1988).

   "O mandado de injunção não é o meio próprio a ver-se declarada inconstitucionalidade por omissão, considerado ato administrativo do presidente da República criando determinado conselho e deixando de contemplar participação possivelmente assegurada, a entidade sindical, pelo texto constitucional" (MI 498, rel. min. Marco Aurélio, j. 6-2-1997, P, DJ de 4-4-1997).

Por conseguinte, há de existir lacuna normativa cuja persistência tenha relação causal com o exercício incompleto ou frustrado de direitos fundamentais, como deixou claro o Plenário do Supremo Tribunal Federal no julgamento do MI nº 81:

> MANDADO DE INJUNÇÃO - SITUAÇÃO DE LACUNA TÉCNICA - PRESSUPOSTO ESSENCIAL DE SUA ADMISSIBILIDADE - PRETENDIDA MAJORAÇÃO DE VENCIMENTOS DEVIDOS A SERVIDORES PÚBLICOS - ALTERAÇÃO DE LEI JÁ EXISTENTE - INVIABILIDADE - AGRAVO REGIMENTAL IMPROVIDO. A estrutura constitucional do mandado de injunção impõe, como um dos pressupostos essenciais de sua admissibilidade, a ausência de norma regulamentadora. Essa situação de lacuna técnica - que se traduz na existência de um nexo causal entre o vacuum juris e a impossibilidade do exercício dos direitos e liberdades constitucionais e das prerrogativas inerentes à nacionalidade, à soberania e à cidadania - constitui requisito necessário que condiciona a própria impetrabilidade desse novo remédio instituído pela Constituição de 1988. O mandado de injunção não constitui, dada a sua precípua função jurídico-processual, sucedâneo de ação judicial que objetive, mediante alteração de lei já existente, a majoração de vencimentos devidos a servidores públicos. Refoge ao âmbito de sua finalidade corrigir eventual inconstitucionalidade que infirme a validade de ato estatal em vigor. (MI 81 AgR, Relator(a): Min. CELSO DE MELLO, Tribunal Pleno, julgado em 20/04/1990, DJ 25-05-1990 PP-04603 EMENT VOL-01582-01 PP-00038 RTJ VOL-00131-03 PP-00963)

Jane Reis e Gabriel Accioly Gonçalves lembram, acuradamente, que as teorias de controle de inconstitucionalidade têm berço eminentemente *legiscêntrico,* focando no cotejamento entre uma norma ou ato comissivo e a Carta Maior. Assim,

> "a inconstitucionalidade surge como fórmula relacionada à passagem do modelo de soberania do Parlamento – em que a lei era o centro do ordenamento jurídico – ao da supremacia da Constituição, o que é operacionalizado através do judicial *review of legislation*" [4]

Na mesma linha, observam doutrinariamente Gilmar Mendes e Paulo Gustavo Gonet Branco:

> "É possível que a problemática atinente à inconstitucionalidade por omissão constitua um dos mais tormentosos e, ao mesmo tempo, um dos mais fascinantes temas do direito constitucional moderno, envolvendo não só o problema concernente à concretização da Constituição pelo legislador e todas as questões atinen-

---

4. PEREIRA, Jane Reis; ACCIOLY GONÇALVES, Gabriel. *Inconstitucionalidade Sistêmica e Multidimensional:* Transformações no Diagnóstico das violações à Constituição, 2015, p. 133.

tes à eficácia das normas constitucionais, mas também a argúcia do jurista na solução do problema sob uma perspectiva estrita do processo constitucional"[5].

A delimitação de uma omissão normativa sindicável, portanto, não é tarefa simples.

Numa perspectiva extremista, poder-se-ia considerar que toda e qualquer incongruência entre o preceito constitucional ideal e a realidade jurídica, cultural, econômica e social, desde que remotamente reconduzível à imperfeição legislativa, corresponderia a uma omissão inconstitucional passível de intervenção jurisdicional.

Semelhante entendimento, contudo, nada ajudaria na construção de um *standard* decisório em matéria de mandado de injunção. Além de desconsiderar fatores óbvios, não imputáveis e não enfrentáveis pelo Poder Legislativo – tais como a existência de limitações fáticas à atuação legiferante e a necessidade de tempo de planejamento e experimentação para a execução de uma política pública de maior escala[6] – haveria aí uma completa subversão dos princípios democrático e da separação de Poderes.[7]

---

5. MENDES, Gilmar Ferreira; BRANCO, Paulo Gustavo Gonet. *Curso de Direito Constitucional*. São Paulo: Editora Saraiva, 2015.

6. "O compromisso da Constituição é com a promoção da dignidade humana e dos direitos fundamentais no mundo dos fatos. A simples existência de normas sobre o tema não é suficiente para realizar os comandos constitucionais, que pretendem a efetiva fruição, pelas pessoas, dos direitos ali previstos. Como referido, além de distinta das normas que tratam do assunto, a realização efetiva dos direitos envolve múltiplos fatores. A concepção de uma boa política – isto é: uma política em tese capaz de produzir os resultados no mundo dos fatos – dependerá de informações e dados de vários campos do conhecimento. Sua execução, por seu turno, é um processo que demanda tempo e envolve avanços e retrocessos, monitoramento e correções de rumo. Cabe ao Direito Constitucional, na medida de suas possibilidades e tendo em conta essas circunstâncias, repensar os papéis que pode exercer – para além da garantia normativa dos direitos e sem prejuízo dela – no sentido de facilitar, estimular e promover a realização efetiva dos direitos fundamentais no mundo dos fatos. (...) O processo de construção dos direitos fundamentais é longo, complexo e envolve muitas etapas no plano normativo, na elaboração de planos, na sua execução, na observação de seus resultados, na revisão desses planos, etc. Isso significa, portanto, que o compromisso com a construção dos direitos fundamentais demanda um esforço contínuo – a rigor, permanente, ou ao menos de longuíssimo prazo – por parte dos Estados" (BARCELLOS, Ana Paula de. *Direitos fundamentais e direito à justificativa:* devido procedimento na elaboração normativa. 2 ed. – Belo Horizonte: Fórum, 2017).

7. "Inegavelmente, não é cabível falar em uma identidade absoluta entre lacunas e omissões inconstitucionais normativas. Ilustrativo dessa assertiva é a constatação de Larenz no sentido de que toda lei é lacunosa, já que nenhum diploma contém soluções para todo e qualquer caso que demande disciplina jurídica e que seja atribuível ao seu âmbito de regulação. A equiparação desse atributo, inerente à indeterminação do Direito, com o fenômeno das omissões inconstitucionais, como se toda lei imperfeita contivesse omissões inconstitucionais, demandaria a adoção de um dirigismo constitucional extremo, ou a adoção de uma visão da Constituição como se esta tudo regulasse

É que o *silêncio*, na moldura jurídico-constitucional brasileira, é uma realidade possível[8]. O texto constitucional não abraçou uma hipotética completude do ordenamento infraconstitucional, nem presumiu a infalibilidade do Legislador na produção normativa.

Por mais abrangente e minuciosa que seja, a Carta Constitucional resguarda ao Legislador infraconstitucional um espaço de conformação considerável. Ainda que vinculado aos fins constitucionalmente delineados, o Poder Público tem, em regra, a faculdade de escolha quanto aos *meios* a serem empregados.

Por isso mesmo, a literatura especializada nega a existência abstrata de *dever geral* de produção legislativa. Nesse sentido, são as lições clássicas de Canotilho:

> "O conceito de omissão legislativa não é um conceito naturalístico, reconduzível a um simples «não fazer», a um simples «conceito de negação». Omissão, em sentido jurídico-constitucional, significa não fazer aquilo a que se estava constitucionalmente obrigado. A omissão legislativa, para ganhar significado autónomo e relevante, deve conexionar-se com uma exigência constitucional de acção, não bastando o simples dever geral de legislar para dar fundamento a uma omissão inconstitucional.
>
> As omissões legislativas inconstitucionais derivam do não cumprimento de imposições constitucionais legiferantes em sentido estrito, ou seja, do não cumpri-

– o que Alexy denominou de Constituição como ordem fundamental em sentido quantitativo. Entender dessa forma amesquinharia de forma inaceitável o princípio democrático, pois esvaziaria a liberdade de ação do legislador" (PEREIRA, Jane Reis; ACCIOLY GONÇALVES, Gabriel. *Inconstitucionalidade Sistêmica e Multidimensional:* Transformações no Diagnóstico das violações à Constituição, 2015, p. 137).

8. A possibilidade de haver omissão normativa, na ciência jurídica, é objeto de debate na filosofia do Direito. Nas lições de Gilmar Mendes e Paulo Gustavo Gonet Branco, "(...) o reconhecimento da inconstitucionalidade por omissão configura fenômeno relativamente recente, também na dogmática jurídica alemã. Em 1911, ressaltava Kelsen que a configuração de um dever do Estado de editar determinada lei se afigurava inadmissível. Anteriormente, reconhecera Georg Jellinek que a impossibilidade de formular pretensão em face do legislador constituía communis opinio. Sob o império da Constituição de Weimar (1919) negava-se, igualmente, a possibilidade de se formular qualquer pretensão contra o legislador. Esse entendimento assentava-se, de um lado, na idéia de uma irrestrita liberdade legislativa e, de outro, na convicção de que o legislador somente atuava no interesse da coletividade (MENDES, Gilmar Ferreira; BRANCO, Paulo Gustavo Gonet. *Curso de Direito Constitucional.* São Paulo: Editora Saraiva, 2015, p. 1.196).

Para uma breve exposição sobre o tema, numa perspectiva comparada, veja-se o Relatório Geral do XIV Congresso da Conferência dos Tribunais Constitucionais Europeus sobre problemas de omissão legislativa na jurisprudência constitucional (*General Report of the XIVth Congress of the Conference of European Constitutional Courts on Problems of Legislative Omission in Constitutional Jurisprudence*, disponível em https://www.venice.coe.int/files/Bulletin/SpecBull-legislative-omission-e.pdf, acesso em 12.12.2019).

> mento de normas que, de forma permanente e concreta, vinculam o legislador à adopção de medidas legislativas concretizadoras da constituição. Consequentemente, devemos separar omissões legislativas resultantes da violação de preceitos constitucionais concretamente impositivos, do não cumprimento da constituição derivado da não actuação de normas-fim ou normas-tarefa, abstractamente impositivas"[9].

O vácuo legislativo, nessa ótica, não necessariamente denota uma estratégia indevida de fuga de determinados ônus políticos[10], uma captura ideológica ou uma falha no funcionamento institucional daquele Poder – conquanto todas essas sejam também realidades possíveis. A suposta lacuna pode, ao revés, defluir de uma "*opção política válida*"[11], seja em razão da necessidade de amadurecimento e aperfeiçoamento de alguma política pública, seja pelo fato de que nem sempre é imprescindível uma resposta do Direito a determinados fatos da vida.

Decerto, em algumas hipóteses, o dever constitucional de produção normativa é evidente. A Constituição da República traz determinações expressas e inequívocas nesse sentido, cominando, inclusive, prazo certo para a edição de determinados diplomas, como demonstram os artigos 11[12], 24[13] e 50[14] do ADCT e o artigo 27 da Emenda Constitucional nº 19/1998[15].

Não se ignora, por outro lado, que, na hermenêutica constitucional vigente, os princípios da supremacia, da unidade e da máxima efetividade da

---

9. CANOTILHO, José Joaquim Gomes. *Direito constitucional*. Coimbra: Livraria Almedina, 1993.
10. DO VALLE, Vanice Lírio. Mandado de injunção, um enredo em andamento–Seis personagens à procura de um autor. *A&C-Revista de Direito Administrativo & Constitucional*, v. 13, n. 51, p. 155-185, 2013, pp. 174 e seguintes.
11. BARCELLOS, Ana Paula de. Direito e Política: silêncio do legislador, interpretação e analogia. *In:* SARMENTO, Daniel. *Jurisdição Constitucional e Política*. Rio de Janeiro: Forense, 2015.
12. Art. 11. Cada Assembléia Legislativa, com poderes constituintes, elaborará a Constituição do Estado, no prazo de um ano, contado da promulgação da Constituição Federal, obedecidos os princípios desta.

    Parágrafo único. Promulgada a Constituição do Estado, caberá à Câmara Municipal, no prazo de seis meses, votar a Lei Orgânica respectiva, em dois turnos de discussão e votação, respeitado o disposto na Constituição Federal e na Constituição Estadual.
13. Art. 24. A União, os Estados, o Distrito Federal e os Municípios editarão leis que estabeleçam critérios para a compatibilização de seus quadros de pessoal ao disposto no art. 39 da Constituição e à reforma administrativa dela decorrente, no prazo de dezoito meses, contados da sua promulgação.
14. Art. 50. Lei agrícola a ser promulgada no prazo de um ano disporá, nos termos da Constituição, sobre os objetivos e instrumentos de política agrícola, prioridades, planejamento de safras, comercialização, abastecimento interno, mercado externo e instituição de crédito fundiário.
15. Art. 27. O Congresso Nacional, dentro de cento e vinte dias da promulgação desta Emenda, elaborará lei de defesa do usuário de serviços públicos.

Constituição fornecem subsídios para a imposição de deveres à Administração Pública com base na interpretação sistemático-teleológica da Carta Maior[16-17].

Fora dos cenários de expressa imposição de atividade legislativa, entretanto, exige-se do julgador certa autocontenção, sob pena de negar ao Poder Legislativo qualquer espaço de discricionariedade e infligir, sobre os representantes eleitos, uma espécie de perfeccionismo juriscêntrico.

É forçoso temperar, portanto, o ímpeto de controlarem-se excessivamente as vontades do legislador, decorrente da adoção de abordagem

---

16. "A omissão legislativa inconstitucional pressupõe a inobservância de um dever constitucional de legislar, que resulta tanto de comandos explícitos da Lei Magna como de decisões fundamentais da Constituição identificadas no processo de interpretação" (MENDES, Gilmar Ferreira; BRANCO, Paulo Gustavo Gonet. *Curso de Direito Constitucional*. São Paulo: Editora Saraiva, 2015, p. 1.203).

17. Admitir o contrário equivaleria a relativizar a normatividade da inteireza da Constituição da República, em favor da concretização seletiva de trechos convenientes às maiorias eventuais e aos Poderes eleitos, com o abandono das minorias vulneráveis. A própria literalidade do diploma constitucional, aliás, demonstra, no seu artigo 5º, §2º, que não houve qualquer ambição de exaurimento do rol de direitos e garantias fundamentais ali positivados. Outros, extraíveis do "regime e dos princípios por ela adotados, ou dos tratados internacionais em que a República Federativa do Brasil seja parte", fazem jus, igualmente, à proteção e promoção pelos Poderes Constituídos e – no que interessa ao presente estudo, devem ser ativamente resguardados pelo Poder Judiciário quando verificada a omissão imputável aos agentes eleitos.

Em seu voto no HC nº 96.759, o Ministro Gilmar Mendes assim resumiu o ponto: "A dimensão objetiva dos direitos fundamentais] legitima a ideia de que o Estado se obriga não apenas a observar os direitos de qualquer indivíduo em face das investidas do Poder Público (direito fundamental enquanto direito de proteção ou de defesa – Abwehrrecht), mas também a garantir os direitos fundamentais contra agressão propiciada por terceiros (Schutzpflicht des Staats). A forma como esse dever será satisfeito constitui, muitas vezes, tarefa dos órgãos estatais, que dispõem de alguma liberdade de conformação. Não raras vezes, a ordem constitucional identifica o dever de proteção e define a forma de sua realização. A jurisprudência da Corte Constitucional alemã acabou por consolidar entendimento no sentido de que do significado objetivo dos direitos fundamentais resulta o dever do Estado não apenas de se abster de intervir no âmbito de proteção desses direitos, mas também de proteger tais direitos contra a agressão ensejada por atos de terceiros. Essa interpretação da Corte Constitucional empresta, sem dúvida, uma nova dimensão aos direitos fundamentais, fazendo com que o Estado evolua da posição de "adversário" para uma função de guardião desses direitos. É fácil ver que a ideia de um dever genérico de proteção fundado nos direitos fundamentais relativiza sobremaneira a separação entre a ordem constitucional e a ordem legal, permitindo que se reconheça uma irradiação dos efeitos desses direitos sobre toda a ordem jurídica. Assim, ainda que não se reconheça, em todos os casos, uma pretensão subjetiva contra o Estado, tem-se, inequivocamente, a identificação de um dever deste de tomar todas as providências necessárias para a realização ou concretização dos direitos fundamentais. Os direitos fundamentais não podem ser considerados apenas como proibições de intervenção (Eingriffsverbote), expressando também um postulado de proteção (Schutzgebote). Utilizando-se da expressão de Canaris, pode-se dizer que os direitos fundamentais expressam não apenas uma proibição do excesso (Übermassverbote), como também podem ser traduzidos como proibições de proteção insuficiente ou imperativos de tutela (Untermassverbote)".

demasiadamente pessimista da atuação dos poderes eleitos. Embora seja importante a reflexão sobre o funcionamento dos processos democráticos "da vida real", marcados por embates que nem sempre são prioritariamente republicanos, não se pode encampar nem uma visão demonizadora do Legislativo, nem messiânica do Judiciário.

Essa preocupação é perceptível na jurisprudência do Supremo Tribunal Federal em matéria de mandado de injunção. A Corte tem sido cautelosa no seu exame da *dimensão horizontal*, evitando reconhecer uma obrigação vinculante de edição normativa quando ela não decorre expressamente da letra da Constituição da República. Observe-se, ilustrativamente, o que afirmou o Ministro Celso de Mello no MI nº 642:

> "Como se sabe, o writ injuncional tem por função processual específica viabilizar o exercício de direitos, liberdades e prerrogativas, diretamente outorgados pela própria Constituição da República, em ordem a impedir que a inércia do legislador comum frustre a eficácia de situações subjetivas de vantagem reconhecidas pelo texto constitucional.
>
> Na verdade, o mandado de injunção busca neutralizar as conseqüências lesivas decorrentes da ausência de regulamentação normativa de preceitos constitucionais revestidos de eficácia limitada, cuja incidência - necessária ao exercício efetivo de determinados direitos neles diretamente fundados - depende, essencialmente, da intervenção concretizadora do legislador.
>
> É preciso ter presente, pois, que o direito à legislação só pode ser invocado pelo interessado, quando também existir - simultaneamente imposta pelo próprio texto constitucional – a previsão do dever estatal de emanar normas legais. Isso significa, portanto, que o direito individual à atividade legislativa do Estado apenas se evidenciará naquelas estritas hipóteses em que o desempenho da função de legislar refletir, por efeito de exclusiva determinação constitucional, uma obrigação jurídica indeclinável imposta ao Poder Público, consoante adverte o magistério jurisprudencial desta Suprema Corte (MI 633-DF, Rel. Min. CELSO DE MELLO).
>
> Desse modo, e para que possa atuar a norma pertinente ao instituto do mandado de injunção, revela-se essencial que se estabeleça a necessária correlação entre a imposição constitucional de legislar, de um lado, e o conseqüente reconhecimento do direito público subjetivo à legislação, de outro, de tal forma que, ausente a obrigação jurídico-constitucional de emanar provimentos legislativos, não se tornará possível imputar comportamento moroso ao Estado, nem pretender acesso legítimo à via injuncional (MI 463-MG, Rel. Min. CELSO DE MELLO).
>
> Eventuais lacunas normativas ou imperfeições de conteúdo material, constantes de textos meramente legais ou de normas inscritas em tratados internacionais, não se revelam colmatáveis, nem suscetíveis de correção, por via injuncional, eis que - como já enfatizado - o mandado de injunção somente tem pertinência, quando destinado a suprir omissões estatais na regulamentação de cláusulas exclusivamente fundadas na própria Constituição da República." (MI 642,

Relator(a): Min. CELSO DE MELLO, julgado em 01/08/2001, publicado em DJ 14/08/2001 P - 00235)

Nessa linha, nos mandados de injunção de sua competência, o Tribunal vem, reiteradamente, afirmando que é pressuposto lógico-jurídico dessa ação a existência de efetivo dever constitucional de normatização, o que não se confunde com a mera inexistência de norma jurídica sobre uma dada temática.[18] Consequentemente, já asseverou não existir dever constitucional expresso, a autorizar a concessão de mandado de injunção, de regulação dos direitos do nascituro[19], do direito à morte digna[20], das

---

18. EMENTA: MANDADO DE INJUNÇÃO – INEXISTÊNCIA DE LACUNA TÉCNICA – INADMISSIBILIDADE DO "WRIT" INJUNCIONAL – RECURSO DE AGRAVO IMPROVIDO. - O direito à legislação só pode ser invocado pelo interessado, quando também existir – simultaneamente imposta pelo próprio texto constitucional – a previsão do dever estatal de emanar normas legais. Isso significa que o direito individual à atividade legislativa do Estado apenas se evidenciará naquelas estritas hipóteses em que o desempenho da função de legislar refletir, por efeito de exclusiva determinação constitucional, uma obrigação jurídica indeclinável imposta ao Poder Público. Para que possa atuar a norma pertinente ao instituto do mandado de injunção, revela-se essencial que se estabeleça a necessária correlação entre a imposição constitucional de legislar, de um lado, e o consequente reconhecimento do direito público subjetivo à legislação, de outro, de tal forma que, ausente a obrigação jurídico-constitucional de emanar provimentos legislativos, não se tornará possível imputar comportamento moroso ao Estado nem pretender acesso legítimo à via injuncional. Precedentes. (MI 5926 AgR, Relator(a): Min. Celso de Mello, Tribunal Pleno, julgado em 10/04/2014, PROCESSO ELETRÔNICO DJe-105 DIVULG 30-05-2014 PUBLIC 02-06-2014).

19. Ementa: AGRAVO REGIMENTAL NO MANDADO DE INJUNÇÃO. DIREITOS DO NASCITURO. AUSÊNCIA DE IMPOSIÇÃO CONSTITUCIONAL DO DEVER DE LEGISLAR. AGRAVO REGIMENTAL DESPROVIDO. 1. O mandado de injunção, nos termos do art. 5º, LXXI, da Constituição Federal, reclama a demonstração de que a falta de norma regulamentadora torna inviável o exercício dos direitos e liberdades constitucionais e das prerrogativas inerentes à nacionalidade, à soberania e à cidadania. 2. A jurisprudência desta Corte é remansosa no sentido do descabimento do mandado de injunção quando inexistir um direito constitucional que não possa ser exercido por ausência de norma regulamentadora (Precedente: MI 5.470 AgR, Rel. Min. Celso de Mello, Plenário, DJe 20/11/2014). 3. Agravo Regimental DESPROVIDO. (MI 6591 AgR, Relator(a): Min. Luiz Fux, Tribunal Pleno, julgado em 16/06/2016, PROCESSO ELETRÔNICO DJe-136 DIVULG 29-06-2016 PUBLIC 30-06-2016).

20. AGRAVO REGIMENTAL NO MANDADO DE INJUNÇÃO. DIREITO À MORTE DIGNA. INADEQUAÇÃO DA VIA ELEITA. AUSÊNCIA DE LACUNA TÉCNICA. INEXISTÊNCIA DE EFETIVO IMPEDIMENTO DO EXERCÍCIO DO DIREITO ALEGADO. INADMISSIBILIDADE DO WRIT. DESPROVIMENTO DO AGRAVO. 1. O cabimento do mandado de injunção pressupõe a existência de omissão legislativa relativa ao gozo de direitos ou liberdade garantidos constitucionalmente pelas normas constitucionais de eficácia limitada stricto sensu e a existência de nexo de causalidade entre a omissão e a inviabilidade do exercício do direito alegado. 2. In casu, não restando demonstrada a existência de lacuna técnica quanto ao descumprimento de algum dever constitucional pelo legislador no tocante ao direito à morte digna, bem como ante a inexistência da efetiva inviabilidade do gozo do direito pleitado, impõe-se o não conhecimento do mandado de injunção. 3. Agravo regimental desprovido. (MI 6825 AgR, Relator(a): Min. Edson Fachin, Tribunal Pleno, julgado em 11/04/2019, PROCESSO ELETRÔNICO DJe-110 DIVULG 24-05-2019 PUBLIC 27-05-2019).

atividades de bingo[21], das candidaturas avulsas em eleições majoritárias[22]

---

21. EMENTA AGRAVO REGIMENTAL EM MANDADO DE INJUNÇÃO. REGULAMENTAÇÃO DA ATIVIDADE DE BINGO. FALTA DE COMANDO CONSTITUCIONAL ESPECÍFICO. NÃO CONHECIMENTO DA AÇÃO. RECURSO NÃO PROVIDO. 1. O mandado de injunção possui natureza mandamental e volta-se à colmatação de lacuna legislativa capaz de inviabilizar o gozo de direitos e liberdades constitucionalmente assegurados, bem como de prerrogativas inerentes à nacionalidade, à soberania e à cidadania (art. 5º, inciso LXXI, da Constituição Federal). 2. Correta e irretocável a decisão sob recurso, que obstou o seguimento da medida, em razão da ausência, na Constituição Federal, de qualquer dispositivo que imponha ao Estado o dever de legislar sobre a atividade de bingos ou outras correlatas, tornando inviável o manejo do mandado de injunção. Precedente. 3. Agravo regimental não provido. (MI 765 AgR, Relator(a): Min. Dias Toffoli, Tribunal Pleno, julgado em 30/11/2011, ACÓRDÃO ELETRÔNICO DJe-022 DIVULG 31-01-2012 PUBLIC 01-02-2012 RT v. 101, n. 921, 2012, p. 625-630)
22. Ementa: AGRAVO REGIMENTAL NO MANDADO DE INJUNÇÃO. ALEGADA OMISSÃO NA ELABORAÇÃO DE NORMA REGULAMENTADORA DE CANDIDATURAS AVULSAS EM ELEIÇÕES MAJORITÁRIAS. INADEQUAÇÃO DA VIA ELEITA. INOCORRÊNCIA DE OMISSÃO LEGISLATIVA QUE INVIABILIZE A FRUIÇÃO DE DIREITOS E LIBERDADES CONSTITUCIONALMENTE ASSEGURADOS E DE PRERROGATIVAS RELATIVAS À NACIONALIDADE, SOBERANIA E CIDADANIA. AGRAVO REGIMENTAL DESPROVIDO. 1. As candidaturas avulsas em eleições majoritárias não encontram na Carta Magna obrigação jurídico-constitucional de regulamentação, revelando-se inocorrente a inércia legislativa e inadequada a utilização do remédio injuncional. 2. O Plenário do Supremo Tribunal Federal, na Questão de Ordem no ARE 1.054.490 (rel. min. Roberto Barroso, Tribunal Pleno, DJe 9/3/2018 - Tema 974 RG), reconheceu a existência de repercussão geral da "discussão acerca da admissibilidade ou não de candidaturas avulsas em eleições majoritárias, por sua inequívoca relevância política". Consectariamente, a viabilidade constitucional dessa espécie de candidatura será analisada no âmbito do Tema 974 da Repercussão Geral, de sorte que a via injuncional não se mostra adequada para o desenlace da questão. 3. No julgamento da Questão de Ordem no ARE 1.054.490, esta Suprema Corte ainda assentou que o tema das candidaturas avulsas envolve controvérsia interpretativa acerca do "significado e o alcance da exigência de filiação partidária, prevista no art. 14, § 3º, da Constituição, à luz: (i) do status supralegal do Pacto de São José da Costa Rica, (ii) do princípio republicano, (iii) do direito à cidadania (CF/88, art. 1º, II), (iv) da dignidade da pessoa humana (CF/88, art. 1º, III) e (v) da liberdade de associação (CF/88, art. 5º, XX)" (ARE 1.054.490-QO, rel. min. Roberto Barroso, Tribunal Pleno, DJe de 9/3/2018). 4. Nesse prisma, afigura-se patente a incongruência da via eleita, visto que o mandado de injunção não se presta a resolver controvérsias baseadas em normas em vigor, mas tão somente a possibilitar o exercício de um direito expressamente assegurado pela Constituição, cuja efetivação depende da edição da norma regulamentadora competente. 5. O pedido concernente à ausência de recepção do artigo 2º da Lei 4.737/65, pela Constituição Federal de 1988, não comporta conhecimento, diante de sua evidente impropriedade na via injuncional. É que desborda do âmbito de finalidade do mandado de injunção a análise (i) de eventual inconstitucionalidade que infirme a validade de ato normativo em vigor e (ii) da compatibilidade de ato normativo pré-constitucional com a Constituição superveniente. Precedentes: MI 575-AgR, rel. min. Marco Aurélio, Tribunal Pleno, DJ de 26/2/1999; MI 59-AgR, rel. min. Octavio Gallotti, Tribunal Pleno, DJ 21/2/1997 e MI 699, rel. min. Celso de Mello, decisão monocrática, DJ de 23/4/2004. 6. O instrumento constitucional do mandado de injunção surge com a função precípua de viabilizar o exercício de direitos, de liberdades e de prerrogativas diretamente outorgados pelo constituinte, no afã de impedir que a inércia do legislador frustre a eficácia de hipóteses tuteladas pela Lei Fundamental. 7. A via injuncional, nos termos do artigo 5º, LXXI, da Constituição Federal, exige a demonstração de que a falta de norma regulamentadora torna inviável o exercício dos direitos e liberdades constitucionais e das prerrogativas inerentes à nacionalidade, à soberania e à cidadania. 8. A jurisprudência desta Corte é remansosa no sentido do descabimento do mandado de injunção quando inexistir um direito constitucional que não possa ser exercido por ausência de norma regulamentadora. Precedentes: MI 6.591-AgR, rel. min. Luiz Fux, Tribunal Pleno, DJe de 30/6/2016; MI 6.631-AgR, rel. min. Celso de

e do regime de sobreaviso do servidor público[23].

Em contrapartida, são bem conhecidos os casos em que a Corte identificou omissão legislativa relativamente ao direito de greve dos servidores públicos civis[24] – precedente apontado como o marco da concessão de efei-

---

Mello, Tribunal Pleno, DJe de 9/5/2019; MI 766-AgR, rel. min. Joaquim Barbosa, Tribunal Pleno, DJe de 13/11/2009 e MI 5.470-AgR, rel. min. Celso de Mello, Plenário, DJe de 20/11/2014. 9. In casu, o mandado de injunção foi impetrado contra alegada omissão na elaboração de norma regulamentadora de candidaturas independentes (sem filiação partidária) em eleições majoritárias. 10. nego provimento ao agravo regimental.(MI 7003 AgR, Relator(a): Min. Luiz Fux, Tribunal Pleno, julgado em 20/09/2019, PROCESSO ELETRÔNICO DJe-215 DIVULG 02-10-2019 PUBLIC 03-10-2019)

23. Ementa: AGRAVO REGIMENTAL EM MANDADO DE INJUNÇÃO. REGIME DE SOBREAVISO DE SERVIDOR PÚBLICO. AUSÊNCIA DE PRECEITO CONSTITUCIONAL. NÃO CABIMENTO DO WRIT. 1. Não há nenhum preceito constitucional que tenha por objeto o suposto direito que se alega pendente de regulamentação, o que impossibilita o conhecimento do writ, nos termos da jurisprudência do Supremo Tribunal Federal. 2. Agravo regimental a que se nega provimento. (MI 5008 AgR, Relator(a): Min. Roberto Barroso, Tribunal Pleno, julgado em 26/02/2015, PROCESSO ELETRÔNICO DJe-081 DIVULG 30-04-2015 PUBLIC 04-05-2015)

24. EMENTA: MANDADO DE INJUNÇÃO. GARANTIA FUNDAMENTAL (CF, ART. 5º, INCISO LXXI). DIREITO DE GREVE DOS SERVIDORES PÚBLICOS CIVIS (CF, ART. 37, INCISO VII). EVOLUÇÃO DO TEMA NA JURISPRUDÊNCIA DO SUPREMO TRIBUNAL FEDERAL (STF). DEFINIÇÃO DOS PARÂMETROS DE COMPETÊNCIA CONSTITUCIONAL PARA APRECIAÇÃO NO ÂMBITO DA JUSTIÇA FEDERAL E DA JUSTIÇA ESTADUAL ATÉ A EDIÇÃO DA LEGISLAÇÃO ESPECÍFICA PERTINENTE, NOS TERMOS DO ART. 37, VII, DA CF. EM OBSERVÂNCIA AOS DITAMES DA SEGURANÇA JURÍDICA E À EVOLUÇÃO JURISPRUDENCIAL NA INTERPRETAÇÃO DA OMISSÃO LEGISLATIVA SOBRE O DIREITO DE GREVE DOS SERVIDORES PÚBLICOS CIVIS, FIXAÇÃO DO PRAZO DE 60 (SESSENTA) DIAS PARA QUE O CONGRESSO NACIONAL LEGISLE SOBRE A MATÉRIA. MANDADO DE INJUNÇÃO DEFERIDO PARA DETERMINAR A APLICAÇÃO DAS LEIS Nos 7.701/1988 E 7.783/1989. 1. SINAIS DE EVOLUÇÃO DA GARANTIA FUNDAMENTAL DO MANDADO DE INJUNÇÃO NA JURISPRUDÊNCIA DO SUPREMO TRIBUNAL FEDERAL (STF). 1.1. No julgamento do MI no 107/DF, Rel. Min. Moreira Alves, DJ 21.9.1990, o Plenário do STF consolidou entendimento que conferiu ao mandado de injunção os seguintes elementos operacionais: i) os direitos constitucionalmente garantidos por meio de mandado de injunção apresentam-se como direitos à expedição de um ato normativo, os quais, via de regra, não poderiam ser diretamente satisfeitos por meio de provimento jurisdicional do STF; ii) a decisão judicial que declara a existência de uma omissão inconstitucional constata, igualmente, a mora do órgão ou poder legiferante, insta-o a editar a norma requerida; iii) a omissão inconstitucional tanto pode referir-se a uma omissão total do legislador quanto a uma omissão parcial; iv) a decisão proferida em sede do controle abstrato de normas acerca da existência, ou não, de omissão é dotada de eficácia erga omnes, e não apresenta diferença significativa em relação a atos decisórios proferidos no contexto de mandado de injunção; iv) o STF possui competência constitucional para, na ação de mandado de injunção, determinar a suspensão de processos administrativos ou judiciais, com o intuito de assegurar ao interessado a possibilidade de ser contemplado por norma mais benéfica, ou que lhe assegure o direito constitucional invocado; v) por fim, esse plexo de poderes institucionais legitima que o STF determine a edição de outras medidas que garantam a posição do impetrante até a oportuna expedição de normas pelo legislador. 1.2. Apesar dos avanços proporcionados por essa construção jurisprudencial inicial, o STF flexibilizou a interpretação constitucional primeiramente fixada para conferir uma compreensão mais abrangente à garantia fundamental do mandado de injunção. A partir de uma série de precedentes, o Tribunal passou a admitir soluções "normativas" para a decisão judicial como alternativa legítima de tornar a proteção judicial efetiva (CF, art. 5o, XXXV). Precedentes: MI no 283, Rel. Min. Sepúlveda Pertence, DJ 14.11.1991; MI no 232/RJ, Rel. Min. Moreira Alves, DJ

27.3.1992; MI nº 284, Rel. Min. Marco Aurélio, Red. para o acórdão Min. Celso de Mello, DJ 26.6.1992; MI no 543/DF, Rel. Min. Octavio Gallotti, DJ 24.5.2002; MI no 679/DF, Rel. Min. Celso de Mello, DJ 17.12.2002; e MI no 562/DF, Rel. Min. Ellen Gracie, DJ 20.6.2003. 2. O MANDADO DE INJUNÇÃO E O DIREITO DE GREVE DOS SERVIDORES PÚBLICOS CIVIS NA JURISPRUDÊNCIA DO STF. 2.1. O tema da existência, ou não, de omissão legislativa quanto à definição das possibilidades, condições e limites para o exercício do direito de greve por servidores públicos civis já foi, por diversas vezes, apreciado pelo STF. Em todas as oportunidades, esta Corte firmou o entendimento de que o objeto do mandado de injunção cingir-se-ia à declaração da existência, ou não, de mora legislativa para a edição de norma regulamentadora específica. Precedentes: MI no 20/DF, Rel. Min. Celso de Mello, DJ 22.11.1996; MI no 585/TO, Rel. Min. Ilmar Galvão, DJ 2.8.2002; e MI no 485/MT, Rel. Min. Maurício Corrêa, DJ 23.8.2002. 2.2. Em alguns precedentes(em especial, no voto do Min. Carlos Velloso, proferido no julgamento do MI no 631/MS, Rel. Min. Ilmar Galvão, DJ 2.8.2002), aventou-se a possibilidade de aplicação aos servidores públicos civis da lei que disciplina os movimentos grevistas no âmbito do setor privado (Lei no 7.783/1989). 3. DIREITO DE GREVE DOS SERVIDORES PÚBLICOS CIVIS. HIPÓTESE DE OMISSÃO LEGISLATIVA INCONSTITUCIONAL. MORA JUDICIAL, POR DIVERSAS VEZES, DECLARADA PELO PLENÁRIO DO STF. RISCOS DE CONSOLIDAÇÃO DE TÍPICA OMISSÃO JUDICIAL QUANTO À MATÉRIA. A EXPERIÊNCIA DO DIREITO COMPARADO. LEGITIMIDADE DE ADOÇÃO DE ALTERNATIVAS NORMATIVAS E INSTITUCIONAIS DE SUPERAÇÃO DA SITUAÇÃO DE OMISSÃO. 3.1. A permanência da situação de não-regulamentação do direito de greve dos servidores públicos civis contribui para a ampliação da regularidade das instituições de um Estado democrático de Direito (CF, art. 1o). Além de o tema envolver uma série de questões estratégicas e orçamentárias diretamente relacionadas aos serviços públicos, a ausência de parâmetros jurídicos de controle dos abusos cometidos na deflagração desse tipo específico de movimento grevista tem favorecido que o legítimo exercício de direitos constitucionais seja afastado por uma verdadeira "lei da selva". 3.2. Apesar das modificações implementadas pela Emenda Constitucional no 19/1998 quanto à modificação da reserva legal de lei complementar para a de lei ordinária específica (CF, art. 37, VII), observa-se que o direito de greve dos servidores públicos civis continua sem receber tratamento legislativo minimamente satisfatório para garantir o exercício dessa prerrogativa em consonância com imperativos constitucionais. 3.3. Tendo em vista as imperiosas balizas jurídico-políticas que demandam a concretização do direito de greve a todos os trabalhadores, o STF não pode se abster de reconhecer que, assim como o controle judicial deve incidir sobre a atividade do legislador, é possível que a Corte Constitucional atue também nos casos de inatividade ou omissão do Legislativo. 3.4. A mora legislativa em questão já foi, por diversas vezes, declarada na ordem constitucional brasileira. Por esse motivo, a permanência dessa situação de ausência de regulamentação do direito de greve dos servidores públicos civis passa a invocar, para si, os riscos de consolidação de uma típica omissão judicial. 3.5. Na experiência do direito comparado (em especial, na Alemanha e na Itália), admite-se que o Poder Judiciário adote medidas normativas como alternativa legítima de superação de omissões inconstitucionais, sem que a proteção judicial efetiva a direitos fundamentais se configure como ofensa ao modelo de separação de poderes (CF, art. 2o). 4. DIREITO DE GREVE DOS SERVIDORES PÚBLICOS CIVIS. REGULAMENTAÇÃO DA LEI DE GREVE DOS TRABALHADORES EM GERAL (LEI No 7.783/1989). FIXAÇÃO DE PARÂMETROS DE CONTROLE JUDICIAL DO EXERCÍCIO DO DIREITO DE GREVE PELO LEGISLADOR INFRACONSTITUCIONAL. 4.1. A disciplina do direito de greve para os trabalhadores em geral, quanto às "atividades essenciais", é especificamente delineada nos arts. 9o a 11 da Lei no 7.783/1989. Na hipótese de aplicação dessa legislação geral ao caso específico do direito de greve dos servidores públicos, antes de tudo, afigura-se inegável o conflito existente entre as necessidades mínimas de legislação para o exercício do direito de greve dos servidores públicos civis (CF, art. 9o, caput, c/c art. 37, VII), de um lado, e o direito a serviços públicos adequados e prestados de forma contínua a todos os cidadãos (CF, art. 9o, §1o), de outro. Evidentemente, não se outorgaria ao legislador qualquer poder discricionário quanto à edição, ou não, da lei disciplinadora do direito de greve. O legislador poderia adotar um modelo mais ou menos rígido, mais ou menos restritivo do direito de greve no âmbito do serviço público, mas não poderia deixar de reconhecer direito previamente definido pelo texto da Constituição. Considerada a evolução jurisprudencial do tema perante o STF, em sede do mandado de injunção, não se pode atribuir amplamente ao legislador a última palavra acerca da concessão, ou não, do direito de greve dos servidores públicos civis, sob pena de se esvaziar direito fundamental positivado. Tal premissa, contudo, não impede que, futuramente, o legislador infraconstitucional confira novos contornos acerca da adequada configuração da disciplina desse direito constitucional. 4.2 Considerada a omissão legislativa alegada na espécie, seria o caso de se acolher a pretensão, tão-somente no sentido de que se aplique a Lei no 7.783/1989 enquanto a omissão não for devidamente regulamentada por lei específica para os servidores públicos civis (CF, art. 37, VII). 4.3 Em razão dos imperativos da continuidade dos serviços públicos, contudo, não se pode afastar que, de acordo com as peculiaridades de cada caso concreto e mediante solicitação de entidade ou órgão legítimo, seja facultado ao tribunal competente impor a observância a regime de greve mais severo em razão de tratar-se de "serviços ou atividades essenciais", nos termos do regime fixado pelos arts. 9o a 11 da Lei no 7.783/1989. Isso ocorre porque não se pode deixar de cogitar dos riscos decorrentes das possibilidades de que a regulação dos serviços públicos que tenham características afins a esses "serviços ou atividades essenciais" seja menos severa que a disciplina dispensada aos serviços privados ditos "essenciais". 4.4. O sistema de judicialização do direito de greve dos servidores públicos civis está aberto para que outras atividades sejam submetidas a idêntico regime. Pela complexidade e variedade dos serviços públicos e atividades estratégicas típicas do Estado, há outros serviços públicos, cuja essencialidade não está contemplada pelo rol dos arts. 9o a 11 da Lei no 7.783/1989. Para os fins desta decisão, a enunciação do regime fixado pelos arts. 9o a 11 da Lei no 7.783/1989 é apenas exemplificativa (numerus apertus). 5. O PROCESSAMENTO E O JULGAMENTO DE EVENTUAIS DISSÍDIOS DE GREVE QUE ENVOLVAM SERVIDORES PÚBLICOS CIVIS DEVEM OBEDECER AO MODELO DE COMPETÊNCIAS E ATRIBUIÇÕES APLICÁVEL AOS TRABALHADORES EM GERAL (CELETISTAS), NOS TERMOS DA REGULAMENTAÇÃO DA LEI No 7.783/1989. A APLICAÇÃO COMPLEMENTAR DA LEI No 7.701/1988 VISA À JUDICIALIZAÇÃO DOS CONFLITOS QUE ENVOLVAM OS SERVIDORES PÚBLICOS CIVIS NO CONTEXTO DO ATENDIMENTO DE ATIVIDADES RELACIONADAS A NECESSIDADES INADIÁVEIS DA COMUNIDADE QUE, SE NÃO ATENDIDAS, COLOQUEM "EM PERIGO IMINENTE A SOBREVIVÊNCIA, A SAÚDE OU A SEGURANÇA DA POPULAÇÃO" (LEI No 7.783/1989, PARÁGRAFO ÚNICO, ART. 11). 5.1. Pendência do julgamento de mérito da ADI no 3.395/DF, Rel. Min. Cezar Peluso, na qual se discute a competência constitucional para a apreciação das "ações oriundas da relação de trabalho, abrangidos os entes de direito público externo e da administração pública direta e indireta da União, dos Estados, do Distrito Federal e dos Municípios" (CF, art. 114, I, na redação conferida pela EC no 45/2004). 5.2. Diante da singularidade do debate constitucional do direito de greve dos servidores públicos civis, sob pena de injustificada e inadmissível negativa de prestação jurisdicional nos âmbitos federal, estadual e municipal, devem-se fixar também os parâmetros institucionais e constitucionais de definição de competência, provisória e ampliativa, para a apreciação de dissídios de greve instaurados entre o Poder Público e os servidores públicos civis. 5.3. No plano procedimental, afigura-se recomendável aplicar ao caso concreto a disciplina da Lei no 7.701/1988 (que versa sobre especialização das turmas dos Tribunais do Trabalho em processos coletivos), no que tange à competência para apreciar e julgar eventuais conflitos judiciais referentes à greve de servidores públicos que sejam suscitados até o momento de colmatação legislativa específica da lacuna ora declarada, nos termos do inciso VII do art. 37 da CF. 5.4. A adequação e a necessidade da definição dessas questões de organização e procedimento dizem respeito a elementos de fixação de competência constitucional de modo a assegurar, a um só tempo, a possibilidade e, sobretudo, os limites ao exercício do direito constitucional de greve dos servidores públicos, e a continuidade na prestação dos serviços públicos. Ao adotar essa medida, este Tribunal passa a assegurar o direito de greve constitucionalmente garantido no art. 37, VII, da Constituição Federal, sem desconsiderar a garantia da continuidade de prestação de serviços públicos - um elemento fundamental para a preservação do interesse público em áreas que são extremamente demandadas pela sociedade. 6. DEFINIÇÃO DOS PARÂMETROS DE COMPETÊNCIA CONSTITUCIONAL PARA APRECIAÇÃO DO TEMA NO ÂMBITO DA JUSTIÇA FEDERAL E

tos constitutivos para as decisões em mandado de injunção[25] – e ao direito

---

DA JUSTIÇA ESTADUAL ATÉ A EDIÇÃO DA LEGISLAÇÃO ESPECÍFICA PERTINENTE, NOS TERMOS DO ART. 37, VII, DA CF. FIXAÇÃO DO PRAZO DE 60 (SESSENTA) DIAS PARA QUE O CONGRESSO NACIONAL LEGISLE SOBRE A MATÉRIA. MANDADO DE INJUNÇÃO DEFERIDO PARA DETERMINAR A APLICAÇÃO DAS LEIS Nos 7.701/1988 E 7.783/1989. 6.1. Aplicabilidade aos servidores públicos civis da Lei no 7.783/1989, sem prejuízo de que, diante do caso concreto e mediante solicitação de entidade ou órgão legítimo, seja facultado ao juízo competente a fixação de regime de greve mais severo, em razão de tratarem de "serviços ou atividades essenciais" (Lei no 7.783/1989, arts. 9o a 11). 6.2. Nessa extensão do deferimento do mandado de injunção, aplicação da Lei no 7.701/1988, no que tange à competência para apreciar e julgar eventuais conflitos judiciais referentes à greve de servidores públicos que sejam suscitados até o momento de colmatação legislativa específica da lacuna ora declarada, nos termos do inciso VII do art. 37 da CF. 6.3. Até a devida disciplina legislativa, devem-se definir as situações provisórias de competência constitucional para a apreciação desses dissídios no contexto nacional, regional, estadual e municipal. Assim, nas condições acima especificadas, se a paralisação for de âmbito nacional, ou abranger mais de uma região da justiça federal, ou ainda, compreender mais de uma unidade da federação, a competência para o dissídio de greve será do Superior Tribunal de Justiça (por aplicação analógica do art. 2o, I, "a", da Lei no 7.701/1988). Ainda no âmbito federal, se a controvérsia estiver adstrita a uma única região da justiça federal, a competência será dos Tribunais Regionais Federais (aplicação analógica do art. 6o da Lei no 7.701/1988). Para o caso da jurisdição no contexto estadual ou municipal, se a controvérsia estiver adstrita a uma unidade da federação, a competência será do respectivo Tribunal de Justiça (também por aplicação analógica do art. 6o da Lei no 7.701/1988). As greves de âmbito local ou municipal serão dirimidas pelo Tribunal de Justiça ou Tribunal Regional Federal com jurisdição sobre o local da paralisação, conforme se trate de greve de servidores municipais, estaduais ou federais. 6.4. Considerados os parâmetros acima delineados, a par da competência para o dissídio de greve em si, no qual se discuta a abusividade, ou não, da greve, os referidos tribunais, nos âmbitos de sua jurisdição, serão competentes para decidir acerca do mérito do pagamento, ou não, dos dias de paralisação em consonância com a excepcionalidade de que esse juízo se reveste. Nesse contexto, nos termos do art. 7o da Lei no 7.783/1989, a deflagração da greve, em princípio, corresponde à suspensão do contrato de trabalho. Como regra geral, portanto, os salários dos dias de paralisação não deverão ser pagos, salvo no caso em que a greve tenha sido provocada justamente por atraso no pagamento aos servidores públicos civis, ou por outras situações excepcionais que justifiquem o afastamento da premissa da suspensão do contrato de trabalho (art. 7o da Lei no 7.783/1989, in fine). 6.5. Os tribunais mencionados também serão competentes para apreciar e julgar medidas cautelares eventualmente incidentes relacionadas ao exercício do direito de greve dos servidores públicos civis, tais como: i) aquelas nas quais se postule a preservação do objeto da querela judicial, qual seja, o percentual mínimo de servidores públicos que deve continuar trabalhando durante o movimento paredista, ou mesmo a proibição de qualquer tipo de paralisação; ii) os interditos possessórios para a desocupação de dependências dos órgãos públicos eventualmente tomados por grevistas; e iii) as demais medidas cautelares que apresentem conexão direta com o dissídio coletivo de greve. 6.6. Em razão da evolução jurisprudencial sobre o tema da interpretação da omissão legislativa do direito de greve dos servidores públicos civis e em respeito aos ditames de segurança jurídica, fixa-se o prazo de 60 (sessenta) dias para que o Congresso Nacional legisle sobre a matéria. 6.7. Mandado de injunção conhecido e, no mérito, deferido para, nos termos acima especificados, determinar a aplicação das Leis nos 7.701/1988 e 7.783/1989 aos conflitos e às ações judiciais que envolvam a interpretação do direito de greve dos servidores públicos civis. (MI 708, Relator(a): Min. Gilmar Mendes, Tribunal Pleno, julgado em 25/10/2007, DJe-206 DIVULG 30-10-2008 PUBLIC 31-10-2008 EMENT VOL-02339-02 PP-00207 RTJ VOL-00207-02 PP-00471)

25. "De fato, em recentes decisões, o STF não aplicou a sua clássica jurisprudência no sentido de que a respectiva decisão teria apenas o efeito de dar ciência ao Parlamento do seu estado de mora legislativa, pois, caso o Tribunal se substituísse ao legislador, para conceder o direito cuja fruição se

à aposentadoria especial do servidor, na redação constitucional anterior à EC nº 103/2019.[26]

encontrava obstaculizada pela ausência de lei regulamentadora da norma constitucional, atuaria como legislador positivo, em violação à separação dos Poderes. Em importantes decisões a Corte Suprema concedeu o direito postulado mesmo antes da edição da norma regulamentadora: cite-se a concessão de indenização aos perseguidos pelo regime militar (art. 8°, § 3º, do ADCT), de imunidade de contribuição para a seguridade social em favor de entidades beneficentes de assistência social (art. 195, § 7°, da CF/1988), do direito de greve aos servidores públicos (art. 37, inc. VII, da CF/1988) e de aposentadoria especial por trabalho em condições insalubres no serviço público (art. 40, § 4°, da CF/1988). Todos os casos tinham em comum a circunstância de norma constitucional de forte densidade normativa (regra) conceder inequivocamente determinado direito aos seus destinatários, cuja fruição, contudo, se encontrava impedida pela falta de norma regulamentadora. Nos três últimos, o STF se valeu da aplicação por analogia de leis incidentes sobre casos semelhantes: aplicação do art. 14 do CTN, referente aos requisitos necessários à isenção de impostos para entidades beneficentes, para o gozo da imunidade de contribuições sociais para tais entidades; aplicação da Lei de Greve da iniciativa privada para a greve no serviço público; aplicação das normas sobre insalubridade do Regime Geral de Previdência Social ao Regime Próprio de Previdência dos servidores públicos. Tais casos revelam uma postura mais ativista do STF do que no emprego da redução ou da extensão teleológica; todavia, menos ativista do que nos casos de 'desenvolvimento do direito superador da lei', situando-se, portanto, numa zona fronteiriça entre ele e o 'desenvolvimento judicial do direito imanente à lei'. Explica-se: nestas hipóteses há uma lacuna do direito, e não uma lacuna da lei, já que esta se caracteriza pela incompletude de uma lei particular – caso em que se aplica a redução ou a extensão teleológica –, enquanto naquela é o ordenamento jurídico como um todo que está incompleto. Tal fenômeno se dá em virtude da ausência de norma sobre um setor que exige regulação jurídica, precisamente a hipótese classificada pela doutrina brasileira como 'inconstitucionalidade por omissão total', assim considerada a mora do legislador em editar norma que lhe foi exigida por um dever constitucional específico de legislar" (BRANDÃO, Rodrigo. O STF e o Dogma do Legislador Negativo. *Direito, Estado e Sociedade*, n. 44, p. 206, jan./jun. 2014, pp. 206-207).

26. MANDADO DE INJUNÇÃO - NATUREZA. Conforme disposto no inciso LXXI do artigo 5º da Constituição Federal, conceder-se-á mandado de injunção quando necessário ao exercício dos direitos e liberdades constitucionais e das prerrogativas inerentes à nacionalidade, à soberania e à cidadania. Há ação mandamental e não simplesmente declaratória de omissão. A carga de declaração não é objeto da impetração, mas premissa da ordem a ser formalizada. MANDADO DE INJUNÇÃO - DECISÃO - BALIZAS. Tratando-se de processo subjetivo, a decisão possui eficácia considerada a relação jurídica nele revelada. APOSENTADORIA - TRABALHO EM CONDIÇÕES ESPECIAIS - PREJUÍZO À SAÚDE DO SERVIDOR - INEXISTÊNCIA DE LEI COMPLEMENTAR - ARTIGO 40, § 4º, DA CONSTITUIÇÃO FEDERAL. Inexistente a disciplina específica da aposentadoria especial do servidor, impõe-se a adoção, via pronunciamento judicial, daquela própria aos trabalhadores em geral - artigo 57, § 1º, da Lei nº 8.213/91. (MI 758, Relator(a): Min. Marco Aurélio, Tribunal Pleno, julgado em 01/07/2008, DJe-182 DIVULG 25-09-2008 PUBLIC 26-09-2008 EMENT VOL-02334-01 PP-00037 RDECTRAB v. 15, n. 174, 2009, p. 157-167)

18.3. A DIMENSÃO VERTICAL DA OMISSÃO LEGISLATIVA PARA FINS DE IMPUGNAÇÃO PELA VIA DO MANDADO DE INJUNÇÃO.

O Direito, em sua integralidade, oferece certa potencialidade criativa aos juízes[27], fenômeno esse que é intensificado quando se está diante de uma Carta Constitucional prenhe de dispositivos abertos, cujo teor maleável e cambiante apenas pode ser adequadamente compreendido (e, mais que isso, justificado numa decisão judicial) após um procedimento interpretativo. Constituições são diplomas jurídicos que se pretendem duradouros e que, por conseguinte, requerem um mínimo de adaptabilidade às demandas de cada tempo.

Nas lições de Daniel Sarmento,

> "Mesmo as constituições mais analíticas, como a brasileira, que tratam de muitos assuntos além daqueles de que cogitava o constitucionalismo liberal, deixam amplos espaços para a deliberação política das maiorias de cada momento. E é natural que seja assim. Uma Constituição que pretendesse tudo regular não seria democrática, por subtrair ou dificultar sobremodo o exercício (d)o direito do povo, em especial das gerações futuras, de fazer as suas próprias escolhas e definir os seus caminhos por meio da legislação infraconstitucional. Além disso, uma Constituição com pretensões regulatórias tão ambiciosas estaria condenada à curta duração, pois ela não conseguiria adaptar-se adequadamente às mudanças que ocorrem na sociedade, ampliando os riscos de ruptura institucional"[28].

Por isso mesmo, o próprio processo de criação de uma nova ordem constitucional costuma ser marcado por adiamentos de decisões políticas, que são transferidas para a seara infraconstitucional como meio evitar a eternização de disputas de poder entre os agentes envolvidos na sua elaboração[29].

Em razão dessas características do texto constitucional, o resultado da interpretação de um determinado dispositivo dependerá, em larga medida, do referencial hermenêutico e teórico adotado pelo operador. Afinal, em se tratando de densificação de direitos e garantias fundamentais, o aplicador do Direito, usualmente, estará diante de uma situação de sopesamento que

27. "(...) a discutibilidade intrínseca da lei é de uma de suas principais características" (MACCORMICK, Neil. *Institutions of law*: an essay in legal theory. OUP Oxford, 2007. P. 260, tradução livre).

28. SARMENTO, Daniel. As lacunas constitucionais e sua integração. *Revista de Direitos e Garantias Fundamentais*, Vitória, n. 12, p. 29-58, jul./dez. 2012.

29. DO VALLE, Vanice Lírio. Mandado de injunção, um enredo em andamento–Seis personagens à procura de um autor. *A&C-Revista de Direito Administrativo & Constitucional*, v. 13, n. 51, p. 155-185, 2013; DIXON, Rosalind. Deciding not to decide: deferral in constitutional design. *International Journal of Constitutional Law*, Vol. 9, nº 3-4, 2011, p. 636-672.

demandará um exame relacional dos valores contrapostos – e não uma mera atividade subsuntiva[30].

Assim, finalizada a primeira etapa mais *horizontal* do exame da omissão, nem sempre estará completamente evidente se a tutela reclamada pelo impetrante ao seu direito fundamental inexiste, de fato, no ordenamento jurídico nacional. Nesses casos, será necessário prosseguir um passo adiante na investigação, procedendo-se à análise *vertical* anteriormente referida.

Essa *dimensão vertical* pode ser ilustrada por meio de dois precedentes do Supremo Tribunal Federal.

Observe-se, primeiramente, o que o Ministro Roberto Barroso, relator para acórdão, assentou em seu voto no MI 6770 AgR:

> "Diante do caráter aberto da expressão atividades de risco (art. 40, § 4º, II, da Constituição) e da relativa liberdade de conformação do legislador, somente há omissão inconstitucional nos casos em que a periculosidade é inequivocamente inerente ao ofício. A eventual exposição a situações de risco a que podem estar sujeitos os guardas municipais e, de resto, diversas outras categorias, não garante direito subjetivo constitucional à aposentadoria especial. A percepção de gratificações ou adicionais de periculosidade, assim como o porte de arma de fogo, não são suficientes para reconhecer o direito à aposentadoria especial, em razão da autonomia entre o vínculo funcional e o previdenciário. " (MI 6.770 AgR, rel. p/ o ac. min. Roberto Barroso, j. 20-6-2018, P, DJE de 26-11-2018.)

Naquela ocasião, discutiu-se eventual existência de omissão legislativa na regulamentação do artigo 40, § 4º, II, da Constituição da República,

30. "o juízo quanto à constitucionalidade de uma omissão legislativa parcial, tendo como parâmetro normativo (metanorma ou norma de segundo grau) o princípio da proporcionalidade como proibição de proteção insuficiente, implica necessariamente a reavaliação dos elementos empíricos e normativos utilizados pelo legislador. Por isso, esse juízo, além de uma atividade interpretativa extremamente complexa- na medida em que lida com a identificação de lacunas axiológicas, com juízos valorativos em torno de normas constitucionais comparativamente analisadas com as respectivas normas regulamentares, e com a ponderação de direitos-, é muito delicado do ponto de vista da relação entre os Poderes, na medida em que acaba obrigando o Tribunal a adentrar um campo delimitado pelas margens de apreciação fática e normativa do legislador quanto às medidas mais eficazes para a proteção de direitos. Quando o Tribunal passa a exercer (re)avaliações fáticas e normativas de cunho teleológico das medidas adotadas pelo legislador (quais são as finalidades erigidas pela norma constitucional e se as medidas legislativas são adequadas e necessárias para atingir tais finalidades), passa a atuar nos lindes de seus poderes em relação com os poderes legislativos. Justamente por isso o tema da omissão inconstitucional de caráter parcial pode ser caracterizado como dos mais difíceis do direito constitucional contemporâneo" (VALE, André Rufino do. Mandado de Injunção: comentários ao projeto de regulamentação, *In:* MENDES, Gilmar Ferreira. VALE, André Rufino do; QUINTAS, Fábio Lima (orgs). *Mandado de injunção*: estudos sobre sua regulamentação. São Paulo: Saraiva, 2013. p. 187-188).

voltada à concessão de aposentadoria especial em razão do exercício de atividade de risco pelos guardas municipais.

O Plenário, por maioria, proveu o agravo, denegando a ordem, por entender, dentre outros pontos, que não haveria inequívoca subsunção entre o diploma constitucional - que demandava o exercício da atividade de risco para que houvesse direito à aposentadoria especial - e a situação fática dos guardas municipais.

Noutras palavras, a Corte, em sua análise *horizontal*, identificou um dever de normatização, mas, diante da indeterminação terminológica da norma constitucional, considerou, *verticalmente*, que a omissão naquele caso específico não era evidente. Nessas condições, optou por uma maior deferência à liberdade de conformação do legislador.

Já no âmbito do MI 4733, julgado em conjunto com a ADO 26, coube aos julgadores decidir se haveria proteção deficiente da legislação infraconstitucional às vítimas de práticas homotransfóbicas[31].

---

31. "Em conclusão de julgamento, o Plenário, por maioria, julgou procedentes os pedidos formulados em ação direta de inconstitucionalidade por omissão (ADO) e em mandado de injunção (MI) para reconhecer a mora do Congresso Nacional em editar lei que criminalize os atos de homofobia e transfobia. Determinou, também, até que seja colmatada essa lacuna legislativa, a aplicação da Lei 7.716/1989 (que define os crimes resultantes de preconceito de raça ou de cor) às condutas de discriminação por orientação sexual ou identidade de gênero, com efeitos prospectivos e mediante subsunção. Prevaleceram os votos dos ministros Celso de Mello e Edson Fachin, relatores da ADO e do MI, respectivamente (Informativo 931). A corrente majoritária reconheceu, em suma, que a omissão do Congresso Nacional atenta contra a Constituição Federal (CF), a qual impõe, nos termos do seu art. 5º, XLI e XLII, inquestionável mandado de incriminação. Entendeu que as práticas homotransfóbicas se qualificam como espécies do gênero racismo, na dimensão de racismo social consagrada pelo Supremo Tribunal Federal (STF) no julgamento do HC 82.424/RS (caso Ellwanger). Isso porque essas condutas importam em atos de segregação que inferiorizam os integrantes do grupo de Lésbicas, Gays, Bissexuais e Transexuais (LGBT), em razão de sua orientação sexual ou de sua identidade de gênero. Considerou, ademais, que referidos comportamentos se ajustam ao conceito de atos de discriminação e de ofensa aos direitos e liberdades fundamentais dessas pessoas. Na ADO, o colegiado, por maioria, fixou a seguinte tese: 'Até que sobrevenha lei emanada do Congresso Nacional destinada a implementar os mandados de criminalização definidos nos incisos XLI e XLII do art. 5º da Constituição da República, as condutas homofóbicas e transfóbicas, reais ou supostas, que envolvem aversão odiosa à orientação sexual ou à identidade de gênero de alguém, por traduzirem expressões de racismo, compreendido este em sua dimensão social, ajustam-se, por identidade de razão e mediante adequação típica, aos preceitos primários de incriminação definidos na Lei 7.716, de 08-1-1989, constituindo, também, na hipótese de homicídio doloso, circunstância que o qualifica, por configurar motivo torpe (Código Penal, art. 121, § 2º, I, *in fine*); 2. A repressão penal à prática da homotransfobia não alcança nem restringe ou limita o exercício da liberdade religiosa, qualquer que seja a denominação confessional professada, a cujos fiéis e ministros (sacerdotes, pastores, rabinos, mulás ou clérigos muçulmanos e líderes ou celebrantes das religiões afro-brasileiras, entre outros) é assegurado o direito de pregar e de divulgar, livremente, pela palavra, pela imagem ou por qualquer outro meio, o seu pensamento e de externar suas con-

No julgamento, o Ministro relator Edson Fachin elucidou que o artigo 5º, XLI, da CRFB, contém um mandado específico de tutela penal sobre o tema derivado, dentre outros fundamentos, da aplicação do princípio constitucional da proporcionalidade. Nesse sentido, o Ministro fez constar em seu voto que "[à] *luz dos tratados internacionais de que a República Federativa do Brasil é parte, dessume-se, portanto, da leitura do texto da Carta de 1988 um mandado constitucional de criminalização no que pertine a toda e qualquer discriminação atentatória dos direitos e liberdades fundamentais, incluindo, por evidente, a de orientação sexual e de identidade de gênero no que pertine a toda e* qualquer *discriminação atentatória dos direitos e liberdades fundamentais, incluindo, por evidente, a de orientação sexual e de identidade de gênero*" (fls. 20).

Nos dois exemplos acima, cada qual ao seu modo, os julgadores foram confrontados com a necessidade de interpretação de preceitos constitucionais que, em razão da sua textura aberta, não esgotavam suas possibilidades hermenêuticas no primeiro plano mais geral de análise (*i.e.* o horizontal).

Em especial, o último julgado mencionado, por incidir direta e explicitamente sobre o âmbito de proteção da dignidade da pessoa humana no ordenamento nacional, oferece *insights* sobre as potencialidades do mandado de injunção na proteção de minorias, através de uma atuação mais incisiva das Cortes na interpretação *vertical* das omissões em matéria de direitos fundamentais.

---

vicções de acordo com o que se contiver em seus livros e códigos sagrados, bem assim o de ensinar segundo sua orientação doutrinária e/ou teológica, podendo buscar e conquistar prosélitos e praticar os atos de culto e respectiva liturgia, independentemente do espaço, público ou privado, de sua atuação individual ou coletiva, desde que tais manifestações não configurem discurso de ódio, assim entendidas aquelas exteriorizações que incitem a discriminação, a hostilidade ou a violência contra pessoas em razão de sua orientação sexual ou de sua identidade de gênero; 3. O conceito de racismo, compreendido em sua dimensão social, projeta-se para além de aspectos estritamente biológicos ou fenotípicos, pois resulta, enquanto manifestação de poder, de uma construção de índole histórico-cultural motivada pelo objetivo de justificar a desigualdade e destinada ao controle ideológico, à dominação política, à subjugação social e à negação da alteridade, da dignidade e da humanidade daqueles que, por integrarem grupo vulnerável (LGBTI+) e por não pertencerem ao estamento que detém posição de hegemonia em uma dada estrutura social, são considerados estranhos e diferentes, degradados à condição de marginais do ordenamento jurídico, expostos, em consequência de odiosa inferiorização e de perversa estigmatização, a uma injusta e lesiva situação de exclusão do sistema geral de proteção do direito". (ADO 26, rel. Min. Celso de Mello e MI 4.733, rel Min. Edson Fachin, j. 13-6-2019, P, *Informativo* 944.)

18.4. CONSIDERAÇÕES FINAIS

O diagnóstico da legitimidade da intervenção jurisdicional sobre searas resguardadas, pela concepção clássica da separação de Poderes, ao Parlamento e à Administração Pública (*i.e. design* e implementação de políticas públicas) é altamente contingente. Uma mesma medida judicial que pareça impensável em meio a uma democracia bem estabelecida e em adequado funcionamento pode ser considerada essencial num contexto de instituições democráticas menos consolidadas.[32]

Hipóteses há, também, em que considerações empíricas, pragmático-consequencialistas ou filosóficas sugerirão uma abordagem minimalista dos Tribunais. A criação *ex nihilo* de uma política pública pelo Poder Judiciário (sem quaisquer ponderações a respeito dos custos daí decorrentes e das capacidades institucionais envolvidas nessa empreitada) dificilmente será recomendável, mormente quando forem possíveis, em seu lugar, soluções *dialógicas*[33].

32. "First, many theorists assume that other political institutions care about the constitution when conducting their policymaking; this would seem to require a "constitutional culture," at least among elites. While we take such a culture for granted in the United States, it is rare across the rest of the world. Second, and more importantly, political institutions need to function well in a basic sense: they must have the capacity and democratic legitimacy to represent "the people" in the way we normally expect in a democracy. But in many developing countries, legislatures lack both minimal capacity and minimal democratic legitimacy, primarily because of problems with their party systems. Any attempt to build a theory of judicial role in those countries must therefore begin with a comparative assessment of their political institutions, and not with theories borrowed from the United States" (LANDAU, David A. Political Institutions and Judicial Role in Comparative Constitutional Law. *Harvard International Law Journal*, v. 51, n. 2, 2010, p. 321).

33. BRANDÃO, Rodrigo. *Supremacia Judicial v. Diálogos Constitucionais*: a quem cabe a última palavra sobre o sentido da Constituição? Rio de Janeiro: Lumen Iuris, 2012. No mesmo sentido, Ademar Borges ressalta que "[a] solução normativa engendrada pelo Supremo Tribunal Federal, além de transitória, não deve optar pela estratégia perfeccionista de extrair o maior grau de proteção possível do direito materialmente fundamental ameaçado pelo vácuo normativo. A função normativa deve ser exercida pelo STF de modo a promover a menor intervenção possível no ordenamento jurídico, com o único objetivo de superar o vácuo normativo que impede a eficácia das normas constitucionais fundamentais. A criação normativa de natureza judicial deve ser aquela suficiente e necessária a superar o estado de omissão inconstitucional, tornando eficaz a norma constitucional com a menor intromissão possível no ordenamento jurídico. O legislador certamente poderá, com base na formulação de juízos dotados de grande carga de discricionariedade, incrementar o grau de proteção dos direitos fundamentais em jogo, oferecendo aos destinatários da disciplina legal algo a mais do que recomenda o mínimo de proteção aquém do qual se pode vislumbrar uma omissão inconstitucional" (DE SOUSA FILHO, Ademar Borges. Pontes de transição entre direito e política: sentenças aditivas na experiência recente do STF. *Revista Publicum*, v. 2, n. 1, p. 74-111, 2016, p. 105-106).

Nada obstante, mesmo Cass Sunstein, em sua defesa do minimalismo judicial, observa que:

> "não faria sentido celebrar modéstia teórica em todos os momentos e em todos os contextos. Às vezes, os participantes do direito constitucional e da política têm informações suficientes e concordância suficiente para serem muito ambiciosos. Às vezes, eles precisam raciocinar ambiciosamente para resolver casos" (tradução livre)[34].

Destarte, no contexto de fluidez semântica típico das Constituições, a identificação de um mandado incisivo de regulação por parte do Poder Constituinte não impede que remanesçam dúvidas quanto à existência de omissão atacável por meio de mandado de injunção, de modo que, por vezes, será necessário ao órgão jurisdicional analisar de forma mais aprofundada e *vertical* o valor constitucional que se busca resguardar.

A postura assumida pelo Poder Judiciário na análise da *dimensão vertical* das omissões normativas, a seu turno, guarda interessantes potencialidades na defesa da ordem constitucional, a depender de fatores como o direito fundamental ou preceito do Estado democrático em jogo, o grau de densidade normativa da norma constitucional impositiva do dever de legislar, a existência e relevância de outros valores constitucionais contrapostos e a especial vulnerabilidade do grupo a ser tutelado.

---

34. SUNSTEIN, Cass R. Incompletely theorized agreements in constitutional law. Social Research: An International Quarterly, v. 74, n. 1, p. 1-24, 2007. Na mesma linha, Juarez Tavares adverte que "laboram em erro os maximalistas, que pretendem tudo controlar, ignorando a indeterminação da tradução do tecido de enunciados normativos da Carta. No polo oposto, equivocam-se os minimalistas, que preferem deixar tudo ao sabor de políticas conjunturais, ignorando, de um lado, as falhas de mercado (externalidades negativas, poder dominante e informação assimétrica) e, de outra parte, as falhas de governo, que acarretam bilhões de horas destinadas ao trabalho labiríntico de saciar o burocratismo caprichoso" (FREITAS, Juarez. *O controle jurisdicional das políticas públicas e o início do fim do Estado omisso. In* Int. Públ. IP, Belo Horizonte, ano 16, n. 84, p. 15-28, mar/abr. 2014).

19

MANDADO DE INJUNÇÃO E MANDADO CONSTITUCIONAL DE CRIMINALIZAÇÃO

Leonardo Augusto de Almeida Aguiar[1]

Em 13 de junho de 2019 o Supremo Tribunal Federal, após seis sessões do seu Pleno, concluiu o julgamento do Mandado de Injunção n. 4.733, sob a Relatoria do Ministro Edson Fachin e, por maioria[2], julgou procedentes os pedidos para (i) reconhecer a mora inconstitucional do Congresso Nacional e; (ii) aplicar, com efeitos prospectivos, até que o Congresso Nacional venha a legislar a respeito, a Lei 7.716/1989 a fim de estender a tipificação prevista para os crimes resultantes de discriminação ou preconceito de raça, cor, etnia, religião ou procedência nacional à discriminação por orientação sexual ou identidade ou expressão de gênero.

O acordão tem a seguinte ementa (ainda pendente de publicação):

> "DIREITO CONSTITUCIONAL. MANDADO DE INJUNÇÃO. DEVER DO ESTADO DE CRIMINALIZAR AS CONDUTAS ATENTATÓRIAS DOS DIREITOS FUNDAMENTAIS. HOMOTRANSFOBIA. DISCRIMINAÇÃO INCONSTITUCIONAL. OMISSÃO DO CONGRESSO NACIONAL. MANDADO DE INJUNÇÃO JULGADO PROCEDENTE.
>
> 1. É atentatório ao Estado Democrático de Direito qualquer tipo de discriminação, inclusive a que se fundamenta na orientação sexual das pessoas ou em sua identidade de gênero.
>
> 2. O direito à igualdade sem discriminações abrange a identidade ou expressão de gênero e a orientação sexual.
>
> 3. À luz dos tratados internacionais de que a República Federativa do Brasil é parte, dessume-se da leitura do texto da Carta de 1988 um mandado constitucional

1. Juiz Federal, atualmente atuando como Magistrado Instrutor no Supremo Tribunal Federal (STF). Mestre e Doutor em Direito pela Faculdade de Direito da UFMG, com estágio pós-doutoral na Faculdade Nacional de Direito (UFRJ).

2. Vencidos, em menor extensão, os Ministros Ricardo Lewandowski e Dias Toffoli e o Ministro Marco Aurélio, que julgava inadequada a via mandamental.

de criminalização no que pertine a toda e qualquer discriminação atentatória dos direitos e liberdades fundamentais.

4. A omissão legislativa em tipificar a discriminação por orientação sexual ou identidade de gênero ofende um sentido mínimo de justiça ao sinalizar que o sofrimento e a violência dirigida a pessoa gay, lésbica, bissexual, transgênera ou intersex é tolerada, como se uma pessoa não fosse digna de viver em igualdade. A Constituição não autoriza tolerar o sofrimento que a discriminação impõe.

5. A discriminação por orientação sexual ou identidade de gênero, tal como qualquer forma de discriminação, é nefasta, porque retira das pessoas a justa expectativa de que tenham igual valor.

6. Mandado de injunção julgado procedente, para (i) reconhecer a mora inconstitucional do Congresso Nacional e; (ii) aplicar, até que o Congresso Nacional venha a legislar a respeito, a Lei 7.716/89 a fim de estender a tipificação prevista para os crimes resultantes de discriminação ou preconceito de raça, cor, etnia, religião ou procedência nacional à discriminação por orientação sexual ou identidade de gênero"[3].

Assim, até que sobrevenha lei emanada do Congresso Nacional destinada a implementar os mandados de criminalização definidos nos incisos XLI e XLII do art. 5º da Constituição do Brasil, as condutas homofóbicas e transfóbicas, reais ou supostas, que envolvem aversão odiosa à orientação sexual ou à identidade de gênero de alguém, por traduzirem expressões de racismo, compreendido este em sua dimensão social, ajustam-se, por identidade de razão e mediante adequação típica, aos preceitos primários de incriminação definidos na Lei n. 7.716/1989[4].

---

3. O Mandado de Injunção n. 4.733 foi julgado conjuntamente com a Ação Direta de Inconstitucionalidade por Omissão n. 26, de relatoria do Ministro Celso de Mello. O Tribunal, por unanimidade, conheceu parcialmente da ação direta de inconstitucionalidade por omissão. Por maioria e nessa extensão, julgou-a procedente, com eficácia geral e efeito vinculante, para: a) reconhecer o estado de mora inconstitucional do Congresso Nacional na implementação da prestação legislativa destinada a cumprir o mandado de incriminação a que se referem os incisos XLI e XLII do art. 5º da Constituição, para efeito de proteção penal aos integrantes do grupo LGBT; b) declarar, em consequência, a existência de omissão normativa inconstitucional do Poder Legislativo da União; c) cientificar o Congresso Nacional, para os fins e efeitos a que se refere o art. 103, § 2º, da Constituição c/c o art. 12-H, *caput*, da Lei nº 9.868/99; d) dar interpretação conforme à Constituição, em face dos mandados constitucionais de incriminação inscritos nos incisos XLI e XLII do art. 5º da Carta Política, para enquadrar a homofobia e a transfobia, qualquer que seja a forma de sua manifestação, nos diversos tipos penais definidos na Lei nº 7.716/89, até que sobrevenha legislação autônoma, editada pelo Congresso Nacional; e e) declarar que os efeitos da interpretação conforme a que se refere a alínea "d" somente se aplicam a partir da data de conclusão do julgamento, nos termos do voto do Relator, vencidos os Ministros Ricardo Lewandowski e Dias Toffoli, que julgavam parcialmente procedente a ação, e o Ministro Marco Aurélio, que a julgava improcedente.

4. Na ADO 26 também ficou decidido que a motivação homofóbica ou transfóbica, na hipótese de homicídio doloso, é circunstância que o qualifica, por configurar motivo torpe (Código Penal, art.

Trata-se de um julgamento histórico[5], em cujo contexto se inserem diversas questões polêmicas[6], dentre as quais destacamos, para análise no presente trabalho, a admissibilidade do uso do mandado de injunção para efetivar um mandado constitucional de criminalização, mesmo diante do princípio da legalidade, que orienta o Direito Penal.

19.1. MANDADOS DE CRIMINALIZAÇÃO

A Constituição do Brasil contém significativo elenco de normas que determinam, expressamente, a criminalização de um amplo rol de comportamentos, conforme se extrai dos seguintes incisos do seu art. 5º:

> "XLI - a lei punirá qualquer discriminação atentatória dos direitos e liberdades fundamentais;
>
> XLII - a prática do racismo constitui crime inafiançável e imprescritível, sujeito à pena de reclusão, nos termos da lei;
>
> XLIII - a lei considerará crimes inafiançáveis e insuscetíveis de graça ou anistia a prática da tortura, o tráfico ilícito de entorpecentes e drogas afins, o terrorismo

---

121, § 2º, I, *in fine*). Parece-nos, contudo, ter faltado uma referência expressa à possibilidade de configuração do crime de injúria racial (art. 140, § 3º., do Código Penal).

5. Nas palavras do Ministro Celso de Mello: "(...) Os integrantes do grupo LGBTI+, como qualquer outra pessoa, nascem iguais em dignidade e direitos e possuem igual capacidade de autodeterminação quanto às suas escolhas pessoais em matéria afetiva e amorosa, especialmente no que concerne à sua vivência homoerótica. O julgamento que o Supremo Tribunal Federal está a proferir neste caso representa, para os que compõem a comunidade LGBTI+, um momento decisivo em suas vidas, pois nenhuma maioria (ainda mais quando fundada em motivos religiosos) pode privar de seus direitos qualquer grupo minoritário e vulnerável. Garantir aos integrantes do grupo LGBTI+ a posse da cidadania plena e o integral respeito tanto à sua condição quanto às suas escolhas pessoais pode significar, nestes tempos em que as liberdades fundamentais das pessoas sofrem ataques por parte de mentes sombrias e retrógradas, a diferença essencial entre civilização e barbárie" (STF, ADO n. 26, Plenário, rel. Min. Celso de Mello, j.13.6.2019).

6. Cite-se, exemplificativamente, que na ADO n. 26 consignou o Supremo Tribunal Federal que "a repressão penal à prática da homotransfobia não alcança nem restringe ou limita o exercício da liberdade religiosa, qualquer que seja a denominação confessional professada, a cujos fiéis e ministros (sacerdotes, pastores, rabinos, mulás ou clérigos muçulmanos e líderes ou celebrantes das religiões afro-brasileiras, entre outros) é assegurado o direito de pregar e de divulgar, livremente, pela palavra, pela imagem ou por qualquer outro meio, o seu pensamento e de externar suas convicções de acordo com o que se contiver em seus livros e códigos sagrados, bem assim o de ensinar segundo sua orientação doutrinária e/ou teológica, podendo buscar e conquistar prosélitos e praticar os atos de culto e respectiva liturgia, independentemente do espaço, público ou privado, de sua atuação individual ou coletiva, desde que tais manifestações não configurem discurso de ódio, assim entendidas aquelas exteriorizações que incitem a discriminação, a hostilidade ou a violência contra pessoas em razão de sua orientação sexual ou de sua identidade de gênero" (STF, ADO n. 26, Plenário, rel. Min. Celso de Mello, j.13.6.2019). Trata-se, como se percebe nitidamente, de uma outra questão polêmica envolvida no julgamento do MI 4.733/ADO 26.

> e os definidos como crimes hediondos, por eles respondendo os mandantes, os executores e os que, podendo evitá-los, se omitirem;
>
> XLIV - constitui crime inafiançável e imprescritível a ação de grupos armados, civis ou militares, contra a ordem constitucional e o Estado Democrático".

No mesmo sentido, o art. 7º, inciso X, ao assegurar, em favor dos trabalhadores urbanos e rurais, a proteção do salário na forma da lei, estabelece, expressamente, que "constitui crime sua retenção dolosa".

Da mesma forma, prevê o art. 227, § 4º, da Constituição, que "a lei punirá severamente o abuso, a violência e a exploração sexual da criança e do adolescente".

Já o art. 225, § 3º, estabelece que "as condutas e atividades consideradas lesivas ao meio ambiente sujeitarão os infratores, pessoas físicas ou jurídicas, a sanções penais e administrativas, independentemente da obrigação de reparar os danos causados"[7-8].

Está presente, em todas essas normas, um mandado de criminalização expresso, direcionado ao legislador, tendo em conta os bens e valores objeto de proteção[9].

Tratam-se de matérias sobre as quais o legislador ordinário não tem a faculdade de legislar, mas sim a obrigatoriedade de criminalizar, prote-

---

7. No ponto, vale registrar a lição de Feldens: "(...) No seio da Assembleia Nacional Constituinte, dois grupos políticos antagônicos propunham obrigações constitucionais de criminalização. Um deles, pela esquerda, sensibilizado pelo preconceito e pelas discriminações raciais estranhadas na formação social brasileira, bem como pelas nefastas consequências do período ditatorial, especialmente no que concerne à perseguição de dissidentes políticos do regime, propunha a penalização, sob condições mais rigorosas, do racismo, da tortura e da 'quartelada'. Por outro lado, adviria da direita uma reação tendente a submeter ao mesmo microssistema penal a luta revolucionária (então compreendida como 'terrorismo'), o tráfico de entorpecentes e alguns crimes especialmente graves, tendo-se optado, para designa-los, pela expressão, 'crimes hediondos'. Diante desse panorama político, edificaram-se os incisos XLII, XLIII e XLIV do art. 5º da Constituição" (FELDENS, Luciano. *Art. 5º, inc. XLII*. Em: CANOTILHO, J.J. Gomes, *et al* (Coords.). *Comentários à Constituição do Brasil*. São Paulo: Saraiva/Almedina: 2018, p. 420).
8. Importante, ainda, mencionar o magistério de Mendes e Branco: "Registre-se que os mandados de criminalização expressos não são uma singularidade da Constituição brasileira. Outras constituições adotam orientações assemelhadas (Constituição espanhola, art. 45, 1, 2 e 3; art. 46, c, e art. 55; Constituição italiana, art. 13; Constituição da França, art. 68; Lei Fundamental da Alemanha, art. 26, I). É inequívoco, porém, que a Constituição brasileira de 1988 adotou, muito provavelmente, um dos mais amplos, senão o mais amplo catálogo de mandados de criminalização expressos de que se tem notícia" (Cf. MENDES, Gilmar Ferreira. BRANCO, Paulo Gustavo Gonet. *Curso de Direito Constitucional*. São Paulo: Saraiva, 2019, 14ª. ed., p. 524).
9. Cf. FELDENS, Luciano. *A Constituição Penal*. Porto Alegre: Livraria do Advogado, 2005, pp. 80 e seg.

gendo os bens ou interesses mencionados de forma adequada, e dentro do possível, integral.

Ou seja: são ordens emanadas do constituinte originário ao legislador derivado para que este tutele penalmente todos estes bens.

Nesse sentido é o magistério de Feldens[10]:

> "(...) Centra-se o objeto do mandado constitucional, em princípio, sobre uma obrigação de caráter positivo, para que o legislador penal edifique a norma incriminadora, ou, quando esta já existe, em uma obrigação negativa, no sentido de que se lhe é vedado retirar, para aquém do mínimo de tutela constitucionalmente exigido, a proteção já existente (eficácia paralisante). É sob tal contexto que o mandado constitucional 'sobreprotege' o bem jurídico tutelado pela norma penal, garantido não apenas a legitimidade, mas a própria necessidade constitucional de uma proteção normativa de índole jurídico-penal".

Portanto, os mandados constitucionais de criminalização trazem em seu núcleo a carga da obrigatoriedade em seu atendimento.

19.2. OS DIREITOS FUNDAMENTAIS COMO IMPERATIVOS DE TUTELA

O Direito Constitucional contemporâneo construiu um entendimento no sentido de que o significado objetivo dos direitos fundamentais acarreta o dever do Estado não apenas de se abster de intervir no âmbito de proteção desses direitos, mas também de proteger tais direitos contra a agressão ensejada por atos de terceiros[11].

Feldens[12] leciona que:

> "(...) Uma das formulações contemporâneas mais significativas no âmbito da dogmática dos direitos fundamentais consiste em que, ao contrário do que propugnava o modelo liberal clássico, os direitos fundamentais não têm sua eficácia restringida a uma dimensão negativa, de direitos subjetivos individuais. Paralelamente, ostentam aptidão para funcionar como elementos objetivos fundamen-

---

10. FELDENS, Luciano. *Art. 5º, inc. XLII, op. cit.*, p. 420.

11. Nesse sentido, cite-se o magistério de Pinheiro: "(...) A busca pela realização dos direitos fundamentais traz ao Estado o dever de proteção desses direitos. O Estado não só protege os indivíduos contra a violação dos direitos como tem que buscar a efetivação dos direitos fundamentais, homenageando a dignidade da pessoa humana e buscando o padrão mínimo social para a sobrevivência" (PINHEIRO, Gleydson Gleber de Lima. *Análise do princípio da proibição da proteção deficiente do direito fundamental à segurança pública a luz da jurisprudência do Supremo Tribunal Federal Brasileiro.* Em: SOUSA, José Péricles Pereira (Org.). *Jurisdição Constitucional e Direitos Fundamentais.* Estudos em homenagem a Jorge Reis Novais. Belo Horizonte: Arraes, 2015, p. 122).

12. FELDENS, Luciano. *Art. 5º, inc. XLII, op. cit.*, p. 420.

> tais da comunidade, operando como valores objetivos que orientam por inteiro o ordenamento jurídico, e reclamando, dentro da lógica do Estado Social, prestações positivas destinadas à sua proteção. Enquanto tal, a dimensão objetiva interfere na dimensão subjetiva dos direitos fundamentais, neste caso atribuindo-lhe um reforço de efetividade.
>
> Os deveres (mandados) de tutela penal são expressão, no campo jurídico-penal, da teoria dos deveres estatais de proteção; configuram-se, assim, como uma projeção da dimensão objetiva dos direitos fundamentais".

No mesmo sentido é o magistério de Mendes e Branco[13], para quem os mandados constitucionais de criminalização:

> "(...) traduzem importante dimensão dos direitos fundamentais, decorrente de sua feição objetiva na ordem constitucional. Tal concepção legitima a ideia de que o Estado se obriga não apenas a respeitar os direitos de qualquer indivíduo em face das investidas do Poder Público (direito fundamental enquanto direito de proteção ou de defesa – Abwehrrecht) como também se obriga a garantir os direitos fundamentais contra agressão de terceiros (Schutzpflicht des Staats)".

Esse entendimento conferiu uma nova dimensão aos direitos fundamentais, fazendo com que o Estado evolua da posição de "adversário" para uma função de guardião desses direitos.

Conforme o magistério de Mendes e Branco[14]:

> "Assim, ainda que não se reconheça, em todos os casos, uma pretensão subjetiva contra o Estado, tem-se, inequivocamente, a identificação de um dever deste de tomar todas as providências necessárias para realização ou concretização dos direitos fundamentais".

Já segundo Feldens[15]:

> "A ideia de um dever de proteção como decorrência dos direitos fundamentais foi adotada por um grande número de países que se libertaram de todos os tipos de regimes autoritários dentro e fora da Europa, no último quarto de século XX. Nesses casos, ou o dever de proteção foi explicitamente incorporado ao texto das Constituições ou as recém instituídas cortes constitucionais o extraíram de suas declarações de direitos".

---

13. HESSE, Konrad. *Grundzüge des Verfassungsrechts der Bundesrepublik Deutschland*. Heidelberg, 1988, 16. ed., pp. 155-156 *apud* MENDES, Gilmar Ferreira. BRANCO, Paulo Gustavo Gonet. *Curso de Direito Constitucional, op. cit.*, p. 524.
14. MENDES, Gilmar Ferreira. BRANCO, Paulo Gustavo Gonet. *Curso de Direito Constitucional, op. cit.*, p. 524.
15. FELDENS, Luciano. *Art. 5º, inc. XLII, op. cit.*, p. 420.

Note-se que esse entendimento já se encontra albergado pela jurisprudência do Supremo Tribunal Federal:

> "(...) Mandatos Constitucionais de Criminalização: A Constituição de 1988 contém um significativo elenco de normas que, em princípio, não outorgam direitos, mas que, antes, determinam a criminalização de condutas (CF, art. 5º, XLI, XLII, XLIII, XLIV; art. 7º, X; art. 227, § 4º). Em todas essas normas é possível identificar um mandato de criminalização expresso, tendo em vista os bens e valores envolvidos. Os direitos fundamentais não podem ser considerados apenas como proibições de intervenção (*Eingriffsverbote*), expressando também um postulado de proteção (*Schutzgebote*). Pode-se dizer que os direitos fundamentais expressam não apenas uma proibição do excesso (*Übermassverbote*), como também podem ser traduzidos como proibições de proteção insuficiente ou imperativos de tutela (*Untermassverbote*). Os mandatos constitucionais de criminalização, portanto, impõem ao legislador, para o seu devido cumprimento, o dever de observância do princípio da proporcionalidade como proibição de excesso e como proibição de proteção insuficiente (...)"[16].

19.3. PROIBIÇÃO DE PROTEÇÃO DEFICIENTE

Firmada está, assim, uma concepção segundo a qual os direitos fundamentais não podem ser considerados apenas como proibições de intervenção (*Eingriffsverbote*), expressando também postulados de proteção (*Schutzgebote*).

Pode-se, portanto, dizer que "os direitos fundamentais expressam não apenas proibições de excesso (Übermassverbote), como também podem ser traduzidos como proibições de proteção insuficiente ou imperativos de tutela (Untermassverbote)"[17].

Ensina Luciano Feldens[18] que:

> "A proibição de proteção deficiente encerra, nesse contexto, uma aptidão operacional que permite ao intérprete determinar se um ato estatal - eventualmente retratado em uma omissão, total ou parcial - vulnera um direito fundamental (pensemos, v.g., na hipótese da despenalização do homicídio). Relaciona-se diretamente, pois, à função de imperativo de tutela que colore os direitos fundamentais, notadamente no que demandam, para seu integral desenvolvimento, uma atuação ativa do Estado em sua proteção. Sob essa perspectiva, opera como ferramenta teórica extraída do mandado de proporcionalidade e que nessa condição

16. STF, HC 104.410, 2ª. Turma, rel. Min. Gilmar Mendes, j. 6.3.2012.

17. Cf. CANARIS, Claus-Wilhelm. *Grundrechtswirkungen und Verhältnismässigkeitsprinzip in der richterlichen Anwendung und Fortbildung des Privatsrechts*. Em: JuS, 1989, pp. 161-163 *apud* MENDES, Gilmar Ferreira. BRANCO, Paulo Gustavo Gonet. *Curso de Direito Constitucional, op. cit.*, p. 524.

18. FELDENS, Luciano. *A Constituição Penal, op. cit.*, p. 109.

> predispõe-se a um controle (de constitucionalidade) sobre determinados atos legislativos, justamente no ponto em que medidas dessa ordem promovam uma indevida retirada da proteção (normativa) que se faz inequivocamente necessária ao adequado desenvolvimento e desfrute do direito fundamental".

Isto implica no reconhecimento de um dever estatal de tomar as providências necessárias à realização ou concretização dos direitos fundamentais[19].

Nessa linha, os mandados constitucionais de criminalização "explicitam o dever de proteção identificado pelo constituinte" [20], embora esse dever não seja extraído apenas dos mandos expressos, mas também pode derivar de uma ordem de valores estabelecida pela Constituição (mandados de criminalização implícitos).

Nos termos da doutrina e com base na jurisprudência da Corte Constitucional alemã[21], adotamos a seguinte classificação do dever de proteção[22]:

> "a) dever de proibição (Verbotspflicht), consistente no dever de se proibir uma determinada conduta;
>
> b) dever de segurança (Sicherheitspflicht), que impõe ao Estado o dever de proteger o indivíduo contra ataques de terceiros mediante a adoção de medidas diversas;
>
> c) dever de evitar riscos (Risikopflicht), que autoriza o Estado a atuar com o objetivo de evitar riscos para o cidadão em geral mediante a adoção de medidas de proteção ou de prevenção especialmente em relação ao desenvolvimento técnico ou tecnológico".

---

19. Registre-se a controvérsia quanto à existência de um direito subjetivo à observância do dever de proteção ou, em outros termos, a existência de um direito fundamental à proteção. Consta que, na Alemanha, a Corte Constitucional acabou por reconhecer esse direito, enfatizando que a não observância de um dever de proteção corresponde a uma lesão do direito fundamental previsto no art. 2, II, da Lei Fundamental.

20. MENDES, Gilmar Ferreira. BRANCO, Paulo Gustavo Gonet. *Curso de Direito Constitucional, op. cit.*, p. 524.

21. Em 1993, o Tribunal Constitucional Federal da Alemanha moldou o primeiro esboço do que hoje é o modelo doutrinário da proibição da proteção deficiente (de défice ou, ainda, proibição da insuficiência, do defeito ou princípio da infraproteção) ao decidir, em verdadeiro *leading case* sobre a lei penal do aborto, que o Estado alemão deveria restabelecer a proibição e a criminalização do aborto (exceto nos casos de risco de morte ou dano à gestante), por imperativo constitucional de uma abrangente proteção à vida, dado o elevado grau hierárquico da vida do nascituro.

22. Cf. RICHTER, Ingo; SCHUPPERT, Gunnar Folke. *Casebook Verfassungsrecht*. München: 1996, 3ª. ed., p. 35-36 *apud* MENDES, Gilmar Ferreira. *Direitos fundamentais e controle de constitucionalidade*. São Paulo: Saraiva, 2012, 4ª. ed., p. 259.

Assim, as normas constitucionais brasileiras referidas explicitam o dever de proteção identificado pelo constituinte e traduzido em mandados de criminalização expressos dirigidos ao legislador[23].

Levando-se em conta o dever de proteção e a proibição de uma proteção deficiente ou insuficiente[24] (*Untermassverbot*), cumpre ao legislador estatuir o sistema de proteção constitucional penal adequado.

19.4. O MANDADO CONSTITUCIONAL DE CRIMINALIZAÇÃO CONTRA QUALQUER DISCRIMINAÇÃO ATENTATÓRIA DOS DIREITOS E LIBERDADES FUNDAMENTAIS (ART. 5º, XLI, DA CRFB)

O mandado constitucional de criminalização contra qualquer discriminação atentatória dos direitos e liberdades fundamentais, presente no art. 5º, XLI, da Constituição do Brasil[25], se relaciona diretamente com a

23. Ao lado dessa ideia de mandados de criminalização expressos, convém observar que configura prática corriqueira na ordem jurídica a concretização de deveres de proteção mediante a criminalização de condutas, o que pode ser visto, de certo modo, como um evento decorrente de um mandado implícito de criminalização.

24. Na jurisprudência do Supremo Tribunal Federal, aponta-se como *leading case*, no reconhecimento do princípio da vedação à proteção insuficiente, o julgamento do Recuso Extraordinário n. 418.376, no qual se decidiu pela aplicação de lei posterior aos fatos delituosos, em favor da proteção de criança de nove anos, vítima de estupro: "PENAL. RECURSO EXTRAORDINÁRIO. ESTUPRO. POSTERIOR CONVIVÊNCIA ENTRE AUTOR E VÍTIMA. EXTINÇÃO DA PUNIBILIDADE COM BASE NO ART. 107, VII, DO CÓDIGO PENAL. INOCORRÊNCIA, NO CASO CONCRETO. ABSOLUTA INCAPACIDADE DE AUTODETERMINAÇÃO DA VÍTIMA. RECURSO DESPROVIDO. O crime foi praticado contra criança de nove anos de idade, absolutamente incapaz de se autodeterminar e de expressar vontade livre e autônoma. Portanto, inviável a extinção da punibilidade em razão do posterior convívio da vítima - a menor impúbere violentada - com o autor do estupro. Convívio que não pode ser caracterizado como união estável, nem mesmo para os fins do art. 226, § 3º, da Constituição Republicana, que não protege a relação marital de uma criança com seu opressor, sendo clara a inexistência de um consentimento válido, neste caso. Solução que vai ao encontro da inovação legislativa promovida pela Lei nº 11.106/2005 - embora esta seja inaplicável ao caso por ser lei posterior aos fatos -, mas que dela prescinde, pois não considera validamente existente a relação marital exigida pelo art. 107, VII, do Código Penal. Recurso extraordinário conhecido, mas desprovido" (STF, RE 418.376, Plenário, rel. Min Marco Aurélio, redator para o acórdão min. Joaquim Barbosa, j. 9.2.2006).

25. No ponto, importante citar a seguinte passagem do voto do Ministro Celso de Mello na ADO n. 26: "As manifestações de preconceito traduzem uma compreensão equivocada dos fenômenos existenciais, apoiada em opiniões e crenças formadas sem o necessário e adequado conhecimento dos fatos, acolhida por um determinado grupo social que nutre e fomenta a perpetuação de tais ideias opondo-se a qualquer possibilidade de refutação ou diálogo assentado em bases racionais. Sempre que um modelo de pensamento, fundado na exploração da ignorância e do preconceito, põe em risco a preservação dos valores da dignidade humana, da igualdade e do respeito mútuo entre as pessoas, incitando a prática da discriminação dirigida contra uma comunidade exposta aos riscos da perseguição e da intolerância, mostra-se indispensável que o Estado ofereça proteção adequada aos grupos hostilizados, adotando mecanismos eficientes, aptos a evitar os confrontos sociais e a reprimir os atos de injusta agressão, sob pena de ofensa ao postulado que veda a proteção penal

necessidade de proteção da dignidade da pessoa humana (art. 1º, III, da CRFB), com o objetivo fundamental de promoção do bem geral, "sem preconceitos de origem, raça, sexo, cor, idade e quaisquer outras formas de discriminação" (art. 3º, IV) e com o princípio constitucional da igualdade (art. 5º, *caput*, da CRFB e art. 24 do Pacto Internacional de Direitos Civis e Políticos)[26].

Desses postulados é que decorre a proibição contra a discriminação[27], que tem guarida expressa no art. 4º da Convenção para Eliminação da Discriminação Racial e no art. 2º do Pacto Internacional de Direitos Civis e Políticos.

Importante notar que a norma constitucional traz expressa disposição que ordena a criminalização[28] de *qualquer* discriminação, daí decorrendo a conclusão que a discriminação por orientação sexual ou identidade ou expressão de gênero também deve constituir crime.

Isto porque, tal como qualquer outra forma, a discriminação por orientação sexual ou identidade ou expressão de gênero retira das pessoas a

---

insuficiente. De nada valerão os direitos e de nenhum significado revestir-se-ão as liberdades, se os fundamentos em que eles se apoiam – além de desrespeitados pelo Poder Público ou transgredidos por particulares – também deixarem de contar com o suporte e o apoio de mecanismos institucionais, destinados a dar efetividade e expressão concreta aos princípios consagrados pela Lei Fundamental. A cláusula inscrita no art. 5º, inciso XLI, da Constituição da República – para além de consagrar o repúdio estatal a todas as modalidades de preconceito e de intolerância – consubstancia verdadeiro mandamento constitucional de criminalização que, dirigido ao Poder Público, tem por finalidade vinculá-lo ao compromisso de instituir, por meio de normas penais, um sistema protetivo dos direitos e das liberdades fundamentais ameaçados ou expostos a risco em decorrência de quaisquer atos de discriminação que, por suas diversas formas de manifestação, desrespeitarem a essencial dignidade das pessoas" (STF, ADO n. 26, Plenário, rel. Min. Celso de Mello, j.13.6.2019).

26. Note-se que a Convenção Americana de Direitos Humanos (Pacto de San José da Costa Rica, de 1969), internalizada pelo Brasil, prevê a necessidade de uma dupla normatividade na efetivação dos direitos das minorias: "dever de respeitar e garantir os direitos 'sem discriminação' (art. 1.1) e direito à 'igual proteção da lei' (art. 24); a primeira referente ao dever estatal de observar os direitos convencionais em face dos seus cidadãos, a segunda relativa à proteção desigual da lei interna, ou à aplicação dela aos respectivos nacionais (CORTE, Atala e filhas vs Chile, 2012, p. 28-29)" (RIOS, Roger Raupp; RESADORI, Alice Hertzog; LEIVAS, Paulo Gilverto Cogo; SCHAFER, Gilberto. *O sistema interamericano de Direitos Humanos e a discriminação contra pessoas LGBTTI*: panorama, potencialidade e limites. Em: Revista Direito e Práxis, Rio de Janeiro, vol. 8, n. 2. 2017, p. 1568).

27. Cf. GONÇALVES, Luiz Carlos dos Santos. *Mandados Expressos de Criminalização e a Proteção de Direitos Fundamentais na Constituição Brasileira de 1988.* Belo Horizonte: Fórum, 2007, pp. 157-160.

28. Note-se que a redação do texto constitucional, no ponto, prevendo que "a lei punirá qualquer discriminação atentatória dos direitos e liberdades fundamentais", ao invés de se valer da fórmula "constitui crime", revela uma opção do constituinte de instituir um espectro de proteção ainda mais amplo, pois não só determina a criminalização da conduta, mas também sua repressão mediante a imposição de sanções de natureza civil, trabalhista e administrativa.

justa expectativa de que sejam tratadas como de igual valor na sociedade (princípio da igualdade), o que atenta contra a dignidade da pessoa gay, lésbica, bissexual, transgênero ou intersex, o que não se tolera no Estado Democrático de Direito Brasileiro que tem com um dos seus fundamentos, justamente, a dignidade da pessoa humana.

Nesse sentido, cite-se já ter o Supremo Tribunal Federal asseverado que "o direito à igualdade sem discriminações abrange a identidade ou expressão de gênero"[29].

Importante, também, rememorar o seguinte julgado:

> "(...) 2. PROIBIÇÃO DE DISCRIMINAÇÃO DAS PESSOAS EM RAZÃO DO SEXO, SEJA NO PLANO DA DICOTOMIA HOMEM/MULHER (GÊNERO), SEJA NO PLANO DA ORIENTAÇÃO SEXUAL DE CADA QUAL DELES. A PROIBIÇÃO DO PRECONCEITO COMO CAPÍTULO DO CONSTITUCIONALISMO FRATERNAL. HOMENAGEM AO PLURALISMO COMO VALOR SÓCIO-POLÍTICO-CULTURAL. LIBERDADE PARA DISPOR DA PRÓPRIA SEXUALIDADE, INSERIDA NA CATEGORIA DOS DIREITOS FUNDAMENTAIS DO INDIVÍDUO, EXPRESSÃO QUE É DA AUTONOMIA DE VONTADE. DIREITO À INTIMIDADE E À VIDA PRIVADA. CLÁUSULA PÉTREA.
>
> O sexo das pessoas, salvo disposição constitucional expressa ou implícita em sentido contrário, não se presta como fator de desigualação jurídica. Proibição de preconceito, à luz do inciso IV do art. 3º da Constituição Federal, por colidir frontalmente com o objetivo constitucional de 'promover o bem de todos'. Silêncio normativo da Carta Magna a respeito do concreto uso do sexo dos indivíduos como saque da kelseniana 'norma geral negativa', segundo a qual 'o que não estiver juridicamente proibido, ou obrigado, está juridicamente permitido'. Reconhecimento do direito à preferência sexual como direta emanação do princípio da 'dignidade da pessoa humana': direito a auto-estima no mais elevado ponto da consciência do indivíduo. Direito à busca da felicidade. Salto normativo da proibição do preconceito para a proclamação do direito à liberdade sexual. O concreto uso da sexualidade faz parte da autonomia da vontade das pessoas naturais. Empírico uso da sexualidade nos planos da intimidade e da privacidade constitucionalmente tuteladas. Autonomia da vontade. Cláusula pétrea (...)"[30-31].

---

29. STF, ADI 4.275, Plenário, rel. Min. Marco Aurélio, redator para o acórdão Min. Edson Fachin, j. 1.3.2018.

30. STF, ADI 4.277, Plenário, rel. Min. Ayres Britto, j. 5.5.2011.

31. Esse mesmo entendimento foi acolhido pela Corte Interamericana de Direitos Humanos em procedimento consultivo instaurado por iniciativa da República da Costa Rica (Parecer Consultivo OC-24/2017), ao interpretar as cláusulas do Pacto de São José da Costa Rica, formalmente incorporado ao ordenamento positivo brasileiro (Decreto n. 678/1992), que afirmou a essencialidade do direito à identidade de gênero e à orientação sexual da pessoa humana e a indispensabilidade do respeito e da proteção estatal à convivência harmônica e ao desenvolvimento livre, digno e pleno das diversas expressões de gênero e da sexualidade, vindo a assentar, sobre tais aspectos, as seguintes conclusões: "a) O direito à identidade deriva do reconhecimento do livre desenvolvimento da personalidade e do direito à vida privada (supra, pars. 88 e 89); b) O direito à identidade foi reconhecido por este

Temos configurado, portanto, um quadro constitucional que impõe ao Estado brasileiro o dever jurídico de instituir legislação que criminalize a discriminação por orientação sexual ou identidade ou expressão de gênero.

Ou seja: é dever do Estado brasileiro adotar todas as medidas necessárias à elaboração de normas destinadas à punição de atos e comportamentos resultantes de discriminação ou de violência contra a pessoa em razão de sua orientação sexual ou em decorrência de sua identidade de gênero.

A falta de efetivo cumprimento desse dever jurídico-constitucional configura descumprimento, por omissão seletiva, do comando impositivo de legislar emergente da Constituição da República, pois o Estado brasileiro, longe de atuar como agente concretizador das medidas protetivas de natureza penal exigidas pelo texto constitucional – em ordem a garantir o pleno exercício do direito personalíssimo à orientação sexual e à identidade de gênero –, realiza, de modo insuficiente, a prestação estatal determinada pelo ordenamento constitucional.

Tribunal como um direito protegido pela Convenção Americana (supra, par. 90); c) O direito à identidade inclui, por sua vez, outros direitos, de acordo com as pessoas e as circunstâncias de cada caso, embora esteja intimamente relacionado com a dignidade humana, o direito à vida e o princípio da autonomia da pessoa (artigos 7 e 11 da Convenção Americana) (supra, par. 90); d) O reconhecimento da afirmação da identidade sexual e de gênero como uma manifestação da autonomia pessoal é um elemento constituinte e constitutivo da identidade das pessoas que se encontra protegido pela Convenção Americana em seus artigos 7 e 11.2 (supra, par. 98); e) A identidade de gênero e sexual está ligada ao conceito de liberdade, ao direito à vida privada e à possibilidade de todo ser humano se autodeterminar e escolher livremente as opções e circunstâncias que dão sentido à sua existência, segundo suas próprias convicções (supra, par. 93); f) A identidade de gênero foi definida neste parecer como a vivência interna e individual do gênero tal como cada pessoa sente, e pode ou não corresponder ao sexo atribuído no momento do nascimento (supra, par. 94); g) O sexo, o gênero, bem como as identidades, funções e atributos socialmente construídos a partir das diferenças biológicas derivadas do sexo atribuído no momento do nascimento, longe de constituir componentes objetivos e imutáveis que individualizam a pessoa, por ser um fato de natureza física ou biológica, acabam sendo traços que dependem da apreciação subjetiva de quem o detém e descansam em uma construção da identidade de gênero autopercebida, relacionada com o livre desenvolvimento da personalidade, a autodeterminação sexual e o direito à vida privada (supra, par. 95). h) O direito à identidade possui também um valor instrumental para o exercício de determinados direitos (supra, par. 99); i) O reconhecimento da identidade de gênero pelo Estado é de vital importância para garantir o pleno gozo dos direitos humanos das pessoas transgênero, incluindo a proteção contra a violência, a tortura, os maus-tratos, o direito à saúde, à educação, ao emprego, à moradia, ao acesso à seguridade social, bem como o direito à liberdade de expressão e associação (supra, par. 98), e j) O Estado deve assegurar que indivíduos de todas as orientações sexuais e identidades de gênero possam viver com a mesma dignidade e com o mesmo respeito a que têm direito todas as pessoas (supra, par. 100)".

19.5. O PRINCÍPIO DA RESERVA LEGAL (ART. 5º, XLI, DA CRFB)

O significado de um mandado de penalização consiste na afirmação constitucional da dignidade penal de um bem jurídico e, simultaneamente, da necessidade de sua tutela através do Direito Penal, nos casos de ataques revestidos de maior intensidade, cujas definições permanecerão a cargo do legislador ordinário.

Ou seja: como os mandados de criminalização constituem-se de normas de eficácia limitada, pois não receberam do legislador constituinte normatividade suficiente para sua aplicação[32], dependem eles de atuação legiferante para efetiva implementação. Assim, cumpre ao legislador ordinário a tarefa de completar a regulamentação das matérias neles tratados apenas como princípio.

Vale dizer que a eleição da norma penal pode conter-se no âmbito daquilo que se costuma chamar de discrição legislativa, tendo em vista desenvolvimentos históricos, circunstâncias específicas ou opções ligadas a certo experimentalismo institucional. A ordem constitucional confere ao legislador margens de ação[33] para decidir quais medidas devem ser adotadas para a proteção penal eficiente dos bens jurídicos fundamentais.

Por isso é que, tradicionalmente, entende-se que o não atendimento a essa ordem constitucional de criminalização, pelo legislador ordinário, não poderia ser suprido pelo poder Judiciário, sobretudo em razão do princípio da reserva legal.

Nesse sentido:

> "(...) o mandado constitucional não define os precisos termos da conduta incriminada, menos ainda estabelece-lhe sanção. Seu conteúdo se traduz em um comando genérico, com reduzido grau de especificidade, de tutela penal a determinado bem, valor ou interesse constitucional. A construção da conduta delituosa exige a atuação mediadora do legislador (princípio constitucional da legalidade penal), importando esclarecer que da Constituição não são diretamente deduzíveis ilícitos penais"[34].

O princípio da reserva legal (Art. 5º, XXXIX da Constituição do Brasil: "Não há crime sem lei anterior que o defina, nem pena sem prévia comi-

32. SILVA, José Afonso da. *Curso de Direito Constitucional Positivo*. São Paulo: Malheiros, 2005, p. 262.

33. Cf. ALEXY, Robert. *Epílogo a la Teoría de los Derechos Fundamentales*. Em: Revista Española de Derecho Constitucional. Madrid: Centro de Estudios políticos y Constitucionales, nº 66, ano 22, sep.-dic./2002, p. 54.

34. FELDENS, Luciano. *Art. 5º, inc. XLII, op. cit.*, p. 420.

nação legal") possui um conteúdo político significativo na medida em que a lei formal é fruto de um processo legislativo. O processo legislativo não basta para traduzir a dimensão política do princípio da reserva legal. A lei penal deve ser discutida e elaborada por um poder legislativo cujos membros são eleitos e representam os mais diversos e variados setores da sociedade civil. Um cidadão não pode submeter-se a uma lei penal discutida e aprovada por um poder legislativo para o qual não teve a oportunidade de eleger um representante.

Conforme o magistério de Mendes e Branco[35]:

> "Essas disposições encontram fundamentos vinculados à própria ideia do Estado de Direito, baseados especialmente no princípio liberal e nos princípios democrático e da separação de Poderes. De um lado enuncia-se que qualquer intervenção no âmbito das liberdades há de lastrear-se em uma lei. De outro, afirma-se que a decisão sobre a criminalização de uma conduta somente pode ser tomada por quem dispõe de legitimidade democrática".

De se atentar que o princípio da reserva legal impede, igualmente, a analogia *in malam partem* (*lex stricta*), de modo que não se pode fazer uso de interpretação analógica para o fim de tipificar uma conduta como crime, conforme já decidiu a Suprema Corte brasileira em diversas ocasiões, dentre as quais três são extremamente significativas.

A primeira delas é o julgamento do caso da "violação do painel do Senado", em cujo julgamento afastou-se a tipicidade da conduta imputada com base numa espécie de analogia com o crime de supressão de documento:

> "Supressão de documento (CP, art. 305). Violação do painel do Senado. A obtenção do extrato de votação secreta, mediante alteração nos programas de informática, não se amolda ao tipo penal previsto no art. 305 do CP, mas caracteriza o crime previsto no art. 313-B da Lei 9989, de 14.07.2000. Impossibilidade de retroação da norma penal a fatos ocorridos anteriormente a sua vigência (CF, art. 5º, XL). Extinção da punibilidade em relação ao crime de violação de sigilo funcional (CP, art. 325). Denúncia rejeitada por atipicidade de conduta" *36.*

O segundo caso é o da "cola eletrônica", no qual o Supremo Tribunal Federal decidiu pela impossibilidade de tipicidade por analogia:

> "(...) O tipo penal constitui importante mecanismo de garantia do acusado. Não é possível abranger como criminosas condutas que não tenham pertinência

---

35. MENDES, Gilmar Ferreira. BRANCO, Paulo Gustavo Gonet. *Curso de Direito Constitucional*, op. cit., p. 531.

36. STF, Inq 1.879, Plenário, rel. Min. Ellen Gracie, j. 10.9.2003.

> em relação à conformação estrita do enunciado penal. Não se pode pretender a aplicação da analogia para abarcar hipótese não mencionada no dispositivo legal (analogia in malam partem). Deve-se adotar o fundamento constitucional do princípio da legalidade na esfera penal. Por mais reprovável que seja a lamentável prática da 'cola eletrônica', a persecução penal não pode ser legitimamente instaurada sem o atendimento mínimo dos direitos e garantias constitucionais vigentes em nosso Estado Democrático de Direito (...)".[37]

Por fim, tem-se o caso do "furto (sic) de sinal de TV a cabo", cuja decisão também afastou a analogia incriminatória:

> "(...) O sinal de TV a cabo não é energia, e assim, não pode ser objeto material do delito previsto no art. 155, § 3º, do Código Penal. Daí impossibilidade de se equiparar o desvio de sinal de TV a cabo ao delito descrito no referido dispositivo.
>
> Ademais, na esfera penal não se admite a aplicação da analogia para suprir lacunas, de modo a se criar penalidade não mencionada na lei (analogia in malam partem), sob pena de violação ao princípio constitucional da estrita legalidade. Precedentes.
>
> Ordem concedida"[38].

No direito comparado, é célere o caso alemão do "furto de energia elétrica"[39].

---

37. STF, Inq 1.145, Plenário, rel. Min. Maurício Corrêa, redator para o acórdão Min. Gilmar Mendes, j. 19.12.2006.

38. STF, HC 97.261, 2ª. Turma, rel. Min. Joaquim Barbosa, j. 12.4.2011.

39. "Um exemplo característico duma como que nua aplicação da lei fornece-no-lo o Direito penal sempre que se trata de condenação por delitos cometidos. Isso está em conexão com o facto de as intervenções do Estado na sua função punitiva serem das mais duras de todas. Justamente por isso é que o princípio do Estado-de-Direito e o conexo princípio da legalidade manifestam neste domínio a sua particular relevância nos modernos Estados civilizados. Até a nossa Constituição não quis deixar de reforçar dum modo especial a validade destes princípios com vista ao Direito penal. No artigo 103, al. 2, diz-se: 'Um facto apenas pode ser punido quando a respectiva punibilidade haja sido legalmente fixada antes da sua prática'. Não podemos ocupar-nos agora com o esclarecimento desta regra sob todos os seus aspectos. Para fins da presente indagação a sua importância reside em que, segundo ela, ninguém pode ser punido simplesmente por ser merecedor da pena de acordo com as nossas convicções morais ou mesmo segundo a 'sã consciência do povo', porque praticou uma 'ordinarice' ou um 'facto repugnante', porque é um 'canalha', ou um 'patife' - mas só o pode ser quando tenha preenchido os requisitos daquela punição descritos no 'tipo (hipótese) legal' de uma lei penal , por exemplo, subtraindo 'a outrem uma coisa móvel alheia com o intuito de ilicitamente se apoderar dela' (§ 242 do Código Penal) ou matando (intencionalmente) 'um homem por crueldade, para satisfazer um impulso sexual, por cupidez ou por outros baixos motivos...' (§ 211 do Código Penal). Nullum crimen sine lege. Por força deste princípio o Tribunal do Reich (volume 32, pp. 165 e ss., e já antes vol. 29, pp. 111 e ss.) achou-se impedido, por exemplo, de qualificar e punir como furto o desvio não autorizado de energia eléctrica através duma derivação subreptícia da corrente a partir do cabo condutor. Não bastou que se estivesse, no caso, perante um 'descaramento' e uma 'improbidade', e que, portanto, como diz aquele Supremo Tribunal, a punição correspondesse 'a

A esse respeito, Zaffaroni e Pierangeli assim lecionam:

> "Se por analogia, em direito penal, entende-se completar o texto legal de maneira a estendê-lo para proibir o que a lei não proíbe, considerando antijurídico o que a lei justifica, ou reprovável o que ela não reprova ou, em geral, punível o que não é por ela penalizado, baseando a conclusão em que proíbe, não justifica ou reprova condutas similares, este procedimento de interpretação é absolutamente vedado no campo da elaboração científica-jurídica do direito penal. E assim é porque somente a lei do Estado pode resolver em que casos este tem ingerência ressocializadora afetando com a pena os bens jurídicos do criminalizado, sendo vedado ao juiz 'completar' as hipóteses legais. Como o direito penal é um sistema descontínuo, a própria segurança jurídica, que determina ao juiz o recurso à analogia, no direito civil, exige aqui que se abstenha de semelhante procedimento"[40].

Tal entendimento não poderia ser diferente, sob pena de afronta ao princípio da reserva legal em matéria penal. Não se concebe, portanto, pretender a aplicação da analogia para abarcar hipótese não mencionada no dispositivo legal (*analogia in malam partem*).

19.6. A FUNDAMENTAÇÃO DECLARADA DA DECISÃO: DISCRIMINAÇÃO POR ORIENTAÇÃO SEXUAL OU IDENTIDADE OU EXPRESSÃO DE GÊNERO COMO RACISMO SOCIAL

No julgamento da MI 4.733/ADO 26, o Ministro Celso de Mello, relator da ADO 26, assim consignou expressamente em seu acórdão:

---

um sentimento ético jurídico, a uma exigência, imposta pelo tráfico, de tutela de bens jurídicos'. Deveria ter-se tratado de uma 'subtracção de coisas alheias móveis' para que pudesse admitir-se a punibilidade por furto. O Tribunal do Reich considerou, porém, não poder subsumir a energia eléctrica ao conceito de 'coisa'. Por isso, o legislador, no ano de 1900, teve de promulgar uma lei especial com vista à punição do desvio de energia eléctrica (hoje o § 248 do Código Penal). Mas nem mesmo esta lei dava plena satisfação à jurisprudência, no caso, por exemplo, da utilização abusiva de um telefone público, através da introdução de moedas achatadas de dois 'pfennig' na respectiva caixa, pois que este facto não podia ser punido como furto de energia eléctrica, dado a lei exigir para tanto a subtracção da corrente 'por meio de um cabo condutor'. Pondera o Tribunal do Reich: 'Pela introdução de moedas de dois 'pfenning' não se opera um desvio de corrente eléctrica, pois o que sucede é simplesmente que o peso das moedas desprende a tranqueta destinada a impedir de girar o disco de marcação de número' (RGStr 68, pp. 67/68). Ainda se poderia pensar em burla, mas esta não existe, pois que o telefone público funciona automaticamente e, por isso, nenhuma pessoa havia sido enganada, o que é um dos requisitos do tipo legal da burla (§ 263: 'Quem, com o intuito de para si obter uma vantagem patrimonial ilícita, prejudica o património de outrem provocando ou encobrindo um erro através de simulação de factos falsos...' - ora é fora de dúvida que um aparelho não pode ser enganado). E de novo teve o legislador que intervir para evitar absolvições indevidas. Criou em 1935 o § 265 a do Código Penal, que sujeita a pena a subtracção do trabalho dum autómato" (ENGISCH, Karl. *Introdução ao pensamento jurídico*. Lisboa: Calouste Gulbenkian, 1986, pp. 79-81).

40. ZAFFARONI, Eugenio Raúl; PIERANGELI, José Henrique. *Manual de Direito Penal Brasileiro*. São Paulo: Revista dos Tribunais, 2004, p. 168.

> "O conceito de racismo, compreendido em sua dimensão social, projeta-se para além de aspectos estritamente biológicos ou fenotípicos, pois resulta, enquanto manifestação de poder, de uma construção de índole histórico-cultural motivada pelo objetivo de justificar a desigualdade e destinada ao controle ideológico, à dominação política, à subjugação social e à negação da alteridade, da dignidade e da humanidade daqueles que, por integrarem grupo vulnerável (LGBTI+) e por não pertencerem ao estamento que detém posição de hegemonia em uma dada estrutura social, são considerados estranhos e diferentes, degradados à condição de marginais do ordenamento jurídico, expostos, em consequência de odiosa inferiorização e de perversa estigmatização, a uma injusta e lesiva situação de exclusão do sistema geral de proteção do direito"[41].

Do voto proferido, e acompanhado pela maioria dos julgadores, consta que:

> "(...) O sentido de "raça" – que não se resume nem se limita a um conceito de caráter estritamente fenotípico – representa uma arbitrária construção social, desenvolvida em determinado momento histórico, objetivando criar mecanismos destinados a justificar a desigualdade, com a instituição de hierarquias artificialmente apoiadas na hegemonia de determinado grupo de pessoas sobre os demais estratos que existem em uma particular formação social.
>
> É por essa razão que o conceito geral e abstrato de racismo reveste-se de caráter amplo, sob cuja égide tornam-se enquadráveis as práticas de homofobia ou de transfobia (...)[42]."

Dessa passagem se extrai o fundamento declarado da decisão proferida pelo Supremo Tribunal Federal naquele julgamento: a equiparação da discriminação por orientação sexual ou identidade ou expressão de gênero ao racismo, numa modalidade cognominada pelos julgadores de "racismo social".

Ou seja: considerou o Supremo Tribunal Federal que a noção de racismo – para efeito de configuração típica dos delitos previstos na Lei n. 7.716/1989 – não se resume a um conceito de ordem estritamente antropológica ou biológica, projetando-se, ao contrário, numa dimensão abertamente cultural e sociológica, abrangendo, inclusive, as situações de agressão injusta resultantes de discriminação ou de preconceito contra pessoas em razão de sua orientação sexual ou em decorrência de sua identidade de gênero.

---

41. STF, ADO n. 26, Plenário, rel. Min. Celso de Mello, j.13.6.2019.
42. *Idem*, voto do Ministro Celso de Mello.

Apesar de estranha à compreensão vulgar e até mesmo técnica[43] do termo "racismo", profundamente enraizada ao preconceito fundado na cor da pele, o entendimento adotado pelo Supremo Tribunal Federal, de certo modo, finca raízes no julgamento, por seu Pleno, do caso Siegfried Ellwanger[44].

Ao enfrentar a tese, segundo a qual, judeus não constituiriam uma raça, propriamente dita, pelo que contra eles não poderia haver discriminação capaz de ensejar a incidência do tipo penal-constitucional, definiu-se naquele julgado:

a) inexistência do conceito científico de raça humana: "com a definição e o mapeamento do genoma humano, cientificamente não existem distinções entre os homens, seja pela segmentação da pele, formato dos olhos, altura, pêlos ou por quaisquer outras características físicas, visto que todos se qualificam como espécie humana. Não há diferenças biológicas entre os seres humanos. Na essência são todos iguais";

b) racismo como um "conceito político-social" gerador de um preconceito segregacionista, fundado em premissa criminosa de superioridade de um agrupamento humano sobre outro;

c) a definição jurídico-constitucional de racismo advém da "interpretação teleológica e sistêmica da Constituição Federal, conjugando fatores e circunstâncias históricas, políticas e sociais que regeram sua formação e aplicação, a fim de obter-se o real sentido e alcance da norma";

---

43. Cf. ABBAGNANO, Nicola. *Diccionario de Filosofia*. Trad. Galletti. Mexico: Fondo de Cultura Económica, 1993, pp. 977-978: "O conceito de raça é hoje unanimemente considerado pelos antropólogos como um expediente classificatório apto para subministrar o esquema zoológico dentro do qual podem ser situados os diferentes grupos do gênero humano. Portanto, a palavra deve ficar reservada somente aos grupos humanos assinalados por diferentes características físicas que podem ser transmitidas por herança. Tais características são principalmente: a cor da pele, a estatura, a forma da cabeça e do rosto, a cor e a qualidade dos cabelos, a cor e a forma dos olhos, a forma do nariz e a estrutura do corpo. Tradicional e convencionalmente se distinguem três grandes raças, que são a branca, a amarela e a negra, ou seja, a caucasiana, a mongólica e a negróide. Portanto, os grupos nacionais, religiosos, geográficos, lingüísticos e culturais não podem ser denominados 'raças' sob nenhum conceito e não constituem raça nem os italianos, nem os alemães, nem os ingleses, nem o foram os romanos ou os gregos, etc. Não existe nenhuma raça 'ariana' ou 'nórdica'".

44. STF, HC-QO 82.424, Plenário, rel. Min. Moreira Alves, redator para acórdão Min. Mauricio Corrêa, j. 17.9.2003.

d) a prática do racismo é "atentatória dos princípios nos quais se erige e se organiza a sociedade humana, baseada na respeitabilidade e dignidade do ser humano e de sua pacífica convivência no meio social", sendo, por isso, inconciliável com os padrões éticos e morais definidos pela Constituição da República de 1988 e por tratados e acordos multilaterais subscritos pelo Brasil;

e) as discriminações raciais compreendem "as distinções entre os homens por restrições ou preferências oriundas de raça, cor, credo, descendência ou origem nacional ou étnica, inspiradas na pretensa superioridade de um povo sobre outro, de que são exemplos a xenofobia, 'negrofobia', 'islamafobia' e o anti-semitismo".

O Ministro Moreira Alves, relator daquele *habeas corpus* ficou vencido ao interpretar restritivamente a palavra racismo, que não abrigaria "toda e qualquer forma de preconceito ou de discriminação", sem o condão de torná-las, por exemplo, imprescritíveis:

> "Além de o crime de racismo, como previsto no artigo 5º, XLII, não abarcar toda e qualquer forma de preconceito ou de discriminação, porquanto, por mais amplo que seja o sentido de 'racismo', não abrange ele, evidentemente, por exemplo, a discriminação ou o preconceito quanto à idade ou ao sexo, deve essa expressão ser interpretada estritamente, porque a imprescritibilidade nele prevista não alcança sequer os crimes considerados constitucionalmente hediondos, como a prática da tortura, o tráfico ilícito de entorpecentes e drogas afins e o terrorismo, aos quais o inciso XLIII do mencionado artigo 5º apenas determina que a lei os considerará inafiançáveis e insuscetíveis de graça ou anistia.
>
> O elemento histórico – que, como no caso, é importante na interpretação da Constituição, quando ainda não há, no tempo, distância bastante para interpretação evolutiva que, por circunstâncias novas, conduza a sentido diverso do que decorre dele – converge para dar a 'racismo' o significado de preconceito ou de discriminação racial, mais especificamente contra a raça negra"[45].

Para tanto, firmou-se na compreensão antropológica estrita do significado "raça", reservado à categorização de grupos humanos assinalados por diferentes características físicas, hereditariamente transmissíveis.

Prevaleceu, contudo, concepção mais ampla, afeita ao conceito etnológico de raça, definida a partir do voto condutor do Ministro Maurício Corrêa como "coletividade de indivíduos que se diferencia por sua especifici-

45. STF, HC-QO 82.424, Plenário, rel. Min. Moreira Alves, redator para acórdão Min. Mauricio Corrêa, j. 17.9.2003: voto vencido do relator.

dade sociocultural, refletida principalmente na língua, religião e costumes; grupo étnico, como por exemplo a raça judia".

Desse modo, firmou posição o Supremo, naquele julgamento (HC 82.424), que considera o racismo um fenômeno ideológico, estruturado na discriminação de um grupo populacional física ou culturalmente identificável, por isso submetido a uma racialização (sua categorização como "raça"), perversamente orientada por uma valorização negativa, de inferiorização[46].

Esse entendimento foi reafirmado pelo Supremo Tribunal Federal no julgamento do MI 4.733/ADO 26, oportunidade na qual adotou novamente uma ampliada concepção jurídico-constitucional de racismo, indo além de sua dimensão étnica, de modo a englobar todos os movimentos odiosos de vandalização de determinados grupos populacionais racializados segundo uma equivocada ideia de supremacia física e/ou cultural de outro agrupamento humano.

Desse modo, adotou a Corte entendimento segundo o qual pratica racismo todo aquele que, sob essas premissas sociológicas e jurídicas, promove, fomenta ou instrumentaliza a supremacia racial ideológica, ultrajando não apenas pressupostos genômicos elementares, mas, e principalmente, a dignidade da pessoa humana.

Em outas palavras, considerou o Supremo Tribunal Federal que o traço histórico de perseguição das comunidades homo e transexuais, levada a

---

46. "A sociologia moderna identifica o racimo como tendência cultural, decorrente de construções ideológicas e programas políticos visando à dominação de uma parcela da sociedade sobre outra. Para George Fredrickson dá-se o racismo quando as diferenças étnicas e culturais são consideradas imutáveis, indeléveis, atuando na prática das instituições com base nessas diferenças, gerando a pretensão de impor uma ordem racial. O dicionário de Sociologia da Universidade de Oxford procura explicar o fenômeno tendo como pressupostos três conceitos: **racialismo**, que é o 'tratamento desigual de um grupo populacional baseado apenas em sua possessão de traços físicos e outras características socialmente definidas como denotando uma raça particular' - **racismo**, 'um sistema determinista de crenças que sustenta o racialismo, ligando tais características a traços físicos ou psicológicos baseados em valoração negativa'; e **racialização**, 'o processo social pelo qual um grupo social é categorizado como 'raça'. Sem dúvida, é o que fez o nazismo ao racializar o povo judeu e os alemães arianos, com o objetivo de promover o racialismo em relação aos primeiros, Isso não é outra coisa senão a prática de racismo. (...) A Resolução 623 da Assembleia Geral da ONU, de dezembro de 1998, insta os países a cooperar com a Comissão de Direitos Humanos no exame de todas as formas contemporâneas de racismo, como a xenofobia, negrofobia, anti-semitismo e outras formas correlatas de intolerância racial (item 17 da Resolução). Como se vê, o antissemitismo como sinônimo de exteriorização do racismo tem respaldo no Direito Internacional Público" (STF, HC-QO 82.424, Plenário, rel. Min. Moreira Alves, redator para acórdão Min. Mauricio Corrêa, j. 17.9.2003: voto condutor, grifos no original).

efeito por uma ideologia supremacista, autoriza (ou melhor, impõe) a subsunção da homotransfobia como espécie do gênero racismo[47]:

> "A identidade fundamental que evidencia a correlação entre a homofobia (e a transfobia) e o racismo torna-se ainda mais acentuada se se considerar que (...) os critérios que identificam a discriminação racial resultam da conjugação de dois fatores presentes em ambas as situações: a motivação orientada pelo preconceito e a finalidade de submeter a vítima a situações de diferenciação quanto ao acesso e gozo de bens, serviços e oportunidades tanto no domínio público quanto na esfera privada.
>
> Na verdade, o exame do conteúdo material dos estatutos internacionais que integram o Sistema Global de Proteção dos Direitos Humanos – Declaração Universal dos Direitos do Homem (1948), Convenção Internacional sobre a Eliminação de Todas as Formas de Discriminação Racial (1965), Pacto Internacional sobre Direitos Civis e Políticos (1966), Pacto Internacional sobre Direitos Econômicos, Sociais e Culturais (1966), Declaração de Durban e Programa de Ação (2001), entre outros – revela que a comunidade internacional elegeu o termo racismo como expressão que designa, sob o mesmo signo, todas as formas de discriminação e de intolerância que, representando a negação da igualdade e da dignidade que qualificam os seres humanos, fomentam o ódio e a divisão entre grupos sociais".

Nesse sentido, as disposições do inc. XLII do art. 5º, segundo o qual a "prática do racismo constitui crime inafiançável e imprescritível, sujeito à pena de reclusão" cumuladas com a Lei n. 7.716/1989, agregariam os elementos penais de tipificação e punição dos crimes de ódio, resultantes de preconceito de raça, cor, etnia, religião ou procedência nacional, nos quais então inseriu o Tribunal aqueles decorrentes de orientação sexual, até que lei específica sobrevenha, não se havendo cogitar, portanto.

Ou seja: tal como já havia reconhecido o antissemitismo como racismo (HC 82.424), o Supremo Tribunal Federal também considerou como racismo a prática de discriminação por orientação sexual ou identidade ou expressão de gênero (MI 4.733/ADO 26)[48].

---

47. STF, ADO n. 26, Plenário, rel. Min. Celso de Mello, j.13.6.2019: voto do Ministro Celso de Mello.

48. No ponto, interessa registrar que o flagelo nazista avançou não apenas sobre grupos étnicos (judeus e ciganos) mas sobre outras minorias consideradas indesejadas ao culto ariano, como sobre os homossexuais, ainda que da própria etnia alemã. Nesse sentido, o impressionante registro de Daniel Borrillo: "Em uma crônica terrificante, um sobrevivente de campo de concentração, Heinz Heger (1981), relata como ele próprio e outros deportados homossexuais eram obrigados, pelos integrantes da SS (Schutztaffel – organização altamente disciplinada, encarregada da proteção pessoal de Hitler), a copular com prostitutas. Todavia, esses procedimentos terapêuticos não produziram os resultados pretendidos, e a conseqüência dessa constatação de fracasso foi tão brutal quanto a solução proposta: diante da impossibilidade de se curar os homossexuais, foi necessário castrá-los para privá-los, daí em diante, de qualquer prazer. [...] No editorial de 4 de março de 1937,

19.7. CONSEQUÊNCIAS ESTRUTURAIS DA AMPLIAÇÃO DO CONCEITO JURÍDICO-CONSTITUCIONAL DE RACISMO

O racismo é uma postura voltada à visualização de divisão entre os seres humanos, calcada em *raças*, algumas consideradas superiores às outras, pela existência de pretensas qualidades ou virtudes aleatoriamente eleitas. Cultiva-se, então, um sentimento segregacionista, apartando-se a sociedade em camadas e estratos, merecedores de vivência distinta dos demais.

O entendimento adotado pelo Supremo Tribunal, contudo, parte da ideia de que, em verdade, não há raças definidas, distintas e diferenciadas no mundo: existe apenas a raça humana, com seus naturais contrastes superficiais de aparência, cercados de costumes e tradições diversificadas.

Daí decorre a visão ampliada de racismo adotada pela Suprema Corte, no sentido de corresponder a qualquer discriminação social.

O problema que decorre desse entendimento – não que seja o único, mas talvez o mais notável – é que traz consigo a necessidade inderrogável do estabelecimento de certas balizas ou limites, para que o conceito não chegue a ter uma abrangência tão grande que possa ao final até mesmo descaracterizá-lo e, pior, torná-lo inservível.

Em termos práticos, ainda que possa parecer razoável que a discriminação em decorrência de cor, etnia, religião, procedência nacional e orientação sexual possa ser, sob os pressupostos conceituais fixados pela Corte Constitucional brasileira, considerado racismo, por outro lado, existem e podem ainda surgir muitas outras formas de discriminação (condição econômica, idade, origem regional, estatura física, etc.), de modo que considerar todas elas, já de antemão, como racismo parece algo que transborda os limites do razoável.

---

o semanário da SS – Das Schwarze Korps – denuncia a existência de dois milhões de homossexuais e preconiza, ardentemente, seu extermínio. Todavia, os criminosos nazistas não tinham aguardado essa proposta para desencadear a perseguição de gays e lésbicas: desde 1936, eles foram enviados em massa para os campos de concentração; aliás, foi mínimo o número de sobreviventes. Se existe a estimativa de que 15.000 homossexuais tenham sido vítimas desses campos, de acordo com F. Rector (1981), parece razoável considerar que, no mínimo, 500.000 homossexuais tenham sido mortos nas prisões, nas execuções sumárias, por suicídio ou por ocasião de tratamentos experimentais. [...] As pessoas que traziam o triângulo cor-de-rosa nos campos de concentração nunca chegaram a ser reconhecidas como vítimas do racismo e, por conseguinte, não receberam qualquer indenização: a base legal de sua perseguição – o artigo 175 do Código Penal Imperial Alemão – subsistiu até 1969" (BORRILLO, Daniel. *Homofobia*: História e crítica de um preconceito. Tradução de Guilherme João de Freitas Teixeira. Belo Horizonte: Editora Autêntica, 2000, p. 83 e 85-56).

19.8. RECURSO AO CONCEITO DE "RACISMO SOCIAL" COMO ANALOGIA

Em cumprimento ao mandado constitucional de criminalização do racismo (art. 5º, XLII, CRFB), o Estado brasileiro fez editar a Lei n. 7.716/1989, que "define os crimes resultantes de preconceito de raça ou de cor".

Considerando a ordem constitucional de criminalização de todas as formas de discriminação atentatórias dos direitos e liberdades fundamentais (art. 5º, XLI, CRFB), essa lei foi alterada pela Lei n. 9.459/1997, para incluir, além da discriminação resultante de raça ou de cor, também as hipóteses de etnia, religião e procedência nacional[49].

Sua redação atual é a seguinte:

> "Art. 1º. Serão punidos, na forma desta Lei, os crimes resultantes de discriminação ou preconceito de raça, cor, etnia, religião ou procedência nacional.
>
> Art. 3º. Impedir ou obstar o acesso de alguém, devidamente habilitado, a qualquer cargo da Administração Direta ou Indireta, bem como das concessionárias de serviços públicos.
>
> Pena: reclusão de dois a cinco anos.
>
> Parágrafo único. Incorre na mesma pena quem, por motivo de discriminação de raça, cor, etnia, religião ou procedência nacional, obstar a promoção funcional.
>
> Art. 4º. Negar ou obstar emprego em empresa privada.
>
> Pena: reclusão de dois a cinco anos.
>
> § 1º. Incorre na mesma pena quem, por motivo de discriminação de raça ou de cor ou práticas resultantes do preconceito de descendência ou origem nacional ou étnica:
>
> I - deixar de conceder os equipamentos necessários ao empregado em igualdade de condições com os demais trabalhadores;
>
> II - impedir a ascensão funcional do empregado ou obstar outra forma de benefício profissional;
>
> III - proporcionar ao empregado tratamento diferenciado no ambiente de trabalho, especialmente quanto ao salário.

---

49. Também podem ser citadas, como leis decorrentes do mandado constitucional de criminalização de todas as formas de discriminação atentatórias dos direitos e liberdades fundamentais (art. 5º, XLI, CRFB): (i) A Lei n. 9.029/1995, que criminaliza a exigência de atestados de gravidez e esterilização, e outras práticas discriminatórias, para efeitos admissionais ou de permanência da relação jurídica de trabalho; e (ii) a Lei n. 10.741/2002, que criminaliza a discriminação da pessoa idosa.

§ 2º. Ficará sujeito às penas de multa e de prestação de serviços à comunidade, incluindo atividades de promoção da igualdade racial, quem, em anúncios ou qualquer outra forma de recrutamento de trabalhadores, exigir aspectos de aparência próprios de raça ou etnia para emprego cujas atividades não justifiquem essas exigências.

Art. 5º Recusar ou impedir acesso a estabelecimento comercial, negando-se a servir, atender ou receber cliente ou comprador.

Pena: reclusão de um a três anos.

Art. 6º. Recusar, negar ou impedir a inscrição ou ingresso de aluno em estabelecimento de ensino público ou privado de qualquer grau.

Pena: reclusão de três a cinco anos.

Parágrafo único. Se o crime for praticado contra menor de dezoito anos a pena é agravada de 1/3 (um terço).

Art. 7º. Impedir o acesso ou recusar hospedagem em hotel, pensão, estalagem, ou qualquer estabelecimento similar.

Pena: reclusão de três a cinco anos.

Art. 8º. Impedir o acesso ou recusar atendimento em restaurantes, bares, confeitarias, ou locais semelhantes abertos ao público.

Pena: reclusão de um a três anos.

Art. 9º. Impedir o acesso ou recusar atendimento em estabelecimentos esportivos, casas de diversões, ou clubes sociais abertos ao público.

Pena: reclusão de um a três anos.

Art. 10. Impedir o acesso ou recusar atendimento em salões de cabeleireiros, barbearias, termas ou casas de massagem ou estabelecimento com as mesmas finalidades.

Pena: reclusão de um a três anos.

Art. 11. Impedir o acesso às entradas sociais em edifícios públicos ou residenciais e elevadores ou escada de acesso aos mesmos:

Pena: reclusão de um a três anos.

Art. 12. Impedir o acesso ou uso de transportes públicos, como aviões, navios barcas, barcos, ônibus, trens, metrô ou qualquer outro meio de transporte concedido.

Pena: reclusão de um a três anos.

Art. 13. Impedir ou obstar o acesso de alguém ao serviço em qualquer ramo das Forças Armadas.

Pena: reclusão de dois a quatro anos.

> Art. 14. Impedir ou obstar, por qualquer meio ou forma, o casamento ou convivência familiar e social.
>
> Pena: reclusão de dois a quatro anos".

O legislador incriminou condutas que fossem "resultantes de discriminação ou preconceito de raça, cor, etnia, religião ou procedência nacional".

Dúvida alguma nunca houve sobre a impossibilidade de abrangência dos termos da Lei n. 7.716/1989 a condutas resultantes de discriminação ou preconceito por orientação sexual ou identidade ou expressão de gênero.

Claro está que o Supremo Tribunal Federal, em verdade, promoveu a inclusão de hipóteses punitivas que ultrapassam o limite máximo da resistência semântica da letra da lei.

A equiparação da discriminação por orientação sexual ou identidade ou expressão de gênero ao racismo, numa modalidade cognominada de "racismo social", tem, portanto, natureza jurídica de analogia.

Conforme o magistério de Mendes e Branco[50]:

> "A despeito do caráter polissêmico da linguagem, não parece haver dúvida de que não pode o intérprete agravar a responsabilidade do agente fora do quadro das significações possíveis das palavras".

Apesar de racismo e homofobia/transfobia serem inegáveis formas deletérias de preconceito e discriminação, a equiparação de ambas como um único gênero – a despeito do esforço argumentativo que fez a Suprema Corte – nos parece uma operação que atribui ao racismo – enraizado como preconceito e discriminação contra pessoas reconhecidas na sociedade como negros, cafuzos, pardos ou mulatos – um conteúdo que transborda o quadro dos significados possíveis do termo.

Em síntese: homofobia e transfobia não caracterizam comportamentos subsumíveis à noção de racismo, e sua equiparação representa uma analogia.

No magistério de Zaffaroni e Pierangeli[51]:

---

50. MENDES, Gilmar Ferreira. BRANCO, Paulo Gustavo Gonet. *Curso de Direito Constitucional, op. cit.*, p. 533.

51. ZAFFARONI, Eugenio Raúl; PIERANGELI, José Henrique. *Manual de Direito Penal Brasileiro, op. cit.*, p. 170.

> "A partir da rejeição do *in dubio pro reo*, entende-se que a interpretação da lei pode ser extensiva, literal ou restritiva com relação ao alcance da punibilidade. Cremos que há um limite semântico do texto legal, além do qual não se pode estender a punibilidade, pois deixa de ser interpretação para ser analogia. Dentro dos limites da resistência da flexibilidade semântica do texto são possíveis interpretações mais amplas ou mais restritivas da punibilidade, mas não cremos que isso possa ser feito livremente, mas que deve obedecer a certas regras, como também entendemos que o princípio in dubio pro reo tem vigência penal somente sob a condição de que seja aplicado corretamente".

No caso da Lei n. 7.716/1989, não se pode dizer que seja legítima uma "interpretação extensiva" que equipare racismo a homofobia/transfobia, como se fossem ambos "racismo social", pois isso implica na inclusão de hipóteses punitivas que não são toleradas pelo limite máximo da resistência semântica da letra da lei, o que configura analogia[52], que não é uma operação legítima do ponto de vista da aplicação da lei penal[53].

19.9. IMPROPRIEDADE DO USO DA TÉCNICA DE INTERPRETAÇÃO CONFORME A CONSTITUIÇÃO NO JULGAMENTO DO MI 4.733/ADO 26

Conferir aos dispositivos legais da Lei n. 7.716/1989 interpretação conforme a Constituição para neles "enquadrar a homofobia e a transfobia, qualquer que seja a forma de sua manifestação", nos parece uma operação que não se sustenta em sua própria essência.

A interpretação conforme, em sentido estrito, apenas se destina a possibilitar que seja evitado o juízo de inconstitucionalidade, elegendo algum

52. Registre-se que, no julgamento do MI 4.733/ADO 26, o Ministro Celso de Mello assim se manifestou, literalmente: "Senhor Presidente, o meu voto, como Relator, também não admite aplicação analógica 'in malam partem' de normas de direito penal" (STF, ADO n. 26, Plenário, rel. Min. Celso de Mello, j.13.6.2019).

53. Ainda que se entenda ser possível extrair, da análise da letra da Lei n. 7.716/1989, a duas interpretações possíveis: uma, mais ampla e outra, mais restritiva da punibilidade, sem superar o plano exegético, é de se notar que, numa hipótese assim, "sempre teremos de inclinar-nos a entendê-las em sentido restritivo, e de acordo com este sentido, ensaiar nossas construções. Não obstante, esse princípio [in dubio por reo] não tem um valor absoluto, porque bem pode ocorrer que o sistema entre em choque com a expressão entendida em seu sentido restritivo, e se harmonize com seu sentido amplo, o que, em tal caso, poderemos fazê-lo, porque tem caráter absoluto o princípio da racionalidade da ordem jurídica, que é o próprio pressuposto de nossa atividade científica. Em síntese: entendemos que o princípio in dubio pro reo nos indica a atitude que necessariamente devemos adotar para entender uma expressão legal que tem sentido duplo ou múltiplo, mas pode ser descartado ante a contradição da lei assim entendida com o resto do sistema" (ZAFFARONI, Eugenio Raúl; PIERANGELI, José Henrique. *Manual de Direito Penal Brasileiro*, *op. cit.*, p. 171).

sentido possível, a partir do texto examinado, que se amolda à Constituição, funcionando, portanto, em favor da presunção de constitucionalidade das leis.

Na jurisprudência do Supremo Tribunal Federal, o voto do Ministro Moreira Alves na Representação n. 1417, de 1987, é considerado um marco no que diz respeito à interpretação conforme a Constituição:

> "(...) O princípio da interpretação conforme à Constituição (Verfassungskonforme Auslegung) é princípio que se situa no âmbito do controle da constitucionalidade, e não apenas simples regra de interpretação. A aplicação desse princípio sofre, porém, restrições, uma vez que, ao declarar a constitucionalidade de uma lei em tese, o STF – em sua função de Corte Constitucional – atual como legislador negativo, mas não tem o poder de agir como legislador positivo, para criar norma jurídica diversa da instituída pelo Poder Legislativo. Por isso, se a única interpretação possível para compatibilizar a norma com a Constituição contrariar o sentido inequívoco que o Poder Legislativo lhe pretendeu dar, não se pode aplicar o princípio da interpretação conforme à Constituição, que implicaria, em verdade, criação de norma jurídica, o que é privativo do legislador positivo.
>
> Em face da natureza e das restrições da interpretação conforme à Constituição, tem-se que, ainda quando ela seja aplicável, o é dentro do âmbito da representação de inconstitucionalidade, não havendo que converter-se, para isso, essa representação em representação de interpretação, por serem instrumentos que tem finalidade diversa, procedimento diferente e eficácia distinta.
>
> No caso, não se pode aplicar a interpretação conforme à Constituição por não se coadnuar essa com a finalidade inequivocamente colimada pelo legislador (...)"[54].

A definição de Bonavides é amplamente adotada na doutrina pátria:

> "(...) Uma norma pode admitir várias interpretações. Destas, algumas conduzem ao reconhecimento da inconstitucionalidade, outras, porém, consentem tomá-la por compatível com a Constituição. O intérprete, adotando o método ora proposto [a interpretação conforme a constituição], há de inclinar-se por esta última saída ou via de solução. A norma, interpretada 'conforme a Constituição', será portanto considerada constitucional"[55].

---

54. STF, Representação n. 1417, Plenário, rel. Min. Moreira Alves, j. 9.12.1987.
55. BONAVIDES, Paulo. *Curso de direito constitucional*. São Paulo: Malheiros, 2004, 14ª. ed., p. 474. Cf., no mesmo sentido, MENDES, Gilmar Ferreira. *Jurisdição constitucional*: o controle abstrato de normas no Brasil e na Alemanha. São Paulo: Saraiva, 2014, 6ª. ed., p. 268; BARROSO, Luís Roberto. *Interpretação e aplicação da constituição*. São Paulo: Saraiva, 2013, 5ª. ed., p. 175; CANOTILHO, José Joaquim Gomes. *Direito constitucional e teoria da constituição*. Coimbra: Almedina, 2003, 7ª. ed., p. 1099.

Em síntese: "quando há mais de uma interpretação possível para um dispositivo legal, deve ser dada preferência àquela que seja conforme a constituição"[56].

Trata-se de uma técnica de decisão intermediária, adotada pelo Supremo Tribunal Federal mesmo a despeito do dogma da nulidade das leis inconstitucionais. Por meio desse tipo de técnica, o Tribunal "produz comandos que se colocam entre a declaração de inconstitucionalidade, com a nulidade da norma, e o reconhecimento da constitucionalidade da lei", procurando com isso "conservar o ato normativo impugnado ou minimizar os impactos adversos que decorreriam do reconhecimento da sua nulidade plena"[57].

É possível diferenciar três tipos de atuação do Supremo Tribunal Federal[58] em relação à interpretação conforme a constituição:

a) Mero esclarecimento de significado: Procede-se à "leitura da norma infraconstitucional da forma que melhor realize o sentido e o alcance dos valores e fins constitucionais a ela subjacentes. Nessa primeira hipótese, o intérprete ajusta o significado do dispositivo, a fim de torná-lo compatível com a Constituição, desde que dentro dos limites do texto"[59].

b) Não incidência da norma: Corresponde à "declaração de não incidência da norma a uma determinada situação de fato, cujas particularidades, em concreto, a tornem incompatível com a constituição"[60].

---

56. SILVA, Virgílio Afonso da. *Interpretação conforme a Constituição*: entre a trivialidade e a centralização judicial. Em: Revista Direito GV, Vol. 2, n. 1, jan-jun 2006, p. 192.

57. BARROSO, Luís Roberto; MELLO, Patrícia Perrone Campos. *O papel criativo dos Tribunais*: técnicas de decisão em controle de constitucionalidade. Em: Revista da AJURIS. Porto Alegre, v. 46, n. 146, Junho de 2019, p. 300.

58. No ponto, vale registrar a seguinte crítica doutrinária à atuação do Supremo Tribunal Federal: "A discussão acerca da interpretação conforme a constituição segue o mesmo padrão de outras discussões relativas a modelos de interpretação e controle de constitucionalidade desenvolvidos em outros países e recepcionados no Brasil. Há uma enorme distância entre aquilo que a doutrina expõe, aquilo que a jurisprudência sustenta aplicar e aquilo que a jurisprudência de fato aplica. Tudo aquilo que a doutrina brasileira expõe (...), isto é, o conceito de interpretação conforme a constituição e sua fundamentação, não foi ainda assimilado pelo Supremo Tribunal Federal, embora ele mencione a interpretação conforme a constituição em um sem-número de julgados. Esses julgados, no entanto, raramente fazem uso da interpretação conforme a constituição da forma como pretende a doutrina" (SILVA, Virgílio Afonso da. *Interpretação conforme a Constituição, op. cit.*, p. 200).

59. BARROSO, Luís Roberto; MELLO, Patrícia Perrone Campos. *O papel criativo dos Tribunais, op. cit.*, p. 303.

60. *Idem*.

c) Nulidade parcial sem redução de texto: "Ao mesmo tempo em que o intérprete define o significado da norma que é compatível com a Constituição, ele declara a exclusão de uma interpretação que reputa inconstitucional. Ao fazê-lo, além de fixar um significado que considera válido, afasta um outro sentido que a norma poderia produzir"[61].

Quando o Supremo Tribunal Federal recorre à interpretação conforme a constituição, tenta a Corte dar ao dispositivo legal questionado, sob o pretexto de respeitar o legislador e evitar a declaração total de nulidade, uma interpretação que seja compatível com a constituição.

Conforme o magistério de Silva:

> "O tribunal, na verdade, dá a sua interpretação ao dispositivo para compatibilizá-lo com aquilo que o próprio tribunal, e ninguém mais, acha que é constitucional. E essa é, no âmbito do controle de constitucionalidade, exatamente a tarefa do tribunal: interpretar um dispositivo questionado e verificar se ele é compatível com a interpretação que o mesmo tribunal faz da constituição"[62].

A interpretação conforme a Constituição, sendo uma técnica de decisão meramente interpretativa, simplesmente

> "(...) atribui ou afasta um significado ou uma incidência que poderia ser extraída do programa normativo da lei, tal como positivado pelo legislador. Nesse caso, o intérprete determina, entre as interpretações possíveis, a que melhor efetiva o disposto na Constituição, ou suprime significados inconstitucionais"[63].

Ou seja: ela define o sentido da norma com base em uma interpretação que poderia ser extraída de seu enunciado normativo[64].

Conforme o magistério de Barroso e Mello[65]:

---

61. *Ibidem*, pp. 303-304.
62. SILVA, Virgílio Afonso da. *Interpretação conforme a Constituição, op. cit.*, p. 203.
63. BARROSO, Luís Roberto; MELLO, Patrícia Perrone Campos. *O papel criativo dos Tribunais, op. cit.*, p. 301.
64. Outras técnicas de decisão interpretativa são: (i) a declaração de inconstitucionalidade parcial sem redução de texto; (ii) a declaração de inconstitucionalidade sem a pronúncia de nulidade e o apelo ao legislador; e (iii) a declaração de lei ainda constitucional em trânsito para a inconstitucionalidade (*Idem*, p. 302).
65. BARROSO, Luís Roberto; MELLO, Patrícia Perrone Campos. *O papel criativo dos Tribunais, op. cit.*, p. 303.

> "A interpretação conforme à Constituição é uma técnica de controle de constitucionalidade aplicável quando um comando normativo comporta mais de uma interpretação plausível. Tem o objetivo de compatibilizar o sentido da norma com a Constituição. Trata-se, de modo geral, da atribuição de um significado que não corresponde àquele mais obviamente decorrente do texto. Para que isso seja possível, o texto tem que comportar alguma plasticidade. A técnica não permite que, ao argumento de ajustar a lei à Constituição, seu significado seja inteiramente alterado, a ponto de se produzir uma interpretação contra a lei. Por isso se reconhece que as possibilidades semânticas do texto funcionam como um limite à sua utilização".

Nesse sentido o julgamento, pelo Supremo Tribunal Federal, da Medida Cautelar na Ação Direta de Inconstitucionalidade n. 1.344:

> "Impossibilidade, na espécie, de se dar interpretação conforme a Constituição, pois essa técnica só é utilizável quando a norma impugnada admite, dentre as várias interpretações possíveis, uma que a compatibilize com a Carta Magna, e não quando o sentido da norma e unívoco, como sucede no caso presente"[66].

Antes de mais nada, sobreleva notar a insuficiência de argumentos para justificar o recurso à interpretação conforme a constituição, que foi usada no julgamento do MI 4.733/ADO 26 de maneira indiscriminada e sem a devida explicação técnica, como se sua simples menção, sem maiores considerações, ainda que por repetidas vezes, fosse suficiente para fundamentar o uso de uma figura tão problemática, ainda mais na seara do Direito Penal.

A despeito da simplicidade da ideia em que se baseia a interpretação conforme a constituição, é imprescindível que seu uso seja justificado sob o ponto de vista técnico-jurídico. A interpretação das leis e o controle de constitucionalidade exercidos pelo Judiciário significam sempre um ponto de atrito entre esse poder e o Legislativo. E, embora o próprio Supremo Tribunal Federal costume muitas vezes minimizar esse atrito, ao aceitar como não-problemática a legitimidade do Judiciário para controlar os atos do legislativo, o uso de uma técnica interpretativo que busque tentar salvar uma lei da inconstitucionalidade total deve ser fundamentada em uma sólida e consistente justificação argumentativa, pois só assim a decisão alcançará a almejada legitimação institucional.

Mas, a despeito da falta de fundamentação, o mais importante é que o Supremo, no julgamento do MI 4.733/ADO 26, não se limitou a atribuir ou afastar um significado ou uma incidência que poderia ser extraída do programa normativo da Lei n. 7.716/1989, tal como positivado pelo legislador.

Daí decorre a constatação de que, sob o ponto de vista técnico-jurídico, apesar de assim constar da decisão, no julgamento do MI 4.733/ADO 26,

66. STF, ADIn 1.344-MC, Plenário, rel. Min. Moreira Alves, j. 18.12.1995.

o Supremo, efetivamente, não fez uma interpretação conforme a Constituição da Lei n. 7.716/1989.

19.10. A VERDADEIRA ESSÊNCIA DA DECISÃO: CONCRETIZAÇÃO JURISDICIONAL DE MANDADO CONSTITUCIONAL DE CRIMINALIZAÇÃO

Diante das premissas que traçamos, a Lei n. 7.716/1989 não é omissa por a homofobia e a transfobia serem uma espécie de racismo social, já que são – a nosso ver – diferentes manifestações de preconceito e discriminação.

A lei é omissa porque o legislador ordinário, ao restringir-se, tão somente, a dispensar tutela penal em relação às práticas discriminatórias resultantes de preconceito de cor, etnia, religião ou procedência nacional, não cuidou de também incriminar a homofobia/transfobia, sendo que a discriminação por orientação sexual ou identidade ou expressão de gênero encontra-se alcançada pela norma constitucional que preconiza a punição de "qualquer discriminação atentatória dos direitos e liberdades fundamentais" (CF, art. 5º, XLI), a significar que essa cláusula constitucional submete o Congresso Nacional à obrigação de editar o diploma legislativo necessário à incriminação de tais atos e comportamentos.

Por isso não se pode dizer tenha a Corte, em verdade, no julgamento do MI 4.733/ADO 26, feito uma interpretação (conforme a Constituição) da Lei n. 7.716/1989.

Procedeu o Supremo Tribunal Federal, verdadeiramente, à definição jurisdicional[67] da criminalização de um conjunto de condutas, em caráter cautelar[68], utilizando como parâmetro a Lei n. 7.716/1989.

---

67. Registre-se, contudo, que no julgamento do MI 4.733/ADO 26, o Ministro Celso de Mello assim se manifestou, literalmente: "Quero destacar, no entanto, Senhor Presidente, que não sustento em meu voto a possibilidade (que seria absolutamente inconstitucional) de criação de tipos penais mediante provimento jurisdicional, considerado o que dispõe o art. 5º, inciso XXXIX, da Constituição, que estabelece, em tema de direito penal, reserva absoluta de lei em sentido formal". O voto (vencido) do Ministro Ricardo Lewandowski, contudo, trouxe visão diversa, considerando que realmente a proposta do relator consistia na "extensão do tipo penal para abarcar situações não especificamente tipificadas pela norma penal incriminadora". No mesmo sentido foi o voto (vencido) do Ministro Marco Aurélio: "A estrita legalidade, no que direciona à ortodoxia na interpretação da Constituição Federal em matéria penal, não viabiliza ao Tribunal, em desconformidade com expressa e clara restrição contida na Lei Maior, esvaziar o sentido literal do texto, mediante a complementação de tipos penais. Ao versar a discriminação ou o preconceito considerada 'a raça, a cor, a etnia, a religião ou a procedência nacional', a Lei nº 7.716/1989 não contempla a decorrente da orientação sexual do cidadão ou da cidadã" (STF, ADO n. 26, Plenário, rel. Min. Celso de Mello, j.13.6.2019).

68. De se notar que a cautelaridade do provimento jurisdicional proferido pelo Supremo no julgamento do MI 4.733/ADO 26 ("até que a questão seja regulada pelo Congresso Nacional") é outo aspecto que também revela não se tratar, essencialmente, de uma decisão que se utiliza da técnica da

No ponto, importa registrar o magistério de Barroso e Mello[69]:

> "(...) A concepção tradicional, segundo a qual o juiz é um intérprete neutro, que aplica um direito preexistente, por meio da subsunção do fato à norma, tributária do formalismo jurídico, já não corresponde à compreensão corrente que os operadores do Direito têm da sua própria atividade. Além da crescente complexidade da vida social, a ambiguidade da linguagem, os desacordos morais razoáveis e a colisão entre normas constitucionais são alguns dos múltiplos fatores capazes de gerar casos para os quais não há uma solução pronta no ordenamento jurídico8 e cuja decisão dependerá de uma atuação judicial inovadora".

Conforme bem ressaltado pelo Ministro Celso de Mello[70]:

> "(...) A inércia estatal em tornar efetivas as imposições constitucionais traduz inaceitável gesto de desprezo pela Constituição e configura comportamento que revela um incompreensível sentimento de desapreço pela autoridade, pelo valor e pelo alto significado de que se reveste a Constituição da República.
>
> Nada mais nocivo, perigoso e ilegítimo do que elaborar uma Constituição sem a vontade de fazê-la cumprir integralmente ou, então, com o intuito de apenas executá-la com o propósito subalterno de torná-la aplicável somente nos pontos que se mostrarem convenientes aos desígnios dos governantes ou de grupos majoritários, em detrimento dos interesses maiores dos cidadãos ou, muitas vezes, com frontal desrespeito aos direitos das minorias, notadamente daquelas expostas a situações de vulnerabilidade".

Importa ressaltar, portanto, o contexto em que proferida a decisão, que envolve a existência de um mandado expresso de criminalização, abrangente da discriminação em razão de homofobia/transfobia, e uma reconhecida omissão legislativa, configuradora de uma ofensa à carga normativa do texto constitucional.

Daí, ainda que implicitamente – o que não se mostra minimamente recomendável – fez a Corte Constitucional uma ponderação ou sopesamento, assim entendido como o meio de conciliação de princípios em tensão, em que cada qual é aplicado na medida em que melhor contribui para a solução de uma situação na qual exista um confronto de princípios incidentes.

---

interpretação conforme a Constituição, pois decisões assim não são marcadas pela cautelaridade, tratando-se de provimentos definitivos.

69. BARROSO, Luís Roberto; MELLO, Patrícia Perrone Campos. *O papel criativo dos Tribunais, op. cit.*, pp. 298-299. Os autores ressaltam que *"a atuação judicial construtiva e inovadora das Cortes Constitucionais é um fenômeno global (BREWER-CARÍAS, Allan Randolph. Constitutional Courts as Positive Legislators. Nova Iorque: Cambridge University Press, 2011)"* (*Idem*, p. 299, nota 9).

70. STF, ADO n. 26, Plenário, rel. Min. Celso de Mello, j.13.6.2019: voto do Ministro Celso de Mello.

Estavam em confronto, de um lado, o mandamento constitucional de criminalização (e o decorrente princípio da proibição de proteção deficiente) e, de outro lado, o princípio da reserva legal, com toda sua carga garantista decorrente do especial campo do Direito Penal[71].

A grande complexidade desse específico confronto não pode ser menosprezada.

O princípio da reserva legal é especialmente caro ao Direito Penal, tanto que previsto em praticamente todos os instrumentos de direitos e garantias fundamentais dos tempos modernos.

Mas a importância dos mandados de criminalização também é notável, e a gravidade do seu descumprimento se mostra indiscutível, pois seus efeitos atingem a própria essência da democracia.

A decisão proferida pelo Supremo, procedendo à definição jurisdicional da criminalização de um conjunto de condutas constitutivas de discriminação por orientação sexual ou identidade ou expressão de gênero, mas fazendo-o em caráter cautelar, até que sobrevenha lei que sane a omissão constitucional, parece-nos se situar num ponto intermediário entre o total afastamento da reserva legal e a simples conivência com a grave omissão legislativa.

Embora num primeiro momento não se possa negar a existência de uma maior carga restritiva ao princípio da legalidade, essa característica é relativizada pelo fato de ter o Tribunal utilizado como parâmetro de incriminação a Lei n. 7.716/1989, ou seja, uma norma legal previamente existente e que trata de situações análogas.

De se notar, ainda, um aspecto relevantíssimo da decisão: sua natureza jurídica é de uma medida cautelar transitória, posto que sua eficácia temporal foi expressamente limitada pelo próprio Supremo Tribunal Federal, que adotou a condição resolutiva "até que o Congresso Nacional venha a legislar a respeito".

---

71. Pode-se dizer que também permearam a controvérsia os princípios da igualdade (na medida em que a Lei n. 7.716/1989 não conferiu a mesma proteção ao grupo vulnerável ao preconceito por orientação ou identidade sexual) e do não retrocesso (pois a simples declaração de inconstitucionalidade da Lei n. 7.716/1989 acarretaria numa redução do nível de proteção da dignidade da pessoa humana já alcançado).

Conforme lecionam Barroso e Mello[72], por meio das medidas cautelares transitórias (medidas de necessidade) se evitaram vácuos danosos, até que o legislador possa se manifestar:

> "A transitoriedade e a espera pela manifestação do legislador, na hipótese, [causa] menor restrição a outros princípios constitucionais relevantes, a exemplo do princípio da separação dos poderes, do que uma decisão de mérito pelo tribunal".

O fato de se tratar de uma decisão cautelar, que tem vigência pré-definida, exaurindo-se automaticamente com a promulgação de lei que trate da matéria, ou seja, que regulamente o mandado constitucional de criminalização, faz com que a carga de restrição à reserva legal se extinga por completo tão logo o Congresso Nacional cumpra o mandado constitucional.

Ou seja: a situação de atrito entre os poderes Judiciário e Legislativo causada pela decisão que, temporariamente, transborda os limites ordinários da separação de poderes, embora gerada pelo primeiro, só depende do segundo para deixar de existir.

19.11. LEGITIMIDADE DA DECISÃO PROFERIDA PELO SUPREMO TRIBUNAL FEDERAL

Em 1988, Rocha[73] fez a seguinte advertência:

> "Mandado de Injunção, como forjado na nova Constituição, demanda criatividade e coragem em seu emolduramento, a fim de que se torne o remédio mais sério e eficiente na superação de uma das maiores dificuldades existentes no constitucionalismo pátrio, qual seja, a inaplicação do inteiro conteúdo do ordenamento pelo silêncio e abstenção dos reponsáveis pela elaboração de normas infra-constitucionais que acabam não atuando".

A previsão vem se concretizando ao longo do tempo, como se percebe da descrição evolutiva do manejo do mandado de injunção – e também da ação direta de inconstitucionalidade por omissão – que fazem Barroso e Mello[74]:

---

72. BARROSO, Luís Roberto; MELLO, Patrícia Perrone Campos. *O papel criativo dos Tribunais*, *op. cit.*, p. 321.

73. ROCHA, Cármen Lúcia. *O mandado de injunção na ordem constitucional brasileira*. Em: *Análise & Conjuntura*, v. 3, n. 3, set./dez. 1988, p. 19.

74. BARROSO, Luís Roberto; MELLO, Patrícia Perrone Campos. *O papel criativo dos Tribunais*, *op. cit.*, pp. 323-324. Uma análise mais aprofundada do tema pode ser vista em BARROSO, Luís Roberto. *O controle da constitucionalidade do Direito brasileiro*. São Paulo: Saraiva: 2016, 7ª ed., pp. 169-191 e 292-320.

> "A Constituição Federal previu dois instrumentos distintos – ação direta de inconstitucionalidade por omissão e mandado de injunção – para o enfrentamento de omissões inconstitucionais. A jurisprudência do Supremo Tribunal Federal, inicialmente, conferiu o mesmo tratamento a ambos os institutos e concluiu que, nos dois casos, a Corte só poderia declarar a inconstitucionalidade, constituir o legislador em mora e instá-lo a agir. Entendeu-se, originalmente, que não seria possível ao STF suprir a omissão com a produção da norma, sequer para oferecer uma solução com efeitos limitados às partes.
>
> Com o tempo, contudo, a jurisprudência da Corte avançou em matéria de mandado de injunção, admitindo que, em caso de omissão, o Tribunal criasse soluções que inicialmente produziam efeitos inter partes, mas às quais, mais adiante, se passou a reconhecer efeitos erga omnes. Mais tarde, esses efeitos foram inclusive regulados por lei. E, recentemente, o STF reconheceu a possibilidade de suprir a omissão legislativa também no âmbito das ações diretas de inconstitucionalidade por omissão. Nota-se, portanto, que a jurisprudência do STF admite atualmente sua atuação para suprir a norma faltante, com efeitos gerais e vinculantes, em caso de omissões absolutas, em que não houve qualquer manifestação do legislador. Seria surpreendente entender que o Tribunal não pode suprir uma omissão relativa, quando já atuou para suprir omissões absolutas".

Está superada, portanto, a concepção segundo a qual não é papel do Judiciário ser o que a doutrina chama de "legislador positivo", ou seja, que não é seu papel suprir omissões ou corrigir falhas na legislação. Sua função, especialmente no controle de constitucionalidade, seria a de legislador negativo, o que significa dizer que o tribunal poderia, no máximo, negar a constitucionalidade da obra legislativa, mas nunca produzir algo em seu lugar ou corrigi-la.

A decisão proferida pelo Supremo Tribunal Federal no julgamento do MI 3.744/ADO 26 tem nítido caráter reconstrutivo[75], que adiciona conteúdo normativo, o que configura, de certo modo, atuação como legislador positivo.

Isso não significa, contudo, uma intolerável usurpação dos poderes do Legislativo, uma violação ao princípio da separação dos poderes e nem mesmo ao princípio da legalidade.

Ainda que tenha o Supremo Tribunal Federal inovado o sistema normativo neste julgamento, ao proferir uma decisão construtiva aditiva, o

75. O componente reconstrutivo consiste na identificação de um critério jurídico de decisão passível de ser junto à norma, de forma a que sejam criadas condições de conformidade do sentido recomposto com a Constituição (Cf. SOUZA, Luiz Henrique Boselli de. *As sentenças aditivas na jurisdição constitucional*. Em: Revista Jurídica ESMP-SP, v. 3, 2003, p. 104).

conteúdo decorrente da componente restaurativa da decisão simplesmente equivale à concretização de um mandado constitucional, ou seja, constitui a única solução constitucional possível no caso tratado.

O Tribunal não produziu um ato puro de vontade, tal como faria o legislador, mas explicitou uma solução que já estava expressamente prevista no texto constitucional. Não foi uma escolha absolutamente discricionária. A solução extraída do julgamento resulta da própria lei impugnada, e do mandado constitucional de criminalização a ela relacionado. Não se trata de uma decisão livre, como seria a do Poder Legislativo, mas aferida de princípios da própria Constituição, e também na forma de uma conclusão necessária advinda do próprio caso sob juízo. O fato do Tribunal ter estendido a abrangência de uma norma já vigente denota o cuidado com a autocontenção.

A atuação do Supremo se deu dentro dos limites do exercício da jurisdição: foi precedida de provocação por aqueles que detinham legitimidade para tal, teve por limite os termos em que a demanda foi formulada e seguiu um processo em que se observaram contraditório, ampla defesa e devido processo legal.

A decisão foi fundamentada, tendo os julgadores demonstrado a existência de uma resposta obrigatória à luz da constituição[76].

Conforme lecionam Barroso e Mello[77]:

> "A constituição, a seu turno, também é lei, inclusive de hierarquia superior, razão pela qual uma decisão proferida com base nela não pode ser considerada, tampouco, como violadora do princípio da legalidade".

Há de se rechaçar, assim, qualquer crítica à atuação da Corte Constitucional brasileira como legislador positivo.

---

76. Trata-se, no ponto, do conceito de "sentenças aditivas constitucionalmente obrigatórias", ou "a rime obligate" (conforme expressão original da doutrina italiana): "Nelas a norma que irá preencher o vazio é uma extensão lógica de um princípio ou de uma norma constitucional preceptiva e exeqüível por si própria. Além disso, a operação concretizadora realizada pelo tribunal com base nessa norma ou princípio deve ser a única alternativa possível, não podendo existir outras opções também conformes com a Constituição" (MORAIS, Carlos Blanco. *As sentenças com efeitos aditivos*. Em: MORAIS, Carlos Blanco de (Coord.). *As sentenças intermédias da justiça constitucional*. Lisboa: AAFDL, 2009, pp. 60-61).

77. BARROSO, Luís Roberto; MELLO, Patrícia Perrone Campos. *O papel criativo dos Tribunais*, *op. cit.*, p. 323.

Aliás, no ponto, Barroso e Mello[78] advertem que:

> "O invocado dogma do legislador negativo, segundo o qual uma Corte constitucional poderia apenas suprimir normas do mundo jurídico, mas não poderia lhes acrescer conteúdo, não encontra verdadeiramente amparo na jurisprudência do STF, que tanto por meio de simples interpretação, quanto por meio de manipulação, desempenha, há muito, uma atividade criativa que contribui para a construção do direito. Nem poderia ser diferente, em um mundo complexo que exige decisões com base em princípios vagos, colisões de normas constitucionais e uso de ponderação. O mito do legislador negativo é tributário de um formalismo que está ultrapassado na compreensão contemporânea do direito constitucional, e que pode, a seu turno, ocultar um comportamento estratégico pelo qual se deseja, de fato, evitar a efetiva concretização de valores constitucionais".

19.12. OMISSÃO CONSTITUCIONAL RELATIVA

Conforme já deixamos fixado, a Lei n. 7.716/1989 – a nosso ver – não é omissa por a homofobia e a transfobia serem uma espécie de racismo social, mas sim porque o legislador ordinário, ao restringir-se, tão somente, a dispensar tutela penal em relação às práticas discriminatórias resultantes de preconceito de cor, etnia, religião ou procedência nacional, não cuidou de também incriminar a homofobia/transfobia, sendo que a discriminação por orientação sexual ou identidade ou expressão de gênero encontra-se alcançada pela norma constitucional que preconiza a punição de "qualquer discriminação atentatória dos direitos e liberdades fundamentais" (CF, art. 5º, XLI), a significar que essa cláusula constitucional submete o Congresso Nacional à obrigação de editar o diploma legislativo necessário à incriminação de tais atos e comportamentos.

Trata-se, portanto, de uma omissão relativa. Ao contrário das absolutas, que importam na ausência total da medida necessária a tornar efetiva norma constitucional, as omissões relativas são "omissões derivadas de os actos legislativos concretizadores de normas constitucionais favorecerem certos grupos ou situações, esquecendo outros grupos e outras situações que preenchem os mesmos pressupostos de facto"[79].

---

78. *Idem*, pp. 324-325. Para um maior detalhamento da superação do dogma do legislador negativo pela jurisprudência do Supremo Tribunal Federal, confira-se: MELLO, Patrícia Perrone Campos. *Nos bastidores do Supremo Tribunal Federal*. Rio de Janeiro: Forense, 2015. pp. 159-167.

79. CANOTILHO, José Joaquim Gomes. *Direito constitucional e teoria da constituição, op. cit.*, pp. 1035-1036.

Ou seja: nas omissões relativas, ao contrário das absolutas, o legislativo produz uma norma sobre a questão, mas esta exclui ou discrimina determinados grupos ou situações, ofendendo o princípio da igualdade.

Conforme leciona Souza[80], "a tese está em que a omissão relativa também ofende comissivamente a Constituição, pela violação da igualdade gerada pelo silêncio não inclusivo da lei", e assim a Corte Constitucional pode, legitimamente, "proceder à reparação do vazio jurídico através de um uma decisão com efeitos aditivos".

Ainda segundo o magistério de Souza[81]:

> "As omissões relativas forçam o órgão julgador a enfrentar um grave dilema: deverá a lei ser considerada totalmente inconstitucional por desrespeito ao princípio da igualdade, retrocedendo-se nas conquistas obtidas por pelo menos uma parcela da população, ou deve ser buscada uma alternativa para preservação do que já foi concretizado e, ao mesmo tempo, restabelecer-se a isonomia"

Essa segunda opção é justamente a possibilidade de reparação da omissão legislativa.

19.13. PODERES JURISDICIONAIS IMPLÍCITOS

Conforme o magistério de Mendes e Branco[82]:

> "É fácil ver que a ideia de um dever genérico de proteção fundado nos direitos fundamentais relativiza sobremaneira a separação entre a ordem constitucional e a ordem legal, permitindo que se reconheça uma irradiação dos efeitos desses direitos sobre toda a ordem jurídica".

A Corte Constitucional, uma vez provocada, e diante de uma violação constitucional por omissão – configuradora de inadimplemento manifesto de uma indeclinável obrigação jurídica imposta ao Estado por superior determinação constitucional – não pode pronunciar um *non liquet*.

Conforme se manifestou o Ministro Celso de Mello[83]:

---

80. SOUZA, Luiz Henrique Boselli de. *As sentenças aditivas na jurisdição constitucional, op. cit.*, p. 102.
81. *Idem*, p. 102.
82. MENDES, Gilmar Ferreira. BRANCO, Paulo Gustavo Gonet. *Curso de Direito Constitucional, op. cit.*, p. 524.
83. STF, ADO n. 26, Plenário, rel. Min. Celso de Mello, j.13.6.2019: voto do Ministro Celso de Mello.

"Desse modo, e ante a irrecusável supremacia da Carta Política, revela-se essencial impedir o desprestígio da própria Constituição, seja por ação, seja por omissão dos órgãos, instituições e autoridades da República.

É preciso proclamar que as Constituições consubstanciam ordens normativas cuja eficácia, autoridade e valor não podem ser afetados ou inibidos pela voluntária inação ou por ação insuficiente das instituições estatais. Não se pode tolerar que os órgãos do Poder Público, descumprindo, por inércia e omissão, o dever de emanação normativa que lhes foi imposto, infrinjam, com esse comportamento negativo, a própria autoridade da Constituição e afetem, em consequência, o conteúdo eficacial dos preceitos que compõem a estrutura normativa da Lei Maior.

O fato irrecusável é um só: o desprestígio da Constituição – por inércia de órgãos meramente constituídos – representa um dos mais graves aspectos da patologia constitucional, pois reflete inaceitável desprezo, por parte das instituições governamentais, da autoridade suprema da Lei Fundamental do Estado.

Essa constatação, feita por KARL LOEWENSTEIN (Teoria de la Constitución, p. 222, 1983, Ariel, Barcelona), coloca em pauta fenômeno da erosão da consciência constitucional, motivado pela instauração, no âmbito do Estado, de um preocupante processo de desvalorização funcional da Constituição escrita".

No caso específico dos mandados constitucionais de criminalização, daí decorre, a nosso ver, um poder jurisdicional implícito de suprir a omissão, adicionando conteúdo à lei[84].

Ou seja: uma vez judicializada a questão referente à omissão no cumprimento de um mandado constitucional de criminalização, o Supremo Tribunal Federal não pode pronunciar um *non liquet*, pois deve efetivar o mandado de criminalização (em caráter cautelar, ou seja, até que sobrevenha lei regulamentadora).

---

84. Registre-se que há uma forte corrente que defende categoricamente ser impossível proferir decisões manipulativas em matéria penal, se forem restritivas dos direitos do réu: MORAIS, Carlos Blanco de. *As sentenças com efeitos aditivos, op. cit.*, pp. 107-108; GONÇALVES, Gabriel Accioly. *O desenvolvimento judicial do Direito*: construções, interpretação criativa e técnicas manipulativas. Rio de Janeiro: Lumen Juris, 2016, p. 306-317; SÁ, Fátima. *Omissões inconstitucionais e sentenças aditivas*. Em: BLANCO DE MORAIS, Carlos; CASSEB, Paulo A.; MONTEBOLO, Sofia et al. *As sentenças intermediárias da justiça constitucional*. Lisboa: AAFDL, 2009, p. 458. Entretanto, Barroso e Mello advertem que *"a questão não é pacífica, [e que] existem precedentes da Corte Constitucional italiana e do Supremo Tribunal Federal que proferem decisões que poderiam ser classificadas como aditivas em* malan partem" (BARROSO, Luís Roberto; MELLO, Patrícia Perrone Campos. *O papel criativo dos Tribunais, op. cit.*, p. 324).

Salienta-se, com isso, a importância de assegurar força normativa à Constituição, que estabelece um mandamento do qual o Legislativo não poderia se esquivar[85].

A omissão inconstitucional do Estado brasileiro, notadamente do Legislativo em relação aos mandados constitucionais de criminalização, é algo que não pode ser tolerado, "eis que o desprestígio da Constituição – resultante da inércia de órgãos meramente constituídos – representa um dos mais tormentosos aspectos do processo de desvalorização funcional da Lei Fundamental da República, ao mesmo tempo em que estimula, gravemente, a erosão da consciência constitucional, evidenciando, desse modo, o inaceitável desprezo dos direitos básicos e das liberdades públicas pelo aparelho estatal"[86].

Cumpre reconhecer, desse modo, a existência de um poder jurisdicional implícito de neutralizar as consequências lesivas decorrentes da ausência de regulamentação normativa de preceitos inscritos na Carta Política e que dependem da intervenção concretizadora do legislador.

Esse poder implícito, a nosso ver, representa uma reação jurídico-institucional do vigente ordenamento político, estruturado como instrumento destinado a impedir o desprestígio da própria Carta da República.

A imposição constitucional de legislar, de um lado, e a situação de omissão abusiva no adimplemento da prestação legislativa, de outro – ca-

85. No ponto, vale registrar o magistério de Ferraz: "A inércia caracteriza-se pela não aplicação intencional, provisória mas prolongada, das disposições constitucionais pelos poderes incumbidos de lhes dar cumprimento e execução. Configura inegável processo de mudança constitucional; embora não altere a letra constitucional, altera-lhe o alcance, na medida em que paralisa a aplicação constitucional. Tal paralisação, não desejada ou prevista pelo constituinte, é de ser tida como inconstitucional. Afeta, também, o sentido da Constituição. Destinada esta à aplicação efetiva, qualquer obstáculo que se lhe anteponha desvirtua sua finalidade, resultando numa inconstitucionalidade (...). Por outro lado, indiretamente, a inércia dá causa à ocorrência de outros processos de mutação constitucional. O distanciamento, no tempo, entre a elaboração constitucional e a sua efetiva aplicação, sofre, inexoravelmente, a influência das transformações sociais diuturnas e constantes, de tal sorte que, após uma prolongada dilatação na aplicação do texto, é provável que esta, quando se efetivar, dê à Constituição sentido e significado diversos daqueles acolhidos no momento da formação da norma fundamental. Como modalidade de mutação constitucional, a inércia é processo pernicioso, que acarreta conseqüências desastrosas à vida constitucional dos Estados. De um lado, porque, ao contrário dos demais processos de mutação constitucional, raramente busca adaptar a Constituição à realidade. Na maioria das vezes, serve como instrumento exatamente para evitar tal adaptação. De outro lado, porque a inércia arrasta consigo a descrença na Constituição" (FERRAZ, Anna Cândida da Cunha. *Processos Informais de Mudança da Constituição*. São Paulo: Max Limonad, 1986, pp. 230-232).

86. STF, ADO n. 26, Plenário, rel. Min. Celso de Mello, j.13.6.2019: voto do Ministro Celso de Mello.

racterizada, esta última, diante do estado de mora do legislador, pela superação excessiva de prazo razoável –, qualificam-se, desse modo, como requisitos condicionantes do exercício desse poder implícito pelo Supremo Tribunal Federal.

Isso significa, portanto, o reconhecimento de uma competência jurisdicional de concretização das cláusulas constitucionais frustradas, em sua eficácia, pela omissão do Poder Legislativo, impedindo-se, desse modo, que se degrade a Constituição à condição subalterna de um estatuto subordinado à vontade ordinária do legislador comum.

Esse poder jurisdicional de suprir a omissão legislativa, assim, parece-nos traduzir a verdadeira essência do mandado de injunção e da ação direta de inconstitucionalidade por omissão, instrumentos destinados a impedir o desprestígio da própria Constituição[87].

19.14. DECISÃO CONSTRUTIVA ADITIVA

Já se incorporou na prática da Corte Constitucional a prolação de decisões construtivas[88].

Consoante magistério de Barroso e Mello[89]:

> "As decisões construtivas (manipulativas) (...) atribuem aos dispositivos interpretados significados que não podem ser diretamente extraídos do programa normativo da lei, procurando ampliar ou modificar o seu conteúdo e alcance, a fim de compatibilizá-lo com a Constituição. Nessa hipótese, há uma maior atuação criativa da Corte, com adição ou substituição do sentido normativo atrelado ao texto".

---

87. De se notar que a proteção à discriminação envolve o estabelecimento de uma proteção jurídico-penal a grupos minoritário, que "não encontram voz nas instâncias majoritárias e são titulares de direitos constitucionais, não sendo realista esperar que seus direitos sejam contemplados pelo legislador em um contexto de sub-representação nas instâncias políticas" (BARROSO, Luís Roberto; MELLO, Patrícia Perrone Campos. *O papel criativo dos Tribunais*, *op. cit.*, p. 327).

88. Cite-se, por exemplo, o julgamento da ADPF n. 54, na qual o Supremo Tribunal Federal pela inconstitucionalidade da interpretação de a interrupção da gravidez de feto anencéfalo ser conduta tipificada nos artigos 124, 126 e 128, incisos I e II, do Código Penal (STF, ADPF n. 54, Plenário, rel. min. Marco Aurélio, j. 12.4.2012).

89. BARROSO, Luís Roberto; MELLO, Patrícia Perrone Campos. *O papel criativo dos Tribunais*, *op. cit.*, p. 301. Os autores lecionam que "essa técnica possibilita a reconstrução do significado da norma tida como parcialmente inconstitucional, através de inserção de conteúdos que não decorrem de seu programa normativo, mas que são passíveis de justificação à luz da própria Constituição" (*Idem*, p. 310).

No julgamento do MI 3.744/ADO 26 o Supremo Tribunal Federal introduziu novos conteúdos na Lei n. 7.716/89, que não poderiam ser extraídos diretamente do seu programa normativo, a fim de cumprir o mandado constitucional de criminalização constante do art. 5º, XLI[90].

Assim atuando, a Corte proferiu uma decisão que, quanto à técnica utilizada no exercício da jurisdição constitucional, deve ser classificada como construtiva aditiva[91].

Conforme lecionam Barroso e Mello[92]:

> "As decisões construtivas aditivas constituem uma técnica que procura adequar à Constituição um diploma normativo que se considera inconstitucional por omissão parcial. Trata-se de normas consideradas inconstitucionais pelo que deixaram de incluir em seu programa, e não propriamente pelo que nele incluíram. Considera-se que, ao lado da norma positiva, que confere determinado direito a um grupo, existe uma espécie de norma implícita, que nega outro direito não mencionado ou o mesmo direito a um outro grupo, que também deveria ter sido contemplado pela norma e não o foi.
>
> A declaração de inconstitucionalidade, parte ablativa ou demolitória da decisão, incide apenas sobre a norma negativa implícita, que caracteriza a inconstitucionalidade por omissão parcial. A parte reconstrutiva ou restaurativa do julgado é aquela por meio da qual se adiciona o conteúdo que faltava, para que a norma possa ser considerada plenamente constitucional. Na hipótese, a Corte declara a norma 'inconstitucional na parte em que não previu X'. Da declaração de inconstitucionalidade em tais termos decorre a inclusão do conteúdo faltante na norma.

---

90. Note-se que, declaradamente, o Supremo Tribunal Federal consignou, de modo enfático, que não procedeu à tipificação penal de condutas atentatórias aos direitos e liberdades fundamentais dos integrantes da comunidade LGBT, e nem definiu a respectiva cominação penal, pelo que teria respeitado, desse modo, o princípio segundo o qual *nullum crimen, nulla poena sine praevia lege*.

91. Conforme a classificação que adotamos, sugerida por Barroso e Mello, as decisões construtivas dividem-se em aditivas e substitutivas, sendo que essas últimas "caracterizam-se por abranger uma declaração de inconstitucionalidade do diploma legal pelo que dispõe (e não pelo que omite, tal como ocorre no caso da decisão aditiva), com a substituição judicial da disciplina inconstitucional por outra. No caso das decisões substitutivas, a parte ablativa da decisão incide sobre uma norma explícita (e não sobre uma norma implícita, como no caso das decisões aditivas). A declaração da inconstitucionalidade da norma, pelo que ela prevê, gera, então, uma omissão normativa ou um vácuo, que é tão ou mais danoso e violador da Constituição do que a própria norma declarada inconstitucional. Essa é justificativa para que, além de declarar a inconstitucionalidade, a Corte supra a omissão inconstitucional gerada por sua própria decisão. Nessa hipótese, a Corte declara "a inconstitucionalidade da disposição, na parte em que prevê 'X', em lugar de prever 'Y' para estar em conformidade com a Constituição". O conteúdo que se explicita que a norma deveria ter previsto, para estar de acordo com a Constituição, corresponde ao componente reconstrutivo do julgado" (BARROSO, Luís Roberto; MELLO, Patrícia Perrone Campos. *O papel criativo dos Tribunais*, *op. cit.*, p. 315).

92. BARROSO, Luís Roberto; MELLO, Patrícia Perrone Campos. *O papel criativo dos Tribunais*, *op. cit.*, p. 311.

> As decisões aditivas mais comuns são aquelas por meio das quais se procura sanar uma violação ao princípio da igualdade: quando determinado direito foi assegurado a um grupo de pessoas, sem que houvesse qualquer justificativa para não assegurá-lo, nos mesmos termos, a um grupo que foi excluído. Nesse caso, a decisão aditiva implicará uma manipulação do comando normativo quanto aos sujeitos beneficiários da norma. A manipulação é consequência da declaração de inconstitucionalidade da norma implícita (que não reconheceu o direito ao grupo excluído). Declarada a inconstitucionalidade da norma implícita, remove-se o obstáculo que impedia a extensão do programa normativo ao grupo prejudicado, produzindo-se uma adição".

Ou seja: o Supremo Tribunal Federal, efetivamente, declarou a inconstitucionalidade da Lei n. 7.716/89, na parte em que se omitiu[93] em prever expressamente a punição das condutas resultantes de discriminação ou preconceito por orientação sexual ou identidade ou expressão de gênero[94].

A previsão não poderia ser extraída do programa normativo do dispositivo, razão pela qual não comportava interpretação conforme à Constituição.

Entretanto, reconhecer a punibilidade dessas condutas de discriminação ou preconceito, em tais condições, era a única solução possível para superar a omissão parcial e compatibilizá-la com a Constituição, especificamente com o mandado de criminalização constante de seu art. 5º, XLI[95].

---

93. A situação de inconstitucionalidade, no caso, decorre de ter o Estado brasileiro deixado de adotar as medidas legislativas, que eram necessárias para tornar efetivos, operantes e exequíveis os próprios preceitos da Constituição. Ou seja: o Estado absteve-se de cumprir o dever de prestação que a Constituição lhe impôs. Desse *non facere* ou *non praestare*, resultou a inconstitucionalidade por omissão, que no caso é parcial, posto que a providência adotada é insuficiente.

94. Barroso e Mello noticiam que "as decisões construtivas (manipulativas) enfrentam múltiplas críticas na doutrina e na jurisprudência. Têm relevância entre elas, para o debate brasileiro, cinco conjuntos distintos de argumentos, relacionados ao respeito: (i) ao princípio democrático, (ii) ao princípio da separação dos poderes, (iii) ao equilíbrio orçamentário, bem como (iv) a argumentos consequencialistas, que debatem os resultados sistêmicos de conferir ao Judiciário o poder de manipular o conteúdo das leis que aprecia" (BARROSO, Luís Roberto; MELLO, Patrícia Perrone Campos. *O papel criativo dos Tribunais, op. cit.*, p. 319). Sobre o tema, *vide* GONÇALVES, Gabriel Accioly. *O desenvolvimento judicial do Direito*: construções, interpretação criativa e técnicas manipulativas. Rio de Janeiro: Lumen Juris, 2016.

95. Barroso e Mello, ao tratarem da decisão proferida pelo Supremo Tribunal Federal no julgamento da Ação Direta de Inconstitucionalidade n. 4.424 (ADI n. 4424, Plenário, Relator o Ministro Marco Aurélio, julgada em 9.2.2012), na qual decidiu a Corte que "a ação penal relativa a lesão corporal resultante de violência doméstica contra a mulher é pública incondicionada", ressaltam que do dispositivo da decisão constou que o Tribunal julgava "procedente a ação direta para, dando interpretação conforme aos arts. 12, I, e 16, ambos da Lei nº 11.340/2006, assentar a natureza incondicionada da ação penal". Para os autores, contudo, "a solução de atribuir à ação penal o caráter de ação pública incondicionada em hipótese alguma poderia ser extraída do programa normativo dos dispositivos

No ponto, vale mencionar que Jorge Miranda defende expressamente a adoção de decisões aditivas diante de "discriminações ou diferenciações infundadas, frente às quais a extensão do regime mais favorável se oferece, simultaneamente, como a decisão mais imediata para a sensibilidade colectiva e a mais próxima dos valores constitucionais". E conclui: "há imperativos materiais que se sobrepõem a considerações orgânico-funcionais"[96].

Já no que toca ao princípio da separação de poderes, argumenta que[97]:

> "O órgão de fiscalização não se comporta aqui como legislador, pois que não age por iniciativa própria, nem segundo critérios políticos; age em processo instaurado por outrem e vinculado aos critérios de interpretação e construção jurídica inerentes à hermenêutica constitucional".

19.15. A CONCRETIZAÇÃO JURISDICIONAL DE UM MANDADO CONSTITUCIONAL DE CRIMINALIZAÇÃO

O mandado constitucional de criminalização é um dever de prestação normativa em matéria penal, oriundo da instrumentalização contemporânea dos direitos fundamentais enquanto valores objetivos, orientadores do ordenamento jurídico, atuando a tutela penal como mandamento constitucional na teoria dos deveres estatais de proteção.

Desse modo,

> "O mandado de criminalização veicula, portanto, uma relação de natureza impositiva que tem como destinatário o legislador, a este competindo a criação de um abrigo normativo, de caráter jurídico-penal, estabelecendo os termos e os limites dessa tutela, a qual, se por uma lado não pode situar-se além do constitucionalmente permitido (proibição do excesso), tampouco se pode estabelecer aquém do constitucionalmente exigido (proibição de proteção deficiente)"[98].

A Constituição confere ao legislador amplas margens de ação para, em cumprimento a um mandado expresso de criminalização, avaliar as medidas adequadas e necessárias para efetiva proteção dos bens jurídicos cuja proteção penal impõe. Porém, uma vez que se ateste que não foram adotadas as medidas legislativas ou que as medidas adotadas não atendem

---

interpretados", e por isso não se tratou de interpretação conforme, mas sim de uma decisão construtiva substitutiva (BARROSO, Luís Roberto; MELLO, Patrícia Perrone Campos. *O papel criativo dos Tribunais*, *op. cit.*, p. 318).

96. MIRANDA, Jorge. *Manual de direito Constitucional*. Coimbra: Coimbra Editora, 2001, t. VI, p. 82.

97. *Idem*.

98. FELDENS, Luciano. *Art. 5º, inc. XLII*, *op. cit.*, p.420.

ao quanto imposto pela Constituição – o que poderá ser verificado com base no princípio da proibição de proteção deficiente (*Untermassverbote*) – pode (e deve) o Supremo Tribunal Federal suprimir, no exercício da jurisdição constitucional, essa omissão legislativa.

Esse entendimento supera então a visão do princípio da reserva legal em matéria penal como um *standard* ou limite absoluto a ser observado pela jurisdição constitucional[99].

Com isso, conclui-se que é legítima a solução concretista geral adotada pelo Supremo Tribunal Federal no julgamento do MI 4.733/ADO 26, caracterizada pela ideia de que, com a procedência do pedido está o Tribunal autorizado a adotar uma solução concreta visando suprir a omissão vergastada, editando regra geral, com eficácia contra todos, em verdadeiro exercício de regulamentação do caso concreto, até o fim da mora legislativa[100], tal como já havia feito, por exemplo, no julgamento dos MI's 670, 708 e 712.

De se notar que, assim atuando, a Corte Constitucional muito antes de atentar contra a separação dos poderes, na verdade presta-se à proteção da democracia através da salvaguarda "de direitos fundamentais e de normas que são imprescindíveis para a preservação do adequado funcionamento do processo democrático e que podem ser colocados em risco por ações ou omissões das instâncias majoritárias" [101].

A Constituição não é apenas expressão de um "ser", mas também de um "dever-ser". Ela é mais do que "o simples reflexo das condições fáticas de sua vigência, particularmente as forças sociais e políticas". A Constitui-

99. A questão da legitimidade democrática da jurisdição constitucional sob uma perspectiva substantiva, de proteção a direitos, é muito bem explorada nas seguintes obras: DWORKIN, Ronald. *Império do Direito*. São Paulo: Martins Fontes, 2003, pp. 271-331; DWORKIN, Ronald. *Uma questão de princípio*. São Paulo: Martins Fontes, 2000, pp. 80-103; ALEXY, Robert. *Direitos fundamentais no Estado Constitucional Democrático*. Para a relação entre direitos do homem, direitos fundamentais, democracia e jurisdição constitucional. Em: Revista de Direito Administrativo, n. 217, jul./set. 1999, pp. 55-66; ALEXY, Robert. *Teoria de los derechos fundamentales*. Centro de Estudios Constitucionales, 1993; e BARROSO, Luís Roberto. *Contramajoritário, representativo e iluminista*: os papéis das Cortes Constitucionais nas democracias contemporâneas. Em: Revista Direito e Práxis, v. 9, n. 4, 2018, pp. 2171-2228.

100. Registre-se a existência de posicionamento doutrinário do sentido de que "é preciso delimitar as hipóteses em que tais sentenças seriam inadmissíveis no ordenamento brasileiro, o que é o caso de sentenças que ingressem em espaço de reserva legal, como matéria criminal" (SOUZA, Luiz Henrique Boselli de. *As sentenças aditivas na jurisdição constitucional, op. cit.*, p. 116). No mesmo sentido: NOBRE JÚNIOR, Edílson Pereira. *Sentenças aditivas e o mito do legislador negativo*. Em: Revista de Direito Público, Porto Alegre, ano IV, n. 13, jul./ago./set.2006, pp. 71-73.

101. Cf. BARROSO, Luís Roberto; MELLO, Patrícia Perrone Campos. *O papel criativo dos Tribunais, op. cit.*, pp. 3021-322.

ção, graças à sua pretensão de eficácia, "procura imprimir ordem e conformação à realidade política e social"[102].

Por isso, ela também exerce "um papel transformador da sociedade, que é frustrado pela omissão inconstitucional, impeditiva da implementação de inúmeros direitos"[103].

Conforme leciona Souza[104]:

> "Um dos problemas mais desafiadores do direito na atualidade é o das omissões normativas inconstitucionais, impeditivas da plena eficácia dos direitos fundamentais previstos na Constituição Federal".

Por isso é que se mostra legítima a atuação jurisdicional que, cautelarmente, supera a omissão legislativa, através do reconhecimento da existência, no próprio ordenamento jurídico, de um poder implícito que autoriza essa atuação.

19.16. CONCLUSÃO

A ousada[105] decisão proferida pelo Suprem Tribunal Federal no julgamento do MI 4.733/ADO 26 representa a adoção de um novo paradigma no direito constitucional brasileiro, inédito no mundo, no sentido de que pode a Corte Constitucional, diante de um mandado expresso de criminalização existente na Constituição e não concretizado em tempo razoável pelo legislador ordinário, regular concretamente, e com efeitos gerais, a situação[106], até que sobrevenha o fim da mora legislativa.

102. HESSE, Konrad. *A força normativa da constituição*. Tradução Gilmar Ferreira Mendes. Porto Alegre: Sérgio Antonio Fabris Editor, 1991, p. 15.
103. SOUZA, Luiz Henrique Boselli de. *As sentenças aditivas na jurisdição constitucional, op. cit.*, p. 99.
104. *Idem*.
105. No ponto, vale mencionar a lição de Barroso e Mello: "Uma Corte suprema tem o dever de fazer valer a Constituição no máximo de suas potencialidades. Por outro lado, não deve presumir demais de si mesma, desconsiderando a deferência devida aos outros Poderes. Há um equilíbrio dinâmico entre esses dois vetores, que varia em função da conjuntura institucional e da realidade fática. O papel criativo dos tribunais, como quase tudo na vida, deve combinar prudências e ousadias, fazendo o rio da história avançar, mas sem deixá-lo transbordar de suas margens" (BARROSO, Luís Roberto; MELLO, Patrícia Perrone Campos. *O papel criativo dos Tribunais, op. cit.*, p. 331).
106. Por ter declarado tratar-se de uma interpretação conforme (mas não apenas por este motivo), a decisão proferida no julgamento do MI 4.733/ADO 26 tem "eficácia contra todos e efeito vinculante em relação aos órgãos do Poder Judiciário e à Administração Pública federal, estadual e municipal", nos termos do parágrafo único do art. 28 da Lei n. 9.868/1999. No ponto, importante registrar o magistério de Silva: "A interpretação conforme a constituição desempenha uma função de sutil legitimação da centralização da tarefa interpretativa – não só da constituição, mas de todas

A identificação do exercício deste papel criativo pelo Supremo Tribunal Federal, neste caso concreto, a nosso ver, contribui para uma melhor compreensão do processo decisório da Corte de uma forma geral, o que nos dá a oportunidade de fazer um debate sincero e desmistificado da sua atuação.

---

as leis – nas mãos do Supremo Tribunal Federal. O parágrafo único do art. 28 da Lei 9.868/1999 prescreve que as declarações de constitucionalidade, inclusive a interpretação conforme a constituição, têm eficácia contra todos e efeito vinculante em relação aos órgãos do Poder Judiciário e à Administração Pública federal, estadual e municipal. Quais as consequências desse dispositivo? Elas são muito maiores do que se costuma crer. Basta que o Supremo Tribunal Federal dê o nome de interpretação conforme a constituição a qualquer esclarecimento de significado de qualquer termo de qualquer dispositivo legal (...) para que qualquer interpretação divergente, ainda que seja também no sentido de manter a constitucionalidade de uma lei, torne-se impossível. Com isso, o Supremo Tribunal Federal não somente desempenha sua função de guardião da constituição de forma cada vez mais centralizada, como passa a ter a possibilidade quase que ilimitada de excluir qualquer 'desobediência' interpretativa por parte de quase todos os órgãos estatais" (SILVA, Virgílio Afonso da. *Interpretação conforme a Constituição*: entre a trivialidade e a centralização judicial. Em: Revista Direito GV, Vol. 2, n. 1, jan-jun 2006, pp. 204-205). O efeito vinculante das decisões aditivas, contudo, é duramente criticado por setores da doutrina (*Vide* MEDEIROS, Rui. *A decisão de inconstitucionalidade*: os autores, o conteúdo e os efeitos da decisão de inconstitucionalidade da lei. Lisboa: Universidade Católica Editora, 1999, p. 478).

20

LIMINAR, SENTENÇA, COISA JULGADA E RECURSOS EM MANDADO DE INJUNÇÃO

Leonardo de Menezes Curty[1]

20.1. A LIMINAR NO MANDADO DE INJUNÇÃO

A discussão a respeito da possibilidade de concessão da medida liminar nos processos de Mandado de Injunção é extremamente vasta, tanto na doutrina quanto na jurisprudência do Supremo Tribunal Federal.

Em princípio, pelo menos a partir da Lei 13.300/2016, a resposta à pergunta sobre a possibilidade de medida liminar nos processos injuncionais seria de resposta simples e imediata, de maneira afirmativa.

Não obstante o texto legal seja silente quanto à possibilidade, a conjugação do que estabelece o art. 14 do diploma com a Lei do Mandado de Segurança (12.016/09) e o Código de Processo Civil de 2015 resulta na garantia de que o pleito do autor do Mandado de Injunção poderia ser antecipado liminarmente pelo Juízo competente para julgamento da demanda.

Basta ver que o art. 7º, I da Lei 12.016/09 trata da concessão da medida liminar nas ações de Mandado de Segurança e o Código de Processo Civil de 2015, como se sabe, possui livro dedicado exclusivamente às Tutelas Provisórias.

No geral, esse é o caminho seguido pela doutrina. De maneira ilustrativa podemos utilizar as palavras do procurador do Município de Maceió, José Tenório Nunes Filho[2], em artigo dedicado exclusivamente ao tema das liminares nos Mandados de Injunção, no qual o autor arrola doutrina

---

1. Assessor do Ministro Luiz Fux no Supremo Tribunal Federal. Procurador da Fazenda Nacional. Pós graduado em Direito Tributário pela PUC/MG e em Administração Pública pela FGV/SP.

2. FILHO, José Tenório Nunes. *Medida Liminar no Processo Injuntivo Constitucional para a Efetividade da Constituição*. Revista de Processo | vol. 288/2019 | p. 473 - 494 | Fev / 2019 | DTR\2019\58.

de escol, para afirmar, com aspas a Hely Lopes Meirelles, Arnoldo Wald e Gilmar Ferreira Mendes, que:

> *Entendemos cabível, eventualmente, até mesmo a medida liminar como providência cautelar para evitar lesão a direito do impetrante do mandado de injunção, desde que haja possibilidade de dano irreparável de se aguardar decisão final da Justiça. Se tal medida é cabível para a defesa de direito individual ou coletivo amparado por lei ordinária, com mais razão há de ser para proteger os direitos e prerrogativas constitucionais asseguráveis pelo mandado de injunção, desde que ocorram os pressupostos fumus boni iuris e periculum in mora.*

Acontece que a jurisprudência do Supremo Tribunal Federal, forjada bem antes do advento da Lei 13.300/2016, não caminha por essa mesma trilha.

Buscando as origens do entendimento da Suprema Corte relativamente à impossibilidade de concessão da medida liminar no processo de Mandado de Injunção, a restrição parece residir exatamente na natureza do provimento jurisdicional concedido ao impetrante no remédio constitucional.

A pesquisa aos diversos casos de Mandado de Injunção julgados pela Corte, desde o *leading case* materializado no MI 107, Plenário, rel. min. Moreira Alves, j. 31.10.1990, aponta para o fato de que a adoção de uma linha não concretista, inicialmente seguida pelo Tribunal, prejudicava a possibilidade de concessão da tutela em sede liminar.

A decisão monocrática proferida pelo Ministro Celso de Mello nos autos do MI 542/MC, j. 21.10.1996, bem resume essa linha de pensamento:

> *Existe, porém, uma outra razão que impede a concessão "initio litis" da providência em causa. A jurisprudência do Supremo Tribunal Federal - tendo presente a natureza da decisão injuncional (RTJ 133/11, Rel. Min. MOREIRA ALVES) – tem reputado incabível, em sede de mandado de injunção, a outorga de providência de natureza cautelar, especialmente quando o alcance desta ultrapassa os limites em que se deve conter o pronunciamento final do órgão judiciário (MI 335-DF, Rel. Min. CELSO DE MELLO).*
>
> *Indefiro, pois, o pedido de medida liminar.*

Já em 2004 o Tribunal colecionava mais de um punhado de precedentes no mesmo sentido da impossibilidade de concessão da tutela liminar em sede de Mandado de Injunção, o que, por analogia, se aplicava ao deferimento de medida cautelar incidental àquele procedimento. O acórdão no Agravo Regimental da Ação Cautelar nº 124/PR, Pleno, rel. min. Marco Aurélio, j. 23.09.2004 é representativo desse momento:

MANDADO DE INJUNÇÃO - LIMINAR. Os pronunciamentos da Corte são reiterados sobre a impossibilidade de se implementar liminar em mandado de injunção - Mandados de Injunção nºs 283, 542, 631, 636, 652 e 694, relatados pelos ministros Sepúlveda Pertence, Celso de Mello, Ilmar Galvão, Maurício Corrêa, Ellen Gracie e por mim, respectivamente. AÇÃO CAUTELAR - LIMINAR. Descabe o ajuizamento de ação cautelar para ter-se, relativamente a mandado de injunção, a concessão de medida acauteladora.

(AC 124 AgR, Relator(a): Min. MARCO AURÉLIO, Tribunal Pleno, julgado em 23/09/2004, DJ 12-11-2004 PP-00006 EMENT VOL-02172-01 PP-00001 RT v. 94, n. 832, 2005, p. 153-154 RJADCOAS v. 6, n. 63, 2005, p. 35-36)

Acontece que nesta época a Corte já havia avançado algumas casas na adoção de um entendimento mais concretista na concessão da ordem em processos de Mandado de Injunção. Em excelente escorço feito por Gilmar Mendes e Paulo Branco[3], apura-se a evolução do entendimento da Corte, que, no início dos anos 2.000, já se inclinava por atribuir à decisão nos processos de Mandado de Injunção caráter mais normativo. Transcrevemos trecho do relato daqueles juristas:

Percebe-se que, sem assumir compromisso com o exercício de uma típica função legislativa, o Supremo Tribunal Federal afastou-se da orientação inicialmente perfilhada, no que diz respeito ao mandado de injunção.

As decisões proferidas nos Mandados de Injunção n. 283 (Rel. Sepúlveda Pertence), 232 (Rel. Moreira Alves) e 284 (Rel. Celso de Mello) sinalizam para uma nova compreensão do instituto e a admissão de uma solução "normativa" para a decisão judicial.

Assim, no caso relativo à omissão legislativa quanto aos critérios de indenização devida aos anistiados (art. 8º do ADCT), o Tribunal entendeu que, em face da omissão, os eventuais afetados poderiam dirigir-se diretamente ao juiz competente que haveria de fixar o montante na forma do direito comum [Nesse sentido, verificar MI 562, Rei. Min. Ellen Gracie, DJ de 20-6-2003; v. também: MI 543 / DF, Rel. Min. Octavio Gallotti, DJ de 24-5-2002.]. Em outro precedente relevante, considerou-se que a falta de lei não impedia que a entidade beneficente gozasse da imunidade constitucional expressamente reconhecida[Cf. MI 679, Rei. Min. Celso de Mello, de 1 7- 1 2-2002.].

Ressalte-se, por fim, o julgamento do MI 758, quando o Supremo Tribunal assentou, por unanimidade, o cabimento da aplicação analógica do art. 57, § lº, da Lei n. 8.213/91, visando regular o quanto disposto no § 4º do art. 40 da Constituição Federal.

3. MENDES, Gilmar Ferreira e BRANCO, Paulo Gustavo Gonet. *Curso de Direito Constitucional*. 10ª. Edição Revista e Atualizada. Ed. Saraiva:2015. Página 1.229.

Apesar das diversas mudanças operadas no entendimento da Corte a respeito da ação, fato é que o entendimento pelo não cabimento da concessão da medida liminar nos mandados de injunção se mantém. Podemos citar recente decisão monocrática do Min. Edson Fachin, datada de 19.12.2019. Veja-se:

> *A jurisprudência desta Corte é firme quanto à impossibilidade de concessão de medida liminar em sede de mandado de injunção. Confiram-se, a propósito, os seguintes precedentes: AC nº 124, Rel. Min. Marco Aurélio, Tribunal Pleno, DJ 12.11.2004, MI 7069 MC, Rel. Min. Luiz Fux, DJe 13.12.2018, MI nº 6938 MC, Rel. Min. Rosa Weber, DJe 11.06.2018 e MI 7052 MC, Rel. Min. Cármen Lúcia, DJe 04.12.2018.*

Importante mencionar que os efeitos da decisão prolatada nos processos de Mandado de Injunção restaram positivados no art. 8º da Lei 13.300/16 nos seguintes termos:

> *Art. 8º Reconhecido o estado de mora legislativa, será deferida a injunção para:*
>
> *I - determinar prazo razoável para que o impetrado promova a edição da norma regulamentadora;*
>
> *II - estabelecer as condições em que se dará o exercício dos direitos, das liberdades ou das prerrogativas reclamados ou, se for o caso, as condições em que poderá o interessado promover ação própria visando a exercê-los, caso não seja suprida a mora legislativa no prazo determinado.*

De se ver que a disposição não serviu para fundamentar alteração de entendimento do Supremo Tribunal Federal a respeito do pedido de liminar. Em recentes decisões, o Min. Luís Roberto Barroso aponta o advento da legislação relativa ao instituto, mas reconhece que o fato não foi suficiente para uma mudança de posicionamento na Suprema Corte. Mencionamos decisão monocrática proferida nos autos do MI 7.248, j. 18.11.2019:

> 5. Em segundo lugar, esta Corte, na vigência da Lei nº 13.300/2016, vem mantendo o entendimento de ser incabível a concessão de medida liminar em mandado de injunção (AC 124 AgR, Rel. Min. Marco Aurélio; MI 6.831-MC, Rel. Min. Ricardo Lewandowski; MI 6.813-MC, Rel. Min. Luiz Fux; MI 5.657-MC, Relª. Minª. Cármen Lúcia; MI 6.632-MC, Rel. Min. Marco Aurélio; e MI 6.628-MC, Rel. Min. Dias Toffoli).

Neste cenário, fica evidente que o atual estágio da jurisprudência do Supremo Tribunal Federal se distancia da construção doutrinária que entende pela viabilidade da concessão da medida liminar nos processos de Mandado de Injunção. Prevalece na Corte jurisprudência já cristalizada no sentido de que a concessão liminar da tutela não é compatível com o remédio constitucional do Mandado de Injunção. Além das decisões já citadas podemos mencionar ainda as seguintes monocráticas: MI 5783 MC, rel. min. Dias Toffoli, j. 01.07.13; MI 6550 MC, rel. Min. Luiz Fux, j. 08.10.2015; MI 6458 MC, rel. Min. Cármen Lúcia, j. 30.11.2014.

20.2. A SENTENÇA NO MANDADO DE INJUNÇÃO

Atualmente já está pacificado no âmbito do Supremo Tribunal Federal que a sentença prolatada no processo de Mandado de Injunção ostenta força mandamental em seus comandos. Nesse sentido: MI 758, Pleno, rel. Min. Marco Aurélio, julgado em 01.07.2008.

Remetendo-nos mais uma vez à evolução do entendimento da Suprema Corte acerca dos efeitos da decisão proferida no *writ* injuncional, pode-se dizer, com base no atual estado da jurisprudência, que o provimento jurisdicional exauriente proferido em Mandado de Injunção contém carga eminentemente normativa, autoaplicável e executável.

Como observam Eduardo Cambi, Adriane Haas e Nicole Schmitz[4] em artigo específico sobre o Mandado de Injunção:

> *A decisão judicial que defere o mandado de injunção não se limita a declarar a omissão, mas pode regulamentar o exercício do direito, da liberdade ou da prerrogativa perseguido pela injunção. Por isso, possuir caráter mandamental.60*
>
> *Por outro lado, reconhecer a injunção cunho de ação meramente declaratória seria assemelhar os efeitos de tal ação constitucional os mesmos produzidos na ação direta de declaração de inconstitucionalidade por omissão.61 A mera equiparação do mandado de injunção à ação direta de inconstitucionalidade por omissão esvazia a verdadeira natureza do instituto, afastando a sua finalidade constitucional.62*
>
> *Tendo natureza mandamental, o mandado de injunção não possui caráter condenatório, não se prestando a condenar o ente legislativo (v.g., o Presidente da República ou o Congresso Nacional) ao cumprimento de obrigação pecuniária.63*
>
> *Ademais, como nem a Constituição Federal nem a Lei 13.300/2016 preveem a possibilidade do cabimento de meio coercitivo, para impor o cumprimento de obrigação de fazer, bem como por tal ordem judicial poder representar violação ao princípio da separação de poderes, o Supremo Tribunal Federal não tem admitido a imposição de multa diária como meio de suprir a omissão inconstitucional.64*

A questão da multa diária a que se referem os autores está posta no voto do Min. Maurício Corrêa nos autos do MI 485 nos seguintes termos:

---

4. CAMBI, Eduardo, HAAS, Adriane e SCHMITZ, Nicole. *Mandado de injunção: considerações sobre a lei 13.300/2016*. Revista de Processo | vol. 273/2017 | p. 287 - 322 | Nov / 2017 | DTR\2017\6548.

Afigura-se também improcedente o pedido para que seja imposta multa diária ao Congresso Nacional, enquanto este não cumprir a obrigação de fazer. A Constituição Federal não autoriza tal procedimento, que, ademais, se constituiria em violação ao princípio da separação entre os poderes.

Em linha com os articulistas citados, temos que a característica mandamental da sentença proferida no Mandado de Injunção foi ratificada pelo art. 8º da Lei 13.300/2016, especialmente pelo seu inciso II, já transcrito linhas atrás, segundo o qual a própria decisão estabelecerá as condições em que se dará o exercício dos direitos, das liberadas e das prerrogativas reclamados quando o órgão responsável pela implementação, malgrado instado por meio do Mandado de Injunção, não promove seu dever no prazo assinalado.

Aspecto interessante que merece um exame acurado do estudioso das questões relativas ao Mandado de Injunção diz respeito à definição dos órgãos responsáveis para a prolação dessa decisão mandamental que implementará as prerrogativas devidas ao cidadão a depender do caso concreto.

A Constituição preocupou-se em estabelecer os órgãos do Poder Judiciário competentes para exercer a jurisdição no caso concreto. A Lei Maior elencou, de maneira expressa, a competência apenas do Supremo Tribunal Federal e do Superior Tribunal de Justiça para julgar os Mandados de Injunção:

Art. 102. Compete ao Supremo Tribunal Federal, precipuamente, a guarda da Constituição, cabendo-lhe:

I - processar e julgar, originariamente:

(...)

q) o mandado de injunção, quando a elaboração da norma regulamentadora for atribuição do Presidente da República, do Congresso Nacional, da Câmara dos Deputados, do Senado Federal, das Mesas de uma dessas Casas Legislativas, do Tribunal de Contas da União, de um dos Tribunais Superiores, ou do próprio Supremo Tribunal Federal;

Art. 105. Compete ao Superior Tribunal de Justiça:

I - processar e julgar, originariamente:

(...)

h) o mandado de injunção, quando a elaboração da norma regulamentadora for atribuição de órgão, entidade ou autoridade federal, da administração direta ou indireta, excetuados os casos de competência do Supremo Tribunal Federal e dos órgãos da Justiça Militar, da Justiça Eleitoral, da Justiça do Trabalho e da Justiça Federal;

Não obstante, vê-se que as disposições constitucionais abrem a possibilidade de o Mandado de Injunção ser impetrado junto às justiças militar, trabalhista e federal comum, não obstante as situações para tanto sejam menos corriqueiras.

Especificamente a respeito da Justiça Federal Comum algum elemento de dúvida pode surgir se considerarmos que os arts. 108 e 109 da Lei Maior mencionam os *habeas data, habeas corpus* e mandados de segurança, mas não fazem referência aos mandados de injunção. Samuel Sales Fonteles[5] resume a pequena polêmica citando doutrina específica, mas apontando a solução a partir de precedentes do Supremo Tribunal Federal. Apenas arrematando o busílis com o argumento da Suprema Corte, vale citarmos o precedente mencionado pelo autor:

> *EMENTA: Mandado de injunção: omissão normativa imputada a autarquia federal (Banco Central do Brasil): competência originária do Juiz Federal e não do Supremo Tribunal, nem do Superior Tribunal de Justiça: inteligência da ressalva final do art. 105, I, h, da Constituição.*
>
> *(MI 571 QO, Relator(a): Min. SEPÚLVEDA PERTENCE, Tribunal Pleno, julgado em 08/10/1998, DJ 20-11-1998 PP-00005 EMENT VOL-01932-01 PP-00041)*

Também não se encontra no Texto Constitucional a possibilidade expressa de julgamento de Mandados de Injunção pelas Justiças Estaduais nos casos em que a Constituição do Estado prevê o instituto. O Ministro Luís Roberto Barroso[6] se ocupa de descrever tal possibilidade, tendo o cuidado de apontar que todos os estados da federação incluíram em suas Constituições a possibilidade do manejo do *mandamus* nos casos de omissão legislativa da autoridade estadual. Transcrevemos:

> *Observados os parâmetros do Texto Constitucional, podem as Constituições dos Estados instituir mandado de injunção no plano estadual, como aliás fizeram à unanimidade. A competência, nesse caso, tende a recair nos Tribunais de Justiça em consonância com o modelo federal de concentração do julgamento da ação nos tribunais. Mas não haveria inconstitucionalidade ao atribui-la a juízes de primeiro grau em determinadas hipóteses, notadamente quando a omissão fosse em relação a norma municipal.*

Nestes termos, a decisão exauriente (sentença ou acórdão) a ser proferida no Mandado de Injunção conta com uma miríade considerável de

---

5. FONTELES, Samuel Sales. *Remédios Constitucionais.* 4ª Edição. Editora Juspodivm: 2019. Página 123.
6. BARROSO, Luís Roberto. *O Controle de Constitucionalidade no Direito Brasileiro.* 8ª. Edição. Editora Saraiva: 2019. Página 187.

sujeitos competentes para exará-la. Tudo, evidentemente, dependerá "do Poder, órgão ou autoridade com atribuição para editar a norma regulamentadora", conforme define o art. 3º. da Lei 13.300/16 ao tratar da legitimidade passiva para o *mandamus.*

20.3. A COISA JULGADA NO MANDADO DE INJUNÇÃO

Não é possível tratarmos da coisa julgada no Mandado de Injunção sem mais uma vez fazermos breve referência à evolução do entendimento do Supremo Tribunal Federal a respeito dos efeitos da decisão a ser prolatada nesta espécie de remédio constitucional.

Além disso, a avaliação do tema deve transitar pela redação de alguns dispositivos da Lei 13.300/2016 que, claramente inspirados nos precedentes do Supremo sobre a matéria, trouxeram a regulamentação de diversos aspectos relacionados à coisa julgada formada no âmbito do Mandado de Injunção.

Como já afirmamos, houve uma mudança significativa do entendimento do STF a respeito dos efeitos da decisão proferida em sede de Mandado de Injunção. De um papel meramente "pedagógico" do instituto, que se resumiria a uma notificação do Poder omisso para que tomasse as providências exigidas pela Constituição, para um efeito normativo atribuído ao *writ*, a jurisprudência da Corte se construiu de um ementário considerável de decisões em mandados de injunção. Historiando o fenômeno, o Ministro Luís Roberto Barroso[7] define o ponto de virada do entendimento no *leading case* em que o Tribunal examinou pedido injuncional relativo à omissão do Poder Legislativo quanto ao seu dever de regulamentar a greve dos servidores públicos. Nas palavras do autor:

> *Por fim, vale destacar que a partir do final de 2007, o STF parece haver cedido aos apelos da doutrina dominante, conferindo efetividade ao mandado de injunção. A mudança se deu em questão envolvendo o direito de greve do servidor público, previsto no art. 37, VII da Constituição Federal, que exige a edição de lei específica para disciplinar o tema. Diante da inexistência de lei, o STF vinha entendendo que o referido direito não poderia ser exercitado pelos servidores. A Corte já havia, inclusive, conhecido de mandados de injunção relativos ao tema, decidindo, porém, pela impossibilidade de suprir a lacuna deixada pela omissão do legislador. A mudança ocorreu no julgamento dos Mandados de Injunção n. 670, 708 e 712, tendo o Tribunal decidido pela aplicação analógica da lei que regula o direito de greve dos empregados da iniciativa privada (Lei n. 7.783/89).*

---

7. *Ob. Cit.* Página 205.

De se ver que nove anos depois dessa guinada na jurisprudência da Suprema Corte foi editada a Lei 13.300/2016, que, em verdade, elegeu um sistema híbrido para a definição dos efeitos da decisão no Mandado de Injunção.

Conforme já transcrevemos, o art. 8º., I daquele ato legal estabelece que ao órgão judicante cabe em primeiro lugar notificar a autoridade faltosa com seu dever de regulamentar para que, em prazo razoável, exerça a competência que a Constituição lhe impõe.

O inciso II do mesmo dispositivo atribui ao Judiciário a possibilidade de intervenção direta no exercício de competência da autoridade (injunção) apenas na hipótese de desídia em relação à ordem inicialmente deferida.

O parágrafo único do mesmo artigo 8º. complementa o sistema ao prever que a notificação inicial é dispensada quando a autoridade já sofrera dito procedimento em mandado de injunção anterior.

Da leitura das disposições é inegável que o caráter normativo da decisão proferida no Mandado de Injunção está positivado em nosso sistema jurídico. Malgrado a exigência de prévia constituição em mora por decisão judicial do Poder faltoso, fato é que a lei consagrou a postura já adotada pelo STF de intervir no sistema jurídico para, nas palavras do legislador, *"estabelecer as condições em que se dará o exercício dos direitos, das liberdades ou das prerrogativas reclamados ou, se for o caso, as condições em que poderá o interessado promover ação própria visando a exercê-los"*.

Disso deflui que algumas características da coisa julgada formada no âmbito dos processos de Mandado de Injunção carecem de um exame um pouco mais aprofundado. É que a atribuição das condições para o exercício do direito pelo próprio Poder Judiciário pode ocasionar um transbordamento dos limites daquela coisa julgada, principalmente em seu aspecto subjetivo, a depender dos direitos, liberdades e prerrogativas em discussão.

A Lei 13.300/2016 não se furtou a enfrentar a questão, estabelecendo em seu art. 9º., *caput*, que:

> *Art. 9º A decisão terá eficácia subjetiva limitada às partes e produzirá efeitos até o advento da norma regulamentadora.*

Em verdade, a lei apenas repetiu o que a doutrina classifica como uma *teoria concretista individual* para as decisões proferidas em sede de Mandado de Injunção. Para essa linha de pensamento, o caráter normativo do qual é dotada a decisão judicial deve alcançar apenas as partes que compuseram o processo judicial específico.

Essa corrente, do efeito *inter partes*, é, portanto, a regra para os Mandados de Injunção, o que já foi inclusive reconhecido em julgados do Supremo Tribunal Federal. Podemos mencionar a Rcl 13198 AgR-segundo, Tribunal Pleno, rel. Min. Cármen Lúcia, j. 25.04.2014 e o MI 3564 AgR, Tribunal Pleno, rel. Min. Ricardo Lewandowski, j. 18.11.2013.

Excepcionando a regra geral do efeito *inter partes*, um primeiro aspecto que podemos abordar é a discussão quanto ao cabimento do Mandado de Injunção Coletivo. É certo que o Texto Constitucional, ao contrário do que estabeleceu para o Mandado de Segurança, não previu a possibilidade de impetração do Mandado de Injunção por partido político, organização sindical ou associação (art. 5º, LXX). Não obstante, a jurisprudência já consolidada do Supremo Tribunal Federal construiu tal possibilidade em aplicação analógica às disposições do Mandado de Segurança Coletivo. Ilustrando o entendimento, podemos citar o MI 102, Tribunal Pleno, rel. Min. Marco Aurélio, rel. para acórdão Min. Carlos Velloso, j. 25.10.2002.

O Ministro Luís Roberto Barroso[8] expressa a legitimação ativa para o Mandado de Injunção com a didática que lhe é característica. *Verbis*:

> *A legitimação ativa para impetração da medida não destoa da regra geral tem-na o titular do direito cujo exercício está obstado por falta de norma regulamentadora. Também as entidades de classe ou associativas e os sindicatos, substituindo processualmente seus membros ou filiados, a exemplo do que ocorre no mandado de segurança coletivo (CF, art. 5º, LXX), poderão ajuizar a ação de mandado de injunção. Os partidos políticos com representação no Congresso Nacional têm igualmente legitimidade para defender direitos, liberdades e prerrogativas dos seus integrantes, bem como questões relacionadas com a finalidade partidária por meio do mandado de injunção coletivo.*

Ainda no sentido dos limites subjetivos da coisa julgada, valemo-nos das palavras do Ministro para dizer da possibilidade de impetração do *mandamus* também quando estejam em jogo direitos humanos e direitos difusos, naturalmente, situações que ultrapassam os limites individuais da causa:

> *Sendo difusos ou coletivos os interesses a serem protegidos, poderá o Ministério Público promover o mandado de injunção (Lei Complementar n. 75/93, art. 6º, VIII). Além desses legitimados também a Defensoria Pública pode propor mandado de injunção para a defesa de direitos humanos e de direitos coletivos (CF, art. 5º LXXIV).*

8. *Ob. Cit.* Página 188.

Diante deste quadro, a Lei 13.300/2016 apenas positivou a situação do Mandado de Injunção Coletivo a partir do entendimento que já vinha consolidado, tanto em âmbito jurisprudencial quanto doutrinário. O art. 12 ostenta a seguinte redação:

> *Art. 12. O mandado de injunção coletivo pode ser promovido:*
>
> *I - pelo Ministério Público, quando a tutela requerida for especialmente relevante para a defesa da ordem jurídica, do regime democrático ou dos interesses sociais ou individuais indisponíveis;*
>
> *II - por partido político com representação no Congresso Nacional, para assegurar o exercício de direitos, liberdades e prerrogativas de seus integrantes ou relacionados com a finalidade partidária;*
>
> *III - por organização sindical, entidade de classe ou associação legalmente constituída e em funcionamento há pelo menos 1 (um) ano, para assegurar o exercício de direitos, liberdades e prerrogativas em favor da totalidade ou de parte de seus membros ou associados, na forma de seus estatutos e desde que pertinentes a suas finalidades, dispensada, para tanto, autorização especial;*
>
> *IV - pela Defensoria Pública, quando a tutela requerida for especialmente relevante para a promoção dos direitos humanos e a defesa dos direitos individuais e coletivos dos necessitados, na forma do inciso LXXIV do art. 5º da Constituição Federal.*
>
> *Parágrafo único. Os direitos, as liberdades e as prerrogativas protegidos por mandado de injunção coletivo são os pertencentes, indistintamente, a uma coletividade indeterminada de pessoas ou determinada por grupo, classe ou categoria.*

Apesar da clara expressão do Mandado de Injunção Coletivo posta na Lei 13.300/2016, fato é que a teoria concretista individual acerca dos efeitos do provimento jurisdicional não sucumbe *de per si.* É que as ações coletivas também podem ter o alcance limitado a depender do direito em discussão e mesmo das partes envolvidas. Samuel Sales Fonteles[9] faz boa ilustração desse raciocínio, que, em um primeiro momento pode parecer contraditório, mas em verdade é decorrência do entendimento majoritário perfilhado sobre a matéria:

> *Assim, desde que o impetrante seja pessoa física (e não um sindicato ou associação), os efeitos da decisão não ultrapassarão as fronteiras do impetrante, único favorecido pelo provimento jurisdicional. Aliás, basta raciocinar um pouco para constatar que até mesmo os efeitos* ultra partes, *nos mandados de injunção coletivos, confirmam a corrente concretista individual. Isso por uma razão muito simples: se a decisão do mandado de injunção realmente fosse de caráter geral, seus efeitos deveriam ser* erga omnes *e não meramente* ultra partes.

9. *Ob. Cit.* Página 120.

A questão não escapou à regulamentação legal. Se o art. 12 da Lei 13.300/2016 prevê a possibilidade do Mandado de Injunção Coletivo, o art. 13 do mesmo diploma não se furta a tratar da limitação em pauta. Mais uma vez o texto legal:

> *Art. 13. No mandado de injunção coletivo, a sentença fará coisa julgada limitadamente às pessoas integrantes da coletividade, do grupo, da classe ou da categoria substituídos pelo impetrante, sem prejuízo do disposto nos §§ 1º e 2º do art. 9º.*
>
> *Parágrafo único. O mandado de injunção coletivo não induz litispendência em relação aos individuais, mas os efeitos da coisa julgada não beneficiarão o impetrante que não requerer a desistência da demanda individual no prazo de 30 (trinta) dias a contar da ciência comprovada da impetração coletiva.*

Não se deve olvidar da exceção a que alude o *caput* do art. 13. Dispositivo de fundamental importância na análise dos efeitos da coisa julgada no Mandado de Injunção é justamente o art. 9º da Lei 13.300/2016.

Ali o legislador deixa muito claro que, não obstante as limitações que fez constar quanto aos efeitos *inter partes* do provimento jurisdicional, há situações em que a proteção ao direito vindicado extrapolará qualquer limite de partes ou substitutos processuais. Em tais situações, os efeitos da decisão serão *ultra partes* e *erga omnes*. Veja-se:

> *Art. 9º A decisão terá eficácia subjetiva limitada às partes e produzirá efeitos até o advento da norma regulamentadora.*
>
> *§ 1º Poderá ser conferida eficácia ultra partes ou erga omnes à decisão, quando isso for inerente ou indispensável ao exercício do direito, da liberdade ou da prerrogativa objeto da impetração.*
>
> *§ 2º Transitada em julgado a decisão, seus efeitos poderão ser estendidos aos casos análogos por decisão monocrática do relator.*

As hipóteses de efeitos *ultra partes* ou *erga omnes* não são novidade nos Mandados de Injunção julgados pelo Supremo Tribunal Federal. Um caso extremamente emblemático da situação foi julgado recentemente, posterior mesmo à edição da Lei 13.300/2016. Cuida-se do MI 4.733, rel. Min. Edson Fachin, julgado em 13 de junho de 2019, mas cujo acórdão ainda pende de publicação. Neste feito, a Corte deferiu a ordem para aplicar, com efeitos prospectivos, até que o Congresso Nacional venha a legislar a respeito, a Lei nº 7.716/89, a fim de estender a tipificação prevista para os crimes resultantes de discriminação ou preconceito de raça, cor, etnia, religião ou procedência nacional à discriminação por orientação sexual ou identidade de gênero.

Trata-se, na espécie, de Mandado de Injunção Coletivo, ajuizado pela Associação Brasileira de Gays, Lésbicas e Transgêneros - ABGLT, mas cujo provimento jurisdicional transborda o limite dos associados da entidade impetrante. Evidente que em caso de crime cometido com fundamento em orientação sexual ou identidade de gênero, independentemente de a vítima ser integrante da ABGLT, a punição se dará nos moldes estabelecidos pela Suprema Corte em injunção ao papel do Congresso Nacional. O caso representa tipicamente a situação em que, a partir do direito envolvido, os efeitos do provimento, para além de *ultra partes* se dará *erga omnes.*

Dessas premissas pode-se extrair que o elemento determinante para que o órgão judicante promova a normatização geral e abstrata da situação está diretamente relacionada ao direito agredido pela omissão do Poder constitucionalmente responsável pela proteção daquele.

Mister destacar que o exercício da competência normativa do poder judicante cessará quando o Congresso Nacional adimplir com sua obrigação constitucional de disciplinar o exercício do direito objeto de proteção.

Uma abordagem que permeou o Mandado de Injunção quando de sua inclusão no Texto Constitucional diz respeito justamente a essa força normativa geral e abstrata atribuída à decisão jurisdicional nos casos de omissão de outros Poderes, especialmente o Legislativo. É possível que esse tenha sido o principal fundamento para a timidez da jurisprudência do Supremo Tribunal Federal nos primeiros Mandados de Injunção julgados pela Corte.

Entretanto, atualmente a injunção do Poder Judiciário para situações do tipo conta com o absoluto respaldo doutrinário. Fundamenta-se a legitimidade dessa postura no fato de se tratar justamente de um remédio constitucional cuja efetividade deve ser elevada a seu máximo grau. Além disso, é inegável o fato de que a omissão legislativa limita, de maneira inconstitucional, a prerrogativa de exercício de um direito ou liberdade consagrado pela Constituição, o que demanda a intervenção judicial. Finalmente, ainda como argumento a favor da intervenção normativa por meio de decisão judicial, deve se apontar que a regulamentação é transitória, sendo sempre possível ao Poder omisso retomar sua competência exercendo o mister que lhe foi atribuído da maneira que entender mais consentânea com os objetivos constitucionais.

Mais uma vez as palavras do Ministro Luís Roberto Barroso[10] engalanam o raciocínio:

> *Ainda em relação ao tema, cabe uma observação acerca da legitimidade do estabelecimento judicial de um regramento temporário nos casos de omissão legislativa. Tal possibilidade não deve ser vista como violação à separação dos Poderes por pelo menos dois motivos. Em primeiro lugar, pelo fato de a própria Constituição ter instituído o mandado de injunção para o controle das omissões inconstitucionais, sendo certo que doutrina já defendida que o efeito normal da decisão deveria ser o suprimento da omissão. A atribuição de eficácia geral à disciplina temporária assim instituída confere racionalidade ao sistema e tutela a isonomia, evitando que situações semelhantes recebam tratamentos distintos por motivos diversos. Em segundo lugar veja-se que os poderes constituídos em geral, incluindo o legislador, estão submetidos à Constituição. No caso, o principal fator de legitimação da atuação do Judiciário é a omissão de outro Poder, que tinha como efeito a paralisação da eficácia de normas constitucionais. O provimento do mandado de injunção serve justamente para evitar a eternização dessa situação de desrespeito à força normativa da Constituição. A adoção de um regime temporário não impede a atuação superveniente do Poder omisso, que pode abandonar a inércia e dar ao tema tratamento específico, afastando o regime que haja sido instituído pelo Judiciário.*

Outra situação prevista em lei que também é reflexo do que vem sendo decidido pelo Supremo Tribunal Federal em Mandados de Injunção diz com a possibilidade de extensão dos efeitos da decisão prolatada no *mandamus* originário para outros casos análogos por decisão monocrática do relator (art. 9º., § 2º. da Lei 13.300/2016).

Há um precedente emblemático da Suprema Corte, MI 795, Tribunal Pleno, rel. Min. Cármen Lúcia, julgado em 15 de abril de 2009, que trata exatamente dessa possibilidade.

No mérito, discutia-se a violação a direito dos servidores públicos que não tiveram a aposentadoria especial regulamentada em lei complementar, conforme determina o art. 40, § 4º da Constituição. A inexistência da norma impedia o exercício do direito pelos interessados, o que exigiu a intervenção normativa do Poder Judiciário.

O precedente específico é de um processo individual, que, portanto, não ensejaria efeito *ultra partes* nem *erga omnes* a servidores que não fizeram parte da relação processual.

Nesses termos, o Ministro Joaquim Barbosa propôs questão de ordem no caso para que o Plenário da Corte autorizasse o julgamento monocrático da questão, estendendo o entendimento formado pelo Colegiado aos

10. *Ob. Cit.* Página 207.

diversos casos concretos que pendiam de decisão nos gabinetes dos Ministros do Supremo Tribunal Federal.

Vencido o Min. Marco Aurélio, a proposta foi acatada pela maioria do Plenário. Estabeleceu-se, destarte, a possibilidade de extensão da regulamentação normativa firmada pelo Supremo a outros casos não julgados pelo Colegiado. Atestou-se a possibilidade de simples decisão monocrática do Relator do caso estender os efeitos do provimento a outros casos idênticos.

Considerando todo o cenário, o que se pode dizer então é que prevalece, tanto na jurisprudência do Supremo Tribunal Federal quanto na normatização editada, a ideia de uma decisão judicial proferida em processos de mandado de injunção com efeito *inter partes* e para o caso concreto. Há, entretanto, situações em que o órgão judicante poderá alterar essas premissas, especialmente a depender do direito envolvido na demanda, momento em que o alcance do provimento regulamentar poderá ter efeito para além das partes envolvidas na relação jurídico-processual, alcançando até mesmo consequências *erga omnes*.

Ainda sobre a coisa julgada no âmbito do Mandado de Injunção, uma outra questão que merece considerações refere-se ao advento da norma que permite o exercício do direito vindicado em ação mandamental já julgada.

Como se viu, a regulamentação normativa exarada pelo Poder Judiciário em sede injuncional deve ser, em regra, transitória. Ocupa a lacuna jurídica existente no sistema até que o órgão desidioso edite a norma necessária ao exercício do direito por parte do cidadão.

Acontece que, na prática, a superveniência da norma jurídica pode acarretar conflitos com a coisa julgada formada no âmbito do Mandado de Injunção.

A Lei 13.300/2016 traz em seus arts. 10 e 11 situações de fato e de direito que podem promover abalo nos fundamentos da decisão.

O art. 10 trata especificamente de uma cláusula *rebus sic stantibus* da decisão proferida no Mandado de Injunção. Prevê o dispositivo uma ação de revisão nas hipóteses em que "sobrevierem relevantes modificações das circunstâncias de fato ou de direito". *In verbis*:

> *Art. 10. Sem prejuízo dos efeitos já produzidos, a decisão poderá ser revista, a pedido de qualquer interessado, quando sobrevierem relevantes modificações das circunstâncias de fato ou de direito.*

Parágrafo único. A ação de revisão observará, no que couber, o procedimento estabelecido nesta Lei.

Já o art. 11 cuida da situação em que se operou a coisa julgada e há a superveniência da norma regulamentadora cuja lacuna deu origem à impetração do *writ*. Eis o texto legal:

Art. 11. A norma regulamentadora superveniente produzirá efeitos ex nunc *em relação aos beneficiados por decisão transitada em julgado, salvo se a aplicação da norma editada lhes for mais favorável.*

Parágrafo único. Estará prejudicada a impetração se a norma regulamentadora for editada antes da decisão, caso em que o processo será extinto sem resolução de mérito.

Do que se lê, a norma procura proteger a coisa julgada formada no processo de Mandado de Injunção, cedendo apenas quando a disposição da novel legislação seja mais favorável ao beneficiário, momento em que haverá a possibilidade de retroação.

O parágrafo único traz disposição que já está consagrada na jurisprudência do Supremo Tribunal Federal, qual seja, a de que a edição da norma regulamentadora antes do julgamento do Mandado de Injunção implica na perda de objeto da demanda judicial: MI 1 .954, MI 1.013 e MI 1.020, Rel. Min. Luiz Fux; MI 945, Rel. Min. Celso de Mello; MI 4.131, Rel. Min. Ricardo Lewandowski, MI 2.149, Rel. Min. Joaquim Barbosa, MI 1.022, Rel. Min. Ricardo Lewandowski.

Exceção deve ser anotada em relação ao julgamento dos Mandados de Injunção nºs 943, 1.010, 1.074 e 1.090, todos de relatoria do Ministro Gilmar Mendes. Julgava-se a fixação do aviso prévio de maneira proporcional, como estabelece o art. 7º, XXI do Texto Constitucional, situação não regulamentada por lei específica. A Corte entendeu que não obstante o advento da Lei 12.506/2011, a norma, por ter efeitos ultrativos, não resolveria a situação dos trabalhadores demitidos antes da lei. Por isso o Tribunal julgou os Mandados de Injunção aplicando ao caso concreto as disposições da novel legislação. Nos termos do voto do Ministro Gilmar Mendes:

A superveniência deste ato normativo, todavia, não resolveu a situação dos trabalhadores que foram demitidos anteriormente à sua edição e cujos mandados de injunção impetrados nesta Corte tiveram o julgamento interrompido apenas para a consolidação da proposta de regulamentação provisória a ser apresentada no acórdão, a fim de dar efetividade à regra constitucional que concede direito a aviso prévio proporcional ao tempo de serviço.

Note-se que a decisão que irei sugerir para o caso contempla trabalhadores demitidos antes do advento da Lei 12.506/2011, que impetraram seus respectivos mandados de injunção nesta Corte, os quais tiveram o julgamento interrompido apenas para que o relator pudesse apresentar proposta de regulamentação do aviso prévio proporcional a ser incluída na decisão do Plenário, que já adiantara a procedência dos writs apregoados.

Isso porque, por óbvio, aqueles demitidos após o advento da lei regulamentadora não se depararam com qualquer omissão normativa inconstitucional; por outro lado, não podem ser acobertados por esta decisão aqueles que, mesmo demitidos durante o período de vigência da referida omissão, não impetraram o devido mandado de injunção.

O advento da referida lei, entretanto, permite que a Corte adote posicionamento menos invasivo às competências do Congresso Nacional e perfeitamente cabível para o deslinde das ações mandamentais.

Ora, neste caso, parece-me possível que o Supremo Tribunal Federal sirva-se – tomando de empréstimo – dos padrões normativos da Lei 12.506/2011, os quais se mostraram adequados aos trabalhadores e empregadores e foram chancelados pelo Poder Legislativo, para aplica-los aos mandados de injunção aqui impetrados e que tenham tido o julgamento iniciado antes do advento da referida lei regulamentadora.

20.4. OS RECURSOS NO MANDADO DE INJUNÇÃO

Em matéria de recursos cabíveis nos processos de Mandado de Injunção, podemos mencionar aqueles extraídos diretamente do Texto Constitucional e aqueles que contam com previsão expressa na Lei 13.300/2016.

Iniciando pelas disposições infraconstitucionais, não podemos nos olvidar do art. 14 da Lei 13.300/2016, segundo a qual o Código de Processo Civil e a Lei do Mandado de Segurança são aplicáveis subsidiariamente. Neste ponto, os recursos normalmente cabíveis nos processos de Mandado de Segurança serão interponíveis nos casos de Mandado de Injunção.

Tratando em específico da Lei 13.300/2016, o art. 6º, parágrafo único, prevê o cabimento de agravo contra decisão do relator que indeferir a petição inicial, em 5 (cinco) dias, para o órgão colegiado competente para o julgamento da impetração.

Vê-se que a disposição especial se afasta da regra geral estabelecida no Código de Processo Civil (art. 1.003, § 5º), que prevê o prazo de 15 (quinze) dias para todos os recursos, exceto os Embargos de Declaração. O Supremo Tribunal Federal já reconheceu que o prazo especial se sobrepõe ao geral: MI 6730 AgR, rel. Min. Alexandre de Moraes, Tribunal Pleno, j. 16.03.2018;

MI 6705 AgR, rel. Min. Alexandre de Moraes, Tribunal Pleno, j. 18.12.2017; MI 6561 AgR, rel. Min. Rosa Weber, Tribunal Pleno, j. 08.08.2017

Tratando das disposições recursais estabelecidas no Texto Constitucional, competirá ao STF o julgamento de recurso ordinário interposto em mandado de injunção que obteve decisão denegatória, se apreciado em única instância pelos Tribunais Superiores (art. 102, inc. II, a, da CRFB). Como alerta a doutrina[11]:

> "(...) *o efeito devolutivo do recurso ordinário é amplo, podendo compreender todas as questões fáticas e jurídicas, inclusive de direito local, desde que pertinentes à decisão impugnada, não se exigindo o requisito do prequestionamento, bem como, ao reformar o acórdão terminativo, o tribunal pode apreciar desde logo o mérito, se presentes os pressupostos do art. 1.013 do CPC.*"

Outrossim, quando o mandado de injunção for julgado pelo STF não caberá recurso.

Na hipótese de julgamento do mandado de injunção pelos Tribunais de Justiça, será possível o recurso especial para o STJ, desde que presentes os requisitos constitucionais elencados no art. 105, inc. III, da CRFB, ou o recurso extraordinário para o STF, atendidos também os pressupostos constitucionais do art. 102, III, da CRFB.

Caberá ao Tribunal Superior Eleitoral o julgamento de recurso interposto contra decisão proferida pelos Tribunais Regionais Eleitorais que denegarem o mandado de injunção (art. 121, § 4º, inc. V, da CRFB).

---

11. CAMBI, Eduardo, HAAS, Adriane e SCHMITZ, Nicole. *Mandado de injunção: considerações sobre a lei 13.300/2016*. Revista de Processo | vol. 273/2017 | p. 287 - 322 | Nov / 2017 | DTR\2017\6548.

21

MANDADO DE INJUNÇÃO NO SUPREMO EM NÚMEROS

William Akerman[1]

21.1. METODOLOGIA E DADOS ANALISADOS: CENÁRIO ATUAL

Após o estudo dos principais temas envolvendo o mandado de injunção no Supremo Tribunal Federal, os dados concernentes às impetrações formalizadas em 2018 e 2019, a partir de pesquisa empírica realizada, com a colaboração de Priscila Pereira Machado,[2] consideradas as informações disponíveis no site do Supremo Tribunal Federal, permitem conhecer, ainda melhor, o tratamento conferido às pretensões deduzidas por meio dessa ação constitucional.

A maior parte dos mandados de injunção no Supremo versam a temática da aposentadoria especial dos servidores públicos, a que alude o § 4º do artigo 40 da Constituição Federal.

1. Defensor Público do Estado do Rio de Janeiro (DPE/RJ). Assessor de Ministro do Supremo Tribunal Federal (STF). Ex-Procurador do Estado do Paraná (PGE/PR). Ex-Especialista em Regulação de Aviação Civil (ANAC). Ex-Técnico Judiciário do Tribunal Regional Eleitoral do Rio de Janeiro (TRE/RJ). Ex-Técnico Judiciário do Tribunal de Justiça do Estado do Rio de Janeiro (TJRJ). Mestrando em Ciências Jurídicas pela Universidade Autónoma de Lisboa (UAL). Pós-graduado em Direito Público pela Universidade Católica de Petrópolis (UCP). Graduado em Direito pela Universidade do Estado do Rio de Janeiro (UERJ). Autor e coordenador de obras jurídicas pelas Editoras JusPodivm e Revista dos Tribunais. Professor de cursos preparatórios para concursos. Sócio-fundador do Curso e da Editora Sobredireito.

2. Advogada. CEO do Curso Sobredireito e da Editora Sobredireito. Ex-Assessora do Juízo da 1ª Vara Cível da Comarca de Resende/RJ, com atuação mediante convênio entre o Município de Resende e o Tribunal de Justiça do Estado do Rio de Janeiro. Ex-Assessora do Juízo da 1ª Vara Criminal e Tribunal do Júri da Comarca de Resende/RJ. Ex-Conciliadora do Tribunal de Justiça do Estado do Rio de Janeiro. Ex-Membra da Junta Eleitoral do Tribunal Regional Eleitoral do Rio de Janeiro.

A respeito, vale, desde logo, uma nota. Visando provimento voltado a neutralizar os efeitos da mora do legislador ordinário em cumprir o dever de disciplinar o exercício de direitos e liberdades constitucionais, o cenário concernente às impetrações relativas à aposentadoria especial dos servidores sofreu profunda modificação com o advento da Emenda Constitucional nº 103, de 12 de novembro de 2019.

Foram incluídos os parágrafos 4º-A, 4º-B e 4º-C no artigo 40 da Carta Política, prevendo, expressamente, a competência legislativa de cada ente para estabelecer, mediante lei complementar, idade e tempo de contribuição diferenciados para aposentadoria especial dos servidores.

Os reflexos dessa modificação foram sentidos já no final de 2019 e se consolidaram ao longo de 2020, com redução do número de mandados de injunção em tramitação no Supremo, o qual deixou de ser competente para examinar os concernentes à aposentadoria especial formalizados por servidores estaduais, distritais e municipais.

O Plenário, no exame dos agravos regimentais nos mandados de injunção nº 6.816 e 7.026, relator Ministro Marco Aurélio, assentou, em sessão virtual de 22 a 28 de maio de 2020, a uma só voz, que, com a Emenda Constitucional nº 103, de 12 de novembro de 2019, tendo em vista a competência legislativa de cada ente para estabelecer, mediante lei complementar, idade e tempo de contribuição diferenciados para aposentadoria especial no regime próprio, não cabe ao Supremo julgar mandado de injunção formalizado por servidor de ente federado, voltado a suprir a omissão normativa – artigo 40, parágrafos 4º-A, 4º-B e 4º-C, da Carta da República.

Restou superado, nessa extensão, o precedente revelado no recurso extraordinário nº 797.905, relator Ministro Gilmar Mendes – Tema nº 927 da repercussão geral, julgado em 16 de maio de 2014, no qual reafirmada, à época, a jurisprudência do Tribunal no sentido de competir ao Supremo a análise das impetrações.

Quanto aos servidores públicos federais, o poder constituinte derivado colmatou as lacunas existentes.

No tocante à aposentadoria especial de servidor federal portador de deficiência, a omissão normativa deixou de existir ante o artigo 22 da Emenda de nº 103/2019, a estabelecer a observância do versado na Lei Complementar nº 142/2013, até o advento de diploma específico alusivo ao § 4º-A do artigo 40 da Lei Maior, na esteira do entendimento anterior do Supremo[3].

Abandonando o conceito indeterminado de "atividades de risco" – expressão anteriormente contida no inciso II do § 4º do artigo 40 da Lei Maior – e restringindo seu espectro a categorias expressamente indicadas (§ 4º-B do artigo 40), a aposentadoria especial do policial civil do órgão a que se refere o inciso XIV[4] da cabeça do artigo 21 da Constituição Federal, do policial dos órgãos a que se referem o inciso IV do artigo 51, o inciso XIII do artigo 52 e os incisos I a III do artigo 144 da Constituição Federal e do ocupante de cargo de agente federal penitenciário ou socioeducativo foi disciplinada nos artigos 5º e 10, § 2º, inciso I, da Emenda Constitucional nº 103/2019.

Por fim, a aposentadoria de servidores federais cujas atividades sejam exercidas com efetiva exposição a agentes químicos, físicos e biológicos prejudiciais à saúde, ou associação desses agentes, vedada a caracterização por categoria profissional ou ocupação, encontra disciplina nos artigos 10, § 2º, inciso II, e 21 da Emenda Constitucional nº 103/2019.

Em consonância com o contido na Súmula Vinculante nº 335, o § 3º do citado artigo 10 prevê, ainda, que a aposentadoria referida pelo § 4º-C do artigo 40 da Constituição Federal observará adicionalmente as condições e os requisitos estabelecidos para o Regime Geral de Previdência Social, naquilo em que não conflitarem com as regras específicas aplicáveis ao regime próprio de previdência social da União, vedada a conversão de tempo especial em comum.

Feita esta nota introdutória, aproximamo-nos dos dados concernentes às impetrações formalizadas no biênio 2018-2019, analisando, alfim, o resultado dos mandados de injunção e dos recursos apreciados em 2019.

---

3. O Supremo, antes da Emenda Constitucional nº 103/2019, assentou – não sem alguma oscilação –, como critério no exame dos pedidos formulados por servidor público portador de deficiência, a observância, ante a especificidade, da Lei Complementar nº 142/2013, bem como do Decreto regulamentador – agravo regimental no agravo regimental no mandado de injunção nº 1.658, Pleno, relator ministro Dias Toffoli, julgado em 6 de novembro de 2014. A matéria foi revisitada, pela Primeira Turma, no mandado de injunção nº 6.818, relator ministro Marco Aurélio, em 13 de agosto de 2019. O Colegiado assentou, por unanimidade, a aplicação do diploma complementar, e não do artigo 57 da Lei nº 8.213/1991, considerada a integralidade do tempo de serviço.
4. Alcança a polícia penal criada pela Emenda Constitucional nº 104/2019.

21.2. IMPETRANTES

O primeiro dos dados analisados refere-se aos impetrantes, de modo a permitir, por categoria, a identificação daqueles principais litigantes, por meio da via injuncional perante o Supremo Tribunal Federal, considerados os mandados de injunção formalizados em 2018 e 2019.

21.2.1. 2018

Ao longo de 2018, foram formalizados 236 mandados de injunção, assim distribuídos conforme os impetrantes:

Figura 1: Impetrantes - Mandados de Injunção (2018)

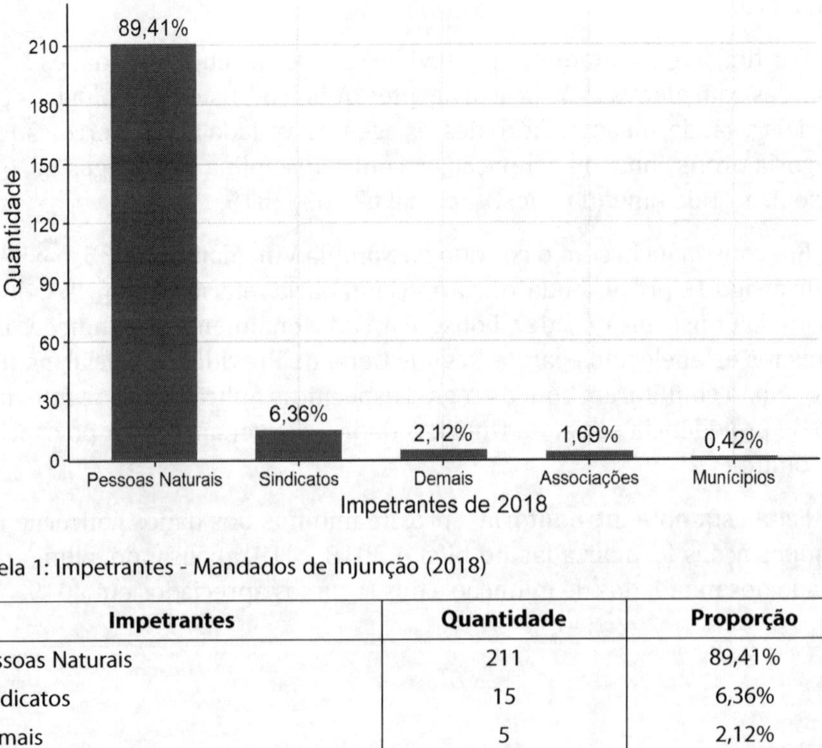

Tabela 1: Impetrantes - Mandados de Injunção (2018)

Impetrantes	Quantidade	Proporção
Pessoas Naturais	211	89,41%
Sindicatos	15	6,36%
Demais	5	2,12%
Associações	4	1,69%
Municípios	1	0,42%
Total	236	100%

Dos 236 mandados de injunção protocolados em 2018, as pessoas naturais foram responsáveis por 89,41% do total. Sindicatos e associações formalizaram mandados de injunção coletivos, representativos de 8,05% do total.

21.2.2. 2019

Em 2019, foram formalizados 188 mandados de injunção, assim distribuídos conforme os impetrantes:

Figura 2: Impetrantes - Mandados de Injunção (2019)

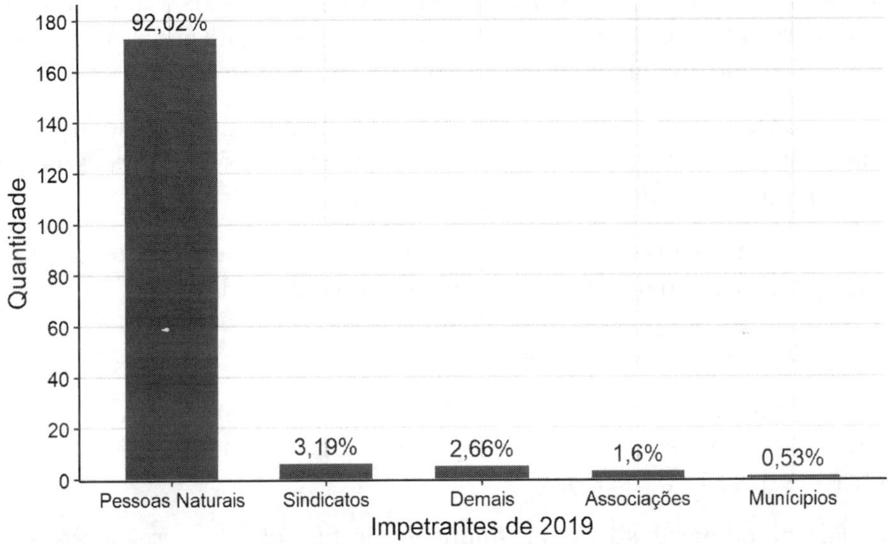

Tabela 2: Impetrantes - Mandados de Injunção (2019)

Impetrantes	Quantidade	Proporção
Pessoas Naturais	173	92,02%
Sindicatos	6	3,19%
Demais	5	2,66%
Associações	3	1,60%
Municípios	1	0,53%
Total	188	100%

Dos 188 mandados de injunção protocolados em 2019, as pessoas naturais foram responsáveis por 92,02% do total. Sindicatos e associações formalizaram mandados de injunção coletivos, representativos de 4,79% do total.

A redução de novos mandados de injunção, comparado ao número obtido em 2018, foi de 20,4%.

21.3. MANDADOS DE INJUNÇÃO JULGADOS EM 2019

Aproximamo-nos, agora, das decisões terminativas e definitivas dos mandados de injunção e respectivos recursos analisados em 2019.

O espaço amostral dos dados relativos às decisões finais circunscreve-se, não às impetrações formalizadas em 2019, mas àquelas examinadas ao longo desse ano, abrangendo os recursos interpostos, dirigidos ao relator ou ao colegiado, independentemente da data do protocolo.

As representações gráficas têm em conta as decisões individuais formalizadas pelos Ministros e os recursos providos pelos órgãos colegiados do Supremo no ano de 2019.

Foi realizada, primeiramente, análise global e, a seguir, tendo por referência as decisões definitivas ou terminativas de cada Ministro.

21.3.1. Supremo Tribunal Federal

Dos mandados de injunção julgados em 2019, 14,33% foram deferidos e 30,11% o foram em parte, o que equivale, respectivamente, a 40 e 84 impetrações das 279 apreciadas.

Foram indeferidas 19% das injunções pretendidas, a corresponderem a 53 processos.

A par disso, outras situações se verificaram, conforme representação gráfica a seguir:

Figura 3: Mandados de Injunção Julgados no Supremo em 2019

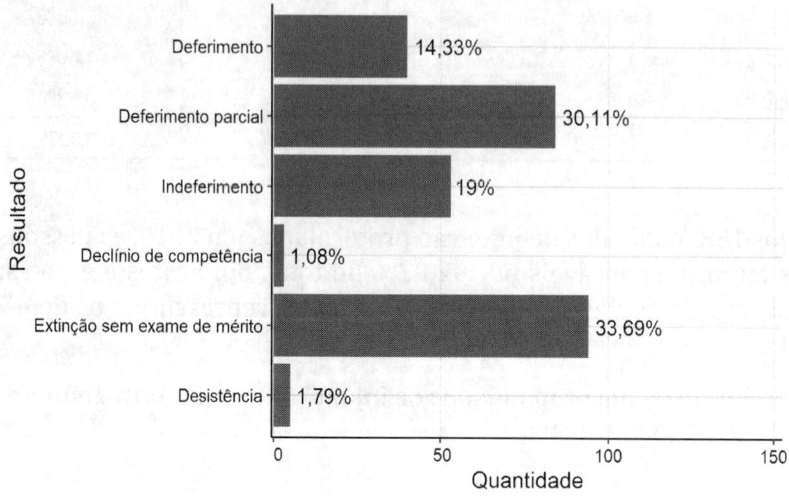

Tabela 3: Mandados de Injunção Julgados no Supremo em 2019

Resultado	Quantidade	Porcentagem
Deferimento	40	14,33%
Deferimento parcial	84	30,11%
Indeferimento	53	19,00%
Declínio de competência	3	1,08%
Extinção sem exame de mérito	94	33,69%
Desistência	5	1,79%
Total	279	100%

21.3.2. Ministro Alexandre de Moraes

Em 2019, o Ministro Alexandre de Moraes concedeu 30,77% das injunções pretendidas, equivalentes a 4 impetrações. Houve 2 deferimentos parciais, a representarem 15,39% do total.

De outro lado, o percentual de injunções indeferidas alcançou 23,07%, correspondentes a 3 dos 13 mandados de injunção apreciados.

Figura 4: Mandados de Injunção Julgados em 2019

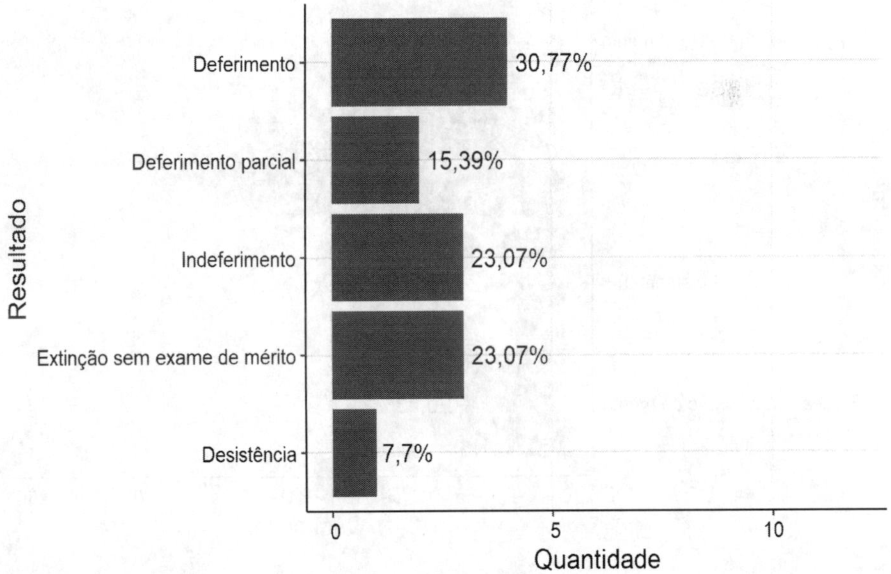

Tabela 4: Mandados de Injunção Julgados em 2019

Resultado	Quantidade	Porcentagem
Deferimento	4	30,77%
Deferimento parcial	2	15,39%
Indeferimento	3	23,07%
Extinção sem exame de mérito	3	23,07%
Desistência	1	7,70%
Total	13	100%

21.3.3. Ministra Cármen Lúcia

A Ministra Cármen Lúcia, em 2019, concedeu 4,17% das injunções pretendidas, equivalentes a 1 impetração. Houve 15 deferimentos parciais, a representarem 62,5% do total.

De outro vértice, o percentual de injunções indeferidas alcançou 12,5%, correspondentes a 3 dos 24 mandados de injunção apreciados.

Figura 5: Mandados de Injunção Julgados em 2019

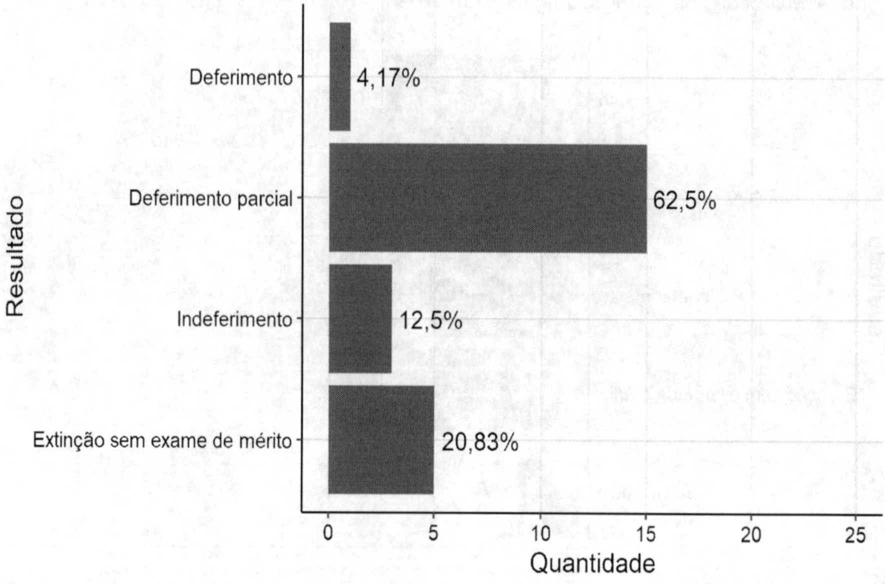

Tabela 5: Mandados de Injunção Julgados em 2019

Resultado	Quantidade	Porcentagem
Deferimento	1	4,17%
Deferimento parcial	15	62,50%
Indeferimento	3	12,50%
Extinção sem exame de mérito	5	20,83%
Total	24	100%

21.3.4. Ministro Celso de Mello

O Ministro Celso de Mello, em 2019, concedeu 20% das injunções pretendidas, equivalentes a 3 impetrações. Houve 1 deferimento parcial, a representar 6,67% do total.

O percentual de injunções indeferidas, por sua vez, alcançou 13,33%, correspondentes a 2 dos 15 mandados de injunção apreciados.

Figura 6: Mandados de Injunção Julgados em 2019

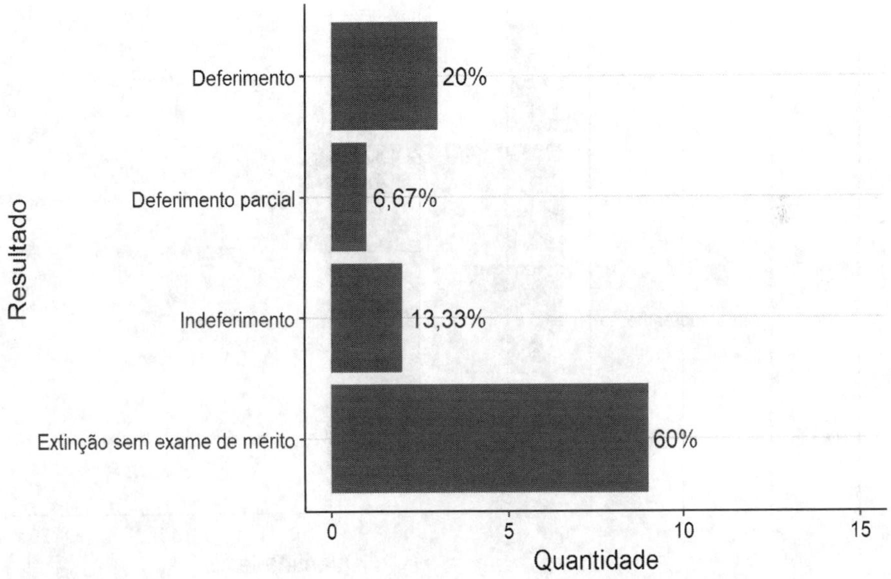

Tabela 6: Mandados de Injunção Julgados em 2019

Resultado	Quantidade	Porcentagem
Deferimento	3	20,00%
Deferimento parcial	1	6,67%
Indeferimento	2	13,33%
Extinção sem exame de mérito	9	60,00%
Total	15	100%

21.3.5. Ministro Edson Fachin

O Ministro, em 2019, concedeu 7,69% das injunções pretendidas, equivalentes a 2 impetrações. Houve 10 deferimentos parciais, a representarem 38,46% do total.

De outro lado, o percentual de injunções indeferidas alcançou 19,23%, correspondentes a 5 dos 26 mandados de injunção apreciados.

Figura 7: Mandados de Injunção Julgados em 2019

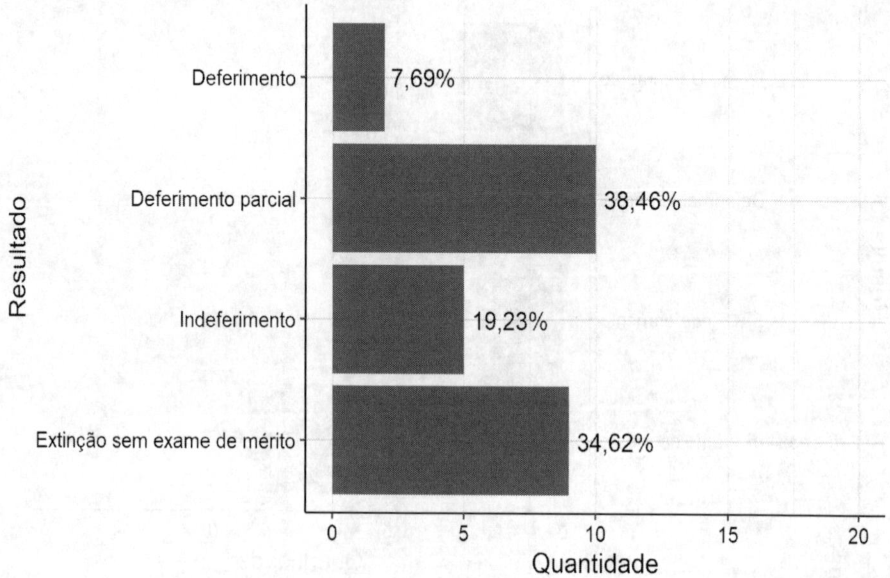

Tabela 7: Mandados de Injunção Julgados em 2019

Resultado	Quantidade	Porcentagem
Deferimento	2	7,69%
Deferimento parcial	10	38,46%
Indeferimento	5	19,23%
Extinção sem exame de mérito	9	34,62%
Total	26	100%

21.3.6. Ministro Gilmar Mendes

Em 2019, o Ministro Gilmar Mendes concedeu, em parte, 34,61% das injunções pretendidas, o que equivale a 9 impetrações.

Já o percentual de injunções indeferidas alcançou 23,08%, correspondentes a 6 dos 26 mandados de injunção apreciados.

Figura 8: Mandados de Injunção Julgados em 2019

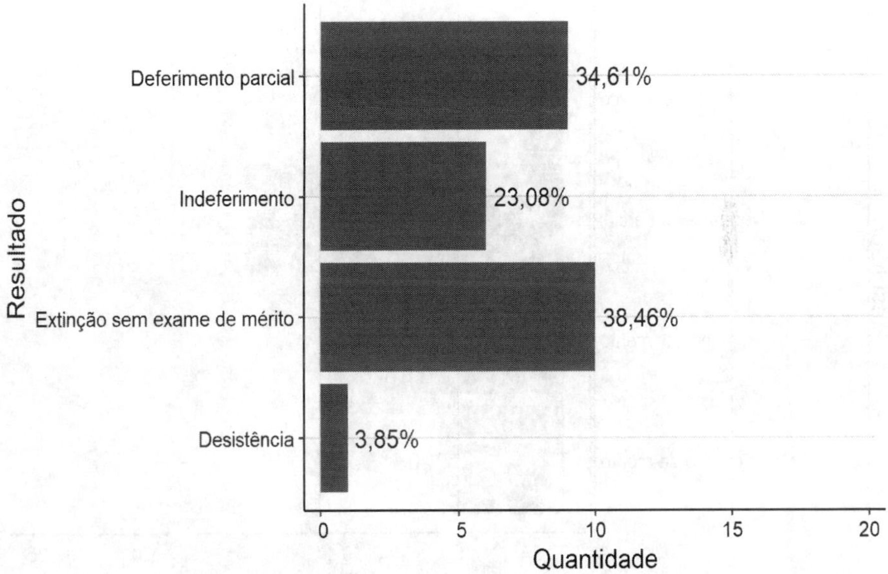

Tabela 8: Mandados de Injunção Julgados em 2019

Resultado	Quantidade	Porcentagem
Deferimento parcial	9	34,61%
Indeferimento	6	23,08%
Extinção sem exame de mérito	10	38,46%
Desistência	1	3,85%
Total	26	100%

21.3.7. Ministro Luiz Fux

O Ministro Luiz Fux, em 2019, concedeu 6,67% das injunções pretendidas, equivalentes a 3 impetrações. Houve 15 deferimentos parciais, a representarem a 50% do total.

O percentual de injunções indeferidas, por seu turno, alcançou 23,33%, correspondentes a 7 dos 30 mandados de injunção apreciados.

Figura 9: Mandados de Injunção Julgados em 2019

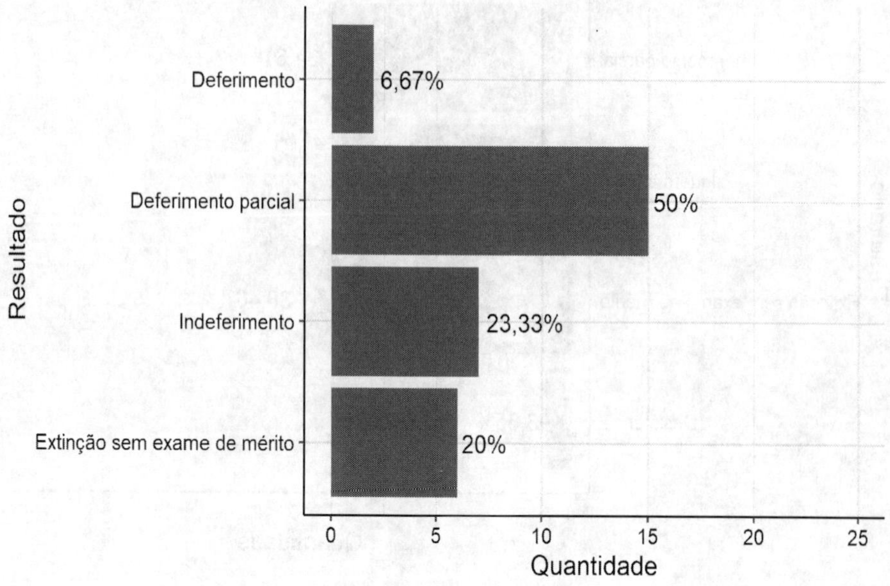

Tabela 9: Mandados de Injunção Julgados em 2019

Resultado	Quantidade	Porcentagem
Deferimento	2	6,67%
Deferimento parcial	15	50,00%
Indeferimento	7	23,33%
Extinção sem exame de mérito	6	20,00%
Total	30	100%

21.3.8. Ministro Marco Aurélio

O Ministro Marco Aurélio, em 2019, concedeu 14,81% das injunções pretendidas, equivalentes a 8 impetrações. Houve 6 deferimentos parciais, a representarem 11,11% do total.

De outro lado, o percentual de injunções indeferidas alcançou 18,52%, correspondentes a 10 dos 54 mandados de injunção apreciados.

Figura 10: Mandados de Injunção Julgados em 2019

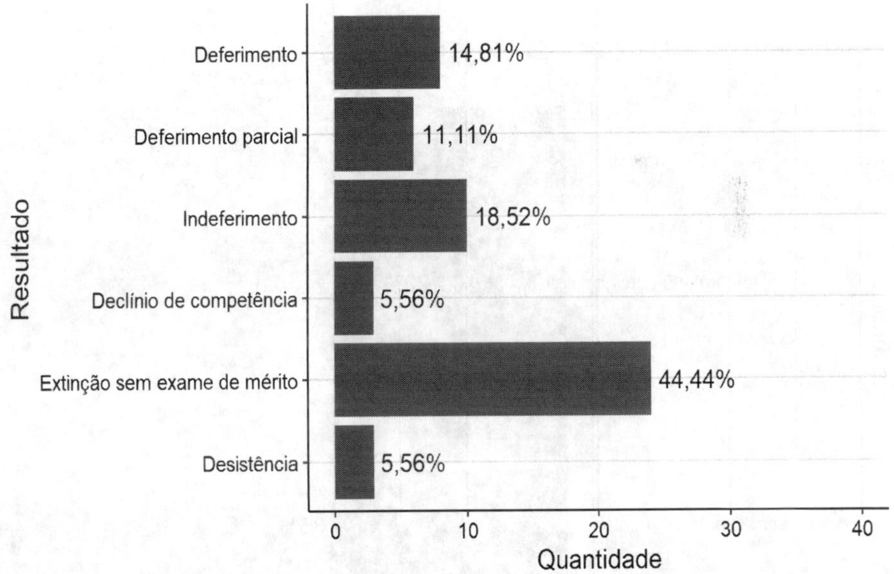

Tabela 10: Mandados de Injunção Julgados em 2019

Resultado	Quantidade	Porcentagem
Deferimento	8	14,81%
Deferimento parcial	6	11,11%
Indeferimento	10	18,52%
Declínio de competência	3	5,56%
Extinção sem exame de mérito	24	44,44%
Desistência	3	5,56%
Total	54	100%

21.3.9. Ministro Ricardo Lewandowski

O Ministro, em 2019, concedeu 20% das injunções pretendidas, equivalentes a 5 impetrações. Houve também 5 deferimentos parciais.

De outro giro, o percentual de injunções indeferidas alcançou 24%, correspondentes a 6 dos 25 mandados de injunção apreciados.

Figura 11: Mandados de Injunção Julgados em 2019

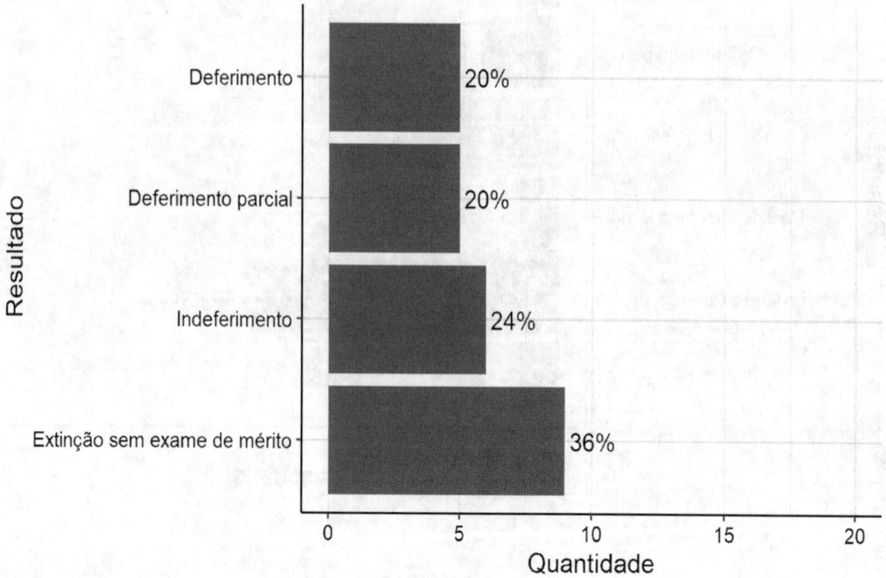

Tabela 11: Mandados de Injunção Julgados em 2019

Resultado	Quantidade	Porcentagem
Deferimento	5	20,00%
Deferimento parcial	5	20,00%
Indeferimento	6	24,00%
Extinção sem exame de mérito	9	36,00%
Total	25	100%

21.3.10. Ministro Luís Roberto Barroso

O Ministro Luís Roberto Barroso, em 2019, concedeu 20% das injunções pretendidas, equivalentes a 7 impetrações. Houve 15 deferimentos parciais, a representarem 42,86% do total.

Já o percentual de injunções indeferidas alcançou 14,29%, correspondentes a 5 dos 35 mandados de injunção apreciados.

Figura 12: Mandados de Injunção Julgados em 2019

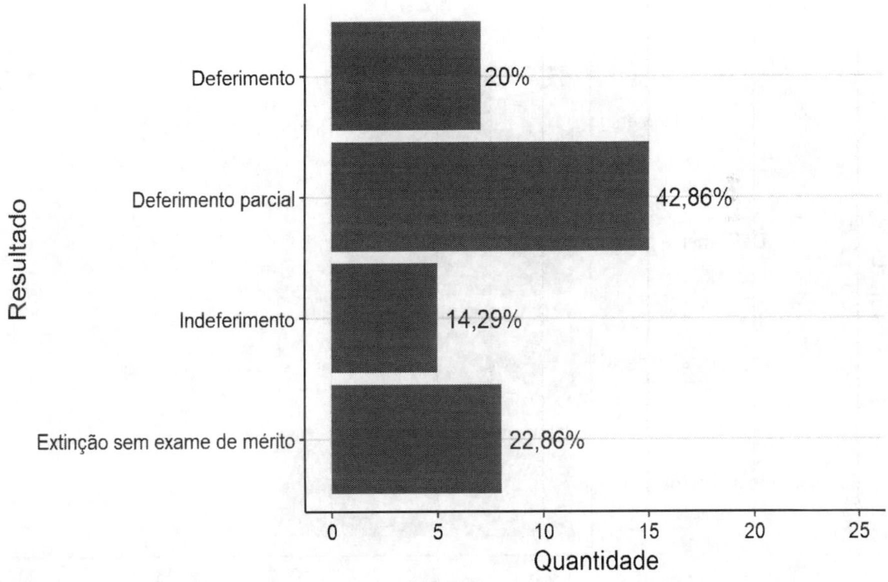

Tabela 12: Mandados de Injunção Julgados em 2019

Resultado	Quantidade	Porcentagem
Deferimento	7	20,00%
Deferimento parcial	15	42,86%
Indeferimento	5	14,29%
Extinção sem exame de mérito	8	22,86%
Total	35	100%

21.3.11. Ministra Rosa Weber

A Ministra Rosa Weber, em 2019, concedeu 25,81% das injunções pretendidas, equivalentes a 8 impetrações. Houve 6 deferimentos parciais, a representarem 19,35% do total de 31 mandados de injunção apreciados.

De outro lado, o percentual de injunções indeferidas alcançou também 19,35%, correspondentes a 6 processos.

Figura 13: Mandados de Injunção Julgados em 2019

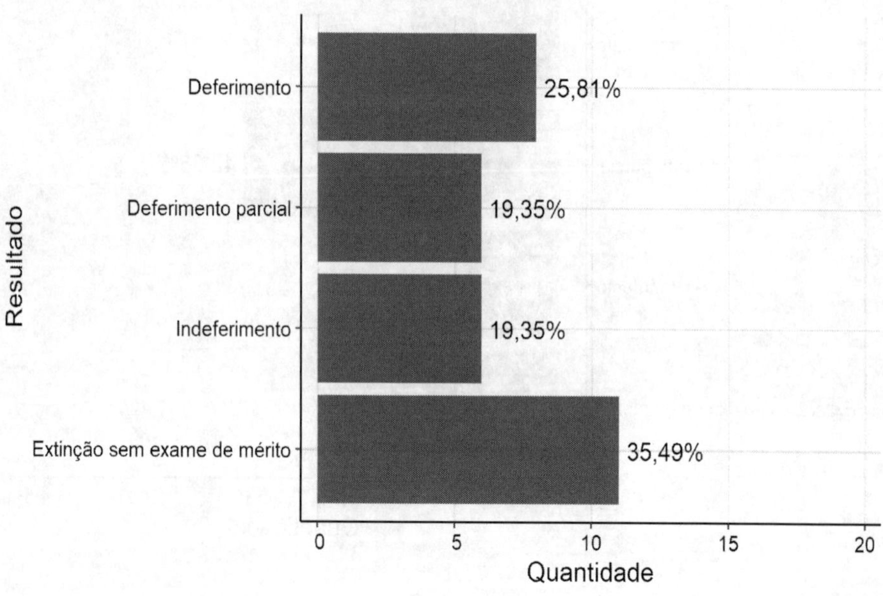

Tabela 13: Mandados de Injunção Julgados em 2019

Resultado	Quantidade	Porcentagem
Deferimento	8	25,81%
Deferimento parcial	6	19,35%
Indeferimento	6	19,35%
Extinção sem exame de mérito	11	35,49%
Total	31	100%

21.4. DECISÕES INDIVIDUAIS E COLEGIADAS

Em 2019, 96,04% dos mandados de injunção foram julgados mediante decisão monocrática, ao passo que 3,96% das impetrações foram objeto de deliberação colegiada[5].

Figura 14: Mandados de Injunção Julgados pelo Supremo em 2019

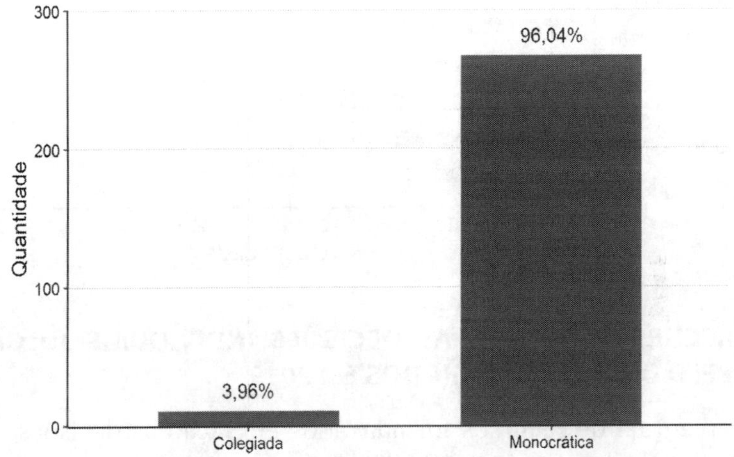

Tabela 14: Mandados de Injunção Julgados pelo Supremo em 2019

Decisão	Quantidade	Porcentagem
Colegiada	11	3,96%
Monocrática	267	96,04%
Total	278	100%

5. Os percentuais têm em consideração as decisões finais quanto ao mérito da impetração, e não o exame de recursos interpostos em face de pronunciamentos das Turmas ou do Pleno, como embargos de declaração.

Analisando a atuação individual, nota-se terem os Ministros Celso de Mello, Ricardo Lewandowski, Gilmar Mendes, Cármen Lúcia, Luiz Fux, Rosa Weber, Luís Roberto Barroso e Alexandre de Moraes apreciado todos os casos por meio de decisão monocrática.

Apenas os Ministros Marco Aurélio e Edson Fachin, em 2019, submeteram o exame do mérito dos mandados de injunção aos órgãos colegiados.

Figura 15: Mandados de Injunção Julgados pelo Supremo em 2019

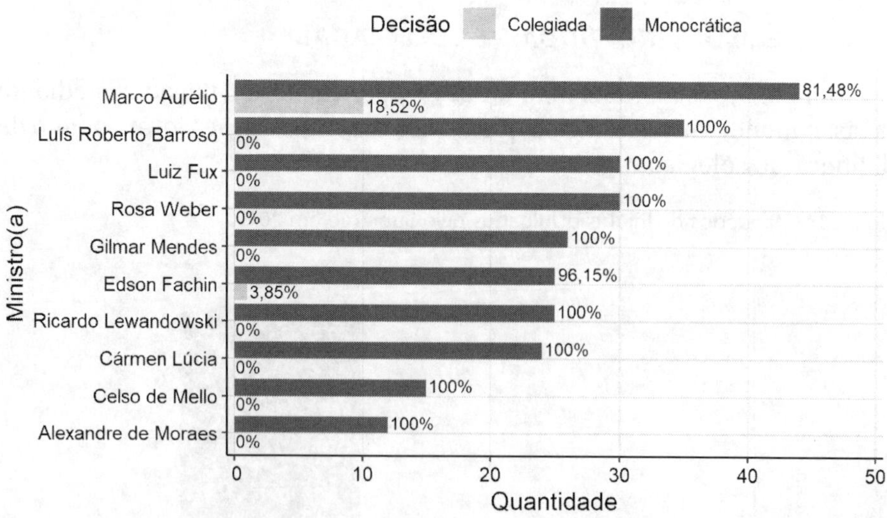

21.5. RECURSOS CONTRA AS DECISÕES INDIVIDUAIS JULGADOS PELO ÓRGÃOS COLEGIADOS EM 2019

O percentual de recursos formalizados em face das decisões individuais não é elevado, atingindo 12,63% dos casos.

Merece ainda maior relevo o fato de que, ao longo de 2019, apenas 4 recursos foram providos pelo Colegiado, a representarem 11,76% do total de inconformismos manifestados.

Por derradeiro, 17,64% dos mandados de injunção contavam, no início de 2020, com recursos ainda pendentes de exame pelas Turmas ou pelo Plenário do Supremo, consoante retratado a seguir.

21.5.1. Interposição

Figura 16: Interposição de recursos ao colegiado, contra decisões individuais, julgados em 2019

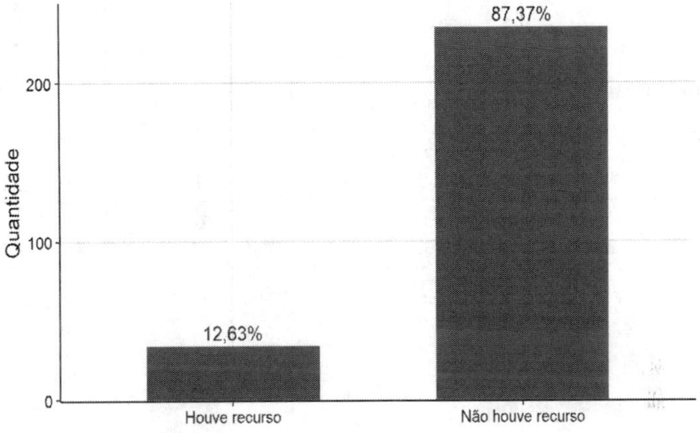

Tabela 15: Interposição de recursos ao colegiado, contra decisões individuais, julgados em 2019

	Quantidade	Porcentagem
Houve recurso	34	12,63%
Não houve recurso	235	87,37%
Total	269	100%

21.5.2. Resultado

Figura 17: Resultado dos recursos ao colegiado, contra decisões individuais, julgados em 2019

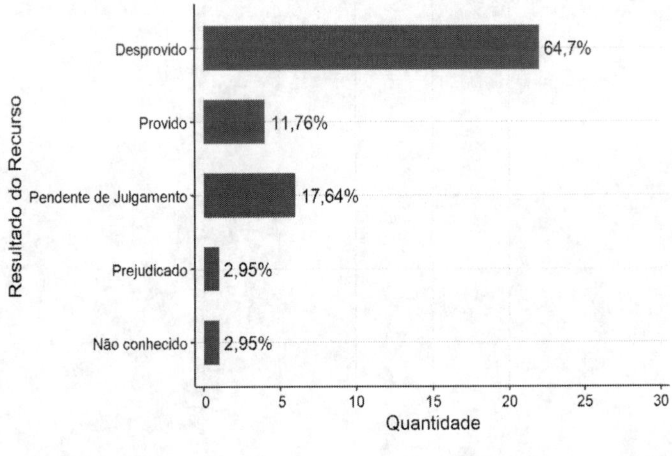

Tabela 16: Resultado dos recursos ao colegiado, contra decisões individuais, julgados em 2019

Resultado	Quantidade	Porcentagem
Desprovido	22	64,70%
Provido	4	11,76%
Pendente de Julgamento	6	17,64%
Prejudicado	1	2,95%
Não conhecido	1	2,95%
Total	34	100%

BIBLIOGRAFIA

CAPÍTULO 1

BALEEIRO, Aliomar. *O Supremo Tribunal Federal, esse outro desconhecido*. Rio de Janeiro: Forense, 1968.

BARBOSA, Rui. *Discursos parlamentares*. Obras completas de Rui Barbosa, XVIII. Rio de Janeiro: Fundação Casa de Rui Barbosa, 1981.

BARRETO, Edmundo Muniz. *Mandado de segurança*. Archivo Judiciario, suplemento, v. 31, p. 35-40, jul./set., 1934.

DIREITO, Carlos Alberto Menezes. *Manual do Mandado de Segurança*. Rio de Janeiro: Renovar, 1999.

FUCK, Luciano Felício. *Memória jurisprudencial. Ministro Nelson Hungria*. Supremo Tribunal Federal: Brasília, 2012.

GODOY, Arnaldo Sampaio de Moraes. João Cabral de Melo Neto no Supremo – MS 2.264. *Revista Consultor Jurídico*. Disponível em: https://www.conjur.com.br/2012-dez-23/embargos-culturais-poeta-joao-cabral-melo-neto-stf-ms-2264. Acesso em: 10.1.2020.

HORBACH, Carlos Bastide. *Memória jurisprudencial. Ministro Pedro Lessa*. Supremo Tribunal Federal: Brasília, 2007.

KAUFMANN, Rodrigo de Oliveira. *Memória jurisprudencial. Ministro Ribeiro da Costa*. Supremo Tribunal Federal: Brasília, 2012.

LESSA, Pedro. *Do Poder Judiciário*. Livraria Francisco Alves: Rio de Janeiro, 1915.

MEIRELLES, Hely Lopes; WALD, Arnoldo; MENDES, Gilmar Ferreira. *Mandado de segurança e ações constitucionais*. São Paulo: Malheiros, 2019.

MENDES, Gilmar Ferreira. Ações constitucionais: O habeas corpus como pedra fundamental do processo constitucional brasileiro. In: MARINONI, Luiz Guilherme; SARLET, Ingo Wolfgang. *Processo constitucional*. São Paulo: Revista dos Tribunais, 2019.

RODRIGUES, Lêda Boechat. *História do Supremo Tribunal Federal. Rio de Janeiro*: Civilização Brasileira, 1979.

SILVA, Wagner Pires da. *Um outro catolicismo:* o Bispo de Maura e a Igreja Católica Apostólica Brasileira. Revista de História Bilros. Fortaleza, v. 5, n. 8, p. 106-125, jan-abr 2017.

STF. Coordenadoria de Gestão Documental e Memória Institucional. Julgamentos históricos. Disponível em: http://www.stf.jus.br/portal/cms/verTexto.asp?servico=sobreStfConhecaStfJulgamentoHistorico&pagina=STFlista1. Acesso em: 10.1.2020.

WALD, Arnoldo. A evolução legislativa do mandado de segurança. *Revista de direito da Procuradoria Geral*. Governo do Estado da Guanabara, n. 14, p. 85-101, 1965.

CAPÍTULO 2

ABBOUD, Georges. *Processo Constitucional Brasileiro*. São Paulo: RT, 2019.

BARROSO, Luís Roberto. *Um Outro País*: transformações no Direito, na Ética e na Agenda do Brasil. Belo Horizonte: Fórum, 2018.

BUZAID, Alfredo. A Crise do Supremo Tribunal Federal. *Revista da Faculdade de Direito da USP*. Vol. 55, 1960.

CÂMARA, Alexandre Freitas. *Manual do Mandado de Segurança*. São Paulo: Atlas, 2013.

CANOTILHO, J.J. GOMES; MENDES, Gilmar Ferreira; SARLET, Ingo Wolfgang; STRECK, Lenio Luiz (org.). *Comentários à Constituição do Brasil*. São Paulo: Saraiva, 2018.

CARNEIRO, André Corrêa de Sá; SANTOS, Luiz Claudio Alves dos; NETTO, Miguel Gerônimo da Nóbrega. *Curso de Regimento Interno*. Brasília: Câmara dos Deputados, 2011.

CRETELLA JR, José. *Comentários à Constituição de 1988*. v. 5. Rio de Janeiro: Forense, 1997. p. 2.882-2.892.

CRETELLA JÚNIOR, José. *Comentários à Constituição Brasileira de 1988*. vol. IV. Rio de Janeiro: Forense, 1992.

FALCÃO, Alcino Pinto. *Constituição Anotada*. vol. I. Rio de Janeiro: J. Konfino, 1956.

FREDERICO MARQUES, José. *Observações e Apontamentos sobre a Competência Originária do Supremo Tribunal Federal*. São Paulo: Edusp, 1961.

FUX, Luiz; SILVEIRA MELLO, Fernando Pessôa da. O Papel Contemporâneo do Supremo Tribunal Federal: a Segurança Jurídica, a Uniformização da Jurisprudência e o Sistema de Precedentes Obrigatórios. In: FUX, Luiz; BODART, Bruno; MELLO, Fernando Pessôa da Silveira (org.). *A Constituição da República segundo Ministros, Juízes e Assessores do STF*. Salvador: Juspodivm, 2019.

LESSA, Pedro. *Do Poder Judiciário*. Rio de Janeiro: Livraria Francisco Alves, 1915.

MANCUSO, Rodolfo de Camargo. *Acesso à Justiça*. São Paulo: RT, 2011.

MARCO AURÉLIO MELLO. Considerações Acerca da Competência Originária e Recursal do Supremo Tribunal Federal. *In: Estudos de Direito Constitucional em Homenagem a Cesar Asfor Rocha*. São Paulo: Renovar, 2009.

MENDES, Gilmar Ferreira; BRANCO, Paulo Gustavo Gonet. *Curso de Direito Constitucional*. São Paulo: Saraiva, 2018.

MORAES, Alexandre de. Jurisdição *Constitucional e Tribunais Constitucionais*: garantia suprema da Constituição. São Paulo: Atlas, 2013.

PONTES DE MIRANDA. *Comentários à Constituição de 1946*. Vol. III. São Paulo: RT, 1967.

RODRIGUES FILHO, José Marcos Vieira. Tribunal de Teses versus Tribunal de Casos Concretos: qual é o perfil decisório do STF no julgamento de recursos extraordinários?. *In: Crise dos Poderes da República: Judiciário, Legislativo e Executivo*. LEITE, George Salomão; STRECK, Lenio; NERY JR, Nelson (org.). São Paulo: RT, 2017.

SWISHER, Carl Brent. *American Constitutional Development*. Boston: Houghton Mifflin, 1943.

VELLOSO, Carlos Mário. O Supremo Tribunal Federal, Corte Constitucional: uma proposta para tornar efetiva a sua missão precípua de guarda da Constituição. *Revista de Informação Legislativa do Senado Federal*. vol. 120, 1993.

CAPÍTULO 3

ARABI, Abhner Youssif Mota. *Mandado de Segurança e Mandado de Injunção*, 2ª edição. Salvador: Editora Juspodivm, 2019.

FUX, Luiz. *Mandado de segurança*. Rio de Janeiro: Editora, Forense, 2010.

MEIRELLES, Hely Lopes; WALD, Arnoldo; MENDES, Gilmar Ferreira. *Mandado de segurança e ações constitucionais*. São Paulo: Editora Malheiros, 2016.

NEVES, Daniel Amorim Assumpção. *Ações constitucionais*. Salvador: Editora Juspodivm, 2017.

CAPÍTULO 4

ARABI, Abhner Youssif Mota. *Mandado de Segurança e Mandado de Injunção*. 2ª edição. Salvador: Editora Juspodivm, 2019.

DIREITO, Carlos Alberto Menezes. *Manual do Mandado de Segurança*. 3ª edição. Rio de Janeiro: Editora Renovar, 1999.

FUX, Luiz. *Mandado de segurança*. Rio de Janeiro: Editora, Forense, 2010.

MEIRELLES, Hely Lopes; WALD, Arnoldo; MENDES, Gilmar Ferreira. *Mandado de segurança e ações constitucionais*. São Paulo: Editora Malheiros, 2016.

NEVES, Daniel Amorim Assumpção. *Ações constitucionais*. Salvador: Editora Juspodivm, 2017.

CAPÍTULO 5

ALVIM, Eduardo Arruda. *Mandado de Segurança*. 2ª ed. Rio de Janeiro: GZ Editora, 2010.

CANOTILHO, J.J. GOMES; MENDES, Gilmar Ferreira; SARLET, Ingo Wolfgang; STRECK, Lenio Luiz (coord. científicos). Outros autores. *Comentários à Constituição do Brasil*. 2ª ed. São Paulo: Saraiva, 2018.

FUX, Luiz. *Mandado de Segurança*. 2ª ed. Rio de Janeiro: Forense, 2019.

MARINONI, Luiz Guilherme; ARENHART, Sérgio Cruz; MITIDIERO, Daniel. *Novo Curso de Processo Civil – Volume 3*: Tutela dos Direitos Mediante Procedimentos Diferenciados. 2ª ed. São Paulo: Revista dos Tribunais, 2016.

MEIRELLES, Hely Lopes; WALD, Arnold; MENDES, Gilmar Ferreira. *Mandado de segurança e ações constitucionais*. 32ª ed. São Paulo: Malheiros, 2009.

MENDES, Gilmar; GONET BRANCO; Paulo Gustavo. *Curso de Direito Constitucional*. 14ª ed. São Paulo: Saraiva, 2019.

MORAES, Alexandre de. *Direito Constitucional*. 35ª ed. São Paulo: Atlas, 2019.

NEVES, Daniel Amorim Assumpção. *Ações Constitucionais*. 5ª ed. Salvador: Juspodivm, 2020.

NERY JUNIOR, Nelson; NERY, Rosa Maria de Andrade. *Leis constitucionais comentadas e anotadas*. São Paulo: Thomson Reuters Brasil, 2019, p. 1383-1467.

SCARPINELLA BUENO, Cássio. *Curso Sistematizado de Direito Processual Civil, 5*: recursos, processos e incidentes nos Tribunais. Sucedâneos recursais: técnicas de controle das decisões jurisdicionais. São Paulo: Saraiva, 2011.

SILVA. José Afonso. *Curso de Direito Constitucional Positivo*. 33ª ed. São Paulo: Malheiros, 2010.

_____. *Comentário Contextual à Constituição*. 7ª ed. São Paulo: 2010.

THEODORO JÚNIOR, Humberto. *Lei do Mandado de Segurança Comentada*. Rio de Janeiro: Forense, 2014.

_____. *Curso de Direito Processual Civil – Volume II*. Rio de Janeiro: Forense, 2019.

ZAVASCKI, Teori Albino. "A função cautelar do mandado de segurança contra ato judicial". *Ajuris*, v. 17, n. 50, p. 82-87, nov. 1990.

CAPÍTULO 6

ABBOUD, Georges. *Processo Constitucional Brasileiro*. 2.ª ed. São Paulo: Thomson Reuters Revista dos Tribunais, 2018.

ALEXY, Robert. Direitos Fundamentais no Estado Constitucional Democrático. *In Constitucionalismo discursivo*. Trad. HECK, Luís Afonso. Porto Alegre: Livraria do Advogado, 2007.

ALMEIDA, Gregório Assagra de. *Manual das ações constitucionais*. Belo Horizonte: Del Rey, 2007.

BACHOF, Otto. O Estado de Direito e o poder político: os Tribunais Constitucionais entre o Direito e a política. *Boletim da Faculdade de Direito*. Vol. LVI. Trad. COSTA, José Manuel Cardoso da. Coimbra: Universidade de Coimbra. (1980), p. 1-8.

BARROSO, Luís Roberto. *Curso de Direito Constitucional contemporâneo*: os conceitos fundamentais e a construção do novo modelo. 1.ª ed. São Paulo: Editora Saraiva, 2009.

BARROSO, Luís Roberto. Judicialização, ativismo judicial e legitimidade democrática. *Revista Eletrônica de Direito do Estado*. [Em linha]. Nº 18. (abr. – jun. 2009), p. 1-22. [Consult. 24 jan. 2018]. Disponível em http://www.direitodoestado.com.br/artigo/luis-roberto-barroso/retrospectiva-2008-judicializacao-ativismo-e-legitimidade-democratica p. 1-10.

BARROSO, Luís Roberto. Neoconstitucionalismo e Constitucionalização do Direito: O triunfo tardio do direito constitucional no Brasil. *Revista Quaestio Iuris*. [Em linha]. Nº 2. (2006), p. 1-48. [Consult. 15 de nov. 2019]. Disponível em https://www.e-publicacoes.uerj.br/index.php/quaestioiuris/article/view/11641/9106 p. 1-10.

BARROSO, Luís Roberto. *O controle da constitucionalidade no direito brasileiro*. 4.ª ed. São Paulo: Editora Saraiva, 2009.

BRANDÃO, Rodrigo. *Supremacia Judicial versus Diálogos Constitucionais*: a quem cabe a última palavra sobre o sentido da Constituição?. 2.ª ed. Rio de Janeiro: Editora Lumen Juris, 2017.

BRASIL. Assembleia Nacional Constituinte. Anais da Assembleia Nacional Constituinte (Suplemento "C"). Ata da 32ª reunião extraordinária da Comissão de Sistematização. Brasília, DF, 1988. p. 1.003. Disponível em: <http://www.senado.leg.br/publicacoes/anais/constituinte/9b_Sistematizacao.pdf>. Acesso em 5 de maio de 2020.

CANOTILHO, José Joaquim Gomes. *Direito Constitucional e Teoria da Constituição*. 7.ª ed. Coimbra: Edições Almedina, 2003.

CARNEIRO, Cláudio. A jurisprudência de crise e justiça social perante as cortes constitucionais do Brasil e de Portugal. *In* ROSÁRIO, Pedro Trovão do; *Et. al. Direito Constitucional Luso e Brasileira na Contemporaneidade*. Curitiba: Juruá Editora, 2018.

CHEVITARESE, Alessia Lima Brito Campos. *Controle jurisdicional do processo legislativo:* natureza e limitações do mandado de segurança. Curitiba: Juruá, 2016.

CRUZ, Bárbara Maria da Silva. Constitucionalismo. Desafios emergentes na era da globalização. *In* CRUZ, Bárbara; *Et. al. Teoria da Argumentação e Neo-Constitucionalismo:* um conjunto de perspectivas. Coimbra: Editora Almedina, 2011.

DWORKIN, Ronald. *Taking rights seriously*; ALEXY, Robert. *Teoría de la argumentación jurídica.* 2.ª ed. Trad. ATIENZA, Manuel; ESPEJO, Isabel; e ZAGREBELSKY, Gustavo. *El derecho dúctil*. Ley derechos, justicia. Trad. GASCÓN, Marina.

ENTERRÍA, Eduardo García de. L*a Constitucion como norma y el Tribunal Constitucional.* Madri: Editorial Civitas, 1985.

FERRAJOLI, Luigi. *Principia Iuris:* Teoría del Derecho y de la Democracia. Madrid: Editorial Trotta S.A, 2011.

GOUVEIA, Jorge Bacelar. *Manual de Direito Constitucional*. Vol. I. 4.ª ed. Coimbra: Edições Almedina, 2011.

GOUVEIA, Jorge Bacelar. *Manual de Direito Constitucional*. Vol. II. 4.ª ed. Coimbra: Edições Almedina, 2011.

GOUVEIA, Jorge Bacelar. *As Constituições dos Estados de Língua Portuguesa*. 3.ª ed. Coimbra: Edições Almedina, 2012.

HESSE, Konrad. *A força normativa da Constituição*. Trad. MENDES, Gilmar Ferreira. Porto Alegre: Sérgio Antônio Fabris, 1991.

MARTINS, João Zenha. Neoconstitucionalismo e intepretação conforme. *In* CRUZ, Bárbara; *Et. al. Teoria da Argumentação e Neo-Constitucionalismo*: um conjunto de perspectivas. Coimbra: Editora Almedina, 2011.

MIRANDA, Jorge. *Teoria do Estado e da Constituição*. 5.ª ed. Rio de Janeiro: Editora Forense, 2019.

MORAIS, Carlos Blanco de. As sentenças com efeitos aditivos. *In* MORAIS, Carlos Blanco de, Coord. *As sentenças intermédias da justiça constitucional*. Lisboa: AAFDL, 2009.

NASCIMENTO, Lilian Rodarte. Considerações sobre o controle preventivo de constitucionalidade no Brasil. *In*: CASTRO, Dayse Starling (org.). *Direito Público*. Belo Horizonte: PUC Minas, 2010, p. 299-309.

NEVES, Marcelo. *A constitucionalização simbólica*. 3.ª ed. São Paulo: Editora WMF Martins Fontes, 2011.

NOVAIS, Jorge Reis. *Em defesa do Tribunal Constitucional*: resposta aos críticos. 1.ª ed. Coimbra: Edições Almedina, 2014.

NOVELINO, Marcelo. *Curso de Direito Constitucional*. Salvador: Juspodivm, 2016.

PRIETO SANCHÍS, Luis. Voz "Neoconstitucionalismo". *In* CARBONELL, Miguel, Coord. *Diccionario de Derecho Constitucional*. México: Porrúa, 2002.

ROSÁRIO, Pedro Trovão do. Constitucionalismos e democracias um paradoxo?. *In* ROSÁRIO, Pedro Trovão do; *Et. al. Direito Constitucional Luso e Brasileira na Contemporaneidade*. Curitiba: Juruá Editora, 2018.

ROSÁRIO, Pedro Trovão do. Tribunal Constitucional - ¿Un legislador negativo o positivo?. *Revista de Derecho Uned*. Madrid: [sn]. Nº 16 (1º semestre de 2015), p. 713-740.

SANTOS, Ana Catarina. *Papel político do Tribunal Constitucional*. Coimbra: Coimbra Editora, 2011.

SILVA, José Afonso da Silva. *Processo Constitucional de formação das* leis. 3.ª ed. São Paulo: Malheiros, 2017.

SILVA, José Afonso da. Tribunais Constitucionais e Jurisdição Constitucional. *Revista brasileira de estudos políticos*. Belo Horizonte: Livrarias Editoras Reunidas. Nº 60/61 (jan. - jul. 1985), p. 495-524.

STRECK, Lenio Luiz. Contra o Neoconstitucionalismo. Constituição, Economia e Desenvolvimento: *Revista da Academia Brasileira de Direito Constitucional*. [Em linha]. Nº 4 (2011), p. 9-27. [Consult. 18 nov. 2019]. Disponível em http://wwww.abdconst.com.br/revista5/Streck.pdf.

VELLOSO, Carlos Mário da Silva. A arguição de descumprimento de Preceito Fundamental. *Fórum Administrativo de Direito Público*. [Em linha] Ano 3, nº 24 (2017). [Consult. 03 nov. 2019]. Disponível em https://www.bidforum.com.br/bidLogin.aspx?ReturnUrl=%2fbid%2fPDI0006.aspx%3fpdiCntd%3d3092%253E&pdiCntd=3092%3E.

CAPÍTULO 7

ALBERT, Richard. The Expressive Function of Constitutional Amendment Rules, *McGill Law Journal*, Montreal, vol. 59, n. 2, p. 241-242, 2013.

ARANTES, Rogério B. Cortes Constitucionais. *In*: AVRITZER, Leonardo Avritzer; BIGNOTTO, Newton; FILGUEIRAS, Fernando; GUIMARÃES, Juarez; STARLING, Heloisa. (Org.). *Dimensões Políticas da Justiça*. Rio de Janeiro: Civilização Brasileira, 2013, p. 195-206.

BUENO, Cássio Scarpinella. *Mandado de segurança*: comentários às Leis n. 1.533/51, 4.348/64 e 5.021/66, 2. tir, 2. ed. rev. e atual., São Paulo: Saraiva, 2006, p. 51.

COX, Gary; MCCUBBINS, Matthew. The institutional determinants of economic polocy outcomes. *In*: HAGGARD, Stephan; MCCUBBINS, Matthew (eds.). *Presidents, Parliaments, and Policy*. Cambridge: Cambridge University Press, 2001.

DAHL, Robert. Decision-Making in a Democracy: The Supreme Court as Policy-Maker, *Journal of Public Law*, vol. 6, n. 2.

ELSTER, Jon; SLAGSTAD, Rune. *Constitutionalism and democracy*. Cambridge: Cambridge University Press, 1988.

FEREJOHN, John A. Instituições e Política no Controle do Executivo. *Dados*, vol. 44, n. 4, pp. 689-727, 2002.

GINSBURG, Tom. Written *Constitutions and the Administrative State*: On the Constitutional Character of Administrative Law in Susan Rose-Ackerman & Peter L. Lindseth (eds.), Comparative Administrative Law, Edward Elgad, 2010.

GOMES, Juliana Cesário Alvim. *Por um Constitucionalismo Difuso*: Cidadãos, Movimentos Sociais e o Significado da Constituição. Salvador: Juspodivm, 2016.

HOLSTON, James. *Cidadania Insurgente*: Disjunções da Democracia e da Modernidade no Brasil. São Paulo: Companhia das Letras, 2013.

HIRSCHL, Ran. Juristocracy - Political, not Juridical. Pp 6-11 *in The Good Society*, vol. 13, no. 3, 2004a.

HIRSCHL, Ran. *Towards Juristocracy*: The Origins and Consequences of the New Constitutionalism. Cambridge, Mass: Harvard University Press, 2004b.

LANDAU, David. Political support and structural constitutional law. *Alabama Law Review*, Tuscaloosa, Alabama, v. 67, n. 4, p. 1069-1124, 2016.

LUNARDI, Fabricio Castagna. O *STF na política e a política no STF*. IDP – linha pesquisa acadêmica. São Paulo: Saraiva Educação, 2020. 320 p.

MEIRELLES, Hely Lopes. *et al.* Mandado de Segurança e Ações Constitucionais. Salvador: Juspodivm, 2019.

NINO, Carlos Santiago. *The Constitution of Deliberative Democracy*, Yale University Press, 1996.

POST, Robert C.; SIEGEL, Reva. Democratic Constitutionalism. *In*: BALKIN, Jack; SIEGEL, Reva (org.), *The Constitution in 2020*. Nova York: Oxford University Press, 2009.

RUBENFELD, Jed. *Freedom and Time*: A Theory of Constitutional Self- Government, New Haven: Yale University Press, 2001, p. 24.

SARMENTO, Daniel. *Direitos, Democracia e República*: Escritos de Direito Constitucional. Belo Horizonte: Fórum, 2018.

SHAPIRO, Martin. Judicial Review in Developed Democracies. *In*: GLOPPEN, Siri; GARGARELLA, Roberto; SKAAR, Elin (ed). *Democratization and the Judiciary*: The Accountability Function of Courts in New Democracies. Frank Cass Publishers, 2004.

SUNSTEIN, Cass. *Designing democracy*: what constitutions do. New York: Oxford University Press, 2001.

TAYLOR, Matthew. *Judging Policy*: Courts and Policy Reform in Democratic Brazil. Stanford University Press, 2008.

TUSHNET, Mark. Weak Courts, *Strong Rights*: Judicial Review and Social Welfare Rights in Comparative Constitutional Law. Princeton: Princeton University Press, 2008.

TSEBELIS, George. Decision Making in Political Decisions: Veto Players in Presidentialism, Parliamentarism, Multicameralism, and Multipartism. *British Journal of Political Science*, vol. 25, n. 3, p. 289-325, 1995. https://www.jstor.org/stable/194257?seq=1.

TSEBELIS, George; NARDI, Dominic. A Long Constitution is a (positively) Bad Constitution: Evidence From OECD countries. *British Journal of Political Science*, vol. 46, n. 2, 2014. https://doi.org/10.1017/S0007123414000441.

VERMEULE, Adrian. *Judging Under Uncertainty*: An Institutional Theory of Legal Interpretation. Harvard University Press, 2006.

VIEIRA, Oscar Vilhena. Supremocracia. *Revista Direito GV*, v.8. p. 441-463, 2008.

CAPÍTULO 8

ARABI, Abhner Youssif Mota. *Mandado de Segurança e Mandado de Injunção*. 2ª ed. Salvador: Juspodivm, 2019.

ASSONI FILHO, Sérgio. *Crédito Público e Responsabilidade Fiscal*. Porto Alegre: Núria Fabris, 2007.

BALTHAZAR, Ezequiel Antônio. Fundos Constitucionais como instrumento de redução de desigualdades regionais da federação. *In* CONTI, José Maurício (Coord). *Federalismo Fiscal*. São Paulo: Manole, 2005.

BERCOVICI, Gilberto. *Desigualdades regionais, Estado e Constituição*. São Paulo: Max Limonad, 2003.

BOECHAT, Stephan Righi. Direito e políticas públicas: uma nova visão jurídica para os Programas De Parcelamento Especial (REFIS). *Revista Fórum de Direito Financeiro e Econômico – RFDFE*, Belo Horizonte, ano 4, n. 7, p. 101-118, mar./ago. 2015.

BRITTO, Carlos Ayres. O regime constitucional dos Tribunais de Contas. *Revista do Tribunal de Contas do Estado do Rio de Janeiro*. v. 8. Rio de Janeiro: TCE-RJ, 2014.

BUISSA, Leonardo; BEVILACQUA, Lucas. Seletividade, justiça fiscal e neutralidade concorrencial: o ICMS sobre energia elétrica nos Tribunais Superiores. *Interesse Público – IP*, Belo Horizonte, ano 19, n. 104, p. 121-141, jul./ago. 2017.

CARRAZA, Roque Antonio. Natureza da Compensação Financeira de Exploração Mineral sua manifesta inconstitucionalidade. *In: Direito*: Programa de Pós-graduação em Direito da PUCSP. São Paulo: Max Limonad, 1995.

CASTRO, Eduardo Moreira Lima Rodrigues de. Pacto federativo, royalties do petróleo e a repartição de ICMS nas operações interestaduais com combustíveis: verdades quase nunca ditas. *Revista Fórum de Direito Financeiro e Econômico- RFDFE*, Belo Horizonte, ano 4, n.7, p.71-86, mar/ago.2015.

COSTA, Regina Helena. A Natureza jurídica da Compensação Financeira pela Exploração de Recursos Minerais. *In: Cadernos de Direito Tributário e Finança Públicas* n.19, de abril-junho de 1997. São Paulo: RT, 1997.

DIDIER JR., Fredie; CUNHA, Leonardo José Carneiro da. *Curso de Direito Processual Civil*. V. 3. 3ª ed. Salvador: Juspodivm, 2007.

FREITAS, Leonardo Buíssa; Bevilacqua, Lucas. Fundos estaduais de combate e erradicação à pobreza e o princípio da não-afetação da receita de impostos na jurisprudência do Supremo Tribunal federal (STF). *Revista de Direito da Procuradoria-Geral do Estado de Goiás*, Belo Horizonte, ano 29, n.31, jan./dez. 2016.

MELLO, Celso Bandeira de. *Curso de Direito Administrativo*. 27 ed. São Paulo: Editora Malheiros, 2010.

OLIVEIRA, José Marcos Domingues. Direitos Fundamentais, federalismo fiscal e emendas constitucionais tributárias. PIRES, Adilson Rodrigues; TORRES, Heleno Taveira. *Princípios de Direito Financeiro e Tributário*: homenagem a Ricardo Lobo Torres. Rio de Janeiro: Renovar, 2006.

OLIVEIRA, Regis Fernandes de. *Curso de Direito Financeiro*. 2ed. São Paulo: Revista dos Tribunais, 2006.

________. *Receitas não tributárias (taxas e preços públicos)*. 2. ed. São Paulo: Malheiros, 2003.

PETRY, Rodrigo Caramori. Compensações financeiras, participações e outras cobranças estatais sobre empresas dos setores de mineração, energia, petróleo e gás. *Revista Tributária e de Finanças Públicas – Rtrib*, São Paulo, n. 89, nov./dez. 2009.

ROSILHO, André Janjácomo. *Controle da Administração Pública pelo Tribunal de Contas da União*. Tese (Doutorado). Faculdade de Direito, Universidade de São Paulo, 2016.

SALOMÃO FILHO, Calixto. *Regulação e desenvolvimento*. São Paulo: Malheiros, 2009.

SCAFF, Fernando Facury. *Orçamento Republicano e Liberdade Igual:* ensaio sobre direito financeiro, república e direitos fundamentais no Brasil. Belo Horizonte: Fórum, 2018.

XAVIER, Alberto. Natureza Jurídica e Âmbito de Incidência da CFEM. *Revista Dialética de Direito Tributário*. n. 29. São Paulo: Dialética, 2005.

CAPÍTULO 9

ABRANCHES, Sérgio. *Presidencialismo de coalizão:* raízes e evolução do modelo político brasileiro. São Paulo: Companhia das Letras, 2018.

BARROSO, Luís Roberto. *Direito Constitucional Brasileiro:* o problema da federação. Rio de Janeiro: Forense, 1982.

CLÈVE, Clèmerson Merlin. Poder Judiciário: autonomia e justiça. *Revista de Informação Legislativa*, a. 30, n. 117, p. 293-308, jan./mar. 1993.

CONTI, José Maurício. *A autonomia financeira do poder judiciário*. 2 ed. São Paulo: Blucher, 2019.

FONSECA, Rafael Campos Soares da. *O orçamento público e suas emergências programadas*. Belo Horizonte: D'Plácido, 2017.

HARADA, Kiyoshi. Orçamento e autonomia financeira do poder judiciário. In: CONTI, José Maurício (org.). *Poder Judiciário:* orçamento, gestão e políticas públicas. v. 1. São Paulo: Almedina, 2017.

LEWANDOWSKI, Enrique Ricardo. *Pressupostos Materiais e Formais da Intervenção Federal no Brasil*. 2 ed. Belo Horizonte: Fórum, 2018.

MOREIRA, Egon Bockmann *et al. Precatórios:* o seu novo regime jurídico: a visão do direito financeiro, integrada ao direito tributário e econômico. São Paulo: Revista dos Tribunais, 2017.

RAMOS, Elival da Silva. Estados-membros. *In:* BATISTA JÚNIOR, Onofre Alves (org.). *O federalismo na visão dos Estados:* uma homenagem do Colégio Nacional de Procuradores-Gerais dos Estados e do Distrito Federal - CONPEG - aos 30 anos de Constituição. Belo Horizonte: Letramento, 2018.

SCAFF, Fernando Facury. *Orçamento Republicano e Liberdade Igual:* ensaio sobre direito financeiro, república e direitos fundamentais no Brasil. Belo Horizonte: Fórum, 2018.

TAVARES, André Ramos. *Manual do Poder Judiciário.* São Paulo: Saraiva, 2012.

TORRES, Heleno Taveira. *Direito Constitucional Financeiro*: teoria da constituição financeira. São Paulo: Revista dos Tribunais, 2014.

CAPÍTULO 10

ASSIS, Araken. *Manual dos Recursos*. São Paulo. Revista dos Tribunais. 2016.

BUENO, Cássio Scarpinella. *A nova lei do mandado de segurança.* 2ª ed. rev.atual. e ampl. São Paulo. Ebook Saraiva. 2010.

CUNHA, Leonardo Carneiro da. *A Fazenda Pública em Juízo*. 13ª ed. Rio de Janeiro. Forense. 2016.

JÚNIOR, Humberto Theodoro. *Lei do Mandado de Segurança comentada.* 2ª edição. Rio de Janeiro. Forense. 2019, pág. 262.

MEIRELLES, Hely Lopes; WALD, Arnoldo; MENDES, Gilmar Ferreira. *Mandado de segurança e ações constitucionais.* São Paulo. Malheiros. 2016.

NETO, Antonione Wandré de Araújo. *A equivocada previsão da suspensão de segurança da Lei 12.016 de 2009.* Goiânia. E-book Kindle. 2014.

NORTHFLEET, Ellen Gracie. Suspensão de Sentença e Liminar. *Revista dos Tribunais.* v. 97, pág. 183-193, jan.-mar. 2000.

CAPÍTULO 11

CUNHA, Leonardo Carneiro da. *A Fazenda Pública em juízo.* Rio de Janeiro: Forense, 2017.

DIDIER JR., Fredie. *Curso de direito processual civil:* introdução ao direito processual civil, parte geral e processo de conhecimento. Salvador: Juspodivm, 2017.

MEIRELLES, Hely Lopes. *Mandado de segurança e ações constitucionais.* São Paulo: Malheiros, 2009.

MOREIRA, Jose Carlos Barbosa. *Da recorribilidade das decisões interlocutórias no processo do mandado de segurança.* São Paulo: Saraiva, 1996.

CAPÍTULO 12

ARAÚJO, José Henrique Mouta. *Mandado de Segurança.* Juspodivm, 2019.

BEDAQUE, José Roberto dos Santos. *Tutela cautelar e tutela antecipada*: tutelas sumárias e de urgência (tentativa de sistematização). São Paulo: Malheiros, 2003.

BUENO, Cassio Scarpinella. *A nova lei do mandado de segurança*: comentários sistemáticos à Lei 12.016, de 7-8-2009. São Paulo: Saraiva, 2010.

BUENO VIDIGAL, Luis Eulalio de. *Mandado de Segurança*. São Paulo, 1953.

CAMARA, Alexandre Freitas. *Manual de Mandado de Segurança*. São Paulo: Atlas, 2014.

CARREIRA ALVIM, J. E. *Comentários à Nova Lei de Mandado de Segurança*. Curitiba: Juruá, 2011.

CHIOVENDA, Giuseppe. *Instituições de direito processual civil*. v. 1. São Paulo: Saraiva, 1969.

DANTAS, Alessandro. *Mandado de Segurança*: doutrina e jurisprudência para utilização profissional. Salvador: Ed. Juspodivm, 2019.

DECOMAIN, Pedro Roberto. *Mandado de Segurança*: o tradicional, o novo e o polêmico na lei 12.016/2009. São Paulo: Dialética, 2009.

DIDIER JR, Fredie; ZANETI Jr, Hermes. O mandado de segurança coletivo e a lei nº 12.016/2009. *In* ALVIM, Eduardo Arruda *et al* (coord.). *O novo mandado de segurança*. Belo Horizonte: Fórum, 2010.

DINAMARCO, Candido. *Instituições de Direito Processual Civil*, vol. III. Malheiros: São Paulo, 2002.

FUX, Luiz. *Mandado de Segurança*. Rio de Janeiro: Forense, 2019.

GOMES JUNIOR, Luiz Manuel *et al*. *Comentários à nova Lei do Mandado de Segurança*: Lei 12.016, de 7 de agosto de 2009. São Paulo: Revista dos Tribunais, 2009.

GRECO, Leonardo. *O processo de execução*. Rio de Janeiro: Renovar, 2001. V. II.

KLIPPEL, Rodrigo; NEFFA JUNIOR, José Antonio. *Comentários à lei de mandado de segurança (Lei 12.016/09):* artigo por artigo, doutrina e jurisprudência. Lumen Juris: Rio de Janeiro, 2010.

LOPES, Mauro Luís Rocha. *Comentários à nova lei do mandado de segurança*. Niterói: Impetus, 2009.

MAIA FILHO, Napoleão Nunes; ROCHA, Caio Cesar; ROCHA LIMA, Tiago Asfor. *Comentários à nova lei do mandado de segurança*. São Paulo: Editora Revista dos Tribunais, 2010.

MANCUSO, Rodolfo de Camargo. A concomitância de ações coletivas, entre si, e em face das ações individuais. *Revista da Faculdade de Direito*. Universidade de São Paulo, v. 96, p. 371-409, 2001.

MARINONI, Luiz Guilherme; ARENHART, Sergio Cruz; MITIDIERO, Daniel. *Código de Processo Civil comentado*. São Paulo: Editora Revista dos Tribunais, 2018.

______, Luis Guilherme. *Nova Era do Processo Civil*. São Paulo: Malheiros, 2003.

MARQUES, José Frederico. *Instituições de Direito Processual Civil*. Vol. 1. Rio de Janeiro: Forense, 1972.

MEDINA, José Miguel Garcia; ARAÚJO, Fábio Caldas de. *Mandado de Segurança individual e coletivo*. 3ª edição. São Paulo: Ed. Revista dos Tribunais, 2019.

MEIRELLES, Hely Lopes; WALD, Arnoldo; MENDES, Gilmar Ferreira. *Mandado de Segurança e ações constitucionais*. 37ª ed. São Paulo: Malheiros, 2017.

NEGRÃO, Theotonio *et al*. *Código de processo civil e legislação processual em vigor*. 44ª ed. São Paulo: Saraiva, 2012.

NEVES, Daniel Amorim Assumpção. *Ações Constitucionais*. São Paulo: Ed. Gen, 2013.

SEABRA FAGUNDES, Miguel. *O Controle dos Atos Administrativos pelo Poder Judiciário*. Rio de Janeiro: Forense, 1957.

THEODORO JR., Humberto. *Lei do Mandado de Segurança Comentada artigo por artigo*. 2ª ed. Rio de Janeiro: Forense, 2019.

CAPÍTULO 13

ALVIM, Eduardo Arruda. *Mandado de segurança*. 2 ed. – Rio de Janeiro: GZ Ed., 2010.

ALVIM, J. E. Carreira. *Comentários à nova lei do mandado de segurança* – Lei 12.016/09. 2 ed. - Curitiba: Juruá, 2013.

AURELLI, Arlette Inês. Recursos e a ação de mandado de segurança. *In* BUENO, Cassio Scarpinella; ALVIM, Eduardo Arruda; e WAMBIER, Teresa Arruda Alvim (org.). *Aspectos polêmicos e atuais do mandado de segurança*: 51 anos depois. São Paulo: Editora Revista dos Tribunais, 2002.

BUENO, Cassio Scarpinella. *A nova Lei do mandado de segurança*. 2 ed. rev., atual. e ampl. - São Paulo: Saraiva, 2010.

CÂMARA, Alexandre Freitas. *Manual de mandado de segurança*. 1 ed. São Paulo: Atlas, 2013.

DECOMAIN. Pedro Roberto. *Mandado de segurança*: (o tradicional, o novo e o polêmico na Lei 12.016/09. São Paulo: Dialética, 2009.

DIREITO, Carlos Alberto Menezes. *Manual do mandado de segurança*. 4 ed. ampl. e atual. - Rio de Janeiro: Renovar, 2003.

FERRAZ, Sérgio. *Mandado de segurança*. São Paulo: Malheiros, 2006.

FIGUEIREDO, Lúcia Valle. *Mandado de segurança*. 6 ed. - São Paulo: Malheiros, 2009.

GUTIÉRREZ, Daniel Mota, Artigo 16, *in* MAIA FILHO, Napoleão Nunes; ROCHA, Caio Cesar Vieira; LIMA, Tiago Asfor Rocha (org.). *Comentários à nova Lei do mandado de segurança*. São Paulo: Editora Revista dos Tribunais, 2016.

MARINONI, Luiz Guilherme. *Novo curso de processo civil: tutela dos direitos mediante procedimento comum*, volume II (Luiz Guilherme Marinoni, Sérgio Cruz Arenhart, Daniel Mitidiero). 2 ed. rev., atual. e ampl. – São Paulo: Editora Revista dos Tribunais, 2016.

MARQUES, Mauro Luiz Campbell. Artigo. 18. *in* MAIA FILHO, Napoleão Nunes; ROCHA, Caio Cesar Vieira; LIMA, Tiago Asfor Rocha (org.). *Comentários à nova Lei do mandado de segurança*. São Paulo: Editora Revista dos Tribunais, 2010.

MEIRELLES, Hely Lopes. *Mandado de segurança e ações constitucionais*. (Hely Lopes Meirelles, Arnoldo Wald, Gilmar Ferreira Mendes; com a colaboração de Marina Gaensly e Rodrigo de Oliveira Kaufmann). 37 ed., rev., atual. e ampl. – São Paulo: Malheiros, 2016.

THEODORO JÚNIOR. Humberto. *Lei do mandado de segurança comentada*. Rio de Janeiro: Forense, 2014.

CAPÍTULO 14

ALMEIDA, Gregório Assagra de; CIANCI, Mirna; QUARTIERI, Rita. *Mandado de Segurança*. São Paulo: Saraiva, 2011.

ASSIS, Araken. Substituição processual. *In*: *Revista Dialética de Direito Processual*, São Paulo, n. 9, 2003.

BASTOS, Celso Ribeiro. *Do mandado de segurança*. São Paulo: Saraiva, 1982.

________, *Comentários à Constituição do Brasil*, Vol. 4. São Paulo: Saraiva, 1995.

BRASILEIRO, Renato. *Manual de Processo Penal*. Salvador: Juspodivm, 2017.

COELHO, Inocêncio Mártires; MENDES, Gilmar Ferreira e BRANCO, Paulo Gustavo Gonet (org.). *Hermenêutica constitucional e direitos fundamentais*, Brasília: Brasília Jurídica, 2000.

CORRÊA, Luiz Artur de Paiva. Juicio de amparo. *Revista do Direito do Consumidor*. São Paulo, n. 6, 2000.

COSTA, Alexandre Araújo. *Direito e Método: diálogos entre a hermenêutica filosófica e a hermenêutica jurídica*. Tese (Doutorado em 2008) – Universidade de Brasília - UnB, Brasília, 2008.

CRUZ, Luana Pedrosa de Figueiredo; CERQUEIRA, Luís Otávio Serqueira de; GOMES JR., Luiz Manoel Gomes; MARCÃO, Renato; FAVRETO, Rogerio; PALHARINI JR., Sidney. *Comentários à Lei do Mandado de Segurança*: Lei nº 12.016, São Pauto, Revista dos Tribunais, 2012.

DA SILVA, José Afonso. *Curso de Direito Constitucional Positivo*. São Paulo: Malheiros, 2000.

GRINOVER, Ada Pelegrini; GOMES FILHO, Antônio Magalhães; FERNANDES, Antônio Scarance. *Recursos no Processo Penal*. São Paulo: Saraiva, 2011.

MENDES, Gilmar Ferreira; BRANCO, Paulo Gonet. *Curso de Direito Constitucional*. São Paulo: Saraiva, 2017.

MOREIRA, Rômulo de Andrade, Mandado de Segurança em matéria criminal, *In*: *Revista Magister de Direito Penal e Processual Penal*. Porto Alegre, n. 32, 2009.

MOSSIN, Heráclito Antônio Mossin. *Mandado de Segurança em Matéria Penal*. São Paulo: Atlas, 1996.

NEVES, Daniel Amorim Assunção. *Manual de Direito Processual Civil*. Salvador: Juspodivm, 2017.

PACELLI, Eugênio. *Curso de Processo Penal*. São Paulo: Saraiva, 2018.

QUITO, Carina. Breves considerações acerca do cabimento do mandado de segurança no processo penal: confronto com o "habeas corpus". *In*: *Boletim IBCCRIM – Instituto Brasileiro de Ciências Criminais*, nº 208, 2010.

TUCCI. Rogério Lauria. *Do mandado de segurança contra ato jurisdicional penal*. São Paulo: Saraiva, 1978.

ZANETI JR., Hermes e BONOMO JR., Aylton. *Mandado de Segurança Individual e Coletivo: Conforme CPC/15 e precedentes vinculantes do STF e do STJ*. Salvador: Juspodivm, 2019.

CAPÍTULO 15

Não há referências, porquanto cuida da análise dos dados concernentes a mandados de segurança no Supremo Tribunal Federal em 2018-2019.

CAPÍTULO 16

BARBOSA, Rui. *Comentários à Constituição Federal Brasileira*. 11.ed, São Paulo: Saraiva, 1933.

BOBBIO, Norberto. *Era dos Direitos*. Rio de Janeiro: Campus, 1992.

CANOTILHO, JJ Gomes. *As Garantias do Cidadão na Justiça*. São Paulo: Saraiva, 1993.

CAPPELLETTI, Mauro. Vindicating public interests through the courts: a comparativist's contribution. *Buffalo Law Review*, vol. 25, n. 3, 1973.

FILHO, Manoel Gonçalves Ferreira. *Curso de direito constitucional*. 32ª ed. São Paulo: Saraiva, 2006.

FIORAVANTI, Maurizio. *Constitucion:* de la Antiguedad a nuestros días. Madrid: Editorial Trotta, 2001.

HIRSCHL, Ran. *Towards juristocracy*: the origins and consequences of the new constitutionalism. Cambridge: Harvard University Press, 2004.

MARINONI, Luiz Guilherme. *Tutela inibitória:* individual e coletiva. 5ª ed., São Paulo: RT, 2012.

MARINONI, Luiz Guilherme; SARLET, Ingo Wolfgang; MITIDIERO Daniel. *Curso de direito constitucional.* 6ª ed., São Paulo: Saraiva, 2017.

MENDES, Gilmar. Mandado de injunção. *Revista Direito Público*, v. 5, n. 19, 2009.

MENDES, Gilmar; BRANCO, Paulo Gonet. *Curso de direito constitucional.* 14ª ed. rev. atual. São Paulo: Saraiva, 2019.

PASSOS, Calmon de. *Mandado de segurança coletivo, mandado de injunção, habeas data*: Constituição e processo. Rio de Janeiro: Forense, 1989.

PIOVESAN, Flávia. *Proteção Judicial Contra Omissões Legislativas:* ação direta de inconstitucionalidade por omissão e mandado de injunção. 2.ed., São Paulo: Editora Revista dos Tribunais, 2003.

QUINTAS, Fabio Lima. *Mandado de injunção no Supremo Tribunal Federal.* São Paulo: Saraiva, 2016.

SILVA, José Afonso da. *Aplicabilidade das normas constitucionais.* 7ª ed. São Paulo: Malheiros, 2009.

_______. *Comentário textual à Constituição.* 9ª ed., São Paulo: Malheiros, 2014.

TATE, C. Neal; VALLINDER, Torbjörn. *The global expansion of judicial power.* New York: New York University Press, 1995.

VIEIRA, Oscar Vilhena. Supremocracia. *Revista Direito GV*, n. 4, jul-dez, 2008.

CAPÍTULO 17

AARÃO REIS FILHO, Daniel. *Ditadura e democracia no Brasil*: do golpe de 1964 à Constituição de 1988. Rio de Janeiro: Ed. Zahar, 2014.

BARBOSA, Leonardo Augusto de Andrade. *História constitucional brasileira*: mudança constitucional, autoritarismo e democracia no Brasil pós-1964. Brasília: Câmara dos Deputados, 2012.

CITTADINO, Gisele. Mandado de injunção. *In*: AVRITZER, Leonardo (org.) [*et al.*]. *Dimensões Política da Justiça.* Editora Civilização Brasileira: Rio de Janeiro, 2013.

FONSECA. João Francisco Naves. *O processo do mandado de injunção.* São Paulo: Saraiva, 2016.

FUX, Luiz. *Mandado de Segurança.* 2ª edição. São Paulo: Editora Forense, 2019.

LASSALLE, Ferdinand. *A Essência da Constituição.* Porto Alegre: Ed. Freitas Bastos, 9ª ed., 2014.

LOEWENSTEIN, Karl. *Teoría de la Constitución.* Editorial Ariel: Barcelona, 1976.

MARINONI, Luiz Guilherme; ARENHART, Sérgio Cruz; MITIDIERO, Daniel. *Novo Código de Processo Civil Comentado.* São Paulo: Revista dos Tribunais, 2016.

MEIRELLES, Hely Lopes Meirelles; WALD, Arnoldo; MENDES, Gilmar Ferreira. *Mandado de Segurança e Ações Constitucionais.* São Paulo: Editora Malheiros, 2013.

MENCK, José Theodoro Mascarenhas. Constituinte de 1987 e a Constituição Possível. *In: Ensaios sobre impactos da Constituição Federal de 1988 na sociedade brasileira* (vol. I). Brasília: Câmara dos Deputados, 2008.

PFEIFFER, Roberto Augusto Castellanos. *Mandado de injunção.* São Paulo: Editora Atlas, 1999.

SILVA, José Afonso da. *Aplicabilidade das normas constitucionais.* São Paulo: Editora Malheiros, 2008.

THEODORO JÚNIOR, Humberto. *Mandado de injunção.* São Paulo: Saraiva, 1990.

VICTOR, Sérgio A. F. *Diálogo institucional e controle de constitucionalidade*: debate entre o STF e o Congresso Nacional. São Paulo: Saraiva, 2015.

CAPÍTULO 18

BARCELLOS, Ana Paula de. *Direitos fundamentais e direito à justificativa*: devido procedimento na elaboração normativa. 2 ed. – Belo Horizonte: Fórum, 2017.

________. Direito e Política: silêncio do legislador, interpretação e analogia. *In:* SARMENTO, Daniel. *Jurisdição Constitucional e Política*. Rio de Janeiro: Forense, 2015.

BRANDÃO, Rodrigo. O STF e o Dogma do Legislador Negativo. *Direito, Estado e Sociedade,* n. 44, p. 206, jan./jun. 2014.

________. *Supremacia Judicial v. Diálogos Constitucionais*: a quem cabe a última palavra sobre o sentido da Constituição? Rio de Janeiro: Lumen Iuris, 2012.

CANOTILHO, José Joaquim Gomes. *Direito constitucional*. Coimbra: Livraria Almedina, 1993.

DIXON, Rosalind. Deciding not to decide: deferral in constitutional design. *International Journal of Constitutional Law*, Vol. 9, Nº 3-4, 2011.

FREITAS, Juarez. O controle jurisdicional das políticas públicas e o início do fim do Estado omisso *in Int. Públ. IP*, Belo Horizonte, ano 16, n. 84, p. 15-28, mar/abr. 2014.

LANDAU, David A. Political Institutions and Judicial Role in Comparative Constitutional Law. *Harvard International Law Journal*, v. 51, n. 2, 2010

MACCORMICK, Neil. *Institutions of law*: an essay in legal theory. OUP Oxford, 2007.

MEIRELLES, Hely Lopes; WALD, Arnoldo; MENDES, Gilmar Ferreira. *Mandado de segurança e ações constitucionais*. São Paulo: Malheiros, 2010.

MENDES, Gilmar Ferreira; BRANCO, Paulo Gustavo Gonet. *Curso de Direito Constitucional*. São Paulo: Editora Saraiva, 2015.

PEREIRA, Jane Reis; ACCIOLY GONÇALVES, Gabriel. *Inconstitucionalidade Sistêmica e Multidimensional:* Transformações no Diagnóstico das violações à Constituição, 2015.

SARMENTO, Daniel. As lacunas constitucionais e sua integração. *Revista de Direitos e Garantias Fundamentais*, Vitória, n. 12, p. 29-58, jul./dez. 2012.

SOUSA FILHO, Ademar Borges de. Pontes de transição entre direito e política: sentenças aditivas na experiência recente do STF. *Revista Publicum*, v. 2, n. 1, p. 74-111, 2016.

SUNSTEIN, Cass R. *Incompletely theorized agreements in constitutional law*. *Social Research:* An International Quarterly, v. 74, n. 1, p. 1-24, 2007.

VALE, André Rufino do. Mandado de Injunção: comentários ao projeto de regulamentação, *In*: MENDES, Gilmar Ferreira. VALE, André Rufino do; QUINTAS, Fábio Lima (orgs). *Mandado de injunção*: estudos sobre sua regulamentação. São Paulo: Saraiva, 2013.

VALLE, Vanice Lírio do. Mandado de injunção, um enredo em andamento–Seis personagens à procura de um autor. *A&C-Revista de Direito Administrativo & Constitucional*, v. 13, n. 51, p. 155-185, 2013.

CAPÍTULO 19

ABBAGNANO, Nicola. *Diccionario de Filosofia*. Trad. Galletti. Mexico: Fondo de Cultura Económica, 1993.

ALEXY, Robert. Epílogo a la Teoría de los Derechos Fundamentales. Em: *Revista Española de Derecho Constitucional*. Madrid: Centro de Estudios políticos y Constitucionales, nº 66, ano 22, sep.-dic./2002, pp. 13-64.

____________. *Interpretação e aplicação da constituição*. São Paulo: Saraiva, 2013.

BARROSO, Luís Roberto. O *controle da constitucionalidade do Direito brasileiro*. São Paulo: Saraiva, 2016.

_____________; MELLO, Patrícia Perrone Campos. O papel criativo dos Tribunais: técnicas de decisão em controle de constitucionalidade. Em: *Revista da AJURIS*. Porto Alegre, v. 46, n. 146, Junho de 2019, pp. 295-334.

BONAVIDES, Paulo. *Curso de direito constitucional*. São Paulo: Malheiros, 2004.

BORRILLO, Daniel. *Homofobia*: História e crítica de um preconceito. Tradução de Guilherme João de Freitas Teixeira. Belo Horizonte: Editora Autêntica, 2000.

CANOTILHO, José Joaquim Gomes. *Direito constitucional e teoria da constituição*. Coimbra: Almedina, 2003.

ENGISCH, Karl. *Introdução ao pensamento jurídico*. Lisboa: Calouste Gulbenkian, 1986.

FELDENS, Luciano. Art. 5º, inc. XLII. Em: CANOTILHO, J.J. Gomes, et al (Coords.). *Comentários à Constituição do Brasil*. São Paulo: Saraiva/Almedina, 2018.

_____________. *A Constituição Penal*. Porto Alegre: Livraria do Advogado, 2005.

FERRAZ, Anna Cândida da Cunha. *Processos Informais de Mudança da Constituição*. São Paulo: Max Limonad, 1986.

GONÇALVES, Gabriel Accioly. *O desenvolvimento judicial do Direito*: construções, interpretação criativa e técnicas manipulativas. Rio de Janeiro: Lumen Juris, 2016.

GONÇALVES, Luiz Carlos dos Santos. *Mandados Expressos de Criminalização e a Proteção de Direitos Fundamentais na Constituição Brasileira de 1988*. Belo Horizonte: Fórum, 2007.

HESSE, Konrad. *A força normativa da constituição*. Tradução Gilmar Ferreira Mendes. Porto Alegre: Sérgio Antonio Fabris Editor, 1991.

MEDEIROS, Rui. *A decisão de inconstitucionalidade*: os autores, o conteúdo e os efeitos da decisão de inconstitucionalidade da lei. Lisboa: Universidade Católica Editora, 1999.

MELLO, Patrícia Perrone Campos. *Nos bastidores do Supremo Tribunal Federal*. Rio de Janeiro: Forense, 2015.

MENDES, Gilmar Ferreira. BRANCO, Paulo Gustavo Gonet. *Curso de Direito Constitucional*. São Paulo: Saraiva, 2019.

_____________. *Direitos fundamentais e controle de constitucionalidade*. São Paulo: Saraiva, 2012.

_____________. *Jurisdição constitucional*: o controle abstrato de normas no Brasil e na Alemanha. São Paulo: Saraiva, 2014.

MIRANDA, Jorge. *Manual de direito Constitucional*. Coimbra: Coimbra Editora, 2001.

MORAIS, Carlos Blanco. As sentenças com efeitos aditivos. Em: MORAIS, Carlos Blanco de (Coord.). *As sentenças intermédias da justiça constitucional*. Lisboa: AAFDL, 2009, pp. 13-115.

NOBRE JÚNIOR, Edílson Pereira. Sentenças aditivas e o mito do legislador negativo. Em: *Revista de Direito Público*, Porto Alegre, ano IV, n. 13, jul./ago./set.2006, pp. 35-73.

PINHEIRO, Gleydson Gleber de Lima. Análise do princípio da proibição da proteção deficiente do direito fundamental à segurança pública a luz da jurisprudência do Supremo Tribunal Federal Brasileiro. Em: SOUSA, José Péricles Pereira (Org). *Jurisdição Constitucional e Direitos Fundamentais*. Estudos em homenagem a Jorge Reis Novais. Belo Horizonte: Arraes, 2015, pp. 113-148.

ROCHA, Cármen Lúcia. O mandado de injunção na ordem constitucional brasileira. Em: *Análise & Conjuntura*, v. 3, n. 3, set./dez. 1988, pp. 12-19.

RIOS, Roger Raupp; RESADORI, Alice Hertzog; LEIVAS, Paulo Gilverto Cogo; SCHAFER, Gilberto. O sistema interamericano de Direitos Humanos e a discriminação contra pessoas LGBTTI: panorama, potencialidade e limites. Em: *Revista Direito e Práxis*, Rio de Janeiro, vol. 8, n. 2. 2017, pp. 1545-1576.

SÁ, Fátima. Omissões inconstitucionais e sentenças aditivas. Em: BLANCO DE MORAIS, Carlos; CASSEB, Paulo A.; MONTEBOLO, Sofia *et al. As sentenças intermediárias da justiça constitucional*. Lisboa: AAFDL, 2009.

SILVA, José Afonso da. *Curso de Direito Constitucional Positivo*. São Paulo: Malheiros, 2005.

SILVA, Virgílio Afonso da. Interpretação conforme a Constituição: entre a trivialidade e a centralização judicial. Em: *Revista Direito GV*, Vol. 2, n. 1, jan-jun 2006, pp. 191-210.

SOUZA, Luiz Henrique Boselli de. As sentenças aditivas na jurisdição constitucional. Em: *Revista Jurídica ESMP-SP*, v. 3, 2003, pp. 99-117.

ZAFFARONI, Eugenio Raúl; PIERANGELI, José Henrique. *Manual de Direito Penal Brasileiro*. São Paulo: Revista dos Tribunais, 2004.

CAPÍTULO 20

BARROSO, Luís Roberto. O Controle de Constitucionalidade no Direito Brasileiro. 8ª. Edição. Editora Saraiva: 2019.

CAMBI, Eduardo, HAAS, Adriane e SCHMITZ, Nicole. Mandado de injunção: considerações sobre a lei 13.300/2016. Revista de Processo | vo*l. 273/2017 | p. 287 - 322 | Nov / 2017 |* DTR\2017\6548.

FONTELES, Samuel Sales. Remédios Constitucionais. 4ª Edição. Editora Juspodivm: 2019.

NUNES FILHO, José Tenório. Medida Liminar no Processo *Injuntivo Constituciona*l para a Efetividade da Constituição. Revista de Processo | vo*l. 288/2019 | p. 473 - 494 | Fev / 2019 | DTR\2019\58.*

MENDES, Gilmar Ferreira e BRANCO, Paulo Gustavo Gonet. Curso *de Direito Consti*tucional. 10ª edição. Revista e Atualizada. Ed. Saraiva: 2015.

CAPÍTULO 21

Não há referências, porquanto cuida da análise dos dados concernentes a mandados de injunção no Supremo Tribunal Federal em 2018-2019.